9月19日，市文化中心建设正式拉开帷幕。文化中心项目是市委市政府完善民居生活水平、提升城市形象的重点建设项目之一，也是全市至今最大的公共建筑，用地面积11.20万平方米，建筑面积14.30万平方米

十圩港景观带是贯彻新城南北的“亲水走廊”。11月，十圩港景观带（江洲路—新洲路）土建、绿化工程和景观带东侧的新民路（江洲路—新洲路）自行车慢行系统完工

滨江新城首条省级示范路——晨阳路

▼市体育中心作为改善全民健身场所的重要基础设施工程，是滨江新城乃至全市的一颗璀璨明珠，一期工程于12月底顺利建成并交付使用

中国年鉴资源全文数据库
CHINA YEARBOOK DATABASE
核心年鉴

靖江年鉴

YEARBOOK OF JINGJIANG

2015

靖江市人民政府主办

靖江年鉴编纂委员会编纂

方志出版社
Publishing House of Local Records

图书在版编目（CIP）数据

靖江年鉴．2015／靖江年鉴编纂委员会编．—北京：方志出版社，2015．10

ISBN 978-7-5144-1716-6

Ⅰ．①靖… Ⅱ．①靖… Ⅲ．①靖江市—2015—年鉴 Ⅳ．①Z525.34

中国版本图书馆CIP数据核字（2015）第232615号

靖江年鉴（2015）

编　　者：靖江年鉴编纂委员会
责任编辑：陈菁

出 版 人：冀祥德
出 版 者：方志出版社
地址　北京市朝阳区潘家园东里9号（国家方志馆4层）
邮编　100021
网址　http://www.fzph.org
发　　行：方志出版社发行中心
电话（010）67110500
经　　销：各地新华书店
印　　刷：南京凯德印刷有限公司

开　　本：889×1194　1/16
印　　张：30.5
字　　数：655千字
版　　次：2015年10月第1版　2015年10月第1次印刷
印　　数：0001~2500册

ISBN 978-7-5144-1716-6　定价：150.00元

供稿单位审稿领导（按姓氏笔画为序）

于　政　马晓波　仇　颖　毛卫平　毛庆玖　毛红燕　毛雨华　王　华
王　玮　王　靖　王宇清　王建禔　王明生　王绍斌　邓　纯　卢　忠
卢　杰　史骥涛　叶　军　叶为民　叶亚明　叶晓庆　田秋红　刘　放
刘　洪　刘　贵　刘　强　刘月江　刘灿均　刘拥政　刘舰平　刘德基
印江红　朱　靖　朱沛源　朱晓波　朱惠建　江原生　羊文华　羊进明
许宝国　严　羽　何　健　何艳红　吴　松　吴一江　吴建华　吴明飞
吴金凤　吴铭华　宋　亮　张　荣　张仁德　张劲松　张松林　李江豪
李达林　李建新　杨　钧　杨小林　杨恒庭　沈　阳　沈　佳　沈　燕
沈满松　沈静芬　邵剑平　邵赟志　陆　炜　陆钧涛　陆静波　陈　兴
陈　刚　陈　林　陈卫兵　陈亚中　陈建定　陈金星　陈焕新　周云飞
周如勇　周建平　周建华　周晓敏　季士发　林承凡　罗晓东　范新宏
郁　雷　郑企力　郑懋岚　侯兴华　姚东辉　施泉国　赵明华　闻韵萍
唐文勇　唐继东　夏炳初　徐　柯　徐永清　徐志凤　浦建民　袁晓东
贾　臣　钱灿兴　钱明华　陶　虹　陶　敏　顾宏俊　顾灿红　常晓飞
曹文铭　曹志宣　符　平　符嘉昕　黄　宏　黄文龙　黄玉平　黄明华
黄颖锋　程　政　蒋国庆　翟勇军　蔡　锋　蔡　镇　蔡龙彬　潘企根
鞠德群　魏铭柯

供稿单位分管领导（按姓氏笔画为序）

丁伯明　丁啸宇　马　洁　孔祥瑞　毛宇晶　毛金生　王友同　王恺洲
王海庆　王海波　卢旭东　卢红进　史爱梅　刘　冬　刘凤云　刘文才
刘定邦　刘鲲鹏　印明荣　孙明江　朱友宽　朱建平　朱建忠　朱桂芳
汤荣俊　羊　兴　许　鉴　许恒丽　何晓宏　余中兴　吴　彬　吴　德
吴玉平　吴亚明　吴青玲　宋山海　张汉平　张兴松　张振国　张桂琴
张朝斌　张链斌　李　华　李碧波　杜运明　杨　江　杨　静　杨立岸
杨恒庭　沈　云　沈坚阳　沙建彬　陆红娟　陆林峰　陆　铭　陈　刚
陈　权　陈　铭　陈安前　陈丽萍　周　珺　周荣刚　罗玉清　范乐观
范红梅　郑立平　郑勇斌　侯荣伟　施　斌　洪　玮　洪　峰　胡铸伟
荣晓霞　赵　龙　赵永忠　赵鹏涛　闻　杰　倪　云　夏灵峰　展秋霖
徐建胜　徐明春　徐常青　袁　斌　郭建秋　钱　军　钱桂松　陶炳义
顾万铭　顾之远　顾振亚　顾艳娟　顾鸿涛　高卫南　常金林　曹建芳
黄翠凤　蒋　青　韩晓强　褚剑云　缪金桂　蔡新杰　薛　松　戴玉信

图 例
市政府驻地
镇、街道办驻地
行政村
自然村
企业单位
桥梁、水闸
江堤
地级市界
县级市界
镇、街道界
高速公路
主要公路
一般公路
铁路
河流、沟渠
渡口、码头
市史志档案办公室
市测绘院有限公司
资质证书：等级乙级
联合编制
编 号：32012001
审图号：苏S（2012）059号
泰
张桥镇
蒋华镇
七圩镇
新桥镇
石庄镇
如皋港开发区
马洲岛
长青沙
北码头
南码头
皋张汽渡
长
江
常州市
沿江高等级公路
滨江公路

靖江市城区图

马桥镇
建材市场
第二人民医院
公路管理站
烟草局
交通运输局
城管局
电管办
工人文化宫
食品药品监督局
自来水公司
供销总社
泰州市交运警支队广靖高速大队
汽车站
经济和信息化委员会
住房和城乡建设局
人力资源和社会保障局
教育局
地税局
人民公园
西郊公园
东湖园
桦园
城北园区管委会
马洲变电所
质监局
农委
民政局
规划局
文化局
国税局
体育局
航道管理站
市河道管理处
靖江花鸟苗木市场
虹兴社区居委会
靖江站
铁
长
新

编辑说明

BIANJISHUOMING

一、《靖江年鉴》是由靖江市人民政府主办，靖江年鉴编纂委员会承办，市委办公室、市政府办公室和市党史方志档案办公室共同组织编纂的综合性地方年鉴，旨在全面、系统、翔实地记载靖江市经济和社会发展状况，为领导决策提供依据，为中外人士了解和研究靖江提供信息，为续修地方志积累资料。

二、《靖江年鉴（2015）》（以下简称本年鉴）主要记载2014年度靖江发生的大事、要事、新事、特事。

三、本年鉴采用条目式记事体，分类编纂。设类目、分目、条目3个层次。少数分目下设子目。

四、本年鉴设特载、专记、大事记、靖江概貌、中国共产党靖江市委员会、靖江市人民代表大会常务委员会、靖江市人民政府、政协靖江市委员会、民主党派·群众团体、法治、军事、财政·税务、综合管理与监督、沿江开发·跨江联动、工业·建筑业、农业、商贸服务业·房地产业、港口·口岸·开放型经济、银行·保险·证券、信息化建设与服务、城乡建设·环境保护、水利·交通·电力·邮政、科技·教育、文化·传媒、卫生·体育、社会民生、群众调查、凡人善举·新人新事、街道·办事处·镇概况、人物·荣誉栏、文件选编、统计资料、附录等33个类目。有分目155个，子目52个，条目871个，随文照片64幅，彩页86页，表格74个，索引1829条，补白18篇。

五、为彰显靖江的经济、社会、文化和地方特色，本年鉴特设专记、沿江开发·跨江联动、群众调查、凡人善举·新人新事等类目，重点记述靖江开展党的群众路线教育实践活动、创建为国家卫生城市、获全国文明城市提名以及常州大学怀德学院迁址靖江办学的主要历程、关键举措和重大成效，全面反映广大群众对安全感、园林绿化、城市和村庄环境整治等满意度的调查情况，着力弘扬域内凡人善举、年度新人新事所体现的文明素养和道德风尚。

六、本年鉴中的“人物”分2类：“新任市领导”收录2014年新任的市级领导；“新闻人物”收录部分2014年获省级以上表彰及媒体报道的先进人物。

七、本年鉴由全市各镇、各部门供稿，并由单位领导审核。文中数据及有关内容由市统计部门和市委机要保密局把关。部分数据由于统计口径不同而有差异，请读者在引用时加以注意。

八、为便于检索，本年鉴卷首有详细目录和英文要目，卷末有索引。索引采用主题分析法编制，款目按汉语拼音字母顺序排列。

九、本年鉴中外币注明币种，人民币不作标注；缩略词语首次出现时加括注，重复出现时不加括注。大事记中“△”符号表示与上条相同日期。

十、本年鉴采用全称和简称并用的方法，目录前设有部分组织机构全称、简称对照表。

十一、作者姓名加“（）”列于所写正文之后，同一分目或次分目内相邻条目为同一作者的，署名于末条正文之后。

十二、本年鉴的编辑出版，得到全市各镇、部门、单位及有关人士的大力支持，在此深表感谢！同时，热忱欢迎各界人士多提宝贵意见，以利今后年鉴质量的提高。

城市创建

CHENGSHI CHUANGJIAN

靖江以“抓常态、惠民生”为理念持续推进城市创建，城市基础设施不断完善，长效管理机制不断健全，群众居住环境和生活质量逐步改善，市民文明素质和社会道德风尚显著提高。2015 年 2 月，靖江被中央文明办表彰为全国文明城市提名城市，3 月被全国爱国卫生运动委员会命名为国家卫生城市。

滨江新城绿意盎然　　（靖江日报社 提供）

十圩港景观及慢行系统年内建成　　（靖江日报社 提供）

城市亮化景观　　（靖江日报社 提供）

11月20日，牧城公园获评国家AAA级景区　　（靖江日报社 提供）

产业升级

CHANYE SHENGJI

靖江优化提升产业内涵，加快延伸优势产业，高新技术产业产值占列统工业比重34.80%，船舶制造企业新接订单占全国总量的15.50%，外贸货物吞吐量增长54.90%。靖江成为江苏省创新型试点市。

10月9日，2014靖江(上海)投资说明会暨项目签约仪式在上海举行，会上签约项目25个，其中内资项目总投资38.75亿元，外资项目总投资7.35亿美元　　（靖江日报社 提供）

4月11日，“中国科学院青年专家靖江行”活动启动，80余名青年专家与靖江近百家企业洽谈合作项目　　（靖江日报社 提供）

7 月 22 日，新时代造船公司首艘 9200 标准箱集装箱船下水　　（靖江日报社 提供）

1 月 20 日，靖江港首次装卸集装箱　　（靖江日报社 提供）

教育事业取得突破。引进常州大学怀德学院，建成元林老年大学，新建改建各类学校12所，高考本二上线率47.80%，创历史新高。靖江创建成江苏省义务教育优质均衡示范市，通过江苏省学前教育改革发展示范区验收。

4月25日，举办靖江元林老年大学开学典礼　　（靖江日报社 提供）

常州大学怀德学院迁址靖江，9月16日新校区迎接首批新生入学

文化事业繁荣发展。成功举办第32届文艺节及各类专题文艺活动，启动农家书屋升级工程，送电影下乡2300场，送戏下乡752场。靖江创建为江苏省公共文化服务体系示范区。

4月19日，靖江举办“春天送你一首诗”朗诵会，丰富地方诗文底蕴　（靖江日报社 提供）

6月4日，市锡剧团首演大型锡剧《焦裕禄》，弘扬时代主旋律　（靖江日报社 提供）

（靖江日报社 提供）

3月，首个24小时自助图书馆建成投用　（靖江日报社 提供）

卫生事业全面进步。建成“120”急救体系，市人民医院创建成三级综合医院，99个标准化卫生室投入使用。靖江获江苏省卫生应急示范市、公立医院改革先进市、中医工作先进市称号。

12月31日，市人民医院晋升为三级综合医院　　（靖江日报社 提供）

新建成投用的村级卫生室　　（靖江日报社 提供）

体育事业充满活力。全面建成城市“10分钟体育健身圈”，农村体育设施覆盖率80%。承办国家级赛事2项，举办各类群众体育活动及赛事百余次。在校学生体育达标率99.93%。

11月11日，市民健身广场建成开放　　（靖江日报社 提供）

11月15日，首届环明湖自行车公开赛在牧城公园举办　　（靖江日报社 提供）

靖江经济技术开发区

国务院副总理马凯（左一）至靖江调研

江苏省委常委、纪委书记弘强（右二）至靖江调研

江苏省委常委、省军区政委李笃信（左三）至靖江调研

泰州市委书记蓝绍敏（中）参观新程汽配

2014年，靖江开发区围绕产业发展、城镇建设、生态文明、民生福祉等重点领域，开拓创新、重点突破，全区经济继续保持健康稳步发展。全年实现工业开票372.60亿元，同比增长12.64%；实现公共预算收入13.60亿元，同比增长0.70%。产业发展功能加速完备，新港城常州大学怀德学院一期工程建成并顺利完成首届新生招录，联姻相关院校成立产业技术研究院。港口建设加快推进，整体收购苏农物流股权，开工建设和尚港内港池（10个5000吨级码头泊位）。现代物流业加快发展，共建有50个万吨级泊位，总通过能力6800万吨。年末，靖江港完成货物吞吐量9150万吨。三江物流完成营业收入460亿元，增长23%；盈利港务木材接卸量达330万立方米。科技创新扎实推进。全年新认定高新技术产品22项，新认定三部委高新技术企业6家、省级高新技术企业5家，科技型中小企业4家、民营科技企业11家；新建市级以上工程技术研究中心3家，实施产学研合作项目20项；授权专利652项，万人发明专利拥有量为11.28件。

常州大学怀德学院

城南园区国际汽贸城

新世纪造船厂

靖江市新港城管理委员会

新港城位于靖江东翼，规划控制区为22.40平方千米，近期城市建设控制范围11.60平方千米，先期建设夏仕港以西约5.70平方千米的核心区。近年来依托科教资源、产业基础，不断丰富完善港、产、城、教“四位一体”融合发展思路，明晰“科教之城、港口之城、文化之城”城市建设理念，着力打造创新驱动、高端引领、绿色宜居的区域创新中心和科教产业新城。

东阜社区第2届“睦邻节”开幕式

东阜湖公园

江安路广场

港阜社区一期、二期

东阜社区

常州大学怀德学院

水韵新港　魅力新城

新港城道路夜景

靖江开发区城北园区

中小企业园二期开工

上海投资说明会签约现场

靖江经济开发区城北园区有工业列统企业 39 家，服务业和批发零售业列统企业 6 家。至 2014 年年底，该园区规模企业实现工业总产值 75.13 亿元，同比增长 11.50%；工业销售收入 70.82 亿元，同比增长 9.16%；工业利润总额 3.91 亿元，同比增长 14.67%；工业利税总额 7.23 亿元，同比增长 17.56%。中小企业园总规划面积 11 平方千米，一期入驻项目 11 个，二期入驻项目 17 个。其中，一期项目金也汽车、华达科技、阿泰克电子、鸿贝尔科技、力阳电器、凯通阀门 6 家企业投入生产。一期标准化厂房有美国和赛尔、上海臻融、永信恒业、瑞源中亿、吉祥空调 5 家企业入驻。二期项目加速推进，华雕机械、高新窑炉、强盛模具、顺元机械厂房主体基本建成。

2014 年，该园区围绕中小企业园发展，不断加强软硬件环境建设，基本形成开发范围内的“九通一平”，绿化、美化基本到位。该园区在大力发展工业经济的同时，坚持以产业发展推进城市建设，以城市建设促进产业发展，不断优化居住、教育、商贸等公共配套服务设施。一座产城融合、宜居宜业的现代化北部新城初步成型。

建设中的中小企业园

“小红帮忙”进城北

企业献爱心，慰问孤寡老人

城北园区首届广场舞友谊赛

戏鱼墩公园

靖江开发区城南园区

市委书记倪斌（左二）视察城南园区专业市场

市长赵叶（左二）视察园区企业

靖江城南园区成立于2004年2月，是靖江经济技术开发区最早启动的工业集聚区，位于靖江城区的南部，规划面积24.20平方千米，建成面积14.90平方千米。园区有企业400余家，其中规模以上企业79家、高新技术企业20家，是国家微特电机及控制产业基地、江苏省高端专用装备特色产业基地、江苏省信息化和工业化融合示范区、泰州市现代服务业集聚区。2014年，全区规模以上企业完成现价工业总产值286.29亿元、销售收入266.50亿元、利税总额22.08亿元、利润总额12.35亿元，同比增幅分别为13.62%、13.39%、16.60%和17.60%；实现服务业增加值37.01亿元，同比增长14.94%；完成固定资产投资41.80亿元，同比增长30.60%；全部工业开票销售120.68亿元，实现公共财政预算收入4.45亿元。

年内，全区共投入技改资金26.82亿元，新增江苏省高新技术企业2家、民营科技企业8家；新建研究生工作站2个，新设立江苏省博士后创新实践基地3个，新增江苏省两化融合试点企业2家，新增高新技术产品22个；新认定国家星火计划1个。是年末，区内共有省级以上企业技术中心14个，院士工作站2个。新招引项目包括物联网RFID标签、高强度坚固件、胶粘成排钢纤维等5个，计划总投资5.57亿元；续建项目包括包钢天彩靖江科技有限公

城南花苑立面效果图

万都五金机电建材城

司、江苏奇美乐器有限公司、靖江凯信铁塔制造有限公司 3 个，总投资 9.50 亿元；新建项目包括江苏乐科热力科技有限公司、江苏麦驰电子有限公司等 6 个，总投资 3.50 亿元；扩建项目包括江苏迈能高科技有限公司、靖江市亚泰特种材料制造有限公司等 6 个，计划总投资 8.70 亿元。重点建设的专业市场有万都五金机电建材城和国际汽贸城 2 个。

举办企业家沙龙

江苏新程汽配公司自动化生产线

靖江国际汽贸城奥迪 4S 店

百富绅国际家居港夜景

靖江市人民政府城南办事处

“新程杯”第 11 届文体节开幕式

2014 年城南办事处政协工委全体会议

城南同兴社区“庆七一、爱国爱家”文艺汇演

2014 年，城南办事处不断加快城市功能设施建设，继续推进“四城同创”。全年实施绿化面积 30 余万平方米，积极推进老旧小区改造，扎实开展城市环境综合整治，积极开展省级城市管理示范社区创建。其中，春江花城社区列为全市唯一省级示范社区创建单位。全区规模以上企业完成现价工业总产值 286.29 亿元，销售收入 266.50 亿元，利税总额 22.08 亿元，利润总额 12.35 亿元，同比增幅分别为 13.62%、13.39%、16.60% 和 17.60%。企业创新能力不断增强。新建研究生工作站 2 家，新认定江苏省级高新技术产品 4 个，申报泰州市重点新产品 10 个、江苏省民营科技企业 4 家。新兴产业得到发展壮大。荣联科技的医疗健康监护系统、联恒物宇的电子标签和江苏麦驰的物联网等一批新兴产业项目，成为城南转型发展新亮点。“两化融合”深入推进。11 家企业通过江苏省“两化融合”示范、试点企业。园区获得江苏省“两化融合”示范园区称号。

城南办事处、城南园区团队精英拓展训练营

靖江市人民政府滨江新区办事处

泰州市委党校常务副校长邹祥凤（右一）讲授十八届三中全会精神

党的群众路线教育实践活动动员大会隆重召开

开展民主评议

近年来，滨江新区办事处着力构建和谐社会，务实高效，开拓创新，如期完成市委、市政府交办的年度工作目标任务。拆迁安置工作扎实推进，城市管理成效显著，社区建设品味提升，社会事业统筹兼顾，重点工程序时完成。2014年，该办事处在全市（镇、办事处）经济社会发展综合考评中获三等奖，获江苏省基层党员冬训工作示范街道、泰州市冬训工作先进集体、泰州市未成年人零犯罪创建工作先进集体等称号。明湖水利风景区被评为2014年度省级水利风景区。牧城公园创建成国家级3A旅游景区。晨阳路创建为省级示范路。江阳社区被评为江苏省城市管理示范社区、江苏省平安家庭创建活动示范社区、泰州市巾帼文明岗；康阳社区被评为江苏省标准化居民学校、泰州市绿色社区；兴阳社区被评为泰州市绿色社区；富阳社区被评为泰州市五星基层计划生育协会。

开展民主评议

12月2日，新城花苑（纯电梯房）安置区交付使用

江苏江阴—靖江工业园区办事处

召开2014年度江阴—靖江工业园区办事处综合表彰暨春训动员大会

召开江阴—靖江工业园区办事处夏季秸秆禁烧工作动员会

走访调研企业生产情况

2014年，江阴—靖江工业园区办事处以打造滨江花园小镇为目标，抓统筹攻改革、优环境强投入、兴实体推转型、惠民生促和谐，集镇面貌进一步改善。基本完成江鲜美食一条街延伸项目二期2000平方米地下车库建设，9000平方米门面房已经封顶。总长800米的高九路改建工程主路面改造结束。集镇中心河北段、南段驳砌、河道疏浚及部分中心河两侧道路绿化和路面硬质化基本完成。建成高九路与滨一路交叉口的绿岛；在人民南路与高九路交界处建设休闲小游园；启动二圩港绿化景观工程；打造迎江村生态农业园。采用网格化管理模式，对整个保洁区域、路段以村为单位进行细化分工；对各村（社区）的垃圾房进行标准化改造；在主要路段、企业和社区增设300个耐火垃圾桶。办事处慈善分会通过莲沁苑爱心超市救助困难对象485户，对首批24户特困户发放“超市爱心救助卡”。

慰问困难户

莲沁苑社区发放居民卡

高九路与滨一路交叉口建成绿岛

我们的梦
Chinademeng
振兴
中国梦
宣传彩页

靖江市住房和城乡建设局

2014 年，市住建局以新型城镇化为引领，以融合发展为理念，以机制创新为动力，以改善民生为根本，站位全市大局，瞄准目标追求，高标准推进基础设施建设，高品质推进城市功能完善，高成效推进民生实事拓展，各项工作取得长足进步。全年实施重点工程项目 17 项，拆迁征收项目 4 项，完成项目投资 28 亿元，创建国家园林城市、村庄环境全域整治、滨江新城绿色示范区建设 3 项工作顺利通过省级验收。

1638 套孤山万顷良田安置房完成建设

施工中的垃圾填埋场

建设中的城北公租房

工农路完成拓宽改造

全面实施老旧小区改造

全面实施老旧小区改造

完成公共自行车系统建设

靖江市商务局

上海投资说明会签约外资项目

2014年，全市上下积极应对新常态新挑战，商务工作紧紧围绕“重树苏中标杆，率先融入苏南”发展目标，坚持主动作为，保持总体平稳发展的良好态势。全年全市注册协议利用外资1.86亿美元，实际利用外资2640万美元，新批外商投资企业5家，增资项目3个。累计进出口总额27.35亿美元，其中进口14.66亿美元，自营出口12.69亿美元。完成实现外经营业额8834万美元，新增境外投资企业3家，新增对外工程承包资格获权企业2家。社会消费品零售总额达152.20亿元人民币。

商务窗口提供优质服务

裕纶纺织在越南投资的织染项目

放心早餐工程

靖江出口产品远销海外

外资“高位嫁接”项目江苏三马起重机械制造有限公司高速发展

西班牙铺管船

沿江大物流

靖江市教育局

江苏省教育厅厅长沈健（左一）视察靖江教育

市委书记倪斌（右二）调研特殊教育

市长赵叶（左三）检查教育工作

2014 年，靖江教育工作以全面提高教育现代化水平为总目标，以深化教育领域综合改革为突破口，统筹优化教育资源，规范强化教育管理，加快实施教育创新，全面实现治理能力、均衡水平、育人质量、师资素养、教育形象五大新提升。靖江被教育部确定为全国义务教育发展基本均衡市，创建成江苏省学前教育改革发展示范区、江苏省义务教育优质均衡发展市，在泰州市政府教育工作督导考核和泰州市教育工作考核中均获优秀。

深化教育改革，实现治理能力新提升。开展“学校常规管理规范年”系列活动。建立并实施责任督学挂牌督导制度。与江苏省凤凰传媒集团联合创办“靖江市凤凰早期教育中心”。利用社会力量兴办吉的堡虹桥双语、格林贝贝 2 所高品质民办园。省靖中成为同济大学“苗圃计划”实验学校。市一中“三毛绿色爱心基金”获评省十佳青年志愿服务项目。省靖江中专实现企业冠名班全覆盖。成功引进常州大学怀德学院。新增江苏省标准化社区教育中心 2 个。特殊教育在全省首创“学前融合教育”模式。

坚持立德树人，实现育人质量新提升。全面推进素质教育，举办核心价值观主题教育、“春之声”艺术节、校园科技节系列活动。中考成绩在泰州各市（区）中继续保持领先水平，且城乡均分差为泰州最小。高考本二上线率接近 50%，创历史新高，12 名学生被北大、清华录取。在泰州市普通高中教育考核中获第 1 名。

教师才艺展示

校园科技活动

市领导与教师代表座谈

学生社团活动

优化资源配置，实现均衡水平新提升。全年建设9所幼儿园；新增7所省优园，全市省优园比例达67%。东兴镇中心学校、新桥城实验学校建成投用，完成季市镇长安学校、季市初中改建工程。全市中小学实现校校通、班班通、人人通，并全部创建成为泰州市数字化校园，81%的学校创建成为泰州市现代化学校。在泰州中小学教育装备专项督导中获评优秀等次。

加强队伍建设，实现师资素养新提升。通过招聘、考编、转岗等方式增加公办幼儿教师30名。与15名优秀高中毕业生签订本科师范院校定向培养协议。与华师大联合实施“青年校长理论研修、跟岗见习、能力提升工程”。在泰州市率先启动“一校一特”培养计划，确定首批省特级教师培养对象82名。组织评选靖江市第6批三级骨干教师共173名。开展“马洲322志愿支教行动”活动。教师发展中心顺利通过省示范性县级教师发展中心现场评估验收。《靖江教研》获评江苏省首届教育内部十佳期刊。

践行群众路线，实现教育形象新提升。组织开展“立家风、正师风、改作风、树行风”群众路线主题实践活动。开展微型党课、履职日志、履职感言等“三个十佳”评选活动。开展机关效能建设八项行动和效能风险点排查活动。推进直饮水进校园工程，落实学生免费乘坐公交上下学政策。在行政服务中心设立惠民服务窗口。建立“靖江教育”官方微博和微信公众平台。

新桥城实验学校

生态源于保护耕地

和谐始于节约资源
靖江市国土资源局

靖江市环境保护局

生态市创建考核验收

上级环保部门对靖江创建国家环保模范城市工作予以肯定

市长赵叶（左二）视察企业

邀专家支招电镀集中区运行管理

2014 年，市环保局协助市政府与各创建单位签订责任状，加快推进饮用水源水质自动预警监测系统、城市污水处理厂提标增容改造、垃圾填埋场渗滤液处置等重点工程建设。靖江市顺利通过省级生态市考核验收并获命名，环保模范城市和生态市创建均已具备申报国家考核验收的条件。电镀集中区顺利通过规划环境影响报告书的审查，取得入河排污口设置的行政许可，成为全省唯一一家经江苏省环保厅正式批准的重金属企业专业生产片区。编制《2013 － 2017 年靖江市大气污染防治规划》，督促江源热电、苏源热电、长强钢铁实施脱硫除尘设施改造，淘汰 76 台燃煤小锅炉，开展沿江码头环境综合整治，空气质量优良率达 68%（高于泰州地区 65% 的考核目标）。

送环保知识下乡

电镀集中区

积极开展两季秸秆禁烧督查工作，完成秸秆禁烧和综合利用工作任务，在泰州地区考核名列第一。编制五年农村环境连片整治规划，以农村生活污水收集支管网建设为重点，完成西来、正北、丰产等 10 个村的污水处理项目，改善农村环境质量。全面清理、取缔饮用水水源地和应急水源地保护区内的违法企业和排污口，彻底拆除污染生产设施。建成饮用水水源地水质自动监测系统并投入运行，保障全市饮用水安全。督促企业加快整治步伐，63 家企业通过规范化整治验收。18 家乡镇卫生院完成医疗废水处理设施改造。配合市化治办，对 25 家保留化工企业逐个检查、验收，专项督查列入关停并转的 23 家化工生产企业，确保整治到位。投入 1461 万元，完善 ICP、ICP－MS、流动注射、大气采样仪等重金属监测设备建设，组建省级重金属实验室和专业团队，提高重金属污染监测能力。加强质量管理体系建设，顺利通过国家实验室认可和省级实验室资质认定复评审。是年，该局在全市市级机关绩效考评中被评为先进单位。

邀请江苏省环保厅专家为我市重点企业解读新环保法

电镀集中区建设

开展大气环境监测

开展“六五”世界环境日宣传

靖江市公安局

市委书记倪斌（右一）看望青奥安保一线民警

市长赵叶（前排左一）慰问“3·28”纵火杀人案专案组成员

2014年，靖江市公安局以维护社会和谐稳定、促进社会公平正义、保障人民安居乐业为己任，通过完善“四级响应”工作机制，配强维稳力量和处突装备，打赢全国“两会”、青奥会、中央巡视组驻苏、国家公祭活动等系列安保硬仗；通过开展集群研判、合成侦查，侦破“3·28”纵火杀人案、“5·9”环境污染案、某交通燃油公司非吸案等重大案件，打赢破案攻坚硬仗；通过推进基层所队项目建设，充实基层一线警力，打赢基础建设硬仗；通过开展作风教育整顿活动，出台“履职、治警、执法”三个“红线”规定和“暖警”十项措施，将约谈、问责、曝光作为抓队伍管理的“常态”，打赢作风建设硬仗，公安工作和队伍建设取得长足进步。是年，获得靖江市级机关综合考评十佳单位称号。

公安民警风采

基层所队“一把手”向上级递交《作风建设承诺书》

新警积分选岗充实基层派出所警力

交警保畅通

社区民警入户走访

靖江市体育局

开展迎新健身长跑活动

第 2 届“中信置业杯”中国女子围棋甲级联赛

靖江市全民健身成果展演

2014 年，全市体育工作继续强化“科学发展、以人为本、改善民生、服务大众”理念，把体育基本现代化作为工作出发点，将构建公共体育服务体系作为工作着力点，将提高市民健康素质和青少年运动水平作为工作落脚点，在提供公共体育产品、增强市民身体素质和构建和谐社会等方面体现独特的社会价值。

突出便民、利民、惠民，公共体育服务体系卓有成效 着力打造城乡“体育健身圈”，在主城区完成“10 分钟体育健身圈”建设的基础上，继续加大力度建设农村“20 分钟体育健身圈”。至 2014 年年末，农村体育设施覆盖率达 70% 以上，共有 400 余个晨（晚）练点，健身步道 30.20 千米。24 个群众性体育协会、15 家体育俱乐部、近 1800 名社会体育指导员，为百姓科学健身提供指导。完成 2580 人国民体质监测样本抽测，为市民出具运动处方。老体育场改造工程顺利完成，市体育中心完成体育馆、游泳馆建设，为市民营造良好的健身环境。

突出民求、民需、民享，开创群众体育活动新局面 通过经常性、传统性、品牌性的全民健身活动，统筹推进各类人群健身活动的均衡发展。年内，组织各类健身活动百余次，依托社团开展活动 30 余次。开展乒乓球、篮球、羽毛球联赛，掀起全市球类运动的新热潮。全市经常参加体育健身的人数超过 35 万人，占总人数的 50% 以上。

突出更高、更强、更优，竞技体育发展实现新跨越 年内，向国家队输送 3 名优秀运动员，向省队输送 1 人、省体校 2 人。在国际国内赛场上，靖江籍运动员屡创佳绩，共获全国比赛金牌 1 枚，全国少年冠军 3 个；在江苏省十八届运动会共取得金牌 10.5 枚、银牌 15 枚。

突出共存、共建、共赢，体育产业发展增效明显 以体为本，多种经营，积极争取上级体育产业发展引导资金，吸引社会资金投入健身活动近千万元。年内，体彩销售额达 1.54 亿元，为全市体育事业的发展提供了强大的资金保障。

自行车竞速赛

乒乓球竞赛

篮球竞赛

二〇一四年度市级机关绩效考评

先进单位

中共靖江市委员会
靖江市人民政府
二〇一五年二月

靖江市体育彩票管理中心
二〇一四年度体育彩票工作

销售贡献奖

江苏省体育彩票管理中心
二〇一五年三月

靖江市体育彩票管理中心
二〇一四年度体育彩票工作

先进单位

江苏省体育彩票管理中心
二〇一五年三月

获得的部分荣誉

市民健身广场—乒乓球场

市民健身广场

体育馆全景图

靖江市机关事务管理局

召开 2014 年度总结表彰大会

组织开展节能宣传周活动

2014 年，市行管局积极贯彻落实《机关事务管理条例》和《党政机关厉行节约反对浪费条例》，立足实际，开拓创新，推动机关事务管理工作持续发展，有力保障市级机关的规范有序运行。成功塑造“服务有为，保障无忧”的服务品牌。转变思想观念，提升服务理念，以服务对象满意为己任，做到特事特办、急事急办、今天的事今天办，不断提升服务水平，不断细化服务举措，改善服务成效。重点打造“三型”机关。一是打造“服务型”机关。规范“80000”服务热线接听管理，优化“10 分钟服务圈”，要求维修人员持单上门服务，修理后定期回访，确保服务实效。二是打造“书香型”机关。在机关大院内增设人民日报、靖江日报、靖江图书馆电子书等新媒体阅读器 3 个；利用空余库房建立“书语时光”职工书屋，改善学习条件，引导广大机关干部养成“多读书、读好书”的阅读习惯，丰富职工文化生活。三是打造“节约型”机关。扎实开展节能降耗各项工作，对设备设施进行节能改造，开展值班巡查，通过技术节能和行为节能，市行政中心能耗下降明显，整体能耗实现“双连降”：2013 年总能耗费减少 108 万元，节约率达 12%；2014 年减少 188 万元，节约率达 20.30%。是年，获评靖江市级机关绩效考评十佳机关。

俯瞰靖江市行政中心

后勤职工业余时间在书屋下棋

获 2014 年度十佳机关称号

开展庆“五一”劳动与梦想后勤职工联谊会

组织开展节能进社区活动

靖江市市场监督管理局

市长赵叶（右）与副市长何卫东（左）共同揭牌

12月9日，靖江市委、市政府印发《靖江市改革食品药品监督管理体制加强市场监管的实施意见》，正式组建靖江市市场监督管理局。12月20日，市市场监督管理局举行揭牌仪式。该局由原靖江工商行政管理局、靖江质量技术监督局、靖江市食品药品监督管理局整合而成，设有14个科室和7个派出机构，承担全市市场主体准入、食品药品监管、消费者权益保障、质量管理、行政执法等职能，同时承担市政府食品安全委员会的具体工作。作为市政府新的组成部门，市场监督管理局全面履行服务发展和市场监管的双重责任，立足自身职能，全力推进深化改革，落实简政放权，着力保障和改善民生，实行“登记审批一个窗口、监管执法一支队伍、投诉维权一个部门”的新模式，进一步提高市场监管水平，建立起“一体化、广覆盖、专业化、高效率”的市场监管体系，构建“大监管、大服务、大维权”的新格局。

市场监督管理局局长顾灿红（左一）在揭牌仪式上致辞

市领导宣布市场监督管理局首届领导班子

办公大楼

市场监督管理局执法人员宣誓

市场监督管理局召开首次全体人员会议

开展市场检查

开展肉脯专项检查

靖江市财政局

召开党的群众路线教育实践活动工作推进会

召开财税体制改革培训会

积极开展下乡结对帮扶

江苏省财政厅至靖江开展调研活动

2014年，全市财政系统认真贯彻市委、市政府决策部署，实施积极财政政策，着力深化财税体制改革，促进经济平稳运行和转型升级，收入规模继续扩大，支出效益不断提高，财政管理不断规范，依法理财水平进一步提升，为全市经济社会平稳健康发展提供财力支撑。全市一般公共预算收入完成54.04亿元，同比增长9.20%，完成人代会任务的100.20%。其中，税收收入完成44.42亿元，同比增长9.40%；非税收入完成9.62亿元，同比增长8.70%。税收占比达82.20%，超过江苏省定考核标准。全市一般公共预算支出61.49亿元，同比增长14.40%，确保各项税收优惠政策落地。财政改革全面深化，法治财政建设路径更加清晰。综合治税平台建设工作被泰州市局评为一等奖。积极推进预算制度改革，10个试点部门的年度预算和"三公"经费预算均已向社会公开。教育实践主题活动贯穿全年财政工作，连续第3年被江苏省财政厅评为法治财政标准化建设先进单位，并被确定为全省法治财政标准化建设示范点。继续推进文明单位建设工作，被江苏省文明委表彰为江苏省文明单位。

靖江市物价局

2014年，市物价局以深入开展党的群众路线教育实践活动为统揽，认真履行部门职能，深化价格改革，维护市场价格秩序，助力经济发展。全力推进价格调控目标责任落实，深化重要民生价格，利用各种媒介“晒”价格。积极主动应对价格异动，监督“稳价保供”，打击趁机提价行为，有力维护市场价格稳定。深入开展平价商店建设，为市民节支487.89万元，受益人数293.30万人次。强化价格管理，缓解民生价费矛盾。在泰州市率先实施县级公立医院医药价格综合改革成果评估，扎实开展收费单位诚信等级评价，积极规范停车服务价格，持之以恒规范教育收费行为。强化价格认证服务，受理各类价格鉴证576件，认证总额近2.50亿元。大力整顿和规范价格秩序，加大查处力度，维护市场价格秩序。开展价格诚信活动，倡导明码实价，为促进全市经济和社会健康发展发挥积极作用。实施经济制裁728.52万元，创历史新高。

局长陈兴（左四）上党课

组织开展价格政策宣传、价格维权活动

开展商品房明码标价专项检查

服务农村

开展首届羽毛球比赛

靖江市城市管理局

2014年，市城管局以党的群众路线教育实践活动和各类创建活动为载体，扎实开展城市环境整治，稳步推进重点项目建设，着力加强城管队伍管理。根据省市部署，牵头开展以“九整治、三规范、一提升”（九整治：1. 城郊结合部 2. 城中村 3. 棚户区 4. 老旧小区 5. 背街小巷 6. 城市河道 7. 低洼易淹易涝片区 8. 建设工地 9. 农贸市场；三规范：1. 经营疏导点 2. 停车设施 3. 户外广告；一提升：长效管理提升城市品质）为主要内容的城市环境综合整治，完成整治项目113个。按照城市管理标准，开展江平路长里段整治，组织立面出新，改造道路和绿化，拆除杂乱广告，清理门前出摊和占道堆物。开展户外广告整治，推进广告阵地（设施）使用权公开出让，全年共出让4批14处，配合创建设置公益广告18处。完成市数字化城管监督指挥平台建设，并投入运行。配合住建部门完成迎春桥等4处停车场绿荫式改造，对骥江东路等7条道路施划临时停车泊位，新增停车泊位1000余个。强力推进工地管理规范化、渣土处置公司化和运输车辆密闭化，完成车辆密闭化改造30余辆，注册运输公司5家。推动成立市城管委，构建以城管委为平台，以数字化城管为依托的“大城管”工作机制，先后制定出台《城管委议事规则》《数字化城管指挥手册》《数字化城管考核办法》等工作制度。不断探索长效管理举措，出台《城市网格化管理实施方案》，调整人员配备，全面推进网格化管理。

城市管理委员会召开第一次全体会议

推进党的群众路线教育实践活动

春江花城创建省级城市管理示范社区通过省级验收

新老渔婆市场间开辟接送班车

数字化城市管理平台开通运行

靖江市民政局

靖江元林老年大学开学典礼

2014年，众多惠民工程完工并投入使用，为广大民政对象带来新的福祉。儿童福利院（光荣院）建成投入使用，为在院老人、孤儿（弃婴）打造全新的幸福家园；未成年人保护中心建成投入使用，为困境中的未成年人提供温馨的庇护场所；泰州市首家老年大学元林老年大学建成招生，为老年人老有所学、老有所乐增添新的平台；军干所迁进新址，为军休干部晚年生活打造崭新的休养乐园。率先在泰州建成覆盖全镇的13家慈善超市，为困难对象构建便捷救助通道。

改造一新的军队离退休干部休养所

未成年人救助保护中心大楼

儿童福利院（光荣院）建成投入使用

慈善超市

元林老年大学

靖江市农业委员会

与扬州大学农学院签订产学研合作协议

农业示范园区建设成效显著

2014年，靖江农委科学应对复杂形势，主动迎接各类挑战，围绕农业转型升级发展，全力推进农业基本现代化进程，顺利完成年初确定的各项目标任务，全市农业经济发展保持良好态势。全年实现农业总产值35亿元，粮食总产33.90万吨，农村居民可支配收入16570元，同比分别增长6.90%、0.92%、11%。是年，部门工作获泰州市农业系统目标管理考核一等奖，市农委获全市机关绩效考评先进单位。

保障市民“舌尖上的安全”

种植大米走上品牌之路

农业科技指导送到田头

侯斌获全国动物防疫技能大赛第一名

部分组织机构简称、全称对照表

简称	全称
市委	中共靖江市委员会
市人大常委会	靖江市人民代表大会常务委员会
市政府	靖江市人民政府
市政协	中国人民政治协商会议江苏省靖江市委员会
市纪委	中共靖江市纪律检查委员会
市人武部	中国人民解放军江苏省靖江市人民武装部
市法院	靖江市人民法院
市检察院	靖江市人民检察院
市委办公室	中共靖江市委员会办公室
市委农工办	中共靖江市委农村工作办公室
市委政法委	中共靖江市委政法委员会
市委党校	中共靖江市委党校
市综治委	靖江市社会管理综合治理委员会
市综治办	靖江市社会管理综合治理委员会办公室
市文明委	靖江市精神文明建设指导委员会
市委机关工委	中共靖江市委市级机关工作委员会
市史志档案办	靖江市党史方志档案办公室
市委台办	中共靖江市委台湾工作办公室
市委老干部局	中共靖江市委老干部局
市政府办公室	靖江市人民政府办公室
市发改委	靖江市发展和改革委员会
市法制办	靖江市人民政府法制办公室
市经信委	靖江市经济和信息化委员会
市编委办	靖江市机构编制委员会办公室
市科技局	靖江市科学技术局
市人社局	靖江市人力资源和社会保障局
市农委	靖江市农业委员会
市城管局	靖江市城市管理局
市人口计生委	靖江市人口和计划生育委员会
市环保局	靖江市环境保护局
靖江开发区	靖江经济技术开发区
市广电台	靖江市广播电视台
市供销总社	靖江市供销合作总社
市国资办	靖江市政府国有资产监督管理办公室
市建工局	靖江市建筑工程局
市民宗局	靖江市民族宗教事务局
市人防办	靖江市人民防空办公室
市机关事务局	靖江市机关事务管理局
市外办	靖江市人民政府外事办公室
市侨办	靖江市人民政府侨务办公室
市政务办	靖江市政务服务管理办公室
市安监局	靖江市安全生产监督管理局
市关工委	靖江市关心下一代工作委员会
市招标办	靖江市招标投标办公室
市住建局	靖江市住房和城乡建设局
市文广新局	靖江市文化广电新闻出版局
市口岸办	靖江市口岸工作办公室
市招管办	靖江市招标采购监督管理办公室
市能源办	靖江市能源办公室
市环卫处	靖江市市容环境卫生管理处

市电管办	靖江市电力管理办公室
市国税局	江苏省靖江市国家税务局
市地税局	泰州市靖江地方税务局
市供电公司	江苏省电力公司靖江市供电公司
市市场监督局	靖江市市场监督管理局
市食药监局	靖江市食品药品监督管理局
市国检局	中华人民共和国靖江出入境检验检疫局
靖江海关	中华人民共和国靖江海关
靖江国调队	国家统计局靖江调查队
移动靖江分公司	中国移动通信集团江苏有限公司靖江分公司
电信靖江分公司	中国电信股份有限公司靖江分公司
联通靖江分公司	中国联合网络通信有限公司靖江市分公司
人行靖江支行	中国人民银行靖江市支行
银监会靖江办事处	中国银行业监督管理委员会泰州监管分局靖江办事处
农发行靖江支行	中国农业发展银行靖江市支行
工行靖江支行	中国工商银行股份有限公司靖江支行
农行靖江支行	中国农业银行股份有限公司靖江市支行
中行靖江支行	中国银行股份有限公司靖江支行
建行靖江支行	中国建设银行股份有限公司靖江支行
交行靖江支行	交通银行股份有限公司靖江支行
浦发行靖江支行	上海浦东发展银行股份有限公司靖江支行
市农村商业银行	江苏靖江农村商业银行股份有限公司
长江商业银行	江苏长江商业银行股份有限公司
靖江边检站	靖江边防检查站
人保财险靖江支公司	中国人民财产保险股份有限公司靖江支公司
邮储银行靖江支行	中国邮政储蓄银行靖江市支行
南京银行靖江支行	南京银行股份有限公司靖江支行
市国资办	靖江市人民政府国有资产监督管理办公室
靖城街道办	靖城街道办事处
市政府城南办	靖江市人民政府城南办事处
市政府滨江新区办	靖江市人民政府滨江新区办事处
国寿靖江支公司	中国人寿保险股份有限公司靖江支公司
太保寿险靖江支公司	中国太平洋人寿保险股份有限公司靖江支公司
申万宏源证券靖江营业部	申万宏源证券股份有限公司靖江骥江路证券营业部
市烟草局	江苏省靖江市烟草专卖局
市盐务局	靖江市盐务管理局
省靖中	江苏省靖江高级中学
市电大	泰州市广播电视大学靖江分校
省靖江中专	江苏省靖江中等专业学校
民盟靖江市基层委员会	中国民主同盟靖江市基层委员会
团市委	中国共产主义青年团靖江市委员会
市妇联	靖江市妇女联合会
市科协	靖江市科学技术协会
市文联	靖江市文学艺术界联合会
市工商联	靖江市工商业联合会
市残联	靖江市残疾人联合会
市侨联	靖江市归侨侨眷联合会
市私个协	靖江市私营个体经济协会
市武警中队	武警靖江市中队
市消防大队	武警靖江市消防大队
靖江引航站	长江引航中心靖江引航站
市烹协	靖江市烹饪餐饮行业协会
市一中	靖江市第一高级中学
市交通局	靖江市交通运输局

目　录

特　载

专　记

大　事　记

靖江概貌

中国共产党靖江市委员会

靖江市人民代表大会常务委员会

靖江市人民政府

政协靖江市委员会

民主党派·群众团体

法　治

军　　事

财政·税务

综合管理与监督

沿江开发·跨江联动

工业·建筑业

农 业

商贸服务业·房地产业

港口·口岸·开放型经济

银行·保险·证券

信息化建设与服务

城乡建设·环境保护

水利·交通·电力·邮政

科技·教育

文化·传媒

卫生·体育

社会民生

群众调查

凡人善举·新人新事

街道·办事处·镇概况

人物·荣誉栏

文件选编

统计资料

附　录

索　引

补 白

彩页目录

Table of Contents

Jingjiang Municipal Committee of the Chinese People´s Political Consultative Conference

Democratic Parties · Mass Groups

Rule of Law

Military

Finance · Taxation Affairs

Comprehensive Administration and Supervisor

Development Along the Yangtze River · Combined Action Across the Yangtze River

Industry · Building Industry

Agriculture

Business Services · Real Estate Industry

Harbor · Port · Open Economy

Banking · Insurance · Securities

Information Construction and Service

Urban and Rural Construction · Environment Protection

Water Conservancy · Transportation · Electric Power · Post

Science Technology · Education

Culture · Mass Media

Health · Sports

Social Life

Public Opinion Investigation

Human Kindness · Moral Models

Sub-district Offices · Towns

Figures · Honors

Collection of Documents

Statistics Data

Appendices

Index

重树苏中标杆 率先融入苏南 奋力谱写靖江经济社会发展新篇章(摘要)

——2015年1月7日在中共靖江市委十一届八次全体(扩大)会议上的讲话

泰州市委常委、靖江市委书记 倪 斌

一、回顾总结上年工作,坚定"重树苏中标杆,率先融入苏南"的目标追求

2014年,全市上下积极应对复杂严峻的宏观形势,扎实做好稳增长、调结构、促改革、抓创新、惠民生各项工作,经济社会发展取得新业绩。主要体现在以下五个方面。一是千方百计稳增长,经济实力持续攀升。预计全年实现地区生产总值713.5亿元,其中本级666.5亿元,同比增长10.6%;公共财政预算收入59亿元,其中本级54亿元,同比增长9.2%;税收增幅高于泰州全市1.7个百分点、高于泰州市区3.2个百分点,税收占比高于泰州全市1个百分点;固定资产投资407.5亿元,其中本级374.1亿元,同比增长26.4%;实现港口货物吞吐量9150万吨,其中外贸货物吞吐量上升54.9%。列统工业开票销售730亿元,同比增长8.1%;服务业增加值316亿元,

占GDP比重达43.3%,比上年提高1个百分点;农业现代化水平持续提升,粮食总产达33.9万吨,新增土地流转面积1333.33公顷、高效设施农业面积800公顷,新创泰州市级农业科技示范园区3家。全国百强县(市)排名跃居第26位。二是突出重点抓改革,体制机制释放活力。行政审批制度、现代市场体系、金融创新、财税体制等重点领域改革扎实推进,行政效能持续提升,中介服务日趋规范,市场活力不断激活。建立并公布行政权力、行政事业性收费等清单,实行政务服务与公共资源交易一体化管理。一次性取消和减少行政许可、行政审批事项180项,优化部门审批流程环节171个,平均办结时限压缩三分之一。完成市场监督体制改革,推行"三证合一"登记,在泰州地区率先启动企业注册登记"四证一体"(工商营业执照、组织机构代码证、国税登记证、地税登记证)模式,新增市场主体5939户。综合治税平台有效运行,"营改增"试点不断扩大。金融体系更加健全,服务实体经济功能进一步提升,设立中小企业转贷专项资金,省金融生态优秀市创建通过验收。三是一着不让促转型,发展后劲得到增强。实施3000万元以上项目228个、亿元以上技改项目40个。高新技术产业产值同比增长13.1%,高于GDP增幅2.5个百分点,占列统工业比重持续提升;新增高新技术企业11家,成为全省创新型试点市。推进专利攻坚行动,获专利授权2335件,增长133%。紧紧围绕"一核两带两链"("一核":围绕中心城区,打造服务业集聚核。"两带":围绕沿江公路,打造滨江产业集聚带;围绕新江平线,打造现代农业集聚带。"两链":围绕姜八线,打造城市产业链;围绕长江、古镇、农业资源,打造以孤山、季市、生祠、马洲岛、滨江风景区等为重点节点的生态旅游链。)抓产业招商、项目布局,举办上海投资说明会、央企靖江行、北京投资恳谈会等活动,成功签约中德绿港国际产业园等31个项目,合计内资40亿元、外资7亿美元。中纺、中铁建、中船重工、中谷海运等央企重大项目正在跟进洽谈,目前在谈重大意向性项目16个,预计投资总额近150亿元。中小企业园二期加快推进,入驻项目17个,预计今年可实现开票销售15亿元以上。常州大学怀德学院整体迁址靖江,首开苏中、苏北县级市承办本科高校先河。"联姻"五家高校和中科院科研院所,在全省县级市中率先成立产业技术研究院,6家技术转移分中心投入运营。与泰州南京理工大学研究院、常州大学怀德学院签约共建市先进焊接技术应用中心。资本市场"靖江板块"加速形成,三鹏科技、尚香食品在上海股交中心挂牌;万林现代物流即将上会,今年一季度可望主板上市;华达科技已报会正式受理;上市后备梯队近30家。四是以人为本重统筹,民生改善加快步伐。预计实现城乡居民人均可支配收入分别达33 980元、16 570元,同比分别增长9.5%、11%。扎实推进广靖高速靖江互通改扩建、公新公路拓宽改造、体育中心、上五圩汽渡等26项城建重点工程,公共交通加快发展,城市管理不断精细,承载功能不断增强。全面开展老旧危楼排查工作,推进老城区危旧房屋和城中村改造。成功获评全国文明城市提名城市,卫生城市创建通过国家级技术评估,国家园林城市、环保模范市、生态市创建通过省级验收。创成省义务教育优质均衡示范市,实现标准化村级卫生室全覆盖,老年大学投用开学。社会管理水平不断提升,获评全国"六五"普法中期先进市、省社会治安安全市。高度重视生产、生态、生活安全,社会大局持续保持稳定。迅速有效处置突发饮用水水体异味事件,第一时间启用备用水源,48小时内全面恢复供水,充分展示了市委、市政府的处突能力和应急水平,得到广大市民和省级主流媒体好评。五是从严从紧转作风,管党治党务实有效。扎实开展群众路线教育实践活动,强力实施"中梗阻"清障专项行动,处理各类"庸懒散"问题61个,群众满意度不断提升。以支部为单位、以各级领导班子和领导干部为重点,深入开展"解放思想再发力、重树标杆勇攀登"专题大讨论大落实行动,全市上下创先争优热情进一步迸发。认真落实"两个责任",严格执行作风建设各项规定,反腐倡廉工作取得新成效。

最近,习近平总书记在江苏调研时发表了重要讲话,殷切希望江苏认真落实中央各项决策部署,积极适应经济发展新常态,紧紧围绕"两个率先"的光荣使命,协调推进全面建成小康社会、全面深化改革、全面依法治国、全面从严治党,努力建设经济强、百姓富、环境美、社会文明程度高的新江苏,并明确要求江苏在推进经济发展、现代农业建设、文化建设、民生建设、全面从严治党等五个方面迈上新台阶。12月22—24日,省委十二届九次全会就深入学习贯彻总书记重要讲话精神作出全面部署，要求各级党组织把学习贯彻总书记重要讲话精神作为当前最重要的政治任务，把总书记重要讲话作为党委（党组）中心组学习的核心内容，作为党员干部培训的核心内容，作为新闻宣传的核心内容，使讲话精神成为江苏工作的根本遵循和行动指南。要把学习贯彻总书记视察江苏重要讲话精神，与全面贯彻落实总书记系列重要讲话精神紧密结合，融会贯通、笃信笃行，更好地武装头脑、指导实践、推动工作。对于靖江而言，确保总书记重要讲话精神落地生根、开花结果，最为迫切的任务，就是要让总书记重要讲话精神成为推动靖江经济社会跨越发展的思想引领和力量之源。

当前，世界经济仍处于国际金融危机后的调整期，呈现出分化、波动、变革的明显特征。国内经济发展开始发生深层次嬗变，处于“三期叠加”（增长速度换档期、结构调整阵痛期、前期刺激政策消化期）阶段，进入新常态。从大的走势判断，经济发展有**“两个没有改变”**，也有**“两个改变”**，即仍处于大有作为的重要战略机遇期的判断没有改变，改变的是重要战略机遇期的内涵和条件；经济发展总体向好的基本面没有改变，改变的是经济发展方式和经济结构。认识新常态，适应新常态，引领新常态，是当前和今后一个时期经济发展的大逻辑，关系到靖江能否把握机遇、赢得主动，能否趋利避害、快速突围。*认识新常态，是基础、是前提*。需要把思想和行动统一到中央的判断上来，深刻理解“新常态”九大特征、八个“更加注重”的丰富内涵，准确把握宏观层面速度变化、结构优化、动力转化的大趋势，准确把握靖江自身爬坡过坎、转型倒逼、优势重构的小气候，既要沉着应对挑战，化解各类风险，保障发展稳定；更要主动抢抓机遇，放大比较优势，实现“弯道超车”。*适应新常态，是关键、是核心*。需要跳出“不重视新常态、不研究新常态、借口于新常态”的误区，切实转变思想观念，创新发展、集约发展、科学发展，始终把项目突破、深化改革、依法治市、从严治党作为工作的新常态。*引领新常态，是主线、是目标*。需要牢固确立“重树苏中标杆，率先融入苏南”的目标追求，始终把加快发展作为解决一切问题的根本途径，战略上保持定力，战术上积极主动，努力实现发展速度、发展质量与民生红利的有机统一。

“重树苏中标杆，率先融入苏南”，是靖江经济社会发展各项工作的新定位，是今后一段时期的根本要求。**“重树苏中标杆”**，就是要瞄准泰州当第一、苏中争第一，切实增强争先领先的责任使命，树跨越赶超之志，谋跨越赶超之策，通过3—5年的努力，不仅在项目突破、经济总量上走在前列，还要在改革创新、发展质量上领跑苏中，以强大的爆发力、强劲的加速度，重新确立苏中领头羊地位。**“率先融入苏南”**，就是要坚持取苏南之长、补靖江之短，学苏南之优、创靖江之新，把宜兴作为标杆，坚持差别竞争、特色取胜，策应长江经济带新战略，探索联动开发新路径，增创产业发展新优势，在苏中地区率先赶上苏南“第一方阵”发展水平，与苏南强市“齐步走”“同期声”。要深刻领会“重树苏中标杆，率先融入苏南”的目标内涵，不断激发比学赶超的激情，在对标找差中负重奋进，在“你追我赶”中争当一流，掌握主动权，打好主动仗。

“重树苏中标杆，率先融入苏南”，非一朝一夕之功，非一蹴而就之成。市委提出，**“重树苏中标杆，率先融入苏南”实施“三步走”战略：第一步，通过3年左右的努力，主要经济指标增速和总量实现苏中领先；第二步，通过5年的努力，主要经济指标总量实现苏中第一；第三步，通过8年的努力，发展速度、发展方式、发展质态率先融入苏南“第一方阵”，实现融合、同步、错位发展。**在当前复杂严峻的宏观形势下，谁快人一步，就能赢得主动、力拔头筹；谁挺得过去，就会柳暗花明、豁然开朗。要扣紧“三步走”序时任务，咬定青山不放松，一张蓝图绘到底，以“建功必须有我”的决心、“功成不必在我”的理念、“成事追求忘我”的境界，一步一个脚印，一年一个台阶，奋力迈出“重树苏中标杆，率先融入苏南”的坚实步伐。

今年是“十二五”收官年、“重树苏中标杆，率先融入苏南”起步年，也是项目突破年、改革深化年。做好今年工作，任务艰巨，意义重大。今年工作的总体要求是：坚持以党的十八大、十八届三中、四中全会和省委十二届九次全会、泰州市委四届八次全会精神为指导，紧紧围绕“1211”（以项目建设为主抓手，扭住经济建设这一中心不动摇；统筹推进深化改革和依法治市“两个轮子”起转；切实强化党要管党、从严治党这一根本保证；坚定不移把改善民生作为一切工作的出发点和落脚点）工作布局，主动顺应新常态，积极挖掘新动力，努力创造新亮点,促进经济社会平稳健康发展,为加快实现“重树苏中标杆,率先融入苏南”目标奠定坚实基础。今年的主要工作目标是:力争地区生产总值增长11%、公共财政预算收入增长10%,固定资产投资增长23%以上,城乡居民收入与经济保持同步增长。确立这样的目标,既考虑到宏观环境、经济周期等因素的影响,也体现高点定位、自我加压、勇于争先的要求,全市上下务必认真领会,狠抓落实,确保完成。

二、全面推进项目大突破,为“重树苏中标杆,率先融入苏南”配置主力引擎

项目是发展的生命线。没有项目的大突破,就没有发展的大跨越。*要充分研判区域发展的逼人态势,切实增强项目突破的危机感。*区域的竞争,说到底就是项目数量和质量的比拼。“十二五”以来,全市实施亿元以上项目数分别占宜兴、启东、如皋的35%、54%、72%,有效投入不足已成为靖江与苏南标兵拉开差距、在苏中领先优势弱化的主要原因。如果还不在有效投资、优质项目上狠下功夫,区域经济版图就会越来越往不利于靖江的方向重构。*要深刻剖析全市经济发展的薄弱环节,切实增强项目突破的紧迫感。*当前,发展不充分仍然是全市最现实最突出的矛盾,经济总量提升不快、产业结构不够优化、新增动力尚未形成,迫切需要抓好一批增长点、支撑点,迫切需要抓好一批大项目、好项目,为跨越发展提供有力支撑。*要准确把握新的发展定位,切实增强项目突破的责任感。*“重树苏中标杆,率先融入苏南”,不能靠常规发展,不可能自然实现,唯有牢牢抓住项目建设这个“龙头引擎”,才能重构经济版图、赢得区域竞争,才能凸现产业优势、实现跨越发展。为此,把今年确定为“项目突破年”,设立“项目突破奖”,近期还将召开全市项目大突破推进会,就是要在全市上下迅速掀起项目建设新热潮,突破窠臼、突出重围,跳出老路、趟出新路,努力实现有效投入撑杆跳、项目建设快突破、经济发展大跨越。

*1. 围绕“方向更明”,在项目谋划上下功夫、快突破。*思路决定出路,方向引领走向。推进项目突破,要找准定位、选准方向,放大优势、科学谋划。要明确主攻方向。重点瞄准央企投资布点和世界500强、民企500强,用足用好国家级开发区及一类开放口岸平台,做到**“三紧扣、三主攻、三不要”**:紧扣产业转移趋势,主攻一批基地型、龙头型、带动型项目;紧扣主导产业优势,主攻一批延长、强化产业链的配套项目;紧扣产业提升态势,主攻一批战略性新兴产业项目。这里,再次强调:**影响生态和环境的项目不要,低效益、低产出的项目不要,“跑马圈地”的项目不要。要优化项目布局。**依据“一核两带两链”的功能分区,按照“同类企业相对集中、配套产业相对靠近”的工作思路,制定完善特色产业发展规划,形成更为合理的产业布局。加强特色园区建设,突出规划引导、明晰发展定位,积极打造高端装备制造、高新技术、科教等一批特色产业园,加快建设木材、粮油等产业园和中小企业园三期,形成集中集约、差异发展、优化整合的格局。要调高目标追求。项目突破激战正酣,竞争态势咄咄逼人。“百舸争流,奋楫者先”。必须坚持高点定位,强化争先意识,努力在总量规模上率先突破、在质量效益上率先提升,力争全年产业项目总投资突破400亿元,投资增幅领跑苏中。

*2. 围绕“举措更实”,在招商选资上下功夫、快突破。*推进项目大突破,招商选资是重中之重。要坚持以创新的理念和思路开展招商选资工作,进一步整合力量、强化落实、严格奖惩,充分调动各方面有利因素,努力以更高水平的招商选资带动项目突破。要整合招商力量。挖掘招商资源,延揽招商专才,放宽用人视野,探索弹性用工机制,搭建市、镇、企三级招商网络,组建专业化招商团队;发挥人大代表、政协委员及社会贤达资源优势,广泛汇聚招商信息。要凝聚招商合力,各镇(街道、园区、办事处)、经济部门是招商选资主力军,要投入重兵、选派精兵进入主战场;其他部门要发挥各自优势,主动出兵、协同作战,努力形成上下一心抓招商、全员参与谋项目的生动局面。要改进招商方式。常态跟踪长三角、京津冀、珠三角等重点区域,着重对接欧美、日韩、港台等国家地区的产业,确保境内招商常态化、境外招商不断线。灵活开展专题招商、驻点招商、网络招商,积极探索中介招商、委托招商等形式,推进招商工作多元化、立体化。充分挖掘在靖企业资源,通过“以商引商”“以企引企”,吸引关联项目落户,拓宽招商渠道,提升招商效率。要严格考核奖惩。制定招商引资考核奖惩办法,重奖落地项目引荐单位和个人。完善项目建设的责任机制和督查考核机制,制定重大项目督查推进办法,细化任务分解,明确时序

节点，坚决实行责任追究，形成“千斤担子大家挑、人人身上有压力”的良好氛围。

3.围绕“活力更强”，在转型创新上下功夫、快突破。推进项目大突破，既要眼睛向外，积极招引外来项目；又要内部挖潜，加快在靖企业裂变增长，为推进项目突破提供源头活水、增强内生动力。力促企业科技创新。依托市产业技术研究院和怀德学院两个平台，构建完善产学研深层次、常态化合作机制；加快先进焊接技术应用中心等平台建设，催生一批技术先进、市场潜力大的技术成果转化项目。促进企业自主创新，支持骨干企业建立技术中心、研发中心等公共服务平台，形成自主开发技术的创新体系，推动产业向价值链高端攀升。全面实施“人才强市、人才强企”战略，以“一卡通”“购房券”“科技人才公寓”等优惠举措，吸引更多优秀人才、带动更多优质项目集聚落户靖江。力促企业资本融合。抢抓 IPO 注册制改革、创业板改革等机遇，加快企业资本股份制改造，推动资产资本化、资本股份化、股份上市化。加快万林现代物流、华达科技等一批企业上市步伐，力争 3 年内新增境内外上市企业 3 家以上，新增挂牌转让企业 20 家以上，上市挂牌后备企业库进一步充实，不断壮大资本市场的“靖江板块”。力促企业高位嫁接。策应央企国企股份多元化改革，引导相关企业参与市场嫁接，实现规模扩张。支持骨干企业围绕行业知名品牌，攀高附强、借船出海，通过品牌嫁接，提高产品知名度、市场占有率。坚持顶天立地、铺天盖地两手抓，加快构建新型创业主体，不断完善创业服务体系，推动全民创业由总量扩张向量质并举转变。

4. 围绕“环境更佳”，在优化服务上下功夫、快突破。发展环境是形象，更是竞争力。要坚决克服一切影响项目建设的不利因素，把优质服务贯穿项目建设全过程，全力打造政策最优、服务最佳、成本最低的营商环境。做优政策环境。整合各类优惠奖励政策，充分发挥财政资金的导向作用和最大效益，不断彰显靖江比较优势。对新引进项目和现有企业新上项目，制定落实统一的奖励扶持政策，促进引进项目落户落地、现有企业做大做强。建立项目综合评审机制，对拟落户项目税收贡献、投资强度、社会就业等进行综合评估，作为项目签约、要素供给、政策扶持的重要依据。做强要素环境。积极采取上争点供计划、“腾笼换鸟”、建设标准化厂房等模式，扩充增量、盘活存量，最大程度破解项目用地瓶颈。充分发挥金融服务实体经济作用，推进金融资本与企业、项目需求的有效对接，创新融资模式，拓宽融资渠道。建立企业用工保障机制，强化重点企业、重大项目的用工保障。积极对接上争盐泰锡宜、北沿江沪宁城际铁路过境，不断优化“水公铁”一体的区域交通格局。做好服务环境。建立月度企业家座谈会、项目督查推进会制度，深入开展促进中小企业转型升级“六大服务提升行动”、服务业“1234”行动计划，常态关注、及时解决企业发展难题。执行领导挂钩联系制度，落实“一名领导、一个联系部门、一个重点企业、一个重大项目、一个服务班子、一套工作方案”。健全重大项目联席会议制度，确保签约项目早落地、落地项目早开工、开工项目早投产。

三、全面推进改革再深化，为“重树苏中标杆，率先融入苏南”激发创新活力

当前，改革攻坚与转型升级正进行一场“赛跑”，形势越是困难，改革越要迈出坚实步伐。全市上下要以“改革深化年”为抓手，以重点突破带动整体推进，以创新举措激发改革实效，紧紧把握改革时间窗口，敢于先行先试、争取后发先至，通过改革的领先赢得发展的率先。

1. 着眼攻坚克难，纵深推进重点领域改革。市委十一届七次全会围绕构建科学发展体制机制，全面部署了行政审批制度、现代市场体系、金融创新、财税体制等四大重点领域改革。这四项改革是全市全面深化改革的“重头戏”，今年必须要有突破性进展、取得实质性成效。要增强改革自觉。重点领域改革共有 120 项具体举措，改革的路线图、任务书已经十分明确。总体来看，各项工作有序推进，但在部分领域仍然存在“久闻其声、未见其人”的现象。一定要转变“不敢改、不会改”的思想观念，厘清“改什么、怎么改”的操作路径，打破部门壁垒、层级界限、资源屏障。各级领导要把抓改革举措落实作为一项政治任务，按照“谋划要实、推进要实、督查要实、反馈要实”的要求，强化责任担当，加大推进力度，在改革攻坚中身体力行、当好表率。要突出关键环节。行政审批制度改革方面，要加紧完善“五份清单”（行政审批事项目录清单、市级行政权力事项清单、投资准入“负面清单”、政府部门专项资金管理清单、行政事业性收费目录清单），加快政务服务平台建设,全力推进“三集中”审批,进一步清理规范中介市场;现代市场体系改革方面,要探索“负面清单”管理,健全市场监管机制,完善土地、技术、排污权等要素交易市场;金融创新改革方面,要完善金融服务体系,增强地方骨干金融企业竞争力,着力缓解中小企业融资难;财税体制改革方面,要大力化解政府性债务,积极运用PPP合作等模式,探索实践融资新途径。要按照试点方案的要求,有序推进新桥镇简政放权改革。要狠抓督查推进。对今年改革重点任务,要进一步细化目标、落实责任,明确具体的成果形式和时间安排。领导小组、改革办、专项小组要切实履行职责,统筹协调改革力量,优化配置改革资源,形成改革强大合力。市委督查室要发挥督促检查的导向作用,落实督办责任制和评估机制。健全改革考核评价办法,设立“改革创新奖”,形成正向激励、倒逼压力和责任约束,确保改有所进、改有所成。

2. 坚持以点带面,协调推进其他领域改革。全面深化改革是一项系统工程,是各个领域改革的联动和集成。要充分发挥重点领域改革的牵引和带动作用,统筹谋划城建、农村、民生等其他领域改革,在改革广度上做文章。要改优城镇建设模式。面对新常态下的“紧约束”,城镇建设要从大拆大建向节约集聚理性回归,走控制边界、融合提升的内涵式发展之路。要科学论证城建规模、合理安排项目序时,整合利用资源、提高资金效率,将有限的资源用在急需补课的基本建设上,用在城市功能的完善提升上。新城建设要坚持“统筹规划、不留遗憾,稳中求进、商贸先行,龙头带动、善作善成”,确保建一片、成一片,提高新城首位度。老城改造要坚持“保留肌理、分片推进,优化环境、有序出新,传承文脉、留住记忆”,让老城居民充分享受现代生活。小城市建设要坚持“公共设施先行、功能配套先行、产业集聚先行”,走紧凑型、集约型发展之路。集镇建设要坚持“特色、精致、宜居、生态”,在做优形象、做美环境上实现提升。要改活农村经营方式。全面推开农村综合改革,围绕公共产品和公共服务均等化,加大新型社区管理、农村居住环境、现代农业发展等五项服务机制创新力度,总结提炼一批可推广、可复制的制度性成果。加快农村产权制度改革,全面完成农村土地承包经营权确权登记颁证工作,发挥市镇两级农村产权流转交易平台作用,促进农村产权规范有序流转。稳妥推进农村宅基地、承包经营权抵押融资试点,激发农村各类生产要素的活力。大力发展农村新集体经济,着力培育新型农业经营主体,扎实推进农业科技示范园区建设,积极发展特色化、品牌化农业项目,全力保障重要农产品有效供给。要改进民生发展理念。改革要站稳群众立场、回应群众关切。一方面,要“兜住底线、抓好主线、做优长线”,不断完善城乡医保、社保等制度,加快实现人人享受社会保障目标;加大就业创业扶持力度,建立企业欠薪风险管控机制;着力解决群众关注的民生热点、难点问题,让人民群众共享改革发展新成果。另一方面,要坚持尽力而为、量力而行,科学引导社会合理预期,不作兑现不了的承诺、不作不可持续的决策,坚决杜绝“好心办坏事”。关于民生幸福和全民创业具体工作,春节后市委、市政府将作专题部署。

3. 遵循改革规律,有序推进深化改革进程。全面深化改革,必须把准改革脉搏,把握内在规律,确保改革稳中求进、蹄疾步稳、取得实效。要处理好充分放权与加强监管的关系。把能取消的审批坚决取消,能下放的权力坚决下放,既注重数量,更注重质量,让群众和企业真切感受到改革带来的实际效果。在做好“减法”的同时,要做好“加法”。按照“定标准、严监管、重处罚”的思路,创新监管机制和方式,加强事中、事后监管,进一步理顺职责关系,整合监管力量,健全监管网络,落实监管责任,真正把该管的事管住、管好。要处理好规定动作与自选动作的关系。不折不扣地执行好、落实好上级部署的改革事项,把规定动作做足、做实,确保不走形、不变样。同时,要创新自选动作,在大政策框架下,结合靖江实际,不等不靠、积极作为,创造性地开展工作,能做的先做起来,能改的先改起来,以改革的主动赢得发展的先机。要处理好改革与稳定的关系。踩准改革发展稳定的平衡点,正确处理改革中各种利益关系,把改革的力度、发展的速度和社会的可承受度统一起来,把改革与改善人民生活、顺应群众期待结合起来。牢固树立底线思维,高度关注因征地拆迁、环境污染等引发的社会矛盾,高度关注因少数企业资金链断裂可能引发的行业性、区域性风险,高度关注生产安全、交通安全、食药品安全等,为改革发展营造良好的环境。

四、全面推进法治靖江建设，为“重树苏中标杆，率先融入苏南”强化法治保障

法治是改革发展的“压舱石”，是社会治理的“规矩”与“方圆”。这次全委会将讨论通过《关于推进依法治市、建设法治靖江的意见》，这是依法治国基本方略在靖江的落地生根。全市上下要把依法治市摆在工作全局的突出位置，始终贯穿于经济、政治、文化、社会、生态建设各领域，努力使法治成为靖江的城市特质和核心竞争力。

1. 突出依法行政关键，加快建设法治型政府。政府讲法治，群众才能得福祉，社会才能实现公平正义。要突出规范和约束行政权力这个核心环节，把好授权、界权、监督“三个关口”，坚决纠正不作为乱作为，坚决克服懒政怠政，坚决惩处失职渎职。围绕法定职责必须为、法无授权不可为，加快行政审批等重点领域改革，清除法外权力的“衍生品”，做到权自有据、用权合法。健全依法决策机制，严格落实公众参与、专家论证、风险评估、合法性审查、集体讨论决定等重大行政决策法定程序，积极推行政府法律顾问制度，建立重大决策终身责任追究制度及责任倒查机制，给施政行为戴上法治“紧箍咒”。深入推进政务公开，加强电子政务中心平台和政务服务平台建设，完善行政权力网上公开透明运行机制，加大重点领域和重大项目信息公开力度，确保行政权力始终在阳光下运行。建设法治靖江，首要在于领导干部。要深入实施“领导干部法治素质提升工程”，建立健全法治培训、干部任职法律考试、年度述法考评、行政负责人出庭应诉、旁听案件庭审等制度，教育引导各级干部增强法治观念、强化规则意识，摒弃“长官意志”“人治思维”和“拍脑袋”决策。

2. 严守公正司法防线，加紧提升司法公信力。当前社会矛盾正处于凸显期，公平正义日益成为全社会关注的焦点。司法机关必须充分发挥“公正天平”“正义之剑”的作用，切实提高人民群众对司法的满意度，努力让人民群众在每个司法案件中都感受到公平正义。要积极推进以审判为中心的诉讼制度改革，确保侦查、审查起诉的案件事实、证据经得起法律检验。主动适应法院案件受理由审查制向登记制的转变，做到有案必立、有诉必理，切实保障群众诉讼权益。深入推进审判公开、检务公开、警务公开，杜绝暗箱操作，不断增进公众对司法的了解、信赖和监督。强化执法监督，在执法办案各个环节设置“隔离墙”、通上“高压线”，依法规范司法人员与当事人、律师、特殊关系人、中介组织的接触与交往，坚决惩治司法掮客行为，防止利益输送。加强法律服务，加快构建全面覆盖、便捷高效的法律服务体系；完善司法救助，加大公共法律服务供给，切实解决好困难群众“打官司难”的问题。加强法治队伍建设，创新人才培养机制，优化教育培训机制，划好管理红线，严守公正底线，加快建设一支正规化、专业化、职业化的法治工作队伍。

3. 营造知法守法氛围，加速凝聚全社会共识。依法治市的基础在于全民守法。只有全社会人心思法、人心思治，才能形成法治靖江建设的强大力量。要深入推进“六五普法”，放大法治宣传“三建三行”（围绕特色村居建设的法治文化“镇村（居）行”，围绕平安和谐校园建设的法治文化“校园行”，围绕诚信守法企业建设的法治文化“企业行”）品牌，突出领导干部、执法人员、村居干部、企业经营者等重点群体，运用群众喜闻乐见、易于接受的方式，增强法治教育的实效性和感染力，使法治精神入脑入心、浸润人心。以全国文明城市创建为契机，加快建设以道德为支撑、以法律为保障的社会信用制度，突出金融、纳税、履约等重点，完善守法诚信褒奖机制和违法失信惩戒机制；开展美德善行系列活动，引导人们自觉履行法定义务、社会责任、家庭责任。法治社会，不是没有矛盾纠纷的社会，而是依法解决矛盾纠纷的社会。要健全依法维权和矛盾纠纷化解机制，严格落实信访维稳工作属地属管责任，完善矛盾预警、利益表达、协商沟通、救济救助等机制，引导和支持人民群众理性表达诉求、依法维护权益。全面推行社区网格化管理，科学划分管理网格，做到管理无缝隙、服务全方位。总结推广江阳社区支部、居民、物业管理、业主委员会“多委合一”和网格化管理的工作经验，完善社区治理架构。全面推行“政社互动”，建立社区工作准入制度，明晰政府部门与社区组织的权力边界和职责范围，实现政府管理和社会调节、居民自治的良性互动。

五、全面推进党要管党、从严治党，为“重树苏中标杆，率先融入苏南”提供坚强保证

党要管党、从严治党，是推进党的建设新的伟大工程的必然要求，也是实现各项目标任务的根本保证。这次全会还将讨论通过《关于全面推进党要管党、从严治党的决定》。要把从严治党贯穿于靖江改革发展全过程,贯穿于党的建设和党内生活各个方面,不断提升管党治党科学化水平。

1. 以鲜明的用人导向打造过硬干部队伍。为政之要,重在用人。干部队伍建设,既要严字当头管住管实,也要坚持标准用好用活,还要加油鼓劲干事成事。要全面贯彻落实中央和省委提出的“好干部”标准,**坚决不用理想缺失、信念动摇的人,坚决不用因循守旧、消极懈怠的人,坚决不用急功近利、脱离群众的人,坚决不用跑官要官、谋取私利的人,旗帜鲜明地选用工作面前敢为人先、雷厉风行的干部,考验面前敢于亮剑、挺身而出的干部,难题面前敢于负责、勇往直前的干部,矛盾面前敢于担当、善于突破的干部**。要落实“五要”要求从严管理干部。按照“管理要全面、标准要严格、环节要衔接、措施要配套、责任要分明”的要求,把从严管理干部作为全面从严治党的重点,始终放在心上,紧紧抓在手上。按照“管理要全面”的要求,实现从年轻干部到离退休干部全覆盖,特别是要管严管好身处关键岗位、掌握大量公共资源的干部;按照“标准要严格”的要求,突出干部的先进性和示范性;按照“环节要衔接”的要求,把行为管理和思想管理、工作圈管理和社交圈管理统一起来;按照“措施要配套”的要求,综合运用教育引导、制度约束、考核评价、监督检查等手段,区别情况采取针对性措施;按照“责任要分明”的要求,划分清楚干部管理的主体责任、直接责任、配合责任。要弘扬“为官有为”正道引导鼓励干部。当前少数干部一味感慨“为官不易”,认为“不做事就不出事”。干部就要干事,这是对干部的基本要求,是为官之“正道”。要继续深化“解放思想再发力、重树标杆勇攀登”专题大讨论大落实行动,不断在全市上下形成“严于律己比正气、履职尽责比奉献、创先争优比业绩、攻坚克难比担当”的政治生态,切实为发展做实事、为基层解难事、为群众办好事。旗帜鲜明反对政治自由主义,坚决做到“四不”,即不信小道消息、不传未经证实的消息、不转不严肃的政治类微信(短信)、不发与中央和省市委精神不一致的自由化言论。要按照“好干部”标准选好用好干部。牢固确立“以德为先、人岗相适、崇尚实干、鼓励创新、重视基层”的用人导向,大力选拔改革和发展需要的好干部。全面落实《干部任用条例》,建立健全领导班子和领导干部综合分析研判机制,树立看得见、摸得着的“风向标”。大力实施年轻干部“1521”培养工程,注重在项目建设、招商选资、维护稳定等前沿、一线发现和使用干部,为好干部成长打开广阔空间。

2. 切实加强党的基层组织建设。合抱之木生于毫末,九层之台起于累土。党的基层组织承担着联系群众、推进落实、服务发展的重要使命,要在“优设置、强服务、新机制”上花气力、做文章。要优化组织设置。深化村村、村企、村居、村站党组织联创联建,切实发挥党组织的堡垒和中坚作用,构建有利于创业富民的组织体系,逐步形成资源整合、优势互补、良性互动的发展模式,富裕一方百姓。主动适应产业布局、党员流向的新变化,加大在新型社区、非公有制经济组织等领域党建工作力度,积极组建行业协会党组织,全面推行“双报双推”(“双报”即指登记申报、年检年报,“双推”即指在登记申报时推动建立党组织,在年检年报时推动党组织发挥作用)制度,努力实现有效覆盖。要提升服务能级。在基层党组织中分类开展社区服务便民、“两新”组织发展惠民、机关务实为民活动。加强镇、村(社区)便民服务中心和党群服务站点建设,构建全方位、多层次的党组织服务体系。推行党员干部直接联系群众“十项制度”,推动党员干部与群众常联常紧、常走常亲。推进党代表工作室建设,建立党代表工作日制度,更好地服务普通党员和人民群众。要创新工作机制。建立压力传导机制,健全基层党组织书记党建工作责任考评体系。建立健全优秀基层党组织书记动态激励机制,定期选拔优秀村(社区)党组织书记享受镇事业单位人员工资及保险等待遇,让广大基层干部安心基层、干事创业。优化工作互动机制,利用网络新媒体,探索党建新模式,搭建互动新平台,增强党内活动吸引力。严格党员管理机制,做到能进能出,不断优化党员队伍结构,保证党组织的纯洁性、先进性。

3. 持续加强党风廉政建设和反腐败工作。廉政勤政是最大的德政,廉洁高效、风清气正是最好的发展环境,必须驰而不息、持续用力、抓实抓好。要坚持党要管党,制度化落实“两个责任”。完善党风廉政建设责任制考核办法,健全联席会议、督导检查、约谈诫勉、当面报告等制度,将“两个责任”具体化、程序化、制度化。围绕规范权力运行和防范廉政风险,加强重点领域、关键环节制度建设。要坚持抓细抓常，严防“四风”问题回潮。对教育实践活动和上级巡视中发现问题的整改落实工作实行“回头看”，逐条对照、逐项核查、逐个过关。紧紧围绕市委中心工作、重大决策部署，实施“问纪、问效、问绩”督查机制，持之以恒开展“中梗阻”清障专项行动，及时处理、通报各类“庸懒散”问题。要坚持宽严相济，引导干部干净大胆干事。严格落实“四个不”的刚性要求，坚持零容忍的态度不变、猛药去疴的决心不减、刮骨疗毒的勇气不泄、严厉惩处的尺度不松，重点查办发生在“易腐”领域、关键环节和群众身边的腐败案件。同时，要正确区分改革发展中因缺乏经验、先行先试出现失误与明知故犯违纪违法的界限，正确区分因受客观因素影响造成工作失误与不作为乱作为的界限，研究制定鼓励干部干事创业的责任豁免办法，确保广大干部干成事、不出事。

靖江市第十五届人大常委会工作报告(摘要)

——2015年1月14日在靖江市第十五届人民代表大会第四次会议上

靖江市第十五届人大常委会主任　高亚梓

2014年工作回顾

深入学习贯彻党的十八届三中四中全会精神。常委会牢牢把握坚持和完善人民代表大会制度、全面推进依法治国的方向定位，把监督思路及时转上，监督议题主动跟上，使常委会作出的每项决议决定，形成的每份审议意见，都有利于推进法治靖江、法治政府、法治社会建设。全年共召开常委会会议7次、主任会议5次，听取和审议“一府两院”专项工作报告21项，作出决议决定3件，组织视察、调研15次，依法任免地方国家机关工作人员36人次。

深入开展党的群众路线教育实践活动。常委会紧扣“为民、务实、清廉”主题，在抓好理论武装、凝聚共识的同时，充分发挥人大代表来自基层、联系群众的优势和作用，深入查找“四风”方面存在的突出问题，整理形成市人大群众路线教育实践活动7个方面24个问题目录清单。召开专题民主生活会，以整风精神开展批评与自我批评，在此基础上，精心编制常委会整改方案，明确整改责任主体和时间表，并在媒体上公示，逐条兑现对全市人民的承诺。

认真组织人民代表大会制度建立60周年纪念活动。常委会从增强人民群众对人民代表大会制度的了解、认同和自信的高度，科学谋划，精心组织，举办60周年专题讲座、知识竞赛、论文征集、四级人大代表专题访谈和优秀人大代表风采展示等系列活动，引导广大代表和群众充分认识人民代表大会制度是符合中国国情和实际、体现社会主义国家性质、保证人民当家作主、保障实现中华民族伟大复兴的根本政治制度，进一步坚定中国特色社会主义道路自信、理论自信、制度自信。

一、坚持围绕中心，助推率先融入苏南进程

推进经济健康平稳运行。密切关注经济运行质态。常委会专题听取和审议2014年上半年国民经济和社会发展计划及财政预算执行情况报告，在充分肯定市政府采取积极有效措施应对经济下行压力的同时，强调加强对宏观经济形势的研究和把握，尊重经济发展规律，主动适应经济发展新常态，强化经济组织管理，优化产业结构，加强要素保障，加快项目建设，突出科技支撑，提升发展质态，推动经济发展向更有质量、更重效益、更可持续方向转变，努力完成全

年目标任务。强化公共财政体系建设工作监督。常委会在听取和审议市政府2013年市级财政决算和同级审计情况报告、批准2013年财政决算的基础上,加强对审计发现问题的督促整改,要求市政府认真分析问题原因,加强财政资金监管,严格规范预算执行,优化支出结构,切实提高财政资金使用效益,集中财力助推经济发展。

促进经济加快转型升级。推动园区提质转型。主任会议专题听取市政府特色园区建设情况汇报,在肯定开发区围绕"明确功能定位、彰显品牌效应、实施创新驱动"推进提质转型工作的同时,要求开发区更加注重经济增长的质量效益、资源要素的集约利用和特色园区的培育发展,进一步理清产业方向,优化经济结构,努力建成全市产业转型的主阵地、科技创新的核心区和集约开发的示范区,实现从集中发展到特色发展的内涵式提升。力促港口提速增效。主任会议听取市政府港口建设情况汇报,针对"港口基础设施薄弱、功能单一、开放平台不足"等存在问题,要求市政府着眼国家一类开放口岸,高标准推进港口建设工作,强化规划控制和岸线资源整合,打造信息化口岸平台,加快港口保税区申报进程,引进大型船舶公司,开辟国际航线,全面提高港口综合竞争力,促进全市整体开放水平提升。

着力创优经济发展环境。促进司法公平正义。常委会听取和审议市检察院民行检察工作情况报告,要求检察机关从加大宣传力度、加强队伍建设、完善内部管理、提高工作成效等四个方面加强民行检察工作,切实履行法律监督职能,彰显公平正义。关注法院执行工作。针对群众关注的"执行难"问题,常委会组织开展法院执行工作专项评议,推动执行环境改善、执行成果提升。突出"平安靖江"建设。组织代表视察基层派出所建设情况,要求公安机关加强队伍管理,规范执法行为,创新服务方式,充分发挥公安干警保发展、促和谐主力军作用。

二、坚持履职为民,积极促进民生持续改善

推动农业保障实现新提升。关注为农服务体系建设。为农服务事关农业生产经营,事关农民增收致富。主任会议专题听取市政府为农服务体系建设情况汇报,组织代表视察粮食管理工作,要求市政府加快建立完善为农服务体系相关政策规定,打造高素质的农业服务队伍,发展新型农业服务组织,加大农业科技推广力度,支持农业龙头企业发展,创新农村金融服务体制,着力构建为农服务体系大格局,切实为农业生产提供产前、产中、产后全过程综合配套服务。推进现代农业园区建设。主任会议成员多次带队深入市镇两级园区调研,广泛听取代表和基层群众意见,围绕发展现代农业、促进规模经营、提升产业水平进行专题研究,适时提出"科学规划引领、基础设施先行"和"强化政策扶持、实施科技支撑、发展高效设施农业、生态休闲农业"等意见建议,并通过代表视察等方式,推动意见建议落实,促进现代农业园区建设工作稳步有序推进。关注农村水环境建设。常委会坚持问题导向,助推市政府出台农村河道疏浚整治方案,并督促组织实施。年内,共疏浚整治二级河道23条,三级河道743条,有效改善了农村水环境,夯实了粮食安全的水利基础。

推动公共服务实现新提升。关注老年人权益保障。依托省人大开展的《老年人权益保障法》实施情况执法检查,建议市政府加强规划引导,把养老基础设施建设纳入城乡一体化发展规划,提前应对人口老龄化;加强相关政策扶持,维护老年人合法权益,探索居家养老新模式,提升养老服务水平。高度重视药品安全工作。常委会专题听取和审议市政府药品安全工作情况报告,要求市政府始终保持对药品安全监管的高压态势,严格落实药品质量标准和安全准入制度,确保群众用药安全。关注群众健康需求。主任会议听取市政府医德医风评议整改落实情况汇报,督促相关部门建立完善医德医风长效机制,加强医疗质量管理,提升医疗为民服务水平。组织代表视察群众体育工作,推动群众体育设施建设,满足人民群众健康需求。

推动城市文明实现新提升。高度重视城市总体规划。打造现代化生态宜居城市是全市人民的美好愿景。常委会审议和批准了《靖江市城市总体规划(修编)》,要求市政府切实维护规划的严肃性,围绕"先进产业基地,生态宜居城市"目标定位,着力解决区域规划、市域交通、水网体系等影响城市建设的重大问题,进一步提升城市发展品味。加大城市生态环保监督力度。常委会专题听取和审议市政府城区水质优化决议贯彻实施情况报告,要求市政府加大综合整治力度,改善城区水环境,促进城区水质优化,让城市环境更宜居、市民生活更幸福。主任会议在听取市政府《大气污染防治法》贯彻实施情况汇报的基础上,适

时组织代表视察，推动市政府出台综合防治措施，开展系列整治活动，共同守护碧水蓝天。关注民生工程建设。组织代表视察2014年度民生工程项目，主任会议听取市政府民生工程项目实施情况汇报，建议市政府在抓好工程序时进度的同时，加强已建项目后期长效管理，真正把民生工程打造成民心工程。在汛期前，组织代表视察防汛防洪工作，推动相关责任落实，确保汛期安全。

三、坚持服务保障，着力发挥代表主体作用

密切联系代表，引领代表发挥作用。加强代表学习培训。有计划地开展代表履职培训，采取集中学习与自主学习、专题学习与观摩交流相结合的方式，组织代表学习人大业务知识、相关法律法规，增强履职意识，提升履职能力。密切联系代表。落实双联工作制度，建立常委会领导基层联系点，定期走访基层人大、人大代表和人民群众；继续开展主任接待代表日活动，面对面听取群众意见建议，点对点协调解决群众提出的问题；有序扩大代表参与常委会活动，注重听取和吸收代表提出的意见。年内，参加调研、视察、专项评议以及列席常委会会议的人大代表达185人次。完善代表履职激励机制。加大代表宣传力度，全年共对20名市人大代表先进事迹进行宣传报道，集中展示代表来自于民、服务于民、为民建言、为民履职的风采。开展优秀代表建议评比活动，全年共有15件代表建议获奖。

创新活动载体，支持代表发挥作用。围绕党的十八大提出的完善代表联系群众制度的新要求，探索推行代表履职登记制度，推动代表联系群众工作规范化、制度化、长效化。继续抓好“代表之家”载体建设。组织代表视察“代表之家”建设情况，推动加强制度建设，创新活动形式和内容，发挥好“代表之家”学习培训、联系选民、互动交流、展示形象的平台功能。创新代表活动方式。开展“五级人大代表回选区（选举单位）、访选民活动周”活动，全市900多名各级人大代表集中回到选区（选举单位），访民情、听民意、解民忧，实现依法履职与服务群众充分融合。继续推行代表向选民述职。年内，共有105名市人大代表向选民述职，本届代表累计述职率达80%。根据泰州市人大常委会开展交叉调研的指导性意见，组织部分驻靖的省、泰州市及靖江人大代表赴兄弟市（区）开展异地调研视察，在增进与兄弟市（区）代表联系和交流学习的过程中，促进代表主体作用更好地发挥。

提升督办实效，激励代表发挥作用。以解决问题为核心，以代表满意为标准，不断提高建议办理质量。常委会根据《靖江市人民代表大会代表建议、批评和意见处理办法》，进一步完善代表建议、批评和意见处理工作程序，选择5个方面9件事关经济社会发展大局和人民群众切身利益的建议，由常委会主任会议成员牵头重点督办，邀请提建议的代表全程参与，既听取承办单位办理情况汇报，又实地进行考察调研，强化跟踪问效，推动相关问题解决，代表满意率、建议办成率均有明显提高。优化建议办理结果评价机制。变代表与承办单位“面对面”评价为“背靠背”评价，使评价结果更加客观公正，评价结果运用更具说服力。开展建议办理“回头看”活动，确保代表建议办理做到事事有交待、件件有回音。

四、坚持巩固提高，切实加强常委会自身建设

加强能力素质建设。注重学习调研。常委会坚持把加强学习和调查研究作为行权履职的重要前提，围绕市委中心工作和常委会年度工作重点，组织开展专题调研，为市委市政府科学决策提供参考。全年形成各类调研报告15篇。把握方向定位。始终坚持人大工作与市委工作合拍、与“一府两院”合力、与人民群众合心的工作理念，按照“监督工作出亮点、调研工作出精品、统筹兼顾有作为、代表工作有影响、作风建设守规矩、能力建设看做功”的要求，不断加强常委会自身建设，使人大工作氛围更浓厚、局面更生动、成效更显著。

切实改进机关作风。建立长效机制。全面梳理人大机关各项规章制度，建立健全更加符合实际、更具操作性的管权、管事、管人等行之有效的制度体系，使各项工作更有章可循，有据可依，有度可量。推进管理创新。克服因循守旧、墨守成规的思想，大胆探索人大机关在文字综合、会议服务、档案管理、后勤保障等方面的新思路、新方法，努力在思维模式、服务方式、运行机制等方面寻求突破和创新，进一步理顺工作关系，激发工作活力，全面提升人大机关服务“三会”、服务代表的能力和水平。

推进基层人大工作。加强工作指导。常委会坚持把指导和支持基层人大依法履职，作为推进基层民主政治建设的重要工作来抓，定期召开人大工作例会，交流工作情况，有针对性提出指导意见，协调解决工作难题。优化考核机制。突出创新创优

要求,加大创新工作在基层人大百分制考核中的比重,以考核的杠杆,激发基层人大创新创优工作积极性。总结推广经验。注重基层人大特色工作的总结和推广,展示工作亮点和成效。

2015 年工作思路

全面贯彻党的十八大、十八届三中四中全会及习近平总书记系列重要讲话精神,紧紧围绕市委十一届八次全体(扩大)会议确立的目标任务,着力深化改革、服务大局,着力强化法治、依法监督,着力履职为民、改善民生,着力开拓创新、务实进取,为全面深化改革,推进依法治市,实现靖江更好更快发展提供有力保障。

一、以学习贯彻中央全会精神为契机,努力在推动人大创新发展上有新进步

进一步深入学习党的十八届三中四中全会精神,把思想和行动统一到全会精神上来,自觉以全会精神武装头脑、指导实践、推动工作,坚定不移地做改革和依法治国的参与者、推动者和实践者。适应法治新常态,加快建设法治人大。始终坚持运用法治思维和方式谋划开展工作,强化监督支持,发挥职能优势,为深化改革、加快发展提供法治保障。着眼群众新期待,加快建设民本人大。始终坚持群众满意标准,正确反映民生诉求,密切关注民生热点,着力推动民生改善。谋求发展新作为,加快建设创新型人大。始终坚持紧贴改革发展新实践,积极探索体现时代精神、符合法理要求、紧密结合实际的工作方式方法,适时推行专题询问、工作报告满意度测评,根据需要通过质询、特定问题调查、备案审查等回应社会关切,完善政府决策前报告重大事项的沟通协调机制,促进决策科学化、民主化,确保人大工作更富成效。展现人大新形象,加快建设阳光人大。始终坚持民主集中、规范运行,完善集体行权机制,扩大公民有序参与,自觉接受社会监督,不断增强人大履职公信力和透明度。

二、以率先融入苏南为目标,努力在服务大局上有新作为

坚持围绕中心、服务大局、有效履职,推动全市加快改革发展。助推全面深化改革。抓住改革的重要领域和关键环节,深入开展调查研究,依法决定重大事项,综合运用各种监督形式,支持代表积极参与改革实践,为落实市委决策、破解发展难题发挥好法治保障、监督促进、凝心聚力作用。主动服务经济转型。围绕项目大突破、产业转型升级、创新驱动发展、新型城市化建设等工作,开展专项审议、调研视察,推动经济发展质量和效益的提升。密切关注计划、预算执行,进一步加强全口径预决算审查和政府债务情况的监督,确保公共财政安全高效。切实强化民主法治。以执法检查、专题询问、代表视察等形式,着力推动《代表法》《食品安全法》《药品管理法》等法律法规的实施,跟踪督查法院执行工作专项评议发现问题整改情况和检察院反渎职侵权工作情况,更好地促进依法行政、公正司法。促进民生改善和社会治理创新。听取和审议民生实事项目落实等专项报告,强化对教育均衡发展、食品安全监管、基本农田保护、妇女权益保障、物业规范管理等工作的监督,让发展成果更多更公平地惠及全市人民。扎实推进生态文明建设。以创建国家生态市为抓手,加强对治水、治气情况的监督,着力促进生态环境不断改善。

三、以完善代表工作机制为抓手,努力在发挥代表作用上有新突破

切实加强和改进代表工作,不断激发代表主体活力。服务保障代表履职。积极组织开展专题培训,深入走访联系代表,邀请更多的代表列席会议、参加活动,为代表履职创造更好条件。丰富拓展代表活动。改进组织方法,丰富活动形式,深入开展“代表回选区访选民”活动,引导代表开展持证视察,深入推行代表向选民述职,不断激发代表履职热情。认真督办代表建议。健全重点督办、分类督办、统筹督办机制,注重加强“回头看”,改进办理绩效考核,提高代表参与度,推动建议办理从答复满意向结果满意转变。

四、以强基固本为保障,努力在履职能力上有新提升

围绕人大工作创新发展的新要求,更加注重抓好自身、打牢基础。增强履职责任。始终牢记肩负使命,积极主动作为,使促进改革发展、推进民主法治、增进民生福祉,成为常委会履职的思想基础和价值追求。加快制度建设。巩固制度建设成果,着力抓好制度完善和落实,努力使工作运行更加协调顺畅、规范高效。加强机关建设。注重发挥工委职能作用,加强机关干部教育培养,弘扬机关文化,完善内部管理,切实增强服务保障能力。强化工作合力。加强对基层人大的联系指导,进一步形成重点监督工作上下联动、协同推进的良好格局,不断提升全市人大工作整体水平。

政府工作报告(摘要)

——2015年1月13日在靖江市第十五届人民代表大会第四次会议上

靖江市市长 赵 叶

2014年工作回顾

一、以稳中求进为基调,积极应对挑战,结构调整深入推进

工业经济平稳运行。规模企业质态提升。全市实现列统工业增加值490亿元,增长3.5%;完成列统工业产值2018.7亿元、销售1898亿元、利税245亿元、利润151亿元,分别增长3.8%、4.3%、7.9%和7.4%。"三十强"企业产值、利税分别占列统工业的63.7%、72.4%。重点产业前景向好。船企新接订单占全国总量的15.5%、全省的42.7%;手持订单2400万载重吨,增幅达46.4%。通(专)用设备、汽配行业稳中有升,开票销售分别增长8.2%和15.8%。建筑业实现总产值423.6亿元,增长17%。区域发展动力增强。开发区完成开票362亿元,增长9.3%。江阴—靖江工业园区产业转型加快,船舶、钢铁等产业竞争力提升。镇域工业实现产值709亿元、利税83亿元,分别增长14.7%和16.7%。新建改造配电线路1130公里,工业用电量增幅达5.3%。

服务业较快增长。产业份额稳步提高。全市实现服务业增加值316亿元,占GDP比重达43.3%,比上年提高1个百分点。完成社会消费品零售总额152.5亿元,增长10.5%。重点行业提速增效。现代物流业加快发展,三江物流完成营业收入460亿元,增长23%;盈利港务木材接卸量达322万立方米。商贸流通业集聚发展,泰和国际城建成投运,五金机电城、国际汽贸城初具规模。旅游业稳步发展,乡村游、美食游势头良好,牧城生态园创成为国家AAA级景区。新兴业态提质增量。两化融合快速推进,新增省示范试点企业10家;针织品分拨中心开票突破亿元。软件企业获著作权26个,营业收入增长20%。科技服务业创新突破,辰午节能主营合同能源管理,东华测试检测业务辐射全国。

现代农业持续攀升。规模化效益扩大。全市粮食总产达33.9万吨,实现"十一连增"。完成农村承包土地确权登记试点,新建"三大合作"组织126个。新增土地流转1333.33公顷、高效设施农业800公顷。园区化进程加快。新增泰州市级农业园区3个,生祠省级园区建成千亩设施蔬菜基地。开展高效农业招商,与以色列企业达成合作开发意向。农业基本现代化实现度达74.4%。品牌化成果显著。新认定无公害农产品32个、绿色食品2个;鳜鱼标准化养殖示范区通过省级验收,“香沙芋”获批国家地理标志证明商标。

二、以改革创新为动力,扩大开放开发,质量效益稳步提升

重点改革取得突破。简政放权持续深化。全面清理政府职权,建立并公布行政权力、行政事业性收费等清单;新桥镇简政放权试点有序推进。实行政务服务与公共资源交易一体化管理,中介服务市场化进程加快。优化行政审批流程,受理办件73.2万件,平均办结时限压缩三分之一。市场体系逐步健全。完成市场监管体制改革,推行“三证合一”(营业执照、税务登记证、组织机构代码证)登记,新增市场主体5950户,办理个转企368家。开工建设人力资源服务中心,农村产权交易中心投入运行。强化社会信用体系建设,2.2万个市场主体公开经营信息。财税改革稳步推进。综合治税平台有效运行,“营改增”试点不断扩大。加强政府性债务管理,清理甄别工作有序推进。融资渠道多元拓展,三鹏科技、尚香食品在上海股交中心挂牌。新增各项存款48.9亿元、贷款34亿元;省级金融生态优秀市创建通过验收。

开放开发有序提升。口岸发展取得突破。疏浚优化福北航道,港口通过能力持续增强。推行关检合作“三个一”(一次申报、一次查验、一次放行),海关实现长江经济带区域通关一体化。口岸查验机构服务功能提升,卫生检验检疫能力建设通过省级验收。外贸货物吞吐量增长54.9%;完成进出口总额27.3亿美元,自营出口12.5亿美元。产城融合进程加快。开发区基础设施投入28亿元,建设区间道路22条,完成拆迁17.1万平方米,交付安置房3150套,建成标准化厂房4万平方米。强化建设用地保障,获准省级重点项目用地90.33公顷。项目建设扎实推进。创新招商引资体制机制,成功举办央企靖江行、京沪投资说明会等招商活动,新增签约项目31个。启动实施亚星工业园、玻璃微珠等亿元以上项目46个,生源电力、鸿尔有色金属等26个项目竣工投产。

科技创新成效凸显。高新产业提速升级。高新技术产业产值占列统工业比重达34.8%。新增高新技术企业11家、民营科技企业47家,创成为省创新型试点市。实施星火火炬计划8项、创新基金项目5项,研发国家重点新产品1项。完成技改投入156亿元,增长10.5%。江山制药成为全市首家牵头承担“863”项目的企业,亚星锚链参与的钻井平台项目获国家科技进步特等奖。创新要素加速集聚。成立市产业技术研究院,共建产学研联合体32家,集聚科技项目76个,中科华星、中科睿凌项目基本建成。创新人才有效引进,获省双创、科技副总等计划13项,落实引智项目8个。新兴技术快速发展。实施专利攻坚行动,获专利授权2433件、增长143%;万人发明专利拥有量达4.48件。新增皓月等驰名商标3个,奇美乐器主持制定行业标准。

三、以城乡一体为导向,打造宜居家园,环境面貌持续改善

城市品质显著增强。规划体系不断完善。修编城市总规,编制绿地系统、商业布局等5个专项规划,在苏中率先完成村庄建设规划。强化规划基础工作,基本实现市域地理信息数据全覆盖。基础设施不断健全。路网结构持续优化,城东大道、城西大道、广靖互通建设加快,建成上五圩轮渡水域工程,完成工农路、中洲路等4条道路改造,提档升级农村公路25千米。新城功能逐步完善,体育中心一期主体工程竣工;新建华夏路、长阳路等6条道路,新开公兴河、南天生港等河道6.4千米,建成十圩港景观带及慢行系统。老城改造加快推进,加强市政设施维护,铺设雨污管网125千米,无物管小区改造成星级小区的达63个;完成D级房屋解危8处。管理水平不断提升。启动省优秀管理城市创建,数字化城管指挥中心建成运行。完成113项综合整治任务,开展渣土运输、户外广告等专项治理,拆除违法建筑6920平方米。综合整治江平路长里段,晨阳路、春江花城分别创成省城市管理示范路、示范社区。坚持公交优先发展,调增优化城乡线路,公交总站、滨江首末站主体封顶;新建停车诱导系统,新增停车泊位1128个;投放公共自行车1500辆。

镇村建设扎实推进。“两翼”形态加快显现。新港城启动实施商业广场等项目,建成东阜湖公园、人才公寓,“六横八纵”路网基本贯通。新桥城完成医疗中心主体工程建设,新建富江路、瑞江路等6条道路,被评为省级乡村公路管养示范镇。斜桥、新桥镇均创成省级卫生镇。“多特”发展成效明显。“八个一”工程基本全覆盖,生祠镇建成岳庙南广场，季市镇启动“文化古镇”建设，马桥镇建成静园等节点景观，东兴镇建成商业综合体和惠丰农贸市场，孤山镇万顷良田建新区建成交付，西来集镇实现南延东扩。乡村建设有序推进。强化农村环境综合管护，村庄环境整治通过省级全域验收。实施夏仕港套闸除险加固改造工程，建成第四批小型农田水利重点县二期项目。

生态环境不断优化。环境治理力度加大。综合整治沿江码头环境，狠抓工业废气、建筑扬尘、汽车尾气、秸秆焚烧等源头治理，空气质量优良率达71%。突出加强饮用水源地保护，确保居民用水安全。完成城区七一河、九圩港和沙泥河综合整治，疏浚农村河道 751 条。国家生态市创建通过省级验收。节能减排成效明显。试点推广排污权有偿使用和交易制度，主要能耗和污染物排放削减率达到省定目标。开展化工专项整治，重金属污染防治被列入国家试点，电镀集中区成为省首个专业生产片区。强化公共机构能耗管理，创成省级节能示范单位 2 家。园林绿化全面提速。新建城市绿化 64.4 万平方米，建成戏鱼墩公园和 3 个小游园，人均公共绿地面积达 9.36 平方米。开展植树造林 661.05 公顷，新增省绿化示范村 10 个。国家园林城市创建通过省级评估。

四、以民生福祉为根本，创优公共服务，治理能力日益增强

群众生活更加殷实。创业就业稳中向好。鼓励全民创业，建成大学生创业园，孵化项目 12 个；净增个私企业 4372 家。强化技能培训，新增“靖江厨师”4126 名、持证技工 7031 人。拓宽就业渠道，开发岗位 2.4 万个，净增就业 8300 人，城镇登记失业率控制在 2%以内。社保扩面全面推进。继续调增养老保险待遇，职工养老、医疗保险实现异地转移接续。推行失业保险金申领、简易工伤认定等业务下移，社保快捷服务网络实现“村村通”。免费办理特困人群养老、医疗保险 14 659 名。新建保障房 1725 套，发放廉租住房租赁补贴 144户。救助体系日益完善。结对帮扶城乡贫困户 1560 户，城乡居民最低生活保障标准提高到每月 530 元。实施镇级敬老院提升工程，创建省级示范居家养老服务中心 12 个、老年关爱之家 4 个。建成市残疾人服务中心、光荣院和儿童福利院、流浪未成年人保护中心，完成干休所搬迁改造。积极组织慈善日活动，建成 13 家慈善超市，获中国六星级慈善城市称号。

公共服务更加健全。教育事业取得突破。成功引进怀德学院，新建改建各类学校 12 所，高考本二上线率达 47.8%，创历史新高。创建成省义务教育优质均衡示范市，通过省学前教育改革发展示范区验收。元林老年大学建成开学。卫生事业全面进步。建成 120 急救体系，市人民医院创成三级医院，健康促进中心被评为全国示范基地。完成东兴、惠丰等卫生院改造，建成省示范卫生院 5 家，99 个标准化卫生室投入使用。强化食品药品市场监管，药品连锁经营率达 50%。文体事业繁荣发展。举办第 32 届文艺节，启动农家书屋升级工程。承办中国宝卷生态化保护与传承交流研讨会，舞蹈《竹编》获省“五星工程奖”金奖，创建为省公共文化服务体系示范区。完成广电网络整合，出品首部城市形象微电影《香橼》。初步建成农村 20 分钟健身圈，市民健身广场投入使用。市档案馆创建为省中小学教育实践基地。各项事业协调推进。农村改革试验深入实施，全国农村公共服务运行维护标准化试点扎实推进。优化民生价格服务，市场物价基本稳定。计生新政得到落实，人口环境保持均衡。统计基础工作加强，被国务院表彰为第三次经济普查先进集体。连续八次创建为省级双拥模范城。对台、侨务、外事、民族宗教、气象等工作取得新进展。

社会管理更加完善。平安建设扎实推进。健全社会稳定风险评估机制，强化积案清理、矛盾纠纷源头调处，成立泰州首家人民调解员协会，信访环境依法有序。深入推进治安防控体系建设，优化整合社会面监控，严厉打击各类违法犯罪活动，获评为省社会治安安全市。社会治理持续加强。进一步提升法治文化品牌，被评为全国“六五”普法中期先进市。规范化改造社会管理服务平台，全面建成城乡社区服务中心。社会组织健康发展，签约公益创投项目 28 个。安全形势总体平稳。深入开展“六打六治”专项行动，强化铝镁制品、危化品等行业和小微企业安全整治。加强公共消防设施建设，新建保安消防队 6 支。完成应急预案新一轮修编，组织专业演练 15 次。新建人防工程 3.2 万平方米，建成应急避难场所 5 处。

五、以群众路线为指导，加强自身建设，作风转变取得实效

政风建设不断优化。深入开展群众路线教育实践活动，严

格落实中央“八项规定”,及时发现并整改“四风”突出问题。开展违规建设楼堂馆所整改专项检查,全面完成办公用房清理。规范公务用车、公务接待管理,严格执行领导干部因公出访、外出报备等制度,三公经费支出下降30%以上。常态化推进“中梗阻”清障行动,及时处理61个“庸懒散”问题。

依法行政扎实推进。健全重大决策社会稳定风险评估机制,推进科学决策、民主决策、依法决策。主动接受人大法律监督和工作监督、政协民主监督、群众社会监督,办结市人大代表建议101件、政协委员提案171件,满意和基本满意率达100%。严格落实党风廉政建设责任制,强化监察、审计监督,完成工程预决算审计459项,核减资金4.2亿元。

行政效能有效提升。积极发挥综合考评激励导向作用,强化机关绩效管理。政府网站群服务水平提升,开通政府微门户,获中国政务网站优秀奖。“12345”政府服务热线受理各类事项2.4万件,群众满意率达95%。认真梳理购买服务目录清单,政府购买公共服务投入达1.3亿元。坚持阳光施政,稳步推行部门预算信息公开试点,行政效能和透明度不断提高。

2015年主要目标任务

2015年,全市经济社会发展主要目标预期是:地区生产总值增长10%左右,市本级一般公共预算收入增长8%左右;固定资产投资增长20%左右;社会消费品零售总额增长10.5%左右;研发经费投入占地区生产总值比重2.3%左右,高新技术产业产值占规模以上工业比重35.5%左右;城乡居民收入与经济保持同步增长;城镇登记失业率控制在3%以内;主要能耗和污染物排放削减率达到省定目标要求。

一、突出改革创新,加快激发经济发展动力

深化制度创新。提升行政审批效率。大力推进简政放权,规范权力清单,以流程再造推动审批提速。继续推行注册制度便利化,实行联合预审、并联审批,落实小微企业扶持新政。放开中介竞争性业务,完善公共资源交易平台运行机制。释放市场空间效益。引入公私合作、特许经营等方式,鼓励民间资本进入基础设施、社会服务等领域,激发社会投资热情。优化市场监管体制,强化事中事后监管,促进市场主体良性发展。制定公共服务购买目录,鼓励社会组织承接公共职能,增强市场主体活力。建立健全信用公示、奖惩体系,提高失信成本,夯实社会诚信基石。扩大发展长远效应。继续深化农村改革,全面开展农村承包土地确权登记工作。创新农村金融服务,进一步完善农村产权交易市场建设。培育新型农业经营主体,大力发展家庭农场、种粮大户和专业合作组织。探索户籍制度改革,完善新市民管理服务体系,落实流动人口“同城待遇”,释放城镇化内需潜力。

推进转型创业。优化提升产业内涵。加快延伸优势产业,集聚海工装备、木材深加工等行业企业,提高本土集成配套率,形成集群发展态势。支持空调、泵阀等特色行业发展,研发生产终端产品、成套设备,构建错位竞争、抱团发展格局,提升传统业态市场份额。推动永盛光电、先锋半导体等一批高新企业快速成长,为产业升级注入新的活力。发挥机电、汽配产业基地效应,促进更多企业由产业链、供应链向价值链、创新链转变。拓宽企业发展路径。大力推进两业融合,完善南方小麦、万林木业等产品交易市场,定期发布价格指数,扩大市场吸引力和影响力。扶持企业转型发展,加快建立现代企业制度,引进新的资本、技术和管理,增强创新活力和内生动力。加速新兴业态发展。积极运用互联网思维,创新商业模式、经营业态,推动实体经济与网络嫁接。规划建设电商产业园,扶持发展以食品为代表的B2C零售平台、以机电为特色的B2B行业平台,重塑产品定位、重构品牌价值。

整合资源创优。确立市场化配置导向。建立转型倒逼机制,严格按投资强度、贡献份额配置土地、岸线等资源,加快淘汰落后产能,为优质项目腾出环境容量。支持企业有序兼并重组,促进生产要素向高效率企业流动。放大地缘比较优势,规划建设仓储配送、冷链物流基地,支持连锁经营、分拨配送等商贸业态发展。构建集约化利用机制。提高亩均产出率,严格执行节约集约用地政策,建立工业弹性用地、项目批后监管机制,强化工业用地产出效益考核。积极争创省国土资源节约集约模范市,促进节地水平、产出效益双提升。提高厂房使用率,支持翻建多层厂房、立体仓储,释放存量潜力。提高公共服务效率,整合现有资

源，积极筹建产品检测、商务信息等公共服务平台。持续推进农村土地流转，提升农业规模化经营水平。完善多层次金融体系。优化金融环境，健全“政银企保”长效合作机制，精准放大财政杠杆作用，扩大信贷投放规模，力争经营性贷款增长10%。建立健全风险分担机制，防控区域性金融风险。推进直接融资，引进设立风投创投、产业基金、融资租赁等新型业态。加大上市扶持力度，力争新增上市挂牌企业7家，加快培育资本市场“靖江板块”。

二、突出结构调整，加快形成区域竞争优势

加大有效投入。放大产业优势。找准战略性新兴产业发展重点，大力招引高端装备、新材料等龙头项目，以“建链”形成新的增长点。紧扣低端领域、缺失环节，定向招引先进制造业、现代服务业、现代农业项目，增加产业增值环节，以“补链”提高集聚辐射能力。围绕全产业链的整合优化，引进培育研发设计、数字化制造等新平台新业态，推动制造业服务化、智能化，以“强链”提升核心竞争力。转变增长动力。优化产业布局，合理配置腹地资源，吸引关联企业、配套项目向园区集中，扩大沿江开发纵深。大力引进战略投资，完善产业部署的资金链，坚决置换无效项目，提高低效企业产出率。加大招商引资力度，积极组织推介活动，拓宽以商引商、委托招商渠道。以打造高效政务环境、公平市场环境、良好法治环境、和谐人文环境为重点，优化营商环境，增创比较优势。实现量质并举。深入落实服务提升行动，突出项目质量、建设序时和产出效率，建立项目评估督查机制，确保亚星海工、嘉元碳纤维等35个亿元以上项目快速推进，国信电厂、理化所产业园等15个项目投产达效。

加强载体建设。全力提升港口能级。加快港产城融合发展，优化经营业态，整治码头环境，完善疏港体系；新建、续建万吨级泊位6个，实现货物吞吐量1亿吨以上。整合港口资源，吸引产业集聚。推进电子口岸建设，确保卫生检验检疫能力建设、粮食进口指定口岸通过国家级验收。扩大通关一体化效应，启动保税物流中心申报；完成外贸进出口总额30亿美元、自营出口16亿美元、外经营业额9400万美元。强力打造园区特色。创新政策环境，提升发展特色园区，建设高端装备制造、清洁能源等产业园，加快打造核工业配套产业园。支持江阴—靖江工业园区转型发展，加快实施长阳物流、中建钢构三期等项目。

放大产出效应。着力推进区镇联动。整合市域资源，稳步开展增减挂钩工作，引导人口有序集中。统筹区域功能开发，鼓励企业高端嫁接、就地转型，激发镇域经济活力。构建新型农业经营体系，加快现代农业园区建设，提高农技推广和综合机械化水平，打造现代农业集聚带。促进科技创新。强化企业主体地位。引导创新资源要素集聚，加大全社会研发投入，高新技术产业产值增长12%。试点发行“创新券”，实施省级以上科技项目20个，新建产学研联合体16家；建设华达汽车二期、乐科热力等亿元以上技改项目51个。培育知识产权密集型企业，新增专利授权量1800件，万人拥有发明专利达5件以上。强化平台支撑功能。延伸产研院创新链，建成先进焊接技术应用中心。推进院企协同创新，成立金属材料研发中心，建成中科苏派、中科金秋竹等项目。依托科创园，完善孵化链条，发展科技金融，新增在孵企业12家。强化人才引领作用。加强人才服务体系建设，大力招引高层次创业创新人才、高技能实用人才和高素质管理人才，集聚创新核心要素。

三、突出统筹协调，加快构筑新型城乡格局

优化规划导控。完善城乡规划体系。统筹实施城建新提升行动计划，推进城乡建设、土地利用等“多规融合”。开展城市基础设施规划建设“回头看”，构建层次清晰、衔接紧密的城市规划体系。强化规划编制导控。做优重点地段、重要区域、重大通道规划设计，编制城市综合交通、工程管线等6个专项规划。完成城市地下空间普查，合理布局地上地下设施，实现“规划管理一张图”。健全规划决策机制。完善集体会审、专家评审制度，严格“五线”管理。推进规划审批分块负责制，落实违章建筑发现、查处责任制，杜绝新增违建，削减存量违建。

加快城乡建设。提升中心城区。拓展新城功能，启动实施商业核心区项目，建设市文化中心、民艺馆。市政化改造沿江公路，建成新马路、站前路和阜前路连接段。优化老城环境，提质改造人民公园、西郊公园，建设天妃广场和毛家厅1号、2号地块，综合改造工人文化宫、西环家私城、八圩港新世界段，续建改建十圩港西路、新建北路等6条道路。完善基础设施。加快实施城东、城西大道及北二环、广靖互通工程,优化城市二环交通体系。继续推进公新公路改造,建成上五圩轮渡工程。启动客运站综合改造,新建公交枢纽站2个。完成地下人防指挥所建设。实施国家中小河流重点县试点项目,疏浚整治农村河道600条。建设美丽镇村。新港城加快实施商业广场等项目,启动怀德学院二期建设。新桥城重点实施医疗中心项目,打通南北路网。注重历史文化传承与现代生活元素融合,打造靖江旅游品牌,规划建设孤山景区、马洲岛度假区。推动孤山镇、马桥镇和东兴镇区逐步融入中心城区,提升宜居功能。放大生祠镇人文旅游特色,彰显西来镇、季市镇生态、美食效益。推进村庄环境长效治理,创成省、泰州市级美丽乡村24个。

强化综合管理。创新管理体制机制。健全城管委工作制度,建立规划监察、城市管理、物业管理联动机制,实行网格化管理。统筹推进数字城市建设,实现建管一体化运作。加大系列整治力度。持续推进优秀管理城市创建,实施城市环境综合整治,开展占道经营、店招标牌专项治理,创建2条省级城市管理示范路。加强农贸市场管理,建设渔婆批发市场二期工程。实施农村生活垃圾专项治理,推广垃圾分类收集试点,建成投运勤丰垃圾填埋场。提升物业管理水平。强化街道、社区属地监管职责,规范物业服务市场,实现城镇新建小区物业管理全覆盖。

四、突出富民安民,加快提高市民幸福指数

善谋富民良策。推进大众创业。落实扶持政策,分层次培育各类主体,引导能人返乡创业、村干部和大学生村官带头创业;新增创业1万人。优化载体建设,继续提升创业园功能,新增5000平方米以上孵化基地2个。优化就业服务。实施劳动力集聚计划,新建人力资源服务机构9个,高等院校人才基地8个,外来劳务输入基地5个,新增就业9000人。拓展订单式培训,推行技能人才现场评价。拓宽富民渠道。坚持工资集体协商制度,健全欠薪预警和工资保证金机制,提高职工工资性收入。鼓励多种形式入股投资,提高群众资产性收入。

笃行利民善举。健全社保体系。实施全民参保登记制度,优化重点单位、特困人群参保服务,确保应保尽保。落实财政补助增长机制,全面推进城乡医保实时结算。完善救助体系。落实低保标准自然增长机制,扩大残疾人按比例就业,妥善安排弱势群体生产生活。有序推进住房保障,探索完善货币补偿等多元保障措施。深入开展结对帮扶工作,逐步实现动态消除贫困目标。构建养老体系。协调发展老龄事业与养老产业,推进居家养老服务信息化建设。加强养老护理职业培训,培育为老服务社会组织。加大功能设施投入,完成镇级敬老院升级改造。

兴办民生实事。以群众满意为目标,加快实施一批民生项目:统筹农村桥梁、涵洞、污水处理和公共设施维护,推行农村环境“八位一体”(河道管护、绿化管护、村庄保洁、道路管理的基础上,将公共设施维护、农村桥梁、涵洞和排灌设施纳入管护内容)管护。建成市公交总站、滨江新城首末站,增建停车位1000个。实施城区老旧危楼治理两年行动计划,继续推进中小学校舍安全工程。启动江防水厂扩建工程,完成污水处理厂扩建。建成运营市体育中心一期工程,有序开放学校体育场所。完成全市79所学校食堂、64家大型餐饮单位“透明厨房”标准化建设。建成电梯物联网安全运行监管平台。推行医疗卫生信息“同城互认”,建成统一的卫生临检、影像、消毒供应和远程会诊中心。开展因病支出型贫困家庭救助工程;免费为低保、重残人员办理城乡养老保险和医疗保险,为领取失业保险金人员办理职工医疗保险。

五、突出公共服务,加快提升城市文明程度

繁荣发展社会文明。塑造精神文明。大力弘扬社会主义核心价值观,建好用好“道德讲堂”。深化“美德善行”系列活动,选树一批道德模范、身边好人。积极倡导爱心义举,完善公益创投、志愿服务运行机制。深化“书香靖江”建设,培育网络、交通等领域文明理念,提升公民文明素养,促进人自身的和谐。塑造城市文明。扎实开展全国文明城市创建,深化文明镇村、“五好家庭”系列创建。倡导健康文明生活方式,提档升级全民健身设施,争创省公共体育服务体系示范区。切实保障妇女儿童权益,推动红十字事业健康发展。传播弘扬现代文明风尚,促进人与社会和谐。塑造生态文明。严格环境影响评价制度,落实结构减排、工程减排和管理减排措施,高标准建设运行重金属防控中心。加强饮用水源水质预警监测,消除城区劣五类水体。积极发展低碳循环经济,探索秸秆多元化综合利用，妥善处理危险固体废物。持续推进城乡绿化，新增城市绿地20万平方米、植树造林400公顷。积极申报环保模范城市、生态市国家级验收，争创国家园林城市。加强生态文明宣传教育，培育公众良好的生态意识，促进人与自然和谐。

统筹推进社会事业。加快发展教育事业。启动实验学校新校区、新职教中心建设，建成港口小学、六圩港幼儿园等5所学校。深化教育改革，创新集团办学模式，放大优质教育资源；争创省教育现代化示范区。提升卫生服务能力。推进分级诊疗，促进医疗机构深度合作。实施提升工程，建成市人民医院二期病房大楼，市中医院创建成“三级乙等”。严格镇村卫生一体管理，基层卫生机构标准化率达96%。优化文化公共服务。巩固省级示范区创建成果，拓展移动舞台、流动图书馆等文化惠民服务。举办第33届文艺节。拓宽广电运行空间，探索产业化运营路径。依法管理民族宗教事务；实施孤山山体加固工程。优化科普基础设施布局，争创全国科普示范市。开展全国人口抽样调查，创建省人口协调发展先进市。强化价格监测预警，保持市场物价基本稳定。做好人武、双拥、对台、侨务、外事、气象、行政事务管理等工作。

积极创新社会治理。强化社区服务。共建共享社区服务信息资源，促进政社良性互动。建设社会组织孵化中心，建立公益项目招投标机制，探索建立公益信托运行模式。深化综合治理。深入推进依法治访，健全开门接访机制，从源头上预防和减少矛盾纠纷。完善社会稳定风险评估机制，严格落实维护稳定工作责任。全面建成村级司法行政服务站，规范社区矫正中心建设，打造特色法治文化阵地；做好“六五”普法终期考核迎检工作。加强公共安全。继续深化平安靖江建设，完善立体化社会治安防控体系，严控群体性社会事件、重特大刑事案件发生。严格落实安全生产一岗双责，继续推进小微企业安全生产标准化建设，严防较大以上事故发生。推动食品药品监管重心下移，切实保障群众饮食用药安全。进一步完善应急管理体系，加强专业化队伍建设，提高公共突发事件处置能力。

法治政府建设

遵照法治精神，遵循法治原则，运用法治方式，在法治轨道上行使各项权力，加快建设职能科学、权责法定、执法严明、公开公正、廉洁高效、守法诚信的法治政府。

提升法治理念。进一步厘清政府与市场边界，推进政府事权规范化。研究制定法治政府实施规划，切实将政府权力纳入法治化轨道。健全学法用法长效机制，提高政府部门及其公务人员运用法治思维处理实际问题的能力。不断优化法治环境，加大法制宣传教育力度，提高社会法治素养，促进法治建设与改革发展良性互动、协调统一。

推进依法行政。严格梳理各部门执法权，规范行政裁量权基准，逐步推行综合执法、柔性执法。规范公正文明执法，加大关系群众切身利益的重点领域行政执法力度。全面落实行政执法责任制，完善纠错问责机制。充分发挥特邀监督员作用，建立全程记录制度，健全行政执法档案。积极推行政府法律顾问制度，改革行政复议体制，推行行政复议委员会试点。深入推进政府信息公开，完善行政权力网上公开透明运行机制。自觉接受人大法律监督、工作监督和政协民主监督，认真办理人大代表建议和政协委员提案。

提高行政效能。健全决策体系，加快建设决策咨询专家库，严格执行风险评估、合法性审查等法定程序。加强效能监察和政务督查，推动决策高效落实。坚持职权法定，进一步深化政府机构改革，严控人员编制，巩固“吃空饷”、“在编不在岗”等专项治理成果，确保财政供养人员只减不增。突出民生优先、问题导向，恪尽职守优化公共服务，锲而不舍狠抓工作落实。加强政府门户网站建设，继续办好“12345”政府服务热线和市长信箱。深化“中梗阻”清障行动，加大治懒治庸力度，严格落实行政问责制度。

坚持廉洁从政。严格落实党风廉政建设责任制，建立完善分事行权、分岗设权、分级授权和定期轮岗机制，强化制度防腐作用。稳步推进公车改革，扩大部门预算信息公开范围，继续压降行政成本。健全国有资产监管体制，突出加强预算外资金、公共工程建设、政府采购等重点领域管理与监督。加强财政绩效管理，强化审计监督和行政监察，落实审计结果公告和成果运用制度。恪守为民宗旨，增强政府公务人员的公仆意识、服务意识，以勤勉务实、清正廉明的政府形象取信于民。

政协靖江市第十二届委员会常委会工作报告(摘要)

——2015年1月12日在政协靖江市第十二届委员会第四次会议上

政协靖江市第十二届委员会副主席　王维三

2014年工作回顾

一、服务发展大局，为推进转型升级资政建言

一年来，市政协坚持围绕中心，服务大局，认真贯彻市委决策部署，把推动科学发展、转型升级作为政协履行职能的第一要务，为推动全市经济社会平稳较快发展建言献策。

助推经济转型升级。组织全体委员认真学习中共泰州市委常委、靖江市委书记倪斌在市政协十二届三次全会和十一次常委会议上的重要讲话精神。围绕产业转型，就制造业和服务业的转型升级，多次组织委员视察有关企业，进行协商建言。建议制造业企业借鉴行业先进企业经验，在发展思路、市场开拓、技术创新、精细管理等方面下功夫。建议服务业企业善用新媒体，更新营销策略，创出特色品牌，积极引导消费。围绕企业转型，搭建企业与政府、企业与企业、企业与委员的交流平台，结对10余家成长型企业，走访30余位企业家，熟悉掌握有关情况，共同研究应对措施，尽力帮助企业解决有关问题，推动重点项目建设。

建言城乡统筹发展。第二十七次主席会议就修编新一轮城市总体规划进行专题协商。会议建议结合靖江在泰州及整个长三角地区的定位，合理确定靖江城市发展格局，完善滨江新区功能，优化老城区生态空间，统筹推进小城镇建设，打造具有水城特色的滨江生态城市。督办重点提案“严格保护耕地和节约集约利用土地”，建议资源要素向沿江集聚，优化土地利用结构，提高土地资源效益，挖掘农业用地潜力，整合分散的农地资源。督办重点提案“合理规划科学发展商业市场”，建议从消费者、经营者、城市未来发展等视角，优化商业市场布局，发挥市场调控作用，更好地为城乡群众服务。

献计生态文明建设。市政协围绕“美丽乡村建设”主题进行专题调研，提出重视农村规划建设和环境综合管护工作，注重研究全市传统乡村特点，选取若干有条件的村庄保留独特的埭圩风情和农耕文化。市委书记倪斌作出重要批示，要求相关部门“认真研复并扎实有效推进相关工作”。第十一次常委会议专题协商推进乡村环境综合治理工作情况，并提出有益建议。督办重点提案“渔业资源可持续利用”，建议正确处理好“人、水、鱼”的关系，建立渔业资源长效保护机制，尽最大可能减少沿江项目对国家级水产种质资源保护区的负面影响。组织委员积极参与“四城同创”工作。继续营建以樱花为特色的政协林。

二、坚持履职为民，为促进民生幸福献计出力

一年来，市政协坚持把履职实践与人民群众的利益紧密联系起来，紧紧抓住与民生息息相关的热点难点问题，察民情，听民意，汇民智，为保障和改善民生献良策。

办理提案促进民生改善。充分运用提案形式，积极反映群众的意愿和要求。在努力提高提案质量的基础上，切实抓好提案交办、追踪反馈、督促检查等关键环节，不断提高提案工作的质量和实效。通过提案办理协商，推动建设公共自行车系统、建立道路门牌统一管理机制、加强文物保护力度等相关民生问题的解决。创新提案督办形式，探索试行重点提案办理情况在靖江政协网上公开。组织委员视察政务服务窗口、小游园建设、老旧小区改造、工农路越江段拓宽等提案办理落实情况，促进提案办理落实率和满意率的提升。

多种形式解决热点问题。围绕群众关注的焦点，就村卫生室提升工程、万亩蔬菜基地建设等议题，组织委员开展专题视察活动，与市政府领导和相关部门负责人面对面协商，建言献策。对委员们关注民生提出的意见建议，以会议纪要、调研报告、建议案等多种形式反馈给相关部门。积极向市委市政府及有关部门报送政协委员反映的社情民意信息，推动相关民生问题的有效解决。

加强监督促进作风转变。民主评议司法局，围绕群众普遍关心的调解维稳、法律援助、普法宣传、队伍建设等工作，通过走访、座谈、民主测评、"回头看"等形式，广泛征求意见和建议，推进司法行政工作新提升。主席会议专题听取纪检、审计、民政、质监、金融办等部门的工作情况报告，展开协商议政，督促职能部门坚持为民服务，提高工作效率，依法履行职责。督办重点提案"规范中介(代理)机构服务"，建议通过建立竞争、公开、考评和监管等四大机制，促进中介机构价格合理、服务规范，为提升服务效能、优化发展环境奠定基础。

三、发扬独特优势，为促进社会和谐履职尽责

一年来，市政协突出团结和民主两大主题，充分发挥人民政协作为统一战线的组织优势，团结一切可以团结的力量，调动一切积极因素，为推动落实市委决策部署汇聚合力。

密切联系群众。结合群众路线教育实践活动，第九次常委会议通过《关于政协委员密切联系群众的意见》，要求政协委员通过定期走访、电话联络、结对帮扶等多种形式，开展联系群众、服务群众活动。《人民政协报》头版以《助推发展 关注民生——江苏靖江市政协委员和群众交朋友记事》为题，报道靖江政协委员密切联系群众的做法。颁发"2014 年度政协奖学金"，82 名学龄孤儿得到奖励，6 名特困孤儿受到慰问。

加强文史工作。开展纪念人民政协成立 65 周年活动，邀请老委员、老政协工作者畅谈"我和政协的故事"，组织委员参加"和群众交朋友"履职日记比赛，征集、展览委员和社会各界的书画作品。注重发挥文史资料在存史、资政、团结、育人方面的重要作用，走访 50 多位老先生，组织完成 30 多万字的《靖江老先生》初稿编撰工作。启动"靖江泥哨"传统文化保护工程，组织泥哨形象创意设计比赛，共有135名学生获得优秀设计奖。马洲文化研究会举办的张厚存美术馆开馆，第 3 期《马洲文化》、第 29 期《马洲诗画》顺利出版。

注重合作共事。加强与民主党派、工商联和人民团体的联系，召开组成单位座谈会。邀请民主党派、人民团体和无党派人士参加政协的调研、座谈、视察、民主评议等活动。注重与省、泰州及兄弟市(县、区)政协的联系交流。积极配合省政协、民进江苏省委及泰州市政协完成"推进公正司法""文化遗产保护""基层政协联络机制建立和运行"等课题的调研。

四、突出强基固本，为发挥政协作用夯实基础

一年来，市政协坚持把提高政协工作科学化水平作为自身建设的目标，积极探索，大胆创新，改进工作作风，密切联系群众，推动靖江政协工作再上新台阶。

发挥委员主体作用。积极搭建委员知情平台，认真组织界别委员开展学习联谊、座谈讨论、调研视察等活动，通过界别渠道联系群众，协调关系，化解矛盾，理顺情绪，增进社会各阶层和不同利益群体的和谐。界别小组组织义工服务敬老院，为残障儿童捐款，视察新农村建设等，激发委员参政议政的热情。加强委员培训，举办名人名家讲座、特邀委员培训班，提升委员综合素质，提高委员履职能力。加强委员管理考核，建立委员履职档案，对履职成绩显著的委员予以表彰，对 5 位不能认真履职的委员进行约谈。第十二次常委会议决定终止 2 名长期不履职委员的委员资格。

规范基层工委工作。重视基层政协工作，召开基层政协工委工作座谈会，指导各镇(街道、园区、办事处)政协工委结合各自特点探索创新，坚持季度活动制度，开展形式多样的履职活动，推进基层协商民主。邀请基层工委负责人列席市政协常委会议和主席会议，及时了解掌握市政协工作，有效增强基层工委议政建言的针对性和有效性。

注重政协机关建设。以深入开展群众路线教育实践活动为契机，紧扣"四风"问题，突出"四治四查"，把握政协组织特点，找准学习、教育和实践的结合点，加强政协机关自身建设。认真落实中央八项规定。坚持节俭办事，有效控制日常经费开支。建设"学习型、文化型、健康型"机关，加强机关党建、工会等工作，坚持学习制度，开展"解放思想

再发力,重树标杆勇攀登”大讨论大落实活动,不断提高机关干部为政协工作和政协委员服务的能力。

2015年工作任务

将2015年作为“协商民主推进年”,以“同谱新篇章,委员在行动”主题活动为载体,牢牢把握团结和民主两大主题,凝聚改革共识,寻求最大公约数,充分发挥人民政协作为协商民主重要渠道作用,着力提高政协协商活动组织能力,着力提高委员协商建言能力,为加快实现靖江“重树苏中标杆,率先融入苏南”目标贡献智慧和力量。

一、发挥政协优势,在助推发展大局上谋求新作为

助推项目突破积蓄动力。坚持“项目是发展生命线”的理念,把助推项目大突破作为重中之重,围绕优化项目布局、推进优质项目招引和储备等重点课题,通过常委会议、主席会议、专题协商会议等形式,积极参政建言,发挥委员资源优势,广泛汇集招商信息,在科学谋划项目、强化招商选资、优化项目服务、推进项目建设上协调帮扶,为提高经济发展质量和效益积蓄动力。

助推改革深化激发活力。树立强烈的责任意识、机遇意识和紧迫意识,围绕全面深化改革,持续关注行政管理体制、现代市场体系、金融创新、财税体制等四大重点领域改革,通过视察、专题调研、提案督办等形式开展多层次、有质量的协商议政,推动政务环境不断优化,机制体制不断创新,促进各类要素活力竞相进发,为壮大实体经济、激发发展活力、营造良好发展环境,建睿智之言、献务实之策。

助推依法治市凝聚合力。深刻领会全面推进依法治国的重大决策部署,围绕法治靖江建设,以保障人民群众合法权益为出发点和落脚点,就依法行政、公正司法、全民普法守法、法治队伍建设等开展民主监督和协商。积极协助市委市政府做好宣传政策、释疑解惑、理顺情绪、化解矛盾的工作,传递好声音,释放正能量。

助推民生幸福创造效力。充分发挥政协渠道畅、联系广的优势,以进一步提升人民群众幸福感和满意度为追求,围绕城乡统筹发展、推进“四城同创”、教育优质均衡、文化街区建设、城区老旧危楼治理、社区管理服务等关系人民群众切身利益的问题,认真调研,献计献策,形成一批有前瞻性的意见和建议。加强提案和社情民意信息工作,探索推进提案办理协商和办理结果网上公开,建立和完善提案和社情民意信息跟踪督办机制,切切实实为民生幸福创造政协特有的效力。

二、推进协商民主,在团结各方力量上争创新业绩

增强协商互动性。充分利用政协例会,搭建协商交流平台,适当增加协商密度,不断提高协商成效。开好一年一次的全体会议,通过大会发言、小组讨论等形式,就全市经济社会发展中的重大问题,邀请党政领导与政协常委、委员面对面协商。开好一季度一次的常委会议,就推进项目大突破、改革再深化、法治靖江建设等重要议题,邀请分管领导及园区、乡镇负责人,与委员一起开展专题协商,集思广益。开好一月一次的主席会议,就项目招引、口岸建设、行政审批、城市管理等议题,邀请相关部门及企业负责人展开协商讨论。

探索协商多元化。围绕优化政务服务环境、推进企业科技创新、全民普法守法等议题,活跃有序地组织专题协商、对口协商、界别协商、提案办理协商和基层协商。探索将会议协商与调研视察、提案督办、民主评议等形式有机结合,将会议协商与书面协商、网络协商等有机结合,打造互相对接、互为补充、相辅相成的立体化协商平台。

扩大协商开放度。围绕社区改造、公共服务、环境保护、文化街区建设等与群众息息相关的议题,让开门协商、开放协商成为一种新常态。坚持“请进来”,根据不同议题邀请群众代表、专家学者参与协商,扩大参与范围,广聚民意、广集民智、广纳群言。坚持“走下去”,大力推动政协履职向基层延伸,向群众延伸,拓宽和畅通协商渠道。

三、提高履职能力,在加强自身建设上迈出新步伐

加强队伍建设。坚持政治理论学习,不断提升委员综合素质。举办专题培训、研讨交流会、名人名家讲座,引导委员把思想和行动统一到中央和省、市委的决策部署上来,将学习成果运用于政治协商、民主监督、参政议政实践。发挥委员主体作用,拓展委员政治协商平台,创造条件鼓励委员在政协多提建议,多说真话。严格委员管理考核,健全激励机制,充分调动委员参政议政积极性,切实发挥委员在本职工作中的带头作用、界别群众中的代表作用。

加强能力建设。提高政治把握能力。坚定理想信念,增进政治认同,自觉地将政协工作统一到全市中心工作中来。提高调查研究能力。注重在协商前做好调研，深入实际摸清真实情况，集合众智提出解决办法，努力使对策建议务实管用。提高联系群众能力。创新群众工作方法，利用《靖江政协》会讯、《靖江日报·各界》专版、靖江政协网、政协微博等平台，畅通各界群众的利益诉求表达渠道，将履行职能与增进群众福祉紧密结合。提高合作共事能力。秉承求同存异、体谅包容的精神，开展具有政协特色的对外交往和联络联谊活动。发挥文史资料存史、资政、团结、育人的作用，全面展现人民政协这一最大爱国统一战线组织的优势。

加强组织建设。进一步发挥整体优势，为深入推进政治协商增进合力。不断拓展专委会服务委员的新思路新方式，完善服务界别和委员的相关工作机制。发挥界别特色，丰富活动内容，创新活动形式，提高界别活动的成效。加强基层政协工委工作，利用"委员之家"等载体，引导委员进企业、进社区、进村组，开展"委员访谈日"活动。加强与组成单位的联系沟通，为组成单位和无党派人士通过政协平台，参与全市重要问题的讨论协商及履行职责创造有利条件。加强"学习型、文化型、健康型"机关建设，落实群众路线教育实践活动整改措施，切实提高政协工作水平。

·靖江农谚(一)·

【一亩棉，三亩田】 指钟一亩棉花的经济收入，可抵三亩地的粮食卖钱。

【人在家里热得跳，稻在田里笑】 指水稻生长需要足够的积温。

【人吃多样菜，稻需养分全】 水稻的高产，不能单靠化肥，应注意增施有机肥料，特别是农家肥，才能起到平衡养分，增强其稻株防倒、防病、耐虫害的能力，达到高产稳产的目的。人也同样，不能偏食：应米面及各种杂粮、各种蔬菜等都要搭配着吃，才会营养齐全，有益健康。

【"三九""四九"，相拢不出手】 这里所说的意思是指：从"冬至"日开始，民间称交(音读"高")冬数九；每九天为一个单元，分别称作"头九"、"二九"、"三九"……"九九"；俗话说"数九寒冬"，应该是一年中最冷的时段；三九""四九"，相拢不出手，正是形容寒冷之至的描述；过去，因取暖设施缺乏，寒冷天气，人们只得把手拢在衣袖管内，抵御严寒。但是，如果这段时期，该冷而不冷，那来年的"三伏"暖天，也就不会过于炎热了。

【干长根、湿长芽、干湿适宜根芽发】 水稻种子在发芽过程中，如吸不足水份，即含水量不足种子自身重量百分之二十五时，就会加速根的生长速度；若水分过多时，则就会快速长芽，从而影响播后的扎根能力；因此只有当水分适宜时，才会使根芽均衡生长。

【寸麦不怕"尺雨"，尺麦却怕"寸雨"】 这里的"尺雨"，是指较大或较长时间的雨；而"寸雨"，则是指短时间的小雨。其实这种说法尚显片面：不管麦苗大小，都不能久遇水涝；若遇雨涝后，轻则对根系发育不利，重则造成烂根死苗。麦苗幼小时，只是相对大麦苗来说，耐性要稍微大些。而从"三麦"的高产要求出发，秋播时都应该搞好麦田水系。

【"九里"冷，好收成】 指麦子：如若遇上"数九寒冬"时节的寒冷天气，那来年必定可以获得一个好收成。因为三麦的幼穗分化，需要经历一段低温天气以完成春化阶段，然后才能正常转入并进行后，继而以奠定大穗高产的基础。

【"小雪"不冻地，"大雪"不封河】 俗话说，冰冻三尺非一日之寒："小雪"如果还没有冻地，证明真正的冷天还没有到来；那到"大雪"，只有半个月的时间，要使所有河面都能结冰封河，其可能性肯定不大。

(吴汉荣)

党的群众路线教育实践活动

2月21日,市委召开动员大会,启动党的群众路线教育实践活动。全市33名县处级党员领导干部,130多个乡科级以上领导班子、1100多名乡科级干部,2696个基层党组织、3.98万名党员参加活动。活动分学习教育、听取意见,查摆问题、开展批评,整改落实、建章立制等3个环节。10月22日,召开全市党的群众路线教育实践活动总结大会,巩固扩大教育实践活动成果。活动过程中,市委认真学习贯彻习近平总书记系列重要讲话精神,严格落实省委、泰州市委决策部署,始终把开展好活动作为一项重要政治任务,以"钉钉子"精神扎实深入推动。全市"四风"问题得到遏制,涉及群众切身利益问题得到解决,工作制度和管理制度得到健全,干部作风发生大转变,干部面貌呈现新气象。

一是力求学深学透,广大党员干部的思想观念普遍受到深刻洗礼。市委自始至终把学习教育放在首位,活动每推进一步、学习就跟进一步、教育就深化一步。突出学习习近平总书记系列重要讲话,深刻领会其丰富内涵和精神实质;将弘扬焦裕禄精神贯穿始终,分层分类对广大党员干部提出要求,推动学习教育全覆盖;组织各镇(街道、园区、办事处)和各部门(单位)远学周恩来、焦裕禄,近学张云泉、陈燕萍,深入开展"为了谁、依靠谁、我是谁"大讨论。在广泛进行面上教育的同时,还重点组织县处级党员领导干部到烈士陵园接受革命传统教育,重温入党誓词;组织各镇(街道、园区、办事处)党(工)委书记赴淮安开展"学习恩来精神、践行群众路线"主题活动。全市党员干部普遍净化了思想和灵魂,端正了马克思主义群众观,增强了为民服务的宗旨意识。许多党员干部感言,学习教育使大家提高了党性修养,思想上补了课、精神上补了"钙",增强了同群众"一块过、一块干"的自觉性。

二是聚焦"四风"顽症,以揭短亮丑的勇气找准突出问题。各级党员干部通过谈心相互查找问题,走进服务单位,深入企业学校约谈访谈2万余人次;在窗口单位开展"换位体验"活动,以普通群众的身份排一次队、交一次费、办一项业务,感受服务过程中的盲点、死角;发放征求意见表5000余份,开辟党建网、政府门户网站专栏,在市行政中心、党代表工作室等场所设置意见箱,让群众在零压力环境下畅所欲言。由此听取基层群众的真心话,寻找自身存在的真问题。活动中,市委常委班子及成员先后召开座谈会46次,走访、调研136次,征求到各类意见建议583条,查找突出问题18个方面40条。全市各级领导班子共征求群众意见建议5156条,查找突出问题1523条。

三是认真开展批评和自我批评,党内政治生活得到严肃落实。全市各级党组织以整风精神召开专题民主(组织)生活会,在开展批评和自我批评上动真格、开新风。坚持功夫下在会前,深入谈心交心,打消思想顾虑,营造开展批评与自我批评的良好氛围。党员领导干部带头撰写对照检查材料,反复修改完善,深刻自我剖析,为开好专题民主(组织)生活会做好充分准备。专题民主(组织)生活会上,大家紧紧聚焦“四风”,以不隐恶护短的态度开展揭伤疗毒的自我批评,以动真碰硬的态度开展诚恳善意的相互批评,开诚布公提意见,一针见血谈问题,达到“脸红心跳、出汗排毒、治病救人、加油鼓劲”的效果。不少同志都反映,这样的党内生活是第一次经历,真正体现了讲真话、做净友、团结干事的新型同志关系。省委常委、省军区政委李笃信赞许靖江市委常委班子专题民主生活会“准备工作有质量、查摆问题有深度、开展批评有辣味、整改落实有方向”。

四是整改落实较真顶真,建章立制防止问题反弹。全市各级党组织和党员干部面对“问题台账”“意见清单”,不回避、不遮掩、不推诿,坚持边学边改、边查边改。市委先后形成2批56个即知即改项目,加强跟踪督查,实行销号管理。其中32个项目即时整改到位,其余见效周期较长的24个项目,制定整改时间表和路线图,有序加以推进。市委常委会及市人大常委会党组、市政府党组、市政协党组先后将各自整改方案细化为若干个整改项目,在《靖江日报》等媒体上公示。市管领导班子精心制定整改方案,确保抓一项落实一项,改一项见效一项。通过扎实推进专题整治工作,节日送礼、超编超配、吃“空饷”、收红包、干部“走读”等一批顽瘴痼疾得到有效整改。与此同时,各级党组织坚持把制度建设摆在突出位置,以制度创新和机制创新固化作风建设成果,对群众反映强烈的突出问题,在根子上寻找滋生原因、考虑解决办法、拿出整改措施,确保问题不反弹、不回潮。对上级规定进行承接配套,制订《公务接待管理规定》《公务用车管理办法》《党员领导干部行为失范记录暂行办法》《作风建设督查问责实施办法》《靖江市“中梗阻”清障专项行动问责办法》等一批务实管用的具体制度,进一步形成有制可依、立制必行、违制追究的工作格局,让制度成为广大党员干部的硬约束。

五是着力解决群众反映强烈的突出问题,党群干群关系进一步密切。市委坚持把解决好关系群众切身利益的问题,作为教育实践活动的出发点和落脚点,以解决问题的实际成效取信于民。全市取消或下放行政审批事项4个,核减收费、罚款项目11个;化解信访积案23件;清理超标公车102辆,调整压缩办公用房2.47万平方米;各类会议、文件、评比表彰、领导小组及协调机构数量较活动开展前分别减少23.2%、25.1%、26.7%和25%;因公出国(境)、公务接待、公车购置及运行、会议活动等支出费用同比分别下降85.5%、52.3%、9.5%、53.7%。先后开展机关“中梗阻”清障、中介机构清理等专项行动,对44家单位的78名违规违纪人员进行问责,起到查处少数、教育一片的作用。旧城改造、公共交通设施建设等26项城建重点工程不断推进,社保快捷服务“村村通”、公共停车场建设等9个为民办实事项目顺利实施,农民集中居住、安置房建设等群众关心的热点难点问题得到及时回应。通过帮助群众解难题、办实事,一批多年积累的矛盾和问题得到化解,一批群众关心关注的难事、愁事、烦心事得到理顺;各级党组织服务群众的能力和水平得到提高,广大党员干部站在群众立场上想问题、办事情、作决策的自觉性得到增强。

靖江创建为国家卫生城市

1995年,靖江创建成江苏省卫生城市,并连续多次通过复审。2011年,市委、市政府启动创建国家卫生城市、国家环保模范城市、国家生态市和国家园林城市(“四城同创”)工作,将其纳入全市经济和社会发展总体规划,摆到与经济建设同等重要的位置,从推动科学发展、增进民生福祉的高度予以部署。3年来,全市上下广泛参与,社会各方共同努力,城市基础设施不断完善,综合管理水平不断提升,长效管理机制不断健全,群众居住环境和生活质量显著提高。2015年3月,靖江市被全国爱国卫生运动委员会命名为国家卫生城市。

发动全民参与创建,营造浓厚社会氛围。把“创卫”作为培育城市文化的核心内容,深入发动机关部门、社区街道、商户企业和广大市民参与。开辟“推进四城同创,共建美好家园”“创卫大家评”“创卫监督站”“创卫看变化”等媒体栏目,加强舆论宣传和监督;发放创建宣传手册、发送创卫手机短信、布置创卫文化墙、设立大型户外公益广告,增强全民的创卫意识和健康意识;组织“小手拉大手”、网络夏令营、创卫书画影展、创卫文艺巡演、文明交通伴我行、公共场所新风培育、“爱我江城·低碳出行”等系列活动,引导群众从自己做起、从小事做起,改变习惯、提升素养;成立“四城同创”志愿者总队,发起“万名志愿者进社区”“党员义工在行动”等活动,发挥社区组织、志愿者组织和社团组织的示范引领作用,扩大创建工作的群众参与面;实施联创共建,动员各部门参与路段责任包干、结对社区创卫工作,构建部门与社区优势互补、资源共享、协调互动的创建格局。

滨江新城生态环境建设　　(靖江日报社提供)

强化基础设施建设,提高城市承载能力。坚持大手笔投入城市基础设施建设,促进城市功能不断完善、承载能力快速提升。拓宽、改造和修复城区主次干道、背街小巷,提高道路通行能力;实施新城区道路、桥梁建设,拉大城市框架,基本形成“三横十四纵”路网框架;新建63处停车场,新增汽车泊位5307个,安装人行道隔离桩100余处,设置非机动车卡位1000余个,规范车辆停放秩序;启动公交总站、出租车服务中心、交通物流中心三大工程建设,提升公共交通配套服务水平;新建垃圾填埋场,合理布局垃圾中转站和垃圾收集房,集中转运生活垃圾,垃圾无害化处理率100%;新建高标准城市公厕22座,改建水冲式公厕101座,主次干道、公共场所公厕均达到二类以上标准,粪便无害化处理率100%;构建“江河绿荫辉映,路园景色不同”的城区绿化格局,建成马洲公园、牧城生态园等8个大型公园以及15个小游园、8个滨河绿地、16个一般绿地、10个绿化节点,建成区绿化覆盖率42%、绿地率38%,人均公共绿地9平方米。

加强市容环境治理,提升城市管理水平。组织开展形式多样的市容环境专项治理行动,促进城市环境美化、秩序优化。投资1.4亿元新建渔婆农副产品批发市场并投入使用。按照“一场一策”要求,升级改造农贸市场并进行达标管理,切实做到环境整洁、经营有序,4家农贸市场分获泰州、省文明诚信市场称号;采取“疏堵结合”办法,加强流动摊点和特种行业管理,划出10余处场所专用于马路市场、夜市排档定时定点经营,建设可容纳150个经营户的废品集中交易市场;确立“生态宜居”观念,整治无物管小区,改造老旧小区、城中村、城乡接合部、背街小巷,通过硬化道路、粉饰墙体、改造厕所、疏浚河道、植绿补绿、美化亮化等工程,全面改善生活环境,提升城市宜居品质;植入“视域景观”概念,广告牌匾规范设置,推进沿街夜景照明建设,挖掘本土元素打造街头文化,提升城市空间景观品质;发挥“样板带动”效应,创建示范街、示范路和样板社区,人民路放心消费示范街创建经验在全省推广,渔婆路创建省级市容管理示范路成效显著,合兴路“仿古一条街”建设初具规模,江阳社区创建成省级城市管理示范社区。

加大环境保护力度,提升生态文明水平。实施“五年环境再造计划”,着重围绕水、气、声等环境要素,全面改善环境质量。实施碧水工程。落实城区雨污分流改造,铺设污水管网150千米,实现污水主管网、支管网全覆盖。建成镇域污水处理厂8座、污水提升泵站7座,同步建设污水收集管网100千米。全市污水日处理能力4.4万吨、集中处理率85.53%。清淤、绿化城区河道20余条,实现“河道通畅,活水绕城”整治目标,水质常年达到相应功能区标准。打造“水清、岸绿、景美”的农村河道新风貌,在全省率先建起河道、道路、村庄、绿化“四位一体”综合管护新模式。实施蓝天工程。治理废气污染,全面淘汰城区燃煤锅炉。减少餐饮油烟,安装油烟收集处理设施。防治机动车尾气,实行出租车“油改气”,淘汰2000多辆超标排放车辆,开展机动车尾气污染检测。防治建筑扬尘污染,规范渣土车运营管理。加强秸秆禁烧及综合利用,秸秆机械化还田率90%。健全空气环境监测体系,建成2座大气自动监测站、6处降尘监测点,划定烟尘控制区41平方千米,全天候监测大气污染物,城市环境空气质量良好以上天数占92.1%。实施宁静工程。搬迁城区高噪声源,限期治理扰民固定噪声源。缓解交通干线噪声污染,在城区主要路段设置禁鸣标志。降低交通运输噪声,禁止货车和渣土车穿行居住区。控制施工噪声,及时解决夜间施工噪声扰民投诉。结合绿色社区创建,建成6个宁静小区。全市噪声达标区总面积41平方千米。

优化公共卫生服务,提升群众健康水平。以深化医药卫生体制改革为契机,深入实施"健康素养促进行动"和"健康生活方式促进行动",在创卫工作中推动城乡基本公共卫生服务优质化、均等化。开展全民健康教育。成立市健康促进中心,推动健康教育"进企业、进学校、进医院、进机关、进社区",组织全民健康教育活动4000场次,发放各类健康教育资料30万份。开设学校健康教育课,市区中小学健康教育开课率100%,7所学校被评为省级健康促进学校。丰富健康教育载体,建成2个健康主题公园、9条健康步道、20处健康教育场所。中小学生、城市居民、单位职工、住院病人的健康知识知晓率、健康行为形成率均达到国家卫生城市要求。提升公共卫生服务。加强食品、公共场所及生活饮用水卫生工作。将全市500多家各类餐饮店及学校、机关、企业、建筑工地食堂纳入监管范畴,实现食品卫生监管全覆盖。实施放心早餐工程,设立50个放心早餐亭,所有食品统一配送、统一管理。率先在苏中地区实现区域供水一体化,饮用水源水质达标率100%。建立污染源预警、水质安全应急处理保障体系,设立5个饮用水水质监测点,出厂水、管网末梢水水质合格率100%。开辟80万立方米容量的备用水源地,为全市饮水安全提供保障。预防传染疾病发生。加强传染病防治,专项监督检查全市49家医疗卫生机构执业情况,建立疫情报告制度,计划免疫的11种一类疫苗接种率95%以上,全市未发生甲、乙类传染病暴发疫情,无医院内部感染引起的重大疫情或导致的死亡事故。加强病媒生物防制,先后被评为灭鼠、灭蟑、灭蝇先进城市,连续多次通过病媒生物防制先进城市省级复查考核。

靖江获全国文明城市提名

靖江于2005年、2008年、2011年连续3次被省委、省政府授予江苏省文明城市称号。近年来,市委、市政府以文明城市创建为抓手,以辩证的、全面的、平衡的观点正确处理物质文明和精神文明的关系,把精神文明建设贯穿于改革开放全过程、渗透在社会生活各方面,牢固树立"抓常态、惠民生"的创建理念,同步推进"四城同创"。全市政治建设、经济建设、文化建设、社会建设和生态文明建设取得长足发展,市民文明素质、社会道德风尚显著提高。2015年2月,靖江被中央文明办表彰为全国文明城市提名城市。

持续加强社会主义核心价值观宣传教育。制定印发培育和践行社会主义核心价值观行动计划和实施方案,深入浅出宣传社会主义核心价值观的基本内容,提高群众的认知度和认同感。大力弘扬中华优秀传统文化,组织经典诵读、"我们的节日"等活动,用优秀传统文化滋养人们心灵、陶冶道德情操。举办优秀公益广告设计制作大赛,开展"讲文明树新风"公益广告宣传,在全社会传递道德正能量。开展文明餐桌、文明交通、文明旅游、文明网络行动,从基本素养、基本行为、基本规范做起,增强民众道德自律。动员广大党员干部群众参加"八个一"(做一次公益活动、献一份爱心、献一次血、参观一个爱国主义教育基地、少开一天车、改掉一个陋习、学习一项文明礼仪、参加一次网络知识竞赛)践行活动,推动社会主义核心价值观内化于心、外化于形。建立"道德讲堂"总堂,开设"空中道德讲堂"、网上道德讲堂,推进道德讲堂从文明单位向一般单位拓展,从城市社区向农村社区延伸。发挥道德模范的引领作用,《靖江日报》开设《靖江好人》专栏,各单位政务网设立"美德善行榜",评选表彰"十佳"精神文明新人新事以及"道德模范",成立"美德善行"巡回宣讲团,放大道德模范的典型示范效应。李素芬、鞠卫东、李荷英3人入围中国好人榜候选人,侯汉荣当选"最美泰州人"。

广泛开展学雷锋志愿服务活动。探索建立统一规范、分类指导的志愿服务发展机制,实行普遍号召与重点发动、社会招募和组织招募并举的招募方式,培育多层次、多领域、专业化、社会化的志愿者队伍。建立志愿服务持卡注册、星级评定、积分运用等激励机制,以"学习雷锋好榜样"为主题,广泛开展"关爱他人、关爱社会、关爱自然""邻里守望”以及敬老、爱幼、助残、帮扶农民工等志愿服务活动，弘扬“奉献、友爱、互助、进步”的志愿精神，促进形成“我为人人、人人为我”的良好社会氛围。推进志愿服务站点建设，在各级文明行业、文明单位普遍成立学雷锋志愿服务队，积极培育“179”志愿者协会、“家有儿女”爱心志愿者协会、“赤子之心”环保社团、“靖善靖美”公益团队、“马洲之家”志愿者协会等优秀民间志愿组织，打造各具特色的服务品牌。靖江日报社“小红帮忙”进社区进乡村活动获评江苏省优秀志愿服务项目，“179”志愿者协会获评江苏省优秀志愿服务组织。

努力加快社会征信体系建设。完善企业信用管理制度，建立企业法人、律师、会计师、审计师、房产中介等从业人员信用档案，推动建立覆盖全社会的信用信息系统，逐步实现诚信信息互通共享。探索建立诚信“红黑榜”发布制度，加大对失信行为惩戒力度，把诚信建设作为文明行业、文明单位创建的重要内容。在企业开展“诚信做产品”活动，在商场、集贸市场开展“诚信经营示范店”“诚信经营单位”“文明诚信市场”等创建活动，在社会群体开展“诚信之星”“医德之星”等评比活动，营造“守信光荣、失信可耻”的社会环境。

深化拓展群众性精神文明创建。坚持以城带乡、城乡共建，统筹城乡精神文明建设。继续开展文明户、文明村镇等创建活动，把农村精神文明建设与优化农村人居环境结合起来，着力推进环境整治、加强生态保护、培育文明乡风，新桥镇创建成全国文明镇，孝化村创建成全国文明村，马桥镇正北村、新桥镇德胜村获评泰州市最美乡村。深化文明行业和文明单位创建，充分发挥其在文明城市创建中的示范标杆作用，促进行风建设和职业道德建设，靖江市华汇供水有限公司创建成全国文明单位。加强服务品牌培育和宣传，靖江日报社“‘小红帮忙’进乡村(社区)”、统计局“统计连着你我他”、地税局“‘民声’地税”成为泰州市机关服务品牌。此外，推动精神文明创建活动向新经济组织、新社会组织延伸，扩大精神文明创建活动的覆盖面和影响力。

大力推进未成年人思想道德建设。成立靖江市心理健康教育名师工作室，培育心理健康教育骨干教师队伍。全市各中小学校均建成规范的心理咨询室，加强对未成年人的心理健康教育。全市所有行政村和城镇社区普遍建立校外教育辅导站，依托校外活动阵地丰富未成年人的课外生活。发挥好学校教育的主阵地主渠道作用以及家庭教育的基础作用、社会实践教育的养成作用，区分未成年人不同成长阶段，运用养成教育、主题教育、道德实践等多种形式，开展文明礼仪养成教育。推广校园“文明护照”，组织开展“我的国学情，我的中国梦”经典国学传承系列活动、“好家训好家风”集中展示活动、“七彩之夏”主题夏令营、“爱学习、爱劳动、爱祖国，践行中国梦”主题教育活动等，教育引导未成年人从小做起，学礼仪、知礼仪、行礼仪，养成讲文明、懂礼貌、有道德的良好品德和行为习惯。

常州大学怀德学院迁址靖江

靖江与常州地缘相近，人文相亲。2014 年 2 月 28 日，靖江市委、市政府首次赴常州大学洽谈合作办学事宜。随后，双方经多次协商，就怀德学院整体迁址靖江办学达成共识。3 月 28 日，省教育厅和泰州市签订《共同推进泰州教育改革发展合作协议》，把“推进常州大学怀德学院整体迁址靖江办学”纳入其中。4 月 8 日，靖江市政府与常州大学就怀德学院整体迁址办学正式签约。4 月 25 日、5 月 15 日，省教育厅、教育部先后组织专家对怀德学院迁址办学现场考察。5 月 26 日，教育部下发《关于同意常州大学怀德学院举办者变更、迁址等事项的批复》。至此怀德学院迁址靖江市办学水到渠成。

怀德学院创建于 2002 年 3 月。办学之初为民办二级学院，2005 年 5 月经教育部批准转设为独立学院，2013 年登记为事业单位法人。2014 年，学院设有 7 个系、2 个部、9 个职能部门，37 个本科专业分属工、文、经、管、法、艺、教等七大学科门类；有在校学生 5970 人，来自全国 21 个省、市、自治区；有专任教师 356 人，其中副高级及以上职称者占 45.2%，硕士及以上学位者占 87.1%。学院建有科学完善的教学质量保障体系，管理规范，运行有序，可确保人才培养质量不断提高。近 3 年，学生毕业率分别为 97.9%、95.4%、97.4%，学位授予率分别为 92.3%、90.9%、93.8%，年终就业率均在 95%以上，考研录取率稳定在 6%左右。学院十分重视课外科技创新活动。近两年，学生共获得国家级、省市级科技创新奖 200 多项，其中 4 人分获 2013 年第 13 届“挑战杯”全国大学生课外学术科技作品竞赛全国特等奖和 2014 年“挑战杯”全国大学生创业大赛金奖，3 人获 2013 年第 8 届全国大学生“飞思卡尔杯”智能汽车竞赛华东赛区一等奖。办学12年以来，学院以“责任”为院训，弘扬“勇担责任、追求卓越”的学院精神，为社会输送高素质应用型人才万余名。

怀德学院整体迁址靖江，使靖江成为苏中、苏北地区首个设有本科高校的县级市；怀德学院专业设置与靖江产业布局有较多契合，将为靖江全面深化改革、推动产业转型、加快融入苏南提供强有力的人才和科技支撑。7月7日，怀德学院与泰州南京理工大学研究院、靖江市产业技术研究院签约共建靖江市先进焊接技术应用中心，与扬子江船业集团公司签订全面合作协议，与江苏迈能高科技有限公司签订产学研合作协议。

靖江市委、市政府把怀德学院迁址靖江列为全市“一号工程”，组建专门班子支持和服务工程建设工作。根据规划，怀德学院新址占地50公顷。一期工程占地22.7公顷，建筑面积14万平方米，包括图书行政楼、教学实验楼、宿舍楼、食堂、礼堂、体育馆等，同时配套400米跑道标准田径运动场1个，室外篮球场17片、排球场4片、网球场7片、五人制足球场2片，停车位714个，总投资6.14亿元。其中宿舍楼有720间学生宿舍，食堂可供4000人同时就餐，大礼堂可容纳1000人举行大型活动，体育馆设有标准游泳馆及多个室内篮球馆、乒乓球馆、羽毛球馆等。在工程指挥部统一协调下，各施工单位日夜奋战，至8月月底，一座大气开放的现代化本科院校在靖江拔地而起。

9月1日，怀德学院管理及后勤人员入驻学院，准备各项开学迎新工作。教室里各种教学仪器调试到位，图书馆10万余册图书摆放上架，运动场体育设施配套齐全，食堂环境安全洁净，宿舍布置合理温馨。9月16日，怀德学院迎接迁址后首批1718名新生入学。开学后，学院先后组织新生接待、开学典礼、军事训练、迎新联欢、安全教育、首届田径运动会等重大活动。至2014年年末，学院各项教学工作有序运行，院地合作办学效应日益显现。

常州大学怀德学院本科专业设置一览表

表1

序号	本科专业类				首届招生年度
	专业代码	专业名称	学位授予门类	专业类	
1	080405	金属材料工程	工学	材料类	—
2	080407	高分子材料与工程	工学	材料类	2003
3	081301	化学工程与工艺	工学	化工与制药类	2004
4	081302	制药工程	工学	化工与制药类	2002
5	081701	轻化工程	工学	轻工类	—
6	083001	生物工程	工学	生物工程类	2002
7	082502	环境工程	工学	环境科学与工程类	2004
8	080202	机械设计制造及其自动化	工学	机械类	2002
9	080203	材料成型及控制工程	工学	机械类	—
10	080206	过程装备与控制工程	工学	机械类	2006
11	081001	土木工程	工学	土木类	2003
12	081002	建筑环境与能源应用工程	工学	土木类	—
13	081003	给排水科学与工程	工学	土木类	2004
14	081504	油气储运工程	工学	矿业类	2004
15	120103	工程管理	工学	管理科学与工程类	—

续表 1

序号	本科专业类				首届招生年度
	专业代码	专业名称	学位授予门类	专业类	
16	080205	工业设计	工学	机械类	—
17	080601	电气工程及其自动化	工学	电气类	2009
18	080701	电子信息工程	工学	电子信息类	2003
19	080702	电子科学与技术	工学	电子信息类	—
20	080703	通信工程	工学	电子信息类	2004
21	080801	自动化	工学	自动化类	2003
22	080901	计算机科学与技术	工学	计算机类	2002
23	020401	国际经济与贸易	经济学	经济与贸易类	2002
24	120102	信息管理与信息系统	管理学	管理科学与工程类	2003
25	120202	市场营销	管理学	工商管理类	2003
26	120203K	会计学	管理学	工商管理类	2002
27	120204	财务管理	管理学	工商管理类	2013
28	120206	人力资源管理	管理学	工商管理类	2013
29	120601	物流管理	管理学	物流管理与工程类	2013
30	130502	视觉传达设计	艺术学	设计学类	2012
31	130503	环境设计	艺术学	设计学类	2012
32	130505	服装与服饰设计	艺术学	设计学类	—
33	130504	产品设计	艺术学	设计学类	2009
34	030302	社会工作	法学	社会学类	2010
35	050201	英语	文学	外国语言文学类	2003
36	050207	日语	文学	外国语言文学类	2005
37	040207T	休闲体育	教育学	体育学类	—

首部城市形象微电影《香橼》

6月6日，由市委宣传部、靖江日报社联合出品的靖江首部城市形象微电影《香橼》，在靖江新世纪影城首映。影片时长19分钟，以香橼为暗线，讲述主人公李橼与靖江的亲情故事。

《香橼》注重本土原创，处处体现本土元素。

影片剧本通过征集得来。影片筹备前期举办剧本征集活动，众多作家和文学爱好者积极创作投稿。他们在剧本中融入靖江人文景观、风土人情、特产美食等当地元素，字里行间体现靖江人对家乡的拳拳之心。经过专家评选，潘浩泉创作的《香橼》，以浓郁的靖江风情、巧妙的故事结构、唯美的情感表达，从数十部剧本中脱颖而出，成为靖江首部城市形象微电影文学剧本的不二之选。潘浩泉，靖江人，中国作家协会会员，此前他的中篇小说《光明行》被改编成电视连续剧《御林军枪声》在中央电视台播出。

片名中的香橼树，是靖江的乡土树种。初秋时节，遍布靖江的香橼树挂满累累硕果，散发着阵阵清香。2007年11月，香橼被确定为靖江市树。

片名中的“香橼”二字，由靖江籍书法家陈社旻书写。陈社旻为中国书法家协会会员、《美术家》杂志主编，曾在新加坡、日本、韩国、俄罗斯等国家和中国香港、澳门、台湾地区举办过作品展，出版专集6种。“香橼”二字浑厚拙朴，俊迈天成，如同香橼般清新自然。

电影《香橼》宣传海报　　（靖江日报社提供）

影片主题曲《怒放》，由靖江作者秦逸作词。秦逸作词的作品《永远的江南》曾获全国“五个一工程”奖。《怒放》歌词，铺陈着一种细腻的深情之美，简单的句子中，深爱、回忆都透出难以言说的清新和唯美。主题曲演唱者亦为靖江人，名展蝶，毕业于泰州师范学院音乐教育系。

影片演员在靖江海选确定。4位主要角色吸引近200名怀揣明星梦的年轻人报名竞选。他们在面试现场，通过即兴表演、乐器弹奏、歌曲演唱等多种形式展示才艺。导演组最终确定的4位人选中，男一号由靖江日报社工作人员毛宇钧担任，男二号由靖江中等专业学校教师芮琼担任，男三号由市内一琴行吉他老师徐良担任，女一号则由就读于武汉大学的鞠家怡担任。他们虽非专业演员，但在影片拍摄中自然大方，俨然靖江的“草根”明星。

影片拍摄在靖江进行。随着故事情节的展开，靖江季市老街、孤山寺、岳庙等名胜古迹，江阴长江大桥、国际大酒店、南园宾馆等城市地标，景观植物园、碧桂园、滨江小桥村等城乡风貌，蟹黄汤包、长江三鲜、烩芋头等名点美食穿插其间，为影片营造出鲜明的地方特色。

《香橼》首映后，在全国各大视频网站同步上线，为宣传靖江城市形象，展现靖江小城大美发挥了积极作用。

·靖江农谚（二）·

【小暑不见日头，大暑晒开日头】 即久干必有久阴的规律。

【“小暑”雷一雷，四十五天转黄梅】 “小暑”节气的到来，应该是暖气团占据绝对优势；若这时打雷，证明冷空气的余威尚存；冷暖空气的交锋会持续一段时间，因此多阴雨天气会继续维持。本地不会很快进入盛夏。这里的四十五天，概指要下次数较多或天数较长时间的雨。民间说至少要下到四十五“暴”，而在同一天内下两三次也就算两三“暴”。

【“小满”不满，“黄梅”不管】 亦指麦子：如果“小满”没有灌浆饱满，到了“时霉天”，就只能收秕麦了。“黄梅”，这里指梅雨季节。因这个时候，正当梅子成熟，故也称“黄梅”。

【久晴大雾阴，久阴大雾晴】 天气久晴，日照充足，气温升得较高，空气中水汽充沛；这时如有大雾，表明北方已有冷空气南下；冷暖空气相遇，天气会有一个转变过程。而久阴天气，则是因冷暖空气相持而形成的静止锋所致；如这时有雾，表冷空气势力有所加强，风速会增大，雾霾云层会消散，天气必然会放晴。　　（吴汉荣）

1月

1日 靖江市公共资源交易网(www.jjggzyw.com)上线运行。该网将建设工程、政府采购、产权交易、国有土地等招标投标过程集中到统一的电子平台上,实现招投标全程阳光化、服务网络化、监管实时化和规范化,提高招投标工作效率。

△ 靖江市合兴路文化特色街开街。

5日 中国《甲午年》特种邮票暨神韵马洲邮册首发仪式在市档案馆举行。

6日 新桥镇新合村、德胜村,东兴镇何德村被省委农村工作领导小组授予"社会主义新农村建设示范村"称号。

7日 江苏省委常委、纪委书记弘强至靖江调研经济发展、民生改善、社会治理、党风廉政和效能建设等工作,希望靖江进一步加强党风廉政和效能建设,不断提升服务群众的水平。

8日 季市镇被中国烹饪协会评为"中华美食名镇";老季市私家菜馆、兴明国际大酒店、鸿运酒楼、国际大酒店、靖城东坡酒楼等5家酒店被中国烹饪协会评为"中华餐饮名店"。

10日 市委召开十一届六次全体(扩大)会议,学习贯彻中共十八大和十八届二中、三中全会以及中央、省、市一系列重要会议精神,研究部署靖江全面深化改革和2014年度经济社会发展的目标任务。市委书记倪斌作题为《全面开启深化改革新征程 奋力谱写融入苏南新篇章》的工作报告。

14日 市政府与江苏省国信资产管理集团有限公司签订战略合作协议,进一步推动国信靖江电厂能源项目建设,并在城市基础设施建设、园区开发、金融、现代农业和新兴产业等领域开展深度合作。

15日 江苏省委副书记石泰峰至靖江调研农业农村工作,充分肯定靖江在现代农业、农田水利和新农村建设等方面取得的成绩,希望靖江积极探索"三农"工作新经验,加快推进农业农村现代化建设。

17日 江苏省委常委、宣传部长王燕文至靖江慰问困难老党员、部分重点优抚对象。

2月

7日 召开全市机关作风建设暨综合表彰大会。

8—11日 政协靖江市第十二届委员会第三次会议在市行政中心会议中心召开。市委书记倪斌作题为《为全面深化改革加快融入苏南而共同奋斗》的讲话,市政协主席高亚梓代表政协常委会作工作报告,市政协副主席何晓鸽作政协提案工作情况报告。

9—12日 靖江市第十五届人民代表大会第三次会议在省靖中礼堂召开。市长赵叶代表市政府向大会作工作报告。会议听取和审议《政府工作报告》以及《靖江市2013年国民经济和社会发展计划执行情况与2014年国民经济和社会发展计划》等5个报告，选举高亚梓为市第十五届人大常委会主任，刘贵为市检察院检察长。

14日 央视中文国际频道《走遍中国》栏目播出新年新味道特辑《靖江——捞鲜品新》，展示靖江蟹黄汤包、河豚鱼等特色菜点。

17日 市义昌果品专业合作社、龙飞生猪养殖专业合作社、森奈尔苗木花卉专业合作社、华源禽业专业合作社、王宏鹌鹑专业合作社被评为首批省级农民专业合作社示范社。

19日 市第一高级中学的“三毛基金”获评省十佳青年志愿服务项目，外国语学校盛帮建获评省优秀青年志愿者，“179”志愿者协会获省青年志愿服务行动组织奖。

21日 市委召开全市党的群众路线教育实践活动动员大会。

25日 江苏省煤炭物流靖江基地、靖江工业品全球采供分拨中心两项目列入2014年度省现代服务业“十百千”行动计划重点项目库。

△ 市工商局印发《关于进一步深化工商登记制度改革的意见》，推出简化工商登记前置审批、放宽注册资本限制、实施合并审批、推行选择登记、放宽住所登记等5个方面14项举措，促进民营经济发展。

27日 召开党的群众路线教育实践活动督导工作培训会。市委派出12个督导组，全程督导各地、各单位、各部门的教育实践活动。

是月 老年健康协会编印《百岁老人长寿之道文集》，集结国内170多位老人的长寿秘诀，供老人养生借鉴。

3月

6日 常州大学校长浦玉忠一行至靖江，洽谈合作办学事宜。

8—15日 市长赵叶率靖江市农业代表团赴以色列、匈牙利访问，洽谈农业、城市管理等项目。

15日 举办党的群众路线教育实践活动专题辅导讲座。邀请中央党校党建教研部政党制度教研室主任祝灵君教授作题为《党的群众路线与群众工作》的报告。

21—22日 2014年上海—靖江消化病诊断与治疗新进展研讨会暨泰州市消化学术年会在靖江召开。

26日 国务院办公厅调研组至靖江，专题调研政务公开和政务服务工作。调研组现场观摩政务服务网上公开透明运行系统演示流程，肯定靖江在政务公开和政务服务工作中取得的成绩。

△ 靖江市长鸿新型建材有限公司成为全市首家规模化、工业化、标准化生产预拌砂浆企业。该企业整个砂浆生产过程全部由计算机自动控制，物料实行封闭传送。

4月

11日 “中国科学院青年专家靖江行”活动启动。中科院系统25个院所80余名青年专家至靖江对接产学研合作项目，靖江上百家企业参加项目洽谈。

12—14日 江苏省（靖江）2014年蕙兰展在滨江新区百蔚园举行，共展出100多个品种近800盆蕙兰。此为靖江首次举办省蕙兰展。

13日 第31届潍坊国际风筝会华东赛区风筝选拔赛暨靖江首届风筝节在牧城公园举办。

19日 靖江举办“三阳开泰·春天送你一首诗”朗诵会暨靖江市“十佳小作家”评选颁奖典礼，著名作家赵丽宏、商震、王干、祁智，学者王乃森、骆冬青，表演艺术家焦晃、刘家祯等出席活动。

25日 全市机关“中梗阻”清障专项行动动员会召开，要求以“钉钉子”精神，动真碰硬治理机关干部庸、慢、乱等问题。

△ 江苏元林慈善基金会捐资建造的靖江元林老年大学成立。该大学有28个教室、3个老年活动室以及阅览室、会议室、观影室、医务室等完善的现代化设施和先进教学设备。

△ 靖江开发区通过省级生态工业园区技术考核检查。

28日 “服务民营经济，工商·邮储送贷行动”启动。中国邮储银行靖江市支行向全市小微企业、个体工商户和种养殖户投放贷款2亿元。

5月

6日 在北京举行的第4届黄炎培职业教育奖颁奖大会上，省靖中专教师朱照红获“全国黄炎培杰出教师奖”。

△ 市政府建立靖江市投资促进局，正科级建制，挂靠市商务局。

7—10日 代号为“苏动-2014A”的省国防动员演习在靖江进行。这是继1994年后，市国动委参与的又一次大规模省市县三级国动委联合演习，也是在靖江举行的实战性最强、参演人员最多的一次国防动员演练。

13日 江苏省委常委、省军区政委李笃信至靖江，调研指导靖江开展党的群众路线教育实践活动。6月23日，李笃信再次至靖江指导。

15日 靖江数字化城市管理系统建设项目实施方案通过省专家组评审。靖江“数字城管”的总体目标是建设一个数字城管信息平台、一个数字城管监督指挥机构、一套科学的监督考核机制，逐步建立沟通快捷、分工明确、责任到位、反应快速、处置及时、运转高效的城市管理长效机制。

16日 举办第4届“靖江慈善日”现场捐赠活动，累计收到爱心捐赠款408万元。

19—23日 由亚伯拉罕·卡丹、蒙特·西尔弗、田端华等组成的以色列农业专家团队至靖江，调研考察农业发展环境和农业产业化情况，与靖江市政府、农业部门、农业生产贸易公司、农业投资商洽谈农业项目和技术合作，并与市农业开发区签订技术合作备忘录。

23日 “江阳鱼人 桑梓情深”刘健艺术作品回乡汇报展在市档案馆举行。刘健，靖江东兴镇人，现任常州刘华明艺术馆馆长。

26日 中科院理化所与靖江瑞泰胶带有限公司、江苏光源电力建设有限公司举行项目签约仪式，就新型污水处理阳离子晶体及阳离子絮凝剂生产项目、深冷处理技术及装备制造项目进行合作。

29日 靖江干部网络学院网站开通运行。全市739名市管领导干部和后备干部登录www.jjgj.gov.cn即可参加在线学习。

31日 中国医学科学院阜外心血管病医院靖江心血管病技术诊疗培训基地成立。

6月

4日 由市委党的群众路线教育实践活动领导小组办公室、市委宣传部、市委组织部、市文广新局主办，市锡剧团演出的大型主旋律锡剧《焦裕禄》在省靖中礼堂首演。

6月4日，锡剧《焦裕禄》首演 (靖江日报社提供)

6日 市委宣传部、靖江日报社联合出品的靖江首部城市形象微电影《香橼》，在靖江新世纪影城举行首映式。该片艺术展现靖江的人文风情，凸显靖江与众不同的城市特质。

10日 召开党的群众路线教育实践活动工作推进会。会议要求聚焦“四风”，坚持高标准、严要求、重落实，把查摆问题、开展批评环节各项工作做扎实、抓到位，以真查真改的实际行动取信于民。

18日 在2014全国企业家活动日暨中国企业家年会上，江苏扬子江船业集团董事长任元林被中国企业协会、中国企业家联合会和中国企业管理科学基金会联合授予“2013—2014年度全国优秀企业家”荣誉称号。

19日 市政府与常州大学共同举行怀德学院迁址（靖江）仪式，靖江由此成为苏中、苏北地区首个设有本科高校的县级市。怀德学院创办于2002年，2005年经教育部批准转设为独立学院，学院原址位于常州大学白云校区。该院开设各类专业37个，涵盖工、文、经、管、法、艺、教七大学科门类。新址位于新港城高教园区，占地50公顷，总建筑面积24万平方米，可满足约8000名学生的住宿、生活及教学实验需求。

20日 市政协举办“委员企业沙龙”，围绕制造业企业转型升级，组织部分企业家委员开展视察和互动交流。

23日 靖江市产业技术研究院揭牌成立。该研究院由南京理工大学、南京工业大学、江苏大学、江苏科技大学、常州大学及中科院理化所、金属所等产业技术研究院合作共建，旨在推动企业科技创新，加快产业转型升级。

24—25日 市委常委会召

开专题民主生活会。常委班子及其成员按照“照镜子、正衣冠、洗洗澡、治治病”总要求，围绕为民务实清廉主题，聚焦“四风”，对照“三严三实”，以整风精神认真开展批评与自我批评。

30日　市实验学校为近400名三年级学生举行10岁成长仪式。仪式分为“在祝福中成长”“在快乐中成长”“在幸福中成长”3个篇章，让家长和孩子一起感受10年来的点滴成长。

7月

4日　靖江市道德讲堂总堂成立仪式暨首场活动在马洲书院举行。

7日　组织政校企各方深入开展合作共建活动。泰州南京理工大学研究院、靖江市产业技术研究院、常州大学怀德学院签约共建靖江市先进焊接技术应用中心；常州大学怀德学院与扬子江船业集团公司签订全面合作协议，与江苏迈能高科技有限公司签订产学研合作协议。

9日　靖江市应急指挥综合信息平台项目通过专家评审验收。

12日　省曲艺家协会、靖江日报社、中国靖江网主办的“自在城杯”第5届江苏省少儿曲艺大赛颁奖晚会暨获奖节目惠民演出在省靖中礼堂举行。靖江选送的音乐快板节目《孝心之花满天下》获得创作奖和节目奖。

△　市工商联、市教育发展基金会联合举办的“郎助郎·上学堂”爱心助学公益义卖募捐活动启动。

18—20日　桥梁杂志社、江苏中泰桥梁钢构股份有限公司联合举办的“2014钢结构桥梁论坛”在靖江举行。与会专家围绕钢结构桥梁的设计、建造、施工、监测、养护及大跨径钢结构桥梁特点等进行探讨。

21日　靖江市被省委、省政府、省军区连续第8次评为省级双拥模范城。

△　上海应用技术学院和靖江市政府签署全面技术合作协议，成立上海应用技术学院靖江技术转移中心。

25日　第1届市民规划师聘任暨规划咨询会召开，向首批18名市民规划师颁发聘书。

8月

1日　靖江市启动“创业情中国梦”青春创业季暨第2届大学生村官创业设计大赛决赛。城南办事处“人来人往——泰州特产淘宝店”创业项目获一等奖。

15日　市教育局在斜桥中学为援藏教师王振宇举行欢送仪式。王振宇为靖江教育援藏第一人，赴拉萨江苏实验中学，开展为期1年的教育援藏工作。

22日　召开党的群众路线教育实践活动推进会，总结交流前一阶段活动情况，研究部署整改落实、建章立制环节任务。

25日　靖江三鹏模具科技股份有限公司在上海股权托管交易中心挂牌。该公司成为泰州市首家在上海股权托管交易中心挂牌的企业。

28日　靖江地产新闻网(www.jsjjw.cn/dcnews/node_2520.htm)上线。该网由靖江日报社创办，有即时新闻、热点聚焦、楼市资讯、购房指南四大板块内容。

9月

5日　举行纪念靖江市工商联成立60周年会议。

6日　首届“靖江好声音”决赛暨颁奖典礼在步行街市民广场举行。

10日　市中医院与江苏省中医院签约，成为江苏省中医院协作医院，并加入南京都市圈中医医院合作发展联合体。

13日　靖江籍作家祁智创作的《小水的除夕》获全国第13届精神文明建设“五个一工程”奖。祁智，靖江市西来镇人，中国作家协会会员，就职于凤凰出版传媒集团。

15日　江苏艾兰得营养品有限公司与南京理工大学签约人源胶原蛋白项目。

17日　常州大学怀德学院2014级新生开学典礼在靖江高教园区新校园举行。

18日　召开全市教育实践活动整改落实工作“一把手”推进会暨思想再解放部署会。市委书记倪斌要求将“解放思想再发力、重树标杆勇攀登”专题大讨论活动纳入教育实践活动，确保教育实践活动取得实效。

19日　市城市管理委员会召开第一次全体会议，讨论通过《靖江市城市管理委员会议事规则》《靖江市城市管理网格化实施方案》《靖江市数字化城市管理指挥手册》和《创建江苏省优秀管理城市实施方案》。

19—26日　在淮安市召开的江苏省第18届运动会上，靖江籍运动员徐佳琦获女子青年组铅球冠军，周中博获男子乙组划船双人双桨4000米冠军。

20日　靖江籍上将、南京军区原政委方祖岐“古韵新风”诗书画展暨慈善义捐活动在江苏省美术馆举行。开幕式上，方祖岐捐助省靖中、市第一中学共50万元。

26日 西来电镀中心河道、土壤及地下水环境调查与评估项目启动,靖江展开土壤修复工作。

28日 模具CAD国家工程研究中心华达分中心揭牌仪式在华达汽车科技股份有限公司举行。

30日 市委、市政府在靖江烈士陵园举行烈士纪念日公祭活动。

10月

9日 2014靖江(上海)投资说明会暨项目签约仪式在沪举行。德国DAKS公司、韩国现代BS&C公司、德国中小企业协会、江苏国信集团、河北港口集团、上海电气集团、江苏万林现代物流股份有限公司、施耐德电气(中国)有限公司、上海奇士科技发展有限公司等50多家知名企业和机构的代表出席会议。会上签约中德绿港国际产业园、游艇产业园(一期)等项目25个,内资项目总投资38.75亿元,外资项目总投资7.35亿美元。

13日 江苏东华测试技术有限公司副总经理陈立被江苏省政府授予第2届江苏服务业专业人才特别贡献奖,是靖江首位获此荣誉者。陈立,电子信息高级工程师,带领团队研发的结构力学性能测试与云分析诊断平台软件先后被应用于“神舟十号”“天宫一号”“天宫二号”等系列载人飞行器的地面环境试验,拓展了国内高端测试仪器及信号分析处理领域。

△ 滨江学校被省教育厅和省科协评为2014年江苏省科学教育特色学校。该校自2012年成立以来,创设科技园等科学教育活动场地,每年举办科技节和科技周活动,推出“机器人”等16个科技类学生社团,培养孩子们的科学品质和创新能力。

14日 市委召开常委(扩大)会议,学习习近平总书记在党的群众路线教育实践活动总结大会上的重要讲话精神,总结全市党的群众路线教育实践活动,对巩固和拓展活动成果、加强作风建设、全面推进从严治党提出要求。

16日 市纪委、市委宣传部、市监察局和市文联联合举办“马洲清风”靖江市勤廉文化书法邀请展,展出书法艺术作品60余幅。

△ 靖江省级生态市创建工作通过江苏省环保厅考核验收。

△ 首届中国报业新媒体发展大会在浙江温州举行。靖江日报社“区域全媒体运营平台”项目获评2013—2014年度中国报业新媒体项目创新50强。

22日 召开全市党的群众路线教育实践活动总结大会,要求全市各级党组织和广大党员干部巩固扩大教育实践活动成果,深入持久推进作风建设,不断探索从严治党新途径,推动党建工作取得新成效。

23日 第8届“江苏戏剧奖·小戏小品奖”大赛结果揭晓。市锡剧团创作的小戏《住院》获编剧、导演、舞美、优秀剧目、优秀音乐、优秀表演等6个奖项。

24日 市委、市政府与中央企业资产管理公司俱乐部、北京产权交易所在靖江共同举办央企靖江投资交流会。

27日 靖江首部电影《恋爱、美食、蟹黄包》开机。该电影以靖江蟹黄汤包为地方元素,以一段爱情故事展示靖江的人文自然景观和美食文化。

△ 市档案馆省中小学档案教育社会实践基地创建工作高分通过省档案局(馆)专家评审。

28日 市省靖中专举行“崇德尚礼励志学习”《论语》千人诵读会,弘扬中华优秀传统文化。

30日 百名海外博士江苏行靖江洽谈会在靖江华信科技创业园举行。41名海外博士携带52个项目与靖江孝化集团等52家企事业单位对接洽谈。项目涉及信息技术、新能源、新材料、物联网、节能环保等领域。

11月

1日 第14届全国县域经济与县域基本竞争力百强县排名公布,靖江列第26位。

△ 中央电视台戏曲节目主持人白燕升在靖江怀德学院举办“光阴的故事”传统文化报告会,以“敬畏”“艺术”“生活”3个主题词,讲述他对传统文化特别是戏曲文化的感悟与理解。

3—4日 应省旅游局和新浪江苏频道“畅游江苏 乐享秋韵——江苏寻味之旅”节目组邀请,由作家、旅游家和美食家组成的旅行家微博团至靖江,参观靖江景点,品尝靖江美食,制作靖江美景美食专题宣传片,在新浪网、台湾媒体等平台播出。

5日 由神龙海洋工程公司施工的福建湄洲岛第2条跨海供水管道成功通水。该跨海管道工程全长3707米,施工工艺复杂、难度大,需进行水下开挖、水下炸礁等险难作业。

9日　中国药科大学与江苏三江医药有限公司、靖江心连心医药连锁有限公司签订战略合作协议,联手打造院企合作平台。中国药科大学大学生校外实践基地同时在靖江揭牌。

△　靖江大自然草鸡养殖有限公司出产的“贵人缘”牌草鸡蛋获第15届中国绿色食品博览会金奖。

11日　举行全民健身成果展演暨市民健身广场、人防工程开放首日活动。

△　装载6600吨木薯干的伯利兹籍“SIABRIDGE1”货轮停靠龙威港务码头。此举开启靖江港进口粮食业务。

14日　《靖江市城市总体规划(2013—2030)》通过专家论证。

15日　“全民健身绿色出行”2014江苏·靖江首届环明湖自行车公开赛在牧城公园举行,来自江苏、安徽、山东、江西、广东等地的180余名选手参赛。赛事设男子山地车组、折叠车组,赛程约15千米;女子山地车组、折叠车组,赛程约10千米。此为靖江首次按省级标准举办的体育赛事。

19—22日　江苏艾兰得营养品有限公司生产的氨基葡萄糖制剂和维生素C制剂获第8届国际发明展览会“发明创业奖·项目奖”金奖,复合维生素矿物质制剂获银奖。

20日　央视CCTV-10频道《我爱发明》栏目播出《粮食滚滚来之陈国付发明收粮机器》,报道生祠镇农民陈国付发明收粮机一事。陈国付为生祠镇种粮大户,于3月发明第一代自动收粮机。

△　中国宝卷生态化保护与传承交流研讨会在靖江举行。

23日　靖江49名科技企业家学员赴浙江大学,进行为期3天的“现代经营管理与品牌战略”专题培训。

24日　泰州市第4次见义勇为表彰大会召开。靖江陈全、魏红兴、邵军、顾文驰、张美荣、陆正才被评为见义勇为先进分子。

28日　张厚存美术馆开馆。张厚存为靖江油画界代表人物,1970年代末首创铁皮画,其作品始终凝结着浓厚的乡土情怀。

29日　“尺素芳馨”方凌波书法篆刻作品展在市档案馆举行,共展出诗、书、画、印、紫砂、瓷器等作品50余件。方凌波,靖江人,南京师范大学和美书画评论所所长。

是月　在江苏如皋举行的首届“中国杯”全国盆景大赛上,市人民公园创作的作品《揽胜》获金奖、《别有洞天》获铜奖。

12月

2日　江苏迈能高科技有限公司加入美国搪瓷协会。

4日　江苏尚香食品有限公司在上海股权托管交易中心挂牌。

6日　马桥畜牧兽医站副站长侯斌获2014年全国动物防疫职业技能大赛个人总成绩第一名。此赛事为全国畜牧兽医系统首次技能比赛,由农业部、中华全国总工会、人力资源和社会保障部联合举办。

9—16日　靖江商务代表团赴德国、荷兰开展招商引资和商务考察活动。

10日　4万吨级“碧华山”轮满载玉米从辽宁锦州港抵达靖江新华港务码头。此为“锦州—靖江”北粮南运长江黄金水道首航。该航线由靖江新华港务有限公司、锦州港股份有限公司、天津永续航运集团共同开通,对靖江加快做大沿江粮油产业、打造长江下游粮食物流基地具有重要意义。

12日　泰和国际城开业。该项目由靖江市泰和置业有限公司开发,总建筑面积22万平方米,由购物中心、商业街等构成,系靖江又一个大型城市综合体。

16日　靖江第一中学赤子之心环保社团作为全国唯一的中学生社团,受邀参加全国青少年生态环保组织圆桌会议。

17日　靖江首次入选《福布斯》中文版2014年中国大陆最佳县级城市榜。

20日　靖江工商、质监、食药监3部门机构整合,成立靖江市市场监督管理局。

26日　靖江发放首批外来人口居住证。

27日　电镀集中区试运行,对入驻的27家企业实行统一管理、统一治污、统一达标排放。

30日　江苏有线靖江分公司成立。

31日　市人民医院升级为国家级三级综合性医院。

是月　《中国共产党靖江历史(1949—1978)》出版发行。该书由市党史方志档案办公室编纂、中共党史出版社出版,全书23万字,记述新中国成立后30年间中共靖江县委贯彻执行党的路线、方针、政策,带领靖江人民进行社会主义革命和建设的不凡历程。

市情简介

【地理位置】 靖江市地处北纬31°56′~32°08′，东经120°01′~120°33′，位于中国内地最富庶的经济发展区——长江三角洲，南濒长江与张家港、江阴、常州相望，东与如皋相邻，西北与泰兴相连。靖江是中国东部水陆交通要冲，处于江苏省中轴线与长江的交汇点，襟江近海，水运发达；锡澄、广靖高速公路通过江阴至靖江的长江公路大桥，南连沪宁高速公路，北接宁通高速公路；新长铁路从靖江过江，向南接沪宁铁路，向北连陇海铁路。境域地势低平，唯有一孤丘耸立于中部；东西距离43千米，南北距离18千米，总面积664.76平方千米，其中陆地面积556.70平方千米、水域面积108.06平方千米；拥有长江岸线54千米。

【建置沿革】 靖江历史悠久。三国·吴赤乌元年(公元238年)前成陆，赤乌二年(239年)为吴主孙权牧马之洲，属毗陵郡。晋代属暨阳县(今江阴市)。明洪武二年(1369年)属江阴县。明成化七年(1471年)置靖江县，属常州府。1949年1月28日，靖城解放。中华人民共和国成立后，先后隶属于泰州、扬州专区。1983年3月由扬州市代管。1993年7月14日撤县建市。1996年7月19日，地级泰州市设立，靖江改由泰州市代管迄今。

【行政区划】 全市设1个街道、8个镇，有75个社区居民委员会1000个居民小组、188个行政村3362个村民小组；配合沿江开发战略目标，设有滨江新区和靖江开发区(下辖新港城、城南园区、城北园区、新桥园区)、江苏江阴—靖江工业园区2个经济开发区。市政府驻滨江新城。

【人口】 人口规模保持稳定。“单独”二孩的计生新政得到落实，人口环境保持平衡，2014年年末全市户籍总人口66.81万人，其中女性33.73万人，男女性别比为98.07；本年登记出生人口5072人，出生率7.59‰；死亡人口4864人，死亡率7.28‰。城镇化水平进一步提高，2014年年末全市常住人口68.65万人，其中城镇41.74万人，常住人口城镇化率为60.8%，比上年提高1.1个百分点。

【自然资源】 靖江素有“苏北小江南”之美誉。水资源较为丰富，总量约7.30亿立方米。城南园区(原八圩镇)地下蕴藏优质矿泉水，具有一定经济价值。丰富的水资源为发展水产业提供了优越条件，长江和内河有刀鱼、鲥鱼、鮰鱼、河豚等稀少鱼种及青鱼、草鱼、鲤鱼、鲫鱼、鳊鱼等常见鱼种。土壤肥沃，以耕地为主，可利用率100%。主要矿产有煤，集中于孤山周围，探明储量800万吨。主要农作物有水稻、小麦、油菜。植物种类繁多，有百余科近300个品种。动物有鸟类、哺乳类、爬行类、无脊椎类等近70种。

【文化传统】 靖江文化底蕴丰厚。清乾隆年间陈瑞的泼墨山水画《深山藏古寺》被收为清廷内宫珍品；清道光年间郑汝英的纪实文章《沧江平浪记》，记述了靖江人民不屈不挠的抗英斗争；清末何星榆的诗歌《新乐府·东门桥》，讴歌了抗倭义士席上珍的伟大民族精神。民国时期和新中国成立后学者名流辈出，作家陈笑雨、翻译家蒋天佐、古典文学家刘拜山、历史学家夏东元、红学家张锦池等著作众多，影响深远。民间文艺源远流长，“讲经”被誉为中国民间艺术的“活化石”，2007年，靖江获“中国宝卷传承文化之乡”冠名。2008年6月，靖江宝卷列入国家级非物质文化遗产名录。

【名胜古迹】 钟楼 靖江现存最古老的地面文物。始建于明隆庆三年（1569年），崇祯九年（1636年）重建，清同治十年（1871年）重修。该楼建筑古老坚实，结构精巧，钟楼门上“阿弥陀佛”4字为邑人刘坦吾所书。原有大钟于“文化大革命”中被毁。1985年，县政府重修钟楼并新铸铜钟。1983年被列为县级文物保护单位，1993年被列为江苏省级文物保护单位。2002年钟楼广场建成，这座古建筑更凸现庄重典雅的风采。

四眼井 建于明崇祯十年（1637年），深约7米，中间最大直径约3米，井的上方用青砖砌成等距离（约0.70米）的4个井眼，故名“四眼井”。井上有四角亭1座，亭南有记刻于石上。井水四季清澈，居民称便。1983年被列为县级文物保护单位，1993年被列为江苏省级文物保护单位。

魁星阁 清光绪十七年（1891年）建于靖城东南隅文昌庙高约1.5米的旧石基上。阁高14米，共3层，底层较大，向上逐渐缩小，形似宝塔。阁呈六角形，18只飞檐高高翘起，古朴而有气势。1932年始先后经过4次修葺。1983年被列为县级文物保护单位，2006年被列为江苏省级文物保护单位。

刘国钧故居 坐落于市区以西9千米的生祠镇中街，占地5000平方米，为著名爱国民族实业家刘国钧早年的住所。故居由展览馆、弘毅堂、善余厅、花圃等组成，构造颇具江南园林特色。故居西侧为复原的刘国钧旧居。2006年被列为江苏省级文物保护单位。

岳庙 始建于南宋绍兴初年（1131年），占地2800平方米，宋式结构，整体建筑庄重雄伟。庙内有赵朴初手书“岳忠武穆生祠堂”匾额和“精忠贯日”题词，另有“精忠报国”、岳飞像石刻以及韩世忠、黄炎培诗碑等。1993年被列为市级文物保护单位。

【地方特产】 长江四鲜 即刀鱼、鲥鱼、鮰鱼、河豚。刀鱼体形狭长侧薄，颇似尖刀，银白色，肉味鲜美，肥而不腻，兼有微香，但多细毛状骨刺；烹制成芙蓉刀鱼，既保持味美，又免去多刺，堪称靖江菜肴之一绝。鲥鱼为南方水产珍品，鳞可食，丰腴肥硕，肉质细嫩，味道鲜美，可制作20余种名菜佳肴；清蒸鲥鱼尤为席中上品，有“红烧鲥鱼两头鲜，清蒸鲥鱼诱神仙”之俗语。鮰鱼鱼肉细嫩，制作成春笋烧鮰鱼，汤汁乳白，肉嫩笋鲜；制作成萝卜炖鮰鱼，其味有河豚之美。河豚营养丰富，腴肥鲜美且带野味，有补虚去湿、舒胃、却痔疾等效用，但血液、肝脏、卵巢均有剧毒，需专人烹饪；河豚烧青菜最负盛名，鱼肉鲜嫩味醇，青菜油而不腻，常食可以健胃。2007年，靖江获“中国江鲜菜之乡”冠名。

蟹黄汤包 以猪肉、鸡肉、蟹肉、蹄筋或上等肉皮熬成胶冻状作馅，成形后上笼蒸熟。此时的汤包皮薄如纸、雪白晶莹、形如玉菊、汤色清亮、鲜而不腻、回味无穷，以姜丝、香醋佐之，风味更加独特，吃时要“轻轻提、慢慢移，先开窗、后喝汤”。汤包单只重量不小于100克，蟹肉含量不小于肉馅重量的50%。一、二、三等汤包，每只肉馅重量分别为17克、15克、13克。1999年，靖江汤包被中国烹饪协会评为全国四大名点之一，与上海南翔小笼包子、天津狗不理包子、扬州富春包子一起驰名中外。2007年，靖江获“中国汤包之乡”冠名。

猪肉脯 精选优质新鲜猪肉，运用传统工艺和现代科学技术，采用独特配方，加以多种天然香辛调料精工制作。味道香醇，口味鲜美，甜中微咸。“双鱼”牌猪肉脯获中国国际食品博览会金奖，被认定为江苏省名牌产品，企业通过ISO 9001质量管理体系认证和HACCP食品安全控制体系认证。

香沙芋 靖江主要特色农副产品之一，口感细腻，味道甘美，营养丰富，经去皮保鲜处理后，可在0℃～5℃的环境中储存2个月不发生褐变，深受广大消费者欢迎。其水分、蛋白质、脂肪、纤维素、碳水化合物、维生素B1、维生素C等成分指标均达到省无公害地方产品标准，被认定为省无公害农产品，并通过省质量标准体系认证。2012年，“靖江香沙芋”获农业部农产品地理标志认证。 （陆天煜）

【气象】 2014年,全市总的气候特点:气温全年总体偏高,夏季气温偏低;降水略偏多且分布不均;日照正常。

气温　年平均气温16.9℃,较常年偏高0.9℃。6月、7月、8月、12月比常年偏低,其余各月均比常年偏高或异常偏高。其中1月、3月平均最高气温分别为10.9℃和16.0℃,分别比常年同期偏高3.4℃和2.5℃,创1981年来历史同期最高。年极端最高气温36.4℃,出现在7月22日;年极端最低气温-4.2℃,出现在2月10日。1月31日极端最高气温20.2℃,为有资料记载以来历史同期最高。3月21日终霜,12月2日初霜,无霜期225天。3月14日入春,比常年3月26日提前12天;5月20日入夏,与常年5月20日重合;9月30日入秋,比常年9月28日推迟2天;12月1日入冬,比常年11月26日推迟5天。

降水　年降水总量1326.6毫米,较常年偏多248.0毫米。2月、4月、7月、8月、9月、11月降水比常年同期偏多,其余各月均比常年同期偏少。其中2月降水量134.0毫米,为有资料记载以来历史同期最多,比常年同期偏多159%;8月降水量比常年同期偏多103%;1月、10月、12月降水量分别比常年同期偏少69%、73%和71%。全年日降水量≥0.1毫米的日数为121天,≥1.0毫米的日数为95天,≥10.0毫米的日数为38天,≥25.0毫米的日数为15天,≥50.0毫米的日数为4天。一日最大降水量为92.7毫米,出现在9月1日。6月25日入梅,比常年6月19日推迟6天,属迟梅;7月18日出梅,比常年7月12日推迟6天。梅雨期23天,梅期正常;梅雨量267.2毫米,比常年230.6毫米略偏多。

日照　年日照时数1934.0小时,较常年偏少171.6小时。年日照率44%。1月、3月晴朗天气多、光照充足,日照时数比常年分别偏多23%和31%;2月、8月、9月阴雨天气多,日照时数分别比常年偏少33%、47%和35%,其中9月日照时数122.7小时,为40年来历史同期最少。

【灾害性天气】 全年气象灾害主要有雷电、大风、暴雨、高温、大雾、夏季低温寡照等,尤以夏季低温寡照对水稻正常生长的影响较为明显。总体来说,全年气象灾害的影响偏轻。

雷电　3月19日,强雷电导致新扬子造船有限公司二号涂

2014年靖江市气象资料一览表

表2

要素	月份	1月	2月	3月	4月	5月	6月	7月	8月	9月	10月	11月	12月	年平均或合计
气温(℃)	月平均值	6.5	5.3	11.6	16.3	22.6	24.3	27.4	26.0	23.7	19.6	13.9	5.3	16.9
	历年平均	3.1	5.0	9.1	15.0	20.6	24.5	28.2	27.7	23.4	18.0	11.7	5.4	16.0
	距平均值	3.4	0.3	2.5	1.3	2.0	-0.2	-0.8	-1.7	0.3	1.6	2.2	-0.1	0.9
降水(毫米)	月合计	16.0	134.0	73.0	110.3	48.1	116.4	292.5	270.6	161.1	15.8	79.6	9.2	1326.6
	历年平均	52.2	51.7	82.6	75.4	98.0	173.6	182.8	133.4	85.4	58.5	53.6	31.4	1078.6
	距平均值	-36.2	82.3	-9.6	34.9	-49.9	-57.2	109.7	137.2	75.7	-42.7	26.0	-22.2	248.0
日照(小时)	月合计	175.5	89.7	204.3	167.2	242.3	136.6	163.3	119.1	122.7	210.9	114.2	188.2	1934.0
	历年平均	142.6	134.2	155.7	174.5	203.2	170.0	215.2	223.1	187.9	180.3	161.0	157.9	2105.6
	距平均值	32.9	-44.5	48.6	-7.3	39.1	-33.4	-51.9	-104.0	-65.2	30.6	-46.8	30.3	-171.6

说明:历史资料年限1981—2010年

装房、控制室、动力柜、电脑主机和显示器损坏，经济损失较大。8月23—24日，局地强对流天气导致广汇能源有限公司设备损坏，经济损失3万元；孤山镇联东村一户两层三间旧房倒塌，经济损失约4万元；和诚制药设备有限公司变压器遭雷击损坏，经济损失约3万元。

大风　8月22日，扬子江船厂一龙门吊被局地雷雨大风刮倒，经济损失约500万元；中泰钢结构有限公司龙门吊被刮倒，经济损失约50万元。

暴雨　8月31日—9月1日出现大暴雨，12小时降雨量为140.1毫米。城区居民小区大多积水，虹桥新村数十辆轿车受淹不能启动；舒源空调制造有限公司受淹，大量成品、半成品和原材料浸泡水中；人民路与中洲路交叉口积水深达30厘米。

低温寡照　8月中旬至9月中旬出现低温阴雨寡照天气，导致水稻生育进程延缓，单位面积总茎蘖下降，分蘖质量不高，根系活力不强，干物质积累减少，不利于壮杆大穗的形成，部分制种水稻花粉败育、结实率降低。

高温　全年≥35.0℃以上高温日8天。

寒潮　1月9日、2月4日、12月1日出现寒潮，对市民生活无明显影响。

大雾　全年大雾日31天。其中1月31日、3月10日、4月2日的雾霾天气对轮渡、高速公路运输和市民出行有较严重影响。

（徐　清）

国民经济和社会发展

【经济总量】　全市实现地区生产总值666.19亿元，按可比价格计算，比上年增长10.2%。按常住人口计算，人均生产总值97 063元。靖江（含江阴—靖江工业园区）实现地区生产总值712.00亿元，按常住人口计算，人均生产总值103 737元。全市一产实现增加值21.08亿元，增长3.2%；二产实现增加值349.32亿元，增长9.5%；三产实现增加值295.79亿元，增长11.7%，三次产业比例调整为3.2:52.4:44.4，服务业占GDP比重比上年提高1.3个百分点。全年实现财政总收入104.81亿元，下降4.1%；实现公共财政预算收入54.04亿元，增长9.2%，其中税收收入44.42亿元，增长9.2%，税收收入占公共财政预算收入82.2%。全年完成财政总支出91.06亿元，增长2.4%，公共财政预算支出61.22亿元，增长13.9%。靖江（含江阴—靖江工业园区）实现财政总收入116.61亿元，下降9.5%；实现公共财政预算收入59.09亿元，增长2.8%。

【农林牧渔业】　全年实现农林牧渔业总产值35.00亿元，比上年增长6.9%。全年粮食总产量33.90万吨，比上年增产0.31万吨，其中夏粮13.70万吨、秋粮20.20万吨。全年生猪出栏39.54万头，比上年增长2.5%；家禽出栏188.91万只，下降7.3%；禽蛋产量1.00万吨，下降3.2%；水产品产量1.03万吨，增长3.2%。全年新增高效设施农业813.33公顷，新增高效设施渔业36.27公顷，新建部级水产健康养殖场1个，创建“万亩高产示范片”15个。生猪中大型规模养殖比重达63.8%，家禽、山羊规模养殖比重分别为94.0%和42.7%。

【工业】　全市规模以上工业企业实现产值1831.26亿元、增加值415.39亿元，比上年分别增长8.6%、7.6%；实现高新技术产业产值666.21亿元，比上年增长11.3%，占总产值的36.4%。靖江（含江阴—靖江工业园区）实现列统工业产值2018.68亿元、增加值456.71亿元、高新技术产业产值702.90亿元，比上年分别增长3.8%、4.1%和8.5%。全市规模以上工业实现主营业务收入1749.50亿元、利税223.62亿元、利润130.86亿元，分别增长10.0%、15.0%、15.9%。靖江（含江阴—靖江工业园区）实现主营业务收入1892.54亿元、利税256.91亿元、利润160.05亿元，比上年分别增长4.7%、12.9%和15.3%。沿江产业前景向好，全年实现销售、利税、利润分别为979.77亿元、151.99亿元、97.68亿元，比上年分别增长0.5%、9.1%和12.1%。传统产业贡献加大，汽配业、电机电器制造业、通（专）用设备业等传统产业全年累计实现销售、利税、利润分别为707.50亿元、83.15亿元、48.12亿元，分别增长12.2%、15.7%、15.4%。新兴产业加快发展，全年累计实现销售、利税、利润分别为188.43亿元、20.71亿元、13.72亿元，分别增长2.3%、35.1%、45.4%。

【建筑业】　全年实现建筑业总产值423.56亿元、增加值140.50亿元、工程结算收入322.40亿元，比上年分别增长17.0%、25.3%和30.2%；上缴税金4.82亿元，比上年增长11.1%。施工水平和工程质量稳步提升，单位工程竣工验收合格率100%，创建省级标准化工地6个、泰州市文明工地15个，创建泰州市优质结构工程15项，获建筑工程质量“梅兰杯”奖

11 项。

【固定资产投资】 全年固定资产投资 376.33 亿元,比上年增长 25.5%。其中,第一产业投资 0.98 亿元,下降 36.8%;第二产业投资 169.79 亿元,增长 28.6%;第三产业投资 205.56 亿元,增长 31.2%。靖江(含江阴—靖江工业园区)实现固定资产投资 405.76 亿元,比上年增长 17.0%。其中基础设施建设投资 59.75 亿元,增长20.8%。全年实现房地产投资 53.65 亿元,增长 10.6%;房屋施工面积 355.08 万平方米,增长 1.4%;商品房竣工面积 98.61 万平方米,增长 0.8%。商品房销售面积 48.20 万平方米,下降 36.4%;实现销售额 33.35 亿元,下降 43.9%。

【国内贸易】 全市实现社会消费品零售总额 152.20 亿元,比上年增长 10.0%。其中,城镇市场实现零售额 132.28 亿元,增长 9.9%;乡村市场实现零售额 19.92 亿元,增长 10.9%。按消费形态分,批发零售业实现零售额 127.05 亿元,增长 10.8%;住宿和餐饮业实现零售额 25.15 亿元,增长 6.1%。全年商品交易市场成交额 120 亿元,其中亿元市场 6 个。电子商务快速拓展,6 家网店排淘宝网休闲食品类前 10 名。限额以上企业全年实现商品零售额 32.36 亿元,比上年增长 4.7%。分类别计,食品、饮料、烟酒类下降 3.1%,服装、鞋帽、针纺织品类增长 11.2%,金银珠宝类下降 3.6%,家用电器和音像器材类增长 11.2%,中西药品类增长 42.9%,石油及制品类增长 14.8%。

【开放型经济】 全年累计进出口总额 26.75 亿美元,比上年增长 4.9%。其中,进口 14.49 亿美元,增长 32.9%;自营出口 12.26 亿美元,下降 16.0%。靖江(含江阴—靖江工业园区)实现进出口总额 27.35 亿美元,比上年增长 0.3%,其中自营出口 12.71 亿美元,下降 21.8%。全年注册协议外资 15 517 万美元,比上年下降 74.1%;实际利用外资 2640 万美元,比上年下降 35.3%。靖江(含江阴—靖江工业园区)注册协议外资 18 617 万美元,下降75.3%;实际利用外资 2640 万美元,下降 65.5%。新批外商投资企业 5 家,增资项目 3 个。全年实现外经营业额 8834 万美元,比上年增长 5.4%;新增境外投资企业 3家,新增对外工程承包资格获权企业 2 家。

【港口】 全年实现货物吞吐量 9151 万吨,比上年增长 1.5%,其中外贸吞吐量 893 万吨,比上年增长 60.8%。主要货类吞吐量分别为:煤炭及制品 4299 万吨,增长 0.7%;粮食 1452 万吨,下降 8.4%;矿建材料 1339 万吨,下降 28.5%;金属矿石 605 万吨,增长 42.4%;木材 568 万吨,增长 300.1%。

【交通运输业】 全年交通基础设施建设投资 11.90 亿元,增长 6.5%。城东大道、城西大道、广靖互通等工程建设加快,建成上五圩轮渡水域工程,完成工农路、中洲路等 4 条道路改造,提档升级农村公路 25 千米、桥梁 11 座,完成县道修补 2.4 万平方米。全市公路总里程 1323 千米,其中高速公路 24 千米。2014 年年末全社会机动车保有量 22.44 万辆,其中汽车9.42 万辆。全年完成公路货物运输量 1621 万吨,货物周转量43.25 亿吨千米,比上年增长 0.6%;公路客运量 2080 万人次,旅客周转量 4.28 亿人千米,增长 0.2%;水上货物运输量 951 万吨,货物周转量 39.96 亿吨千米,增长 7.4%。

【邮电通信业】 全市邮政电信业务收入 6.87 亿元,比上年下降 5.2%。其中,邮政业务收入 6928 万元,增长 1.1%;电信、移动和联通业务收入 6.18 亿元,下降 5.8%。终端流量业务快速发展,2014 年年末移动电话用户数 74.52 万户,其中 3G、4G 用户 34.09 万户,宽带接入用户 18.42 万户。

【金融保险业】 全市有银行业金融机构 18 家、保险业机构 38 家、驻靖江证券营业部 4 家、担保公司 4 家、小额贷款公司 12 家。2014 年年末全市金融机构本外币存款余额 839.88 亿元,增长 6.2%,其中居民储蓄 382.45 亿元,增长7.5%;企事业单位存款 438.08 亿元,增长 5.4%。金融机构本外币贷款余额 585.14 亿元,增长6.2%。其中,短期贷款 312.93 亿元,下降 2.9%;中长期贷款216.05亿元,增长 15.5%。全年实现保险业务收入 14.15 亿元,比上年增长 17.0%。其中,财产险收入4.16亿元,增长 18.8%;人身险收入 9.99 亿元,增长 16.3%。全年保险赔款支出及给付 4.88 亿元,增长 12.2%。其中,财产险赔付额2.30 亿元,增长 34.5%;人身险赔付额 2.58 亿元,下降 2.2%。

【科技事业】 全年实现高新技术产业产值 666.21 亿元,比上年增长 11.3%,占列统工业产值的 36.4%。靖江(含江阴—靖江工业园区)实现高新技术产业产值702.90亿元,比上年增长8.5%。新增高新技术企业11家、省级民营科技企业47家,新增省级高新技术产品120项。实施省级以上科技计划39项,其中国家星火、火炬计划8项,国家创新基金项目3项,国家863计划项目1项,省科技成果转化资金项目1项。新建泰州市级研发机构10家、省级以上研发机构9家,成立首家县级产业技术研究院,共建产学研联合体32家,集聚科技项目76个。获国家科技进步特等奖1项、省级科学技术奖2项、泰州市级科学技术奖19项。完成专利申请量6248件,获得专利授权2480件,其中发明专利授权78件,万人发明专利拥有量达到4.56件。靖江市获评省创新型试点城市,西来镇获评江苏省创新型试点乡镇。

9月16日,常州大学怀德学院迎接迁址靖江后首批新生入学

(靖江日报社提供)

【教育事业】 全市拥有各类学校82所,其中中小学46所、幼儿园34所,在校生70 609人,专任教师5736人。年内中小学招生12 261人、毕业13 358人。新建、改建各类学校12所,引进常州大学怀德学院并首次招生,元林老年大学建成并开学。省优质幼儿园比例67%,泰州市数字化校园比例100%,泰州市现代化学校比例81%,创建成省义务教育优质均衡示范市。教育质量再上新台阶,中考成绩在泰州各市(区)中继续保持领先水平,高考本二上线率47.8%,创历史新高,12名学生被清华、北大录取。

【文化事业】 2014年年末,全市有文化馆1个、博物馆1个、影剧院8个、文物保护单位25个、公共图书馆1个;藏书49.32万册;启动农家书屋升级工程,创建为省公共文化服务体系示范区;有艺术表演团体54个,成功举办第32届文艺节及各类专题文艺活动,全年送戏下乡752场、送电影2300场;出版宝卷《玉蝉女十二美》,出品首部城市形象微电影《香橼》;舞蹈《竹编》、小锡剧《今又中秋》、书法《唐诗中堂》等三件作品获省"五星工程奖"金奖;全市电视综合人口覆盖率100%,有线电视入户率99.03%,其中数字电视用户18.99万户。

【卫生事业】 2014年年末拥有各类卫生机构276家,其中医院、卫生院31家,各类卫生机构拥有病床4022张。卫生技术人员4011人,其中执业(助理)医师1695人、注册护士1406人。医疗卫生项目建设加快,市人民医院、中医院分别创建成三级、三级乙等医院。99个标准化卫生室投入使用,建成120急救体系,创建成省级卫生应急示范市。实行公共卫生服务网格化管理,11类43项服务内涵得到提升,全市卫生服务体系健全率100%,新型农村合作医疗人口覆盖率100%,5岁儿童死亡率3.82‰,婴儿死亡率2.87‰。

【体育事业】 全面建成城市"10分钟体育健身圈",农村体育设施覆盖率80%,400余个晨(晚)练点遍布城乡,新市民健身广场对外开放,体育中心一期工程土建结束。靖江籍运动员获世界锦标赛1银1铜,全国少年组比赛4金、1银、4铜,第10届省运会10.5金、15银、9铜的好成绩。在校学生体育达标率99.93%。

【人民生活和社会保障】 全体居民人均可支配收入24 922元,比上年增长9.7%。其中城镇居民、农村居民人均可支配收入分别为33 864元和16 570元,分别增长9.1%和11.0%,城乡居民收入比为2.04:1。城镇居民、农村居民人均生活消费支出分别为23 069元和13 963元,分别增长6.7%和11.2%,城乡居民恩格尔系数分别为30.7%、31.4%。全年开发岗位2.4万个,新增就业1.99万人,安置失业人员1.28万人,城镇登记失业率1.95%。鼓励全民创业,建成大学生创业园。强化技能培训,完成城乡劳动者职业技能培训1.96万人,创业培训 1.03 万人。免费办理特困人群养老、医疗保险 1.47 万人。年末养老、医疗、工伤、生育、失业五大保险人数分别达 17.10万人、26.44 万人、18.91 万人、13.42万人、14.39 万人,被征地农民参加基本生活保障 9.21 万人,城乡居民养老保险参保 4.49 万人,城乡居民医疗保险参保33.48 万人。新建保障性住房 1725 套,发放住房租赁补贴 144 户。结对帮扶城乡贫困户 1560 户,最低生活保障标准提高到每月 530元。建成光荣院和儿童福利院,流浪未成年人保护中心投入使用。2014 年年末城镇社区服务机构 261个,其中新增 AAA 级居家养老服务中心 12 个、省级"老年关爱之家"4 个。全市共有各类养老机构 18 家,床位 3404 张,供养、代养 1967 人。城乡最低生活保障对象 9742 人,其中城市居民1593人、农村居民 8149 人、农村五保供养 1815 人。新建慈善超市 13个、慈善工作站 1 个,全年募集慈善款物 1524 万元,慈善救助7663 人,获中国"六星级慈善城市"称号。建成市残疾人社会服务中心,残疾人集中、分散就业3919人,免费发放残疾人辅助器具172 件(套),康复训练儿童 88 人,3606 人次享有各类残疾补助、补贴。

【城乡建设与环境保护】 新城功能逐步完善,体育中心主体工程竣工,推进滨河绿地建设,打造城市"绿肺",建成十圩港景观带及慢行系统。老城改造加快推进,加强市政设施维护,完成5000余平方米 D 级房屋解危工程,铺设雨污管网 125 千米。数字化城管指挥中心建成运行,完成113项综合整治任务,获评省级管理示范路和示范社区各 1 个。调增优化城乡线路, 公交总站、滨江首末站主体封顶。新建停车诱导系统,新增停车泊位 1128 个。长途客运实现网上售票,推出掌上公交查询系统。建成城区公共自行车租赁服务系统,投放公共自行车 1500 辆。全年空气质量优良天数为 251 天,环境质量综合指数为 88.3。综合整治城区河道 57 条,疏浚农村河道 751 条,全市 21 个段面地表水好于Ⅲ类水质的比例为 61.9%。试点推广排污权有偿使用和交易制度,主要能耗和污染物排放削减率达到省定目标。新建城市绿化 64.4 万平方米,建成戏鱼墩公园和 3 个小游园,开展植树造林 661.53 公顷,新增省绿化示范村 10 个。1583 个自然村完成村庄环境整治工作,创建康居乡村三星级 7 个、二星级 27 个、一星级 68 个。

2014 年靖江市所获国家级荣誉

【靖江获评全国"六五"普法中期先进市】 "六五"普法期间,市司法行政部门重点推进领导干部、公务员和行政执法人员、青少年、农民工、企业经营管理人员和流动人口等群体的普法教育,在全市广泛开展以"法治惠民、推动发展"为主题的法治文化"三建三行"活动,"三建三行"的经验做法先后被省司法厅和省政法委在全省推广。建成占地 1000 余平方米的市法制宣传教育中心,作为展示法治文化的新窗口、法治惠民的新平台。全市先后建成国家级民主法治示范村 2 个、省级民主法治示范村 73 个,泰州级民主法治示范村 197 个。3 月 11 日,靖江被评为全国"六五"普法中期先进市,受到全国普法办表彰。 (陆天煜)

·靖江农谚(三)·

【六月十九观音菩萨洒了净,普世众生少得病】 传说观音菩萨一生有三个重要纪念日,即二月十九、六月十九、九月十九,分别为她的生日、修道日、成佛日;亦有传说是观音菩萨的三个姐妹的生日。如若能在这三天里有雨下,尤其是六月十九观音菩萨立誓修道的这天下雨,那人间的灾难和病害将会明显减少。

【六月初三得一"暴",高得棉花低得稻】 这里的"暴",泛指雷雨或阵雨。农村中流传:如若六月初三这天下了雨,则当年不管是旱作、水作的庄稼,都会获得较往年为好的收成。因为以前的本地农村,都曾有高田种植如棉花之类的旱谷作物、低田种植如水稻之类的水田作物的习惯。

(吴汉荣)

中国共产党靖江市委员会

Jingjiang Municipal Committee of the CPC

编辑　朱艳燕

市委主要工作

【市委常委分工】 倪　斌　主持市委全面工作，分管市人大、市政协工作。

赵　叶　主持市政府全面工作，分管经济工作、经济体制改革、机构、编制、外事和人民武装工作。

孙宏建　协助倪斌抓好党的建设工作，具体负责党的建设工作领导小组工作；主持靖江经济技术开发区全面工作；分管农业和农村工作、城乡统筹工作，市委办、机要保密、党校工作和扶贫工作。

赵国庆　负责市政府常务工作，协助孙宏建分管农业和农村工作。

丁少华　负责市委宣传部工作，分管意识形态和宣传工作，分管教育、科技、文化、卫生、人口与计划生育、体育、史志档案工作。

范　敏　负责市委统战部工作，分管统战、工商联、民族宗教、侨务、对台和旅游工作，联系民主党派。

丁　斌　主持市纪律检查委员会工作。

薛继业　负责市人武部工作，分管人民武装建设、国防动员、双拥以及驻靖江部队联系工作。

王　玮　负责市委政法委工作，分管政法、信访和社会稳定工作。

邓　飞　负责市委组织部工作，协助倪斌分管干部工作，协助赵叶分管机构、编制工作，协助孙宏建分管基层组织建设工作，分管老干部、市级机关工委、人才、干部教育工作，工会、共青团、妇联、科协、残联工作。

程　政　主持江阴—靖江工业园区全面工作。

严华春　协助孙宏建抓好党的建设工作领导小组工作和机要保密工作。

【重要决策】 2月，市委、市政府制定《靖江市服务业发展引导鼓励办法》。

3月，市委、市政府出台《关于扎实推进农村改革提升农村发展水平的意见》。

4月，市委、市政府出台《关于实施六大服务提升行动促进中小企业转型升级发展的意见》。

5月，市委研究制定《关于全面深化改革的实施意见》。

9月，市委、市政府分别就健全完善现代市场体系、加快推进金融改革创新、加快建立现代财政制度、进一步推进简政放权加快转变政府职能等4项改革提出具体实施意见。

10月，市委、市政府制定《靖江市进一步鼓励全民创业的实施意见》。

11月，市委、市政府出台《健全重大决策社会稳定风险评估机制的实施意见(试行)》。

是月，市委制定《中共靖江市委深化重点领域改革工作要点》。

12月，市委、市政府就全面推进节约集约用地提出具体实施意见。

是月,市委出台构建长效机制,进一步加强和改进新形势下党的基层组织建设的意见。

是月,市委制定进一步加强和改进对党员领导干部权力制约和监督的实施意见。

【重要会议】 1月10日,市委召开中共靖江市委十一届六次全体(扩大)会议,深入学习贯彻中共十八大和十八届三中全会以及中央、省、市系列重要会议精神,研究部署全面深化改革和经济社会发展的目标任务。市委书记倪斌作题为《全面开启深化改革新征程 奋力谱写融入苏南新篇章》的工作报告,市委副书记、市长赵叶主持会议并做小结。

市委十一届六次全体(扩大)会议　　(靖江日报社提供)

2月21日,市委召开全市深入开展党的群众路线教育实践活动动员大会。市委书记、党的群众路线教育实践活动领导小组组长倪斌主持会议并作动员部署。省委督导组成员、省委组织部老干部处副处长周广斌到会指导。泰州市委第一督导组组长,泰州市人大常委会原副主任、党组副书记王振南出席会议并讲话。

2月27日,市委、市政府召开全市工业经济转型升级推进会,动员部署推动工业经济平稳健康发展的工作任务。市委书记倪斌作重要讲话,市委副书记、市长赵叶作工作报告,副市长沈南松主持会议。

2月28日,市委、市政府召开全市服务业推进会。市委书记倪斌作重要讲话,市委副书记、市长赵叶作工作报告,副市长何卫东主持会议。

6月23日,市委、市政府召开全市深化政产学研工作推进会,加快推动科技创新、产业升级步伐。市委书记倪斌作重要讲话,市委副书记、市长赵叶主持会议并做小结。

7月31日,市委召开中共靖江市委十一届七次全体(扩大)会议。市委书记倪斌作题为《深化重点领域改革 聚力产业优化发展 为加快融入苏南注入强劲动力》的工作报告,市委副书记、市长赵叶主持会议并作工作部署。

10月22日,市委召开全市党的群众路线教育实践活动总结大会,对巩固发展教育实践活动成果、建立长效机制进行部署。市委书记倪斌作重要讲话,市委副书记、市长赵叶主持会议。

【重要活动】 4月11日,市委、市政府举行中国科学院青年专家靖江行活动,进一步加强靖江与中国科学院各院所的合作,加快促进科技成果转化,推进转型升级。

5月16日,为增强全社会慈善意识,促进社会公平正义,市委、市政府举行第4届“靖江慈善日”现场捐赠活动。

9月18日—12月31日,为进一步提振广大干部精气神,弘扬团结奋进、干事创业的作风,更好地谋划和推动靖江新一轮改革发展,市委在全市范围内组织开展“解放思想再发力,重树标杆勇攀登”专题大讨论大落实行动。

10月,市委、市政府相继举行靖江(上海)投资说明会、央企靖江投资交流会、靖江(北京)金秋投资恳谈会等活动,加大招商引资力度,吸引市外投资者至靖江投资兴业。

【信息调研】 2014年,市委调研工作按照“贴近领导搞调研,服务决策谋大事”思路,针对新常态下的热点难点问题、瓶颈制约因素和工作薄弱环节,组织开展专题调研,共形成调研报告16篇。其中《深化农村改革 统筹城乡发展》《创新构筑项目服务新环境 全力跑出项目推进加速度》等10余篇被上级报刊杂志采用,一批调研成果被市委、市政府决策时采纳。发挥党委系统信息主渠道作用,围绕路线教育、项目建设、深化改革等全市中心工作,加强信息采集和报送,全面反映全市工作动态和亮点成果。年内共报送泰州市委办公室信息1134篇,被采用127篇;报送省委办公厅信息1325篇,被采用94篇。其中8篇获省委、泰州市委领导批示。

【督促检查】 2014年,市委督查室着力完善督查工作机制,创新督查方式,提升督查水平。围绕市委重大决策部署和重大工作部署以及人民群众反映强烈的热点、难点问题,开展专项督查活动,编印《督查专报》53期。按照“事事有着落、件件有回音”要求,认真做好领导批示件和泰州“市委书记信箱”交办件办理工作。全年共办理省委主要领导批示件1件、泰州市委主要领导批示件10件、泰州“市委书记信箱”交办件53件,办结率100%。

【机要工作】 树立“精品化”工作目标,完善机要工作制度和流程,做好机要24小时值班和电报办理工作。实施机要通信系统建设,健全通信保障机制和应急预案。开展机要干部业务培训和岗位练兵,做好党和国家重大活动、重要节日期间通信保障工作,确保上情下达、下情上报24小时安全畅通。结合开展党的群众路线教育实践活动,加强机要干部忠诚教育和保密教育。开展机要工作区基础设施安全管理,加强对各类设施设备的巡查检测,强化机要工作区安全保障。开展党委信息化建设,保障党委信息报送、电子公文平台正常运转,指导推进电子政务内网建设,为市委领导、市委办公室自动化办公提供技术服务。加强对各镇传真业务指导和管理。全年共收发办理各级各类电报、传真2703份次。

【保密工作】 开展保密委主任讲专题党课活动,专题辅导机关部门(单位)保密干部202人。9月,开展全市“保密法制宣传周”活动,通过网络、短信等方式,宣传《中华人民共和国保守国家秘密法》《中华人民共和国保守国家秘密法实施条例》;组织全市3682名机关干部参加泰州市“建行杯”保密知识竞赛,23人获奖,市委机要保密局获组织奖。加强机关部门(单位)专题保密培训,联合组织、人社部门开展初任公务员岗前培训1次,举办党政机关保密知识专题讲座3次。开展定密管理、网络保密管理、涉密人员管理“三大管理”攻坚活动,组织全市17家机关部门(单位)配备“三合一”保密技术防护系统,确保所有涉密文件运转有序、安全保密。开展非涉密网络保密管理专项检查和互联网信息保密检查,全年检查互联网站551次。开展废旧物品交易场所保密检查、高考期间保密检查、国家秘密事项统计年报及保密要害部门部位年审等工作;加强工作督查,开展全市机关部门(单位)保密协作组活动和保密工作年终考评。全年无失泄密事故发生。 (钱少华 俞 飞)

纪检监察

【概况】 2014年,全市纪检监察组织切实强化党风廉政建设“两个责任”(党委主体责任、纪委监督责任),深入推进党风廉政建设和反腐败工作。全年查处作风建设问题53起,处理87人;受理信访举报656件(次),立案140件;排查廉政风险35个,完善防控制度机制27项;规范纪检监察干部的日常履职行为,查处纪检监察干部2人;针对“庸懒散”现象,印发督办通知书37份,问责72人,通报典型案件7起。

【纠治“四风”】 把落实中央八项规定精神和省委、泰州市委十项规定精神作为经常性工作,健全党委、政府和纪委联动督查机制,及时受理群众信访举报、相关部门移送以及媒体反映的问题线索,严查违纪违规行为,对典型问题点名通报曝光。全年查处作风建设问题53起,处理87人,其中通报曝光4起、党纪政纪处理7人。推进反浪费反奢侈专项行动,严肃整治公款吃喝、旅游及违规配备使用公务用车、办公用房等。全市党政机关因公出国(境)、公务接待、会议活动、公车购置与运行4项费用比上年分别下降85.5%、49.7%、23.1%、53.7%。

【查案执纪】 规范办案流程,建立健全问题及时发现、案件有效查办工作机制。全年受理信访举报656件(次),立案140件。其中,涉及乡科级干部18人,比上年上升50%;移送司法机关10人,比上年上升11%。制定《违纪案件线索集体排查和规范处置办法》,建立信访举报管理系统,开通短信举报平台,畅通信访举报渠道,提高可查性和成案率。实施重复越级访预警机制,对党员干部苗头性、倾向性问题早发现、早提醒、早处理,对22名干部进行信访监督。强化案件监督管理,细化办案管理制度,实施办案全程监控,积极推行案件审理“三审一评”(联合审理直属单位案件、交叉审理申诉案件、适用简易程序审理党纪案件,案件质量检查考评)。

【源头防腐】 认真落实中央《建立健全惩治和预防腐败体系2013—2017年工作规划》,印发新一轮惩防体系建设工作任务,开展"抓早抓小"专项行动,把32项任务分解至43个部门,提升党风廉政建设和反腐败工作科学化水平。强化党风廉政教育,组织廉政知识考试、举办"马洲清风"廉政文化书法作品展、展播廉政公益广告、编发廉政短信、编排倡廉文艺节目,拍摄《坚持警钟长鸣,锻造过硬作风》警示教育片。坚持教育和管理并重,强化领导干部廉洁从政意识,全市党员干部主动上交礼金、礼券、购物卡94.2万元。实施制度廉洁性评估,对13个规范性文件提出整改意见7条。对案发单位印发纪检监察建议书9份,排查廉政风险35个,完善防控制度机制27项。

【自身队伍建设】 开展群众路线教育实践活动,深入查摆问题、听取意见,制定整改措施9条,完善制度11项,做到立说立行、即知即改。加强纪检监察业务知识和专业技能培训,提升纪检监察干部的综合素质和履职能力。完善机关内部工作人员应邀外出活动管理办法和机关内部督查督办工作办法,严格要求委局机关工作人员加强自我约束、严守纪律底线,规范纪检监察干部的日常履职行为。保持"执纪者必先守纪、监督者必受监督"的清醒和自觉,查处纪检监察干部2人。

【落实"两个责任"】 年内,市纪委协助市委制定《落实党风廉政建设党委主体责任、纪委监督责任的实施办法》《关于落实党风廉政建设责任制防止"挂帅不出征"九项规定》,完善落实"两个责任"的领导体制和工作机制。将年度党风廉政建设任务分解为严格落实党风廉政建设责任制、严格执行和维护党的纪律等9大类,细分为落实党组织抓党风廉政建设的主体责任、严明党的政治纪律和组织纪律等74项,逐一明确牵头市领导和责任单位,并据此在年终重点考核新桥镇、季市镇等9个基层党委。认真履行纪委监督职能,选择市住建局、规划局、水利局等3个部门主要负责人向纪委常委会当面报告党风廉政建设主体责任落实情况,进一步督促各级党委和纪委真正担起应尽责任。加大责任追究力度,出台《在查办案件工作中实施"一案双查"的暂行办法》,对部分发案单位实施"一案双查"(追究当事人责任,倒查相关领导责任)。

【明晰纪检监察主业主责】 年内,市纪委监察局围绕明晰落实纪检监察主业主责,推进纪检监察机关转职能、转方式、转作风。对原先参与的124个议事协调机构进行清理,保留或继续参与21个。在机构总数和人员编制不变的前提下,优化机关内设机构,整合成立党风政风监督室、纪检监察三室、基层工作室、案件监督管理室、纪检监察干部监督室、组织部、宣传部,直接从事执纪监督的人员占总编制的63.4%;召开"明晰两责、落实'三转'"工作推进会,将17项业务范围外工作移交给主责部门,并做好跟踪督查,推进工作落实。

【服务保障发展】 年内,市纪委、监察局紧扣市委、市政府决策部署,参与对转型升级改革措施、保障和改善民生举措、政府重大项目建设等工作落实情况的再监督,督促职能部门依法高效履职。开展"中梗阻"清障专项行动,实施"问纪、问效、问绩"督查,通过组织效能风险点排查、开展"1+1"(分管领导和科室负责人)双评、明查暗访、受理投诉、回访中小企业等活动,对各部门整治工作纪律、工作效率、工作作风等情况进行监督,严肃查处"庸懒散"问题102个,印发督办通知书37份,问责72人,通报典型案件7起。 (朱 强)

组 织

【概况】 2014年,靖江有基层党组织2711个,其中党委93个、党总支246个、党支部2372个;有党员40 252人,其中男性党员33 292人、女性党员6960人。全年新发展党员525人。

群众路线教育实践活动 按照中央和省委、泰州市委部署,组织全市2696个基层党组织、3.98万名党员参加党的群众路线教育实践活动。坚持从严从实、突出问题导向、贯彻整风精神,高标准严要求抓好各个环节工作。自主创排大型现代锡剧《焦裕禄》并组织巡回演出、分层分类开展主题实践活动、实施"中梗阻"清障专项行动等特色做法,得到省委、泰州市委督导组充分肯定。在群众满意度测评中,对活动总体评价"好"的占99.5%,对解决"四风"问题评价"好"的占98.5%。

干部队伍建设 深入学习贯彻《干部任用条例》,出台领导干部队伍建设、年轻干部培养选拔、干部权力制约监督、防止干部"带病提拔"等16项政策文件,干部工作制度框架更加完善。开展市级机关部门领导班子届

2014年靖江市基层党组织设置一览表

表3

单位:个

党委(工委)									党总支部					党支部					党组
总数	其中								总数	其中				总数	其中				
	镇党委	政府组成部门党委	园区党委	事业性质党委	公有制企业党委	非公有制企业党委	党工委	村级党委		机关	企业	事业	其他		机关	企业	事业	其他	
93	8	12	3	7	6	18	8	31	246	29	49	18	150	2372	202	1339	244	587	13

2014年靖江市党员队伍结构一览表

表4

单位:人

总数	性别		年龄					学历					
	男	女	35岁及以下	36岁至45岁	46岁至54岁	55岁至59岁	60岁及以上	研究生	本科	大专	中专	高中	初中及以下
40252	33292	6960	6865	7729	8244	4394	13020	243	6261	7281	3868	8331	14268

2014年靖江市发展新党员一览表

表5

单位:人

总数	性别		年龄		学历				
	男	女	35岁及以下	36岁及以上	本科	大专	中专	高中	其他
525	355	170	289	236	236	164	60	65	0

(刘　毅)

中考察,根据改革发展要求和班子建设需要,合理配置干部资源,促使干部在岗在状态、有位更有为。建设“靖江干部网络学院”,拓宽自主选学平台,制定学时学分考核办法,提升干部教育培训整体水平。认真做好中央巡视组反馈意见整改落实,扎实开展专项整治,消化超职数配备干部,清理“吃空饷”“在编不在岗”“工作调动不转工资关系”等问题,清理党政干部在企业兼职(任职),规范退(离)休领导干部在社会团体兼职,干部管理规范化水平进一步提升。

基层组织建设　研究制定加强新形势下党的基层组织建设、党员干部直接联系群众等实施意见,完善优秀村(社区)党组织书记激励保障机制,从制度层面提升基层党建工作科学化水平。创设强村富民、社区共建、党员先锋岗等实践载体,开展村干部培训周、党员义工服务月、“两新”(新经济、新社会)组织、“党组织形象展示年”等活动,集中整顿软弱涣散基层党组织,党的建设基础工程更加稳固。扎实开展市镇村“三级联述联评联考”,市委常委会专题听取镇(街道、园区、办事处)党(工)委书记落实基层党建工作述职,市委主要领导现场给予点评。

人才队伍建设　加强人才工作宏观指导,发布人才发展统计公报,开展人才工作者业务培训,评选首届“靖江市杰出人才奖”,凝聚尊贤重才“正能量”。进一步完善人才引进、培养系列政策,接受省第7批科技镇长团10名教授、博士至靖江挂职,继续面向“985”高校毕业生选聘13名党政青年人才,在浙江大学、华东师范大学等高校举办以科技企业家、骨干教师为主体的专题培训班,人才高地效应逐步显现。牵头组织“中科院青年专家靖江行”“海外博士靖江洽谈会”等人才对接活动,联合7所高校院所建成苏中苏北首家县(市)层面的产业技术研究院,不断深化政产学研合作。全年入选泰州市“双创计划”(高层次创新创业人才引进计划)12项,省“双创计划”“博士计划”“科技副总计划”13项,入选数量在泰州领先。

组织部门自身建设　按照“走在前列、当好表率”要求,深入开展部机关教育实践活动,制定机关管理制度28项,编印《组工业务流程100条》。举办全市组工干部培训班,采取分段式、立体化模式,设置集中培训、交流考察、务虚研讨3个单元,同步开设“网上组工班”延伸培训,着力提升组工干部政策水平和业务素养。开展干部考察“画像比赛”,通过近距离观察、个性化描述、竞争性比选,进一步锤炼组工干部观察、识别、评价干部的能力。

【组建产业技术研究院】　年内,与南京理工大学、南京工业大学、江苏大学、江苏科技大学、常州大学以及中科院理化所、金属所“五校两所”达成协议,共建靖江产业技术研究院,重点搭建4大平台,开启深化科技人才体制改革和政产学研合作新试验,助推全市产业转型升级步伐。4大平台分别为:信息发布平台,发布企业技术需求和科研院所最新项目,实现双方需求有效对接;科技服务平台,开发关键技术、共性技术、前瞻性技术,向企业提供技术服务;人才引育平台,为企业提供高层次人才引进和人才培训等多层次的服务;成果转化平台,开展新成果、新产品、新技术、新工艺等的推广应用,并通过技术转移机制、技术孵化体制,有效促进技术成果产业化。

【“干部网络学院”开通】　年内,开通“干部网络学院”,服务全市739名市管领导干部和后备干部。该学院可支持2000人注册学习和750人以上同时在线学习,每年推出200~300个精品课件。首批上线的课件涵盖政治理论、经济管理、社会热点、领导科学、文化艺术等10余个门类,授课教师为国内外知名学者、教授以及国家相关部委专家领导。课件页面包含音视频、课程提纲、课程资料等,方便学员记录和学习。该平台集教、学、管、考4大功能于一体,有较强的科学性和实用性;除市委组织部牵头的培训项目外,各部门(单位)可根据培训需求,申请专项定制服务,开设网上专题培训班;开发防挂线功能,增加教学互动,督促学员及时完成学习任务。

【大学生村官党支部成立】　年内,在各镇(街道、园区、办事处)建成13个大学生村官党支部,支部设委员3~5人,其中书记、副书记各1人。支部成立后,大学生村官组织关系仍保留在其任职村(社区),接受任职村(社区)党组织和大学生村官党支部双重管理,参加双重组织生活。非党员大学生村官列席或参加大学生村官党支部全部活动。成立大学生村官党支部,旨在组织开展“寓教于乐”主题党日、调查研究、建言献策等组织生活和特色支部活动,挖掘大学生村官智慧,提高成员思维能力、执行能力和团队凝聚力,搭建展示才华、共同成长的新平台。

【编印组工业务流程100条】　年内,市委组织部对各项工作进行解构分析、优化调整、流程梳理,编印出台《组织工作业务流程手册》,推进组织工作标准化建设。业务流程涵盖干部工作、组织工作、人才工作、自身建设和信访、督查、接待、联系群众等工作,既包含部各科室工作职能,又明确每项工作的程序步骤、每步程序的工作要求、每个环节的职责权限,具有很强的操作性和指导性。每名组工干部人手一本,作为开展工作、规范行为的重要依据。

(卢　建　易　扬)

宣　传

【概况】 2014年，全市宣传思想文化工作以学习宣传贯彻中共十八届三中、四中全会精神，习近平总书记系列重要讲话精神，市委十一届七次全会精神为主线，以深入开展党的群众路线教育实践活动为契机，坚持抓好科学理论引领、正确导向引领、道德文明引领、先进文化引领，唱响时代主旋律，凝聚发展正能量，为全市全面深化改革、加快融入苏南提供有力的思想文化保证。

思想教育　在全市组织学习中共十八届三中、四中全会精神和习近平总书记系列重要讲话精神，举办各类宣讲活动、辅导报告100余场。组织开展"思想再解放"大调研活动，形成反映全市党员干部思想状况的专题调研成果。通过理论宣讲、理论故事会等形式，深入推进理论大众化、通俗化。西来镇、滨江新区办事处被评为全省冬训工作示范镇(办事处)，市委宣传部被评为泰州市冬训工作先进集体。

舆论引导　围绕重点领域改革、思想再解放、群众路线教育实践、怀德学院迁址等重大主题、重要活动、重点工程作宣传报道，在中央和省级重点媒体用稿(片)300余篇。开通新华社"无线靖江"客户端，开设《泰州日报》靖江专版，拍摄电影《香橼》和《恋爱 美食 蟹黄包》，征集"新靖江36码头"民谣歌词，举办形式多样的外宣活动等，扩大靖江的影响力。有效处置重大网络舆情事件，"骥靖有声"被中央文明办评为"网络文明传播志愿者典型案例"，市委宣传部官方微博"靖江发布"获评泰州地区最具活力政务微博。

精神文明建设　在全市设立"美德善行榜"200余个，建成新桥镇孝善文化墙、西来镇中华传统美德碑廊、生祠镇东进村健身广场3个"美德善行"基地，宣讲"美德善行"40余场。开设"道德讲堂总堂"，全市185家道德讲堂举办活动370余场，参与人数超万人，市国税局、地税局、实验学校、靖城街道公园弄社区等10家道德讲堂获评泰州市优秀道德讲堂。"八礼四仪"(仪表之礼、餐饮之礼、言谈之礼、待人之礼、行走之礼、观赏之礼、游览之礼、仪式之礼，入学仪式、成长仪式、青春仪式、成人仪式)等未成年人文明礼仪教育活动受到江苏省和泰州市的肯定。文明创建活动蓬勃开展，靖江被表彰为全国文明城市提名城市，新桥镇、靖江市华汇供水公司分别获"全国文明镇""全国文明单位"称号。孔君霞、卢素芳、刘志良等10人被评为首届靖江市道德模范。徐忠祥、杨恒俊被评为泰州市"最美基层干部"，王霞、李素芬、李荷英当选"江苏好人"、入围"中国好人"。

城乡文化工作　全年送戏下乡798场，送书下乡2.4万册，送电影下乡2300场，市委宣传部被表彰为全省"三下乡"活动先进集体，市文广新局被表彰为全国文化系统先进集体。新创排锡剧《焦裕禄》，在江苏省内巡演获好评；《村长娘子》获文化部"十佳小戏"奖；舞蹈《竹编》、靖江文艺节等4个项目获省五星工程奖。举办第32届靖江文艺节等特色文化活动和大型书画影展6次，靖江创建成为省级公共文化服务体系示范区。新增孤山、斜桥2个省级公共文化服务体系示范镇，各镇文化站均获评省星级文化站。完成靖城街道柏木村、西来镇泥桥村、斜桥镇筱山村、马桥镇正北村等11个村(社区)农家书屋升级改造。"非遗"保护成绩喜人，成功举办中国宝卷生态化保护和传承交流研讨会，《靖江宝卷中长期保护规划》获省优秀规划奖。张东海、陶晋良入选省第4批"非遗"代表性传承人。

社区居民观看《图说我们的价值观》公益宣传画

(靖江日报社提供)

【第15届“靖江新闻奖”评选】 年内,根据“靖江新闻奖”评选办法,从2013年度市内外新闻媒体刊发的宣传靖江的稿(片)中,评选出“靖江新闻奖”及“靖江新闻奖”提名奖。其中《“拾金不昧”侯老汉》《靖江与中科院紧密合作催生转型“红利”》《“飞地合作”助推村级经济快跑》《“跨越20年——时代楷模、率先之星”专题报道》《“靖江骄傲”系列报道》《人才舞动靖江工业经济的“源头活水”》《767名外包工有了“温馨之家”》《世界最大矿砂过驳平台安全离港》《大雪无情人有情 农保撑起农业保护伞》《一类对外开放口岸催热靖江港口经济发展》10件作品获第15届“靖江新闻奖”,《靖江,融合发展直追苏南第一方阵》《靖江出资100万购买公益服务》《街头报亭,敢问路在何方》《转型升级在靖江系列报道》《杭州因你而感动 靖江因你而骄傲》《小小“睦邻卡”连接你我他》《张建平:祖传酱生姜 酱香不怕巷子深》7件作品获第15届“靖江新闻奖”提名奖。

【“邻里守望”志愿服务】 3月2日,市文明委启动“邻里守望”志愿服务活动。活动倡议大家立足社区开展志愿活动,通过综合包户、结对帮扶、亲情陪伴等形式,重点关爱空巢老人、留守儿童、农民工和残障人士,传承发扬邻里和睦相处、守望相助的传统美德。是日,300余名志愿者走进社区、老年福利中心等地,以集中志愿活动编织邻里间的关爱之网。

【第16届“十佳”精神文明新人新事评选揭晓】 4月,市文明委举办的第16届“十佳”精神文明新人新事评选活动揭晓。王霞、侯汉荣、黄汉清、黄永波、朱秀璋、陶玉、柏文丽、潘俊、张显章、夏宏娟当选市第16届“十佳”精神文明新人新事;高继伟、单俊英、印红明、方大章、唐国平、陆正才、鞠永红、“乐寿园”艺术团、“学雷锋文明交通志愿服务周周行”、斜桥镇开展“睦邻节”打造文化精品社区获市第16届“十佳”精神文明新人新事提名奖。

【文艺志愿者服务团成立】 5月20日,市文明委在骥江路步行街市民广场举行文艺志愿者服务团成立仪式,近百名文艺志愿者参加。该团主要负责组织和指导全市文艺志愿服务活动,团结凝聚广大文艺家、文艺工作者和文艺爱好者积极投身靖江文化建设和文化惠民活动,提供文艺志愿服务,推动靖江文化大发展大繁荣。

【道德讲堂总堂成立】 7月4日,市道德讲堂总堂成立仪式在市马洲书院举行,全市各参创单位负责人、市民群众代表等百余人参加。是日,市文明委主办、靖城街道办事处承办道德讲堂总堂首场活动。该活动主题为“崇德尚善,做文明美德标兵”。活动分唱一首歌曲、诵一段经典、看一部短片、讲一位模范、演一个节目、做一番点评、送一份吉祥7项流程。此后,道德讲堂总堂活动每月举办2期,由各镇(街道、园区、办事处)、各系统、市各有关参创行业和单位轮流承办。除现场活动外,还同步开设“空中道德讲堂”和“网上道德讲堂”。

【“美德善行”宣讲团组建】 7月,市委宣传部、市文明办组建“靖江美德善行”宣讲团。至2014年年末,宣讲团在全市范围内开展近百场巡回宣讲,宣讲内容主要为市法院副院长陈燕萍、靖城街道北大街社区“爱心奶奶”耿素珍、江苏靖江南山冶金机械制造有限公司创始人马全章、斜桥镇渔民赵伯初等“美德善行”典型代表的事迹。通过宣讲,好人的道德引领作用得以充分发挥,全市渐渐形成“存好心、做好事、当好人、有好报”的良好信念和学习、关爱、崇尚、争当好人的良好氛围。

【“美德善行”先进典型选树】 8月,市委宣传部在全市开展“美德善行”先进典型选树和宣传工作。“美德善行”先进典型彰显凡人善举、好人好事,体现中华传统美德和“爱国、敬业、诚信、友善”核心价值观,按照“助人为乐、见义勇为、诚实守信、爱岗敬业、孝老爱亲”(仁、义、诚、敬、孝)5个类别进行认定。每月评选出10个“美德善行”先进典型,通过新闻媒体、网站、手机微信等平台发布其先进事迹,集中展示、宣传“美德善行”先进典型;建立“美德善行”精品故事库,适时在媒体刊播刊发或出版发行通俗读本,传播模范人物美德善行的正能量。

【表彰“优秀道德讲堂”】 7月,市文明办表彰2013年度“优秀道德讲堂”。靖江经济开发区管委会道德讲堂以及新桥、西来、马桥镇3家镇道德讲堂,市国税、地税、教育、食品药品监督局等4家道德讲堂,实验学校、第一幼儿园、斜桥中学、孤山镇中心小学4家学校道德讲堂,斜桥镇东阜社区、靖城街道公园弄社区2家社区道德讲堂和中国人行靖江支行等6家单位道德讲堂获表彰。

【“社会主义核心价值观”公益广告征集发布】 8月,市委宣传部在全市开展“社会主义核心价值观”公益广告征集、发布工作。公益广告以“富强、民主、文明、和谐,自由、平等、公正、法治,爱国、敬业、诚信、友善”24字社会主义核心价值观为主题,面向各新闻媒体、广告公司、广大美术广告设计爱好者及社会各界人士进行征集。共收到平面类作品21件、影视作品16件、短信作品34件,各评选出优秀作品10件。对评选出的优秀作品,在《靖江日报》和靖江电台、电视台、主要新闻网站、主要媒体微信公众平台、户外广告、户外电子显示屏等各类媒体进行发布。

【“图说我们的价值观”公益广告宣传】 9月,市委宣传部、市文明办设计制作“图说我们的价值观”公益广告8000份,分发至各窗口单位、街道社区、中小学校等处张贴,以图片解读社会主义核心价值观“三个倡导”24个字基本内涵。同时充分利用广告牌、电子屏、横幅等宣传媒介,向群众形象生动地宣传社会主义核心价值观,以最直白的视觉方式,潜移默化地传递正能量。

【靖江首部电影开机】 (见226页同名条目)

【微电影《香橼》首映】 (见226页同名条目) (卢建昊)

【首届道德模范评选】 8月,市文明委在全市组织开展市首届道德模范评选活动,从敬业奉献、孝老爱亲、诚实守信、见义勇为、助人为乐5方面评选突出的先进典型。活动评审小组从推荐候选人中选定正式候选人20人,在《靖江日报》及网络平台公布其名单、事迹简介,由市民投票评选。孔君霞、卢素芳、刘志良、朱茂勋、杨卫国、陈炳兴、周士友、周洛阳、姚炜平、钱进获评市首届道德模范。王霞、王东芳、王荷芬、陆纪登、张显章、邵耿生、郑红、赵映敏、闻素芬、黄小敏获道德模范提名奖。

(赵一阳)

统　战

【概况】 2014年,市统战部门发挥统一战线优势,服务经济社会发展,党外代表人士队伍建设取得新突破,维护社会稳定和拓展海外联谊工作取得新进展。建立挂钩联系点,统战部领导班子成员以及基层统战委员每人挂钩联系一个非公企业、一个经济薄弱村、一个宗教活动场所、一个少数民族困难家庭和一个海外侨胞。加强“同心”品牌建设,引导统一战线广大成员始终与共产党在思想上同心同德、目标上同心同向、行动上同心同行。加强党外代表人士队伍建设,提高其政治把握能力、参政议政能力、组织协调能力和合作共事能力。加强非公有制经济人士教育,开展“光彩事业清洁家园行动”,树立其对中国特色社会主义的信念、对党和政府的信任、对企业发展的信心和对社会的信誉。通过市工商联、台联、侨联联系非公企业和侨台资企业,充分发挥异地商会、海外、侨台资源优势,积极服务经济社会发展。开展民族团结宣传活动,落实民族政策,维护民族团结。开展宗教活动场所星级评定以及宗教慈善周、道风建设等活动,保障各类宗教活动安全有序。孤山寺、西来寺被评为泰州市三星级宗教活动场所,关圣寺被评为靖江市二星级宗教活动场所,青龙寺、城隍庙、红光基督教堂、白衣禅寺被评为靖江市一星级宗教活动场所。开展调研活动,形成《推进靖台标准件产业合作》《发挥大统战格局优势 切实做好新时期统战工作》《立足光彩事业 引导非公经济人士参与新农村建设》《发挥大统战格局优势 服务经济社会发展》《党外代表人士队伍建设现状及分析》等调研文章8篇,其中《推进靖台标准件产业合作》被中央台办《台湾工作通讯》刊用,《立足光彩事业 引导非公经济人士参与新农村建设》《发挥大统战格局优势 服务经济社会发展》被江苏省《挚友》杂志选登。

【召开党外人士情况通报会】 1月20日,协助市委召开党外人士情况通报会,向民主党派、工商联、无党派代表人士通报协商人事安排情况。与会人员本着认真负责、实事求是的态度,就市委通报协商的有关人事安排充分发表意见,一致赞同相关人事安排方案,并表示要切实发挥各自优势,齐心协力、埋头实干,为全面深化改革、加快融入苏南做出积极贡献。

【民盟盟员大会召开】 4月12日,民盟靖江市基层委员会召开盟员大会,辅导盟员学习习近平总书记系列重要讲话精神。民盟副主委张纯就盟史、盟章作专题讲座,介绍中国民主同盟发展历史、政治主张、新中国成立前后在参政议政等各方面的贡献以及靖江民盟的发展概况等。民盟文化、教育、建设支部相关负责人及部分盟员代表就工作及履职情况进行交流发言。

【省委统战部至靖江调研】 10月11日，省委统战部副部长、省工商联党组书记杨勇一行至靖江，调研靖江统战工作开展、工商联服务企业转型升级等情况。杨勇一行参观了江苏三江电器集团股份有限公司、江苏恒义汽配制造有限公司、靖江温州商会、江苏华昊建设集团等企业，希望靖江统战部门着力提升为小微企业服务的能力，搭建综合化信息服务平台，为中小微企业提供创业指导、人才、技术、金融等方面的服务。 （韩 芸）

农 村 工 作

【概况】 2014年，全市农村工作按照中央、全省农村工作会议部署和要求，以促进农民增收为核心，推进农业农村体制机制改革创新，农村经济发展不断增强，社会主义新农村建设力度进一步加大。年内，加强农民负担监督管理，继续实施村级公益事业建设"一事一议"财政奖补；规范农村财务和集体资产管理，在西来、斜桥、马桥等6个镇开展省级农村"三资四化"（资金、资产、资源，管理制度化、运营规范化、决策民主化、手段信息化）示范镇创建活动；促进农民专业合作社发展，全市有工商登记的农民专业合作社740家；实施小康村建设"十百千"（十强村、百个示范村、千个达标村）提升工程，15个示范村和2个十强村通过泰州市验收。靖江获江苏省"四有一责"（有持续稳定的集体收入，有功能齐全的活动阵地，有先进适用的信息网络，有群众拥护的双强带头人，强化村党组织领导责任）先进市称号。

【农民负担监督管理】 做好上年度农民负担决算，全市未发生涉农负担群体事件和恶性案件。落实强农惠农政策，做好粮食直补工作，11.97万农户领取粮食补贴。粮食补贴中，稻田面积2.12万公顷，发放补贴金635.89万元；农资综合面积2.21万公顷，发放补贴金3430.8万元。继续实施村级公益事业建设"一事一议"财政奖补。按照"三优先"（优先安排群众需求迫切的、群众受益直接的、新农村建设见效明显的）原则，解决基层实际困难，化解农村矛盾，改善群众生产生活。全市共有111个村进行"一事一议"筹资，涉及农业人口23.98万人；奖补项目111个，其中村内道路建设项目89个、亮化工程20个、其他项目2个；奖补项目总投资2992.62万元，其中"一事一议"筹资432.51万元、省财政奖补资金1278万元、村级集体经济投入700.93万元、社会捐助资金381.18万元、市财政配套200万元。继续做好村干部报酬发放工作，发放金额1051.76万元。

【农业保险】 全面开展主要种植业保险，按照"低保障、广覆盖"要求，水稻、小麦、油菜参保面积分别为1.98万公顷、2.12万公顷、0.21万公顷，保费371.25元/公顷、保险金额（理赔金额）8250元/公顷，参保率100%。出台《2014年高效设施农业保险专项工作考核办法》，将育肥猪保险与牲畜无害化集中处理相结合，明确奖励措施，市财政按投保农户实际缴纳保费的50%奖励农户，鼓励广大农户参保尽保，全市3.47万头能繁母猪、195头奶牛办理投保手续。高效农业保险稳中求进。全年高效农业保险保费1609.72万元，发生能繁母猪理赔910头、育肥猪理赔1.4万头、山羊理赔204只、肉（蛋）鸡理赔1.08万羽，赔付金额分别为48.64万元、333.5万元、7.14万元、12.01万元；受灾桃理赔面积32公顷、受灾大棚理赔面积46公顷，赔付金额分别为25.95万元、226.96万元。

【农村土地承包经营管理】 做好农村土地承包档案信息化管理工作。组织人员核实农户承包情况，清理承包档案资料并进行数字化处理，形成完整的农村土地承包档案，实行专人负责、专人保管。调处化解土地承包纠纷，全年调处各类土地承包和流转矛盾纠纷320起。确定马桥镇为农村土地承包经营权确权登记颁证整镇制推进试点镇，年末，马桥镇18个村均完成土地调查、测量、审核和公示工作，其中先行试点村横港村完成入户签字确认工作。

【新型农业规模经营主体】 全市土地规模流转面积12 267公顷，2公顷以上规模经营主体1048个。其中专业大户660个、家庭农场298个（工商注册登记203个）、土地股份合作社62个、农业企业28个，土地流转面积分别为2106公顷、7373公顷、1800公顷、988公顷。

【农村财务和集体资产管理】 与市纪委、市财政局联合开展村级财务集中检查，整改存在问题。做好村级财务收支常规审计工作，对60个村的村级财务进行常规审计，对39个村干部进行离任经济责任审计。督促各镇（园区)、村按季度做好民主理财和财务公开工作,对假公开、不及时公开的情况进行曝光,确保财务公开及时规范。加强村级债务和收支管理,压缩村级非生产性开支,建立村级债务动态管理台账,将控减村级债务列入农业农村工作考核内容。争创省级农村“三资四化”示范县,在西来、斜桥、马桥等6个镇开展创建示范镇活动,确保农村“三资”监管系统运行正常。出台《关于进一步加快村级集体经济发展的实施意见》,明确5大发展模块、10条政策激励和扶持措施,全市集体经营性收入达50万元以上的村有62个,超额完成泰州市下达的目标任务。继续实施农民收入倍增计划,农民人均纯收入1.66万元,增幅11.5%。做好村级会计档案资料达标升级工作,按照“五有三化一齐全”(有档案橱柜、有保管人、有档案制度、有归档移交表、有查阅登记簿,收藏橱柜化、标签规格化、账据标准化,资料保管齐全)要求,全市村级会计档案管理均达到三级标准。

【农村土地股份合作和社区股份合作】 做好农村土地股份合作社工商注册登记工作。年内新增工商注册土地股份合作社8个,新增入户数0.2万户。加强社区股份合作社规范化管理建设,确保合作社规范运作。全市共有社区股份合作社177家,整村制社区股份合作社创建在泰州市名列前茅。

【农民专业合作社】 全市有工商登记的农民专业合作社740家(年内新增131家),其中105家建立农民专业合作社名录,15家共获省财政扶持资金225万元。对58家合作社进行财务电算化培训,通过U盾进入方式建立管理平台。根据省要求开展农业项目自查自纠工作,专项检查2010—2013年度的45个项目,对30万元以上省级现代农业产业发展—农民专业合作组织项目形成汇报材料上报省农委,其余项目下发整改通知书要求整改完善。以镇为单位举办针对性专题培训班8期,发放培训资料450本。完成省合作社关于王宏鹌鹑专业合作社运作和服务方面典型案例分析报告。

【农村小康村建设】 实施小康村建设“十百千”提升工程,出台《靖江市2014年小康十强村创建考核办法》,15个示范村和2个十强村通过泰州市验收。继续做好扶贫工作。全市低保标准提高至530元/人,建档立卡的贫困户全部脱贫。

【农村环境综合管护】 年内,按照“水清、岸绿、田美、路硬、村洁”管护要求,继续开展农村环境“四位一体”综合管护工作。围绕“六整治、六提升”(整治生活垃圾、生活污水、乱堆乱放、工业污染源、农业废弃物、疏浚河道沟塘,提升公共设施配套、绿化美化、道路通达、村庄环境管理、建筑风貌特色化、饮用水安全保障水平)标准,重点整治村庄杂物乱堆乱放、棚屋乱搭乱建、秸秆乱抛乱弃,以及重要道路、河道沿线、相邻镇村交界等公共部位环境等,彻底解决“脏、乱、差”问题。全市共投入资金5000余万元,组织劳动力5.8万余人次,清理乱堆乱放7826处,拆除乱搭乱建862处,铲除路边杂草、陈积垃圾2.65万余吨。全面推行“组收集、村集中、镇中转、市处理”垃圾处理模式,共投入资金2000余万元,建成16座垃圾中转站、176个垃圾收集房,添置2.47万个垃圾收集筒。加大农村垃圾填埋奖罚力度,发现就地填埋扣3000元,整改到位补贴2000元、不到位再扣3000元,农村垃圾无害处理率达95%以上。建立保洁员责任监督制,实行“三公开一监督”(公布投诉电话、公示管护内容、公开管护范围标准,保洁员责任监督)管理机制,统一印制村规民约展示牌600块,管护员责任公示牌3000块。

【农村综合改革试验工作获省表彰】 年内,紧扣“创新农村公共产品和公共服务供给机制”课题,按照“多元化供给、均衡化配置、精细化服务”要求,坚持“三向结合”(群众认可的价值取向、定向发力的问题导向、重点突出的工作指向结合),探索建立“农村环境、社会事业、社区管理”3大服务供给机制,形成《靖江市农村公共产品与公共服务供给机制指导标准手册》《靖江市农村“八位一体”综合管护机制》《靖江市农村卫生室统建机制》《靖江市农村居家养老爱心呼叫机制》等制度,促进城乡公共服务和公共产品供给优质均衡。围绕“村容优美”,在农村河道管护、道路养护、村庄保洁、林业绿化基层上,增加涵洞管护、桥梁管护、灌排设施管护、公共设施维护等,形成“八位一体”综合管护机制;围绕“病有良医”,健全农村卫生医疗服务“三统一”(统一场所布局、管理模式、人员配备)体系,解决看病难、看病贵问题;围绕“老有颐养”,创新农村居家养老“爱心呼叫”模式,在马桥镇试点推行农村老人“爱心呼叫”电话系统,接受服务近万人次;围绕

“规范高效”，构建农村社区“管理服务并重”新体制，加强农村社会管理，完善农村社区组织架构，拓展社区管理服务功能，满足社区群众多层次公共需求，推广“开放式办公、一站式受理、一门化服务”社区服务新模式，实现为民服务“零距离”。靖江农村综合改革试验工作获江苏省委农村工作领导小组办公室、江苏省农村综合改革领导小组办公室联合表彰。

【农村产权交易信息服务平台建设】 根据省农村综合改革试验要求，市委、市政府印发《靖江市农村产权交易管理办法》，农村产权交易监督委员会拟定操作守则及试点工作方案，成立市农村产权交易所，聘请软件公司开发平台建设软件。9月，农村产权交易中心与公共资源交易中心整合挂牌，马桥、斜桥两镇同步试点成立农村产权交易中心。至2014年年末，共发生交易业务4起，交易面积20.67公顷，交易金额24.8万元。　(丁月琴)

【农村环境综合整治规划通过评审】 5月，《靖江市农村环境综合整治规划(2013—2017)》通过省环保厅专家组评审。规划按照“全市覆盖、拉网治理，政府主导、社会参与，突出重点、统筹规划，注重衔接、协调推进，以农为本、因地制宜”原则，以治理农村生活污水为主，拉网式整治农村环境。至2017年，将安排50项工程、投入5775万元资金，使50个行政村、197个自然村环境得到明显改善。届时受益人数可达55 055人。

【10项新政发展村级集体经济】 4月，市委、市政府出台《关于进一步加强村级集体经济发展的实施意见》，明确10项扶持政策鼓励全市行政村创新村集体经济发展模式，探索增加村集体经营性收入的有效途径。10项扶持政策：一是增收项目以奖代补。鼓励村级组织发展增收项目，根据全市各村年度实际经营性收入考核排名，由市财政以奖代补，最高奖励10万元，对经济薄弱村作重点倾斜。二是鼓励发展村域工业经济。村域工业企业形成的税收净增部分，由各镇制定奖励办法，奖给村级集体；市财政设立涉农贷款扶助基金，对村集体合作经济组织、高效农业生产项目给予贷款贴息补助。三是实行土地复垦奖补。复垦新增土地90%的，按45万元/公顷~60万元/公顷直补到村，补助资金可市场化运作或用于建设标准化厂房对外出租；征收村组集体土地，按不低于5%的征收面积作为村级发展留用地。四是加大财政转移支付。逐年适度提高经济薄弱村秸秆禁烧综合利用、“四位一体”(村庄保洁、河道管护、道路管护、林业绿化)综合管护、村级公共服务等财政补助额度。五是盘活闲置资产资源。因行政区划调整而闲置的市(镇)属企事业单位房屋、土地，由所在村代管经营，经营收入归村所有。六是个别行政区划调整。个别规模较小或跨界村因基础设施条件差而制约村级经济发展的，作相应的区划调整。七是鼓励村干部领办家庭农场。村干部领办家庭农场(性质为村集体经营)，并被评为市“五好”(服务成员好、经营效益好、利益分配好、民主管理好、示范带动好)的，市财政每年补助村集体3万元/个；村干部创办高效农业项目规模在13.33公顷以上的，市财政补助村集体3万元/个或2250元/公顷。八是鼓励整村制土地流转。对村集体流转农户承包土地用于粮食、蔬菜作物生产，流转面积在6.67~13.33公顷的，市财政奖补5万元/年；流转面积超13.33公顷的，奖补8万元/年。九是建立挂钩帮扶机制。市级机关部门(单位)与经济薄弱村挂钩帮扶，市委、市政府实行专项考核，确保3年内薄弱村能够达到村级经营性收入规划目标。十是适度调整村集体土地租赁费。制定村集体土地使用租赁指导价格，对年租金低于全市指导价的及时进行调整。

【5种村级经济发展模块】 4月，市委、市政府出台《关于进一步加强村级集体经济发展的实施意见》，将村级经济发展细分为5种模块，分类指导、加快发展。一是沿江村及园区所在村发展模块。全部拆迁村，依托社区建设组建物业公司和其他社区服务组织；部分拆迁村，通过组建资产经营公司、社区股份专业合作社、村经济合作社等形式进行资产经营，发展物业带动型经济。二是大中型企业所在村发展模块。组建劳务公司、经济发展公司、物业公司等，组织村民从事厂区绿化、保洁、物资装卸等后勤服务，建造打工楼、门面房等，发展“房东型”经济。三是城郊及镇郊所在村发展模块。盘活现有资产，整合闲置资源，发展盘活存量型经济。四是交通要道途经村发展模块。打造仓储、物流中心，发展加工、餐饮等行业，创办服务型实体经济。五是内陆村发展模块。立足“农”字做文章，通过整村制土地流转等方式发展现代农业，壮大集体经济实力。　(赵一阳)

对台事务

【概况】 2014年,市台办接待至靖江经商、探亲的台胞及台胞考察团组6批42人次,办理因公赴台团组1个3人次,办理企业赴台团组18批50人次。8月,调研文章《推进靖台标准件产业合作》入选《台湾工作通讯》。

【调研慰问台资企业】 1月17日,市委统战部部长范敏、副市长沈南松等市领导走访慰问市部分台资企业和台商。在江苏竹盛紧固件制造有限公司、江苏新赞模具机械有限公司、江苏标星螺丝制造有限公司等台资企业,市领导详细询问公司一年来的运转情况及需要解决的问题,感谢他们关心支持靖江经济社会发展,希望他们为推进靖江发展做出更大贡献。6月6日,泰州市副市长张余松至靖江调研台资企业发展情况。在江苏新赞模具机械有限公司生产车间,张余松听取企业负责人对企业发展现状的介绍,希望企业充分发挥在精密铸造领域的技术优势,加快企业转型升级步伐,提高科研能力,增强企业核心竞争力。

【台商考察投资环境】 1月18日,台湾胜新冷冻空调工程股份有限公司董事长郭文龙一行5人至靖江考察。市台办向考察团介绍靖江经济社会发展情况,并陪同考察团实地考察。郭文龙对靖江优良的投资环境给予高度评价,希望能够充分发挥两地空调设备生产的互补优势,实现企业做大做强目标。10月8日,市委书记倪斌会见台湾宏齐科技股份有限公司董事长汪秉龙,向其介绍靖江的区位优势、独特的资源禀赋和鲜明的产业特点,以及包钢天彩(靖江)科技有限公司等企业在照明材料行业具备发展LED产业的优势等。汪秉龙表示,靖江发展潜力大,综合成本低,是理想的投资地,将积极寻求与靖江的合作,实现互利双赢。

【首个台资现代农业项目落户靖江】 3月,市台办积极帮助有意向靖江投资农业项目的台商赖自贤牵线搭桥、寻找合作伙伴,并在公司选址、立项、报批等方面提供“保姆式”服务。7月,首个台资现代农业项目——江苏慈园苗木有限公司落户靖江。该公司与靖江梓园花卉有限公司共同出资1000万元,在斜桥镇海圩村流转土地13.2公顷,主要经营台湾花卉、盆景和名贵树木。

【举行台资台属企业用工招聘会】 6月16日,台资、台属企业用工专场招聘会在省靖江中专举行。江苏新赞模具制造有限公司、江苏世能化工设备有限公司、中船澄西新荣船舶有限公司、靖江胜新空调制冷设备有限公司等8家企业,共提供抛光技工、电焊工、模具工、冲压工等322个岗位,150余名应聘者现场与招聘单位达成初步就业意向。

【学校开展“知我台湾”教育活动】 9月,市实验学校、外国语学校、城中小学、外国语学校城南分校分别组织“知我台湾”教育活动。活动通过主题班会、主题队会、“我与宝岛心连心”书法绘画比赛等形式,帮助学生了解台湾的过去和现状,增强学生爱祖国、爱宝岛、促统一的内在情感。

【“士林美食嘉年华”走进靖江】 9月27日—10月7日,台湾“士林美食嘉年华亚太巡展活动”在市万都五金机电建材城举办。展区总面积3000余平方米,展出蚵仔煎、阿里山烤肉、大肠包小肠等70余种台湾特色小吃,吸引前往品尝的市民达5000余人。

【《魅力东方 走进泰州》摄制组宣传靖江】 10月28日,由中共中央台湾工作办公室,国务院台湾事务办公室海峡两岸出版交流中心、台湾《联合报》、台湾中兴电视公司联合组织的入岛宣传专题片《魅力东方 走进泰州》摄制组至靖江,拍摄江苏新世纪造船股份有限公司和靖江美食“陈士荣”汤包。专题片在台湾中天综合电视频道和中天亚洲频道播放。 (陈林飞)

市级机关党务

【概况】 2014年,市级机关党工委深入贯彻落实中共十八大和十八届三中、四中全会精神,自觉履行服务中心、建设队伍两大核心任务,以建设“为民、务实、清廉机关”为目标,认真践行党的群众路线,切实推进机关作风转变,在提升党员素质、夯实党建基础、活跃机关氛围、服务改革发展等方面取得新成效。至年末,市级机关有党委4个、党总支部11个、党支部39个,有党员2502人,评选出优秀基层党组织24个、优秀党员80人。

思想建设 主动策应“解放思想再发力,重树标杆勇攀登”专题大讨论大落实行动,综合运用“三会一课”“声屏网报”等平台载体,组织机关党员干部深学深思,自觉成为改革的先行者、主力军。结合群众路线教育实践活动,组织学习习近平总书记系列重要讲话精神,听取陈燕萍、杨祥生先进事迹报告,赴临沂学习感悟"沂蒙精神"。围绕"为了谁、依靠谁、我是谁"主题,开展"微型党课大家讲"活动,激发机关党员的服务意识和奉献意识。举办"四德耀人生"专题讲座,开设市级机关"美德善行"专场报告会,引导机关党员干部自觉践行社会主义核心价值观。把学习型党组织建设作为经常性工作抓紧抓实,组织机关党员积极参加"干部网络学院"、机关中层干部培训班等学习培训活动。开通"靖江机关党建网"和机关党建QQ论坛,改版《机关党建》内刊,为机关党员提供学习交流的新平台。开设"机关干部大讲堂"2期,与青岛兰德培训中心联合举办机关党务干部培训班。实施机关读书工程,向机关党员推荐书目16个,赠书2300余册。会同市委宣传部、市文广新局开展"全民阅读""我阅读、我推荐"读书征文等活动,部分优秀作品汇编成《孤山》杂志专刊。

组织建设　完善机关党建工作考核办法,通过优化要素设置、细化工作内容、强化目标责任,切实增强党建工作考核的针对性、实效性。加强对机关党建工作的督促检查,实行季度例会研究、半年督查调研、年度综合考评,推动党建工作责任制有效落实。注重对基层党组织的分类指导,就机关党建实务进行详细解读、实时点评、从严审核。积极推行机关党组织公推直选工作,指导帮助12个任期届满党组织完成换届选举。认真落实发展党员工作新"16字"(控制总量、优化结构、提高质量、发挥作用)方针,加强思想教育和党性锻炼,发展新党员14人,转正预备党员22人。

作风建设　紧扣"四风"方面突出问题,扎实开展群众路线教育实践活动,落实整改项目13个。协同市纪委、市效能办推进机关"中梗阻"清障行动,加大日常监管与查案执纪力度,机关作风明显好转。继续深化机关服务品牌创建,组织开展"亮品牌、送服务"主题实践活动,通过展示创建成果、走访服务对象、改进服务举措,切实提升机关服务品牌的社会知晓度和群众满意度,市信访局"'话'出彩虹"、市统计局"统计连着你我他"、市地税局"民声税务"、靖江日报社"小红帮忙"等9个品牌获评泰州市优质文明服务品牌。

主题活动　深化机关党组织互动共建,集中组织革命传统教育、助学助孤助残、精神文明创建等活动,促进机关党组织交流学习、竞相发展。发挥党员义工主体作用,开展"学习雷锋、转变作风、服务群众"和"弘扬社会新风,争当文明使者"义工服务月活动,落实义工服务项目27个。强化机关廉政文化建设,开展党员干部"走近庭审现场"活动,组队参加"清风靖江"文艺汇演。重视机关群团事业,机关联合工会、妇委会、团工委分别开展文体才艺骨干培训、"岗家牵手、岗家结对""大手拉小手""青年微体验"等主题实践活动,激发机关党员干部干事创业、投身公益的热情。

党员义工街头护绿　　(靖江日报社提供)

【党员义工服务月】　12月,市级机关工委开展"弘扬社会新风,争当文明使者"党员义工主题服务月活动。组织机关党员深入社区宣传市创建全国文明城市的目的意义和测评内容,开展科技文化、法律法规、文明礼仪、环境保护、园林绿化、安全卫生、计划生育等知识的宣传教育,提高市民对创建文明城市的知晓率、支持率和参与率。加强文明劝导,引导广大市民踊跃参与道德实践,不断提升文明意识,自觉纠正不文明行为。参与环境整治,组织党员深入结对社区开展卫生清洁行动,清理卫生死角。协助开展“文明家庭”“卫生小区”“文明院落”等创建活动，营造洁净有序的生活环境。落实关爱服务，组织党员深入社区开展关爱空巢老人、农民工、残疾人等志愿服务，为社区内弱势群体送温暖、送欢乐、送卫生、送健康。推进党建联动，结合服务型党组织建设，深入结对社区开展思想教育、政策宣传、义务劳动、结对帮扶、走访慰问等活动，切实巩固和深化党的群众路线教育实践活动成果，以实际行动转作风、改作风。 （叶　鹏）

党校教育

【概况】 2014年，市委党校围绕“保稳定、促转型、创特色”工作目标，打造“育人资政”品牌；坚持管理、教研、服务并重，创新思维模式，有序推动各项工作顺利开展。在泰州市党校系统年度综合考评中获优秀等次。

干部培训　配合市委组织部举办新党员培训班3期、发展对象培训班3期、年轻公务员成长计划培训班4期。配合市人社局举办全市机关事业单位中层干部培训班、新上岗公务员及事业单位人员初任培训班各1期。配合市民政局举办新一届村（居委会）主任培训班。结合党的群众路线教育实践活动，送教下基层，至各乡镇（园区）、部门和企业辅导党的群众路线教育实践活动理论知识，专题宣讲41场次，受众近4000人。

函授学历教育　与扬州大学、扬州教育学院联合开办函授学历教育，专业涉及工程管理、会计学、财务管理、经济学、经济管理、学前教育、小学教育、教育学等。

教学科研　围绕靖江经济社会发展实际，按照“本身有特点、他人可借鉴、参观有收获”要求，打造市开发区、新桥镇孝化村、滨江新区江阳社区3个现场教学基地，完成前期教案、教学线路和教学互动等拟定工作。坚持和完善新课试讲制度。通过分专题集中备课、评教评学等活动，调动教学人员积极性，促进教员教学能力提高。围绕靖江经济社会事业发展状况，完成3篇调研文章：《因地制宜加快靖江村级集体经济发展》在省级刊物《唯实》杂志发表，《引导工商资本投资 推进现代农业发展》在省级刊物《江苏农村经济》杂志发表，《凸显本地文化 提升城市建设品质——靖江市挖掘城建文化元素的调查与思考》在省级刊物《江南论坛》杂志发表。 （吉　琴）

老干部工作

【概况】 2014年，全市有离休干部306人，平均年龄87.6岁，年龄最大的105岁、最小的80岁；抗日战争时期参加革命工作的59人，解放战争时期参加革命工作的247人。年内，老干部工作以党的群众路线教育实践活动为契机，以“同心共筑中国梦”主题活动为重点，以“双满意”（老干部满意、党组织满意）为目标，落实老干部政治、生活待遇，努力开创老干部工作新局面。市委、市政府召开两次全市老干部工作会议，通报全市经济建设和社会事业发展情况。集中慰问老干部3次1200余人次。推荐老干部参评全省离退休干部先进个人（集体），朱茂勋获评全省离退休干部先进个人，教育局离退休支部获评全省离退休干部先进集体。

落实政治待遇　组织老干部学习中共十八届三中、四中全会精神，为离休干部订阅《银潮》杂志350份。加强离退休干部党支部建设，组织老干部参加省、市离退休干部党支部书记培训班。组织老干部代表参观开发区国信电厂、常州大学怀德学院、城北工业集中区等全市经济社会建设重点项目。

提高生活待遇　完善离休干部医疗费管理，实施离休干部医疗费定额管理新办法，实行全年医疗费总额控制。优化老干部管理服务工作，推广社区居家养老服务“四就近”（就近学习、就近活动、就近得到关心照顾、就近发挥作用”）新模式。出台《关于进一步加强新形势下老干部工作的意见》，巩固和完善离退休干部生活待遇保障机制。健全离休干部“两费”（离休费、医疗费）保障机制，核准离休干部“两费”发放情况。协助处理28名老干部后事，按标准做好病故离休干部丧事处理和遗属优抚工作。重视离休干部身体健康状况，定期举办老干部安全知识讲座，组织年度体检1次；进一步健全市人民医院、中医院住院老干部网络信息平台，探望住院老干部180人次。建立健全困难帮扶救助机制，市财政专项拨款解决破产、特困企业离休干部和遗属的专项费用，慰问补助170人次40余万元。组织走访异地安置离休干部16人次。

丰富文化生活　组织开展元宵节游艺活动、书画集邮展览、棋类比赛、钓鱼比赛、党史知识竞赛等活动。新组建老干部艺术团、老干部书画协会。搭建老干部才艺展示平台，举办全市第5届老干部文艺节。开展“老干部欢乐社区行”活动，编排“龙文”歌曲伴舞、“夕阳之光”老年模特秀等节目，深入社区巡回演出，弘扬健康向上的社区文化。支持做好关心下一代工作，通过462个基层关工委，组织5800余名离退休干部创办校外辅导站、设立“育苗联系点”、担任网吧义务监督员，关心青少年健康成长。

（姚　烽）

老干部参观集邮展　　（靖江日报社提供）

信　访

【概况】 2014年，市信访局严格规范接待登记、落实交办、督查督办、结案归档工作流程，对群众来访事项采取“即时转办、现场会办、领导批办”3种办理模式：一般来访事项，即时明确责任单位限期解决；涉及多个单位和部门的来访事项，迅速组织相关责任单位现场会办；重点来访事项，当天形成《要信要访》或《信访摘报》，报市领导阅批。对事项处理情况实行“月结月报”制度，采取电话催办、现场督办等方式跟踪处理结果，确保群众来访事项件件有落实、事事有回音。全年受理各类人民来信617件，比上年上升42.2%；接待群众来访1112批7891人次，比上年分别上升37.9%和29.9%，其中集体上访275批6539人次，比上年分别上升75.2%和34.2%。在年度信访工作考核中，靖江被省联席会议评为全省信访工作先进市。

【信访法制宣传】 6月21—27日，在全市开展以“阳光信访，有序维权”为主题的“信访法制宣传周”活动，着重宣传国家信访局从5月1日起施行的《关于进一步规范信访事项受理办理程序 引导来访人依法逐级走访的办法》(下称《办法》)，以及国务院《信访条例》等法律法规知识。其间，共发放信访知识宣传册2万册，举办各种宣传活动30余场次，市电视台、报社进行跟踪报道，提高《办法》知晓率，增强市民依法信访意识。

【信访积案化解】 组织开展“集中清理化解信访积案”“进京非访‘挂牌销号’”“信访积案专项治理行动”3项行动，针对劳动保障、征地拆迁、城乡建设、环境保护等重点领域，对重点信访案件滚动排查、集中交办、逐案落实，形成以市领导为包案人、责任单位主要负责人为责任人的案件包办体系，明确期限推动化解。各包案领导、责任单位综合运用会商会办、帮扶救助、教育疏导、信访终结等措施，有效化解、终结重点信访积案35件。

【畅通群众诉求表达渠道】 深化联合接访制度，12个镇(街道、园区、办事处)、17个重点部门每周安排人员至市人民来访接待中心现场接访，对群众诉求做到第一时间响应、第一时间办理。认真落实市镇两级领导干部接访、下访制度，市镇两级领导干部通过定点接访、重点约访、带案下访等形式，及时解决重大、疑难和突出信访问题，提高信访工作效率。年内，市主要领导坚持每月至人民来访接待中心接待、会办信访事项，推动重点信访问题解决。

【构建大信访工作格局】 年内，市信访局制定出台《关于进一步健全信访维稳工作责任制的意见》，进一步落实各层各级信访工作主体责任。坚持信访工作重心下移、关口前移，健全完善市、镇、村三级信访工作平台，进一步推进镇村两级信访工作规范化建设，强化村级基层组织化解信访问题的工作责任，提高一线化解信访问题的能力水平；建立“访调对接”工作平台，加强与维稳、综治等部门工作对接，构建“上下协同、横向联动”的大信访工作格局。

（周汉平）

【概况】 2014年，市人民代表大会及其常委会依法行使职权，聚焦经济转型，为创新驱动、转型升级提供法制保障，坚持为民履职，重视代表议案和建议办理情况，推动解决群众关注的难点热点问题。全年召开全体会议1次、常委会会议8次、主任会议5次，听取和审议专项工作报告22项，作出决定、决议4项，组织代表视察和执法检查7次，开展代表评议活动1次，先后任免国家机关工作人员32人次，其中市人大常委会工作人员6人次、市政府组成人员8人次、市法院工作人员18人次，年内补选泰州市人大代表2名、靖江市人大代表8名，至年末，全市共有江苏省人大代表5名、泰州市人大代表62名、靖江市人大代表264名。

【市十五届人大三次会议】 2月9—12日，市第十五届人民代表大会第三次会议在省靖中礼堂举行。大会应到代表266名，实到258名。会议期间，代表们听取和审议《靖江市人民政府工作报告》，审查和批准《关于2013年国民经济社会发展计划执行情况和2014年国民经济社会发展计划的报告》《关于2013年财政预算执行情况和2014年财政预算草案的报告》，听取和审议《靖江市人大常委会工作报告》《靖江市人民法院工作报告》《靖江市人民检察院工作报告》。会议共收到代表就全市政治经济社会建设等方面工作提出的议案、建议101件(条)。

【市第十五届人大常委会会议】 年内，市第十五届人大常委会召开常委会会议8次。

第14次会议 于1月13日召开。听取审议市发改委主任殷爱华受市政府委托所作的《关于2013年国民经济和社会发展计划执行情况与2014年初步安排意见的报告》，市财政局局长吴一江受市政府委托所作的《关于2013年财政预算执行情况和2014年财政预算初步安排的报告》，市人大财经工委主任杨文萍作相关初审意见的报告。审议通过关于召开市第十五届人大第三次会议有关事项。通过批准调整2013年度全市财政收支预算的决议。

第15次会议 于3月11日召开。审议通过市人大常委会2014年工作要点、议题安排(草案)，表决通过市人大常委会有关人事免职事项。

第16次会议 于5月28日召开。听取和审议市检察院关于民事、行政检察工作情况的报告。表决通过市法院有关人事任免。

第17次会议 于7月24日召开。听取和审议市财政局局长吴一江受市政府委托所作的《关于2013年财政决算及2014年上半年财政预算执行情况的报告》，市审计局副局长徐爱华受市政府委托所作的《关于2013年度靖江市本级财政预算执行和其他财政收支的审计工作报告》,市发改委主任殷爱华受市政府委托所作的《关于2014年国民经济和社会发展计划上半年执行情况的报告》,市规划局局长仇颖受市政府委托作《关于靖江市城市总体规划修编情况的报告》。表决通过朱浩芳辞去市第十五届人民代表大会常务委员会委员、市第十五届人民代表大会代表职务,徐宁辞去市第十五届人民代表大会代表职务。

第18次会议　于9月19日召开。听取市长赵叶代表市政府所作的《关于人事任免议案的报告》,听取市法院《关于人事任免议案的报告》。审议通过市食品药品监管局局长顾灿红受市政府委托所作的《关于药品安全管理工作情况的报告》,副市长王生华代表市政府所作的《关于代表建议办理情况的报告》。补选高亚梓、陈惠莲为泰州市第四届人民代表大会代表,同意钱进华辞去市第十五届人民代表大会代表职务。表决通过市政府、市法院有关人事任免事项。

第19次会议　于10月21日召开。接受王平辞去副市长、市公安局局长职务,任命周如勇为副市长、市公安局局长。免去顾利华副市长职务。

第20次会议　于11月26日召开。审议通过副市长鞠林红代表市政府所作的《关于"改善城区水环境,促进城区水质优化"决议贯彻实施情况的报告》及《关于我市城市总体规划编制情况的报告》。市人大常委会环境资源城乡建设工作委员会主任毛小平作关于《靖江市城市总体规划2013—2030》(修编)的初审报告,表决通过市人大常委会关于《靖江市城市总体规划2013—2030》(修编)的决议。通过市人大常委会关于召开市第十五届人民代表大会第四次会议的决定。接受王生华辞去副市长、市第十五届人民代表大会代表职务,卢平辞去市第十五届人民代表大会代表职务。任命赵国庆为副市长。

第21次会议　于12月12日召开。听取市长赵叶代表市政府所作的《关于市政府人事任免议案的报告》,听取市人大常委会主任会议人事任免议案报告,审议并通过人事任免事项。接受唐文勇辞去市第十五届人民代表大会常委会委员职务,张鹏辞去市第十五届人民代表大会代表职务。

【代表依法行使职权】　年内,市人大常委会搭建代表密切联系群众平台。开展"五级人大代表回选区(选举单位)访选民活动",全市900余名各级人大代表集中回到选区(选举单位),访民情、听民意、解民忧,实现依法履职与服务群众充分融合。继续推行代表向选民述职。年内有105名市人大代表向选民述职,本届代表累计述职率80%。组织代表开展视察调研活动。全年市人大代表小组开展视察调研活动60余次,根据省、泰州市人大的统一部署,组织部分省、泰州市、靖江市人大代表赴海陵区开展"园区特色发展情况"专题调研活动,组织部分省、泰州市人大代表视察靖江2014年民生工程建设情况。

【纪念人民代表大会制度建立60周年】　年内,市人大常委会统一部署,组织人大代表参加人民代表大会制度建立60周年专题讲座、知识竞赛、论文征集、人大代表专题访谈等活动,组织市电视台、报社宣传20名人大代表先进事迹,展示人大代表风采。9月,西来镇人大主席陶惠萍在庆祝江苏省人民代表大会成立60周年座谈会上作交流发言。

【议案建议办理】　市十五届人大三次会议期间,共收到代表议案、建议101件,其中《关于进一步发展村级集体经济,增加村级造血功能的议案》《关于进一步加大对生祠特色镇和省级农业示范园区的政策和资金扶持力度的议案》《关于发挥新江平路功能以及预防交通事故的议案》《关于人力资源和社会保障工作功能下延的议案》《关于对二三级河道进行清淤的建议》《关于建立靖泰界河污水、预警、预防机制的建议》《关于加强120急救中心管理及资源配置的建议》《关于加快老旧小区改造的建议》《关于实施"医保健身一卡通"工程的建议》9件议案、建议,由市人大常委会主任会议成员重点督办;其余议案、建议由市人大常委会各委办发挥"对口联系、情况熟悉"优势负责督办。选择"关于对二三级河道进行清淤的建议"等涉及群众切身利益的议案、建议,组织市电视台、报社采访提出建议的人大代表和承办部门,报道相关议案、建议办理情况。组织部分市人大代表视察5件议案、建议办理情况,由常委会工作机构"背靠背"征求代表意见,收到代表议案、建议办理情况征询意见表101份,满意和基本满意率100%。开展优秀代表议案、建议评比活动,有15件议案、建议获评优秀。

靖江市十五届人大三次会议优秀议案、建议一览表

表 6

议案、建议名称	提议案、建议代表
关于进一步发展村级集体经济,增加村级造血功能的议案	周富和(领衔) 王　静　严建军　陈洪英　方　圆　冯黎明　刘云松　夏卫中 朱建红　张金荣　沈　健
关于强化管控农村流转土地、切实保护好基本农田的议案	陈益新(领衔) 黄晓琴　鞠景良　陆天霞　周　斌　沙纪兰　倪加明　葛秀慧 陶　华　耿　凯　李勤峰　李根贵　羊　旭
关于发挥新江平路功能以及预防交通事故的议案	杜林培(领衔) 钱卫良　朱小兴　侯秋萍　陈汉年　侯凤娟　陈宗林　陆耿娣 朱　剑　何明仁
关于对全市工商企业实施雨污分离、防止污水和毒害废水排入河流的议案	刘林华(领衔) 闻　嵩　陈旺根　夏新培　宋　斌　郭建秋　刘金芬　刘红芳 范钦岩　夏卫娟
关于加大对通组道路进行维修、实现城乡一体化的议案	卢淑兰(领衔) 贲建明　徐胜银　黄桂忠　肖金海　贲同生　倪良华　顾开明 羊丽珍　何美霞　刘旺琴
关于制定对有代表性的自然垛、行政村实施整体保护相关政策的议案	姚东辉(领衔) 钱卫良　陈焕新　侯秋萍　陈宗林　陈汉年　朱　剑　杜林培 陆耿娣　侯凤娟
关于加大对养老托老基础设施投入的议案	钱满华(领衔) 钱锦泉　陈金华　环剑斌　陈卫东　陈　旭　展玉琴　徐三华 何卫民　卢卫军
关于人力资源和社会保障工作功能下延的议案	陆金礼(领衔) 魏　健　蒋礼付　陈建定　蔡　龙　陈　刚　郑红卫　王　丹 钱进华　马淑云　叶丽华
关于提倡低碳出行、加大公共交通投入、扶持民间环保组织的建议	朱　彬
关于加强 120 急救中心管理及资源配置的建议	赵映敏
关于对二三级河道进行清淤的建议	钱凤平
关于调整南片公交路线的建议	姚文彬
关于有效推进教育优质均衡发展的建议	赵光礼
关于加快老旧小区改造的建议	陈剑萍
关于加强社区规范化建设的建议	顾文华

表 7

靖江市十五届人大三次会议议案、建议一览表

序号	议案、建议名称	提议案、建议代表	主办单位	会办单位
1	关于进一步发展村级集体经济,增加村级造血功能的议案	周富和 王静 严建军 陈洪英 方圆 冯黎明 刘云松 夏卫中 朱建红 张金荣 沈健	市委农工办	市经信委、市农委、生祠镇政府
2	关于进一步建立健全农村集中居住点的有关政策的议案	钱满华 徐三华 刘灿明 钱锦泉 陈旭 展玉琴 环剑斌 何卫民 陈卫东 卢卫军 陈金华	市委农工办	市规划局、市住建局
3	关于加大对中小企业融资扶持力度的议案	钱纪芳 周云华 王彬 曹丽芬 顾坤宏 闻嵩 刘林华 姚文中 陈旺根 何平	市金融办	市经信委、人行靖江支行
4	关于强化管控农村流转土地、切实保护好基本农田的议案	陈益新 黄晓琴 鞠景良 陆天霞 周斌 沙纪兰 倪加明 葛秀慧 陶华 耿凯 李勤峰 李根贵 羊旭	市国土局	市农委
5	关于对危化品气体充装项目停止审批的议案	闻嵩 刘林华 宋斌 范钦岩 范金杰 郭建秋 王灿明 陈旺根 夏卫娟 刘金芬 刘红芳	市质监局	市安监局
6	关于解决土地二轮承包与连片流转中存在问题的议案	王灿明 陈旺根 刘红芳 刘鲲鹏 刘金芬 闻嵩 曹丽芬 范金杰 范钦岩 宋斌 夏卫娟 刘林华 顾坤宏 朱继南	市委农工办	
7	关于加快推进孤山景观区建设步伐的议案	夏卫娟 刘红芳 陈旺根 顾坤宏 刘鲲鹏 闻嵩 王灿明 范金杰 刘金芳 宋斌 范钦岩 刘林华 曹丽芬 朱继南	市旅游局	孤山镇政府
8	关于尽快建成季市美食、宗教、旅游等特色镇的议案	卢淑兰 黄桂忠 何美霞 肖金海 顾开明 张佳炜 倪良华 羊丽珍 刘旺琴 赍建明 赍同生	季市镇政府	市商务局、市民宗局、市旅游局
9	关于加强环境综合治理、提高农民幸福指数的议案	叶乔芳 李根贵 倪加明 陈益新 陶华 鞠景良 李勤峰 杨恒俊 葛秀慧 陆天霞 耿凯	市环保局	
10	关于加快建设沿江闸站的议案	李建新 沙纪兰 鞠景良 葛秀慧 陈益新 耿凯 倪加明 李根贵 陶华 李勤峰 陆天霞	市水利局	
11	关于垃圾分类回收处理的议案	陈洪英 刘云松 方圆 卢平 杜美娟 张金荣 王静 黄琴 周富和 陆阳	市城管局	
12	关于解决西线江平路到沿江公路通道问题的议案	陶华 沙纪兰 杨恒俊 鞠景良 范朝洪 杨祥生 黄晓琴 李根贵 叶乔芳	市交通局	
13	关于禁止大型运输车辆在部分路段分流的议案	倪加明 耿凯 陶华 李根贵 范朝洪 叶乔芬 陈益新 沙纪兰 杨恒俊 葛秀慧 陆天霞	市交警大队	
14	关于修建生祠美人港边横港桥的议案	严建军 刘晓南 张金荣 王静 方圆 陈洪英 周富和 刘云松 夏卫中 朱建红 沈健 冯黎明	生祠镇政府	市水利局
15	关于红南路与江平路十字路口设置红绿信号灯的议案	沈健 王静 刘云松 陆建平 周富和 冯黎明 严建军 夏卫中 方圆 刘晓南 蒋洪涛	市交警大队	

续表 7

序号	议案、建议名称	提议案、建议代表	主办单位	会办单位
16	关于整顿、规范预拌混凝土企业的议案	盛灿红 顾文华 秦亚娟 刘建芳 钱建红 陈剑萍 祁玉华 杜王兵 任煜华 杨 森	市经信委	
17	关于整治全市农村断头河道的议案	王建兴 刘友余 葛江宏 杨 森 耿爱群 方一峰 任志玲 盛灿红 毛翠娟 钱建红 朱惠芬 朱晓和	市水利局	
18	关于明确上五圩渡口经营主体的议案	陆汝光 刘 俊 张海燕 毛红霞 孙海清 王荣勋 贾雪梅 常 亮 钱 律 张金才	市交通局	
19	关于发挥新江平路功能以及预防交通事故的议案	杜林培 钱卫良 朱小兴 侯秋萍 陈汉年 侯凤娟 陈宗林 陆耿娣 朱 剑 何明仁	市交警大队	市交通局
20	关于对全市工商企业实施雨污分离、防止污水和毒害废水排入河流的议案	刘林华 闻 嵩 陈旺根 夏新培 宋 斌 郭建秋 刘金芬 刘红芳 范钦岩 夏卫娟	市环保局	市国资集团
21	关于加大对通组道路进行维修、实现城乡一体化的议案	卢淑兰 赉建明 徐胜银 黄桂忠 肖金海 赉同生 倪良华 顾开明 羊丽珍 何美霞 刘旺琴	季市镇政府	
22	关于将阳光大道西端八圩港延伸至兴业路的议案	环剑斌 陈金华 陈卫东 陈 旭 展玉琴 徐三华 何卫民 刘灿明 卢卫军 钱锦泉	市住建局	市规划局
23	关于通组公路实行长效管养的议案	陈卫东 环剑斌 陈金华 陈 旭 展玉琴 徐三华 刘灿明 卢卫军 钱锦泉 何卫民	西来镇政府	
24	关于废除将港航港口服务公司码头置换至川心港的协议的议案	鞠景良 葛秀慧 陶 华 李勤峰 叶乔芳 李根贵 羊 旭 耿 凯 陆天霞 倪加明 黄晓琴 沙纪兰	市港口局	市水利局、新桥镇政府
25	关于统一规划农村公共设施建设、禁止乱建重建避免浪费的议案	鞠景良 黄晓琴 倪加明 葛秀慧 陶 华 耿 凯 范朝洪 杨恒俊 李勤峰 李根贵 陈益新	市规划局	
26	关于原搪瓷厂和三江砼业尽快搬出城区的议案	钱满华 徐三华 刘灿明 展玉琴 陈金华 何卫民 陈 旭 卢卫军 陈卫东 钱锦泉	市规划局	市政府滨江新区办
27	关于制定对有代表性的自然埭、行政村实施整体保护相关政策的议案	姚东辉 钱卫良 陈焕新 侯秋萍 陈宗林 陈汉年 朱 剑 杜林培 陆耿娣 侯凤娟	市规划局	市委农工办、市财政局
28	关于进一步加大对生祠特色镇政府和省级农业示范园区的政策和资金扶持力度的议案	张金荣 王 静 方 圆 陈洪英 严建军 刘云松 周富和 沈 健 蒋洪涛 杜美娟	市农委	生祠镇政府
29	关于加大对养老托老基础设施投入的议案	钱满华 钱锦泉 陈金华 环剑斌 陈卫东 陈 旭 展玉琴 徐三华 何卫民 卢卫军	市民政局	
30	关于将长江水产围栏养殖业纳入保险范围的议案	倪加明 耿 凯 陶 华 李根贵 范朝洪 陈益新 叶乔芳 葛秀慧 李勤峰 鞠景良		

续表 7

序号	议案、建议名称	提议案、建议代表	主办单位	会办单位
31	关于制定政策明确厂房出租者和承租方对拖欠职工工资共同承担责任的议案	严建军 王 静 张金荣 杜美娟 方 圆 冯黎明 周富和 夏卫中 刘云松 朱建红 沈 健	市经信委	市人社局、市工商局
32	关于降低企业融资成本的议案	陈洪英 黄 琴 方 圆 张金荣 杜美娟 蒋洪涛 刘云松 王 静 陆 阳 周富和	市金融办	人行靖江支行
33	关于人力资源和社会保障工作功能下延的议案	魏 健 陆金礼 蒋礼付 陈建定 蔡 龙 陈 刚 郑红卫 王 丹 钱进华 马淑云 叶丽华	市人社局	
34	关于解决符合条件的基层党总支书记编制问题的议案	刘林华 刘金芳 金惠林 赉建明 杨恒俊 盛灿红 陈益新 夏卫娟 徐胜银 刘红芳	市委组织部	
35	关于调整行政村合并后的财政转移资金拨付额度的议案	刘红芳 刘鲲鹏 夏卫娟 王灿明 陈旺根 闻 嵩 刘金芬 范金杰 范钦岩 宋 斌 曹丽芬 刘林华 顾坤宏 朱继南	市财政局	孤山镇政府
36	关于加大对长安老区支持帮扶力度的议案	肖金海 倪良华 张佳炜 何美霞 羊丽珍 卢淑兰 顾开明 黄桂忠 刘旺琴 赉同生 赉建明	季市镇政府	
37	关于将季市量具公司划归所在镇政府结算、优化财税体制的议案	羊文华 张佳炜 徐胜银 卢淑兰 肖金海 赉建明 倪良华 黄桂忠 羊丽珍 赉同生 何美霞 顾开明 刘旺琴	市财政局	市地税局
38	关于加快建设市青少年劳动实践教育基地的议案	刘云松 朱建红 毛红燕 刘晓南 陈洪英 王 静 沈 健 夏卫中 周富和 严建军 方 圆	市教育局	
39	关于改建市特殊教育学校主入口的议案	潘建新 毛红霞 唐继东 张海燕 朱 靖 孙海清 余 峰 王竹胜 焦桂红 陈国祥	市教育局	市规划局、市住建局
40	关于村卫生室招聘大学生村医的议案	张 鹏 魏 健 陆金礼 蒋礼付 陈建定 蔡 龙 陈 刚 郑红卫 姚明成 钱进华 王 丹 叶丽华 马淑云	市卫生局	
41	关于改善东兴镇政府中心幼儿园办学条件、推进教育均衡发展的议案	张 鹏 魏 健 陆金礼 蒋礼付 陈建定 蔡 龙 陈 刚 钱进华 王 丹 叶丽华 郑红卫 姚明成 马淑云	市教育局	
42	关于加强小学生心理健康教育的议案	宋 斌 刘鲲鹏 刘金芬 王灿明 曹丽芬 闻 嵩 夏卫娟 范金杰 范钦岩 刘林华 顾坤宏 朱继南 陈旺根 郭建秋	市教育局	
43	关于实施实验学校向北迁移的议案	郭建秋 史亚萍 朱 平 顾坤宏 曹丽芬 陈旺根 刘金芬 刘鲲鹏 夏卫娟 王灿明 刘红芳 闻 嵩 范钦岩 范金杰	市教育局	
44	关于对企业法人加强思想教育、提高综合素质的议案	朱汉华 钱满华 徐三华 陈 旭 环剑斌 钱锦泉 陈金华 何卫民 展玉琴 卢卫军	市经信委	
45	关于对市肿瘤医院加大投入、缓解肿瘤病人及辖区群众就医难的议案	刘灿明 钱锦泉 钱满华 环剑斌 陈金华 陈 旭 陈卫东 徐三华 展玉琴 卢卫军 何卫民	市卫生局	

续表 7

序号	议案、建议名称	提议案、建议代表	主办单位	会办单位
46	关于尽快实施实验学校北移、助推北部发展的议案	贲建明 黄桂忠 刘旺琴 徐胜银 何美霞 张永明 羊丽珍 贲同生 倪良华 肖金海	市教育局	
47	关于严厉打击黑社会势力的议案	倪加明 黄晓琴 陶 华 葛秀慧 范朝洪 耿 凯 叶乔芳 李根贵 李勤峰 陆天霞 沙纪兰	市公安局	
48	关于农民集中居住区加强组织架构及优化管理模式的议案	张 鹏 魏 健 陈金礼 蒋礼付 陈建定 蔡 龙 陈 刚 郑红卫 姚明成 钱进华 王 丹 叶丽华 马淑云	市委农工办	市规划局、市住建局、市供电公司
49	关于部队营区外道路严重损坏、请求维修的建议	王竹胜	东兴镇政府	
50	关于解决早期失地农民未办失地保险等一系列问题的建议	朱 彬	市人社局	
51	关于提倡低碳出行、加大公共交通投入、扶持民间环保组织的建议	朱 彬	市交通局	市环保局
52	关于实施“医保健身一卡通”工程的建议	周云华	市人社局	市体育局
53	关于农民集中居住区配套“幸福菜园”的建议	周云华	市委农工办	市农委
54	关于改善人民路拥堵状况的建议	焦桂红	市住建局	市交通局、交警大队
55	关于简化公益捐赠手续、减免公益捐赠税收的建议	潘建新	市地税局	
56	关于小学部不要频繁分班的建议	黎 娜	市教育局	
57	关于完善企业职工全民社保的建议	王 彬	市人社局	
58	关于改善农村、小区周边生态环境的建议	王 彬	市环保局	市经信委、市农委
59	关于综合解决因农村禁止新、翻、扩建所带来的社会问题的建议	朱 彬	市国土局	市规划局、市住建局
60	关于进一步解决企业“用工难”问题的建议	黎 娜	市人社局	
61	关于保障文明出行、安全出行的建议	凌仲秋	市交警大队	
62	关于加强 120 急救中心管理及资源配置的建议	赵映敏	市医疗集团	

续表7

序号	议案、建议名称	提议案、建议代表	主办单位	会办单位
63	关于加强对市区、乡村流动烧烤、流动食品监管的建议	张金荣	市城管局	市食品药品监管局
64	关于建立靖泰界河污水、预警、预防机制的建议	范钦岩	市水利局	
65	关于将具有专业职称的社会工作者纳入专项事业编制的建议	黄　琴	市编委办	
66	关于规范道路命名及路牌设置的建议	卢　平	市民政局	
67	关于对二三级河道进行清淤的建议	钱凤平	市水利局	
68	关于在新江平路重要路段增设警示标志的建议	陈洪英	市交警大队	
69	关于在马洲公园、市政府公交车站点建候车亭的建议	毛红燕	市交通局	
70	关于建立灾害天气放假制度的建议	方　圆	市应急办	
71	关于加大对季市教育投入的建议	何美霞	市教育局	季市镇政府
72	关于发挥农民集中居住区文化设施功能及重建地区民俗的建议	刘云松	市文广新局	生祠镇政府
73	关于符合条件的农村支部书记进编的建议	李根贵	市编委办	
74	关于加强对十圩港合兴桥北段环境整治的建议	卢淑兰	市环保局	
75	关于认真解决市区停车难问题的建议	钱纪芳	市住建局	市交警大队
76	关于适度提高村干部工资待遇的建议	徐胜银	市人社局	
77	关于加强村卫生室医务人员配置的建议	羊丽珍	市卫生局	
78	关于加强对电动车的管理和使用的建议	李梅桂	市交警大队	
79	关于严格控制中小学生在校时间建议	李梅桂	市教育局	
80	关于加大上海城商业区管理力度的建议	李梅桂	市城管局	

续表 7

序号	议案、建议名称	提议案、建议代表	主办单位	会办单位
81	关于加强“四城同创”长效管理的建议	刘建芳	市创建办	
82	关于对沿江企业统一编制门牌号,统一制作企业标识的建议	何卫民	市公安局	
83	关于对人民路南段重型车辆管制实行限时通行的建议	蔡新杰	市交警大队	
84	关于重视放心豆制品工程的建议	薛亚明	市食品药品监管局	
85	关于改变生产生活方式,改善空气质量的建议	吴吉波	市环保局	
86	关于优化社会舆论环境、推动教育体系发展的建议	吴吉波	市教育局	
87	关于调整南片公交路线的建议	姚文彬	市交通局	
88	关于拓宽改造同心桥至江平路路段的建议	环剑斌	市住建局	
89	关于整治规范全市民营托老机构的建议	孙学勤	市民政局	
90	关于对老城区非禁建区居民建房批准开建的建议	耿爱群	市规划局	市住建局
91	关于全面开放天一广场地下停车场及南广场整治的建议	赵光礼	市住建局	
92	关于有效推进教育优质均衡发展的建议	赵光礼	市教育局	
93	关于对南环花苑门前洗车点变更场所的建议	鞠景良	市城管局	
94	关于降低综合基金、确保工业开票不外流的建议	鞠景良	市地税局	市经信委
95	关于对新农村集中居住点农民住宅发放两证的建议	鞠景良	市住建局	市国土局
96	关于加强网络论坛监管的建议	刘振华	市公安局	
97	关于加强非机动车交通管理的建议	张海燕	市交警大队	
98	关于加快老旧小区改造的建议	陈剑萍	市住建局	市规划局

续表 7

序号	议案、建议名称	提议案、建议代表	主办单位	会办单位
99	关于加强社区规范化建设的建议	顾文华	靖城街道办	
100	关于加大对中小企业融资难的扶持力度的建议	钱纪芳	市金融办	人行靖江支行
101	关于扶持中小企业健康发展的建议	钱纪芳	市经信委	市地税局、市人社局

【基层人大工作】 年内,各镇(街道、办事处)人大充分利用“人大代表之家”,组织代表开展学习培训、视察检查、联系选民、调研座谈、履职述职等活动。开展基层人大代表与青少年面对面活动,组织代表献爱心慰问困难群众。积极探索人大监督新方式。9月,召开西来镇人大代表询问基层站所会议。西来镇14名人大代表就群众普遍关注的问题,询问相关基层站所负责人,各基层站所负责人当场告知相关措施。健全考核机制。印发《2014年镇人大工作百分考核细则》,从主席团工作、代表活动、宣传报道、自身建设和创新工作等12个方面明确规定镇人大年度工作目标任务。年内,有14名基层人大工作者受到市人大常委会表彰。

(刘云飞)

·靖江农谚(四)·

【风吹一大片,“冰”走一条线】 “冰”,即冰雹。因冰雹是在积雨云中上升气流最强的部分产生的;其过程,必须有足够的上升气流将水滴送到很高高度的积雨云中雪区,凝结成雹心后,再几经升降而使之增大到足够大的冰雹,才能够落下而又不会在下落的过程中因蒸发而消失、或再变成雨滴。所以,这种上升气流最强的地方,在积雨云中不会有多长的宽度,故在其移动的过程中,冰雹必然会下在一条狭长的移动带中,而成为所谓的“一条线”。

【乌云接日头,半夜雨溜溜;接得高,在明朝,接得低,在夜里】 如白天是晴天,到傍晚日落前西方出现阵阵一线的云层,这表明已有一股冷气团来临:若云层占的位置较高,则说明其移动速度较慢,形成锋面降雨的天气可能在明天;若云层占的位置较低,则说明其移动速度很快,当夜就可以形成锋面降雨的天气。

【日出一道槛,要落等不到晚(音MAN满)】 若早晨太阳是从云里升起的,则今天不要等到晚上就会下雨。

【东天暴头不发,一发丈八】 东方响雷一般不会下雨,要下必然很大。因为,冷空气从北方扩散南下,夏天的雷暴雨一般都是由西北向东南入侵的。其基本特征是来得快、时间短;若东南方出现雷暴雨,表明本地处副热带高压边缘,如副高边缘暖湿气流遭遇冷空气扩散南下,常会形成特大暴雨。

【月亮生毛,大雨滔滔】 实际上是反映高空上下层气流走向的不一致,不久将会形成锋面降雨天气。

【有收无收在于水,多收少收在于肥】 水利是农业的命脉,肥料是作物的粮食。

【云抬高,天变好】 云向上的抬高过程是走云消散的一种过程。云的消散不会造成降水。因为降雨必须紧密依靠着云层的作用。

(吴汉荣)

综　述

【概况】 2014年，市政府召开常务会议6次、市长办公会议1次，全市性工作会议17次。会议主题涉及经济发展、转型升级、城乡建设、社会民生、生态环境、公共服务等方面。

【市政府常务会议】 1月27日，市政府召开第6次常务会议。讨论《政府工作报告(讨论稿)》《关于靖江市2013年国民经济和社会发展计划执行情况与2014年国民经济和社会发展计划(草案)的报告(讨论稿)》《关于靖江市2013年财政预算执行情况和2014年财政预算(草案)的报告(讨论稿)》。

3月27日，市政府召开第7次常务会议。讨论《关于进一步强化科技创新推进转型升级的实施意见》《关于鼓励和推动企业上市工作的实施意见》《关于实施“六大服务提升行动”促进中小企业转型升级发展的意见》《关于2014年全市投资促进工作的意见》《关于促进电子商务发展的意见》；听取靖江市2014年度各镇、开发区、靖城街道办事处、滨江新区办事处综合考评奖励意见，2014年度市级机关部门绩效管理考核细则的修改情况报告，2014年度全市农业农村工作目标管理考核意见的制定情况报告。

7月19日，市政府召开第8次常务会议。听取上半年经济运行和重点工程、民生工程完成落实情况，市应急预案修订增编情况，以及全市安全生产检查整改专项行动情况的报告；讨论《关于优先发展城市公共交通的实施意见》《关于加强沿江物流码头环境管理的意见》《关于加强沿江物流码头环境管理的实施方案》《靖江市沿江物流码头扬尘排污费征收管理试行办法》《关于加强政府性投资项目资金来源审批工作的意见》《市政府关于完善住宅用地使用权出让和房屋产权登记的意见》《关于进一步加强多种形式消防队伍规范化建设的实施意见》和《政府专职消防队伍建设方案》。

9月28日，市政府召开第9次常务会议。听取城区危房和老旧房屋普查核查情况的汇报；讨论《靖江市房屋安全管理办法》《关于加强城市危房和老旧房屋安全治理工作的意见》《靖江市“十三五”规划编制工作方案及前期研究重大课题选题方案》《关于进一步鼓励全民创业的意见》《关于进一步加强行政审批中介服务管理的意见》《靖江市病死动物无害化处理工作实施方案》。

12月26日，市政府召开第10次常务会议。讨论《政府工作报告(讨论稿)》《关于靖江市2014年国民经济和社会发展计划执行情况与2015年国民经济和社会发展计划(草案)的报告(讨论稿)》《关于靖江市2014年财政预算执行情况和2015年财政预算(草案)的报告(讨论稿)》和《靖江市城区老旧危楼治理两年行动计划方案》；听取行政审批制度改革有关清单和流程图清理编制、安全生产工作和有关案件处理情况的汇报。

12 月 31 日，市政府召开第 11 次常务会议。讨论《关于推进项目建设大突破工作意见(讨论稿)》和《市招商引资考核奖惩办法(讨论稿)》。

【市长办公会议】 2 月 24 日,市政府召开市长办公会议。讨论政府性债务存在问题和整改工作、《2014 年度靖江市服务业发展目标任务和考核办法》《关于进一步加快发展现代服务业推进转型升级的实施意见的补充意见》《关于实施“一二三四”行动计划加快促进现代服务业转型升级的意见》《靖江市专利专项资金管理办法》《关于表彰奖励 2013 年度“1153”培植工程企业的决定》《2014 年度靖江市工业和开放型经济考评办法》《关于市领导挂钩联系工业企业的通知》《2014 年度各镇(街道、园区、办事处)工业开票销售收入的考核奖励办法》。

【重要会议】 2 月 7 日　召开全市机关作风建设暨综合表彰大会。

2 月 27 日　召开全市工业经济转型升级推进大会。

2 月 28 日　召开全市服务业推进大会。

3 月 6 日　召开国家环保模范城市、生态市、园林城市创建工作推进会。

3 月 31 日　召开全市重点工程建设项目督查工作会议。

4 月 4 日　召开全市创卫长效管理暨城市环境综合整治推进会。

4 月 10 日　召开全市农业农村重点工作推进会。

4 月 11 日　召开全市财税工作会议。

4 月 14 日　召开全市国土资源工作会议。

4 月 28 日　召开全市建筑业暨建筑工地专项整治工作会议。

5 月 16 日　召开全市秸秆禁烧暨综合利用工作会议。

7 月 18 日　召开全市上半年工业和开放型经济形势运行分析会。

8 月 14 日　召开全市新型城镇化和城乡发展一体化工作推进会。

10 月 14 日　召开环保模范市、生态市创建暨黑臭河道整治工作推进会。

11 月 14 日　举行“靖江市城市总体规划(2013—2030)”论证会。

12 月 10 日　召开全市节约集约用地“双提升”工作推进会。

【重要活动】 1 月 7 日 举行城北中小企业园二期开工仪式。开工的江苏华雕机械有限公司、靖江市高新窑炉材料有限公司、靖江市强盛模具制造有限公司、江苏顺元机械制造有限公司等 15 家企业以节能技术、电子新材料、高端装备制造为主,总投资 10 亿元,计划建设标准化厂房 3.33 公顷。

1 月 14 日　市政府与江苏省国信资产管理集团有限公司在南京签订战略合作协议,进一步推动国信靖江电厂能源项目建设,并在城市基础设施建设、园区开发、金融、现代农业和新兴产业等领域开展深度合作。

4 月 11 日　启动“中国科学院青年专家靖江行”活动。中科院系统 25 个院所 80 余名青年专家至靖江对接产学研合作项目,靖江上百家企业参加项目洽谈。

4 月 12—14 日　江苏省(靖江)2014 年蕙兰展在滨江新区百蔚园举行,共展出 100 余个品种近 800 盆蕙兰。

4 月 25 日　成立靖江元林老年大学。该大学有 28 个教室、3 个老年活动室以及阅览室、会议室、观影室、医务室等完善的现代化设施和先进教学设备。

5 月 23 日　靖江市政府、农业部门、农业生产贸易公司、农业投资商与以色列农业专家团队洽谈农业项目和农业技术合作。靖江农业开发区与以色列农业专家团队签订技术合作备忘录。

6 月 19 日　市政府与常州大学共同举行怀德学院迁址(靖江)仪式,靖江由此成为苏中、苏北地区首个设有本科高校的县级市。怀德学院创办于 2002年,2005 年经教育部批准转设为独立学院,原址位于常州大学白云校区。该院开设各类专业 37个,涵盖工、文、经、管、法、艺、教七大学科门类。新址位于新港城高教园区,占地 50 公顷,总建筑面积 24 万平方米,可满足约 8000 名学生的住宿、生活及教学实验需求。

6 月 23 日　靖江市产业技术研究院揭牌成立。该研究院由南京理工大学、南京工业大学、江苏大学、江苏科技大学、常州大学及中科院理化所、金属所等产业技术研究院合作共建,旨在推动企业科技创新,加快产业转型升级。

7 月 18 日　桥梁杂志社、江苏中泰桥梁钢构股份有限公司联合举办的 2014 钢结构桥梁论坛在靖江开幕。与会专家围绕钢结构桥梁的设计、建造、施工、监测、养护及大跨径钢结构桥梁特点等进行探讨。

10 月 9 日　2014 靖江(上

海)投资说明会暨项目签约仪式在沪举行。德国DAKS公司、河北港口集团、上海电气集团、江苏万林现代物流股份有限公司、施耐德电气(中国)有限公司、上海奇士科技发展有限公司等50余家知名企业和机构的代表出席会议。会上签约中德绿港国际产业园、游艇产业园(一期)等项目25个,内资项目总投资38.75亿元,外资项目总投资7.35亿元。

10月15—16日 省环保厅考核组至靖江,省级生态市创建工作通过验收。

10月28日 靖江(北京)金秋投资恳谈会在北京举行。

10月30日 百名海外博士江苏行靖江洽谈会在靖江华信科技创业园举行。41名海外博士携带52个项目与靖江孝化集团等52家企事业单位对接洽谈。项目涉及信息技术、新能源、新材料、物联网、节能环保等领域。

11月15日 "全民健身绿色出行"2014江苏·靖江首届环明湖自行车公开赛在牧城公园举行,来自江苏、安徽、山东、江西、广东等地的180余名选手参赛。赛事设男子山地车组、折叠车组,赛程约15千米;女子山地车组、折叠车组,赛程约10千米。此为靖江首次按省级标准举办体育赛事。

11月20日 中国宝卷生态化保护与传承交流研讨会在靖江举行。

12月4日 举行国家宪法日暨法制宣传日系列宣传活动。

12月18日 "靖江空调杯"慧聪网2014年度第8届中国空调冷冻新风行业品牌盛会评选活动及颁奖礼在靖江举行。靖江获评2014年度中国空调制冷行业最具投资价值产业基地。

(梅 勇)

【"12345"政府服务热线】 年内,靖江市"12345"政府服务热线创新工作方法,强化考核机制,加强督办力度,切实解决群众关心的实际问题。全年共处理市民来电24 414个。其中,投诉类11 502个,占47.1%;咨询类4997个,占20.5%;求助类584个,占2.4%;建议类643个,占2.6%;其他6688个。当场答复18 437个,交予有关单位限时办结5977个,办结率94%,回访满意率95%。处理泰州市长信箱问题462件,办结率100%;处理靖江市长信箱问题644件,办结率100%。 (孙海清)

【靖江政府网获评省优秀政府网站】 8月2日,中国·靖江政府门户网站获评2013年度江苏省优秀政府网站,市政府办公室首次获评全省优秀政府网站建设单位和省政府门户网站内容保障工作先进单位。中国·靖江政府门户网站主要负责公开发布重要政务信息、提供网上政务服务、受理群众的咨询与投诉等,设立"12345"、网上政务大厅、会议直播等专题和专栏,建成全市政府门户网站群,并推出"中国靖江"微门户APP(应用程序),将政府网站的影响力从传统互联网扩展至移动互联网,打造政务公开和政务服务新平台。

【"中国靖江"微门户上线】 12月12日,"中国靖江"政府微门户正式上线,成为靖江首个政务类APP,有24个频道、37个栏目,涵盖政务动态、公示公告、信息公开、办事服务、意见征集、市长信箱等主要内容。该程序是在移动互联网上,以现有政府网站群为基础,整合门户资讯和官方微博的移动互联应用,通过国家信息中心的"微门户云服务平台"在云端实现自动聚合发布。市民打开客户端,即可以及时了解政务动态、查询公开信息;查看办事流程,提出意见建议;自由订阅感兴趣的内容,体验个性化"掌上政府";将感兴趣的信息一键分享到QQ、微博、微信等平台,与家人和朋友共同阅读。"中国靖江"微门户有"安卓版""iPhone版""iPad版"3个版本。市民可以通过苹果商店和"豌豆荚""应用宝"等安卓市场下载,也可以点击"中国·靖江"政府门户网站首页"微门户"链接,扫描二维码下载。 (免 免)

法治政府建设

【概况】 2014年,政府法制工作以加强法治政府建设、深化行政管理体制改革为重点,不断提高依法决策、依法管理的能力和水平,全年共审查规范性文件草案15件、出台10件,审核清理46个部门5000余项行政权力事项,为全面推进全市依法行政、建设法治政府、构建法治靖江提供法制保障。

【规范性文件审核备案】 围绕政府中心工作,发挥政府"立法"的引领和推动作用。严格按照程序制定规范性文件。在审查制定规范性文件过程中,严格制定程序,加强调查论证,改进起草、审查工作的方式方法,增加规范性文件制定工作的前瞻性和主动性。对不符合程序规定的,建议完善后再出台;对与现行法律、法规和规章不符的,提出修改意见;对涉及全市经济社会发展的重大决策事项以及专业性较强的决策事项，进行必要性和可行性论证；对涉及面广、与人民群众利益密切相关的，如《靖江市建筑垃圾和工程渣土管理办法》《靖江市优先发展城乡公共交通的实施意见》等文件，制定时举行座谈会、听证会、论证会，并在《靖江日报》、靖江市政府门户网站发布征求意见稿征求社会各方面意见，在研究、分析征求的意见后进行集中答复，确保出台的规范性文件符合广大人民群众的需求、符合社会经济发展的需要。全年共审查规范性文件草案15件、出台10件。做好规范性文件备案审查工作。对市政府出台的规范性文件，统一登记、统一编号、统一公布，并在发文之日起15日内报送上级部门备案。对各部门制定的规范性文件进行备案审查，对备案情况和备案过程中存在的问题予以通报，并作为年终依法行政考核的重要依据。

【立法及立法工作调研和征求意见】 配合省级部门做好立法调研和征求意见工作。配合省政府法制办、公安厅、国土厅开展《江苏省企事业单位内部治安保卫条例(草案)》《江苏省土地利用总体规划管理办法(草案)》等立法调研活动，多次组织召开由全市相关部门和企事业单位代表参加的立法调研座谈会，确保在靖江召开的立法调研活动顺利开展。做好省政府法制办立法征求意见相关工作，对《江苏省行政程序规定》等文件的征求意见稿，提出修改意见并及时反馈。配合省政府法制办开展基层政府规范性文件制定和备案审查制度和机制情况调研工作。8月，根据省政府法制办的要求，组织召开由相关部门、乡镇参加的规范性文件制定和审查制度调研会，回顾自2012年起全市规范性文件涉及领域、制定程序、备案审查和清理等方面的主要做法，提出关于完善基层政府规范性文件制定和备案审查制度、机制的建议。

【行政执法监督】 进一步规范行政执法主体。加强行政执法队伍建设，全年发放行政执法证件1400余本。强化行政执法证件的动态管理，增强基层执法人员依法行政意识和能力，提升执法队伍素质。深化行政体制改革，全面清理行政权力事项。根据市委第十一届七次全体会议要求和行政审批制度改革工作联席会议安排，开展行政权力事项清理工作，印发《靖江市行政权力清理工作方案》，审核清理46个部门5000余项行政权力事项，对各单位没有法律、法规、规章依据的行政许可和审批予以取消；对虽有依据但市场可以自由调节、当事人有权自行决定、通过其他行政监管手段可以解决、通过中介组织或者行业协会可以自律管理的许可和审批，也予以取消；能够合并的合并，可以改为备案的改为备案。分类登记行政处罚、行政强制、行政确认、行政裁决、行政征收、行政给付、行政奖励、行政征用等行政权力事项的执法依据和行政执法权力，形成行政权力事项目录和行政许可事项目录，并依法向社会公布。清理涉及全市43个部门5475项行政权力事项，其中行政许可207项、行政处罚4558项、行政强制189项、行政征收28项、行政给付13项、行政奖励21项、行政确认89项、行政裁决5项、行政征用1项、其他364项。简政放权，下放新桥镇部分行政权力事项。新桥镇政府被泰州市确定为简政放权试点乡镇，获县级经济社会管理权限，在征求涉及权力下放的20个部门和新桥镇政府的意见后，梳理行政权力724项，重点研究协商城市管理、安全生产、社会保障等方面，确定下放目录，将312项行政权力下放至新桥镇实施。

【行政复议案件办理】 全年共收到向市政府提出的行政复议申请70余件，受理45件，法定期限内审结率100%。在办理行政复议案件过程中，探索化解行政争议新机制，运用调解、和解等多种手段化解矛盾纠纷。全年指导部门审理疑难案件、答复接待当事人复议法律事务咨询事项50余件，办理信访复查事项6件，引导涉法涉诉信访问题在法治轨道内解决，尽可能达到息诉息访目的。做好上级部门受理行政复议案件的答复、说明工作。依法答复7户不服市政府作出的征收补偿决定而向泰州市政府提起复议的案件。对省政府受理的有关征地批文的行政复议案件相关情况进行说明，并配合省政府复议机构人员实地调查，多次组织召开专门会议听取涉地村民、当事人意见，确保案件复议公平公正。泰州市政府受理的市政府为被申请人的复议案件均被复议机关维持原决定，省政府受理的涉及征地批文的复议案件未因当事人复议而被撤销。推进行政指导和行政调解工作。印发《关于加强行政指导和行政调解工作的意见》，要求各行政机关在行政过程中多以指导、劝告、提醒、建议等非强制性方式，引导公民、法人和其他组织参加社会活动。加强行政调解与司法调解的融合，探索建立行政执法与刑事司法衔接工作机制，与市检察院多次对接，构建“两法衔接”（行政执法与刑事司法衔接）信息共享平台，协调召开全市“两法衔接”工作推进会，部署“两法衔接”工作。

（赵思海）

机构编制

【概况】 2014年，市编委办推进行政审批制度改革、重点镇简政放权改革和市场监督管理体制改革，优化配置机构编制资源，规范化管理机构编制。至2014年年底，全市39个部门（单位）保留行政权力事项5475项，优化171个审批流程环节。设立市政务服务管理办公室及政务服务中心、投资促进局、数字化城市管理监督指挥中心、社会管理服务中心、元林老年大学。使用编制273个。完成事业单位变更登记33家、设立登记3家、注销登记7家。

【行政审批制度改革】 市委、市政府出台《关于进一步推进简政放权加快转变政府职能的实施意见》，以简政放权为核心，以提升政府治理能力为目标，加快形成权界清晰、分工合理、权责一致、运转高效、法治保障的政府机构职能体系。建立行政审批制度改革工作联席会议制度，全面清理全市行政权力（含行政审批）事项、行政事业性收费事项，优化再造行政审批及公共服务事项流程，按期在市政府门户网站及相关职能部门网站公示相关权力事项目录清单及新流程图并征求意见。至2014年年底，全市39个部门（单位）保留行政权力事项5475项。其中，行政许可事项207项，依法执收的一级行政事业性项目163个、二级行政事业性项目217个、政府性基金项目24个。在全市46个部门798个行政审批和服务类事项中，优化171个审批流程环节。

全市机构和人员编制核查工作会议　　（市编委办提供）

【市场监督管理体制改革】 8月，按江苏省、泰州市统一部署，靖江实施市场监督管理体制改革，在泰州市靖江工商行政管理局、泰州市靖江质量技术监督管理局由省级以下垂直管理调整为靖江市政府管理的基础上，整合工商、质监、食品药品监管3个部门的职责和机构，以及卫生部门承担的食品安全综合协调职责，组建靖江市市场监督管理局，挂市食品药品监督管理局牌子，为市政府工作部门，履行行政区域内工商、质监、食品药品监管等市场监管职责，并承担市政府食品安全委员会的具体工作。制定下发市场监督管理局“三定”（定职责、定机构、定人员编制和领导职数）规定，机关内设机构精简至15个，局机关人员编制精减30%，充实基层分局，整合、调整市场监督管理局下属事业单位。组织、编制、人社等部门查阅、审核原工商、质监部门拟划转的公务员、事业人员、行政附属人员及离退休人员人事档案资料383份，完成人员身份、编制信息认证工作并报省、泰州市相关部门确认。

【新桥镇简政放权改革试点】 8月，围绕管理体制、行政运行架构、经济社会管理权限等事宜，组织实施新桥镇（园区）简政放权改革试点。制定下发新桥镇党政机关“三定”实施方案，明确新桥镇（园区）党委、政府机关主要职责，设置由综合协调管理部门、综合办事部门和综合执法部门组成的“一办七局二中心”的管理架构，包括党政办公室，组织人事局、农业和农村工作局、经济发展局、财政和资产管理局、建设局、社会事业和民生保障局、综合执法局，便民服务中心、社会管理服务中心。经全市各相关部门、新桥镇确认，按能放尽放、权责匹配、积极稳妥原则，梳理出赋予新桥镇的行政权力下放事项312项，涉及部门13个。

【机构编制资源配置】 在控制机构编制增长的前提下，向经济、社会发展一线倾斜机构编制资源。整合政务服务、公共资源交易、基层便民服务、行政权力网上公开透明运行等职能，设立市政务服务管理办公室及其下属事业单位市政务服务中心，打造集行政审批办理、公共服务、公共资源交易于一体的集约化政务服务体系。设立市投资促进局，强化招商投资服务职能，提高指导投资业务的服务水平。设立市数字化城市管理监督指挥中心，负责数字化城市管理日常运行工作，为加快推进“数字城管”建设提供组织保障和人员支撑。设立市社会管理服务中心，推进平安法治建设。设立市元林老年大学，促进老年教育事业发展。调整市纪委机关（监察局）内设（派驻）机构和职责，推进纪检监察部门转变职能。企业上市工作办公室职责划归市金融工作办公室，保证全市金融工作和企业上市工作有效衔接。调整全市畜禽屠宰行业监督管理职责，由市农委负责畜禽屠宰行业监督管理职责，包括生猪屠宰监管，保证畜禽产品的质量安全。

【机构编制督查管理】 开展机构和人员编制核查工作，确保上报数据及时、准确、完整，完成56个部门（单位）实名制软件升级和数据信息更新工作。坚持“从严控制、留有余地、保证重点”原则，控制编内人员总量。经市编委会审定下达全年空编使用计划235个，其中采取公开招录（聘）方式使用行政编制33个、事业编制184个（其中参照管理编制4个、卫技人员编制60个、教师编制75个、其他事业单位编制45个），军转干部安置使用行政编制16个，随军家属安置使用事业编制2个。日常调配使用编制38个。制定下发《关于进一步规范全市机关事业单位编外用人计划管理的通知》，规范增减编外人员办理手续，从严控制、先批后用，不得超计划使用。与组织、审计部门对市食药监局、残联、季市镇主要负责人进行“三责联审”（用人责任审查、编制责任审核、经济责任审计）机构编制责任审核，并及时向审核对象和所在部门反馈情况，对审核中发现的超职数配备中层干部等问题提出限期整改意见。

【事业单位登记管理】 落实《事业单位登记管理暂行条例》及其实施细则要求，对全市410家事业单位法人进行年检，并首次在网上公开所有事业单位法人的年度报告。完成事业单位变更登记33家，设立登记3家，注销登记7家。开展中文公益域名注册推进工作，对全市所有机关和事业单位进行中文域名注册和审核，全市党政群机关共申请和续费“政务”中文域名68个，事业单位申请和续费“公益”中文域名398个。 （梅　笛）

体制改革

【概况】 年内，市委成立市全面深化改革领导小组。制定改革工作规则和细则，建立健全部门工作联系机制和责任机制，以加快转变政府职能、健全完善现代市场体系、深化财税体制改革和推进金融改革创新为重点，带动其他领域改革。

【行政审批制度改革】 出台《关于进一步推进简政放权加快转变政府职能的实施意见》，提出简政放权、转变职能的基本框架。梳理各部门行政权力，裁减行政审批事项，制作办事指南、要件材料工作流程图。审批事项办理时限平均压缩三分之一。实行政务服务与公共资源交易一体化管理，加快中介服务市场化进程。推进简政放权改革试点建设，制定《靖江市新桥镇简政放权改革试点工作实施意见》，年内，新桥镇获批泰州重点镇简政放权改革试点单位。

【财税体系改革】 出台《关于推进政府购买公共服务工作实施意见的通知》，印发《靖江市综合治税涉税信息保密制度》《靖江市综合治税工作考核办法》《靖江市非税收入管理工作职责和管理流程》《关于进一步加强市级政府非税收入征管的通知》《关于实行乡镇非税收入收缴制度改革的通知》等系列文件。加强财政监督管理，清理政府性基金和行政事业性收费项目并向社会公布。推进政府全口径预算管理体系建设，印发《关于做好市级部门预算信息公开工作的通知》，选定10个试点部门。完善国库集中收付制度，集中清理和规范财政专户，强化财政资金存放配额管理，推行新公务卡结算制度。全面梳理社保资金财政专户，严格管理和控制预算单位新开账户。构建市国资委领导下的“国资部门—资本运营主体—企业集团—实体企业”框架管理体系，初步建立起“产权清晰、权责明确、政企分开、管理科学”的现代企业制度。

【土地市场改革】 制定《全面推进节约集约用地的实施意见》,出台《国土资源节约集约利用综合评价考核办法》。建立全市闲置和低效用地数据库,及时处理擅自改变土地用途、扩大配套用地面积比例、容积率超标和投资强度不够等情况。实施规划功能分区管理,对不实行规划控制的区域,给予群众自主选择权。严格审批和管理原地翻建,鼓励农户退出空余宅基地。组织开展农村集体土地所有权确权登记发证工作。

【技术市场建设】 建成靖江市华信科技创业园和靖江市科技成果转化服务平台两大网站,6家高校院所技术转移中心靖江分中心开始实施成果转化运作。理化所产业园一期完成基础设施建设,4个高科技项目实施产业化。船舶和微特电机两个国家级特色产业基地、省级核电装备产业园和泰州特种材料产业园入驻企业二次创业快速推进。与南京理工大学等7所高校院所共建靖江产业技术研究院,与常州大学怀德学院、泰州南理工研究院共建靖江市先进焊接技术应用中心。

【金融改革创新】 相继出台《进一步加快现代服务业推进转型升级的实施意见》和《银行业金融系统考核奖励办法》等政策措施,金融业发展体系初步完备。制定《关于实施鼓励和推动企业上市工作的意见》,分阶段对上市企业给予奖励。推进企业无瑕疵上市,至2014年年末有境内外上市企业6家、场外交易市场挂牌企业3家,在手上市后备企业6家。

【新型城镇化和城乡发展一体化】 在全省范围内率先组织开展村庄规划编制,《靖江市城市总体规划(2013—2030)》通过江苏省住房建设厅评审。以创建国家级农村公共运行维护标准示范市为契机,探索城乡一体基本公共服务标准和体系。成立市农村产权交易监督管理委员会和农村产权交易所,制定《靖江市农村产权交易管理办法(试行)》及农村土地承包经营权、农村房屋所有权和宅基地使用权、农村集体林权等交易规则。出台《关于进一步加快村级集体经济发展的实施意见》,提高农村基层组织运转保障和公共服务能力。

【价格管理机制改革】 加强对商品流通、餐饮宾馆以及客运、出租车等重点行业的市场价格监管,实行重要民生价格公示。非居民用管道天然气价格管理模式由最高价管理模式改为“中准价加浮动幅度”管理,非居民用气终端销售价格与门站结算价格实行联动。

【市场环保引导机制建立】 对新、扩、改建设项目化学需氧量以及氨氮、二氧化硫、氮氧化物新增量排放权进行交易试点。完善企业环保信用评级工作机制及工作流程,扩大企业环保信用评级范围。 (施 晓)

人事·人才

【概况】 2014年,市人社局围绕“民生为本,人才优先”,实施人才强市、人才强企战略,创新人才工作体制机制,提升公共服务水平,各项工作全面发展。加强公务员和事业单位人事管理,完成37名公务员和119名事业单位工作人员的招录工作,年度考核1644人,培训机关事业单位工勤人员237人。引进与开发人才,全年引聘人才378人,通过组织评审新增专业技术人员2450人,培训专业技术人员1.3万余人。高校毕业生就业服务、工资福利、退休工作、军转干部安置等工作顺利开展。

【公务员管理】 配合泰州市完成37名公务员招录工作。指导全市公务员、参照公务员管理事业单位工作人员考核奖励工作,共有1644人参加年度考核,其中优秀252人、称职1335人、不称职4人、不定等次53人,获嘉奖92人。审核推荐14名符合条件的公务员(含参公人员)在职攻读公共管理硕士(MPA)专业。组织2672名公务员参加“5+X”(公共行政、公共政策、公共经济、依法行政、创新能力+个人选修)能力培训和网络培训,参训率、完成率100%。举办机关事业单位中层干部素质能力提升培训班4期,培训1800人。选调6名副科级基层公务员至南京、苏州参加对口培训。组织92名新录用公务员和事业单位新聘用工作人员参加初任培训。

【事业单位人事管理】 指导和监督事业单位招聘工作,公开招聘事业单位工作人员44人、教师56人、卫生技术人员19人。规范事业单位岗位设置和人员聘用日常管理,事业单位聘用合同签订率和信息入库率均达100%。举办机关事业单位工勤人员继续教育培训班1期，培训237人。组织机关事业单位工人技术等级考核和技师考评，76人通过考核，其中4人获技师资格。完成事业单位工作人员统计年报和年度考核审核工作。

海外博士江苏行靖江洽谈会现场　　（市人社局提供）

【人才引进与开发】 开展“人才强市”工作调研，创新人才引进工作机制。实施“532双高人才引进计划”“518优秀人才培养计划”，全年引聘高层次人才331名、海外人才47名。编制发布全市紧缺专业人才目录，涉及纺织、化工、生物技术等11大行业65家企业60个专业，包括机械冶金、医药化工、船舶设计、模具设计、机电一体化等542个岗位。举办第2届海外博士靖江洽谈会，25家企业与21名博士达成合作意向19项。与中科院合办“中国科学院青年专家靖江行”活动，签订合作协议59项。抓好优秀科技人才和国外智力引进管理，为东华测试技术股份有限公司、世博汽配有限公司、富天江电子电器有限公司等企业引进焊接工艺改进与生产控制、节材高效型微电机设计及制造技术研发、汽车模具国产化扩产等项目8个，新增金秋竹省级博士后创新实践基地1家，1名在站博士入选江苏省“博士集聚计划”。组织专业技术资格申报推荐评审，新增专业技术人员2450人，开展专业技术人员继续教育，培训1.3万余人。加大技能人才培训，企业在岗职工全员技能培训1.8万余人，12 493人获职业技能等级证书，6044人获高级职业技能等级证书，其中技师888人、高级工5156人。举办靖江行车工技能大赛和修脚师、足部按摩师技能大赛，推荐选手参加第2届江苏技能状元大赛泰州选拔赛，9人获泰州市政府表彰。

【高校毕业生就业服务】 完善高校毕业生实名制数据库，对高校毕业生提供“实名制”就业创业管理服务。开展高校毕业生就业服务百日专项行动，组织27家391名未就业高校毕业生参加就业见习，发放靖江籍大中专毕业生回乡就业补贴1.8万元、见习基地补贴18万元。举办2014年春季、夏季高校毕业生就业招聘暨创业项目推介会等各类招聘活动108场次，462家用人单位进场，9000余人参与洽谈，其中4200人达成初步就业意向。完善“985”工程院校、“211”工程院校毕业生就业优惠政策，全年引进各类紧缺专业高校毕业生1595人。

【工资福利、退休工作】 完成机关、事业单位工作人员正常工资调整、奖金发放审批及事业单位岗位设置后的工资兑现工作。加强和完善工资软件信息库建设，实行科学化、规范化、制度化管理。市人社局、组织部做好清理“在编不在岗”人员、“党政干部到企业任职”人员的工资变动审核工作。按照“到龄即退”原则，为449名机关事业单位工作人员办理退休手续。其中，机关干部113人，事业管理、专业技术人员225人，机关事业工人111人。

【军转干部安置】 按照“立项积分，公开选岗”的安置办法，完成20名营职以下军转干部及6名随军家属安置工作，实现部队、军转干部、用人单位三满意。统筹兼顾，做好自主择业军转干部管理服务工作。建立企业退休军转干部慰问长效机制，落实困难企业军转干部帮扶政策。

（李庆峰）

政务服务

【概况】 2014年，市政务服务中心规范窗口服务行为，提高服务效能，全年受理办件732 222件，办结731 220件，综合办结率99.8%。其中，即办件609 700件、承诺件122 522件，承诺件中办结119 207件、提前办结51 699件，提前办结率43.4%。中心窗口受理办件264 447件，办结263 445件，综合办结率99.6%。分中心受理办件467 775件，办结467 775件。中心全年延时服务受理咨询450件，受理办件7782件，即刻办结1318件，延时服务值班646人次。集中中介服务机构，与市消防大队选择3家消防检测机构、与市安监局选择2家安全评价机构进驻中心。至2014年年底，中心进驻中介机构13个。

【推进联合服务】 优化并联审批，推出“联合预审”项目服务机制、操作细则和工作流程。取消建设工程规划许可消防前置。工商注册登记时同步受理税务登记证和组织机构代码证审批、发放。房产证、土地证双证抵押同步办理。防雷设计、企业报关进驻窗口受理。组织怀德学院、泰和国际城等重大项目联办会，江苏三马公司、江苏双达集团等企业房产证补办推进会以及五金机电城、秦港港务等项目综合验收。全年办理联办件2145件，其中一般联办1123件、双证抵押联办1006件、重大联办16件。

【中介服务机构再添新户】 6月，新增进驻市政务服务中心的中介服务机构5家，服务项目涉及消防检测、公共场所卫生检测。由此，进驻市政务服务中心的中介服务机构增至13家，涉及业务大多为行政审批环节所必需。中心突破地域限制，推行同一服务项目多家机构进驻的“超市式”服务，同时根据实际情况确定各方均能接受的最高服务限价，督促进驻中介机构有序竞争。

（顾　彬）

外　事

【概况】 2014年，市外办办理因公出国（境）团组26批40人次，其中经贸团组5批13人次、商务团组6批9人次、学习进修9批12人次、业务培训6批6人次，目的地涉及美国、加拿大等9个国家和地区；为涉外企业办理邀请外国人来华27批110人次；为民营企业高层人员办理APEC商务旅行卡7批25人次；协助接待外宾3批68人次。

【国际友城交流】 靖江与德国安斯巴赫市结成友好城市以来，普拉滕高级中学、福伊希特万根中学与省靖中两市三校间交流频繁。4月，安斯巴赫市43名师生至省靖中交流，德国学生入住靖江家庭，感受中国家庭日常生活；走进省靖中课堂，学习体验中国文化；与省靖中学生同台表演，展示各自才艺。7月14—28日，省靖中代表团一行43人访问德国安斯巴赫市。在德期间，师生参观普拉滕高级中学、福伊希特万根中学和康斯坦斯大学，领略德国文化，体验异乡生活。

（展燕东）

侨务及港澳同胞事务

【概况】 2014年，市侨办、侨联接待海外华人、华侨2批12人，走访慰问重点归侨、侨眷42户，向海外华人、华侨寄发贺卡80余封。受理涉及侨胞、港澳同胞的来信来访6人次，办结率100%。

【关爱侨界空巢老人】 年初，市侨联组建关爱侨界空巢老人志愿者队伍，针对全市侨界空巢老人生活状况，向他们提供精神抚慰、娱乐休闲、健康辅导、法律援助、生活照顾等服务。7月，召开关爱侨界空巢老人工作推进会，交流关爱工作的经验和做法，扩大关爱侨界空巢老人行动的社会影响力。中秋节前夕，组织志愿者和重点乡镇相关工作人员看望部分侨界空巢老人并送去中秋祝福。11月，召开结对帮扶侨界空巢老人志愿者经验交流会，16名志愿者就关爱侨界空巢老人交流体会。

（陆　焱）

市级机关事务管理

【概况】 2014年，市机关事务局加强后勤管理，强化每日巡查制度、月度例会制度、物业通报会制度。加强安全保卫工作。与58个进驻部门、服务单位签订安全责任书，实行车辆通行证准入制，加强门卫管控和院内监控，集中更换过期灭火器、水带。做好日常维护工作。规范报修电话接听，完成各类维修2850次，油漆地下停车场3279平方米、商务楼雨棚钢梁4个，清理二次供水箱，修复二楼坡道石材、主楼北门口台阶，更换热交换机房过期配件及高压配电房直流屏蓄电池，加装会见厅音响系统，确保行政中心23台电梯安全运行。加强食品安全管理。控制大米、蔬菜采购渠道,规范物资采购流程和菜单预审制度,修缮和添置食堂设施设备。提升服务部会务组业务水平。全年接待会议1784场,包括常州大学怀德学院发展恳谈会、中共靖江市委十一届七次全体(扩大)会议、纪念靖江市工商联成立60周年会议、靖江市纪念人民代表大会成立60周年座谈会等。健全便民设施建设。建成生态洗车场、停车场,新增车位300个;在行政中心内增设电信业务办理项目,提供电信宽带办理、电话充值、业务咨询等服务。推进节约示范单位和示范项目建设。全年节电190.44万千瓦时、节水600吨、节汽1292.46吨,完成367家公共机构2013年度能耗统计。

(叶 亮)

市机关事务局开展节能宣传周活动 (市机关事务局提供)

·靖江农谚(五)·

【麦秀风摆秕,稻秀雨笃糠】 如果当麦子抽穗扬花时刮大风,则秕麦较多;稻子抽穗期间若遇雨,则不利于灌浆结实。

【麦是困虎,一夜长尺五】 指拔节时期麦苗突然窜高的现象。

【花见花,四十五天拾棉花】 指棉花从开黄花到结桃后吐絮成熟可以收获拾取棉花的时间。

【时到不等苗,基础要打好】 这里是指水稻的高产,必须抓好适时搁田这一关:拔节到幼穗分化初期是搁田的最佳时期,这时搁田,有利于壮杆扎根防倒伏,抑制无效分蘖争大穗;因此,必须下足基肥、早施苗肥,力争早发足穗和大穗。但如果田间苗数提前达到了预期高产的有效穗数之苗数,这时也应及时搁田,以抑制过多分蘖的发生、致使田间群体过大而恶化、加剧病虫害与倒伏的发生,进而影响产量;这就叫"苗到不等时"。

【旱刮东风不雨,涝刮东风不晴】 指盛夏季节,本地因受副热带高压控制,刮东风不会带来降雨。而在初夏的"梅汛期",久阴天气时刮东风,也很难转为晴天。

【"时霉天",蓑衣、斗蓬不离肩】 农历的"时霉天",一般年份均以阴雨天气为主,应随时做好防雨的准备。"斗蓬",即斗笠。因从古代至解放前后,农民如若雨天外出,大多是身穿蓑衣,头戴斗笠来防雨。

【"谷雨"不藏种】 指春播作物的适宜播期应在"谷雨"之前。因为随着"清明"季节的到来,气温逐渐上升,低温也随之增高,有利于春播种子的发芽生长;所以在这期间,应尽量争取早播,以充分利用光能与地温,为作物的高产稳产创造良好的先决条件。

【逆风行云天要变】 是指风向与云层移动的走向不一致时的切变线天气,或者预示着当时的天气系统比较复杂,一般多会造成阴雨天气过程,是下雨的征兆。 (吴汉荣)

【概况】 市政协有10个界别、236名政协委员。其中，经济界35人，科技界30人，教育界19人，医卫界18人，文体新闻界23人，工青妇界25人，工商联界34人，少数民族、宗教界21人，中共和特邀界31人。2014年，市政协以“融入新发展，委员在行动”主题活动为载体，认真履行政治协商、民主监督、参政议政职能，为推动靖江“重树苏中标杆，率先融入苏南”作出积极贡献。全年举行全体会议1次、常委会议5次、主席会议11次，组织委员视察16次，听取情况通报8次，办复提案171件，收集社情民意信息126条，撰写专题调研1篇。年末，经济界一组，教育界小组，中共和特邀界一组、二组，少数民族、宗教界小组，科技界一组，工青妇界二组获评市政协先进界别小组，王友同、冯太余、刘志良、江鸿臻、芮立、沈满松、宋和明、张桂琴、项达章、唐明澍、辜勇、鲍自立、潘永新、戴建坤获评市政协优秀委员。

【市政协十二届三次会议】 2月8—11日，召开市政协十二届三次会议。泰州市委常委、靖江市委书记倪斌在开幕式上作题为《为全面深化改革加快融入苏南而共同奋斗》的讲话。与会委员听取并审议市政协常委会工作报告和关于二次会议以来提案工作情况的报告，列席市第十五届人民代表大会第三次会议，听取和讨论政府工作报告及其他报告。会议通过《中国人民政治协商会议靖江市第十二届委员会第三次会议决议》，表彰2013年度政协工作先进集体和先进个人。启动“融入新发展，委员在行动”主题活动。会议同意高亚梓因工作变动，辞去政协靖江市第十二届委员会主席职务的请求，选举钱进华为政协靖江市第十二届委员会主席。闭幕式上，钱进华作题为《融入新发展 亮出新风采》的讲话。

2月8日，市政协十二届三次会议召开 （靖江日报社提供）

【市政协十二届常委会议】 年内,市政协共举行常委会议5次。

第8次会议 于1月21日召开。会议协商通过有关人事事项,审议通过《关于召开市政协十二届三次会议的决定》,审议通过市政协十二届三次会议议程(草案)和日程安排及会议执行主席、秘书长、副秘书长名单,审议提交市政协十二届三次会议审议的常务委员会工作报告、关于二次会议以来提案工作情况的报告,审议通过2013年度综合表彰奖励名单、市政协特邀委员名单,审议通过市政协2014年工作要点和主要工作安排、市政协关于开展“融入新发展,委员在行动”主题活动的意见。会议还征求对政府工作报告,法院、检察院工作报告,2013年财政预算执行情况和2014年财政预算(草案)报告的意见。市政协主席高亚梓在会议结束时作题为《在创新中前行》的讲话。

第9次会议 于3月26日召开。会议审议通过《市政协关于加强界别小组考核的意见》《市政协关于加强政协委员管理考核的意见》《市政协关于政协委员密切联系群众的意见》。

第10次会议 于6月27日召开。会议听取市司法局局长印江红关于司法行政工作情况的报告,讨论和评议司法局近年来依法履职、法制宣传、队伍建设等情况;审议通过《市政协关于切实发挥政协组成单位作用的意见》《市政协关于对政协组成单位履职情况考核的意见》《市政协关于加强委员工作室(站)建设的意见(试行)》《市政协关于进一步加强政协宣传工作的意见》。市政协主席钱进华在会议结束时作题为《把政协工作做实》的讲话。

第11次会议 于9月29日召开。泰州市委常委、靖江市委书记倪斌作《重树苏中标杆,率先融入苏南》的专题报告。会议听取和讨论市政府关于提案办理情况和推进乡村环境综合治理工作情况的通报。

第12次会议 于12月31日召开。会议协商通过有关人事事项;审议通过《关于召开市政协十二届四次会议的决定》;审议通过市政协十二届四次会议议程(草案)和日程安排以及会议执行主席、秘书长和副秘书长名单,各次会议报告人、主持人名单;审议提交市政协十二届四次会议审议的常务委员会工作报告、关于三次会议以来提案工作情况的报告;审议通过2014年度综合表彰奖励名单;审议市政协2015年工作要点和主要工作安排;审议通过市政协2015年“委员在行动”主题活动的意见。会议征求对政府工作报告(稿),法院、检察院工作报告(稿),2014年国民经济和社会发展计划执行情况与2015年国民经济和社会发展计划草案的报告(稿),2014年财政预算执行情况和2015年财政预算草案的报告(稿)的意见和建议。

【调研视察】 年内,市政协组织部分委员围绕消防安全工作、城南教育工作、村卫生室提升工程建设、城南园区服务业发展、万亩蔬菜基地建设、马桥镇发展及提案办理、民主评议整改等开展视察,提出意见和建议。根据年度工作计划,市政协组织部分委员,通过实地走访和召开座谈会的形式,调研美丽乡村建设情况,形成《关于推进靖江美丽乡村建设的调研报告》,为市委市政府科学决策提供参考。

【提案工作】 十二届三次会议以来,共收到委员提案174件,经审

2014年度市政协十佳提案一览表

表8

提案名称	提案委员(工委)
加快企业产业转型升级,促进企业发展总部经济	政协靖城街道工委
关于推进公共物流信息平台建设,引导现代物流产业健康快速发展的建议	江宗金
关于严格保护耕地和节约集约利用土地的建议	蒋　青
关于合理规划,科学发展我市商业市场的建议	罗建根
关于我市渔业资源可持续利用和生态文明建设的建议	张　炜
亟待加强规范中介(代理)机构的服务行为	刘兴满
建立道路门牌统一管理机制,提升靖江城市公共形象	张锦红
关于加强对我市文物保护单位保护力度的建议	政协生祠镇工委
关于加强新城管理,建立健全长效联动机制的建议	缪红卫
关于在我市建立城市公共自行车系统的建议	张　纯

政协靖江市委员会十二届三次会议提案一览表

表 9

序号	提案人	名　称	审理情况	承办单位	会办单位
经济、科技和财贸方面(23 件)					
1001	江宗金	关于推进公共物流信息平台建设工作,引导本市现代物流产业健康快速发展的建议	立案	市发改委	
★1002	政协孤山镇工委	整合空调行业资源 延伸产业结构链接	立案	市经信委	
★1003	政协滨江新区办事处工委	关于打造旅游综合体 做优滨江生态园的建议	立案	市旅游局	市政府滨江新区办
1004	陆　铭	关于加快推进我市工业经济转型升级的建议	立案	市经信委	
1005	吴宇鹏	关于加快推广分布式光伏发电新能源应用的建议	立案	市经信委	
1006	朱锡平	关于大力推进民营经济转型升级，扶持成长型企业加快发展的建议	立案	市经信委	
1007	吴华林	关于加强个私企业管理的提案	立案	市经信委	市工商局
1008	吴　军	切实解决中小企业融资难问题	立案	市金融办	人行靖江支行
1009	贾界平	关于扶持增加村集体经营性收入的提案	立案	市委农工办	市农委、市水利局
1010	路红霞	关于加大中小企业科技创新扶持力度的提案	立案	市科技局	市经信委
1011	郑　国	关于促进靖江市泵阀产业转型升级的建议	立案	市经信委	
1012	陆小涛	关于规范现代物流基地建设，开展环境综合治理的建议	立案	市发改委	
1013	芮　立	坚持科学发展观,提倡发展新型工业化道路	立案	市经信委	
1014	张　鸣	关于进一步推动小微企业发展的建议	立案	市经信委	
1015	闻灿新	科学使用沿江岸线资源，有效发挥国土最大效益	立案	市国土局	市港口局
1016	马忠林	举全市之力做好靖江港口岸配套工作	立案	市港口局	
1017	陆静波	建议政府统筹推进协税护税工作	立案	市财政局	市国税局、市地税局
1018	施振学	尽快盘活国有资产,以免造成更大浪费	立案	市国资办	
1019	蒋　青	关于严格保护耕地和节约集约利用土地的建议	重点	市国土局	市发改委
1020	王文泽	增加村级集体经济收益，引导村级节余资金在工业集中区建设标准化厂房	立案	市委农工办	市国土局、市规划局、市住建局
1021	王文泽	提升政府服务水平,保障企业转型升级	立案	市经信委	
★1022	政协靖城街道办工委	加大企业产业化转型升级，促进企业发展总部经济	立案	市经信委	

续表 9

序号	提案人	名　　称	审理情况	承办单位	会办单位
1023	刘　苹	关于取缔无资质混凝土搅拌站及加快混凝土行业发展的建议	立案	市经信委	市工商局
城市规划、建设、管理和环保方面(72 件)					
2001	卢明华	关于对我市横港北路进行拓宽改造的建议	立案	市住建局	市规划局
2002	徐建军	关于建设靓丽“靖江南”大门的建议	立案	市住建局	市规划局、市城管局
☆2003	毛卫平	关于加快推进孤山宗教文化园建设的建议	立案	市民宗局	市规划局、市旅游局、孤山镇政府
2004	刘西亚	关于加强城区停车场规划建设与管理的建议	立案	市住建局	市规划局
2005	施振学	努力搞好城市规划,全面建设美丽靖江	立案	市规划局	
2006	卢明华	关于全面推进我市马洲岛整体规划与建设的建议	立案	市规划局	市旅游局
★2007	政协靖城街道工委	关于有计划有步骤推进老城区危房改造的建议	立案	市住建局	市规划局
★2008	政协新桥镇工委	保障教师安居乐教,策应教育优质均衡	立案	市教育局	市规划局、市住建局
2009	钱亚平	关于合理规划汽车等户外展示活动场地的建议	立案	市商务局	市规划局
2010	朱旭斌	关于加强停车场规划建设的建议	立案	市住建局	市规划局
2011	王　敏	关于对环城路内城区零街房屋的性质重新规划并调整的建议	立案	市规划局	
2012	罗建根	关于合理规划，科学发展我市建材家居市场的建议	重点	市规划局	市商务局
2013	吕桂萍	关于江阳路路面严重积水的建议	立案	市国资集团	市住建局
2014	范迪山	关于老旧城区停车难的建议	立案	市住建局	
2015	徐爱华	城市绿化中应科学适量使用草坪	立案	市住建局	
2016	包丽红	关于小区违章搭建整治的建议	立案	市城管局	
2017	吕　胜	关于为拆迁户办理安置房相关产权证的建议	立案	市住建局	市国土局
2018	吴永贵	园区建设要有特色和个性	立案	靖江开发区	市规划局
☆2019	徐存明	建立完善工作机制,稳步推进旧城改造	立案	市住建局	市规划局
2020	唐建仁	关于将姜八公路两侧港边绿化带变更为非机动车道的建议	立案	市交通局	
2021	王亚兴	关于加强各园区拆迁安置房小区物业管理工作的建议	立案	市住建局	靖江开发区
2022	季玉华	加速老渔婆菜场的升级改造进度	立案	市城管局	

续表 9

序号	提案人	名　　称	审理情况	承办单位	会办单位
2023	朱锡平	关于整治规范用地性质，增加财政收入的建议	立案	市国土局	
2024	冯太余	关于工商、环保部门对冶金、大型锻打企业申请营业执照应联合审批的建议	立案	市工商局	市环保局
2025	朱　清	切实推行农村环境保护行动	立案	市委农工办	市环保局
2026	刘　欣	关于加强农村耕地质量保护的建议	立案	市国土局	
2027	芮　立	秸杆禁烧的出路之一:秸杆还田	立案	市委农工办	市环保局
2028	张桂琴	关于加大城市垃圾箱投放密度,引导促进垃圾的分类投放	立案	市城管局	
2029	张　炜	我市渔业资源可持续利用和生态文明建设的建议	重点	市农委	市环保局
2030	朱　劲	关于对垃圾进行分类、合理回收及循环使用的建议	立案	市城管局	
2031	张明建	关于推进我市生态文明建设的建议	立案	市环保局	
☆2032	印永桂	严格控制沿江地带开发,加强沿江地带生态保护	立案	靖江开发区	
2033	王月娟	关于对污染企业土地置换过程中调查监测修复的建议	立案	市环保局	市国土局
2034	刘定邦	关于在滨江新区加强建设综合性商业网点的建议	立案	市商务局	
2035	陶　红	关于垃圾分类的建议	立案	市城管局	
2036	张　铸	加强雾霾天气的防护工作	立案	市卫生局	
2037	辜　勇	加强我市工业企业废切削油管理的建议	立案	市经信委	市环保局
2038	江宗金	保护生态环境,整治水域污染	立案	市环保局	市水利局
☆2039	沈满松	关于加强空气环境监测,建立空气污染防治联动机制的建议	立案	市环保局	
2040	刘　凤	让健身活动的音乐声更悦耳动听	立案	市体育局	市公安局
2041	吴金凤	关于加强农村排涝站运行管理的建议	立案	市水利局	
2042	黄朝辉	加强户外广告规划,提高城市文化品位	立案	市城管局	
☆2043	唐明澍	关于进一步优化行政服务窗口便民服务举措的建议	立案	市行政服务中心	
2044	季玉华	应对未验收项目和未核发营运手续的试运行经营叫停	立案	市工商局	市住建局、市公安局
2045	刘兴满	亟待加强规范中介(代理)机构的服务行为	重点	市行政审批中心	市政府办
2046	缪红卫	关于加强新城管理，建立健全长效联动机制的建议	立案	市政府滨江新区办	市住建局、市城管局、滨江新城公司

续表 9

序号	提案人	名　　称	审理情况	承办单位	会办单位
2047	张　丽	建设项目审批要“提速”	立案	市发改委	市国土局、市规划局、市住建局、市环保局、市公安局
2048	展振海	关于推进“控毒河豚鱼”的养殖建议	立案	市农委	
2049	吴　彬	关于调整城区管理区域和机制的建议	立案	市民政局	市规划局、市住建局、市城管局
2050	潘红艳	健全农产品市场安全体系的建议	立案	市农委	
2051	陆　铭(科技界)	关于加快推进天然气入户的建议	立案	市住建局	
2052	丁桂华	关于渔婆路与工农路增设红绿灯及中央隔离栏增设人行道的建议	立案	市交警大队	
2053	王荣明	关于打造苏北星期 8 小镇的建议	立案	季市镇政府	
2054	张志刚	取缔我市城乡小锅炉、油炉,确保“四城同创”验收过关	立案	市质监局	市安监局
★2055	民　盟	加大公共场所控烟力度,提高社会文明程度	立案	市文明办	
2056	杜　佳	加强对城市道路两侧小餐饮油污排放的整治	立案	市食品药品监管局	市环保局、市工商局
2057	管金美	关于制定《靖江市应对雾霾天气的联防联控应急预案》的建议	立案	市应急办	市环保局、市气象局、市卫生局、市交通局、市教育局
2058	陈卫东	关于春节期间燃放烟花爆竹的思考	立案	市安监局	
2059	杜　佳	规划设定城乡开发保护区域，保存地域文化特色	立案	市规划局	市住建局、市文广新局
☆2060	蒋　青	升级改造城区背街小巷刻不容缓	立案	市住建局	
2061	张锦红	建立道路门牌统一管理机制,提升靖江城市公共形象	重点	市民政局	市公安局
2062	周奕兵	加大防风筝异物挂线宣传，确保人身电网安全	立案	市供电公司	市教育局、市广电台
2063	朱锡平	关于和谐靖江的建设，我市应专门设立以村、社区、街道、小区的群众民事调解工作室的建议	立案	市司法局	
☆2064	侯锡坤	建议老渔婆农贸市场改造时建架空层作为停车场,以改善停车难,增加停车位	立案	市城管局	市住建局
2065	刘　琪	加快改造城区直管危旧公房，确保群众生命财产安全	立案	市住建局	
2066	张　陈	建议城区禁止燃放烟花爆竹	立案	市安监局	
2067	明　虚	谨慎规划靖江铁路交通建设	立案	市交通局	

续表 9

序号	提案人	名　　称	审理情况	承办单位	会办单位
☆2068	张金福	关于尽快解决农田灌溉安装电表的建议	立案	市供电公司	
2069	何靖秋	关于规范管理洗车行业的建议	立案	市城管局	
★2070	民　盟	目前新农村建设存在的问题及对策	立案	市委农工办	
2071	徐增骏	关于加强对新建渔婆农贸市场实行规范管理的建议	重点	市城管局	
2072	张　陈	建议市农委给城市绿化的每棵树木建立数字档案	立案	市住建局	
教育、文化、卫生、体育方面(34件)					
3001	张卫忠	为满足社会需要,有效利用四中教学资源发展民办高中的建议	立案	市教育局	
3002	戴靖宇	建立考核监督评价机制，确保学生校园体育活动时间	立案	市教育局	
3003	闻晓明	加强对职业学校外地招生政策的扶持,解决当下企业发展的劳动力紧缺瓶颈	立案	市教育局	市人社局
3004	朱　红	关于彻底消除我市在职教师乱补课现象的建议	立案	市教育局	
3005	包文昭	倾心关注农村高中教师成长，全力打造靖江教育内涵发展升级版	立案	市教育局	
3006	夏　珀	关于推迟和错开中小学到校及离校时间的建议	立案	市教育局	
☆3007	史骥斌	大力提高二级医院诊疗水平	立案	市卫生局	市医疗集团
3008	高海华	保障学生就餐安全，建立学校食品采购溯源制度	立案	市教育局	市食品药品监管局
3009	夏　珀	关于推广家庭限盐限油壶	转社情民意		
★3010	政协生祠镇工委	关于加强对文物保护单位保护力度的建议	立案	市文广新局	
3011	徐　刚	关于规范对城市流动摊点食品安全卫生管理的建议	立案	市食品药品监管局	市城管局
3012	朱忠平	关于扶持和加强基层群众文艺队伍的建议	立案	市文广新局	
3013	朱忠平	关于发展文化创意产业的建议	立案	市文广新局	
3014	叶啸天	关于整合我市文化资源，提升我市文化品位的建议	立案	市文广新局	
★3015	政协斜桥镇工委	加大乡村医生的培养力度，促进农村卫生事业健康发展	立案	市卫生局	
3016	吴　彬	关于加强历史文化街区、农村民风民俗文化区保护的建议	立案	市规划局	市文广新局
☆3017	夏　珀	加强文物保护和利用,留住历史记忆和印象	立案	市文广新局	
3018	刘　斌	关于加强公共健身器材管理维护的建议	立案	市体育局	

续表 9

序号	提案人	名　　称	审理情况	承办单位	会办单位
3019	刘金康	关于加强村(社区)体育设施建设发展的建议	立案	市体育局	
★3020	政协马桥镇工委	加强体育设施建设,开展全民健身运动	立案	市体育局	
3021	陆　铭(科技界)	加强我市城乡体育场地设施建设的建议	立案	市体育局	市住建局
3022	陆　铭(科技界)	建议抓好广场舞的管理	立案	市体育局	市公安局
3023	袁晓东	加强外来人口计划生育管理	立案	市人口计生委	
3024	郑　勇	关于学校体育设施向社会开放的建议	立案	市教育局	
☆3025	祁红莲	关于对民营医院医保总额控制实行科学灵活调控的建议	立案	市人社局	
☆3026	朱占奎	关于化解省靖中债务,给予政策倾斜的建议	立案	市教育局	
3027	王淑芬	关于加大农村幼儿园财政投入的建议	立案	市教育局	
★3028	政协靖城街道办工委	关于加强社区体育设施建设的建议	立案	市体育局	
3029	张　铸	加大 120 急救中心的投入	立案	市医疗集团	
3030	李　兴	关于改造省靖中运动场,集运动、停车等多项功能,以解决停车难及校门前交通堵塞问题的建议	立案	市规划局	市教育局、市住建局
3031	陈丽萍	关于加大重点中学名师队伍建设力度的建议	立案	市教育局	
☆3032	邓东伟	关于扶持泰州市级非物质文化遗产“金波酒”发展振兴的建议	立案	市商务局	
☆3033	朱旭斌	建议人民医院不断提高医疗卫生服务水平	立案	市医疗集团	
3034	张　陈	关于建议市文化部门对校园戏曲文化给予资金与技术扶持的想法	立案	市文广新局	
公安政法、交通建设方面(20 件)					
4001	刘　萍	关于在东环北路与江山路口安装红绿灯的建议	立案	市交警大队	
4002	夏路江	关于加快靖江二环路建设的建议	立案	市交通局	
4003	印卫铭	关于开通城区主干道直线和环形公交线路的建议	立案	市交通局	
4004	曹昌根	关于调整公交线路合理布局,规范公交车的建议	立案	市交通局	
4005	曹昌根	关于公交车带着文明,礼让行人的建议	立案	市交通局	
4006	王淑芬	改造新跃桥南右侧道路,改善人民路交通拥堵状况	立案	市住建局	
☆4007	杨泽宏	关于在工农路和渔婆路口设置交通信号灯的建议	立案	市交警大队	

续表 9

序号	提案人	名　　称	审理情况	承办单位	会办单位
☆4008	陆舜洲	扭住公交信息建设的关键点,提升城市服务水平和形象	立案	市交通局	
4009	冯太余	加强对危险品经营,生产场所周围企业联合整治,杜绝安全隐患	立案	市安监局	市环保局
4010	周跃江	违规使用远光灯的治理和处罚	立案	市交警大队	
4011	郑岳彬	关于加强新型四轮电动车管理的建议	立案	市交警大队	
4012	徐　刚	关于限时有偿使用骥江路、上海城商业区公共停车场停放机动车的建议	立案	市交警大队	
4013	王荣明	关于全面整合我市信息系统,提高政府公共信息资源共享水平的建议	立案	市经信委	
★4014	政协季市镇工委	通组道路的养护和维修	转社情民意		
4015	政协城南办事处工委	关于加强开发前沿公共危机前置管理的建议	立案	市应急办	
4016	徐　松	加强对电动汽车的管理	立案	市交警大队	
4017	顾兴华	关于规范我市视频监控系统建设和管理的建议	立案	市公安局	
★4018	民　盟	关于进一步改善我市公共交通状况的建议	立案	市住建局	市交通局、市教育局、市交警大队
4019	张　纯	关于在我市建立城市公用自行车系统的建议	立案	市城管局	
4020	曹　滨	关于横港新桥阜民桥通车前的呼吁	立案	市住建局	市规划局
人力资源、社会保障和民政福利方面(14 件)					
☆5001	戴建坤	关于靖江电大中专校教职工住房公积金、医疗保险金应纳入市财政统一拨付的建议	立案	市财政局	市人社局、市教育局
5002	邓东伟	关于进一步提高环卫工人生活待遇和政治待遇的建议	立案	市城管局	
5003	杨　钧	关于将困难职工优先纳入全市住房保障体系的建议	立案	市住建局	市人社局
5004	朱锡平	关于设立“靖江市特殊人群之家委员会”的建议	立案	市民政局	
5005	羊　兴	关于出台《残疾人参加城乡居民社会基本养老保险办法》的建议	立案	市人社局	
★5006	政协东兴镇工委	关于人力资源和社会保障服务工作功能下延的建议	立案	市人社局	
5007	任　铮	多措并举,提高村干部的管理服务水平	立案	市委组织部	市财政局

续表 9

序号	提案人	名　　称	审理情况	承办单位	会办单位
5008	朱　红	靖江市住建编外人员清理存在走过场现象	转社情民意		
5009	毛满荣	建议进一步落实福利企业中残疾人员就业安置工作，维护残疾人利益	立案	市民政局	
★5010	政协西来镇工委	关于鼓励和扶持宗教场所兴办养老服务机构的建议	立案	市民政局	市民宗局
5011	王兴华	加强护理院建设，进一步丰富养老方式	立案	市民政局	
☆5012	侯锡坤	如何将现代文明融入传统殡葬习俗之中	立案	市民政局	
★5013	民　盟	进一步改善民盟靖江基层委员会工作条件	立案	市编委办	市财政局
5014	刘小平	社会力量参与养老事业，政府应当酌情扶持	立案	市民政局	
党风廉政建设方面(2件)					
6001	毛念新	政府的相关职能部门需转变工作作风确立为基层为企业服务的理念	立案	市监察局	
6002	宋和明	加速推进市级、镇公车改革后的几点建议	立案	市监察局	市财政局
其他方面(9件)					
☆7001	范崇俊	建立社会教育联盟，深化学校教育成果	立案	市教育局	
7002	严　羽	用制度规范政协委员履职	立案	政协办	
7003	范崇俊	倡导微文明，集聚正能量	立案	市委农工办	市人社局
7004	朱章其	加强网络发贴审核和把关，防止恶意攻击和破坏社会政治经济秩序	立案	市公安局	
7005	韩彩霞	关于推进市政工程信息公开、保障市民知情权的建议	立案	市住建局	
7006	展振海	关于开拓旅游渠道的建议	立案	市旅游局	
7007	张　纯	关于在我市开展“家风建设年”活动的建议	立案	市文明办	
7008	刘　艳	坚持以文化人，培育新型农民	立案	市民政局	
7009	明　虚	注重吸收周边市区宗教工作经验，促进靖江宗教事业发展	立案	市民宗局	

说明：1. ★为集体提案，☆为联名提案。

2. 收到提案174件，立案171件，3件转让社情民意。

理，立案171件，立案率98%。以《关于严格保护耕地和节约集约利用土地的建议》《建立道路门牌统一管理机制，提升靖江城市公共形象》《亟待加强规范中介(代理)机构服务行为》《关于我市渔业资源可持续利用和生态文明建设的建议》《关于合理规划，科学发展我市业市场的建议》《关于加强对我市文物保护单位保护力度的建议》等6件提案为重点，通过主席督办、走访提案办理大户、视察重点提案办理情况等方式，整体推进提案办理。截至8月月底，171件提案全部办复。提案办结率、承办单位与委员见面率、委员对办理工作的满意率或基本满意率均为100%。市政协十二届四次会议对十佳提案的提案委员(工委)予以表彰。

【信息工作】 年内，市政协多次举办基层工委、界别小组座谈会，主动听取委员意见和建议。把收集和反映社情民意信息作为参政议政、履职为民的重要形式，鼓励委员通过多种途径收集和反映社情民意信息。全年收集社情民意信息126条，上报江苏省政协、泰州市政协83条。其中，全国政协录用1条，省政协录用1条，泰州市政协录用16条。《建议制定高毒农药退出市场时间表》《应做好突发公共事件应急处置的善后工作》《急需推广废旧服装高价值利用技术》《当前学校教育亟需解决的三个矛盾》等信息，受到市委、市政府领导的高度重视并得到落实。市总工会和政协生祠镇工委、西来镇工委、江阴—靖江工业园区办事处工委获评市反映社情民意信息工作先进集体。

【"靖江泥哨"传统文化保护工程】 年内，市政协会同孤山镇政府开展泥哨保护工程规划，充分挖掘本土手工传统制作潜力，打造精品工程，提升泥哨作为工艺品的收藏价值。3月，举行"靖江泥哨"传统文化保护工程启动仪式，邀请文史工作者和相关专家就泥哨保护进行座谈。6月，举办"靖江泥哨"形象设计比赛，市政协办公室联合市教育局、城北园区管委会、孤山镇政府，向全市中小学生征集"靖江泥哨"形象设计美术作品，引导广大青少年学生学习传承"靖江泥哨"制作技艺，遴选推广"靖江泥哨"创新作品，提升"靖江泥哨"生命力和市场竞争力。

【《人民政协报》报道委员联系群众】 4月16日，《人民政协报》头版以《助推发展 关注民生——江苏靖江市政协委员和群众交朋友记事》为题，报道靖江政协委员密切联系群众的做法。市政协制定委员联系群众制度，开展"委员在行动"系列主题活动，向委员们发放新履职日记本和联系群众服务卡，记好民情日记和履职感言，组织和引导政协委员与基层群众零距离接触、面对面交流，切实做到为民履职。

【纪念人民政协成立65周年】 9月，市政协开展纪念人民政协成立65周年系列活动，举行"我和群众交朋友"政协委员履职日记比赛，征集"纪念人民政协成立65周年"书画作品，邀请市政协历届老领导老委员撰写"我和政协的故事"。9月19日，在《靖江日报》出版"纪念人民政协成立65周年专刊"，通过纪念专刊向人民政协成立65周年献礼。

【基层政协工委工作】 12月11—12日，市政协成立2个考评小组，以基层工委日常履职工作为重点，分自身建设情况、规章制度制订、信息提案报送、联系服务委员、为民办实事等7个方面进行测评打分，完成2014年度镇（街道、园区、办事处）政协工委的考评工作。政协靖城街道工委、西来镇工委、季市镇工委、生祠镇工委、城南办事处工委、滨江新区办事处工委获评先进政协工委。 （吴思宇）

·靖江农谚（六）·

【油菜要收好，八成成熟就放倒】 这是指油菜收获的适宜时间。

【炊烟往下滚，不久雨来临，烟扑地，雨连天】 降雨前，空气中水汽增多，而农村中的如稻麦秸杆，树叶枝条等植物燃烧物，在燃烧时产生的浓烟夹合大量细小颗粒，吸附能力特强，当其把空中水汽吸附后，炊烟就难以向高空飘散，继而出现"下滚""扑地"的现象。这就是雨来临的前兆。

【雨中闻蝉叫，预告晴天到】 如果一边下雨，一边听到知了的鸣叫声，则预示天气不久将会转晴。

【肥料腐熟，壮苗饱谷】 指家用有机肥在施用前必须充分腐熟，才能发挥正常的肥效。

【青光白光，晒死老蚌】 如傍晚躲在西大云层里的太阳向外射出白一道青一道的光芒，则明天必会有火辣辣的太阳。

（吴汉荣）

中国民主同盟靖江市基层委员会

【概况】 2014年,民盟靖江市基层委员会继续深化"活力基层组织建设",以"坚持和发展中国特色社会主义学习实践活动"为中心展开工作,彰显组织建设特色、活动开展特色、参政议政特色、社会服务特色,呈现出一派生机活力。

组织建设 各支部均建有规范化、标准化的盟员活动室,以加深盟员的归属感、荣誉感和责任感,保障基层组织正常的活动开展,增强基层组织的凝聚力和向心力。重点发展有较大社会影响的代表性人士和高层次人才入盟。至2014年年末,共有省靖中、教育、文化、卫生、经济科技、建设、社会法制、一中8个支部委员会,有盟员113名。

参政议政 民盟各支部自觉增强在新形势下做好参政议政工作的责任感和紧迫感,开展"一支部一调研、一盟员一建议"活动,围绕市委、市政府的中心工作和人民群众关心的难点、热点问题开展调查研究,确定提案、议案内容,并将重要的、有影响的提案作为民盟靖江基层委员会或支部的集体提案提交两会。"两会"期间,民盟靖江基层委员会以集体及盟员个人名义提交提案、议案23件。

服务社会 注重发挥支部和盟员个人特长,热情服务社会。经济科技支部发出资助贫困学生倡议书,筹集资金帮助季市镇中心小学学生。文化支部参加送文化下乡等文化惠民活动,参与广场文艺演出,向市民赠送书籍,为群众书写春联。教育支部王林、祝斌的调研报告《关爱女童,呵护成长》,引起相关部门的重视;刘瞳参与淮安信息职业技术学院、滨州市创业教育师资培训志愿授课服务,赴云南省巍山县初中学校支教,为初二和初三师生举行创业教育讲座十余场;郑云多次参加泰州市和靖江市骨干教师送课下乡活动;郑利群带领"家有儿女"志愿者团队开展"大手拉小手爱心伴我行"学雷锋宣传、为白血病儿童献爱心以及助残、助学、环保、敬老等活动。

【盟员大会召开】 4月12日,民盟靖江市基层委员会召开全体盟员大会,对2010—2014年入盟的盟员进行相关知识培训,辅导全市盟员学习中共中央总书记习近平系列讲话精神。市委常委、统战部部长范敏,市政协副主席、民盟靖江市基层委员会主委毛雨华出席会议。范敏要求大家深刻领会习近平系列讲话精神,坚定政治信念,把思想和行动统一到市委、市政府的决策部署上来;充分发挥民盟人才荟萃、智力密集的优势,把智慧和力量凝聚到实现中国梦靖江篇章的宏伟目标和各项任务中去。靖江民盟副主委张纯就盟史盟章作专题讲座,介绍中国民主同盟的发展历史、政治主张以及新中国成立前后在参政议政等各方面的贡献等。文化、教育、建设支部负责人及部分盟员代表就工作及履职情况作交流发言。 (徐琴文)

靖江市工商业联合会

【概况】 2014年,市工商联充分发挥桥梁纽带和助手作用,积极引导会员单位奉献社会,努力推进非公经济健康发展和非公经济人士健康成长。由于成绩突出,被评为省先进集体。

参政议政 根据经济社会发展的新情况,引导非公经济领域人大代表、政协委员、会员企业负责人认真履职,提交涉及行业发展、园区建设、社会治理创新等方面的建议、提案14件,并及时与市人大、政协及相关部门联系,了解建议、提案办理情况,确保"事事有回音,件件有回复"。

服务经济建设 完善工商联与相关部门联席会议制度,促进相关职能部门强化服务意识。组织企业申报科技项目,江苏亚星锚链股份有限公司参与的海洋石油981钻井平台项目获评国家科学技术进步奖特等奖,江苏大中电机股份有限公司自主研发的高效防爆电动机获评全国工商联科技进步奖三等奖。召开中小企业发展座谈会,鼓励企业家转变思路、调整出路,畅通政府倾听企业诉求的渠道。举办企业家沙龙,为企业经营者和法律、金融等领域的专家搭建交流思想、沟通合作的平台。

宣传教育 开展"增强非公有制经济人士对中国特色社会主义的信念、对党和政府的信任、对企业发展的信心、对社会的信誉""四信"教育,在非公经济人士中弘扬社会主义核心价值观和"爱祖国、爱家乡、爱企业"的精神。办好《靖江工商联》会刊,宣传域内非公经济发展成就,提升本土企业形象。举办"县域经济高峰论坛",围绕宏观经济形势与企业发展对策主题,帮助企业家开拓视野、提高素质。

【北京靖江商会组织特色活动】 4月19日,以"听乡音 聚乡情 促交流"为主题,举行在京靖江人士联谊会。该活动由北京靖江商会主办,在京的靖江籍人士代表近200人参加。市人大常委会副主任、工商联主席黄文龙希望在京的靖江人发扬"聚沙成洲,奋发超越"的靖江精神,形成合力抱团发展。8月1日,北京靖江商会在靖江举办汇报会,13名商会成员为省靖中和市第一中学、斜桥中学20名考取大学的贫困学子提供助学金10万元。

制造有限公司、华达汽车科技股份有限公司、民生特种设备集团有限公司等工商联会员企业负责人先后作交流发言。市发改委、经信委、科技局、地税局、商务局、金融办、人行等经济部门和单位负责人对企业转型升级、融资管理等提出指导意见和建议。

【市工商联成立60周年系列纪念活动】 9月5日,举行纪念市工商联成立60周年会议,回顾靖江工商百年创业之路和靖江工商联60年发展历程;出版发行《靖江工商联(总商会)志》,展示靖江工商联会员企业在各个历史阶段的创业成果和突出贡献,

市工商联举行成立60周年纪念会议 (市工商联提供)

【举办中小企业发展座谈会】 8月6日,市工商联举办中小企业发展座谈会,60余家中小企业和全市相关部门负责人座谈交流,共谋转型发展。市长赵叶勉励企业家们转变思路、调整出路、端正行路,尽快适应新形势,提升企业转型升级的层次。亚星锚链股份有限公司、三马起重机械

弘扬其开创者诚实守信、艰苦奋斗、开拓进取的创业精神;播出系列宣传片——《靖江工商联 辉煌六十年》,体现市工商联和全市广大工商界人士与党和政府在思想上同心同德、在目标上同心同向、在行动上同心同行,为推动靖江经济社会发展做出的贡献;在《江苏工商》发表《弹指六

十年 百年工商路——靖江工商联举行纪念成立60周年系列活动》《将“百年商会”做大做强》等文章。

【商会建设】 12月25日,靖江泵阀行业商会在新桥镇成立,海狮泵业制造有限公司董事长项达章当选会长。该商会将致力组织31家会员企业降低生产成本、提升产品质量,共同打造信息共享平台和资源共享平台。此外,市工商联还积极筹建扬州、南京等异地商会。

【十一届四次执委(扩大)会议】 1月30日,市工商联召开十一届四次执委(扩大)会议暨企业家协会年会。会议要求企业家充分发挥经济发展主力军作用,抢抓机遇创大业、转型升级创新业、做大做强创伟业,以稳增长、快发展的成绩,为靖江“重树苏中标杆,率先融入苏南”做出新贡献。会上,江苏新世纪造船有限公司董事长袁凯飞等70人被评为市优秀社会主义事业建设者,江苏洪涛机械制造有限公司等60家工商联先进会员企业以及一批先进基层商会和商会工作先进个人受到表彰。

【十一届五次常委(扩大)会议】 7月8日,市工商联召开第十一届五次常委(扩大)会议。会议要求市工商联转理念强服务,坚持以服务发展增强吸引力,以广泛宣传加深认同度,以加强自身建设提高凝聚力,努力在全社会营造合力促进非公经济转型升级的良好氛围。会议选举辜宁生、倪加明、闻晓明3人为市工商联兼职副主席,选举毛念新、王荣其、褚德华、朱建红、王灿明5人为市总商会兼职副会长。 (丁 璇)

靖江市总工会

【概况】 2014年,市总工会以开展党的群众路线教育实践活动为契机,加强基层基础工作,夯实工作作风,提升服务效能,被全国总工会表彰为财务工作先进单位,被江苏省总工会表彰为工会新闻宣传工作优秀单位,在泰州市总工会年度考核中总分第一,被靖江市委、市政府表彰为市级机关综合考评十佳单位、重点工程项目实施优秀单位。

组织和队伍建设 加大区域性、行业性工会组建力度,指导2家行业协会和55家农合经济组织成立工会,新增基层工会会员14 800名。开展“争创模范职工之家、争做优秀工会干部”活动,按照“会、站、家”一体化的思路,推进职工之家示范点创建活动,开发区获评“省工会工作模范园区”称号。继续实施“1+3”培训计划,即用1年时间轮训全市镇级以上工会干部,用3年时间轮训骨干企业和村、社区工会干部;组织工会干部参加省总工会和泰州市总工会举办的各类素质能力提升培训;开展江苏省总工会干部学校“送教进园区”活动;以市总工会中层干部和企业优秀工会主席为授课主体,举办2期新任基层工会主席和工会劳动法律监督员培训班;依托靖江干部网络学院开设工会干部网上专题培训班,150余名基层工会主席参加18门课程在线学习和考核,实现工会干部组织调训与普遍轮训的有机结合。对机关工作人员、基层工会主席实行岗位目标考核、工作实绩奖惩、廉政纪律约束等,进一步严格和规范工会干部队伍的教育和管理。

“卓然杯”起重工技能竞赛 (市总工会提供)

劳动竞赛 组织开展教师基本功、树桩盆景制作竞赛以及起重工、镶贴工、旅馆业前台、妇幼保健员等岗位技能竞赛82场次。市供电公司获全国五一劳动奖状,马桥畜牧兽医站副站长侯斌获全国首届动物防疫职业技能竞赛个人总分第1名，市航道管理站职工赵正忠自主研制的吸油器获省“节能减排”特等奖，朱照红技能大师工作室被评为省技能大师工作室，安宇客运有限公司、博瑞杰公交客运有限公司、弘宇公共交通客运有限公司被评为省“工人先锋号”，国信靖江发电有限公司获省五一劳动奖状，三马起重机械制造有限公司杜晨获省五一劳动奖章，靖城中学缪文初获评省“文明职工”荣誉称号；欣欣家电城有限公司殷琴和华菱锡钢特钢有限公司孙红芬获评省“五一巾帼标兵”；市总工会职工服务中心、农商行木兰分行获评省“五一巾帼标兵岗”。

维稳维权　建设和谐劳动关系，推动规模企业与职工签订劳动安全卫生专项合同53个。加强安全生产管理，组织262家企业6.5万名职工参加“安康杯”竞赛，开展“安全生产班组1000”（安全第一、零隐患、零违章、零事故）创建活动，建立4家劳动保护监督检查员服务站，举办职业健康安全管理体系培训班。开发区创建成江苏省模范劳动关系和谐工业园区，中船澄西新荣船舶有限公司和亚星锚链股份有限公司被评为省模范劳动关系和谐企业，国信靖江发电有限公司和三马起重机械制造有限公司工会被评为省劳动保护工作示范工会。企业普遍建立工资集体协商制度，签订工资专项集体合同680个，培训工资协商指导员400余名，建立健全企业工资协商基本情况数据库。制定市总工会处置劳动关系矛盾和职工群体性突发事件应急预案，实施工会信访会办制度和领导信访轮值制度，组建工会劳调信息周报群，健全和完善职工来信来访接待、“12351”维权热线、“3+X”（职工、企业、总工会三方人员，以及职工维权法律顾问团、劳动人事仲裁院、法院、司法局等部门法律工作者等）网络调解视频，全年帮助解决各类疑难问题近400个，督促16家欠薪企业补发工资380万元，为100余名农民工讨要工资451万元。

帮扶服务　深化工会“阳光新干线”服务品牌活动，通过广场服务、党员义工服务、职工志愿者巡回服务等方式，累计服务职工5万余人次。推进职工服务站点建设，新增规模企业帮扶服务示范点3家。开展工会干部“进千家企业、送万张卡片”活动，发放“阳光微平台”联系服务卡2万份，通过微博、微信、QQ、网站和电话，构建工会与职工之间零距离、全天候的沟通服务网络。开展走访、补助特困、困难职工活动，核发特困职工证105份，将特困职工生活性补贴标准提高至5000元/年，向1000余名困难职工发放慰问金250余万元。深化医疗互助活动，将职工医保范围内自负部分结付比例由50%提高到100%，全年发放互助金240余万元。持续开展特色培训，全年开办月嫂、养老护理员培训班3期，帮助260余名下岗失业职工取得专项能力技能鉴定证书。帮助8名创业带头人申报并获评泰州市“星级五一创业岗”。积极开展“庆三八·架金桥”女性专场招聘会、春风行动、工会就业援助周等活动，联网市人社局用工信息，通过微信服务平台同步发布用工信息1882条，提供就业岗位2415个，推荐就业1480人。

职工文化　配合旧城改造，启动工人文化宫升级改造工程，打造集文化、健身、休闲、娱乐于一体的职工活动场所。推进和谐文化建设，举办职工读书月、“我阅读、我推荐”主题征文以及“中国梦·劳动美”征文演讲活动。实施“唱响劳动美”职工文化发展计划，首批培训文体才艺骨干100名。积极组队参加江苏省第18届运动会职工部大众体育和田径比赛，获得优异成绩。城南办事处建成国家级职工书屋，国信靖江发电公司建成靖江首家电子职工书屋。

【制订《工会工作业务流程手册》】 1月，市总工会编制《工会工作业务流程手册》。该手册涵盖工会业务工作三大类51项工作流程，通过详细的文字说明指南和直观的流程图表导引，实现工会工作流程化管理。此项工作获泰州市总工会工会工作创新创优成果一等奖。

【2万张惠民服务卡发放】 4月，市总工会在全市发放2万张“阳光微平台”惠民服务卡。该服务卡涉及职工医疗互助、困难帮扶、就业培训、维权服务、信访接待、义工服务登记等六大类工会惠民服务事项，借助“阳光微平台”开展微发布、微沟通、微讲堂、微帮扶、微维权“五微”行动，践行“沟通零距离，服务全天候”的全新工会工作理念。

【举办“中国梦·劳动美”征文演讲活动】 4月26—27日，市总工会开展“中国梦·劳动美·我与改革创新”主题征文竞赛和演讲比赛，各镇、系统工会组织广大职工踊跃参与。参赛选手通过征文和演讲，介绍基层干部职工履职尽责创先进、立足岗位争优秀的先进事迹，展示新时期靖江职工的精神风貌。教育系统工会的郁艳娟、刘霞获一等奖,市直机关工会联合会等6家单位获优秀组织奖。

【成立志愿服务“时间银行”】 5月,市总工会在全国工会系统内首家推出“时间银行”志愿服务平台,为特殊群体和困难职工提供方便快捷的志愿服务。全国总工会办公厅《工会要情》和《工人日报》对此予以重点推介。参与“时间银行”的志愿者帮助困难职工和群体后将获得一张“时间存折”,可在自己生活遭遇困境时接受他人等量的帮助和服务。至2014年年末,已在市总工会职工服务中心和“179”志愿者协会开设两个“时间银行”网点,500余名志愿者成为首批储户,常年提供心理疏导、亲情陪护、卫生清洁等10种服务。

【启动“劳模精神进校园”活动】 6月,市文明办、总工会、教育局在滨江学校联合举行“劳模精神进校园”启动仪式暨劳模事迹报告会。全国优秀人民警察李建国,全国维护妇女儿童权益先进个人、江苏省“三八红旗手”潘兰英,全国“三八红旗手”高琴等劳模讲述各自的感人事迹。“劳模精神进校园”活动旨在通过宣传劳模精神,推进师德师风建设,激励青少年学生成长成才。

【创建“安全生产班组1000”】 6月,市总工会与安监局联合开展工贸企业“安全生产班组1000”创建活动。全市数十家企业的200余名班组长接受培训,学习相关法律法规、管理技巧,了解安全事故应急预案等,以提高安全意识、预防各类安全事故发生。通过创建活动,企业职工的劳动条件和工作环境普遍得以改善。

【建立“安康驿站”】 9月,市总工会在职工服务中心和城区沿街银行、体彩站点等场所设立“安康驿站”20个,为500余名环卫职工及特殊职业群体提供临时休息、应急求助、免费供应茶水等服务。“安康驿站”按照有醒目标牌、有可供休息的桌椅、有饮水机或电水壶、有一次性纸杯、有微波炉、有联系人“六有”标准建设配备。 (秦 洁)

共青团靖江市委员会

【概况】 2014年,团市委围绕党政工作中心,牢固树立以青年为本、为青年服务的工作导向,不断深化“青春·I”(我的青春,我的精彩)团青工作品牌内涵,用先进思想引导青少年,用务实载体服务青少年,奋发有为,真抓实干,各项工作取得新进展。

组织建设 坚持“突出服务青年为重点、抓住团的建设为主线”这一基本思路,以创新的精神和务实的举措,夯实团组织基层基础。稳步推进靖城街道区域化团建工作,按照“区域相邻、行业相近、青年喜好”的工作思路,把区域内的行政村、社区、企事业单位、行业协会、非公企业、专业合作社等各类单位纳入区域化团建工作格局,以“大团建”思路推进区域化团建。全力推动“两新”(新经济、新社会)组织、新兴领域团建工作,年内新增江苏上骐集团有限公司、江苏江星机械配件制造有限公司等非公企业团组织46家,蓓蕾公益等新社会组织团组织5家,网络团组织1家。以共青团官方网站、“青春靖江”微信公众平台、各级团组织QQ群、“农青汇微信群”等官方新媒体平台为主要媒介,以网络宣传员宣传引导为主要方式,借助“微靖江”、靖江论坛等社会网络平台,全力打造共青团新媒体引导体系。“爸爸去哪儿”亲子旅游、“温暖敬老院”公益行等活动,吸引青年网友2000余人次参与。

青少年思想道德建设 5月,举行纪念五四运动95周年、共青团建团92周年大会暨靖江市第2届“我身边的青春榜样”颁奖典礼。围绕“敬业、奉献、才艺、诚信、自强、正义、创业、创新”8个类别,评选40名“青春榜样”,引导青年人树立正确的世界观、人生观、价值观。不断深化“我的中国梦”主题教育实践活动,举行“爱心手拉手·成长心连心”青少年公益拓展活动,引导他们善于思考、注重合作、懂得感恩。10月,举办“我的国学情我的中国梦”经典国学传承系列活动,促进青少年思想道德素质全面提高。

青少年权益维护 2月,开展“共青团与人大代表、政协委员面对面”活动,以“倾听青年心声 呵护青春起航”为主题,建立“倾听日”活动制度,畅通青少年诉求表达渠道。6月,开展“轻松备考‘12355’与你同行”活动,走进学校举办考前减压专题讲座,服务5000余名中考、高考考生。设立青少年维权热线,专人负责为青少年释疑解惑、维护权益,全年共组织心理专家及法律人士走进社区、走进学校、走进家庭20余次,向广大青少年及家长提供面对面咨询服务,帮助青少年及其家庭解决问题。

公益志愿活动 1月,开展“大手拉小手”新春集中关爱行动,通过结对帮扶、爱心资助、进校圆梦等方式,为100余名贫困学生送去关爱，其中 20 名贫困学生接受社会爱心人士“一对一”长期帮扶。3 月，启动“邻里守望”志愿服务活动，300 余名志愿者走进社区、老年福利中心等地，用实际行动编织邻里关爱网络。举行“爱心植树节、美丽乡村梦”公益植树活动，通过认种爱心树，捐助贫困学生爱心款 5 万余元。6 月，联合“179”志愿者协会、先锋单车俱乐部，在步行街市民广场举办环保志愿者“向污染宣战”主题活动，吸引近千名市民参与。6—12 月，联合市教育局开展“圆梦微心愿”活动，面向贫困学生、留守儿童以及外来务工人员子女征集微心愿，发动爱心人士和单位认领微心愿，年内有 230 名学生实现“微心愿”。8 月，开展“微爱传递，助 TA 圆梦”希望工程圆梦行动，帮助 32 名贫困应届高中生解决大学学费问题。扎实推进共青团关爱农民工子女志愿服务行动。“六一”期间，通过市镇联动方式开展“六一儿童节·青春微陪伴”活动，一对一或几对一陪伴贫困留守儿童、孤儿等，为他们送去关爱，提升他们自理、自护的能力，陪伴他们过一个快乐而有意义的儿童节。深入推动青年志愿者助残“阳光行动”，23 支团组织和 200 余名志愿者结对 495 名残疾青少年，形成助残活动长效机制。

【青春“微体验”】 7—12 月，团市委协调多个部门和行业机构提供一批工作岗位，帮助青年开展“青春微体验”活动。该活动提供环卫工、邮政投递员、银行大堂经理、医院护工、福利院护理员、车站志愿引导员、边检战士、交巡警、城管监督员、消防员、安全监察员等多种工作岗位，吸引 120 余名青年参与短期岗位体验实践，促使青年在角色变换中体验社会各行各业的基本价值观念，寻求社会核心价值体系的普遍认同，引导青年自觉将个人发展与国家、社会发展统一起来，增强在靖江经济社会发展转型升级中有作为、能作为、敢作为的自信与自觉。

团市委组织开展边检岗位“微体验”活动　　（团市委提供）

【“创业情·中国梦”青春创业季】 8—10 月，团市委联合市委组织部、市人社局举行靖江市“创业情·中国梦”青春创业季启动式暨第 2 届大学生村官创业设计大赛决赛。青春创业季共设“启动式”“建基地”“送经验”“供岗位”“荐项目”“惠政策”“提技能”“进社区”“促交流”九大活动版块。活动期间，成立大学生创业服务中心，市青商会授信 300 万元青年创业扶持资金；举办创业大讲堂、创业典型报告会、大学生村官创业设计大赛、创业项目推介会；会同相关部门落实青年创业优惠政策，深化团银合作，拓宽小额贷款融资渠道，解决创业资金难题；组织青年专场招聘会，利用团属新媒体免费发布就业信息，推荐青年至团市委就业创业见习基地上岗。

【首届千人公益徒步活动】 10 月，以“为公益、为生态、为健康”为主题，联合市体育局、水利局、滨江新区办事处在牧城公园举办靖江市首届千人公益徒步活动，1400 人徒步约 10 千米。徒步过程中设立 4 项公益活动，分别是“爱心加油站”——靖江农商行根据2 小时内到达终点的人数，按照每人 30 元的标准，累计为全市残疾儿童捐献爱心款 3 万元；“意见大家提”——通过微博和微信发布对沿江水文生态综合保护利用的意见，汇总反馈市水利局等职能部门；“环保达人秀”——用随身携带的垃圾袋将沿途的垃圾、杂物打包至终点统一回收处；“美景拍拍秀”——用相机、手机记录下沿途的美景，参与微信、微博话题讨论。

【青商会、女企业家商会联谊会】 11 月，靖江市青年商会与女企业家商会共同举行“抓住机遇科学

推进 凝心聚力共谋发展”联谊会,通过加强交流、共话发展,为靖江的改革发展献计献策。会上,两商会的企业家们交流各自创业心得,就信息、人才、资源、资金等方面深化合作关系,探索建立商会间的互动机制。

【“179”志愿者协会成立分会】 6月,“179”志愿者协会分会成立仪式在靖城街道办事处举行,各镇、街道、园区、办事处分会授牌。市“179”志愿者协会成立于2007年5月,共有注册志愿者近500人,建有微博、微信公众平台和QQ群等,内设特校部、敬老部、专业部、综合部4个志愿服务部门,定期开展敬老服务、关爱特殊儿童、无偿献血、环保宣传、社区陪护等志愿活动,累计已有3万余人次参加千余次活动。分会的成立,将青年志愿者工作延向基层,推进了市镇村青年志愿者一体化服务体系,使团组织志愿者工作优势与社会志愿者工作优势得以有机整合。

(张文丹)

靖江市妇女联合会

【概况】 2014年,市妇联组织开展“芬芳”系列活动,打造妇女工作品牌,深化“巾帼建功”活动,促进妇女就业创业,实施妇女儿童发展实事项目和关爱工程,维护妇女儿童权益,强化妇女自身组织建设,在服务大局中谋发展,在突出重点中创特色,妇女工作取得新成绩。

妇女工作品牌建设 与市文明办、民政局、综治办等部门联合开展“和睦邻里·芬芳家园”主题活动,在全市组织开展社区妇女儿童活动140余场次,评选出“书香家庭”“公益家庭”等十大类特色家庭37户,授予16个社区活动“最具创意奖”,出版《芬芳家园》故事画册。开展“芬芳百花·家庭好角色”评选活动,在全市广泛寻找好妈妈、好婆婆、好媳妇、好女儿、好妻子和好邻居六大类家庭好角色,评选出贤妻良母、孝女善邻“十佳”人物和优秀女性家庭角色共24名。深化“魅力城市·芬芳绽放”主题活动,宣传社区女干部、女护士、女园艺师等普通女性劳动者风采,开展关于家风传承、家庭暴力、女孩性教育等热点话题的讨论,开展家庭(邻里)故事、美丽乡村图片等征集活动。实施“芬芳人生”女性素质提升工作,调优课程设置,采取城乡结对、分组互动等方式培训妇女1500余人。丰富“芬芳卫士”巾帼维权活动,提供免费法律咨询、法律帮助100余人次,举办法律宣传进社区活动,开展打击拐骗妇女专项行动、反家暴维权联合行动等10余次,接待各类信访近300件,18名女陪审员参与审理近80起婚姻家庭案件。

妇女发展平台建设 开展“巾帼科技创新联盟行动”,动员女企业家做大做强企业,争做推动经济发展方式转变的排头兵。调研走访成长型女企业家、女经纪人,积极宣传妇女小额贷款优惠政策。举办“庆三八·架金桥”女性专场招聘会,280名妇女与用人单位达成就业意向。在泰州率先推行“文明岗星级评定”制度,创新巾帼文明岗考评机制,深化文明岗主题实践活动,分组开展“岗家结对、岗岗牵手”互动共建活动42次。开展农村妇女“网上行”技能培训试点工作,首批32人获得现代女性网络技能初级证书。建立巾帼示范基地资料库,召开全市巾帼农业示范基地负责人座谈会,精心培育各级各类巾帼示范基地。

妇女儿童权益维护 充分发挥妇女儿童工作委员会办公室牵头协调作用,开展妇女儿童发展纲要和发展规划的监测评估工作,动员妇儿工委成员单位发挥优势、积极履职,不断提升全市妇女儿童发展规划的实施水平。推进第三轮妇女儿童发展8件实事项目,重点通过阵地建设、免费婚检等实事项目惠及广大妇女儿童。组织3053名特困妇女参加健康体检,为5名农村贫困妇女申请全国“两癌”(乳腺癌和宫颈癌)专项救助资金5万元。实施“慈善救孤”项目,长年资助贫困孤儿5名。开展“恒爱行动”,为贫困儿童捐织爱心毛衣400件。继续开展“蒲公英”关爱行动,25名儿童圆“微心愿”,200余名社会妈妈倾情服务300余名贫困儿童、空巢老人等。

妇女自身组织建设 与市委组织部联合举办靖江中青年女干部培训班,88名女干部参加为期4天的“群众工作和创新思维”专题学习。推动村(社区)妇儿之家进一步完善功能、创新活动、凸显作用,加大女性社会组织培育力度,运用社会化服务手段,积极发挥阵地服务功能。完善基层联系点制度,切实转变行政化工作倾向,加强对外联络,努力把服务妇女群众的各项工作落到实处。

【“和睦邻里·芬芳家园”主题活动启动】 3月5日,启动“碧桂园”杯“和睦邻里·芬芳家园”主题活动。该活动由市妇联、文明办、民政局、综治办等单位联合开展,旨在倡导广大妇女既在工作中“不让须眉”,又在家庭里当好贤妻、良母、孝女、善邻,争当家庭文明建设、社区文化建设的主力军,为促进社会的文明和谐做贡献。各社区围绕主题举行居民才艺比拼、特色家庭展示、邻里大家乐、社区运动会、亲情家园座谈会、邻里联系卡发放等系列活动,拉近邻里间的距离,提高社区成员的和谐共处意识。

【第3届亲子文化节】 5月24日,市妇联联合地税局、教育局、马桥镇政府举办第3届亲子文化节暨“妈妈去哪儿——走进大印象”亲子农家乐体验活动。参加活动的10个爱心家庭与留守、流动儿童组成临时家庭,通过采摘、烹饪等活动环节,让孩子们走近自然、亲近自然,感受独立、动手、思考和实践的乐趣,并评出一、二、三等奖获奖家庭。活动结束后,妈妈们向结对的儿童现场赠送书包、护眼台灯等学习用品。 (吴 筠)

靖江市文学艺术界联合会

【概况】 2014年,市文联开展系列文艺活动和文化惠民活动,扶持文艺创作,推介文艺作品,促进文化交流,加强青年文艺人才培养,努力为文化事业繁荣发展作出贡献。

文艺活动 书画:与省靖中联合承办的“求证寂静”朱旭书法作品展开幕式暨作品集首发仪式在省美术馆举行,朱旭的120余件书法作品通过展览和出版得以完整展现和流传;与市纪委、市委宣传部、市监察局联合举办“马洲清风”勤廉文化书法邀请展,展出国内66位知名书法家专题创作的近70幅书法艺术精品,诸体兼备、风格各异,让参观者受到清廉文化的熏陶;举办“尺素芳馨”方凌波书法篆刻作品展,展出其创作的诗、书、画、印、紫砂、瓷器作品50余件;举办“有茗堂”迎新春书法邀请展,展出全市20位中青年书法家的作品百余幅;组织20名会员参加泰州市文广新局组织的“书写美丽泰州梦,新春祝福大家送”百名书法家现场展示活动;举办“古欢娱目”倪国民中国画作品展;举办“江阳鱼人,桑梓情深”刘健艺术作品回乡汇报展,展出其近年来创作的作品,充分反映其作品的独特艺术魅力;举办“心路泰然”岑文涛书画作品展,其画作境随意立、意随心生,为全市艺术工作者开阔眼界、提升境界提供有益的借鉴;组织部分美协会员赴上海参观法国印象派大师莫奈作品展,赴泰州参加全省中青年画家美术作品观摩活动。摄影:举办法治宣传主题摄影展;与元林老年大学合作,设摄影专业课程,建成200平方米的摄影棚、数字影像工作室各1个,充分发挥摄影家协会的人才优势和技术优势,为会员交流作品、提高水平、完善制作提供便利。文学:编辑出版第27期、第28期、第29期文学杂志《孤山》以及2014年度文联会刊《靖江文艺》,更新充实“靖江文学艺术网”内容;举办“春江花月夜”诗文朗诵会。音乐、舞蹈:举办《丁丁儿童吉他教程》丁吴洪新书发布会;与市广电台联合举办“榕湖世家”杯少儿钢琴大赛;组织部分会员赴苏州文化艺术中心大剧院观看荷兰国宝级艺术团体的现代舞演出。戏剧:参加警民文艺演出;承办“阳光国际花园·锡剧惠民”展演活动。民间文艺:组织会员赴敦煌甘肃河西走廊考察;接待江苏常熟理工学院艺术学院副教授史琳一行至靖江考察靖江宝卷,并就靖江宝卷的音乐元素作现场讨论;开展“三月三孤山庙会”讲经活动;参与中国宝卷生态化保护与传承交流研讨会。

合兴路仿古街惠民演出 (市文联提供)

协会建设 完善协会主席季度例会制度,健全协会管理机制。在市摄影家协会试行会员积分制考核办法。成立教育文联,丰富教职工的精神文化生活。成立文艺志愿者服务团,团结凝聚广大文艺家、文艺工作者和文艺爱好者积极投身靖江文化建设和文艺惠民活动,首批成员83名。

【举办“古韵新声”仿古街开街系列文艺惠民活动】 1月1日,市委宣传部、市文联在合兴路文化特色街举办“古韵新声”仿古街开街系列文艺惠民活动。活动期间,市锡剧家协会组织表演传统折子戏等节目;市书法家协会举办书画作品展,并组织20名骨干会员书写5000副对联和福字现场派送;市摄影家协会会员拍摄特色街风貌;市美术家协会会员现场写生;地书爱好者和民间糖画艺人现场展示地书和糖画技艺,共同为合兴路仿古街开街营造浓郁的文化氛围。

(童冬梅)

靖江市科学技术协会

【概况】 2014年,市科协所属学会(协会)有农学会、医学会、中医学会、教育学会、统计学会、档案学会、土地学会、环境科学学会、农村金融学会、质量协会、高工协会、电镀协会、心理健康协会、青少年科技辅导员协会、老年科技工作者协会、美容美发协会16个。全市所有镇(街道、园区、办事处)、开发区都已建立科协组织、企业科协86家,科协组织全覆盖。年内,全市科协系统以提高全民科学文化素质为目标,弘扬科学精神,普及科学知识,开展技术推广、技术培训和技术服务,为推动科普事业的繁荣与进步做贡献。市科协获评江苏省科协2014年度创新发展综合示范县级科协,获江苏省科协“三服务一加强”单项工作创新案例奖。

【学会工作】 协调学会承接政府职能转移。开展调研,初步确立15个市级学会可承接政府转移职能或社会化服务项目42个。市美容美发协会承接政府社会化服务项目,开展失地农民美容美发职业技术培训,举办美容美发岗位技能竞赛。市医学会承办江苏省康复医学学科发展与建设研讨会、泰州医学会心脑血管学术会议等6个专题会议。市农学会承办“2014年江苏·靖江蕙兰展”。市老科技工作者协会开展专题调研,形成《关于我市非公立医疗机构经营状况的调查与建议》等5个调研报告。组织申报“讲理想、比贡献”项目25项、“金桥工程”项目15项、“厂会协作”项目11项。

【产学研合作】 经市科协协调联系,江苏江山制药有限公司与省药理学会、江苏凯特尔工业炉有限公司与南京理工大学科协、华达汽车科技股份有限公司与省汽车工程学会分别共建科技服务站,市政府与上海电机学院签订深化产学研合作协议,上海交通大学模具CAD国家工程研究中心在华达汽车科技股份有限公司设立分中心,上海电机学院等院校承接并完成靖江格尔顿传动轴有限公司等4个企业的技术攻关项目,上海交通大学与江苏双星特钢有限公司成功开发双金属复合衬板并申报专利,靖江新材料工程有限公司与上海应用技术大学教授陆泽鹏签订保温材料技术转让协议,江苏赛德力制药机械制造有限公司与上海交通大学机动学院教授王彤合作开发高效离心水蒸汽压缩机获得成功。

【科普宣传】 开展科普示范创建。依托滨江学校青少年科技园,建成靖江市中小学科技教育示范中心,向全市中小学生开放,滨江学校创建成省级科学教育特色学校。指导西来镇农耕文化陈列馆申报江苏省科普示范基地、新桥镇新合村水产养殖专业技术协会申报江苏省级科普惠农服务站。新桥镇、新桥镇孝化村被命名为江苏省级科普示范乡镇、村。孤山镇等3个镇、东兴镇惠丰村等14个村、马桥镇马桥社区等11个社区分别被评为泰州科普示范乡镇、村和社区。组织科普宣传活动。实施“社区科普益民计划”,组织科普志愿者走进社区开展科普活动。组织全市中小学生参加江苏省青少年科技创新大赛、“金钥匙”竞赛等活动,以“与科技同行”为主题举办中小学科普作文大赛,以“体验科技、感受快乐”为主题举办首届靖江市校园科普剧汇演。9月23日,与市文广新局、市锡剧团共同承办“科普之光”专题文艺演出。邀请北京市科普大使、航天科普教育专家金声为市实验学校学生作《飞向太空》航天科普报告。11月22日,承办第21届江苏省青少年科技模型竞赛(泰州分赛区)比赛。科普宣传周、科普日期间举办专题讲座、技术培训175场,展出宣传展板2123块,赠送科技书籍2.6万册,发放宣传资料56.1万份,举办“科普之光”专题文艺演出4场,受益市民达12.85万人次。

【市农村专业技术协会联合会成立】 全市登记注册的农村专业技术协会有30余家，涉及葡萄、香沙芋种植，猪、牛、羊、鹌鹑养殖，果蔬育苗，花卉盆景等多个项目，多数协会成员经营规模化，产品销往省内外各批发市场和大型超市。7月18日，市农村专业技术协会联合会成立，并召开第一次会员代表大会。会议审议通过《靖江市农村专业技术协会联合会章程》，选举陈则胜为理事长。成立该会，旨在为市农技协组织提供更高层次的发展平台，为靖江现代农业和农村经济发展提供有力的技术支持。

【与上海电机学院深化产学研合作】 8月5日，市政府参加上海电机学院2014年产学研合作建设工作会议，与上海电机学院签订《深化合作协议》，双方商定在院镇合作共建、建立大学生社会实践基地、共建校友企业家产业园区、建立博士挂职基地、设立青年干部导航计划、开展全面科技合作、推动产业链发展7个方面开展深度合作，形成合作互动、优势互补、互利共赢、共同发展的新格局。

【校园科普剧汇演】 11月28日，市科协与市教育局、文广新局联合在滨江花园酒店举行校园科普剧汇演。市外国语学校的《医生的警告》、市斜桥中学的《物理真的很美》、市城北小学的《健康生活成长记》、市西来中心小学的《呵护心灵之窗》、阳光幼儿园的《黄黄是好蛋》等8所学校编排的剧目参加演出。校园科普剧将科学知识、生活常识等以舞台表演剧的形式进行展示，寓教于乐，让学生在表演和观赏中加深对科学知识的理解。

（徐存明）

市第32届文艺节专题演出 （市科协提供）

红十字会

【概况】 2014年，市红十字会加强组织建设、能力建设、作风建设，各项工作取得明显成效。至年末，全市12个镇（街道、园区、办事处）均建有基层红十字会。在全市村（社区）建成99个标准化红十字服务站，36所学校红十字会在市教育局和市红十字会的指导下开展红十字青少年工作，5所中小学校创建成泰州市红十字示范学校，2所学校创建成江苏省红十字示范学校。市人民医院、中医院为红十字冠名医院，在救护培训、应急救援等方面开展红十字工作。

【救灾救助救护】 8月3日，云南鲁甸发生地震后，市红十字会在第一时间启动应急预案，接收社会各界捐款30 180元。设立博爱双鱼基金、博爱红菊助学金、博爱剑寒救助金、博爱光明行动救助金、红十字博爱病房医疗救助金等项目，为企事业单位、爱心人士做善事、行善举搭建平台，全年募得善款223.1万元，用于助医、助困、助残、助学等人道救助。年内，争取省市红十字会援助项目2个，其中红十字博爱病房项目获经费10万元，由市中医院负责实施；红十字医疗康复站项目获经费10万元，由敦义卫生院负责实施。继续深入推进救护培训进社区、进农村、进学校、进企业工作，至年末，共有8515人参加普及性救护培训，860人参加初级救护员培训并取得初级救护员资格证书。

【推进“三献”工作】 2014年，市红十字会推进捐献造血干细胞、捐献遗体（器官）、无偿献血工作。全市造血干细胞采样216人次，初配成功再动员12例，高分辨检测4例，组织体检2例。发放遗体（角膜）捐献登记表34份，5人登记捐献角膜，其中29岁的刘海霞和15岁学生倪倩云去世后捐出的眼角膜，经南通大学附属医院实施角膜移植术,使4位失明患者重见光明。宣传无偿献血与造血干细胞捐献工作,共有8958人次参加无偿献血活动,全市临床用血无偿献血率达100%。

无偿献血宣传 （靖江日报社提供）

【博爱病房医疗救助】 年内,市红十字会在14家医院开设“红十字博爱病房”,提供医疗救助。以博爱病房项目募集资金,动员社会爱心力量,与医院共同救助因病住院治疗的低保户、特困户和贫困残疾人等。至2014年年末,296位困难病人受益于博爱病房项目,获救助金34.77万元。省红十字会对“红十字博爱病房”项目充分肯定,并拨付10万元专项援助经费。专职副会长周晓敏撰写的论文《开设红十字博爱病房的实践和思考》已刊登在省红十字会《红十字》季刊2014年第3期上。(周晓敏 荣晓霞)

·靖江农谚(七)·

【穿靠棉,吃靠田】 这里是指以前的小农经济生活,完全是依赖于农业生产。

【养儿要管,种棉要修】 棉苗在生长过程中,要及时修整公枝、去除赘芽,使营养集中向棉桃供应。

【“春分”有雨病人稀】 如果“春分”当天有雨,则预示本年度生病的人相对不下雨的年份要较少。

【春打六九头,米麦塞街头。春打五九尾,家家喝见鬼】 指“立春”日在“六九”的第一天时,则当年为丰年;而如果出现在“五九”的第九天时,则年内可能收成不好:原因是灾害性天气出现的频率较高,不象“春打六九头”的年成风调雨顺。

【春水铺,夏水枯】 指春季雨水偏多,则预示夏季有干旱的可能。

【“春分”“春分”,麦苗“起身”】 “起身”,是指小麦拔节窜高的现象。其实小麦拔节,本地早在“春分”前就已经开始,只是到了“春分”前后,人眼才会发觉它的明显增高。

【春冷多有雨】 春天天气逐渐回暖,若这时寒意依然,说明冷空气势力偏强,但这都是暂时现象;而当逐渐增强的暖空气每来一次与之交会后,就会出现降雨过程。因此春季多有“冷落”的说法。

【春雪应时雨】 雪后一百二十天有雨。落得小,应大雨;落得大,应小雨。这是预测夏季阴雨的天象指标。

【春菜如虎,冬养春发】 油菜如在冬季加强管理的基础上,春季抽薹时就能象猛虎一样地生长发育。

【春雨不滥路】 因春季冷暖空气南下北上的活动频繁,阴晴天气经常交替,路上的泥土不会因干旱骤雨而发生泥泞现象。

(吴汉荣)

综 述

【概况】 2014年，市委政法委围绕构建“创新社会治理先导区、平安法治建设示范区”，发挥政法部门主导作用，统筹运用“三会三团”（调解员协会、平安义工协会、法律工作者协会；执法监督团、政法工作观察团、法制宣讲团）等社会资源，突出服务大局、政法为民、善治良序3个理念，开展平安靖江和法治靖江建设，推进社会治理创新，实现社会和谐程度、公众安全指数、社会治理能力、法治保障水平“四个有效提升”，全年未发生严重影响大局稳定的事件、大规模群体性事件、影响恶劣的治安事件。政法系统各部门在平安法治建设中充分发挥职能作用。市公安局破获各类刑事案件534起；市检察院查处职务犯罪案件16件17人，受理提捕案件223件304人、移送审查起诉案件481件660人；市法院受理各类案件12 483件，办结11 003件；市司法局组织调解各类纠纷3665件，受理法律援助案件849件。年内，靖江市获评“六五”普法中期全国先进市，全省信访工作先进市、社会治安安全市、法治创建先进市；市法院被最高人民法院表彰为全国优秀法院，市司法局被表彰为全省司法行政系统先进集体，市公安局被表彰为全省公安机关信访工作成绩突出集体，市公安局、信访局、司法局获评2014年度全市“十佳机关”；政法信访系统60多人受到泰州市级以上表彰，在基层一线涌现出刘建春等10位靖江“十佳政法干警”。

【平安靖江建设】 年内，市委政法委围绕改革、发展、稳定大局，进一步深化平安靖江创建活动，具体落实社会管理综合治理各项措施，为全市经济社会发展营造平安和谐的社会环境。

组织领导 优化组织领导体系。着眼于健全机制、理顺关系、明晰责任，明确界定市综治委、专门领导小组和专项组三个层面的工作关系，促进综治平安工作的规范运行。加强业务培训。以提升政法综治队伍执行力为重点，突出工作实务，组织各镇（街道、办事处）政法委书记、综治办专职主任、系列平安建设牵头单位联络员等分期分批进行业务培训，提高履职尽责的能力水平。健全完善镇（部门）、村（社区）综治平安保证金制度，全年共收缴各镇（街道、办事处）、重点综治委成员单位平安保证金110万元。优化综治平安等工作督查机制。突出督查指导的针对性、实效性，全年共组织明察10余次、暗访3批次，对明察暗访中发现的问题第一时间通报到相关镇、部门一把手。加大创建宣传力度。市综治办组织印发“平安祝福”手册5万份，发送平安法治创建手机短信20万条，在全市大型电子显示屏24小时滚动播出平安法治创建公益广告，协调市新闻媒体开设专栏集中宣传，在全市营造浓厚的平安、法治创建氛围。10月，会同市统计局对各镇（街道、办事处）

公众安全感和政法队伍的满意度进行测评，全市公众安全感97.8%，测评结果明显好于往年。

矛盾纠纷化解 强化源头治理，制定《关于健全重大决策社会稳定风险评估机制的实施意见》，对50个重点项目进行稳定风险评估，有效防范一批矛盾隐患。加强矛盾纠纷排查化解，完善网格化、信息化、专业化机制，成立泰州市首家人民调解员协会，全年共调处各类矛盾纠纷3665起，调解成功率98.7%。落实信访维稳责任，制定《关于进一步健全信访维稳工作责任制的意见》，明确界定属地、属管责任，确保"矛盾一事当前、责任一目了然、工作一抓到底"。聚焦重点领域、突出矛盾，专题召开防范和处理企业欠薪问题维稳工作会议，完善风险管控、维稳处突机制。建立信访维稳每周联席会议制度，完善市党政领导信访接待日制度，对年关岁底全市86个重点信访维稳事项逐一明确市镇两级领导包案，有效推动信访积案的化解。

社会治安工作 完善社会治安防控体系，优化治安卡点布设，落实24小时勤务机制，建立派出所日常巡逻、机关警力常态巡逻、特巡警机动巡逻和敏感时期武装巡逻四级巡防机制，社会治安动态管控和应急处置能力得到有效提升。依法严厉打击各类违法犯罪，成功破获公安部挂牌督办的"郑某假药案"、省公安厅督办的"陈某环境污染案"、季市"3·28"纵火案、"5·9"贩毒案等一批大要案件。健全反恐应急处置机制。在南京"青奥会"、中共十八届四中全会、APEC会议等重要时段，加大关键敏感部位的安全保卫工作，杜绝各类恐怖性事件的发生。投入专项经费3000万元，深化技防城建设，向技防镇、技防村拓展，构建人防、物防、技防紧密衔接的工作体系。年内全市路面可防性案件下降6.2%，侵财案件下降16.7%，"两抢"案件下降30%，下降幅度在泰州领先。

社会管理创新 加强社会治理创新重点工程项目建设。年初，市委、市政府确定全市2014年度社会治理创新工程项目11个。8月专题召开项目推进会，对项目建设进行再动员、再部署。9月组织中期督查。12月组织验收，11个重点项目全部完成。大力推进市、镇、村(社区)社会管理服务中心(站)规范化建设。全市累计投入资金1200万元，市、镇两级社会管理服务中心规范化建设全部完成，村(社区)社会管理服务站规范化建设达标率98%。继续开展省级和谐社区创建活动，全市87%的城市社区、81%的农村社区达到省级和谐社区标准。继续开展"和睦邻里幸福家园"主题活动，通过发放睦邻卡、举办睦邻节、签订志愿书等活动，促进社区群众和谐友爱、守望相助。完善网络舆情应对处置工作机制，年内快速处置网上各类有害信息1.3万条，成功处置"碧桂园业主聚集上访""长江水污染"等涉稳事件8件，市政务微博位居全国"最快速应对政务微博"第三名。加强特殊人群服务管理。落实"无缝对接"和"一对一"联系帮教工作机制，全市119名重点社区服刑人员均被纳入定位监管网络。开展"互帮共建"活动，兴建市安置帮教管理服务中心，全市363名社区矫正对象、162名刑释解教人员均未重新犯罪。建成流浪未成年人救助保护中心，开展"成长护航工程"和"未成年人零犯罪社区"创建活动，有效遏制未成年人犯罪。强化对77名易肇事肇祸精神病人管控，逐人落实管控措施。

【法治靖江建设】 年内，市委政法委坚持以群众满意、社会认可为标准，以法治宣传、依法行政、执法监督为重点，推动基层系列法治创建活动，法治靖江建设各项工作取得明显成效。2014年年末，全市拥有国家级民主法治示范村2个、省级民主法治示范村73个、泰州级民主法治示范村197个。

法治教育 突出重点分类施教。重点推进"领导干部法治素质提升工程"，落实领导干部任职法律考试制度、中心组(领导班子)学法制度、年度述法考评制度、行政机关负责人出庭应诉等制度。依托"靖江干部网络学院"平台开设6个法治网络专题培训课程，全市副科级以上干部参加培训。开展"优秀法治案例、优秀法治干部"评选活动，强化领导干部崇尚法律、学习法律、运用法律、维护法律权威的表率作用。开展法治文化建设，围绕特色村居建设开展法治文化镇村行，围绕平安和谐校园建设开展法治文化校园行，围绕诚信守法企业建设开展法治文化企业行。围绕"镇村(居)行"，组织开展律师"公益服务日""送法进农村专业合作社"活动，向全市800余个专业合作社发放《法律需求调查问卷》，解答各类法律咨询近千人次；围绕"校园行"，组织全体法制副校长开讲"新学期法制课"，启动"十佳法制教学课件"和"十佳法治主题班会"评比工作；围绕"企业行"，依托基层工会网络和企业家协会，在规模以上企业发放法律需求调查问卷，

举办法制讲座，发放义务法律服务卡2100余张，赠送书籍2000余册，审查劳动合同58份，代写法律文书81份。《江苏政法》对相关做法予以报道。拓展法制宣传教育平台。充分整合优质资源，依托一网（互联网）一团（法治艺术团）一队伍（专兼职普法队伍），实现“微课堂”互动学、“流动课堂”巡回学。全年累计发布普法官方微博1000余条，阅读量过百万；发挥普法讲师团、青年法制宣传志愿者队伍、公益律师等专兼职普法力量作用，实施“菜单式”法制宣传教育，在全市流动开展各类普法培训、法律咨询活动20余场次。相关经验做法被《江苏普法》刊载。

执法监督　市委政法委根据《关于党委政法委员会对政法部门执法活动进行监督的实施细则》，制定出台执法监督员制度，从人大代表、政协委员、律师队伍以及政法部门中，选聘具有专业法律知识和丰富工作经验的20人为执法监督员。5月，抽调7名执法监督员对政法各部门“践行执法为民公开承诺”进行专项督查；9月，邀请6名执法监督员对抽取的45件案件采取交叉评查的方式进行执法检查监督。年内，就政法队伍的执法能力、工作作风建设、规范执法行为开展专题执法监督，有效提升司法公正水平。《江苏政法》《泰州政法》专题刊载。

依法行政　全面清理行政权力事项。对43个部门3594项行政权力逐项审查清理，建立行政审批事项清单和行政权力事项清单管理制度，着力推进行政审批项目“减、转、放、免”，实现目录之外无审批。扎实开展依法行政示范（先进）单位创建工作。充分发挥依法行政示范点的辐射带动作用，市地税、烟草、药监、工商、东兴镇等5个部门（单位）被泰州市确定为依法行政综合示范点，市人社局劳动监察大队和交警大队2个单位被泰州市确定为依法行政单项示范点。大力推进依法科学民主决策。对征地补偿和被征地农民社会保障、常州大学怀德学院迁址靖江办学、深化行政审批改革等重大行政决策，均按决策程序审查论证。重点组织评估《靖江市地下管线工程规划管理办法》等3个规范性文件，多途径了解利益相关方和社会公众对决策实施的意见和建议。加强行政诉讼和行政复议工作。在市法院开庭审理的32件行政诉讼中，行政机关负责人出庭应诉率100%；市法制办共受理行政复议41件、办结25件，法定期限内审结率100%。

法治惠民　年初排定2014年法治为民办实事项目10件。至年末，10件为民实事件件得到落实。其中，市法院“建立网上司法拍卖平台”，累计网上拍卖37件；市检察院在检察门户网站运行“检察为民服务中心”，设网上举报、终结性法律文书、案件信息查询、律师预约登记、行贿档案查询网上预约、检察长信箱、控申接待预约、意见听取等10个功能模块，市民既可前往市检察院“明霞窗口”检察为民服务中心现场反映诉求，也可直接在网上检察为民服务中心控告、举报、申诉等；市司法局建成市镇两级法律服务中心、261个法律服务工作站，公共法律服务工作体系全覆盖，常住人口法律援助案件代理和辩护率远超万分之八的要求；市教育局开展“法治校园创建”，全市80所学校建成“零犯罪校园”。（郭芬芬）

公　安

【概况】　2014年，市公安局以维护社会和谐稳定、促进社会公平正义、保障人民安居乐业为己任，以党的群众路线教育实践活动为载体，以完善立体化现代化社会治安防控体系、打造实战化职业警队为重点，忠诚履职保稳定，真抓实干夯基础，正风肃纪管队伍，公安工作和队伍建设取得长足进步，一举跻身市级机关综合考评“十佳”行列。

【平安创建】　将“平安青奥”作为年度工作重点，落实青奥安保各项举措，确保青奥期间一方平安。严厉打击违法犯罪。秉持大案必破、小案不放，打早打少、除恶务尽的理念，开展“泰安行动”暨打击“两盗一骗”（入室盗窃、盗窃电动车、电信网络诈骗）等专项行动，推进情报信息综合应用平台建设和使用，严打涉黑涉恶等暴力犯罪，成功侦破公安部督办的“郑铭假药案”、“3·28”纵火杀人案、交通燃料有限公司特大非法吸储案等一批重大案件，侦破非法吸收公众存款、非法传销等涉众涉稳型经济犯罪案件30余起，破获多发性侵财案件200余起。全年共破获刑事案件530余起，刑事案件发案数比上年下降10.2%，其中抢劫案件下降57.1%、盗窃案件下降12.5%。加强治安卡口建设，新建改建卡口7个，增设固定堵控点6个、临控点20个，织密环靖江、环城区两道治安防线。深化技防建设。优化整合社会面自建治安监控设施2150套，升级改造其中“全球眼”监控设施850套，采取改造、拆移、增补等方法优化光纤监控1300个，新增单点摄录一体机1500个，有效提高卡口监控点位覆盖率。组织开展“车卫士”(居民电动自行车物联网防盗设备)推广安装工作，提高涉车案件的破案率，至年末全市有4000余辆电动自行车安装“车卫士”。新增应急救援指挥车1辆、运警车3辆，所有巡逻处警车辆统一安装GPS定位系统，配备350兆电台和移动警务终端，有效提升处置突发警情和打击现行犯罪的能力。加强应急力量建设，坚持把轮值轮训民警作为常态应急处突后备力量，专职特警增至60人。加强社会面巡防，建立派出所民警日常巡逻、机关民警常态巡逻、特巡警机动巡逻和敏感时期武装巡逻的四级巡防体系，进一步规范警情研判、等级布警、应急堵控、监巡对接等工作，有效提升社会面见警率、治安动态控制力。创建平安互联网。在政府机关、学校、非经营性互联网上网服务单位等100余家单位推广安装互联网安全技术设施，提升网络安全管理水平。严厉打击网络犯罪行为，开展防范网络电信诈骗集中宣传月等活动，发放宣传手册2万余份，收集各类线索、建议30余条，破获各类涉网刑事案件10起，抓获涉网犯罪嫌疑人近20人。整治治安突出问题。严禁、严查、严打黄赌毒娼等违法活动，全年查处涉娼案件30起、违法人员50人，查处涉赌案件52起、违法人员180人，破获涉毒刑事案件26起，抓获涉毒犯罪嫌疑人39人，查处吸毒人员221人，缴获冰毒等毒品7500克。严治涉爆、涉枪类违法活动。缴获并销毁各类烟花爆竹680箱，收缴气枪、仿真枪等各类枪支120余支、子弹380发，以及废旧炮弹6枚、管制刀具80余件。整治道路交通违法行为，重点查处酒后驾驶行为，有效提升城市交通通行能力。全年查处交通违法27.8万起，其中酒后驾驶280余起，重大交通事故数、死亡人数比上年分别下降22.7%、24.2%。开展消防安全大检查和火灾隐患排查专项行动，及时消除一批火灾隐患。

【法治公安】 将学习贯彻十八届四中全会精神作为首要政治任务，引导全警主动适应依法治国新常态，全面启动法治公安建设。推动全警学法。开展全警“轮值轮训、战训合一”、新法新规实务培训、网上学法练兵等活动，通过开办“法治讲堂”、编发《案例指导》、每日群发学法短信等多种方式，强化教育培训效果，提升民警执法能力。建立民警学法档案，把法治素养建设融入干部人事工作，把取得中级执法资格作为选拔执法勤务机构领导干部的前置条件。至年底，全局通过全国司法考试7人、高级执法资格考试27人、中级执法资格考试380人。规范执法行为。建立市公安局法治委员会，健全执法记录仪管理、涉案财物管理及涉案嫌疑人押解看管等制度，严格按照规范执法。推行执法记录仪使用，明确处警、办案和路面执法不按规定使用执法记录仪录音录像的，遇有群众投诉一律视为有效投诉。年内，全局没有因执法过错等问题被上级公安机关通报。落实办案责任。严格执行受案有回执、立案(不立案)有回复、破案有回告、未破案件有回访的刑事案件办理“四回”制度，明确办案民警责任和“四回”要求，切实保障群众的知情权、监督权。年内，通过“四回”掌握线索侦破的案件占全部破案总数的36.1%，刑事案件破案率比上年上升2.3%。

城西社区居民听民警讲安全防范工作　　（靖江日报社提供）

【队伍建设】 坚持把党的群众路线教育实践活动作为转变工作作风的重要抓手，加强科学管理，增强能力素质，培养优良警风，全面推进队伍正规化建设。加强作风建设。建立《规范警务保障和经费管理规定》，严禁任何单位和个人私拉赞助,严禁收取公共娱乐场所赞助费用,斩断与执法对象有关的所有利益链。开展以“提振精气神、提升执行力”为主题的作风教育整顿活动,明确履职、治警、执法“红线”,为打造过硬公安队伍提供制度保障。坚持素质强警。优化训练模式,以执法办案、应急处突、信息化应用、舆情引导、群众工作、依法使用警械武器等警务技能为重点,采取现场操作、案例点评、观摩交流等教学方法,把实战引进课堂。强化考核结果运用,按照“逢训必考、考有结果、结果必用”的要求,对每期轮值轮训,均组织训前摸底考、训后过关考,考试结果记入民警个人能力档案,对履职能力达不到岗位要求的民警,组织离岗培训。全年共组织各类培训活动18次,参训人员1230人次。坚持从优待警,出台10项“暖警措施”,落实民警休假、大病特困补助、执法权益保护等政策制度,从政治上、生活上关心民警。坚持从严治警,完善常态督察机制,通过约谈、问责、曝光有效解决中梗阻和执行不力等问题,年内通报问责民警22人,诫勉谈话2人,警告处分1人;完善全员考核机制,全面推行二级考核,将评先评优、选拔任用、考核奖励与考核结果挂钩,提升警队整体运行质态。

【基层基础建设】 推进基层所队办公场所建设。全局8个派出所、5个交巡警中队等20个建设项目初步完成选址立项。充实基层一线警力。48名新入编警员通过“量化积分、公开选岗”,全部分配到基层派出所;安排局机关25周岁以下、没有基层工作经历的青年民警分3批至基层锻炼,有效缓解基层警力不足的问题。

【户政管理】 开展户口清理整顿工作,全年清理纠正户口登记项目差错300余个。户政窗口全面推行“假日窗口”“延时窗口”“上门服务”“预约服务”“限时办结”服务举措,为群众提供快捷高效服务。全年共新增、换发二代居民身份证1万余份。围绕“情况明、管得住、服务好”,着力加强流动人口服务管理。健全全市流动人口信息采集管理网上平台,落实以房管人、以业管人、以证管人措施。精心组织“人口管控会战”,全市共登记暂住人口20.3万人、出租房屋4.1万户,流动人口登记率97%以上。开展流动人口居住证集中办理工作,组织社区民警、协管员等学习信息采集、系统操作、信息上传、证件发放等业务知识,确保制发证工作快速有序进行,年内发放流动人口居住证6万张。

【交通管理】 加强道路交通管理设施建设,建成交通指挥中心1个、中队公路勤务指挥室1个。加大道路安全设施建设力度。优化信号灯配时103处,改造路口6个,新增禁止左转弯标志8处,设置渣土车等货车禁行标志54块、禁鸣标志5处,新增、更换指路标志、导向标志236块以及减速让行标志310块,施划或维护人行横道线、停车标线、道路中心线、车辆分道线等标志标线35千米。强化文明交通宣传,组织179青年志愿者、驾校学员、共青团员、“志愿服务周周行”职工志愿者到城区主要道路开展文明交通劝导活动26次,深入社区、企业、学校举办交通安全宣传讲座170余场次,开展警民文明交通恳谈活动83场次,在社区、企业、学校设立大型电子显示屏、宣传橱窗等文明交通固定宣传阵地263处,发放文明交通宣传资料5万余份,群众文明交通意识显著提高。

【内部保卫】 贯彻“预防为主、单位负责”的内保工作方针,组织开展单位系列平安创建活动,共建成省级平安企业1家、平安学校16所,泰州市级平安企业27家、平安学校36所,泰州市五星级平安金融单位6家、金融网点36个,县级平安企业315家。加强情报信息工作,全年上报内保单位情报信息68条,被省厅内保总队录用3条,被泰州市局内保支部录用8条。加强党政机关和金融、医院、学校、油电煤气等重点单位、重点部门的安全防范工作,先后开展金融、学校和散装汽油销售等单位安全检查专项行动,全年未发生严重的内保案(事)件。

【监所管理】 按照《看守所等级评定办法》规定的各项标准,先后完成市看守所监区、警示教育基地等基础设施改造和智能化管理平台建设等任务。全年收押刑事违法犯罪人员600余名,未发生在押人员逃脱和非正常死亡事故。监所连续27年安全无事故,监所民警连续11年无违法违纪行为。年内,市看守所被记集体二等功。

【交巡警大队微信公众平台开通】 年内,市交巡警大队推出“靖江交警”微信公众平台,采用视频、图片和文字等方式,进行交通法律法规解读和交通安全宣传,为网民提供交通违法信息查询、电子警察分布查询、业务办理咨询、交通安全提示、路况信息提示等服务。至年底,微信平台发布各类交管信息300余条,受理咨询1000余次,有2140余人关注。

【侦破“3·28”纵火杀人案】 3月28日凌晨,季市镇季新村钱某的电动车商店起火并迅速蔓延,烧毁超市等门店9间,直接经济损失100余万元,钱某及其妻子刘某在大火中死亡。案发后,市公安、消防部门迅速赶赴现场开展救援和勘查。警方初步判断该火灾系人为纵火,经过10余天缜密侦查,成功侦破此案,抓获犯罪嫌疑人黄某。黄某嫉妒同行钱某生意红火,萌生纵火泄恨的恶念,于3月28日凌晨付诸实施。在大量证据面前,黄某对犯罪事实供认不讳。 (刘 钰)

检 察

【概况】 2014年,市检察院以强化执法办案为主线,落实司法办案规范化、事务管理精细化两项机制,突出业务工作、队伍建设、信息化应用三个重点,在增强领导班子的凝聚力、检察队伍的战斗力、司法办案的影响力、服务大局的推动力、品牌创新的生命力、制度管理的执行力上下功夫,全年查处职务犯罪案件16件17人,受理提捕案件223件304人、移送审查起诉案件481件660人,诉讼监督、检务公开、内部管理等各项工作均取得较好成效。

【查办和预防职务犯罪】 开展查办职务犯罪专项工作,依法查处贪污贿赂犯罪案件14件14人、渎职犯罪案件2件3人,其中科级干部6人。所查处的案件涉案金额均在10万元以上,其中2件过百万元,通过办案挽回直接经济损失390余万元。落实最高人民检察院部署要求,把查处行贿犯罪放到更加突出的位置,依法立案4件4人。开展查办“高效设施渔业”财政补贴领域的渎职案件专项行动,以涉嫌玩忽职守罪确定2名犯罪嫌疑人。坚持走精品化办案路线,加强人权保障,严格执行“全面、全部、全程”同步录音录像、侦查日志、柔性执法等制度,确保自侦案件无冤假错案、无非法证据、无安全事故。结合办案形成预防职务犯罪调查分析材料6份,发出检察建议6份,开展预防职务犯罪宣传47场次,提供行贿犯罪档案查询2060次。院领导挂钩联系重点工程开展专项预防,检察长宣讲团开讲8场次。出台《靖江市预防职务犯罪工作意见》,开展廉政风险防控活动,摄影作品《预防电影乡村行》获全国检察机关预防摄影大赛特等奖。

【刑事检察】 受理提捕案件223件304人(不含积存7件7人),批捕231人,不批捕73人,积存6件6人。受理移送审查起诉案件481件660人(不含积存21件36人),提起公诉424件516人,决定不起诉18件18人,移送单位撤回67人,移送他院16件44人,积存18件51人。结合办案深入排查社会治理的风险源点,针对毒品犯罪、邪教组织犯罪等问题,形成既有问题分析、又有对策建议的风险研判报告11篇,其中2篇被省检察院转发。认真办理涉及未成年人的刑事案件,决定附条件不起诉3人,对25名涉案未成年人平时表现、家庭情况、有无监护条件等开展社会调查,指定辩护人16人,封存犯罪记录39人。探索未成年人检察工作新方法,将心理疏导贯穿办案始终。设立“护航青春”家长法制学校,拍摄关爱留守儿童公益广告,微电影《阳光下的泥哨》获泰州市课件观摩评比一等奖。

【诉讼监督】 强化刑事诉讼监督,共监督侦查机关立案2件2人、撤案1件1人、追捕1人、追诉漏犯6人,纠正侦查机关违法侦查活动8件,就3件一审刑事案件判决提出、提请抗诉并获改判,《检察日报》头版头条报道市检察院强化同步录音录像监督的做法,1件侦查监督案件被评为全省“十大精品案件”。认真开展刑事执行检察工作,突出减刑、假释、暂予监外执行专项检察重点,监督收监执行3人,纠正刑期计算错误2件,帮助被监管人员追回财物4万余元。深入推进民事行政多元化监督,就2件民事案件判决建议提请抗诉;针对违法用地、违章建设、国有资产流失等问题,督促履行职责6件,支持起诉1件。

【综合治理】 开展“明霞窗口”检察乡村行活动,深入198个村和社区,落实一场微电影、一套宣传挂图、一堂预防教育课、一次基层接访、一张检务联系卡、一份问卷调查“六个一”普法措施。坚持谁执法谁普法,业务部门与检察室结对下乡,开展检察群众工作包保活动49次,把释法说理、矛盾化解、案件回访、信访答复等工作做实在最基层。加强与241名检察群众工作联络员的联系,完成全市《村(社区)基本情况调查问卷》,紧贴基层需求提供法律服务。加大检察宣传力度，与靖江日报社联办《靖江检察》专版，与靖江电台联办《检察时空》专题节目，在各类媒体发表宣传文章216篇，大力弘扬法治文化。

检察官上门服务　　（靖江日报社提供）

【检务公开】 坚持“以公开为原则，不公开为例外”的要求，完善检务公开平台，优化为民服务中心功能，增设户外电子显示屏、检务公开栏，公开检察职能、办案进程、工作动态等信息494条，接待律师阅卷103人。加强新媒体传播平台建设，更新靖江检察明霞窗口微博、微信110期。完善门户网站，建成网上为民服务中心，设置网上举报、终结性法律文书、案件信息查询、律师预约登记、行贿档案查询网上预约、检察长信箱、控申接待预约、听取意见等十大功能模块，基本涵盖检务公开、便民服务所有内容。年内提供案件程序性信息查询184件，公开终结性法律文书244份、重要案件信息7件。保障人民群众参与司法，组织案件公开审查、答复活动20次，定期举办“检察开放日”“村民直评”大会，帮助群众更加直观地了解检察工作。

【检务管理】 严格案件质量监管。完善司法办案流程监控机制，运行全国检察机关统一业务应用系统，实现业务受理、办理、流转、审批、用印等网上操作。继续实施“个十百千万”办案质效保障工程，实行检察长参与案件评查制度，建立流程管理员、案件评查员队伍，将案件质量全程监管、动态监督贯穿于日常工作。加强业务工作质态分析，每月通报案件质效现场督查情况，每季度形成《六类重点案件专项检查报告》，集中力量推动整改。市检察院以“微通报”提高办案质效的做法被《检察日报》等媒体报道。在省人民检察院、泰州市人民检察院案件质量评查中，市检察院成绩位居泰州基层院前列。加强内部精细监控。坚持项目化推进，集思广益确定方案，层层落实目标责任，确保各项工作稳步开展。建立岗位职责精细化机制，厘清每个人的工作职责、标准及流程，增强干警自我管理、自我约束能力。完善绩效考评体系，建立司法、廉政、绩效“三合一”档案，将督查督办、案件评查、检务督察时发现的问题与晋升评先挂钩，增强全院上下履职尽责、规范言行的意识，泰州市院召开现场会推广此做法。严格执行《检察事务管理实施细则》，全面规范财务资产管理、物品采购维护、车辆使用管理等14个方面的办事流程，相关做法被高检院转发。自觉接受监督。坚持重大事项请示报告制度，及时向市委、人大报告重要工作部署，主动接受市委领导，接受市人大、政协及社会各界的监督。5月，市检察院向市人大常委会专题汇报民事行政检察工作。密切与代表委员的联络，每季度寄送《检察工作通报》，集中开展“代表委员联络月”活动，综合运用上门走访、邀请座谈、寄送征求意见函等方式，经常听取意见建议。积极拓展人民监督员的监督范围，凡是自侦案件“7+3情形”均提请监督，邀请人民监督员、特约检察员参与权利告知、案件搜查、申诉答复、庭审评议等司法监督活动30次，着力提升执法办案的透明度和公信力。

【主任检察官办案责任制试行】 2014年，市检察院突出主任检察官办案主体地位，在主要业务部门选任18名主任检察官，分别带领办案组，在合理授权范围内依法独立行使办案决定权。强化对主任检察官的监督管理，严格执行《主任检察官执法规程》，创新推行备案审查，确保案件得到正确处理。实行办案质量终身负责制和错案责任倒查问责制，制定《业务流程清单指引》,出台《执法办案过错三究制度》,把“有权必有责、用权受监督、失职要问责、违法要追究”的要求落到实处。主任检察官办案责任制相关措施得到泰州市人民检察院推广。（季　敏）

审　判

【概况】 2014年,市法院围绕改革发展大局,紧扣司法为民、公正司法工作主线,依法履行审判职能,深入推进司法改革,大力加强队伍建设,为全市全面深化改革、加快融入苏南提供有力的司法保障。全年受理各类案件12 483件,办结11 003件。其中刑事案件审结441件,民事案件审结7584件,行政纠纷案件审结41件,执行案件执结2701件。年内被最高人民法院表彰为全国优秀法院,是江苏省3家获此荣誉的基层法院之一。

【刑事审判】 全年受理各类刑事案件456件,审结441件,判处540人,其中13人被判处10年以上有期徒刑。加大打击犯罪力度,严厉惩处杀人放火、抢劫强奸、故意伤害、侵害儿童等严重危害公共安全感的犯罪,审结此类案件39件,判处44人;严厉打击盗窃、诈骗、非法吸收公众存款等群众反映强烈的涉民生犯罪,审结此类案件125件,判处153人;严厉制裁贪污、受贿等严重侵害公务廉洁性的职务犯罪,审结此类案件7件,判处7人。强化程序公正意识,坚持以庭审为中心的理念,做到证据在庭审中展示、事实在庭审中认定。严格执行罪刑法定、疑罪从无的原则,在审理中发现证据存疑、定性不准的,及时建议检察机关补充侦查、变更起诉。加强少年审判工作,对未成年被告人进行教育、感化、挽救,依法对5人适用缓刑、对18人封存犯罪前科,给失足少年改过自新、重返社会的机会。

【民商事审判】 全年审结民事案件7584件,一审服判息诉率92.65%、民事调解率54.97%,涉及金额约20亿元。依法保障和改善民生,拓展民生案件绿色通道,对劳动争议、交通事故、医疗赔偿、人身损害等案件优先立案、优先审理、优先执行,妥善化解涉民生纠纷2542件,调解撤诉率72.46%。高度关注“三农”工作,发挥人民法庭的前沿阵地作用,妥善处理涉及农村土地流转、宅基地、相邻纠纷等案件191件,将矛盾化解在基层。依法保护老人、妇女、儿童的合法权益,审结婚姻家庭、抚养赡养、析产继承等案件1116件。充分发挥审判的规则引领和示范作用,依法化解商品交易、民间融资、房屋销售、建设工程等领域的纠纷3390件。

【行政审判】 强化行政审判的监督功能。全年审结信息公开、行政处罚、产权登记、工伤认定等行政纠纷案件41件,促进行政机关依法行政,维护群众合法权益,行政首长出庭率100%;审查涉及征地拆迁、安全生产、质量监督、社会保障等非诉行政执行案件45件,裁定准予强制执行42件、协调履行3件,支持了行政机关依法行政。

【执行工作】 贯彻全员执行理念,在立案、审理阶段谋划执行、兼顾执行,在执行阶段深挖潜力、借助外力,进一步破解“执行难”问题。开展民生案件专项执行活动,集中力量、集中时间,分片开展、合力执行,帮助228名申请人讨回欠薪、赔偿款300余万。破解异地执行难问题,加强与兄弟法院对接,安排干警赴外地执行142人次,为当事人追回债款5000多万元。加强执行救助力度,对6名符合条件的申请人启动救助程序,保障必要的紧急治疗和最低生活需求。全年受理执行案件3011件,执结2701件。

【队伍建设】 以培养青年法官为核心,加强理想信念教育。举办法官宣誓仪式,增强法官的法治信仰和职业尊荣感;搭建培训、调研、实践平台,开展庭审、文书、定案把关“三评查”活动,提升法官驾驭庭审、制作法律文书和做群众工作的能力,审判案例连续两年被收入《中国法院年度案例选》;依托卓越法律人才计划,与苏州大学等高校交流互动,提升法官的理论研究水平,年内干警发表专业论文71篇。至2014年年末,全院有26名青年法官在一线独立办案,4人年结案均超400件,1人当选为泰州市“百姓喜爱的好法官”。

【推进社会诚信建设】 年内,市法院发挥司法的强制功能,制裁违约失信行为。依法将失信被执行人纳入“黑名单”,定期在《靖江日报》、法院官网、微信、微博上曝光,全年发布失信人员名单331人次;与银行等社会征信系统对接,对“黑名单”人员采取限制贷款、限制高消费、限制离境等措施,实施失信惩戒。依法惩治虚假诉讼、恶意诉讼、滥用诉权行为,将31名有此类情况者纳入泰州市诉讼信用系统予以惩戒；对出具虚假误工证明的公司和虚假诉讼当事人，作出新民诉法实施后域内首例司法处罚决定。

【改革审判工作机制】 其一，探索民事案件审判权运行机制改革，采取“1+1+1”工作模式，由1名主审法官、1名法官助理、1名书记员组成审判团队，实施主审法官办案责任制，以提高审判工作效率。作为全省人民法庭此项改革首批试点，江阴园区法庭全年审结各类案件1181件，比上年增长13.56%。其二，建立轻微刑事案件速裁机制，7天内审结危险驾驶案件，20天内审结交通肇事等其他轻微刑事案件。其三，严格落实院长、庭长办案制度，全年审结疑难、复杂、矛盾激化的各类案件2485件，占全院一审结案数的22.58%。其四，不断完善小额速裁机制，集中审理、快速裁决面广量大的民商事简易案件，案件平均审理天数12.2天，调解撤诉率93.5%。

【构建阳光司法机制】 年内，市法院打造审判流程公开、裁判文书公开、执行信息公开三大平台，全年上网公开各类裁判文书5129件；建立网上诉讼服务中心，在法院官网、微信平台上，向当事人提供流程节点、裁判文书等信息的查询服务；进一步打造“阳光庭审”，组织开展庭审网络直播42次；举办“开放日”活动，邀请人大代表、政协委员、群众代表和中小学生走进法院，直观感受案件立案、调解、审理、执行的全过程；发布典型案例，介绍法院工作，在泰州市以上各类媒体刊发宣传稿件317篇，其中省级媒体161篇、国家级媒体134篇，有7篇稿件在《人民法院报》发表，取得良好的舆论效果。

【转变司法工作作风】 年内，市法院以党的群众路线教育实践活动为契机，重点解决“门难进、脸难看、事难办，立案难、诉讼难、执行难”等问题。推行“一站式”服务，为群众提供导诉、咨询、立案服务，为确有经济困难的群众减免诉讼费55万元，进一步破解“立案难”；创新审判模式，灵活采取巡回审判、假日法庭等形式，方便群众诉讼，进一步破解“诉讼难”；开展“转变执行作风、规范执行行为”活动，重点清理执行积案、旧案，进一步破解“执行难”；强化宗旨意识，制定司法礼仪行为规范，进一步加强司法作风建设。

【推进司法网络拍卖工作】 年内，市法院以“零佣金、全透明、高效率”的优势通过网络吸引买家竞拍涉诉资产。全年拍卖24次，成交总价9539万，节约拍卖费用约400万，溢价率最高达94.3%。10月28日，《人民法院报》以《司法网拍实现涉诉资产价值最大化》为题，报道市法院的司法网络拍卖工作。

【民事审判第三庭成立】 6月3日，市人民法院成立民事审判第三庭，负责审理发生在泰州市高港区、姜堰区和泰兴市、靖江市，除专利、植物新品种、集成电路布图设计、驰名商标保护、垄断纠纷案件之外，诉讼标的额100万元以下的一般知识产权纠纷案件。至2014年年末，该庭共受理案件176件，审结138件。

【一案例入编《中国法院年度案例选》】 年内，市法院审理的1起房屋确权纠纷案，以《房产证不是确认房屋所有权的唯一证据》为题，入编《中国法院年度案例选》。该案系亲属间因分家析产而引发的房屋权属纠纷。其基本案情和审理过程大致为：被告（原告之父母）于2010年申领讼争房屋产权证后，原告向市法院提起房屋确权之诉，并出具1988年签订的分家析产协议等证据。市法院经审理认为，原告依据先于讼争房屋产权证领取前签订的分家析产协议，根据物权法第33条“因物权的归属、内容发生争议的，利害关系人可以请求确认权利”的规定，要求确认讼争房屋归其所有于法有据。市法院据此判决讼争房屋产权归原告所有，被告享有居住权。被告对一审判决不服，提起上诉。泰州市中级人民法院经审理认为一审认定事实及判决结果均无不当，驳回上诉，维持原判。

（兰　垒　蔡　佳）

司法行政

【概况】 2014年，市司法局贯彻落实习近平总书记对司法行政工作的重要指示精神，以打造人民满意的服务型司法行政机关为目标，扎实开展党的群众路线教育实践活动，全面推进“四个全覆盖”（矛盾纠纷排查调处、法治宣传教育、公共法律服务、特殊人群服务管理）工作体系建设，全年调解纠纷3665起，成功率98.7%；创新开展法治宣传，狠抓法治文化“三建三行”十件实事的推进与落实；开展公共法律服务，受理援助案件849件。靖江市被全国普法办表彰为“六五”普法中期全国先进市；市司法局被江苏省人社厅、司法厅、公务员局联合表彰为全省司法行政系统先进集体,被省综治委特殊人群服务管理工作领导小组表彰为全省刑满释放人员安置帮教工作先进集体,被省司法厅记集体二等功、表彰为全省司法行政系统信息工作先进集体。

【矛盾纠纷排查调处】 健全大调解机制,发挥矛盾纠纷排查调处工作在维护社会稳定中的"第一道防线"作用,全年各级各类调解组织共排查矛盾纠纷 19835 次,受理调解 3665 起,调解成功率 98.7%,涉案赔偿总金额 1.15 亿元。市调处中心对重大复杂矛盾纠纷做到一事一分析、一日一研判,推动日常调处工作由被动受理、静态分析、事后调处向主动预防、动态研判、事前预警转变。市调处中心直接受理、调解纠纷 48 起,调解成功率 100%。5 月,成立泰州市首家人民调解员协会,以协会为依托,加强专兼职调解员的日常管理、教育培训工作,有效提高矛盾纠纷化解能力。同时,结合社区特点,在部分街道、办事处调委会推行矛盾纠纷居民代表评议制度,组建一支由辖区老干部、老工人、老党员等为主要成员的居民代表评议员队伍,在征得纠纷双方当事人同意的前提下,全程参与社区矛盾纠纷调解工作,使调解过程置于群众监督之下,确保调解公平公正。全年有 86 名居民代表评议员参与评议调解纠纷 32 起,调解成功率 98%以上。市调处中心徐涛当选为泰州最佳调解员。

【法治宣传】 1 月,市委、市政府办公室联合印发《关于做好 2014 年法治文化"三建三行"十件实事的通知》("三建三行"是指围绕特色村庄建设开展法治文化镇村行、围绕平安和谐校园建设开展法治文化校园行、围绕诚信守法企业建设开展法治文化企业行)。3 月,靖江市被全国普法办表彰为"六五"普法中期全国先进市。市司法局以此为契机,在全市着力推动法治文化"三建三行"十件实事的落实工作,先后开展律师公益服务日、送法进农民专业合作社、法治文艺走基层、法治文化教育和创作基地全覆盖、青少年法治教育"双十佳"(十佳法治教育课件、十佳法治主题班会)评比、青少年法制书画大赛、"我和父母同学法"、百家企业法律需求问卷调查、百场法制讲座进企业和百佳法律建议书评比等十件实事活动。年内,法治文化"三建三行"被省法制宣传教育领导小组评为全省"六五"普法项目创新奖。12 月 4 日,组织开展首个国家宪法日暨全国法制宣传日系列活动,在全社会共同营造学法用法的良好氛围。

【公共法律服务】 基本建成并规范运作市、镇、村三级法律服务平台,均等化满足城乡法律服务需求。在全省创新推出法律服务举措,每月定期开展 1 次"律师公益服务日"活动,主动向农民专业合作社派驻普法联络员,延伸法律服务和法律援助范围,受到广大镇村干部、基层群众的欢迎。9 月 10 日,《江苏法制报》头版报道靖江"律师公益服务日"的做法和成效,称其为群众身边的法律顾问、靖江的"普法名片"。年内,共开展免费法律服务活动 12 次,发放义务法律服务卡1900 余份,代写法律文书 32 份;办理各类法律援助案件 849 件,解答"12348"援助热线咨询 2828 人次;办理各类公证业务 1907 件,群众满意率 99%。

【特殊人群管控】 贯彻落实《江苏省社区矫正工作条例》,提升司法队伍矫正工作水平。加强部门协作,凝聚特殊人群管控合力,施行矫正文书送达回证制度,规范衔接管控程序。落实"无缝对接"和"一对一"联系帮教工作机制,全市社区服刑人员全部纳入定位监管网络。开展互帮共建活动,探索将监狱"学文明礼"教育融入"文化矫治"理念,提高管控效果。年内,"两类人员"(刑释解教人员和社区服刑人员)重新犯罪率得到有效控制。

【泰州市首家人民调解员协会成立】 年内,市人民调解员协会成立,为泰州市首家专业性的人民调解员协会,有集体会员 38 个、个人会员 83 名。该协会旨在加强对专兼职调解员的日常管理、教育培训和表彰激励工作,努力探索调解员的社会化、科学化、专业化管理办法,提升对重大复杂疑难纠纷的处置能力和处置效率。

【靖江获评全国"六五"普法中期先进市】 见 44 页同名条目。

【首个国家宪法日系列宣传活动】 2014 年 12 月 4 日为首个国家宪法日暨第十四个全国法制宣传日,靖江以此为契机集中开展宪法、法律宣传活动。《靖江日报》头版刊登市委书记倪斌《弘扬宪法精神,建设法治靖江》的署名文章。举行首个国家宪法日集中签名活动。市四套班子领导、各委办局、各镇(园区、街道、办事处)主要负责人在印有"学习宪法、忠于宪法、遵守宪法"

的横幅上签名，数百名群众积极响应。举办法治文化展览。在市法制宣传教育中心举办十八届四中全会精神和宪法精神挂图展，同时举办“法治让生活更美好”主题书画摄影作品和青少年法治书画大赛获奖作品展。开展系列法律咨询活动。市公安局、检察院、法院、司法局、统计局、人社局等部门在市人民公园联合开展法律咨询活动，向群众发放宪法单行本、市民常见法律问答册页，解答婚姻家庭、劳动关系等方面的涉法问题；各镇（园区、街道、办事处）以法治文化中心、法律服务站为依托，设点开展广场法律咨询活动，为群众提供面对面、零距离法律咨询服务。组织法治文艺演出。市法治文化艺术团（市锡剧团）开展“法治文化走基层”活动，排练小锡剧《村长娘子》、方言小品《归途》、小品《离婚》、荒诞剧《断案》、音诗画《正义的脊梁》等文艺作品，依托“法治文化流动舞台车”举办广场演出。 （宋亚楠）

法制宣教中心传播法制文明 （靖江日报社提供）

·靖江农谚（八）·

【春雾雨。春雾当日晴，春雾不过三朝雨】 春季有雾，说明在当时天气比较温暖，已有冷空气南下的征兆。当冷暖空气交会时，会有阴雨天气出现。三朝即是三天。

【春雾雨，夏雾暖，秋雾凉风冬雾雪】 春雾是冷暖空气即将交会的前兆，但在夏天早晨有雾，说明暖湿气层稳定，风力小，夜间地面难以将昨日吸收的热量向空中散发，致使在气温下降时形成了低层雾；而当日出温度升高后，则感觉到天气更加闷热；而秋冬晨雾的出现，都说明北方有冷空气来临：在秋天形成凉风，冬天气温低于零度后酿成雪花。

【垩稻有个妙门径：两头重、中间轻】 指单季粳稻的施肥原则应遵循：前期的基、苗肥和后期的穗肥一定要重，才能攻夺早发足苗、足穗大穗、饱粒高产的理想目标；中期拔节期的肥料适宜较轻，以免节间过分拉长而易致成倒伏的危险，以此来确保既高产、而又稳产。

【面朝黄土背朝天，辛辛苦苦忙种田】 在以前相当的一段时期里，农民种田，由于没有实现机械化，或者机械作业程度较低，田间劳动完全是靠手工完成，尤其是从事水稻栽插等弯腰农活，就是“面朝黄土背朝天”的情景。

【要让产量高，种子三年调】 从机械混杂和生物学混杂的角度来看，再好的良种，三年都必须更换一次。

【要叫水稻夺高产，首把能灌能排关】 合理灌溉，科学水浆管理，搁田后开好田内丰产排水沟，确保拔节后的稻株能秆壮根深，成熟时秸青籽黄，活熟到老，是水稻夺取高产的成功之道。

（吴汉荣）

靖江市人民武装部

【概况】 2014年，市人武部围绕党在新形势下的强军目标要求，以军事斗争准备为龙头，突出领导干部、青少年和民兵预备役人员三个重点开展国防教育，加强思想政治建设和安全管理工作，组织驻靖江部队和广大民兵预备役人员主动承担军警民联防、抢险救灾等急难险重任务，圆满完成700余人次民兵骨干训练、全市各镇专武干部集训、预备役营演练和新兵征集等各项目标任务。

【思想政治建设】 坚持把学习贯彻中共中央总书记习近平系列重要讲话和开展好党的群众路线教育实践活动作为首要政治任务，并贯穿全年工作的始终。突出抓好党的创新理论武装，按照军分区党委抓学习教育"上联、横融、下延"的要求，采取党委集中学、军地融合学、向下延伸学等手段，着力推进学习型人武部建设。深入开展"牢记强军目标、献身强军实践"主题教育活动，大力培育当代革命军人核心价值观。广泛开展"争当优秀参谋、争当训练标兵"活动，形成"给任务就是给机遇""给任务就是给能力""给任务就是给荣誉"的思想共识。

【军事斗争准备】 加强战备建设。修订完善防卫作战构想、指挥机构编成、非战争军事行动等10个预案，综合整治市、镇两级战备库、室，更新补充防暴恐等战备器材。分期分批组织民兵骨干50人次参加上级组织的通信、防化、抗洪等训练，完成本级训练700余人次。组织全市专武干部集训，各镇(街道、办事处)专武干部全员通过省军区、省委组织部组织的资格认证考核。严密组织保障预备役营快速动员集结演练和"苏动-2014A"演练，完善方案预案，提高国防动员委员会指挥动员能力。

【安全管理】 贯彻落实南京军区、省军区关于加强安全管理工作的指示要求，紧盯重要敏感部位安全管理，投入7万元升级改造视频指挥系统和营区视频监控系统。采取"查人与查物、自查与清查、整改与总结"相结合的方法，严密开展枪支弹药专项整治行动，集中封存保管民兵轻武器。落实保密工作制度，按照上级统一部署建成集中文印室，文件打印、复印、传真和销毁实行专人负责和全过程监控管理。对移动存储介质实行统一编号，切实做到"早借出晚归还"，杜绝"一盘插两网"。

【征兵工作】 全面落实新兵役法和江苏省征兵工作条例，围绕新兵质量核心，开展廉洁征兵活动，圆满完成新兵征集任务。

(支伯明)

武警靖江市中队

【概况】 2014年，市武警中队围

绕《军队基层建设纲要》，按照“固本强基，提升内涵，精细抓建，全面过硬”的建队思路和“事事有标准、人人当标兵”的总体要求，抓经常打基础，强素质保中心，促进中队全面建设，被省武警总队表彰为基层建设标兵中队，中队党支部被省武警总队党委表彰为先进基层党组织。

【思想政治建设】 围绕培养“新四有”(有灵魂、有本事、有血性、有品德)革命军人目标，以强有力的思想政治工作引领中队建设。开展“牢记强军目标，献身强军实践，永远做党和人民的忠诚卫士”主题教育活动和“中国梦、强军梦、我的梦”主题团日活动。列兵姜中元参加支队主题演讲比赛取得第1名。借助“八一”“九一八”等节日、纪念日，走访慰问老革命、观看红色电影，教育官兵不忘历史教训、继承优良传统。结合“三个半小时”(半小时听广播、半小时读报、半小时看新闻)，有针对性地点评新闻、辨析热点，廓清官兵思想迷雾，强化军魂意识。充分发挥“文化育人”功能，添置图书近百本，开展“阅读一本经典、交流一点心得、共享一分快乐”活动，帮助官兵掌握正确读书方法、提高阅读品位，养成良好的学习习惯。

【拥政爱民】 积极开展“传承雷锋精神，弘扬时代新风”主题实践活动，定期组织官兵至市中心血站无偿献血。与市图书馆、刘国钧中学、老季市私家菜馆等10多个单位建立警民共建关系。中队威风鼓队和文艺演出小分队排演小品《知识竞赛》《捉贼》及表演唱、乐器联奏等节目慰问群众。南京青奥会期间出动207人次驻守江阴大桥卡点，保障社会治安稳定。

【执勤训练】 执勤隐患“六查”(查思想认识、执勤领导、执勤部署、执勤制度、执勤能力、执勤设施)活动中，对人员思想、硬件设施、软件管理等逐一排查。开展“战斗力标准大讨论”活动，强化官兵军事素质。建立训练成绩动态档案，开设龙虎榜，每周张榜公布。定期组织对手赛、擂台赛、挑战极限等，坚持精兵精训。突出开展应急班10千米越野、一招制敌、班组战术等训练，采取“轮胎训练法”“登山训练法”“变速训练法”等方法，提高训练质量。年内，中队参加支队应急班比武竞赛，取得2个单项第一、综合排名第三的成绩；接受总队正规化执勤等级评定交叉检查，总评获优秀。

【安全管理】 开展“尊干爱兵”和“四互四有”(互相尊重有尊严、互相理解有信任、互相关爱有温暖、互相学习有进步)活动，提高中队正规化建设水平，促进和谐警营建设，为安全管理奠定基础。以安全隐患排查治理为抓手，把“安全大检查”活动贯穿全年工作，发动官兵查找出个人思想、日常养成、执勤隐患、保密等方面存在的11个问题，采取挂账销号、明确时限、责任到人的办法，逐项解决存在问题，中队全年安全无事故。 (许宝国)

靖江市消防大队

【概况】 2014年，市消防大队加强班子和队伍建设，塑造“健康阳光的泰州卫士”形象，推行正规化管理，着力提高防灭火工作水平和综合保障能力，圆满完成以防火和灭火救援为中心的各项任务，被评为2014年度市级机关绩效考评“十佳服务地方发展单位”、市级文明单位，立集体三等功1次，被江苏省消防总队表彰为执法先进单位。

【队伍建设】 营造“廉洁光荣、腐败可耻”的警营风尚，以“警营书香”读书活动和廉政影视作品展播活动为载体，增强官兵的廉洁自律拒腐防变能力。开设“官兵小讲堂”，形成“人人当教员、处处是课堂”的思想政治教育新常态。建设健康向上的警营文化，采取“请进来、走出去、共联欢”的方式，开展群体性文化活动，丰富官兵的业余文化生活。建立队伍精细化管理长效机制，制定月绩效考核办法，量化目标管理，层层签订责任状。开展“条令条例学习月”“干部战士角色互换体验”等活动，举办理论测试、知识竞赛、演讲比赛、会操评比等，增强官兵的法纪、条令意识，增进队伍的凝聚力、战斗力。年内有10余名官兵立功受奖。

【执勤训练】 坚持“实兵、实装、实地”，要求中队实战化训练每月不少于8次。立足警力、装备情况和辖区内可能出现的灾害事故类型，从灭火救援行动中的安全员设置、火情侦查、现场警戒、梯次进攻、疏散救人等环节入手，逐一量化分解中队指挥员、战斗员和单兵、班组的任务，使训练最大程度贴近实战。与此同时，从理论、体能、技能3个方面帮带专职消防队，丰富其训练内容；组织专职消防队参加大队联合演练13次，提升其协同作战能力；考核督导专职消防队，激发其训练热情。在5月和9月泰州市消防支队举行的专职消防队伍比武竞赛中，新港专职消防队先后获得第2名和第1名。

【消防监督检查】 组织开展“除火患、保平安”、消防安全大排查大整治等专项行动。全年检查单位1302家次，督促整改火灾隐患858处，其中区域性火灾隐患2处、重大火灾隐患单位5家；发出《责令改正通知书》547份，办理行政处罚案件91起，临时查封危险单位场所7处，责令“三停”(停止施工、停止使用、停产歇业)15家。市消防大队被表彰为2014年度“江苏省消防监督执法示范大队”。

120家单位接受消防体检 (靖江日报社提供)

【灭火救援】 牢固树立“五个第一时间”(第一时间调集足够警力和有效装备、第一时间到场展开、第一时间救人、第一时间排烟降毒、第一时间控制灾情发展)理念，充分考虑辖区特点、火灾规律、消防设施分布等，提高接警处置和快速出动能力；强化初战指挥，充分利用灭火救援指挥决策系统，认真分析灾害特性、潜在危险、作战风险等问题，找准灾害事故主要方面，有针对性加以处置；落实15类个人基本防护装备、37类特种防护装备，坚持干部跟班作业制度，强化安全意识。年内，出色完成新桥“1·12”乙炔爆炸火灾、三元桥电动车商铺火灾、新桥维达制药厂硅烷泄漏等急难险重抢险救援任务以及“两会”等重大活动的消防保卫任务。

【消防宣传】 依托社区宣传阵地，悬挂横幅、放置展板，常态化开展消防宣传；利用周末、节假日，联合消防志愿者协会，在广场、超市等人流密集区域宣传居家消防知识，介绍火灾预防和自救逃生基本技能；借助电视台、《靖江日报》、网络、贴吧、LED电子显示屏等媒体定期宣传消防安全知识；通过QQ、微博、微信等渠道，根据气候特点和实际需要向重点防火单位发布消防信息和火灾预警。此外，入户发放、张贴消防宣传资料1800余份；举办消防培训班11期，培训重点单位工作人员800余人；开放消防教育基地及消防站24次，接待参观者6000余人。

【后勤保障】 年业务经费555万元，比上年增加33%。投入22万元用于库室规范化建设。增购32米举高消防车1辆，提高高层建筑、大跨度厂房火灾扑救能力。

【拥政爱民】 结合火灾隐患整治专项行动，开展执法回访135次，为火灾隐患单位进行整改技术指导80余次；走访慰问驻地老革命及孤山敬老院老人8次；定向捐赠泰州市对口支援的西藏曲水县5000余元；资助辖区两名贫困高考生6000元，帮助其解决实际困难。

【消防接警和火灾情况】 年内处警440起，其中扑救火灾231起、抢险救援107起、社会救助102起；共出动消防车916辆次、消防员4515人次，抢救被困人员81人、疏散人员434人，避免财产损失近亿元。参战人员零伤亡，灭火救援成功率100%。火灾造成6人死亡、7人受伤，直接经济损失215.95万元。 (黄敏慧)

63707部队

【概况】 2014年，63707部队坚持以党在新形势下的强军目标为指引，铸军魂、打胜仗、抓作风、建基层、保稳定、谋发展，圆满完成各项水上勤务保障任务，部队全面建设稳步推进、协调发展。

【思想政治建设】 学习贯彻全军政治工作会议和中共中央总书记习近平系列重要讲话精神，深入开展“牢记强军目标、献身强军实践”主题教育活动、战斗力标准大讨论和“走好军旅人生路、献身强军建功业”主题实践活动，结合“强军兴装、圆梦远望”群众性文化活动，从信念根基、价值追求和言行举止上引领官兵举旗铸魂，不断提高官兵的思想政治素质。

【基层建设】 按照《军队基层建设纲要》和“八建”（把好方向建、按照《纲要》建、围绕中心建、突出党建建、依法从严建、抓住一线建、传承文化建、改进作风建）要求，抓基层打基础，突出抓好当兵蹲连和“三还两减”（还权于连、还人于连、还时于连，减轻基层负担、减轻官兵压力）工作，夯实“一线指挥部”的帮带作风，增强“一线战斗堡垒”的组织功能，提高“一线带兵人”的按纲抓建水平。扎实开展群众路线教育实践活动和基层风气专项整治活动，纯正基层风气、融洽官兵关系。

【军民共建】 按照“需求牵引、军地双赢”的融合思路，与东兴镇镇政府、市广播电视台、体育局等7家单位建立共建关系。利用市委议军会、军政座谈会、双拥联席会等，主动通报部队建设情况，研究军地互办实事的具体办法。组织共建单位领导和职工到军营过军事日活动。邀请靖江市军队离退休干部休养所老干部到大队过集体党日。帮助市外国语学校少年军校军训。开展“唤真情、献爱心、树新风、促稳定”活动，帮扶驻地东兴镇何德村的家庭困难群众。到东兴镇敬老院开展理发、身体诊疗、按摩推拿、电器维修、打扫卫生等便民服务。组织官兵无偿献血和开展“保护母亲河”主题实践活动。与市电视台共同举行庆“八一”联欢晚会，官兵们表演了小品《说说咱的任艇长》和三句半《夸夸咱部队》等节目。（蔡晓来）

人民防空

【概况】 2014年，市人防办促进人防工作与全市经济社会融合发展。加大人防宣传力度，全市中小学人防课程设置年级人防知识开课率100%。坚持依法行政，征缴人防建设经费1522万元。加强人防专业队建设，完成7支人防专业队伍整组工作。

【人防工程建设】 组织编制《地下空间开发利用规划》和《城市人防工程建设专项规划》，完成规划初稿。做好重点人防工程建设的前期准备。工人文化宫人防工程可行性研究报告通过专家评审，规划地下建筑面积5617平方米，建成后可增加停车位110个。市人防指挥所项目选址确定，项目可行性研究报告通过专家评审，着手施工图设计。

【指挥通信建设】 市人防办按照警报建设规划和布局要求，新增警报点3个，新装电声警报器2台、多媒体警报器1台，全市城乡警报点增至18个，警报器增至18台。5月12日防灾减灾日和“九一八”纪念日组织警报试鸣工作，鸣响率和音响覆盖率均100%。7月19日，首次组织5名无线电爱好者组成泰州民防通信大队2队，参加省第3届“民防杯”业余无线电应急通信演练比赛暨无线电测向锦标赛，获团体二等奖。

【疏散体系建设】 市人防办在城区建成天水公园、西郊公园、人民公园、马洲公园和牧城公园应急避难场所并投入使用。其中，牧城公园为中心避难场所，西郊公园、天水公园为固定避难场所，马洲公园、人民公园为紧急避难场所。在农村率先建成生祠疏散地域指挥所并投入使用，马桥、季市疏散地域指挥所立项待建。5月14日、15日和9月18日，先后组织省靖中、土桥初中学生进行应急避难疏散演练，组织西来镇政府机关工作人员进行防空疏散演练。

【依法行政】 市人防办加强人防法规配套建设，出台《关于规范人防工程项目审批相关业务的意见》《靖江市人防办支持经济社会发展的若干意见》。进一步简政放权，将涉及人防工程的6项行政权力事项下放到试点镇新桥镇。加大执法检查力度。对8个缓缴人防经费建设单位下达催缴通知书，共清理欠费4866万元，催缴1522万元。

【人防宣传教育】 4月18日，市人防办参加西来镇植物园“小红帽”宣传活动，发放《人防宣传手册》，为村民讲解防灾减灾知识。5月6日，市人防办会同团结路、虹茂社区在钟楼广场开展防空防灾知识宣传活动，现场发放《防空防灾》读本200本。开展中小学校人防知识教育。8月，购置发放《民防知识》课本8500本，初二年级学生人手一册；《小学生民防知识教育》读本5400本，五年级学生人手一本。人防课程设置年级人防知识开课率100%。加大媒体宣传力度。《靖江日报》刊出人防专版5期，《企业家》杂志刊出人防专刊1期，与市文广新局联合开展“中国梦、人防情”有奖征文活动，获奖作品汇编成册。

【人防专业队建设】 市人防办印发《关于做好当前人防专业队整组工作的通知》，要求各整组单位以“防空防灾一体化”建设为契机，围绕“能打仗、打胜仗”的目标要求，着眼有效履行“战时防空、平时服务、应急支援”的使命任务，进一步优化队伍结构。按照“政治观念强、文化层次高、专业素质过硬、心理素质良好”的标准，调整充实已组建的抢险抢修、通信、医疗救护、防化防疫、运输、治安和消防7支人防专业队。同时加强队员培训，与市卫生局、人民医院联合组织医疗救护人防专业队员培训，组织西来镇防化专业队训练。通过整组培训，人防专业队遂行防空和抢险救灾任务的能力得到有效提升。

（姚前进）

·靖江农谚(九)·

【南闪空，北闪风，东闪火门开，西闪雨上来】 指盛夏南天闪电不会有雨，北天闪电会起风，东天闪电天会更热，西天闪电才会有雨。

【南风吹到底，北风来还礼】 自然中的一般规律：当南风刮的时间比较长时，肯定马上就会起北风。

【星星眨眼，离雨不远】 天上的星星如果眨眼，表示上下层气流走向不一，必有阴雨过程。

【星光(亮月)照烂地，连夜落不及。干星照湿土】 指“梅天”季节里雨夜突放晴，当晚还会下雨。

【蚂蚁搬家，必有雨下】 生物学现象：大雨即将来前，蚂蚁会感到自己的巢穴在低处可能被水淹，因此拼命往高处搬迁。

【秋怕夜晴，天亮上云，无风必阴】 因为秋季高空常盛行西到西北气流，如果清晨天上出现云层，表明高空气流已在调整，不久就会刮风或有阴雨天气出现。

【秋前北风雨，秋后北风晴】 秋前的夏季，本地一般受暖湿气团所控制，这时刮北风，会迅速形成冷锋降雨天气；而秋后的冬季，则以西到西北气流控制为主，地面如刮北风，会继续保持晴好天气。

【秋雾凉风】 秋季有雾必是冷空气来临的先兆。

【种田不用问，施肥加精耕】 这里是指精细的管理。

【种好一半收，秧好一季稻】 比喻选用高产良种及培育壮秧的重要。

【热极生风，闷极致雨】 这两句是指：天气出现闷热，标志空气湿度大，含氧量少，人感到呼吸不舒服；当冷空气向南方扩散，极易形成雷雨大风等强对流天气。

【种茬油菜能壮田】 合理进行轮茬，同一种作物，年度间的种植，应尽量避免重茬：如种植一年“三麦”后再换茬油菜，可使油菜的根系能疏松土壤，残叶落花能提高土壤肥力；从而使下年种植麦子时，可以获得更高的产量。

【热能生风】 热地空气受热变轻，气压变低；而此时偏冷区域的气压偏高，空气就会向气压较低的受热区域流动补充，从而形成有流速的自然风。

【“夏至”难逢端午节，百年难逢岁朝春】 端午节是农历的五月初五；一般年份里，在公历6月21—22日的“夏至”很难与其相遇。“岁朝”是指农历的年初一，“春”是指“立春”；如要在年初一“立春”。大约要等百年上下才可能出现一次。

【“重阳”无雨看十三，十三无雨一冬干】 指农历的九月初九和九月十三不下雨，整个冬季都少雨。

（吴汉荣）

财 政

【概况】 2014年,全市财税部门把握“稳中求进,改革创新”的总基调,立足靖江发展实际,围绕改进预算管理制度、深化财税体制改革等工作重点,全力以赴组织收入、优化支出、普惠民生、促进发展,较好地发挥了财政在经济社会事业中的基础性和支撑性作用。全市财政总收入(含江阴—靖江工业园区)116.6亿元,比上年下降9.5%,其中公共财政预算收入59.09亿元,比上年增长2.8%;全市财政总支出90.5亿元,比上年增长1.7%,其中公共财政预算支出61.49亿元,比上年增长14.4%。局机关连续3年被表彰为全省法治财政建设先进单位,成为全省法治财政建设示范点。

【财政收入】 靖江本级财政总收入(不含江阴—靖江工业园区)104.81亿元,比上年下降4.1%,公共财政预算收入54.04亿元,比上年增长9.2%。其中,税收收入44.42亿元,比上年增长9.4%;非税收入9.62亿元,比上年增长8.7%。公共财政预算收入中税收占比82.2%,达到省厅规定的苏中县市税收占比要求。公共财政预算收入分部门完成情况:国税部门完成10.29亿元,减收4016万元,比上年下降3.8%;地税部门完成34.13亿元,增收4.14亿元,比上年增长13.8%;财政及其他部门完成9.62亿元,增收8350万元,比上年增长9.5%。

【财政支出】 年内,财税部门优化支出结构,着力提升民生福祉。全市财政总支出90.5亿元,比上年增长1.7%,其中公共财政预算支出61.49亿元,比上年增长14.4%。健全社会保障体系。足额安排新农保专项补助9530万元,确保城乡居民基础养老金稳步增长;实施民政补助自然增长机制,安排补助资金8573万元;提高城乡社会救助对象保障水平,使“五保”、孤儿、重残人员等各类保障对象应保尽保。深化医药卫生体制改革。安排基本公共卫生服务专项资金2401万元,基层卫生院资源整合资金1275万元,提高基层基本公共卫生服务水平;完善城乡居民基本医疗保障制度,加大城乡居民医疗保险补助力度,住院补偿最高限额达15万元;继续实施基本药物零差价销售制度,缓解群众看病贵问题。落实教育经费保障机制。提高义务教育公用经费标准,促进教育优质均衡发展;支持教育布局调整,实施校舍安全工程;建立覆盖学前教育至高等教育的全方位助学体系,发放各类帮困助学补助资金1155万元。落实各项就业再就业优惠政策。全市共有2153名灵活就业人员享受社会保险补贴;安排就业培训经费1052万元,累计免费培训13 000人次;鼓励下岗职工自谋职业,新增小额担保贷款742万元,发放财政贴息268万元,支持383名下岗职工自主创业。支持其他民生重点和社会事业发展。安排住房保障资金

1406万元,新建各类保障住房1070套;安排资金1345万元,补助城乡公交营运;安排首期资金120万元,新建城市公共自行车系统;安排专项资金4195万元,用于"四城同创"建设。

【财政改革】 积极推进各项财政改革,优化财政管理机制,公共财政管理体系进一步规范健全。改革政府购买公共服务,及时公布服务类目录清单。全年完成服务类采购项目36个,占政府采购项目总量的44%,采购金额11 725万元,节约率18%。完善财政绩效管理。建立绩效管理信息系统,推行财政专项资金专家评审制度,试行绩效跟踪评价和部门整体支出评价。推进预算信息公开。在公开财政总预算信息的基础上,试点公开部门预算10个,提高财政预算透明度,提升财政资金使用效益。加强财政支出监督管理。制定和印发涉及公务接待费、差旅费、会议费等"三公"经费管理的文件,推行新公务卡结算制度,维护财经纪律,降低行政运行成本。完善国库集中收付制度。集中清理和规范财政专户,做好结余结转,盘活存量资金。开展政府性债务调查摸底工作,健全政府性债务管理体系,逐步实现政府性债务全口径管理和动态监控,有效防范财政和金融风险。

(许 琳)

2014年靖江市财政收入完成情况汇总一览表

表10 单位:万元

项 目	泰州任务	累计完成情况			
		累计完成	占任务(%)	上年同期	增减(%)
一、公共财政预算收入	602300	590886	98.1	574516	2.8
1. 国税部门	—	133037	—	154936	-14.1
增值税(25%)	—	57673	—	74006	-22.1
其中:免抵调库收入	—	5480	—	15190	-63.9
改征增值税(100%)	—	29420	—	17875	64.6
企业所得税(40%)	—	45944	—	63055	-27.1
2. 地税部门	—	359215	—	326916	9.9
营业税	—	218664	—	181767	20.3
企业所得税(40%)	—	13098	—	13386	-2.2
个人所得税(40%)	—	15556	—	12205	27.5
城市维护建设税	—	35722	—	36023	-0.8
房产税	—	12679	—	11437	10.9
印花税	—	6928	—	6544	5.9
城镇土地使用税	—	16757	—	15416	8.7
土地增值税	—	16411	—	19400	-15.4
车船税	—	2025	—	1410	43.6
耕地占用税	—	7663	—	9273	-17.4

续表 10

项　目	泰州任务	累计完成情况			
		累计完成	占任务(%)	上年同期	增减(%)
契税	—	13712	—	20055	-31.6
3. 财政及其他部门	—	98634	—	92664	6.4
废旧企业退增值税(25%)	—	0	—	-653	
行政性收费收入	—	41404	—	46634	-11.2
罚没收入	—	7127	—	7673	-7.1
专项收入	—	21595	—	18748	15.2
其中:排污费收入	—	3440	—	3117	10.4
水资源费收入	—	439	—	203	116.3
教育费附加收入	—	15532	—	15428	0.7
国有资本经营收入	—	14446	—	5154	180.3
国有资产有偿使用收入	—	12799	—	14439	-11.4
其他收入	—	1263	—	669	88.8
二、基金收入	—	289688	—	359824	-19.5
其中:土地出让金收入	—	207779	—	199277	4.3
社保基金收入	—	63771	—	136660	-53.3
三、上划中央收入	—	285530	—	353708	-19.3
国内增值税(75%)	—	173019	—	220059	-21.4
消费税(100%)	—	614	—	680	-9.7
企业所得税(60%)	—	88562	—	114662	-22.8
个人所得税(60%)	—	23335	—	18308	27.5
四、财政总收入	—	1166104	—	1288048	-9.5
国税总收入	—	375586	—	472217	-20.5
地税总收入	—	402196	—	365303	10.1
财政及其他部门总收入	—	388322	—	450529	-13.8
付:出口退税(100%)	—	84409	—	81060	4.1
税收比重(%)	—	83.3	—	83.8	—

说明:收入含园区。

2014年靖江市财政支出完成情况一览表

表11　　单位:万元

预算科目	支出预算				累计支出	占预算(%)	上年同期	与上年相比	
	小计	上年结转	年度预算	上级指标				增减额	增长(%)
一、公共财政预算支出	623059	52995	499500	70564	614901	98.7	537564	77337	14.4
1. 一般公共服务	88674	11316	76300	1058	72600	81.9	67618	4982	7.4
政府及相关机构事务	30420	1237	29183		30675	100.8	27458	3217	11.7
2. 国防	1320		1300	20	694	52.6	0	694	
3. 公共安全	41334	6040	34800	494	36831	89.1	34400	2431	7.1
4. 教育	106123	1333	102000	2790	123461	116.3	109872	13589	12.4
5. 科学技术	14720	498	10900	3322	14835	100.8	14995	-160	-1.1
6. 文化体育与传媒	10435	2074	7700	661	7637	73.2	9086	-1449	-15.9
7. 社会保障和就业	46429	4816	33500	8113	37790	81.4	33744	4046	12.0
8. 医疗卫生	51759	5128	38400	8231	48901	94.5	45607	3294	7.2
9. 节能环保	26941	7321	8800	10820	21300	79.1	17519	3781	21.6
10. 城乡社区事务	90469	7961	81500	1008	130479	144.2	63359	67120	105.9
11. 农林水事务	78800	777	53300	24723	74973	95.1	71692	3281	4.6
12. 交通运输	11519	791	6100	4628	10247	89.0	10734	-487	-4.5
13. 资源勘探电力信息等事务	6922	901	3500	2521	5380	77.7	7947	-2567	-32.3
14. 商业服务业等事务	17701	363	16300	1038	11813	66.7	34097	-22284	-65.4
15. 金融监管支出	1700	—	1700	—	1918	112.8	1259	659	52.3
16. 国土资源气象支出	1968	600	1300	68	1067	54.2	1122	-55	-4.9
17、住房保障支出	8465	178	7300	987	10418	123.1	9831	587	6.0
18. 粮油物资储备管理事务	1401	1	1400	—	1854	132.3	1249	605	48.4
19. 国债还本付息支出	1000	—	1000	—	836	83.6	514	322	62.6
20. 其他支出	15379	2897	12400	82	1867	12.1	2919	-1052	-36.0
二、政府性基金支出	285514	42979	237583	4952	232529	81.4	227009	5520	2.4
1. 教育	8774	244	8500	30	0	0.0	7404	-7404	-100.0
2. 文化体育与传媒	150	—	150	—	199	132.7	325	-126	-38.8
3. 社会保障和就业	4437	2974	1400	63	2513	56.6	1598	915	57.3
4. 城乡社区事务	261103	36573	223550	980	223414	85.6	213092	10322	4.8
5. 农林水事务	3474	1269	2200	5	385	11.1	1662	-1277	-76.8
6. 交通运输		—	—	1581	1581		1274	307	24.1
6. 资源勘探电力信息等事务	918	527	391	—	158	17.2	243	-85	-35.0
7. 粮油物资储备等管理事务	0	—	—	—	—	—	—	—	—
8. 其他支出	5077	1392	1392	2293	4279	84.3	1411	2868	203.3
三、社会保险基金支出	140000	—	140000	—	57523	41.1	124972	-67449	-54.0
四、财政总支出	1048573	95974	877083	75516	904953	86.3	889545	15408	1.7

说明:支出不含园区。

国家税务

【概况】 2014年,全市国税系统坚持以组织收入为中心,以税收管理改革为主线,不断推进依法治税,提升管理质效,提高办税效率,累计完成国税收入30.96亿元。市国税局继续保持“江苏省文明行业”称号,第一、第二分局继续保持“江苏省文明单位”称号,第一、第三分局继续保持“省级青年文明号”称号;第一、第二、第三分局被评为泰州市局十佳标兵分局,第一、第二分局获评泰州市基层站所作风建设五星级单位;38名干部被泰州市局记三等功或嘉奖。

【国税收入】 通过查堵漏洞、科学管理和责任落实促进国税增收,全市累计完成国税收入30.96亿元,实现国税公共财政预算收入10.29亿元。国税收入中,入库增值税20.83亿元(含“营改增”收入2.65亿元)、企业所得税7.76亿元、车购税2.31亿元、消费税614万元、教育储蓄利息个人所得税1.53万元。

【纳税服务】 强化“96888786”纳税特服号建设,畅通税企沟通渠道。推进非接触式服务,引导纳税人网上办税和自助办税,通过短信、网络、电话、邮寄等方式告知、提醒纳税人涉税风险,平均每月邮送涉税文书约1200份。实行10万元以下发票限额审批简易流程,窗口即时办结。在上海城、天一广场设立咨询点,开展“市民街头学税法”活动。落实《全国县级税务机关纳税服务规范》,完善业务流程及配套服务,每个流程平均办结时间1.43天,较上年的2.39天提速40%。

【税收优惠】 着眼于全市转型升级发展要求,落实支持战略新兴产业、科技进步、区域协调发展等方面的税收政策,做好扩大小型微利企业所得税减半征收范围等税收优惠新政的宣传及享受优惠政策的调研、核查工作,全面依法落实有利于实体经济和创业就业的各项税收优惠。全年办理各类税收优惠15.1亿元,其中征前减免2.34亿元、各类退库2.3亿元、出口退税8.2亿元、固定资产设备抵扣2.19亿元、退税抵缴0.07亿元。

【税收管理“211”工程】 一是落实“两个办法”,即纳税服务任务管理办法、税收检查任务管理办法,规范化、流程化管理服务和执法事项,做到同一年度检查原则上同一纳税人不超过一次,并实行操作规范一个清单、任务扎口一个部门、服务受理一个界面、联系国税一个号码、咨询解答一个口径、调查辅导一次到位、任务管理一个平台;二是公开“一个清单”,即纳税服务和税收执法事项清单,以列举方式明确服务和执法事项,界定业务边界,主动接受监督,增强税收执法的透明度;三是用好“一个平台”,即数据情报平台,对系统内外数据信息进行一户式归集和全景式展示,根据纳税人风险等级的高低选择不同的应对策略,对高等级及中等级风险纳税人进行评估,对低等级风险纳税人予以提醒。

【税收管理改革】 以“211”工程为税收管理改革突破口,完善风险管理制度,加强风险管理流程建设,实现市局业务科室实体化运作、税源管理分局科室化管理。推进风险应对方式转变,开展混凝土、医药零售、化工等行业及高新技术企业、搬迁企业专项应对工作。挖掘行业特点,统一政策执行口径,对房地产、建筑业试行按行业、跨区域应对。依托政府综合治税平台和数据情报平台,全年获取各类数据信息621万条,综合治税直接应对成效1638万元。完成风险应对775户次,风险应对入库税款10 353万元,应对总成效20 677万元。规范个体税收管理,调整内设机构,成立个体税收管理股,推进个体税收委托代征工作,地砖、灯具、家具、电动车、家纺、手机、服装等7个行业月入库税款是上年的22倍。

【依法治税】 规范税务行政处罚行为,落实税务行政处罚裁量权和自由裁量基准要求。试点开展税收行政指导工作,引导纳税人主动遵从税法。推进税收行政说理制度,对重大税务案件的行政处罚决定书采用说理式执法文书。开展政策效应剖析评估,建立政策执行情况跟踪联系点和数据采集交换制度。发挥稽查震慑作用,以打击重大虚开发票和查处骗取出口退税案件为重点,查结各类案件81件,其中10万元以上大要案10件、移送公安部门办理4件,全年查补税款1065万元。

【便民办税春风行动】 2月,市国税局启动便民办税春风行动,以解决在行政审批、办事效率、服务意识、办税负担、纳税诚信、规范执法等方面存在的问题,全面全程提速办税。陆续下放7大类审批权,分别为增值税专用发票最大开票限额行政许可,税收资格认定县区局审批权限事项,依据税收优惠资格认定而产生的民政福利、资源综合利用、软件企业等各类政策性退税,误收退税、车购税退税,基于管理行为的属于一般程序的行政处罚,一般纳税人资格认定,上级文件规定应当由县区局审批的日常性管理类审批事项。实现车购税征收办证一条龙、增值专用发票代开等国税地税一体化。根据纳税信用等级、税收风险等级,推行发票分类分级规范化管理,为诚信守法的纳税人提供更多便利。

纳税服务"一体化"专题观摩研讨会　　(市国税局提供)

【邮电通信业"营改增"扩围】 年内,市国税局开展邮电通信业"营改增"工作,与地税部门沟通交流,向纳税人进行政策宣传和疑难解答,将9户邮政业纳税人和4户电信业纳税人纳入"营改增"试点范围。至2014年年末,全市共有"营改增"企业1821户,其中一般纳税人333户、小规模纳税人1488户,全年"营改增"收入2.65亿元。 (徐　鋆)

地方税务

【概况】 2014年,面对复杂严峻的经济形势,市地税系统围绕"管理制度化、工作标准化、执法规范化"工作目标,全面深化改革,推进管理转型,促进税收征管质效、组织收入质量、依法治税能力、纳税服务水平全面提升,实现地方税收41.06亿元,比上年增长14.8%。市地税局被江苏省地方税务局授予"江苏地税20周年建功集体"称号,被泰州市委、市政府表彰为2013—2014年法治泰州建设依法行政示范单位,连续11年被靖江市委、市政府评为年度市级机关绩效考评十佳服务地方发展单位;市地税局稽查局被中华全国妇女联合会授予"全国巾帼文明岗"称号;市地税局监察室环建军被卫生部、中国红十字会总会、中国人民解放军总后勤部卫生部联合授予全国无偿献血奉献奖金奖。

【地税征收】 完善地税征收机制,改变坐等纳税人申报或代纳税人申报等做法,推行风险应对与纳税申报并重,提高征管质效;改纳税人自主申报、被动管理为明确节点、主动管理,实施风险管理领导小组统筹下的分级管理体系,建立长效管理制度,提高征管效果;改专业平台推送、机械单一应对为能动确立规划,分级分类应对,放大应对频幅,拓宽应对来源渠道,提高征管效能。紧扣"做优纳税服务,做实基础管理",强化税源监控、风险应对、后续监管环节,开创国税地税联动新机制,实行"两税"联合办税、联合征管、联合稽查,推进国税与地税、简政与规范、资源与绩效、治理与遵从"四项融合",降低纳税人涉税风险。年内,全系统组织各项收入首次突破70亿元,达70.77亿元,比上年增长13.96%;组织地方税收41.06亿元,比上年增长14.78%;完成公共预算收入34.13亿元,比上年增长13.8%。

【税源管理】 围绕依法治税、服务发展的核心理念,强化规范执法和优化服务两项工作,降低纳税人的遵从成本,引导纳税人依法诚信纳税。形成具有地税特色的"连心工作法",组织"一十百千万"(开展一次竞赛、举办十场讲座、走访百家企业、汇聚千人签名、税收政策进万户)、"企业情况大走访、行业税源大调查、服务问题大排查"及"民声地税润马洲"主题开放日活动,提升"民生地税润马洲"的品牌效应。优化行政审批流程,完善行政处罚裁量基准,促进公正公平执法。

完善行政审批后续管理制度，推行税收执法问责制。深化稽查专业化改革，做好高风险应对工作。打击发票违法市场，促进税收秩序进一步好转。加大税种管理力度，完善企业所得税管理台账，针对企业重组、关联交易、资产损失、税收优惠、减免退税等进行重点管理。强化高收入者、非劳动所得个人所得税征收管理，发挥税收对收入分配的调节作用；按照省局统一部署，做好房土税源的调查工作，核实房土税源数据；全面应用存量房评估系统，拓展评估范围，不断规范契税征管。加大重点税源管理力度，对税源按照纳税人规模、行业和特定类型进行科学分类，突出行业管理的关键领域，建立覆盖金融、保险、制造业、建筑房地产业等重点行业的重点税源监控体系，加大管理力度促增收。加大个体税源管理力度，根据专业化管理改革的要求，按照不低于5%的比例，调查不同行业、不同规模等级的个体纳税户，摸清、摸透业户经营情况。

【税收稽查】 根据风险管理平台推送的高风险信息开展税收稽查，着重加大百万元以上大要案的查处力度，发挥稽查震慑作用。深化稽查专业化改革，创新工作体系，加强稽查风险应对和风险绩效评估。以查办重大案件和典型案件为突破口，突出对偷逃所得税、营业税案件的查处力度，形成重点税户审计式稽查、一般税户税种式稽查新格局，依法打击涉税违法行为。通过“以查促管”，充分利用稽查手段突出对征管薄弱环节的检查，提高征管质量。强调稽查的后续管理，通过稽查建议、稽查分析夯实征管基础，突出“一案双查”（外查偷税，内查行政不廉、执法不严），促进党风廉政建设。打击发票违法市场，促进税收秩序进一步好转。

【国税地税“一厅式”联合办税】 10月1日起，市地税局根据《全国县级税务机关纳税服务规范》，在办税服务大厅设立国税综合办税窗口，受理代开增值专用发票、大额普通发票、个体定期定额户（共管户）超定额票结申报等涉税事项，实现进“一家门”办“两家事”的“一厅式”国税、地税联合办税目标。

强纳税人纳税意识；宣传税收政策进万户，出刊《靖江企业家》地税专刊，分送到全市近万户企业。

【纳税开放日活动】 年内，市地税局以“一会两班三走进”为载体，开展“民声地税润马洲”主题纳税开放日活动。“一会”为地税工作专题研讨（座谈）会。邀请企业家协会负责人、纳税人代表、人大代表、政协委员等30人参加地税工作专题研讨（座谈）会，就地税征管改革、办税服务、税收执法、作风行风建设等方面听取其意见和建议。“二班”即办税技能和税收政策培训班。针对企业办税人员，讲授办税平台使用、房土两税申报软件、最新税收政策等知识。“三走进”即走进办税服务厅、走进相关分局、走进机关科室。邀请20名企业办税人员和个体工商户代表观摩办税服务厅，了解办税流程，体验自助办税、网上办税等便民办税举措和税源专业化改革后的工作流程等。 （高建华）

“纳税开放日”开门“纳谏” （靖江日报社提供）

【“一十百千万”税收宣传】 年内，市地税局组织开展“一十百千万”系列税收宣传活动，提升“民声地税润马洲”品牌效应。开展1次税收知识竞赛，在全系统营造比知识、比能力的良好氛围；举办10场主题讲座，帮助纳税人掌握企业所得税汇算清缴等知识；走访百家企业，为其解读政策、规避税收风险；汇集千人签名，以“我纳税、我光荣”为主题，结合税收宣传月活动，增

综合管理与监督

Comprehensive Adminstration and Supervisor

编辑 顾鑫昱

发展计划管理

【概况】 年初,市发改委在充分调研、广泛征求意见的基础上,提出2014年度国民经济和社会发展计划草案,计划全年地区生产总值增长11%左右,市本级公共财政预算收入增长9.0%左右,固定资产投资增长17%左右,城镇居民人均可支配收入和农民人均纯收入与经济发展同步;编制2014年国民经济和社会发展主要目标任务,由市政府下达至各单位。国民经济计划实施过程中,建立经济运行分析例会制度,密切跟踪宏观微观经济形势变化,每季度形成全市经济运行情况分析报告,半年度向市人大常委会汇报计划执行情况。年末,全年实现地区生产总值712亿元,比上年增长9.2%,其中市本级地区生产总值666.19亿元,增长10.2%;完成一般公共预算收入59.09亿元,其中市本级收入54.04亿元,比上年增长9.2%;完成固定资产投资405.76亿元,比上年增长17%,其中市本级完成376.33亿元,增长25.5%;城镇和农村居民人均纯收入分别为33 864元、16 570元,比上年分别增长9.1%和11%;县域经济和基本竞争力居全国百强县第26位。

【"十三五"规划编制启动】 年内,市发改委启动"十三五"规划编制工作,在广泛征求意见、吸收周边地区成果的基础上,根据靖江实际确定42个前期研究课题,主要包括形势研判与总体思路、产业转型升级与现代产业体系、新型城镇化与城乡一体化、科技创新能力和开放型经济、创新社会治理与民生保障、生态文明建设与资源要素保障等,有32个部门承担课题研究任务。

【经济运行分析调研】 年内,市发改委加强国民经济社会发展计划执行情况监测研判,完成《靖江市2014年一季度经济运行情况分析》《靖江市2014年上半年经济运行情况分析》《靖江市2014年前三季度经济运行情况分析》等报告,根据经济回升基础不牢、投资增长后劲不足、资源要素制约突出、外资外贸形势严峻等问题,提出稳定经济增长、推动产业转型升级、抓好重大项目建设、扩大内外市场需求、深化重点领域改革、缓解要素制约等对策。围绕促进服务业发展,组织开展现代市场体系调查,深入研究发展电子商务、房地产业、餐饮业和家政服务业,吸引外地服务业税源等课题。配合市委、市政府就优化产业布局、谋求项目建设突破开展调研,针对存在的问题提出工作建议。加强对转型升级、城乡发展一体化跟踪分析,定期总结进展情况,提出思路建议。针对农产品加工集中区的运营情况和存在问题提出工作建议,向省农村现代化试验区领导小组办公室调研组专题汇报靖江县级农业龙头企业现状和发展思路。根据上级要求,开展船舶、钢铁、水泥等行业产能过剩情况调查和天然气使用、光伏发电等清洁能源发展情况调查。

【固定资产投资管理】 年内，市发改委把加快重大项目建设作为“稳增长、调结构、促改革、惠民生”的有效手段和贯穿全年的中心工作。排出重点项目253项，先后制定《2014年靖江市固定资产投资计划和重点项目建设任务考核办法》《靖江市重点项目专题会议制度》及《重点工程项目目标责任书》，将新开工产业项目建设任务分解至开发区（园区）、各镇，明确产业类项目投资必须达到其总投资额的60%。完善重大项目推进机制，落实项目责任领导，建立项目联系网络，每月汇总重点项目月报，分析重点项目完成情况。突出抓好26个重大工程项目推进工作，会同相关部门跟踪督查项目进展情况。对接镇、园区重大项目活动，逐一走访、梳理排查项目建设中的困难和矛盾，研究处理意见，报送市政府协调解决。全市全年完成固定资产投资405.76亿元，比上年增长17%。其中市本级完成固定资产投资376.33亿元，比上年增长25.5%。

【项目申报】 年内，市发改委以编制“十三五”规划为契机，认真梳理需要上级支持的政策和项目，上报江苏省、泰州市发改委，争取纳入其“十三五”规划。加强与各单位沟通，做好项目谋划编报，争取有更多项目被纳入上级重点项目计划。及时掌握国家和省扶持政策信息，迅速组织项目申报，并逐项跟踪落实，全年共获中央和省级预算内资金补助7000多万元。有序推进企业债券发行，靖江港口发展有限公司8亿元公司债券通过国家发改委核准，用于靖江港新港作业区公用码头（三期）工程和和尚港内港池码头工程2个项目建设。做好需上级审批项目的申报服务工作，罗家港桥内港池码头、三江现代物流中心公共物流基地等重点项目通过省发改委核准、备案。

【服务业管理】 年内，市发改委以推动服务业扩规模、促转型、创品牌为目标，组织召开全市服务业推进大会，研究制定《关于实施“一二三四”行动计划（2014—2016）加快发展现代服务业的意见》，围绕现代物流、金融服务、商贸流通、科技服务、信息服务、旅游休闲、文化创意、家庭服务、商务会展和房地产开发十大重点行业，推动三江现代物流中心和城南市场集群两个现代服务业集聚区提档升级，强化30个服务业重点项目示范带动作用，培育40家服务业领军企业。出台《靖江市服务业发展引导鼓励办法》，引导服务业健康快速发展。科学制订服务业发展指标体系，合理确定各项发展目标并分解下达到各有关单位，全年实现服务业增加值308.99亿元，比上年增长11.0%，占地区生产总值的43.4%，比上年提高1个百分点。加快推进服务业重点项目建设，大润发进驻靖江，万都五金机电建材城、泰和国际城建成开业，木材产业园一期基本建成，国际汽贸城6家汽车4S店建成营业。江苏东华测试技术股份有限公司成为靖江首个江苏省服务业名牌企业，公司副总经理陈立获第2届江苏服务业专业人才特别贡献奖，成为靖江首位获此殊荣的专业人才。

【农业经济管理】 年内，市发改委与市水利局编制《2014年“全国新增千亿斤粮食”产能规划田间工程项目方案》并组织实施。加快推进农业产业化发展，研究制定《靖江市农业产业化发展专项资金考核奖励办法》及《2014年度农业产业化发展专项资金安排意见方案》。开展龙头企业申报认定工作，严格依照认定标准，调减不符合条件的泰州市级以上农业龙头企业3家，增补1家。促进龙头企业扩大规模，江苏尚香食品有限公司成功挂牌上海股交中心。泰州市级以上龙头企业实现销售收入185亿元、利税5.1亿元，分别比上年增长22.3%和5.1%。

【阳光发改系统建设】 年内，市发改委被确定为全省阳光发改系统建设试点单位。按省发改委统一部署，研究各业务科室权力清理和内部流程图编制情况，确保权力清理到边到角、流程设置科学规范，在此基础上配齐必需的软硬件，与省、泰州市发改委联网互通。2014年年末，阳光发改系统基本建成。 （师伟荣）

能源管理

【概况】 年内，靖江加强能源管理，推进工业节能减排、农村清洁能源建设。至2014年年末，全市有年耗标准煤1000吨以上企业70家，比上年增加1家。448家规模以上工业企业用电量22.96亿千瓦时，比上年下降4.31%；总能耗量143.54万吨标准煤（用电折标准煤系数1.23），比上年下降11.74%；产值2018.68亿元，比上年增长3.84%；产值耗能0.07吨标准煤/万元，比上年下降15.01%。主要能耗削减率达到省定目标。

【工业节能减排】 年内,市经信委加强年度节能考核,定期组织企业参加节能新产品、新工艺、新技术推广活动。推广安装节能灯4.2万只,江苏大中电机有限公司、江苏航天动力机电有限公司、江苏上骐集团有限公司、江苏环球特种电机有限公司4家企业获国家节能惠民工程补贴。总投资8.94亿元,实施江苏民生特种设备集团有限公司高效节能蒸馏精馏塔产业化、江苏大中电机股份有限公司超高效系列三相异步电动机技术改造等25个重点项目,年节约标准煤2万吨。江苏永昊高强度螺栓有限公司紧固件生产设备节能改造、江苏环球特种电机有限公司淘汰电机高效再制造技术改造、江苏联兴成套设备制造有限公司内外双冷自保护式高效节能铸钢冷却器技术改造、江苏和诚制药设备制造有限公司高效节能甲醇及乙醇水溶液精馏装置生产线技术改造4个项目获江苏省工业转型升级(节能及循环经济)专项引导资金580万元,按国家和省定标准淘汰落后设备240台(套)。江苏大润机械制造有限公司靖江管业分公司、江苏新源源电力建设实业有限公司、江苏永益铸管股份有限公司、靖江王子橡胶有限公司4家企业实施清洁生产方案39项,通过清洁生产审核,节约3.33万吨标准煤、3100吨水,“三废”(废气、废水、固体废弃物)综合利用率98%以上。年内,3家企业通过省资源综合利用重新认定,7家企业年审合格,4家企业完成能源审计,2家企业申报合同能源管理。江苏亚星锚链股份有限公司通过国家能源管理体系认证,成为靖江首家按照国家最新标准建立能源管理体系的企业。

【农村清洁能源建设】 年内,市农委推行秸秆综合利用技术,实行“夏季秸秆全面还田,秋季秸秆全量收储”,全市有秸秆收储企业9家、收储点13个,收储秸秆11.6万吨,秸秆还田利用率和综合利用率均在95%以上。兴创生猪专业合作社、华强生猪专业合作社等4家养殖单位完成减排任务,削减COD(化学需氧量)32.18吨、氨氮5.2吨。鑫旺生猪养殖合作社、哈冠家禽养殖专业合作社等13家单位上争江苏省农业生态环境保护项目,获扶持资金417万元。 (夏文龙 卢俊春)

统 计 管 理

【概况】 2014年,市统计局加强专业业务流程规范化管理,出台《靖江市统计行政指导制度》,印发《行政指导手册》,规范各专业科室和乡镇统计站行政指导工作。加强联网直报企业规范化达标验收工作。出台重点服务业和批发零售住宿餐饮企业联网直报规范化达标验收考核奖励政策,年内728家企业通过联网直报达标验收,达标率91%。加强镇村统计机构建设。出台《镇级统计机构基础建设常态化管理实施意见》,年内所有乡镇统计机构通过常态化管理验收,市开发区经济发展局计划统计科获评省级开发区规范化建设示范单位;出台《村(社区)统计基层基础建设实施方案》,并组织现场观摩推广。全市村(社区)统计基层基础建设验收合格率95%,26个村(社区)获评市统计基层基础建设示范单位;《江苏统计》第6期刊登《靖江市扎实推进村级统计基层基础建设》文章,介绍靖江村(社区)统计规范化建设具体做法。加强统计队伍建设。举办统计法律法规、专业知识专题讲座,编印《靖江市统计继续教育网上操作流程》手册,丰富统计继续教育网上平台课程内容。

【第三次经济普查】 年内,市政府出台《关于做好靖江市第三次全国经济普查工作的通知》,落

开展第三次经济普查 (靖江日报社提供)

实市镇两级经济普查的组织、人员、经费、宣传和法制保障工作。市统计局加强与各相关部门的协调，做好核查库与部门数据分析比对，市镇两级普查机构全面审核普查报表，开展数据质量抽查，保证普查资料客观真实。3月22日，国务院第三次经济普查办公室组织新华网、中新社以及《第一财经日报》等新闻媒体记者至靖江，开展“媒体记者经普基层行”采访，实地考察新桥镇、靖城街道、城北园区普查现场登记全过程，观摩普查员工作流程以及PDA使用，详细了解第三次全国经济普查特点和变化。普查结果显示，靖江登记法人单位8579个、产业活动单位880个、个体户47 108个，分别比第二次经济普查增长33.5 %、41.5%、10.5%。经测算，普查数据与年度统计快报数据吻合度较好。12月，靖江市第三次经济普查领导小组办公室获评全国经济普查先进集体。

【统计服务】 年内，市统计局及时发布《2013年靖江市国民经济和社会发展统计公报》，编印《靖江统计年鉴(2013)》等统计资料。将《靖江统计月报》改为一月三刊，增加信息发布量，便于市主要领导及相关部门及时掌握经济发展情况。先后与市住建局开展园林城市和村庄环境整治满意度调查，与市城管局开展城市环境综合整治满意度调查，与市委政法委开展社会公众安全感满意度调查等，并撰写调研报告反映民意调查结果，为决策提供依据。

【统计品牌创建】 年内，市统计局以“素质提升、数海求真、服务至臻、爱岗敬业、爱心奉献”为主题，开展多次活动，丰富统计服务品牌的内涵。编印《靖江统计专刊》，举办快乐统计知识竞赛、职业道德演讲比赛，开展“寻找最美统计人、最美普查员”和“我是规范统计岗”活动，拍摄制作电视片《普查员的一天》，谱写歌曲《普查情缘》，创办“统计人之家”，营造“忠诚统计、服务社会”的良好氛围。“统计连着你我他”服务品牌被推荐为泰州市优质文明服务品牌。 （张丽云）

审 计 管 理

【概况】 2014年，市审计局树立科学审计理念，加强审计队伍建设，提高审计工作质量和水平，全年完成审计项目29个，查出各类问题金额31 881万元，提出审计意见或建议89条。协助审计署驻南京特派员办事处审计调查靖江财政存量资金，组织审计组赴镇江参加土地出让金审计。

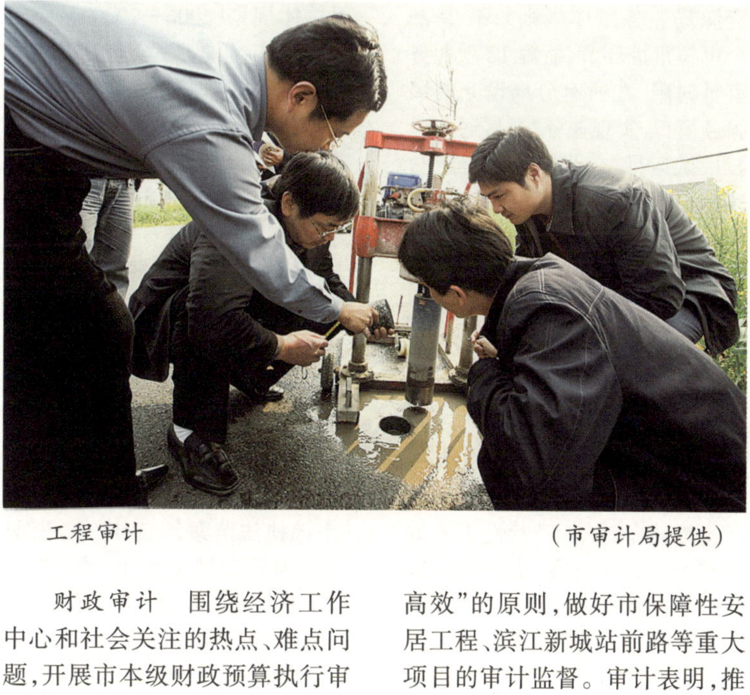

工程审计 （市审计局提供）

财政审计 围绕经济工作中心和社会关注的热点、难点问题，开展市本级财政预算执行审计及其他财政收支审计、税收征管质量审计和市农委、公安局、环保局、残联等部门单位预算执行情况审计，提出建设性审计建议。加强财政资金全口径、全过程审计监督力度，加大对政府预算编制、执行和决算情况的监督检查，探索开展预算科目审计，提高资金使用绩效。

专项资金审计 按照守住底线、突出重点、完善制度的要求，重点加强对“三农”、社保、教育、文化、医疗卫生等重点民生项目资金的审计，组织实施2013年度农水口专项资金和农业综合开发资金专项审计调查。着力监督检查民生政策落实情况，特别是低收入群众基本生活保障情况，揭露和查处严重损害群众利益的问题。继续加大资源环境审计力度，开展环保专项资金审计调查，加强对节能减排政策执行、大气污染防治等审计。

政府投资审计 坚持“依法审计、实事求是、保证质量，廉洁高效”的原则，做好市保障性安居工程、滨江新城站前路等重大项目的审计监督。审计表明，推进棚户区改造和保障性安居工程建设在改善群众居住条件、推进新型城镇化建设、拉动投资和消费需求、促进经济增长和社会和谐等方面取得明显成效。年内审计工程项目475个64.43亿元,审计核减5.24亿元。

经济责任审计　落实《党政主要领导干部和国有企业领导人员经济责任审计规定》,引入绩效审计理念,突出关注领导干部履行经济责任的过程和效果,增强各单位遵守财经法律法规和履行经济责任的意识。全年完成领导干部经济责任审计4个,其中任中审计3个、离任审计1个。

(唐迪明)

国土资源管理

【概况】 2014年,市国土资源局推行全流程优化审批、全区域便民服务、全业务网上办理、全节点效能监督,编印《靖江市国土资源局业务工作规则》,减少25个审核审批环节,缩短12项业务审批时限,在所有分局设立便民服务窗口,实现业务"通接通办"。4月,试运行"一张图"办事流程,涵盖土地登记、预审、征地、供地等业务。5月,各业务科室、分局通过一期系统实现所有业务网上办理。全年办理农用地转用、征收12个批次361.87公顷。上争省级重点项目用地指标90.33公顷,保障常州大学怀德学院、罗家港内港池、229省道等重大项目顺利实施。编制实施2014年度土地储备计划,经营性用地成交17宗14.97公顷,成交价3.25亿元;工业用地挂牌成交51宗194.97公顷,成交价5.14亿元。发放土地使用证5291本,办理土地抵押登记1602宗1114.29公顷,担保价191.95亿元。严格按照征地标准征缴各项费用,召开征地听证会7场,拨付失地农民保障资金1.08亿元。印发《关于进一步加强耕地保护工作的意见》,落实耕地保护任务责任,开展耕地后备资源和高标准基本农田调查工作。建立耕地占补平衡项目库36个36.61公顷,在江苏省补充耕地交易平台购得耕地占补平衡指标28公顷,全年复垦耕地18.28公顷,规划农户安置用地13.38公顷。加大涉土信访调处力度,出台《靖江市完善住宅用地使用权出让和房屋产权登记的意见》,全年收到人民来信82件,接待群众来访29批72人次,处置网络舆情28条,妥善解决历史遗留问题。推动政务信息公开,主动公开政务信息511条,依申请公开政务信息33条。

【土地利用规划管理】 年内,市国土资源局完成《靖江市土地利用总体规划(2006—2020)》实施评估工作,争取到省国土资源厅1100公顷规划指标,结合各镇(街道、办事处)远、中、近期用地需求,向市政府提出规划调整建议方案,年内完成东兴等9个镇(街道)规划调整。根据土地利用总体规划控制建设用地总量,严把用地准入关口,全年完成32宗用地预审,争取重庆红蜻蜓油脂有限责任公司巴西基地靖江大豆加工项目通过国土资源部用地预审。

【土地执法监察】 2014年,市国土资源局开展土地卫片执法检查工作,逐宗核查、分类统计卫星图斑,严格按程序处置违法用地。完善土地执法工作机制,切实做到违法用地早发现、快制止、严查处,全年发现和制止各类违法用地行为11宗,强制拆除4宗,立案查处违法用地3起18.31公顷。

【节约集约用地】 年内,市国土资源局围绕"保护资源、节约集约、维护权益、改革创新"工作要求,提请市政府出台《关于全面推进节约集约用地的实施意见》,加强土地利用管理和调控。强化市场调节作用,采取"举牌拿土地,市场定价格"方式出让。推行新增工业用地预申请制度,实行"有保有控"的产业用地政策,引导产业结构调整升级,优先保障上市企业用地需求。实行高标准厂房用地计划单列制度,鼓励建设多层厂房,引导投资者立体开发利用土地。建立闲置土地和低效用地数据库,足额征缴企业自身原因造成的闲置土地闲置费,依法收回符合收回条件的土地。工业项目容积率(地上总建筑面积与用地面积的比率)一般不低于1.1,安置房容积率不低于1.6。

【农村土地承包经营权确权试点】 年内,市国土资源局积极参与马桥镇农村土地承包经营权确权试点工作,马桥镇根据市国土局提供的第二次全国土地调查土地利用图件,实地调查农户土地权属界址状况,并予以确认。年内,调查测绘土地面积3053.33公顷。

【孤山地质灾害防治】 年内,江苏省地质调查研究院全面调查孤山山体稳定性,出具《靖江市孤山山体稳定性应急调研报告》,确定孤山山体地质灾害危险性等级为特大型,将其列为江苏省2014年重要地质灾害隐患点和危险点。市国土资源局制定《靖江市突发地质灾害应急响应工作计划》,按照省地质调查研究院编制的《靖江市孤山特大型崩塌滑坡地质灾害治理工程设计》,与孤山镇政府修复加固孤山山体,在孤山及周边区域采取适当安全管制措施。

(凌 骏)

市场监督管理

【概况】 2014年,市工商局、质监局、食药监局切实履行各自职能,共同加强市场监督管理。市工商局推进登记制度改革。全市新增企业1481家、个体工商户3003家、家庭农场94家、农村合作社121家,新增注册资本94.41亿元。加大市场主体信息年报公示工作力度。通过媒体宣传、上门服务等方式,指导企业公示信息年报,构建信用监管平台,全年有5570家企业、18 800家个体工商户完成2013年度年报申报。成功注册靖江首个地理标志证明商标“靖江香沙芋”,指导“靖江蟹黄汤包”完成地理标志证明商标申报工作,指导申报驰名商标1件,推荐申报著名商标7件、知名商标9件,全市新申请注册商标近600件,年内新增中国驰名商标2件、江苏省著名商标5件、泰州市知名商标11件。深化诚信体系建设,开展合同行政指导和管理。市质监局以质量强市为抓手,健全质量强市考评体系。更新完善企业质量信用档案近300家,工业生产许可证换发35家、增项2家、巡查120家,上半年工业产品国家质检总局、省质监局抽查合格率均达100%。完善名牌体系。为名牌培育企业开辟“绿色通道”,落实各类名牌产品培育企业59家,年内新增江苏名牌产品1个,复评江苏名牌产品9个;新增泰州名牌产品6个,复评泰州名牌产品15个;16家企业获省、市质量奖。加大计量、标准化工作力度,推进特种设备安全监察,提升质量检测能力。市食药监局开展“药品放心工程”建设,药品零售连锁率56%,创建“放心药店”191家、“放心药房”22家、“放心药柜”56家。探索保健食品、化妆品监督检查机制,开展专项整治。市质监局、工商局、食药监局结合放心消费创建,开展食品生产、流通和餐饮服务安全监管,换发食品生产许可证45份,发放食品销售许可证1084份、餐饮服务许可证370份。

2014年靖江市新增驰名、著名、知名商标一览表

表12

类 别	商标名称	所属企业
中国驰名商标	南之缘	靖江南园樱花宾馆有限公司
	赛德力及图	江苏赛德力制药机械制造有限公司
江苏省著名商标	春意及图	靖江市春意空调制冷设备有限公司
	福至及图	靖江市津津食品有限公司
	图形	江苏京成机械制造有限公司
	华昊	江苏华昊建设集团有限公司
	奇美	江苏奇美乐器有限公司
泰州市知名商标	味巴哥	靖江市亿泰食品有限公司
	靖凯及图	靖江市凯宏空调设备制造有限公司
	宝信 BAOXIN	江苏宝信空调设备制造有限公司
	新耐及图	靖江市新奥泵业制造有限公司
	安华及图	江苏安华警用装备制造有限公司
	华华	靖江市锦华卷帘防火有限公司

续表12

类　别	商标名称	所属企业
泰州市知名商标	金东安	江苏东安特钢机械制造有限公司
	图形	江苏百盛酒店管理有限公司
	天嘉	靖江市天佑机械设备厂
	绿乐及图	靖江市宝钢空调设备厂
	晓燕及图	靖江市晓燕文化办公用品有限公司

2014年靖江市新增、复评江苏名牌产品一览表

表13

序号	企业名称	产品名称	备注
1	江苏双星特钢有限公司	爽星牌耐磨钢衬板	复评
2	江苏靖江叉车有限公司	内燃平衡重式叉车	复评
3	江苏恒力制动器制造有限公司	汽车制动器总成	复评
4	江苏双达泵阀集团有限公司	SDZA型气化关键泵	复评
5	江苏金秋竹集团有限公司	金秋牌提升门	复评
6	江苏飞翔泵业制造有限公司	飞翔牌CZ(IJ)型化工离心泵	复评
7	江苏凯靖管业有限公司	低压流体输送用焊接钢管	复评
8	江苏武新泵业有限公司	磁力离心泵	复评
9	江苏格尔顿传动有限公司	汽车转向传动装置总成	复评
10	江苏赛德力制药机械制造有限公司	赛德力(图形)牌离心机	新增

2014年靖江市新增、复评泰州名牌产品一览表

表14

序号	企业名称	产品名称	备注
1	江苏赛德力制药机械制造有限公司	赛德力及图形牌药用离心分离机械	复评
2	江苏新源源电力建设实业有限公司	源源牌螺栓组件	复评
3	江苏阿波罗空调净化设备制造有限公司	阿波罗牌组合式空气处理机组	复评
4	江苏吉祥空调设备有限公司	祥意牌空调机组、风机盘管	复评
5	江苏航天动力机电有限公司	航天动力牌高压、直流电机	复评
6	江苏凯特尔工业炉有限公司	凯特尔牌冶金用全氢罩式炉	复评
7	靖江市亚太泵业有限公司	金鲨牌蒸汽泵,单、多级离心泵	复评
8	靖江市宝钢空调设备厂	绿乐牌制冷主机、风机盘管末端	复评
10	江苏海天泵阀制造有限公司	Highting海天牌离心泵、化工流程泵	复评

续表 14

序号	企业名称	产品名称	备注
9	靖江市春意空调制冷设备有限公司	春意及图牌风机盘管机组、组合式空调机组、工商业用蒸汽压缩循环冷水(热泵)机组	复评
11	江苏双轮泵业机械制造有限公司	苏轮牌自吸泵、长轴泵、离心泵、氟合金泵	复评
12	江苏金麟化工机械有限公司	金麟牌高温溶盐泵	复评
13	江苏耐尔冶电集团有限公司	耐尔牌耐高温合金辐射管	复评
14	江苏武新泵业有限公司	武新牌磁力离心泵	复评
15	靖江市鸿运酒楼	陈士荣牌蟹黄汤包	复评
16	江苏海狮泵业制造有限公司	海狮牌化工离心泵	新增
17	江苏星晨高速电机有限公司	森晨牌高速电主轴	新增
18	江苏力阳电器制造有限公司	力阳牌配电屏、变压器	新增
19	靖江新舟合金材料有限公司	新舟牌合金材料	新增
20	靖江市丰禾油漆制造有限公司	丰禾油漆牌环氧富锌底漆	新增
21	江苏永涛实业有限公司	富尔代牌手扶式插秧机	新增

【市场监督管理局成立】 12月20日,靖江整合市工商局、质监局、食药监局职能,成立市场监督管理局。在原基层工商分局基础上,按区域设置市场监督管理分局,承担所辖区域工商管理、质量监管、食品药品监管等执法工作。整合质监、食品药品监管技术资源,组建市产品质量综合检验检测中心,为一线监管人员提供技术支撑。整合市场执法力量,变“多头”管理为统一执法。整合申诉举报机制,构建统一投诉举报体系。

【登记制度改革】 3月,市工商局出台《关于进一步深化工商登记制度改革的意见》,根据国家工商登记制度改革要求,结合靖江实际,推出简化工商登记前置审批、放宽注册资本限制、实施合并审批、推行选择登记、放宽住所登记5个方面14项举措。在简化工商登记前置审批方面,法律、行政法规、国务院决定以外设置的前置审批不再作为工商登记前置许可;对申请从事药品、食品生产及危险化学品生产、储存的企业,符合相关条件的实施分段审批登记,便于企业快速准入。在放宽注册资本限制方面,实行注册资本认缴登记制;除法律、行政法规以及国务院决定对特定行业注册资本最低限额另有规定的外,取消有限责任公司、一人有限责任公司、股份有限公司最低注册资本限制;不再限制公司设立时全体股东(发起人)首次出资比例和缴足出资期限;公司实收资本不再作为工商登记事项,公司登记时无需提交验资报告。在合并审批方面,实施商务审批与工商准入登记联合审批,配合市行政服务中心实施并联审批,年内为4家外资企业办理联合审批。在推行选择登记方面,开办网店及城市社区内微利便民经营者,可自主选择办理工商登记或办理相关备案;无固定住所的摊贩、以个人名义从事家政服务的,免予工商登记。在放宽住所登记方面,明确以住宅房作为经营场所,在符合法律规定并经有利害关系的业主同意及相关部门确认,且经营范围属于非扰民、无污染、无安全隐患的,房屋产权者、经营者承诺“房屋拆迁时按原产权性质补偿,不要求经营补偿”后,登记发放有效期1年的营业执照,年内“住改商”登记14户。7月,从4个方面实施负面清单登记制度。在经营范围方面,未被列入清单目录的,实施“先照后证”。在经营场所方面,开展“一照多址”登记,江苏景盛空调有限公司领到靖江首张“一照多址”营业执照,年内“一照多址”登记6家;允许不需要实体经营场所的企业,以商务秘书公司办公地点作为住所登记，向靖江德勤商务秘书有限公司发放泰州首张商务秘书公司营业执照。在名称登记方面，明确禁止、限制使用于名称中的行政区划、字号、行业、组织形式等文字和内容。在投资(任职)方面，禁止和限制投资任职人员。此外，下放个人独资企业、农民专业合作社登记权限至基层分局，年内基层分局登记个人独资企业61家、农民专业合作社71家。推行网上登记和电子营业执照发放，发放电子营业执照100份。城南分局试点推行“就近受理、远程核准”，发放营业执照138份。

启用新版营业执照　　　（靖江日报社提供）

【合同监管】 年内，市工商局加强合同行政指导和合同监管工作，重点整治银行、房地产、汽车销售等利用合同格式条款侵害消费者合法权益等不法行为，检查相关行业领域经营主体185个、各类合同文本350份，发现违法违规合同格式条款200条次，发出行政指导建议书21份、整改通知书56份，组织行政约谈32次。力推合同示范。年内推广合同示范文本300份，格式合同备案8起。积极推动诚信市场建设。查处合同违法案件6件，罚没金额1.03万元。年内，江苏武新泵业有限公司、江苏西电电气有限公司新晋升为国家级“守合同重信用企业”，国家级“守合同重信用企业”增至7家；向社会公示泰州市“守合同重信用”企业385家。

【工商行政执法】 市工商局建立经济检查大队与基层中队捆绑办案模式，立案查处各类违法案件393件，其中广告违法案件22件、商标侵权案13件、食品安全案件57件、产品质量案件13件。加大网络虚假案件和公用企业不正当竞争案件查处力度。完善网站主体动态信息，初步建立全市主要经营性网站主体数据库，完成36个企业网站人工比对，查处网络虚假案件5起；查处公用企业不正当竞争案件1起。开展“护航品牌”活动，确定重点商标保护企业1家，帮助70家企业制定“一企一策”计划书，纠正不规范使用商标行为5起，查办假冒商品、侵犯知识产权案件18起。

【消费维权】 市工商局围绕精细化服务、精细化保障、精细化监管、精细化管理，推进“红盾四精工程”，在255个行政村和社区建立“12315”联络站，在31个商场、超市、市场建立“12315”“五进”(进商场、进超市、进市场、进企业、进景区)维权服务站，实现村镇、社区消费者协会分会、消费者投诉站、“12315”联络站“一会两站”全覆盖，所有“12315”五进维权服务站通过泰州市工商局验收，申报省先进维权服务站2个。积极放大“维权大姐”示范效应，建立“郑美琴维权工作室”7个，全年处理申(投)诉830件，受理消费纠纷258起，发布消费警示100余条，查处房地产销售中侵害消费者权益案件13起。提升公共服务企业社会满意度。以公共服务业为重点，帮助企业对照新修订的消费者权益保护法完善投诉处理机制，排查消费纠纷风险点，完成出租车和餐饮行业满意度调查，向出租车公司发放建议函1份。

【流通领域食品监管】 年内，市工商局加强食品销售许可管理，全年发放食品销售许可证1084份，其中乳制品单独销售许可证377份(含新换证)。以分局为单位2次抽查全市食品经营户经营状况，发现问题限期整改。组织开展食品添加剂专项整治行动，快检快查35次，抽检18个品种270个批次，办理案件78件。开展食品安全专项集中执法行动，专项检查36次。

【计量工作】 年内，市质监局完成计量器具检定2.97万台件，考核计量标准20项，计量合格确认73家企业、保证确认9家企业。加大服务百姓力度，开展农贸市场、乡镇卫生院免费检定工作。检查农贸市场41家，免费检定电子计价秤3085台；检查乡镇卫生院23个、村卫生室72个，免费检定血压计451台。开展计量专项监督检查，打击计量违法行为。监督抽查农药、化肥、种子、大米等定量包装商品净含量188个批次，合格率96.81%；监督检查红酒、茶叶、粽子等过度包装商品净含量140批次，合格率97.14%。

【标准化工作】 年内，市质监局加快实施技术标准战略，积极引导企业参与国家标准制订，抢占行业制高点，提升行业话语权。落实“采标”产品41个，发布实施国家标准1个、行业标准3个、泰州市地方服务标准1个，备案企业标准350个。至2014年年末，靖江企业采用国际标准产品115个，主持或参与制订国家标准41个、行业标准47个。帮助企业建立健全标准体系，6家企业通过“江苏省标准化良好行为企业”AAA级验收。新办、换发机构代码证书4650家，年内组织机构代码年检制度向年报制度过渡，完成验证和年度报告7066家。

【食品生产监管】 年内，市质监局严格食品生产监管，落实食品安全主体责任，召开全市食品生产企业负责人会议，签订质量安全承诺书。审核食品生产企业资质，换发食品生产许可证45份。开展节日期间食品安全检查，共检查企业80家，责令整改2家，立案查处3件。开展大米、肉制品、桶装饮用水、食品标签等专项整治，发出责令整改通知书5份。整合系统内部资源，发挥“三位一体”(行政管理、稽查执法、技术检测)综合监管职能，组建9个巡查小组，结合食品安全大检查和专项整治活动，对全市117家食品生产企业和73家小作坊进行巡查，全年巡查350家次，发出整改通知书20份，年内对整改情况全部实施回访。

【特种设备安全监察】 年内，市质监局按照“安全为先、服务为上、预防为主”的原则，落实企业特种设备安全主体责任，推广特种设备标准化管理及分类分级监管，深入宣传《特种设备安全法》《特种设备使用单位安全管理准则》，发放宣传资料1000余份，现场咨询50余人次。特种设备使用注册登记1328台次，作业人员考核发证2091项次，标准化管理达标企业1362家。集中开展特种设备安全检查整改专项行动，检查99家特种设备使用单位，发现隐患并督改117处。组织开展气瓶充装、电梯等专项整治。全年出动监察人员256人次，发现并整改事故隐患196处，整改率100%。推进气瓶条码信息化管理，严格查处违法违规充装、检验气瓶和翻新报废行为，实现联网动态监测。各类气瓶督促送检11 375个。

【质量检测】 年内，市质监局启动市产品质量公共检测平台和质监检验检测实验楼建设，质监检验检测实验楼建筑面积9500平方米，占地1500平方米，内设金属材料、煤炭化工、电器、水泵试验中心及衡器、长度、力学、热学检定室。质检中心通过省质监局现场资质认定考核，能检验398个产品、358个参数，年内接受各类委托检验1500余批次。

【电梯监管】 年内，市质监局对全市2290台电梯实施动态监管。利用物联网和云计算技术，初步建成电梯物联网监督管理平台，滨江新区医院、八圩卫生院、太和中心卫生院等6家单位使用物联网电梯，实现电梯运行实时监控。健全电梯网格化应急救援体系，组织开展应急救援演练，提升应对突发事故的指挥协调、协同作战和抢险救援能力，切实保障市民安全乘用电梯。

【餐饮服务食品安全监管】 年内，市食药监局以“餐饮服务食品安全放心工程”为抓手，开展餐饮服务食品安全监管。加强餐饮单位监管。新发餐饮服务许可证370份、餐饮服务备案凭证370份，培训餐饮从业人员6124人、食品安全管理员1097人；新开办中型以上餐饮单位必须达到“透明厨房”标准，新增、改造“透明厨房”单位85家，全市餐饮单位“透明厨房”增至231家；打造德诚广场、恒天商务广场、汇丰3条餐饮服务示范街(区)。加强农村家宴管理。各镇配齐食品安全专干和管理员，在行政村村务公开栏张贴农村家宴厨师名单、备案制度及注意事项；农村家宴备案专项经费按照每例5元标准发放到位；农村家庭集体聚餐申报备案3531户次，申报备案率95%以上，现场指导4.2万桌次。开展专项整治。开展火锅底料专项检查，禁止面点食品使用含铝添加剂；打击农村餐饮服务无证无照行为，规范食品生产经营者主体资格；

打击销售、使用无合法来源食品和原料的违法行为，规范食品生产经营者采购活动；打击生产经营侵权仿冒和生产“五无”(无生产厂家、无生产日期、无保质期、无食品生产许可、无食品标签)产品违法行为，规范食品包装标签标识管理；打击超范围、超限量使用食品添加剂和食品中非法添加非食用物质等行为，规范食品生产经营过程。提高餐饮服务单位社会公信力。与市教育局联合开展学校食堂食品安全专项检查；开展“学校食堂开放日”活动，组织1000余名学生家长参观学校食堂后厨；成立市餐饮行业质量协会，开展“十佳”餐饮单位评选活动，第一中学、外国语学校、滨江学校、第三中学、城南中学、新港城中学、城北小学、城中小学、第一实验幼儿园前进幼儿园和中虹幼儿园等学校食堂获评“十佳学校食堂”。

【药品安全监管】 年内，市食药监局加强药店监管。新增药品零售连锁企业2家，全市药品零售连锁企业增至5家；连锁门店106家，连锁率56%。所有连锁门店均建立远程审方和药事服务系统，在电子监管全覆盖的基础上，零售药店远程监管系统统一升级为本草纲目版。实地督查12家数据上传不及时的药店，查处药店7家，并计入诚信档案。开展“药品放心工程”创建。创建“放心药店”191家、“放心药房”22家、“放心药柜”56家。开展药品不良反应和医疗器械不良事件监测。上报药品不良反应报告895份(其中严重反应不良报告355份)、药物滥用报告55份、医疗器械不良事件521件。开展业务培训。组织零售药店、医疗器械经营使用从业人员业务及职业规范培训4批次，参训人员400余人。举办宣传活动。与团市委联合开展“安全用药月”活动，成立执业药师志愿者服务队，与市电视台联合举办医疗器械知识电视竞答赛，组织开展第2届“十佳店长”“十佳药师”评选活动。

【保健食品化妆品监管】 年内，市食药监局健全保健食品、化妆品经营企业监督检查制度。全市383家保健食品、283家化妆品经营企业均建立电子档案，保健食品经营企业实行前置审查备案，受理、审核并发放保健食品现场审核意见书124份。集中培训考核超市，保健食品、化妆品专卖店，美容美发店从业人员，发放培训合格证126份。开展专项整治。检查化妆品标签标识，立案查处4件、没收产品26批次、罚没15万元；整治保健食品风险隐患，集中销毁问题保健食品，涉及36个品种49个批次3.05万元。参与生产企业日常质量管理。向江苏艾兰得营养品有限公司派驻驻厂监督员，开展审计式检查，协助企业健全质量授权人制度，对发现的13条问题，明确专人驻点跟踪、逐条落实整改措施。

【助推私营个体发展】 年内，市工商局出台支持加快民营企业发展具体措施，全力支持“个转企”工作，简化“个转企”手续，帮助350家个体工商户办理“个转企”。帮助私营企业办理动产抵押79件，盘活企业资产30.6亿元，为企业融资20.78亿元，帮助6家小微企业获得邮储银行贷款。

【诚信之星公布】 12月，江苏省西电电气有限公司总经理朱福兴、江苏光芒燃具股份有限公司董事长周士友当选第2届省“百名诚信之星”。江苏靖江互感器厂有限公司总经理熊江咏、靖江市大鸿运汽车装潢总部总经理朱锡平、江苏旭顺东明汽配有限公司总经理冷智银、江苏赛德力制药机械制造有限公司董事长顾根生和朱福兴、周士友当选泰州市2014年度“诚信之星”。

【鳜鱼养殖标准化示范区通过省级验收】 10月，由市政府承担的“江苏省鳜鱼养殖标准化示范区”项目通过省质监局考核验收。省鳜鱼养殖标准化示范区采用“龙头企业+养殖基地+标准化规程+农户”的运营模式，强化质量过程控制，实行统一技术、统一收购、统一包装、统一品牌、统一销售，养殖的“江潮”牌鳜鱼获得有机转换产品认证证书。

(石蓉军　赵　洁　沈　皓)

价格管理

【概况】 2014年，市物价局创新价格服务理念，拓展价格服务平台，提高价格服务水平，年内全市重要民生商品和服务价格整体水平保持不高于泰州市平均水平。

价格调控　积极做好价格预测预警，加强价格监测动态分析，每月系统分析和预测主要居民食品价格，密切关注生猪、鸡蛋等价格波动。在市物价局网站发布“价比三家”行情156期、商品价格11 916个。在报社44个阅报栏公示11类39个重要民生价格(收费)，涉及水电气价格和教育、交通、公安、土地、社会保障及生活垃圾处理等收费项目，方便群众知晓和监督。每周在御水湾、阳光国际等8个住宅小区，公示肉禽蛋、水产品、蔬菜等品种和价格。巩固并完善农产品成本调查结构体系，将农调户逐一建档，与之签订农产品成本调查登记合同，设立3个调查点，每个点均由3名调查员及时准确记账。对农药、稻麦常规种子销售价格和鲜茧收购价格实行市场调节价管理。市政府投资建立的20个机动车停车场（路面停车带、点）实行政府指导价管理，规定小型车、中型车、大型车停放中准指导价分别为每辆每小时4元、6元、8元，上浮最高不超过25%，下浮幅度不限。完善靖江非居民用管道天然气价格管理模式，将原来最高价管理改为“中准价＋浮动幅度”管理，从11月15日起，靖江非居民用管道天然气中准价格调整为3.52元／立方米，浮动幅度最高不超过15%。核定裕安苑小区（城北）一期经济适用房售价2991.00元／平方米。全市普通商品房平均售价6214元／平方米，比上年下降10%。重新核定靖江至镇江、句容、宝应等线路客运票价。

价格监督　加大价格违法案件的查处力度，罚款728.52万元，创历史新高。开展重大节假日市场价格监管，组织18个价格检查组，出动社区物价监督员200余人次，检查350多家经营单位。与出租车公司负责人签订价格承诺书，送达价格政策提醒函，宣讲相关法律法规和处罚标准。节日期间接到群众举报2件。开展涉企、涉车收费及汽车销售、维修行业明码标价专项检查。2月，泰州市出现首例人感染H7N9禽流感确诊病例，市物价局迅速落实动态调查品种和临时调查点，开展禽蛋成本价格销售情况调查，深入主产区采集信息，及时梳理调查过程中发现的问题，每周五形成调查周报和分析材料予以上报，确保完成动态跟踪调查任务。5月，靖江长江水源取水口水质异常，全市大面积停水，大量市民蜂拥抢购矿泉水，市物价局立即启动价格应急预案，组织人员奔赴各大超市发放价格提醒函，监督保障供应，打击趁机提价行为，维护市场价格稳定。

价格服务　组织实施县级公立医院医药价格综合改革成果评估，得到省物价局委托第三方专家评估小组认同。与市教育局开展“教育收费政策进校园”系列活动，现场实时巡查城区学前教育机构（早教）、幼儿园、小学、初中、高中等23家学校的收费公示和开票情况。开展定、调价格成本监审和定期监审，先后有计划地组织开展种子、城市污水处理、城市供水高层二次供水成本监审，为价格决策提供科学依据。强化价格认证服务，开展涉税财产价格认证和火灾灭失财产价格鉴证等工作，拓展业务领域，价格认证范围由公检法部门拓展至行政执法中查扣、罚没物品以及旧机动车交易、财产公证等领域价格认证。全年共受理各类价格鉴证576件，认证总额近2.5亿元。

【平价商店建设】　年内，市物价局出台《靖江市平价商店考核奖励实施细则》，每周2次从市区4个农贸市场采集41种蔬菜价格，计算成均价后发布给平价商店及超市，每天汇总和分析平价商店相关商品的销售价格、销售数量等数据，在该局网站公布。通过加强对平价商店的巡查和考核，为市民节支487.89万元，受益人数293.3万人次，原有12家平价商店中有3家被责令退出。

2014年靖江平价商店一览表

表15

商店名称	商店地址	备注
靖江市吉麦隆超市有限公司	人民中路59号	吉麦隆超市平价直销区
靖江市农工商超市有限公司	江平路127号	农工商超市平价直销区
靖江市乐天玛特商业有限公司靖江店	人民路与骥江路交叉口西北角	乐天玛特超市平价直销区
靖江世纪联华超市有限公司	人民南路93号	世纪联华超市平价直销区
靖江市吉买盛百货超市	江平路389号	吉买盛超市平价直销区
无锡市欧特福超市连锁有限公司靖江分公司	南环东路88号恒天商务广场B幢201	欧特福超市平价直销区
靖江市鑫宏发百货超市	新桥镇江河路8号	超市平价直销区

续表 15

商 店 名 称	商 店 地 址	备 注
靖江市生祠农产品销售有限公司	人民北路 103 号	绿禾平价直销店
靖江市康鲜惠冷鲜肉商店	新天地花园 12 幢 5 号	雨润专卖平价直销店

【收费单位诚信等级评价】 年内,市物价局、监察局、财政局联合核查评定全市 140 个收费许可证正本持证单位和 50 个经营性服务收费登记证持证单位 2013 年度收费诚信情况。经考核和公示确认,收费许可证正本持证单位中,市航道管理站等 32 个单位获评优秀,市城市园林管理处等 48 个单位获评良好,马桥镇畜牧兽医站等 60 个单位获评合格;经营性服务收费登记证持证单位中,市水工程管理所东兴水利站等 21 个单位获评优秀,市江河堤闸管理处等 11 个单位获评良好,市气象局等 18 个单位获评合格。 (毛 玲)

安全生产监督管理

【概况】 2014 年,市委、市政府出台《靖江市安全生产"党政同责、一岗双责"暂行规定》,市安委会制定《企业主要负责人保护员工生产安全八条规定》《强化安全生产监管八项举措》等制度文件,重新修订《安全生产工作考核细则》,市安监局完善以落实"三方责任"为重点的安全生产责任体系,推行行政主要负责人安全生产年度述职和企业安全生产年度陈述制度,严格落实安全生产目标责任管理和考核通报等制度。年内发生各类事故 410 起,死亡 49 人。其中,工矿商贸企业事故 6 起,死亡 6 人,均比上年下降 25%;道路交通事故141 起,比上年上升 2.2%,死亡 38人,比上年下降 11.6%;消防火灾事故 263 起,比上年上升 293%,死亡 5 人,上年同期无人员死亡。

【安全宣传培训】 年内,市安监局强化安全生产宣传。组织开展"6·10"安全宣传日、"11·9"消防宣传日、"安全生产影视行"和安全文化"六进"(进机关、进社区、进企业、进工地、进学校、进家庭)等群众性宣传咨询活动;在《靖江日报》开辟新安全生产法宣传专版,在市电视台开设《安全第一线》《安全访谈》栏目及安全生产公益广告,在市政府门户网站开设《安全生产教育》专栏,运用市安监局微信、微博平台及江苏省安全生产宣教云平台,宣传安全生产法律法规。年内,获评省级安全生产宣传文化先进单位。强化安全生产教育培训,针对企业管理人员、重点行业企业班组长、特种作业人员开展安全培训,全年共培训各类管理人员 3326 名、特种作业人员 2808 名、特种设备操作人员 1048 名。

【安全生产专项整治】 开展重大隐患专项整治行动,严格执行南京青奥会期间安全生产四项工作制度(日报告、一案双查、黑名单、24 小时值班和领导在岗值班制度),加大隐患排查。6 月中旬至 9 月月底,检查企业 4620 家,排查隐患 4461 条、整改 4445 条,停产整改企业 55 家,约谈企业 6家。从 9月起,出动执法检查人员检查企业和场所 996 家,排查隐患 2112 处,责令改正、限期整改、停止违法行为 374 起。开展危险化学品(化工)行业专项整治。对危险化学品从业单位分类分级管理、分类整治,检查 159 家次,查出隐患 538 条,整改 528 条,按期整改率 98.1%;关停并转 4 家企业,10 家企业完成安全设计诊断,1 家企业通过安全二级标准化验收。开展烟花爆竹零售网点专项整治。组织联合执法 23 次,检查零售网点 795 家次,查处非法经营、违规设库、周边安全距离不足等各类违法违规行为 342 起,收缴非法烟花爆竹 1628 件,取缔关闭不符合安全条件网点 208 家。加快推进烟花爆竹零售网点安全标准化管理,年内有 349 家烟花爆竹零售网点通过标准化验收,实现"管理制度、包装摆放、经营牌匾、警示标识、消防器材、安全条件"六统一。加强造(拆)船业安全专项整治。检查全市船舶修造(拆)企业安全生产情况,开具限期整改指令书 31 份、现场处置措施决定书 1份,立案处罚 8家,约谈2家企业主要负责人;6家造(拆)船企业可视化、定置化管理通过泰州市船舶行业专家组验收,新时代造船有限公司通过二级安全生产标准化验收。按照"整体推进、全面落实、取得实效"的总体要求,推进小微企业专项整治,有 327 家小微企业通过三级安全生产标准化验收。

【职业卫生监管】 年内,市安监局开展"工作场所职业卫生监督执法年”活动，推进职业卫生监管工作。579家企业申报职业病危害项目，1305家企业完成职业病危害现状调查。组织970家企业开展职业卫生基础建设，11家企业通过省职业病危害防治评估。探索职业病危害风险评估监管方法，提高职业卫生监管效能。全市7000多家企业开展职业病危害风险等级评估，评估风险为严重的175家企业全部整治到位。（朱建涛）

国有资产监督管理

【概况】 2014年，全市有国有(控股)企业88个，其中投融资企业41个、经营实体企业47个。经营实体企业中有列统企业22个，列统企业资产总额73.15亿元、所有者权益30.81亿元，实现营业总收入98.36亿元、利润3.52亿元。另有国有（参股）企业7个。市国资办按照规范、高效、严格管理的要求，加强国有资产、资源的有效利用，实现国有资产保值增值、国有企业做强做优、国资管理规范统一。

【资产管理】 年内，市国资办聘请专门人员，研发国有资产基础管理软件，建立管理平台，为有效监管全市国有资产变动情况提供技术支撑。认真审核办理国有资产产权界定、划拨、抵押。监督和规范国有(集体)产权交易行为，完善国有资产评估项目核准和备案，有效组织实施国有资产委托评估、财务审计和资产拍卖。建立严格的产权证管理、利用制度，做好产权登记、变动和借调、划转工作，做到全方位动态管理。年内，有68家行政事业单位的房屋和土地权属证，用于权属调查、贷款抵押、单位改制、股权结构评估、资产处置上市等方面。

【国有企业管理】 年内，市国资办贯彻执行市国资委《关于进一步加强国有(集体)资产监督管理的意见》，履行国有资产出资人职责，规范企业用人制度，加强企业重大事项报告和审批管理，完善企业内控和财务管理制度；探索国有资本经营预算编制方法，完成《靖江市国有资本经营预算表》设计，为及时开展国有资本经营预算打下良好基础；印发《靖江市国有公司经营目标考核表》，拟定《靖江市国有企业负责人经营业绩考核及薪酬管理暂行办法》，以年度经营业绩考核结果为主体，将具备条件企业的年度经营业绩考核结果与企业负责人的年度薪酬挂钩，将不具备条件企业的年度经营业绩考核结果与专项奖励挂钩；委托中介机构对有关企业2013年度经营成果进行审核验证，根据审核验证结果，按照利润分配相关规定，计算有关企业应缴国有资本经营收益，及时向企业下达缴款通知书，全年收缴所属2013年度国有资本经营收益3115万元。

【投融资管理】 年内，市国资办应对日益严格的地方政府融资平台管理政策，紧跟国家金融政策和货币投向，适时调整融资策略，转变融资重点。选择国家支持的保障房建设、环保工程以及农业、水利、港口等项目做大增量；积极探索融资新方式，在信托产品、资产证券化、中短期票据、企业债券、融资租赁等方面取得实效性突破；大力发展直接融资渠道，积极推行债权融资和股权融资，努力实现债务性融资向股本性融资转变，突破政府融资平台单一融资局面，切实解决融资平台公司发展及市重点工程建设资金紧张问题。按照金融部门评级授信要求，有针对性地指导和帮助融资平台公司建立健全财务等管理制度，提高信用等级；将筹集融通资金作为主要任务，寻找融通资金突破口，根据国家货币政策，提出应对措施；根据年初制定的贷款转贷工作方案，落实每笔贷款转贷责任人；针对融资平台公司资本不实等情况，有效整合资产，改善公司财务状况，提高公司融资能力。

（方文杰）

招标采购交易管理

【概况】 市招标采购交易中心围绕全市建设工程招投标、政府采购、土地使用权产权交易等公共资源交易活动，做好组织、管理、服务工作。全年完成招标采购项目554个，交易总额38.06亿元，节约资金4.58亿元，节约率10.74%。其中，政府投资工程建设项目359个，累计中标价30.59亿元，比标底节约3.13亿元，节约率为9.28%；政府采购项目188宗，比采购预算节约0.54亿元，节约率16.72%。处置国有资产项目12宗，交易金额481.23万元，比出让参考价443.56万元增加37.67万元，增值率8.49%。国有建设用地使用权挂牌（拍卖）出让16例，成交价3.25亿元，比起始价增加230万元，增值率0.71%。

【电子化招投标】 年内，市招标采购交易中心全面推进电子化招投标工作,施工类项目从项目注册到中标通知书发放全程实现电子化,监理、设计、货物、小型项目等逐渐实施全程电子化流程。在全省率先运行远程评标系统,全年完成远程评标11个,并配合溧阳、启东、宜兴等县市实施51个远程评标项目。加强投标企业会员信息库建设,年内继续在全国范围公开征集投标企业会员,全年有近570家投标企业加入。

【公共资源交易平台建设】 年内,市招标采购交易中心升级完善上线系统,建设工程软件系统、网上竞价系统上线正常运行,办公OA系统通过测试。优化中心门户网站美观度和实用性。网站设置专门栏目方便用户获取交易信息、咨询业务知识、进行质疑投诉、曝光违纪违规行为,同时将政策法规、办事指南等栏目与大厅触摸屏互联互通,方便招投标当事人查询。扩大产权交易项目范围,10月,市农村产权交易中心在中心正式挂牌运作,权属清晰、法规政策允许的农村土地经营权等10类农村产权纳入交易服务范围,为域内农村产权流转提供交易、鉴证、评估、融资等综合服务。

【效能推进工程】 年内,市招标采购交易中心重点为全市和开发区重点工程项目实施"保姆式"服务工作,为重点项目进场交易提供绿色通道。为满足被列为市委、市政府"一号工程"的常州大学怀德学院迁址靖江办学项目进度要求,市招标采购交易中心强化流程环节控制,明确工作时间节点,2个月完成家具、家电、电脑、厨具、窗帘、太阳能等22个采购项目,采购预算4114.58万元,中标金额3607.85万元,节约率12.32%。

【评委库管理】 年内,市招标采购交易中心根据《省住房城乡建设厅关于重新组建全省建设工程勘察设计评标专家库有关工程的通知》及其他文件精神要求,配合市招管办联合印发《关于增补建设工程评标专家的通知》。充实评标专家库,全年新增评委15人,评委总数累计154人。加强评标专家考核,实行指纹打卡和"一项目一评价"制度,严格执行评委不良行为公示和清出制度,规范招标投标交易市场秩序,保证评标活动公正有序进行。

(闻 伟)

住房公积金管理

【概况】 2014年,泰州市住房公积金管理中心靖江分中心各项业务工作稳步健康发展。年末,累计归集住房公积金27.44亿元,归集余额16.5亿元;累计为11 953户发放贷款22.16亿元,贷款余额11.96亿元;提供城市廉租住房建设补充资金464万元。

住房公积金归集 开展住房公积金广场宣传月活动,借助媒体全方位多角度宣传公积金政策,在全市营造积极的住房公积金缴存氛围。以园区企业为重点,扩大企业缴存覆盖面,提高企业主和职工的依法缴存意识,把更多的职工纳入到住房公积金制度中来。年内,率先在泰州范围将辅警、环卫工人纳入公积金缴存范围。全年归集公积金45 855万元,比上年增长11%;新增缴存单位55个、职工8546人;支取公积金21 750万元。

住房公积金贷款 扩大政策宣传,在房产销售现场宣传住房公积金贷款优惠政策。坚持把好"四查"(贷前调查、贷中审查、贷后检查、逾期催查)关,保持还贷月月零逾期,切实维护缴存人的资金安全。根据《泰州市商业住房贷款转住房公积金贷款实施办法》,向在靖江购买自住住房时已办理纯商业性住房贷款、符合住房公积金贷款条件的职工提供商业住房贷款转公积金贷款服务,全年为1119户发放贷款28 618万元。

【公积金贷款政策放宽】 年内,靖江住房公积金贷款政策放宽。"双职工"家庭认定范围扩大,有配偶在外市正常缴存住房公积金或配偶为现役军人的借款职工,视同"双职工"家庭。贷款最高限额调高。从5月26日起提高缴存住房公积金家庭首套房及二套房贷款最高限额:首套房贷款最高额度分借款人家庭有2名及以上成员符合贷款条件和借款人家庭只有1名成员符合贷款条件两种类型,前者贷款最高额度由35万元调整至40万元,后者贷款最高额度由25万元调整至30万元;二套房贷款最高额度由25万元调整至30万元。10月15日起,借款人家庭有2名及以上成员符合贷款条件的,无论购买首套房还是二套房,贷款最高额度均提高至45万元;已结清住房公积金贷款、为改善居住条件再次申请贷款购买普通商品住房的,视同首次申请住房公积金贷款,可享受使用公积金贷款首付三成、按基准利率还贷的政策;购买第三套及以上住房的家庭,公积金管理部门不发放公积金贷款。 (顾艳娟)

沿江开发

·综　　述·

【概况】 2014年，靖江开发区围绕产业发展、城镇建设、生态文明、民生福祉等重点工作，攻坚克难、开拓创新，全区经济社会持续稳步发展。全年实现工业开票销售372.6亿元，比上年增长12.64%；实现公共预算收入13.6亿元，比上年增长0.7%。城市质态提升，新港城常州大学怀德学院建成一期工程，招录首届新生入校就读。港口建设加快推进。开工建设和尚港内港池10个5000吨级码头泊位。至年末共建有50个万吨级泊位，其中生产性泊位32个，总通过能力6800万吨。现代物流业加快发展。完成对苏农物流股权的整体收购；靖江煤炭物流园区被纳入国家发展30个煤炭物流节点规划，成为长三角区域四大煤炭物流节点之一；三江物流完成营业收入460亿元，比上年增长23%；盈利港务木材接卸量330万方；靖江港全年完成货物吞吐量9150万吨。科技创新扎实推进。全年新增高新技术产品22个；新认定国家级高新技术企业6家、省级高新技术企业5家、科技型中小企业4家、民营科技企业11家；新建市级以上工程技术研究中心3家，实施产学研合作项目20项；获得专利授权652项，万人发明专利拥有量11.28件。

2014年靖江经济开发区重大在建项目一览表

表16

园区	企业名称	项目名称	总投资(万元)
总部区域	江苏太和物流有限公司	钢材物流配送中心项目	98000
	江苏国信(靖江)发电有限公司	发电项目	450000
	江苏德桥仓储有限公司	德桥仓储二期	58000
	靖江新天地港务有限公司	公用码头四期	55000
	国信秦港港务	煤炭物流基地一期工程	70000
	联合安能石化有限公司	液体加工码头项目	56000
	靖江市飞天紧固件有限公司	紧固件生产项目	5000

续表 16

园区	企业名称	项目名称	总投资(万元)
总部区域	靖江市华晟重金属防控有限公司	电镀中心项目	19800
	江苏东方船研环保节能材料有限公司	岩矿棉项目	24144
	木材产业园(7家)	木材加工项目	108000
	红蜻蜓粮油工业靖江有限公司	巴西基地靖江大豆加工项目	137200
	和尚港内港池	内港池建设项目	79418
	罗家港内港池	内港池建设项目	内 98000 外 38000
	靖江南洋船舶制造有限公司(三期)	南洋船舶	92430
	中科睿凌低温设备有限公司	撬装式煤层气液化装置项目	15000
	中科苏派能源科技靖江有限公司	工业余热回收利用制冷装备项目	16000
	中科华星靖江新材料工程有限公司	高性能空心玻璃微珠项目	18000
	江苏金秋竹集团有限公司	电站用生物屏蔽防护门项目	9000
	江苏安华警用装备制造有限公司	安华警用器材	13500
	靖江新港城投资建设有限公司	靖江市高教园区一期(职教中心)	70000
	靖江新港城投资建设有限公司	万顷良田建新区一期	60000
	靖江新港城投资建设有限公司	万顷良田建新区二期	120000
城南园区	包钢天彩靖江科技有限公司	年产 4000 吨节能灯用稀土三基色荧光粉项目	80000
	江苏乐科热力科技有限公司	蒸汽压缩机的设计制造项目	8000
	靖江万都置业有限公司	五金机电城项目	80000
	江苏奇美乐器有限公司	建设文化产业示范基地项目	8000
	靖江众达汽车销售有限公司	斯柯达 4S 店项目	3000
	靖江中洲丰田汽车销售服务有限公司	一汽丰田 4S 店项目	2500
	江苏金太阳汽车销售服务有限公司	一汽大众 4S 店项目	3000
	靖江宝达汽车销售服务有限公司	北京现代 4S 店项目	3000
	靖江德融汽车有限公司	一汽奥迪 4S 店项目	5000
	靖江天安达汽车销售服务有限公司	长安福特 4S 店项目	3000
	靖江明雅汽车销售服务有限公司	一汽马自达 4S 店项目	2000
城北园区	江苏心愚液压铸造有限公司	新型液压阀铸件搬迁扩产项目	8000
	江苏鑫威警用器材制造有限公司	警用特种装备生产线生产项目	5000
	江苏久顺精密成型技术有限公司	汽车用模具和有色金属制品技改项目	6000
	靖江三阳食品有限公司	肉制品扩产项目	8000
	江苏北锐船舶设备制造有限公司	新型节能电站装备项目	7500
	比利时雅家集团(上海)有限公司	节能采暖设备 智能家居研发与生产	7500

续表 16

园区	企 业 名 称	项 目 名 称	总投资(万元)
城北园区	江苏澳卓环境科技有限公司	永久避难硐室(矿用救生舱)生产项目	10000
	塔勒(江苏)工搪化工设备有限公司	渗透汽化膜、离子膜生产项目	14500
	江苏迈威科技有限公司	压力容器制造与安装	8000
	江苏国鑫铝业有限公司	铜带、铝带、铝板等有色金属材料生产	7500
	靖江市高新窑炉材料有限公司	不锈钢生产线用纤维片生产	7000
	江苏鑫亿船舶装饰工程有限公司	游艇配套产品生产	8500
	江苏华雕机械有限公司	数控机床高速电机制造	7000
	江苏兰金科技发展有限公司	防水透气膜研发与生产	6000
	靖江市强盛模具制造有限公司	轿车自动化冲压模具、汽车配件生产	5000
	靖江市顺元机械制造有限公司	纺织机械零部件生产	3800
	江苏嘉宇液压科技有限公司	液压阀模具及阀体生产	6000
	靖江海泰机械设备制造有限公司	晶体新材料研发与生产	5000
	靖江市翔宇五金制造有限公司	酒类产品包装防伪锁扣、包装饰件生产	5000
	靖江市新源电力器械有限公司	高压电气及电气化铁路接触网设备生产	8000
	江苏新南洋绿色科技有限公司	大功率高温磁力泵生产制造项目	6500
	江苏海翔船舶设备科技有限公司	船舶配件生产	10000

2014 年靖江经济开发区重大签约项目一览表

表 17

园区	企 业 名 称	项 目 名 称	总投资(万元)
总部区域	中科光源深冷科技有限公司	深冷系统处理及其装备制造工艺项目	24000
	中国煤炭科工集团有限公司	高效煤粉锅炉及煤粉加工中心	20000
	优宝(靖江)全屋原木家居研发制造有限公司	全屋原木家居研发生产	25000
	江苏万林现代物流股份有限公司	木材综合交易市场	50000
	中国船舶重工集团公司 702 研究所	游艇产业园	400000
	江苏盛众置业有限公司	新港城城市商业广场	120000
城北园区	新筑股份合肥新筑机械责任有限公司	半封闭钢结构屏障及桥梁功能部件生产基地建设项目	36000
	江苏海翔船舶设备科技有限公司	船舶配件生产	10000
	上海嘉森真空科技有限公司	光电薄膜成膜装置生产项目	7150
	江苏新南洋绿色科技有限公司	大功率高温磁力泵生产制造项目	6500

续表 17

园区	企业名称	项目名称	总投资(万元)
城南园区	江苏嘉年华服饰有限公司	嘉年华国际品牌采供中心	15000
	江苏科路达金属制品有限公司	胶粘成排钢纤维	8400
	江苏 Link-HY 科技有限公司	建立 S-RFID 生产线,发展 EAS 产品	6000
	江苏宇行纺织有限公司	年产 1500 万双棉针织袜子	3000
	江苏华盛紧固件制造有限公司	高强度紧固件生产	3000
	靖江金泰汽车销售服务有限公司	东风风行 4S 店	3000
	国家服务外包人力资源研究院	电子商务服务外包基地项目	1000
	靖江农村商业银行	靖江农商行公所桥支行	1000

2014 年靖江经济开发区重大竣工项目一览表

表 18

园区	企业名称	项目名称	总投资(万元)
总部区域	国信秦港港务公司	煤炭物流基地一期	70000
	联合安能石化有限公司	液体加工码头项目	100000
	靖江南洋船舶制造有限公司	海洋装备及特种船舶(二期)	21000
	靖江市华晟重金属防控有限公司	电镀中心项目一期工程	10665
	江苏德桥仓储有限公司	德桥二期	15000
	欧洋富瑞江苏木业有限公司	木制品加工	55105
	靖江盈丰木业有限公司	木制品加工	6388
	江苏通泰木材有限公司	木制品加工	6000
	江苏自然居木业有限公司	木制品加工	8000
	靖江盈联木业有限公司	木制品加工	6289
	江苏鑫林木业有限公司	木制品加工	8730
	靖江市富源电工设备制造有限公司	电工设备项目	6500
	中科华星靖江新材料工程有限公司	高性能空心玻璃微珠项目	18000
	中科苏派能源科技靖江有限公司	工业余热回收利用制冷装备项目	16000
	中科睿凌低温设备有限公司	撬装式煤层气液化装置项目	15000
城北园区	江苏心愚液压铸造有限公司	新型液压阀铸件搬迁扩产项目	8000
	江苏凯通船用阀门有限公司	电厂用阀门扩产技改项目	5000
	江苏力阳电器制造有限公司	非晶合金变压器技改项目	5000
	江苏鸿贝尔新材料科技有限公司	高性能环保铜合金生产线技改项目	18800
	江苏鑫威警用器材制造有限公司	警用特种装备生产线生产项目	5000
	江苏久顺精密成型技术有限公司	汽车用模具和有色金属制品技改项目	6000

续表 18

园区	企 业 名 称	项 目 名 称	总投资(万元)
城北园区	靖江三阳食品有限公司	肉制品扩产项目	8000
	江苏北锐船舶设备制造有限公司	新型节能电站装备项目	7500
	靖江市永丰精密机件制造有限公司	汽车精密机件扩产项目	7500
	江苏张氏纺织有限公司	分拨中心建设项目	3000
	靖江名仕箱包有限公司	品牌箱包制造项目	3500
	城北园区	一期标房区	8000
	靖江市顺元机械制造有限公司	汽车配件生产	3800
城南园区	包钢天彩靖江科技有限公司	稀土产品研发生产	80000
	靖江市振达机电制造有限公司	互联网 RFID 电子标签项目	13000
	江苏奇美乐器有限公司	课堂乐器扩产	8000
	靖江凯信铁塔制造有限公司	220 千伏以下输电线路铁塔及铁塔附件	7000
	江苏无畏警用器材有限公司	安保及警用器材	8000
	江苏华昊新能源科技有限公司	建筑保温材料	8000
	万都置业有限公司	万都五金机电城	80000
	靖江马洲再生资源有限公司	汽车报废回收	2000

【招商引资】 树立"项目为王、质效为重"理念,举行多种招商活动,全年新签约重大产业项目 18 个,计划总投资 73.9 亿元,主要包括江苏光源电力与中科院理化所总投资 2.4 亿元的深冷系统处理及装备制造项目、上海嘉森总投资约 7150 万元的光电薄膜成膜装置生产项目、江苏华盛总投资 3000 万元的高强度紧固件生产项目等一批新兴产业项目。此外还达成投资意向项目 29 个,意向总投资 100 亿元,主要有中纺粮油总投资 30 亿元的粮油加工、物流产业园项目,航天科工集团航三院总投资 6 亿元的新材料产业基地项目,上海电气集团总投资 5 亿元的重大装备产业转移项目等一批国企、央企投资项目。

【项目建设】 全年在建重大项目 55 个,总投资 195.06 亿元。其中,开发区总部区域在建重大项目 22 个(投资超亿元项目 20个、超 10 亿元项目 5 个),投资额最大的为江苏国信(靖江)发电有限公司发电项目,投资 45 亿元;城南园区在建重大项目 11 个(投资超亿元项目 2 个);城北园区在建重大项目 22 个(投资超亿元项目 3 个)。年内,相继竣工重大项目 36 个,总投资 65.78 亿元。其中,开发区总部区域竣工重大项目 15 个,投资 36.27 亿元;城南园区竣工重大项目 8个,投资 20.6 亿元;城北园区竣工重大项目 13 个,投资 8.91 亿元。

【基础及配套设施建设】 全年新开工建设道路 9 条,续建道路 13 条,开挖河道 5 条。新港城核心区"六横八纵"道路体系基本形成,城南园区网格化道路更趋完善,城北工业集中区基础框架逐步拉开。加大公共工程建设力度,新港城东阜湖公园建成开园,兴阜社区、阜康社区扩建工程加快建设,商业综合体项目着手征地拆迁等前期准备;城南园区第四人民医院进行室内装饰;城北保障性住房项目一期 4 幢住宅楼竣工,渔婆批发菜场一期建成投入使用。做好基础及配套设施后续管理工作。全年维护管养道路 102 千米,绿化 110 万平方米,安装路灯 5539 盏。

【拆迁安置和民生保障】 安置房建设速度加快。全区在建安置房项目 15 个计 11 500 余套

184万平方米。竣工安置房项目10个,建成安置房8150套101万平方米,交付安置房3461套55.4万平方米。就业保障有序推进。全年共举办免费职业技能培训9000人次,新增就业3900人;投入4.4亿元,将7200名被征地农民纳入社会保障,解决大部分失地农民的后顾之忧。安全生产形势平稳。组织安全知识培训6次,培训1200人;加大企业安全检查力度,安全隐患整改率95%,全年未发生较大安全事故。

(邵剑江)

·靖江开发区城南园区·

【概况】 靖江开发区城南园区成立于2004年2月,位于靖江城区的南部,规划面积24.2平方千米,建成面积14.9平方千米,是靖江开发区最早启动的工业集聚区。2014年,园区有企业400余家,其中规模以上企业79家、高新技术企业20家,是国家微特电机及控制产业基地、江苏省高端专用装备特色产业基地、江苏省信息化和工业化融合示范区、泰州市现代服务业集聚区。全年园区规模以上企业完成现价工业总产值286.29亿元、销售收入266.5亿元、利税22.08亿元、利润12.35亿元,比上年分别增长13.62%、13.39%、16.6%和17.6%;实现服务业增加值37.01亿元,比上年增长14.94%;完成固定资产投资41.8亿元,比上年增长30.6%。全部工业开票销售120.68亿元,实现公共财政预算收入4.45亿元。

【企业科技创新】 年内,城南园区共投入技改资金26.82亿元,新增省高新技术企业2家、民营科技企业8家、两化融合试点企业2家;新建研究生工作站2个,新设立江苏省博士后创新实践基地3个;新增高新技术产品22个;新认定国家星火计划项目1个;申报各类专利916件,获得专利授权460件;申报靖江市级新产品试制计划52项。2014年年末,园区内共有省级以上企业技术中心14个、院士工作站2个。

【工业项目招引建设】 年内,城南园区招引项目有物联网RFID标签、高强度坚固件、胶粘成排钢纤维等5个,计划总投资5.57亿元。续建项目有包钢天彩靖江科技有限公司、江苏奇美乐器有限公司、靖江凯信铁塔制造有限公司等项目3个,总投资9.5亿元,其中奇美乐器和凯信铁塔项目竣工。新建项目有江苏乐科热力科技有限公司、江苏麦驰电子有限公司、靖江市林龙电机制造有限公司等项目6个,总投资3.5亿元。扩建项目有江苏迈能高科技有限公司、靖江市亚泰特种材料制造有限公司、卓然(靖江)设备制造有限公司、江苏中杰澳新材料有限公司等项目6个,计划总投资8.7亿元。

【专业市场建设】 年内,城南园区重点建设万都五金机电建材城和国际汽贸城两个市场。万都五金机电建材城有商铺895个,于9月27日正式对外营业。国际汽贸城一期签约入驻汽车4S店10家,北京现代、斯柯达、一汽丰田、一汽大众、奥迪、福特、马自达等7家4S店相继建成营业,奔驰、上海大众、东风风行3家4S店开工建设。

【拆迁安置】 年内,实施十圩安置区项目、合兴路延伸项目和汽贸城内车管所、交警大队、联泰路、联友路等项目的拆迁工作,拆迁签约244户、腾房233户,拆除房屋面积约8.06万平方米,交付净地约53公顷,实付拆迁补偿款约1.3亿元,将400个农户纳入社保,交付安置房350套。加快推进城南花苑安置区二期、大桥新村安置区二期1244套安置房建设,尽最大努力缩短安置户在外过渡期。

【城市功能提升】 年内,市第四人民医院建设通过竣工验收。整治七圩港西侧环境,利用8.7公顷土地建设健身文化公园,为居民提供休闲健身娱乐场所。组织实施广靖高速南出口两侧、兴业路高架两侧、广靖高速互通西侧等重点区域的增绿工程,绿化面积约30万平方米,区域环境进一步美化。 (杨宇飞 王跃进)

·靖江开发区城北园区·

【概况】 靖江开发区城北园区位于靖江城北,规划面积23平方千米。2014年,区内集聚工业列统企业39家,服务业和批发零售业列统企业6家。规模工业企业实现总产值75.13亿元、销售70.82亿元、利润3.91亿元、利税7.23亿元,比上年分别增长11.5%、9.16%、14.67%、17.56%。

【中小企业园建设】 中小企业园位于北三环路北侧、新建北路西侧,总规划面积11平方千米。在建的中小企业园一、二期总面积70.67公顷,其中自建项目区57.34公顷、标准化厂房区13.33公顷。该园一期有11个项目入驻,其中市外项目1个;二期有17个项目入驻,其中市外项目4个。项目总投资约28亿元,总建筑面积近70万平方米。一期自建项目区建成投产江苏金也汽车配件有限公司、江苏鸿贝尔新材料科技有限公司、江苏力阳电器制造有限公司、江苏凯通船用阀门有限公司、华达汽车科技股份有限公司、江苏阿泰克电子科技有限公司6家企业,标准化厂房区入驻和赛尔风机(江苏)有限公司、上海臻融钢材加工有限公司、江苏永信恒业汽车部件科技有限公司、江苏瑞源汽车配件制造有限公司、江苏吉祥空调设备有限公司等5家企业。二期项目加速推进,其中江苏华雕机械有限公司、靖江市高新窑炉材料有限公司、靖江市强盛模具制造有限公司、江苏顺元机械制造有限公司等企业自建项目基本完成厂房主体工程。

【企业创新转型】 年内,园区入驻企业推进创新转型取得成效。江苏华帝海洋工程设备制造有限公司拓展业务领域,发展海工和军工产品,开票销售比上年增长20%;以江苏兰金科技发展有限公司、江苏福昌铝业有限公司为代表的一批新型材料企业发展迅速,开票销售比上年增长25%以上;江苏张氏纺织有限公司转型新建现代物流分拨中心,投产后年开票销售过亿元;靖江市高新窑炉材料有限公司研制开发耐高温纤维片替代进口,填补国内空白,全年销售超过4000万元;江苏爱槿科技有限公司与中国建筑设计研究院合作开发公共建筑外遮阳百叶窗,部分产品投放市场。

【配套设施和环境建设】 年内,园区围绕中小企业园加强配套设施建设,开发范围内基本实现"九通一平"(道路及雨水、污水、自来水、天燃气、电力、电信、供热(气)、有线电视等管线接通和场地平整),纬一路(中心港至新建北路)、北三环路(中心港至经二路)、新建北路(富前路至横港)、纬五路、东兴北路延伸段等多条道路于2014年年底陆续竣工通车。与此同时,加快居住环境建设。竣工交付新佳新村C区4幢1.5万平方米公寓楼;基本完成总面积100万平方米的"城中村"改造工程;改造老旧小区12个,分别达到二星、三星标准;以清淤、驳砌、造景为重点,整治七一河、工农河、沙泥河等7条河道,其中七一河整治完成,沙泥河完成总工程量的90%;建成戏鱼墩开放式公园1座,新增游园、绿地15万平方米。 (李永峰)

·靖江开发区新桥园区·

【概况】 靖江开发区新桥园区规划总面积18.89平方千米,是江苏省重点培育的小企业创业示范基地、江苏省特种合金材料星火技术密集区和中小企业集聚示范区。2014年,园区集聚企业126家,其中规模列统企业57家,完成全部开票销售22亿元、利税2.4亿元、利润1.35亿元,销售、利润比上年分别增长10%、12.5%,利税比上年下降25%。是年,新增入驻企业14家,总投资超60亿元。年内成功申报泰州市创业孵化基地。

【基础及配套设施建设】 年内,新桥园区基础设施建设完成总投资5.3亿元。新建续建路段17条近25千米,其中创新路(创南路—富江路、三江路—青龙港)、富江路(沿江路—公新公路)、建新路(富江路—创南路、瑞江路—新江路)、振新路(富江路—新夹路、富江路—环湖路)、联新路(富江路—环湖路)等8条路段竣工通车,配套安装路灯1250盏,绿化道路30万平方米。建成富江路公兴河桥、三江路公兴河桥、创新路合兴港桥、创南路横二河桥、创南路横三河桥、横一河柳江路桥6座桥梁。驳砌文东港、公兴河、横一河、横二河、横三河5条河道5150米。建设新桥教育中心、新桥医院和润新公寓二期安置房续建项目。新桥教育中心建成交付使用。该中心为九年一贯制办学机构,占地面积6.67公顷、建筑面积5.5万平方米,总投资约1.5亿元,建有小学及初中部教学楼以及信息楼、体育楼等,办学规模为小学8轨48班、初中12轨36班,可容纳师生4000余名。新桥医院占地面积2.8公顷、建筑面积约2.5万平方米,总投资约1.5亿元,建设目标定位为二级医院,建有门急诊医技楼、病房楼(床位250床)、辅助服务楼。其中,门急诊医技楼主体4层,建筑面积8940平方米;病房楼地上10层(含设备层),建筑面积14 805平方米;辅助服务楼3层,建筑面积1670平方米。至2014年年底,门诊医技楼、病房楼、辅助服务楼主体均封顶。润新公寓二期为安置房续建项目,总建筑面积7.5万平方米,总投资约1.6亿元。计划建设11层小高层公寓7幢、多层公寓3幢共410套,地下车库3500平方米。至年末,多层公寓完成主体封顶,小高层建至3层。

【招商引资】 新签约项目4个。其中,江苏泰克诺新材料有限公司动车空调过滤器生产项目投资5000万元,用地2公顷;江苏民生集团与韩国现代集团合作的碳纤维缠绕气瓶项目投资1.2

亿元,用地4公顷;江苏金诺炉辊有限公司与澳门(中国)瀚峰投资有限公司合作的双水冷炉辊生产项目投资1.54亿元,用地3.33公顷;江苏飞跃机泵集团与中科院理化所MVR合作的热泵蒸发系统项目投资2.2亿元,用地5.33公顷。跟踪洽谈意向投资项目3个。其中,中冶赛迪集团冶金成套设备项目拟投资约3亿元,规划用地6.67公顷;江苏双宝公司化学法阻燃发泡聚氨酯材料项目拟投资约3000万元,规划用地1.33公顷;上海泰孚发展有限公司桥梁装饰材料项目拟投资约3000万元,规划用地1.33公顷。

【项目建设】 竣工项目1个,即江苏亚梅泵业集团烟气脱硫成套设备生产线项目,被列为泰州市2014年升级改造双百工程(百个传统产业项目和百个新兴产业及服务业、现代农业项目升级改造)项目。在建项目3个,分别是江苏双达集团核级泵项目、江苏京成机械有限公司的低氮氧燃烧技术装置项目、江苏苏恒集团的海洋工程设备及配套件项目,总投资13.75亿元,总用地41.30公顷。其中,江苏京成机械有限公司低氮氧燃烧技术装置项目为新开工项目,投资2.1亿元,占地5.33公顷。在批拟建项目3个,总投资38.45亿元,总用地62.25公顷。其中,江苏亿兆港务公司的通用码头项目拟投资18.35亿元,规划用地约33.33公顷;江河机械集团的高效节能环保锅炉余热回收装置项目拟投资1.42亿元,规划用地3.12公顷;江苏锡缆电缆有限公司的特种电缆生产项目拟投资18.68亿元,规划用地25.8公顷。

(李云芳)

·靖江开发区新港城·

【概况】 新港城位于靖江东部滨江地区,城市规划控制面积11.6平方千米,规划人口约12万人,发展目标为长江北岸新兴产业新城核心区,靖江市行政、商业、服务、教育副中心,靖江开发区现代服务业及生活服务配套区,靖江东部片区城乡统筹建设示范区。2014年,新港城围绕"港、产、城"融合发展思路,突出"形象凸显、配套完善、功能优化"的工作重点,坚持规划先行,全力推进港城建设,城市形象得到明显改善。新港城管委会获全市园区(办事处)综合考评第一名。

【新港城规划】 年内,围绕"港、产、城"融合发展思路,进一步调整与完善新港城总体概念性规划。组织开展新港城水系景观规划等专项规划编制工作,继续修编完善水系、综合交通、绿地系统等专项规划。

【新港城建设】 年内,新港城投入1.51亿元,建成道路11.2千米,在建道路4.95千米,以核心区为重点的"六横八纵"路网框架基本贯通。亮化工程与道路建设同步推进,基本实现"道路延伸到哪里、绿化亮化配套到哪里"。新开阜公河6.4千米。按照城市化标准,新增绿化面积19.4万平方米。依托核心区日益完善的路网、水网、地下管网等基础设施平台,推进城市重点项目建设。6月建成交付占地8.67公顷的东阜湖公园,建立公园运行管理体系。8月底建成交付总建筑面积19.4万平方米的怀德学院一期工程及人才公寓,建成怀德学院公交专线配套设施,常州大学怀德学院顺利开学。

【拆迁安置】 根据沿江产业项目与新港城重点项目建设需要,积极稳妥地开展拆迁工作,全年拆迁房屋363户,其中产业项目拆迁249户、港城项目拆迁114户,拆迁总面积11.25万平方米。继续加大安置房建设力度,全年分5个批次集中交付1371套安置房。阜康社区、兴阜社区实行专业化物业管理,安置社区综合管理服务水平提到提升。

【就业保障】 按照"应保尽保"的原则,扩大失地农民保障覆盖面,全年共办理11个村民小组2029名失地农民的进保工作。高度关注拆迁群众和被征地农民的就业和再就业问题,不断完善劳务就业平台,共免费培训农村劳动力1210人,新增就业及再就业1890人。

(钱桂凤)

跨江联动

【概况】 2014年,江苏江阴—靖江工业园区围绕"建设全省联动开发的先导区、实验区、示范区"总体目标,积极应对严峻复杂的宏观形势和相互叠加的矛盾困难,坚持在继承中求发展、在发展中求创新、在创新中求突破,产业发展、招商引资、项目建设等工作均取得积极成效。是年,园区集聚各类企业525家,其中规模以上工业企业17家。全年完成地区生产总值102.8亿元,规模工业总产值187.4亿元,工商开票销售328亿元,其中工业开票销售152亿元、商业开票销售

176亿元,实现公共财政预算收入5.19亿元,全社会固定资产投入29.03亿元,其中工业投入完成18.21亿元,服务业及基础设施投入10.82亿元。

【产业发展】 年内,园区造船及钢结构等主导产业稳步发展。船舶产业园集聚造船企业3家、船舶配套企业5家,造船量占全国造船市场13%左右。新扬子造船有限公司全年新接订单超20亿美元,在全球船市低迷的情况下保持订单不少、生产不减的良好态势。国家级重钢结构产业基地集聚重钢结构企业近10家,年生产能力近80万吨,其中高端钢结构产量和桥梁钢结构产量分别占全国市场总量的15%和40%左右。江苏中泰桥梁钢结构研发中心大楼建成投运,自主设计与试验检测能力全面提升。中建钢构有限公司中标全国第一高楼苏州中南中心等12个项目,中标金额超20亿元。江苏中泰桥梁钢构公司和中建钢构有限公司两企业制造安装的14个项目获2013—2014年度中国钢结构金奖。新兴产业创新发展。通过引进新人才、嫁接新技术、投入新项目,园区新兴产业企业技术创新能力不断提升。中铁建康远新材料有限公司研发的时速300千米以上高速铁路用接触线和承力索打破国外技术和价格垄断,时速400千米以上接触线研制成功并获国际电工CE认证。格尔顿传动有限公司在汽车零部件领域引入节能概念,研发并批量生产智能节能电磁风扇离合器。江苏奥海船舶配件有限公司建立计算机管理体系,采用先进的闪光焊接技术,研发生产达到国际先进水平的船用锚链、系泊链等各类链条。江苏海鹏特种车辆有限公司与比利时Faymonville公司合资成立项目公司,生产半挂车和特种运输车,设计年生产能力为1000台。江苏海鹏特种车辆有限公司、江苏东方能源有限公司、江苏奥海船舶配件有限公司、江苏华澄重工有限公司等为代表的一批新兴产业企业的产值增幅均超100%。现代物流业加快发展。以物流园区为中心着力打造的钢材、煤炭、建材三大市场开票销售额均比上年增长10%。

【项目建设】 年内,园区化解资金瓶颈,掀起新一轮项目建设热潮。总投资1.5亿元的中泰桥梁钢结构研发中心、总投资1.2亿元的江苏长强钢铁有限公司高炉技改、总投资2980万美元的江苏三鹏汽配、总投资1亿元的江苏九易科技有限公司等项目竣工投产。总投资1.5亿美元的江苏大明重工有限公司、总投资1亿元的江苏东方能源有限公司润滑油仓储等项目年内在建。总投资10.8亿元的江苏长强钢铁有限公司铬铁、总投资5亿元的中建钢构有限公司华东大区三期、总投资5亿元的兴业综合建材市场、总投资8亿元的江苏永益华元有限公司、总投资3000万美元的中力机械等一批拟建项目进入开工准备阶段。

【项目招引】 年内,园区锁定船舶及海工、钢构加工、车船零部件、冶金新材料、机械装备和现代服务业六大产业重点,采取产业链招商、敲门式招商、规划招商、企业合作入股招商等招商策略,多次赴北京、深圳和欧美等地开展招商活动,成功招引中建钢构有限公司华东大区三期及检测中心、江苏东方能源防冻液和江苏海鹏特种车辆有限公司与比利时Faymonville合作生产特种车等一批重点项目。成功举办园区经贸洽谈会,签约项目7个,总投资超42亿元。年底,园区项目库储备充足,其中续建项目7个、拟新建项目8个、重点推进洽谈项目20个、重点意向投资项目19个。

【基础配套设施建设】 年内,园区按照“竞争力强、集约度高、配套性好”的要求,投入近3亿元,加强基础配套设施建设。联富路建成通车,中心河北段驳砌及疏浚工程竣工,商户中心综合楼项目外墙装饰工程完工,雨污管线铺设工程有序推进。做好基础配套设施后续管护工作,维护道路5500平方米,更换窨井盖20套,移植各类树木560株。全年累计签约交拆120户,基本建成安置房20万平方米,续建安置房10万平方米,完成936户共计1005套安置房的分房工作。

【14个项目获中国钢结构金奖】 年内,中国建筑金属结构协会公布第十一届(2013—2014年度)第一批中国钢结构金奖工程,江苏江阴—靖江工业园区中建钢构有限公司和江苏中泰桥梁钢构有限公司制作、安装的14个项目获中国钢结构金奖。其中,上海陆家嘴中心大厦钢结构工程、重庆粉房湾长江大桥钢桁架工程、无锡硕放机场二期航站楼扩建项目钢结构工程、无锡国金中心一期钢结构工程等12项工程为中建钢构有限公司获奖工程;泰州长江公路大桥悬索桥钢结构工程和崇启长江大桥主桥钢结构工程为中泰桥梁钢构有限公司获奖工程。 (毛 璧)

工业·建筑业

Industry · Building Industry

编辑　严怀余

工　业

·综　　述·

【概况】 2014年，靖江工业经济运行平稳。全年规模企业实现总产值2018.68亿元，比上年增长3.8%；实现主营业务收入1892.54亿元、增加值344.39亿元、利税256.91亿元、利润160.05亿元，比上年分别增长4.7%、8.1%、12.9%、15.3%。全市工业用电量26.48亿千瓦时，比上年增长5.3%。完成工业投资188.4亿元，比上年增长15.2%。传统产业增幅领先，汽配、电机、通(专)用设备、工程机械、建筑装饰材料和纺织服装等传统产业，注重优化投资结构，以市场需求为导向，应用新技术、新工艺、新装备、新材料，改造提升行业质态，全年累计实现产值746.6亿元、销售707.5亿元、利税48.12亿元、利润83.15亿元，比上年分别增长13.65%、12.2%、15.4%、15.7%。新兴产业得到壮大，高端装备制造业和通讯技术产业发展加快。“两化融合”稳步推进，全市通过年审的软件企业有14家，新申报著作权26个；申报省级“两化融合”示范、试点企业10家，申报市级“两化融合”示范、试点企业3家。创新成果转化加快。实施国家火炬、星火计划8项，新认定省级高新技术产品57项，新认定省级工程技术研究中心3家、技术中心5家以及工程设计中心、博士后创新实践基地、外资研发机构和工程中心各1家。高新技术产业产值702.9亿元，占列统工业产值的34.8%。规模经济平稳增长，年内开票销售过亿元的企业达到89家。外向经济稳步发展。新批外资项目10个，注册协议利用外资1.9亿美元，实际利用外资2640万美元；企业外贸出口保持稳定，实现自营出口12.7亿美元。项目支撑作用明显。全市3000万元以上建设项目221个，其中新开工项目193个、结转项目28个，计划总投资195.96亿元。项目中新兴产业项目50个，其中高端装备制造、新材料和节能环保产业项目42个；被列入泰州市双百工程计划项目27个，其中新兴产业项目9个、传统产业项目18个；生源电力、旭顺东明2个项目投产，东方船研、鸿尔有色等9个项目竣工。

【六大服务助推企业转型发展】 年初，市委、市政府出台《关于实施六大服务提升行动促进中小企业转型升级发展的意见》，提出“创业服务提升、创新服务提升、融资服务提升、人力资源服务提升、持续发展服务提升、服务体系建设提升”六大行动方案以及18项具体工作要求，并明确主要目标任务和具体实施单位，以助推中小企业创业发展、创新发展、集聚发展、规模发展、融合发展、绿色发展，提升企业整体技术水平和核心竞争能力。年内积极协调企业解决厂房搬迁、用电、融资等问题,协助3家船企申报“船舶行业规范条件”审核,督促、指导江苏东方海洋装备有限公司通过“一级Ⅰ类钢质一般船舶生产条件许可证”复审验收。指导、促进企业上争项目,有27家企业(单位)的27个项目获省专项引导资金2240万元,有2个高新技术项目获国家转型升级专项资金148.6万元。

【靖江获评中国空调制冷行业最具投资价值产业基地】 靖江空调产业发展历经30余年,汇聚一批优质企业和技术人员,是国内中央空调配套产品的重要集散地之一。12月18日,靖江市政府和慧聪网共同举办“靖江空调杯”慧聪网2014年度第八届中国空调冷冻新风行业品牌颁奖典礼,靖江获评“2014年度中国空调制冷行业最具投资价值产业基地”。

【企业标准化建设】 2014年,靖江工业企业采用国际标准和国外先进标准41个,创历年新高。4月,靖江有17家企业通过国家标准化良好行为企业验收。至年末,全市工业企业主持或参与制订行业标准累计47个,其中主持制订行业标准7个,分别为《竖笛》《游标、带表和数显异性卡尺》《药用离心分离机械技术要求》《冶金用全氢罩式退火炉》《半音阶口琴》《飞机库门》《口风琴》。采用国际标准和国外先进标准120个,泵、电动机、空调、开关控制柜等产品的国际标准和国外先进标准的采标量连年增长,对扩大产品出口发挥着重要的作用。

(高剑平)

·通(专)用设备·

【概况】 靖江通(专)用设备行业有规模企业164家,从业人员4900人,其中工程技术人员700余人。主要产品有钢铁铸件、锻件等初级产品和轴承、齿轮、紧固件、密封件等基础零部件,分为泵阀类、压力容器类、五金紧固件类和冶金石化配套类等。2014年,列统企业完成工业产值306.34亿元、销售291.57亿元、利税34.54亿元、利润19.17亿元,比上年分别增长13.39%、10.01%、6.14%、2.54%。与全市平均水平相比,行业全年产值、销售指标基本持平,利税及利润分别比全市平均增幅低6.48和12.75个百分点。

【行业发展】 年内,卓然(靖江)设备制造有限公司生产的稀土耐热钢模块化乙烯裂解炉,被江苏省经信委认定为省专精特新产品;开发的大型抗结焦乙烯裂解炉(ZHC35R)项目,入选国家重点新产品计划。江苏民生特种设备集团有限公司研发的大型高效大面积双管板式换热系统,获中国产学研合作创新成果奖,填补靖江工业产品在这个奖项上的空白。江苏海狮泵业制造有限公司与上海核工程研究设计院共同研发的国家重大科技专项CAP1000余排泵通过鉴定,BB5化容补水泵通过耐久试验。江苏双勤民生冶化设备制造有限公司研发的套管式换热转化炉管、江苏华星重工机械有限公司的客运高铁专线专用混凝土搅拌站列入国家火炬计划。

【多产品配套核电工程】 近年来,域内企业抢抓核电产业快速发展机遇,进军核电产品市场。江苏标新久保田工业有限公司与清华大学等合作,于2005年开始研制百万千瓦级压水堆核电站主管道,是国内3家获得此类产品生产许可证的企业之一。2014年3月,该公司与中广核工程有限公司签约,为广东阳江核电站一期工程生产6号机组核岛主管道设备。10月,江苏五晟机械制造有限公司生产的成套核反应堆堆内构件非标产品,交付东方电气(武汉)核设备有限公司,其中核反应堆燃烧内胆各项技术经济指标达到国内领先水平。12月,江苏海狮泵业制造有限公司生产的化工离心泵等核电产品交付中国核电工程公司,供田湾核电站二期3号、4号机组使用。此前,江苏海狮泵业制造有限公司已于2013年与上海核工程研究设计院合作,研发核电用旋壳式上充泵项目,并获省700万元重大科技成果转化资金扶持,是江苏省首家取得核级泵设计、制造资质的企业。

【联兴公司新系统研发】 5月,江苏联兴成套设备制造有限公司研发的自保护式全合金铸钢超高温冶金炉窑冷却系统,通过省机械行业协会专家鉴定,拥有原创关键技术,填补国内空白。该系统获得发明专利6项、实用新型专利6项、关键技术秘密2项,获得泰州市科技进步一等奖,被列为国家科技型中小企业技术创新基金项目。 (孙志芊)

·船 舶·

【概况】 靖江船舶行业有各类企业254家。其中船舶制造、修理、拆解企业23家,配套产品生产企业和船舶工程服务企业231家。年内,为适应市场形势,靖江船舶行业加快结构调整,推进转型升级,加大技术投入,实行精细化管理,有效化解市场下行压力。江苏新时代(新世纪)造船有限公司、江苏新扬子造船有限公司、江苏东方海洋装备公司、江苏南洋船舶有限公司4家骨干造船企业完工船舶36艘250.2万载重吨,手持订单267艘2307.5万载重吨,新接订单108艘926.8万载重吨。全行业实现产值206.8亿元,比上年增长19.1%;主营业务收入184.9亿元,比上年增长9.2%;利润43.7亿元,比上年减少17.6%。江苏新扬子造船公司实现利润34.45亿元,约占全省同行业利润总额的30%左右。4月,江苏亚星锚链股份有限公司通过能源管理体系认证,属全市首家通过认证的企业。8月,江苏新世纪造船有限公司入围全省营业收入百强民营企业,排名第82位,为全市唯一入围企业。

【技改项目实施24个】 2014年,靖江船舶行业实施技术改造项目24个(含上年结转项目),计划总投资40.21亿元,累计完成投资39.68亿元;全年计划投资21.34亿元,实际投资32.48亿元(含结转项目)。其中,江苏亚星锚链股份有限公司年产9万吨海洋工程锚泊系统项目,计划总投资9.3亿元,年内完成投资9.27亿元;江苏大明重工有限公司大明重工项目,计划总投资10亿元,年内完成投资10.25亿元;江苏新世纪造船有限公司东区舾装码头修建工程项目,计划总投资1.5亿元,年内完成投资1.1亿元;靖江新民拆船有限公司船舶拆解项目,计划总投资1.2亿元,年内完成投资逾1.2亿元。

【船舶行业安全规范管理】 年内,船舶行业加强规范化、标准化管理,促进企业生产安全达标。江苏新时代造船有限公司、江苏新扬子造船有限公司、江苏东方海洋装备有限公司3家企业入围全国公布的符合《船舶行业规范条件》船企名单,其中东方海洋装备公司、新扬子造船公司通过江苏省一级I类钢质一般船舶生产企业生产条件复审验收,新时代造船公司通过省二级安全生产标准化验收。此外,另有21家船舶造、修、拆企业达到安全生产合格标准。

【新扬子公司承建半潜式钻井平台】 江苏新扬子造船有限公司于2012年3月成立江苏扬子江海洋工程装备制造有限公司,在新加坡购买设计公司,整合多方资源,进行技术储备,逐步具备了承建半潜式钻井平台的能力。2月,新扬子造船公司与新加坡Primepoint钻井有限公司签订2+2"MossCS50半潜式钻井平台"承建合同,总金额约16亿美元。该钻井平台为深海钻井平台,工作水深超千米,技术含量高,系海工领域高端产品。

【新时代公司首制万箱级船交付】 12月3日,江苏新时代造船有限公司建成交付9200箱集装箱船,此船为该公司首制的万箱级船舶,总长299.95米,型宽48.2米,型深24.6米,设计吃水12.5米,最大载重航速22节,装箱总面积相当于34个篮球场,满载高度比肩20层楼。

(王兴国)

·电机电器·

【概况】 靖江电机电器行业有各类企业约250家,其中规模以上企业38家;行业从业人员2900人,其中工程技术人员460人。产品主要有江苏三江电器集团有限公司、江苏大中电机股份有

江苏新时代造船有限公司承造的万箱级集装箱船出坞

(靖江日报社提供)

限公司、江苏上骐集团有限公司、江苏环球特种电机有限公司等企业生产的中小型电机，江苏靖江互感器厂有限公司、江苏大唐科技有限公司、江苏力阳电器制造有限公司等企业生产的输配变电设备，江苏光芒集团有限公司、江苏希达空调净化设备公司等企业生产的家用电器，江苏苏中开关厂、江苏华力电器有限公司等企业生产的高低压开关柜、发电辅助设备等。2014年，全行业实施技改项目35个，计划总投资22.77亿元，当年完成投资19.8亿元；实现产值194.47亿元、销售182.88亿元、利税24.86亿元、利润15.53亿元，比上年分别增长9.93%、9.83%、25.67%、26.92%。

【行业发展】 年内，江苏大中电机股份有限公司成立江苏省紧凑型高效节能电动机工程技术研究中心，研发生产的IE3标准超高效电机通过“3C”认证、节能认证、国家能效备案和欧洲“CE”认证。江苏环球特种电机有限公司推进再制造产业发展和废旧资源综合利用，电机再制造产能达到40万千瓦/年，申报为机电产品再制造试点示范企业；研发生产的隔爆型三相异步电动机，通过国家节能产品认证，获国家科技创新基金资助。江苏三江电器集团有限公司成功研制出波轮全自动洗衣机用直流无刷电机、滚筒洗衣机用BPM电机、柴油机进气门系统用电机、柴油机尾气排放系统用电机等一批特种电机，受到市场欢迎，公司2月获评全省首批质量信用AAA级企业，7月获评松下集团全球优秀供应商。江苏富天江电子电器有限公司开发的空调用电动机磁钢与磁回路组合结构，获日本发明专利授权。江苏力阳电器制造有限公司开发生产的外晶合金铁芯变压器，比传统产品降低损耗70%以上。江苏航天动力机电有限公司的增安型高压三相异步电动机、江苏三江电器有限公司的多振片式驻波型超声波电机、江苏三江迪生电机有限公司的高速洗衣机用串励电动机项目被列入国家火炬计划。

【光芒公司品牌建设】 江苏光芒新能源股份公司坚持以科技创新驱动企业转型升级，长期与北京机械自动化研究所、河海大学、南京航空航天大学等10余家科研院所加强产学研合作，探索搪瓷储热水箱应用新技术、新领域，独家研发出内置高效耐腐蚀铜盘管水箱和外置铜盘管水箱、外置铝盘管水箱、外置“微通道”盘管水箱等系列产品，创造性地开辟搪瓷承压储热水箱产业，不断推动太阳能、空气能等新能源产业发展。2014年初，光芒公司被授予“中国热泵空气能行业配件配套十大满意品牌”。年内，公司推进企业品牌战略升级，投入6000万元，建设第3代搪瓷储能水箱生产线。公司9月被中国国际经济技术合作促进会评为全国质量管理优秀企业，11月获江苏省首批“地标型企业”称号。

（夏文龙）

·汽车零部件·

【概况】 靖江汽车零部件行业有各类企业300余家，其中规模企业40余家。主要产品有车身冲压件、内饰件、制动器、传动轴、汽车锁等汽车零部件，发动机、变速箱、离合器、差速器等配件，电子油门、电动助力转向系统、车用灯泡等汽车电子电器产品。2014年，全市汽车零部件规模企业累计完成产值125.87亿元、销售收入119.96亿元、利税总额13.56亿元，比上年分别增长15.92%、15.06%、16.18%。其中，江苏新程汽车零部件有限公

江苏新程汽配有限公司冲压生产线　　（新程汽配公司提供）

司、华达汽车科技股份有限公司销售收入均超过28亿元,分别列2014年泰州市国税纳税50强企业第19位、23位。

【行业发展】 年内,江苏皓月汽车锁股份有限公司获7项发明专利授权,是靖江工业企业中年度获发明专利授权最多的企业;其“皓月”商标被国家工商总局商标评审委员会认定为中国驰名商标,是靖江汽配行业首个驰名商标。靖江三鹏模具科技股份有限公司在上海股份托管交易中心挂牌,成为泰州市首家在上海股交中心挂牌的企业。江苏新程汽车零部件有限公司自动冲压生产线技改项目竣工投产,公司获评江苏省优秀民营企业。华达汽车科技股份有限公司建成模具CAD国家工程研究中心分中心,2条国内先进的轿车总成自动冲压生产线和1条机器人焊装生产线安装投产。江苏旭顺东明汽配有限公司中控汽车门锁提质扩产项目竣工。江苏恒义汽配制造有限公司与韩国麦克斯罗泰克株式会社共同投资设立的爱马特(江苏)自动化有限公司研发中心,被江苏省科技厅认定为省级外资研发机构。

【模具CAD国家工程研究中心华达分中心建成】 华达汽车科技股份有限公司以科技进步促进企业转型升级,12月依托上海交通大学成立模具CAD国家工程研究中心华达分中心,籍此加快模具数字化设计与制造领域内科研成果转化,从模具设计专业人才培养、仿真软件开发、产品工艺改良等诸多方面提升企业科技实力。

【恒力公司开发物联网产业】 江苏恒力制动器制造有限公司在做强汽车制动器传统产品的同时,2013年与美国硅谷一家物联网企业合作创办江苏联恒物宇科技有限公司,研发生产物联网基础产品RFID(射频识别)。2014年2月,企业研制出RFID电子标签样品,8月开始批量投放市场。

【皓月平台化集成智能锁批量生产】 2011年,江苏皓月汽车锁股份有限公司引入平台化集成研发理念,与北京工业大学、武汉理工大学等建立产学研合作关系,先后投入近亿元,更新研发设计系统,开发具有自主知识产权的平台化智能门锁,实现一款产品配套多款车型,既缩短研发周期、降低研发成本,又适应客户多元化需求。2014年,公司有3款产品实现批量化生产,并打入国际市场,平台化座椅锁进入标致汽车的全球配套体系。

(吴顺立)

·轻纺服装·

【概况】 2014年,靖江纺织服装行业有规模企业27家,比上年增加4家,其中纺织企业20家、服装服饰制造企业7家,从业人员7000余人。主要产品有纱线、白织布、色织布、牛仔布、染整布、袜子、家用纺织品等。27家规模企业实现产值57.01亿元、销售53.50亿元、利税4.78亿元、利润2.44亿元,比上年分别增长24.16%、23.56%、35.59%、50.20%。

【裕纶集团内部整合】 年内,江苏裕纶纺织集团有限公司以本部搬迁为契机调整内部结构。5月,原纺一分厂逐步停产,设备搬迁转移。其中,3万锭较先进的纺纱设备转移到越南分厂;8000锭纺纱设备转移到裕纶集团公司控股子公司——重庆江阳纺织有限公司,形成2万锭产能;3000锭及配套设备转移至另一控股子公司——靖江裕山纺织有限公司,作为特色产品打样基地;1万锭设备调整到纺二分厂。纺二分厂添置6台意大利进口萨维奥自动络筒机,形成2.3万锭产能。裕丰分厂增添混纺配套设备,形成2万锭涤棉生产线;投资150万元,实施1万锭细纱设备紧密纺改造。集团内部结构调整后,纺部2个分厂生产布局得以优化,市场适应性得到提高。至2014年年末,公司产量上升,质量稳定,管理费用、原料成本及物耗得到有效控制。

【裕纶集团建成越南分厂】 2014年,江苏裕纶纺织集团有限公司面对国内原料、用工等成本攀升的问题,选择“走出去”的发展战略。经考察,越南有较低价格的原料和较为充裕的电力、劳动力资源,有进口棉花免除配额、出口棉纱到中国免关税以及纺织品在TPP(跨太平洋伙伴关系协议)框架下进入美、日市场免关税等诸多有利因素,遂决定到越南投资建设分厂。3月,总投资3900万美元的越南分厂开工建设。至年末,首期3.5万锭纺纱设备安装完毕,成功试车,实现当年开工、当年投产目标。

【张氏纺织公司建成全球物流分拨中心】 2014年,江苏张氏纺织有限公司引进营销高端人才,与TUTUANNA、BURT等公司合作，围绕客户需求拟订系统解决方案，提供全方位的产品贸易服务。年内，该公司完成现代化的针织品物流分拨中心建设，面向TESCO、KOMERI、DONQUIJOE等全球大型连锁超市提供产品配送服务。公司全年实现销售10 028万元、利税587万元，比上年分别增长22%、52%。（闻 佼）

·医药化工·

【概况】 2014年，靖江医药行业有江苏江山制药有限公司、江苏艾兰得营养品有限公司2家规模企业，职工近2000人。主要产品有维生素C及其系列产品、营养保健品等。年内，江苏江山制药有限公司坚持绿色低碳发展理念，完善节能管理体系，提高能源利用效率，被授予四星级“中国能效之星”企业；重质量、守信用，成为市内首家无纸化报检试点企业；注重产学研合作，充分利用内外部科研平台，完成技改投入3532万元，其中维生素C技改投入1970万元，营养品技改投入1562万元，比上年分别增长33.4%和457.8%；公司全年实现产值10.9亿元，比上年下降2%；完成销售收入11.02亿元、利税5.13亿元、利润4.2亿元，比上年分别增长5%、3574%、1310%。

【江山公司科研创新】 2014年，江苏江山制药有限公司发挥企业研发机构作用，省级企业院士工作站、省级生物发酵制药工程技术中心、生物营养保健品联合实验室及现代工业发酵协同创新中心高效运作，博士后工作站获评江苏省优秀博士后工作站。加强与高等院校科研合作，与江南大学联合研发“十二五”863科技计划项目“工业微生物基因组及分子改造”；与多个高校联合申报“十二五”863计划项目“基因工程菌高密度发酵表达胶原蛋白及高效分离工艺的关键技术及其产业化”，获科技部批准；“代谢工程改造氧化葡萄糖酸杆菌一步法合成维生素C”项目被列入江苏省科技支撑计划。公司鼓励企业职工参与创新取得成效，“高纯度维生素C钠盐工艺研究与应用”项目获2014年泰州市职工十大科技创新成果提名奖。

【江山公司与帝斯曼达成收购协议】 7月11日，荷兰皇家帝斯曼集团与江山（香港）控股有限公司股东共同签署股份购买协议，帝斯曼收购江山制药公司控股股东的全部股权（原子公司江苏艾兰得营养品公司的股权已剥离），江山制药公司的维生素C业务、热电业务及商贸业务并入帝斯曼集团。江山制药公司实际控制人通过出售维生素C业务，进一步集中经营资源，发展营养品和生命科学业务，实现业务转型升级。

【央视报道艾兰得海外收购】 江苏艾兰得营养品有限公司并购美国IVC公司后，通过运营一体化管理，实现公司国内、国外生产企业研发配方共享、质量体系统一、信息系统互动、生产能力互补，整体运营效率得到提高。同时，艾兰得公司坚持品牌驱动，依托其全球整合带来的产品质量和技术优势，将公司打造为中国营养品行业的知名企业。上半年，中央电视台记者至艾兰得公司跟踪采访，并通过视频连线美国IVC公司研发部门。9月16日，央视财经频道《经济半小时》栏目播出《跨国并购的“如意算盘”》，全面报道艾兰得营养品公司“走出去”收购美国IVC公司后的发展状况。

【艾兰得公司技术创新】 2014年，江苏艾兰得营养品有限公司投入技改资金1562万元，比上年增长457.8%。其中防爆制粒线改造项目投资240万余元、硬胶囊改造项目投资318万元、粉剂包装改造项目投资383万元、6000万片剂200吨软碇包装项目投资650万余元。10月，该公司与南京理工大学合作，建立“863”项目人源胶原蛋白规模化和产学研合作示范基地，推动企业转型升级。11月，在中国发明协会、发明者协会国际联合会主办的第8届国际发明展览会上，该公司生产的氨基葡萄糖制剂获“发明创业奖·项目奖”金奖，复合维生素矿物质制剂获银奖。年末，江苏艾兰得营养品公司被认定为国家级高新技术企业。（朱晓冬）

建筑业

【概况】 2014年，全市有建筑业企业186家，其中特级企业1家、一级企业8家、二级企业53家、三级企业103家、劳务企业14家、设计和施工一体化企业5家、不分等级企业2家，吸纳建筑劳务20万余人。年内，靖江建筑业按照“抢抓新机遇、增创新优势、实现新发展”的总要求，调结构、调市场，强素质、强管理，各项业务指标稳健增长。全年完成建筑业总产值423.56亿元，实现增加值140.50亿元，上缴税金4.82亿元,比上年分别增长17.0%、25.3%、11.1%;工程结算收入322.40亿元,利润总额18.6亿元;完成建筑施工面积3950万平方米,房屋建筑竣工面积1536万平方米,竣工产值328.7亿元。二级以上企业产值341.9亿元,占全行业产值的80.7%,比上年上升3个百分点,产业集聚度进一步优化。在2014年度泰州市建筑业评比中,江苏广宇建设集团有限公司、江苏神龙海洋工程有限公司、江苏华昊集团有限公司被评为十强企业,江苏博尔国际建设有限公司被评为明星企业,江苏中泰桥梁钢构股份有限公司被评为十佳专业企业。

【行业发展】 年内,全市建筑企业把提升企业核心竞争力作为推动企业持续发展的根本途径。19家企业申办资质,8家企业资质升级。其中,二级资质升一级资质企业2家,三级资质升二级资质企业6家;资质增项企业4家。人员队伍素质水平提升。全年新增一级建造师42人、二级建造师301人、小型项目管理师71人,企业中层岗位持证上岗率100%,特种作业人员持证上岗率100%。定期组织建筑市场检查,全年累计监督工程51项、建筑面积约67万平方米,获评泰州市"梅兰杯"优质工程奖11项,获评泰州市优质结构工程15项,单位工程竣工验收合格率100%。

【施工管理】 全年组织各类综合和专项检查11次,发出隐患整改通知单51份、局部停工通知书12份,办理起重机械设备网上产权备案157台次、使用登记94台次。至2014年年末,创建市级标准化示范工地13个、省级标准化示范工地6个。持续推进绿色建筑行动,滨江新城建筑节能和绿色示范区通过省级评估。积极推广墙材革新,新增混凝土砖生产线1条,转型升级淤泥砖生产线3条,新增产能1亿块。科学审定工程造价,办理直接发包工程项目备案131个,备案工程造价金31.4亿元。推广预拌砂浆使用,出台预拌砂浆指导价。

【重大工程】 年内,江苏广宇建设集团有限公司在甘肃庆阳承接庆阳传媒技术业务用房工程和五星大厦2个项目。庆阳传媒技术业务用房工程,建地下1层、地上4层框架异形结构建筑2幢,以及相应的给排水、暖通、电气等配套设施,总建筑面积4.1万平方米,其中地上建筑面积2.87万平方米,地下建筑面积1.23万平方米。五星大厦为办公、商务、健身等功能一体的超高层写字楼,地下2层、地上32层,顶层屋面距地136.9米,总建筑面积5.85万平方米,其中地上5.4万平方米、地下0.45万平方米。江苏华昊建设集团有限公司承接盐城凤凰汇广场项目。该项目位于盐城市核心地带,毗邻盐城内港湖公园、文化艺术中心,总建筑面积19.8万平方米,造价近3亿元,为盐城市地标性建筑。靖江市神龙海洋工程公司负责施工的福建湄洲岛第2条跨海供水管道11月6日建成通水。该管道为SPE复合管,跨海段全长3707米,管径0.5米,最大水深20余米,连接陆地与海岛,供水能力为2万吨/天。

(侯玉泉)

2014年靖江市获梅兰杯建筑工程一览表

表19

工 程 名 称	施 工 单 位
中天城市景园B区G1#楼	浙江展诚建设集团股份有限公司
中天城市景园B区G3#楼	浙江展诚建设集团股份有限公司
中天城市景园C区G7#楼	浙江展诚建设集团股份有限公司
中天城市景园C区G8#楼	浙江展诚建设集团股份有限公司
虹桥城市花园一期9#楼	靖江市鑫宇建设有限公司
虹桥城市花园一期22#楼	靖江市鑫宇建设有限公司
天伦花苑1#楼	靖江市新泉建设工程有限公司
天伦花苑2#楼	靖江市新泉建设工程有限公司
天伦花苑3#楼	靖江市新泉建设工程有限公司
天伦花苑4#楼	靖江市新泉建设工程有限公司
天伦花苑5#楼	靖江市新泉建设工程有限公司

综 述

【概况】 2014年，全市完成农业总产值35亿元，比上年增长6.9%；完成农业增加值20.83亿元，比上年增长3.2%；粮食总产33.9万吨，比上年增长0.92%。农村居民收入进一步提高，人均可支配收入1.68万元，比上年增长11%。

【现代高效农业】 新建泰州市级高效设施农业规模项目9个。新增高效设施农业面积813.33公顷、高效设施渔业面积36.27公顷。马桥镇、斜桥镇、东兴镇现代农业示范园成为泰州市级现代农业产业园区，全市泰州市级以上农业产业园区达77.78%，在泰州市名列前茅。畜牧业规模养殖率进一步提高。全市共有97个市级以上规模生猪养殖场，生猪规模养殖率63.8%；有54个市级以上规模蛋禽养殖场，蛋禽规模养殖率87.9%；山羊规模养殖率42.7%。

【农业资源开发】 全年农业资源开发项目总投入2288万元，其中中央财政投入1040万元、江苏省财政配套884万元、地方财政配套156万元、群众自筹208万元。建设高标准农田1066.67公顷，涉及市现代农业开发区，孤山镇新联、通太、山东村，季市镇宁界、勤盛、花家村，西来镇封家村。全年累计建设衬砌渠道40.89千米、排灌站44座、桥梁6座、涵洞11座、渡槽3座、低压管道输水区1个、仓库217平方米、晒场1800平方米，埋设管道1.75千米，营造农田防护林29.33公顷。

【农业产业化经营】 全市有农业产业化龙头企业70家，其中省级9家、泰州市级22家、靖江市级39家。初步形成优质粮油加工、棉纺织加工、系列休闲食品、畜禽特水养殖、果蔬及花卉苗木种植等特色产业体系，实现销售185亿元，比上年增长22.3%；实现利税5.1亿元，比上年增长20.8%。泰州市级以上龙头企业均建立企业质量管理制度。“双鱼”食品获评中国驰名商标，江苏尚香食品有限公司获评全国主食加工示范企业。

【农产品质量安全建设】 制定泰州市地方标准《秋冬结球甘蓝露地栽培技术规程》和企业标准《苏姜猪饲养管理技术规程》。新增无公害农产品基地4个，其中，种植业基地1个、畜禽基地1个、水产品基地2个。新增无公害农产品32个，其中，种植业产品22个、畜禽产品2个、水产品8个。新增绿色食品2个。完成9个镇、街道农产品质量安全监管追溯平台建设，上传监管巡查信息181条、检测数据1766个。完成省蔬菜例行抽样180个，合格率98.9%。省级监督抽检合格率100%。“双鱼”牌猪肉脯、“骥洋”牌休闲食品等6个产品获评江苏名牌产品，“江潮”牌水产品、“为康”“王友”牌鹌鹑蛋3个产品获江苏省名牌农产品称号，“靖江香沙芋”被国家工商总局商标局核准注册为地理标志证明商标,“绿涛”牌系列蔬菜、“生祠堂”牌蔬菜瓜果等10个产品获无公害农产品标志,“马洲”牌液态奶、“假日”牌棕榈油等6个产品通过绿色产品认证,“绿涛”系列冻菜、“双鱼”肉脯等食品通过HACCP食品认证,江苏绿涛食品有限公司、江苏瑞莱新桥食品有限公司等14家企业通过质量管理体系认证。

【农业科技推广】 全年实施省级农业“三新”(新品种、新技术、新模式)工程项目3个,分别是“机插水稻基质育秧新技术研究”“菜粮高效种植模式及配套技术研究”“苏姜猪综合饲养技术集成推广应用”,共获省级扶持资金105万元。实施“鹌鹑健康养殖技术”等市级科技攻关项目6个,年内均通过验收。其中3个科技项目获市科学技术奖:“超级稻‘武运粳24’机插栽培技术集成与推广”获一等奖,“香沙芋机械化生产技术研究与应用”和“鲜食大豆早熟栽培技术研究与应用”获二等奖。

【农业科技入户】 组织实施国家基层农技推广体系改革与建设补助项目和省农业科技入户工程,全市稻麦、香沙芋、畜牧、渔业、农机科技示范户总数达2500户。建设12个村级服务站和100个核心示范户。围绕产业和农户需求开办各类技术培训班280期,培训示范户和辐射户1.48万人次。举办机插秧、香沙芋提纯复壮、鳜鱼示范养殖、苏姜猪生产、秸秆还田机械应用现场观摩23次,观摩人数2300人次。

【农村教育培训】 全年培训农民3453人,其中职业技能培训500人、新型职业农民培训350人、持证培训1993人,培训基层农技推广服务人员80人;培训渔民80人、基层渔技推广服务人员20人。培训内容包括农艺、农作物植保、蔬菜园艺、果树园艺、花卉园艺、水生动物饲养等。培训创业农民与家庭农场主350人,其中104人通过人力资源社会保障部理论统考和农业职业技能鉴定。培训村(居)干部80人。

【农业行政执法】 清查整顿全市镇、园区(街道)286个农产品生产经营单位和市场摊点,累计出动执法人员2100余人次、执法车辆370辆(次),发放宣传材料5000余份。开展农产品质量安全监管与执法6次、种子打假专项行动4次,查处种子案件1起。备案农药42件,查处农药质量不合格案件5起。抽检肥料21次,查处含量不合格案件2起。整顿农资经营门店11家,依法查处无证照经营门店3家。受理各类举报案件12起,调解农资纠纷5起,案件查处率和结案率100%。

【农产品展销】 组织江苏尚香食品有限公司、靖江三阳食品有限公司、靖江亿泰食品有限公司等13家涉农企业,以及靖江鑫浩香沙芋专业合作社、靖江月华家禽养殖专业合作社等5个农民专业合作社参加第12届中国国际农产品交易会(青岛)、第16届江苏农业国际合作洽谈会(盐城)、第12届江苏名特优农产品交易会(上海)等展会,共签订对外贸易合同5个、金额2200万元,现场销售农产品65万元。全年实现农产品自营出口4262万美元。 (卢俊春)

【3个农业项目入选星火计划】 年内,全市有3个农业项目入选2014年度国家星火计划引导项目,分别为江潮水产养殖专业合作社的长江野生鳜鱼秋季人工繁殖与生态养殖、裕胜畜牧养殖专业合作社的肉牛生态循环养殖、益源水果专业合作社的出口草莓品质保障及产业化开发。江潮水产养殖专业合作社继长江野生鳜鱼秋季人工繁育取得成功后,试行长江鳜鱼生态养殖2公顷,每公顷效益达15万元。益源水果专业合作社引进新品草莓和无公害栽培技术,对土壤进行无害化杀菌处理,将生长时间延长至6年,并率先引进日本红外线恒温地埋膜技术提高草莓产量,所产草莓大部分出口日本。 (赵一阳)

种植业

【概况】 2014年,种植业呈现持续稳定发展态势。粮食总产33.9万吨,比上年增长0.92%。完成现价产值20亿元,比上年增长6.38%。小麦种植面积2.21万公顷,比上年增加2500公顷;总产13.37万吨,比上年增加0.34万吨。水稻种植面积2.12万公顷,比上年减少2200公顷;总产19.55万吨,比上年减少0.22万吨。油菜籽种植面积1853公顷,比上年增加73公顷;总产4967吨,比上年增加295吨。

【粮食高产增效创建】 按照农业部和江苏省粮食高产增效创建要求,在新桥、东兴、生祠、马桥、西来5个镇建立夏熟小麦高产增效“万亩示范片”,新桥片被评定为全省小麦A级示范片;在各镇(街道)建立秋熟水稻高产增效“万亩示范片”10个，马桥、新桥、东兴片被评定为全省水稻A级示范片。

【农作物病虫草害发生与防治】全市农作物病虫草害发生总面积34.37万公顷、防治总面积39.48万公顷。其中，水稻病虫草害发生面积24.02万公顷、防治面积26.83万公顷，挽回损失19.02万吨；小麦病虫草害发生面积8.51万公顷、防治面积10.71万公顷，挽回损失2.09万吨；油菜病虫草害发生面积0.27万公顷、防治面积0.21万公顷，挽回损失0.35万吨；蔬菜病虫害发生面积1.57万公顷、防治面积1.73万公顷，挽回损失0.44万吨。

【耕地质量保护】 测土配方施肥技术推广总面积4.03万公顷，其中小麦测土配方施肥技术推广面积1.95万公顷，每公顷节省肥料（折纯）9千克、节本增收1033.5元，配方施肥推广区氮肥利用率比常规施肥区提高4.83%；水稻测土配方施肥技术推广面积2.08万公顷，每公顷节省肥料（折纯）58.5千克、节本增收2370元，配方施肥推广区氮肥利用率比常规施肥区提高6.49%。推广有机无机肥2000吨，施用面积0.11万公顷；推广腐熟剂436吨，施用面积1.36万公顷，施用腐熟剂秸秆全量还田地块每千克土壤增加有机质0.3～0.5克、全氮23.2毫克、有效磷0.1～0.4毫克、速效钾2～6毫克。质量评定145个地块36.6公顷补充耕地，共采集土壤样品106个，根据化验结果及现场勘测进行等级评定，审核其农业生产符合性。（卢俊春）

【靖江香沙芋获地理标志证明商标】 靖江有数百年香沙芋种植历史，香沙芋因支链淀粉含量高、营养丰富、沙糯适中、口感好等特点而畅销，全市种植面积约2000公顷，培育出“红芽”“苏靖板桥”“马洲”“香羽”等一批知名品牌。年内，“靖江香沙芋”被国家工商总局商标局核准注册为地理标志证明商标。该商标由图案、中文及汉语拼音3部分组成，其中最引人注目的图案部分为一“芋头娃娃”卡通形象，它头顶红色“朝天椒”小辫，身着深褐色条纹衫，手持一片绿油油的芋叶，迈着欢快的步子前进，是靖江香沙芋的“形象代言人”。

【14种香沙芋甜点亮相农展会】“靖江香沙芋”是泰州范围内首个获地理标志认证的农产品，年产值过亿元。年内，市绿禾农庄香沙芋系列深加工产品研发成功。首批生产的水晶芋饺、玫瑰芋蓉卷、香沙芋西米露等14种甜点在中国农产品（上海）交易博览会等数个省内外农产品展销会上展出，收获上海、常州等地订单。

【首个立体水培蔬菜基地建成】年内，马桥镇正西村仁和蔬菜合作社采用“设施＋营养液”方式打造全市首个立体水培蔬菜基地。该基地总面积约0.05公顷，有近30个“人”形架，每个“人”形架高2米、长8米，由6层管道培养设备组成，每层最多可栽培40株蔬菜。水培营养液为无公害绿色肥料，含蔬菜生长所需的各类营养成分，可代替泥土循环使用。蔬菜生长周期无需施肥和防治病虫害，且生长期比在普通土壤中缩短20天左右。基地种植的蔬菜包括冰菜、水晶彩、苦菊等10余个品种。

（赵一阳）

靖江培养香沙芋组培苗 （靖江日报社提供）

畜牧业

【概况】 2014年，畜牧业经济完成现价产值8.03亿元，比上年减少0.37%。生猪存栏27.11万头，比上年增长0.22%；出栏39.54万头，比上年增长2.5%。家禽存栏65.14万羽，比上年增长0.42%；出栏188.91万羽，比上年下降7.3%。全市肉类总产量32 900吨、蛋类总产量9986吨、奶类总产量1940吨。年内,市农委承接原商务部门畜禽屠宰管理职能,制定全市屠宰行业发展规划,关停2个不合格屠宰场;完成乡镇畜牧兽医站动物诊疗、兽药经营等相关经营性职能的市场化运作改革;投资508万元建成孤山、季市、西来、生祠4个"五有"(有独立建制机构、有固定工作场所、有基本服务手段、有定编专业队伍、有稳定财政保障)乡镇畜牧兽医站。马桥畜牧兽医站副站长侯斌获全国首届动物防疫职业技能竞赛冠军,被授予全国技术能手和全国"五一劳动奖章"。

【重大动物疫病防控】 全年共免疫生猪283.6万头次、牛0.2万头次、山羊8.5万只次、犬3.7万条次、家禽412万羽次、鹌鹑等特禽530万羽次,动物疫病应免率100%、牲畜免疫标识戴挂率100%。对1.1万个养殖(场)户、13个生猪屠宰场、28个畜禽交易场所、4个野外禽类栖息场所进行3次消毒,投放消毒药物6450千克,累计消毒面积1100万平方米。完成家禽H7N9流感和山羊小反刍兽疫防控任务。

【疫情监测】 全市共采集畜禽血清3800份,监测规模养殖场114个、散养户852个。监测口蹄疫样品1820份、猪瘟样品1820份、高致病性猪蓝耳病样品1820份,合格率分别为98.2%、89.4%、91.3%;检测禽流感样品3800份,合格率95.2%,其中H7N9流感样品1800份、鸡新城疫样品2000份,合格率分别为100%、91.5%。对全市2个奶牛养殖场进行结核病监测和布病监测,监测率100%,未发现阳性病例。

【动物卫生监督】 检疫产地生猪9.83万头、屠宰生猪12.27万头,受检率100%。检出不合格生猪21头、病害猪肉产品780千克。检查131个市级以上规模养殖场、16个兽药饲料经营单位、1个生鲜乳生产收购站,提出整改意见25条,发放整改通知书12份,立案查处违规行为9起,有效净化兽药饲料市场,杜绝"瘦肉精"的非法使用。

渔 业

【概况】 2014年,全市渔业经济完成现价产值3.24亿元,比上年增长1.89%。全年水产品总产量1.03万吨,其中淡水养殖产量0.82万吨,比上年增长3.11%;水产品捕捞总产量0.21万吨,比上年增3.49%。水产品养殖总面积1576公顷,其中特水养殖面积1066公顷,比上年增长4.61%;

渔民展示捕捞的刀鱼 (靖江日报社提供)

养殖产量0.13万吨,比上年增长3.68%。全市有机动渔船359艘,合计总吨位4806吨,总功率9450千瓦。

【渔业管理】 年内开展渔业执法专项治理工作,立案5起,行政处罚18人次。重点查处电鱼行为25起,收缴电瓶12只、电鱼器30台(套)、渔船3艘。清除长江插网675口、地笼1218条,清除内河港道插网504口、地笼768条。开展长江禁渔期禁渔检查。完善渔业生产安全救助信息系统,为辖区内350条(艘)渔船安装AIS渔船避碰系统和GPS定位系统,加强渔船防范极端气象灾害能力和突发事件应急处置能力。

【刀鱼产量降至13年来最低点】 3月1日刀鱼开捕首日至3月12日,长江靖江段共有85条渔船持证捕捞刀鱼,产量累计不足5千克。至5月休渔期,刀鱼总产量约7.8吨,与上年30吨相比下降近8成,是2001年产量的3%,为长江实施禁渔期13年来最低。近年来,由于水电工程、采砂作业、航道疏浚等水工建设影响长江水文环境，加之沿江企业排污影响长江水质，刀鱼产量呈逐年下降态势。

【首家农业部水产健康养殖示范场创建】 良洪水产养殖场主要从事名贵水产品养殖，是靖江最大的鳜鱼养殖基地。年内通过加强基础设施建设和健康养殖管理，达到生产条件标准化、生产操作规范化、生产管理制度化、示范辐射规模化的标准。12月，该养殖场通过验收，成为域内首个农业部水产健康养殖示范场。 （卢俊春）

【长春鳊人工繁殖方法获国家发明专利】 7月，市长春鳊人工繁殖方法获国家发明专利授权。长江名贵鱼类长春鳊深受消费者欢迎，但产量远远不能满足市场需求。2007年起，市滨江水产良种场与市水产技术指导站联合进行长江长春鳊驯化养殖，成功开发长春鳊苗种规模化人工繁育技术。2012年，市“长春鳊规模化繁育与产业化技术推广”项目被列入国家星火计划。至2014年年末，已建成长春鳊生态养殖示范基地70.13公顷，主要分布在新桥、东兴、斜桥等沿江镇。 （赵一阳）

林 业

【概况】 2014年，全市林业经济完成现价产值4954万元，比上年增长0.2%。全年成片造林661.53公顷、四旁植树229.33公顷，共植树95万株；建成省级森林生态示范村3个、省级村庄绿化示范村6个。

【果品生产基地专项整治】 8月，市农委质检站、执法大队、质量安全监管科、林业中心等联合开展果品生产基地专项整治行动，重点检查御桃园生态种养专业合作社、徐周生态种养园、义昌果品专业合作社等11个基地，检查内容包括农业投入品使用情况以及有无超范围使用农药等违法违规行为，并抽样检测基地产品农药残留情况，责令存在问题的单位限期整改。 （卢俊春）

【省蕙兰展在靖江开幕】 4月12—14日，2014年江苏蕙兰展在市滨江新区百蔚园举行。兰展由江苏省兰花协会、靖江市政府主办，江苏、上海、浙江等地的知名兰家共展出大一品、程梅、关顶、元字、老染字等蕙兰老8种和翠萼、端梅、崔梅等蕙兰新8种计100余个品种800余盆。靖江养兰历史悠久，有人民公园兰苑、芸蔚兰苑等数十个具有一定规模的精品兰苑，育有春兰、蕙兰等名品80余种5000余盆。靖江兰花总量在全国县级市中名列前茅，蕙兰“解佩梅”的拥有量居全国之首，有“靖江解佩甲天下”之美誉。2013年11月央视中文国际频道《走遍中国》栏目播放专题片《靖江——花中君子》，介绍靖江“解佩梅”。

【濒临消失的养蚕村】 养蚕曾经是靖江的传统产业。由于养蚕较为辛苦，加之环境污染影响桑叶质量，导致蚕茧产量、质量受损，近几年养蚕业急剧萎缩。年内全市春蚕订种量仅36张，跌至历史最低点。36张蚕种由生祠镇金星村仅存的20余户蚕农预订，金星村成为全市唯一的“养蚕村”。

靖江460岁的银杏“树王” （靖江日报社提供）

【36株古树名木入选省名录】 年内，靖江有36株古树名木入选《江苏古树名木名录》《江苏古树名木》画册。入选古树树龄均在100年以上，有银杏树17株、桂花树4株，另有朴树、紫树、黄连木、柘树、柞树、皂荚树等15种。其中两株获评国家二级古树，一

株为孤山镇新庄村百花港边460余年树龄的银杏树,树高12米、树径约1.27米,生命旺盛,枝繁叶茂,被誉为“靖江树王”;另一株为城南办事处北六村350余年树龄的麻栎树。其他34株本地古树名木获评国家三级古树。

(赵一阳)

农业机械化

【概况】 2014年,全市拥有各类大中型拖拉机604台、配套农具1133台,联合收获机511台,水稻插秧机809台,各类农机总动力26.55万千瓦。水稻机插秧面积1.8万公顷,机插水平86.15%,比上年提高1.12个百分点。机灌面积2.14万公顷。机收小麦2.21万公顷、水稻2.12万公顷。麦秸秆机械化全量还田面积1.88万公顷。

【农机购置补贴】 全年新增各类补贴农机具561台(套),其中旋耕机94台、手扶步进式水稻插秧机16台、乘坐式水稻插秧机4台、条播机9台、轮式拖拉机27台、动力喷雾机2台、4冲程背负式机动喷雾机12台、静电喷雾器258台、自走履带式谷物联合收割机(全喂入)2台、半喂入联合收割机1台、捡拾压捆机1台、秸秆粉碎还田机22台、开沟机10台、烘干机7台、树木修剪机9台、农用抓草机12台、田园搬运机1台、微孔曝气式增氧机27台、普通增氧机22台、投饵机25台,共获中央和江苏省财政补贴资金195.79万元,其中中央补贴182.7万元、省补贴13.09万元。此外,市财政对秸秆收储企业秸秆加工处理机械给予购机价格50%的扶持。

【农机作业服务】 全市有农机专业合作社111个(年内新增30个)、社员3830人,其中国家级农机专业合作示范社2个,江苏省五星农机示范社2个、三星农机示范社7个。各类农机大型机具3284台,总资产9742万元。农机专业合作社服务总面积1.65万公顷,服务农户6.32万户,总收入3290万元。合作社服务面积占农机服务面积的77.05%。

【农机安全监理】 全年共检验大中型拖拉机75台、小型拖拉机802台、变型拖拉机235台、联合收割机412台,备案登记农用手扶拖拉机705台,排查整改各类隐患299处,整改率100%。开展独立检查4次、联合检查5次,检查机具351台、驾驶操作人员523人,查纠违章行为235起。与农技推广中心签订《农机安全生产目标管理责任状》12份,与农机手签订《农业机械驾驶操作人员安全生产责任书》1500余份。

【香沙芋生产实现机械化】 年内,制定《靖江香沙芋生产主要环节机械化技术规程》。在马桥镇祖师村和生祠镇大进村建立香沙芋生产机械化作业示范点,种植面积42公顷,利用起垄机、中型拖拉机、多功能田园管理机、薯类收获机等进行起垄、播种、中耕培土和收获作业。示范点的机械化生产水平由实施前的54.72%提高至87.75%,种植产量提高20%。

(卢俊春)

·靖江农谚(十)·

【夏天暴雨隔田埂】 说明夏季雷阵雨的范围较小,在野外可能只下及田埂的一边。

【础润而有雨】 当暖湿气流增强,空气中水汽含量充沛,在遇上温度较低的水缸外壁和屋内地面,容易凝结成水汽,即农村中所说的“返潮”。此时如冷空气来临,就创造了急剧降水的条件。“础”是屋内墙角供顶梁柱站立的基础石;“润”是“返潮”的一种表现。

【夏季特冷必有雨】 指有冷空气来临,暖空气被逼向高空抬升,出现强对流天气,并可持续多日,形成降雨过程。

【夏雾暖】 如果夏季早晨有雾,标志气层稳定,风小,夜间近地面热量散失少,当雾消退后,温度仍然较高,当天天气会感觉较暖。

(吴汉荣)

商 贸

·综 述·

【概况】 2014年，全市实现社会消费品零售总额152.2亿元，比上年增长10%。其中，城镇市场实现零售额132.28亿元，比上年增长9.9%；乡村市场实现零售额19.92亿元，比上年增长10.9%；批发业销售额为418.43亿元，比上年增长10.3%；零售业销售额为124.82亿元，比上年增长9.7%；住宿业营业额为3.85亿元，比上年增长12.9%；餐饮业销售额为32.48亿元，比上年增长12.4%。限额以上企业全年实现商品零售额32.36亿元，比上年增长4.7%。其中，食品、饮料、烟酒类销售较上年下降3.1%，金银珠宝类下降3.6%，服装、鞋帽、针纺织品类增长11.2%，家用电器和音像器材类增长11.2%，中西药品类增长42.9%，石油及制品类增长14.8%。泰和国际城建成投运，五金机电城、国际汽贸城初步建成。全年商品交易市场成交额120亿元，其中亿元市场6个。电子商务快速拓展，6家网店排淘宝网休闲食品类前10名。建设放心早餐工程，增设乡镇早餐亭30个，全年早餐亭营业额200.7万元，比上年增长469.6%。

【促进电子商务发展】 年内，靖江出台《关于促进电子商务发展的意见》，推动电子商务应用。组织靖江市清之坊食品贸易有限公司和靖江市悠味食品有限公司申报省级电子商务示范企业。组织物联网微商论坛、万都五金机电网第三方电子商务平台发布会、靖江首届微友节“微探访”“微公益”“微体验”等活动，整合互联网资源，构建对接高效、信息互补的服务平台、对话交流平台，提升和增强电商企业学习、应变和竞争能力。组织传统企业家参加电子商务专题培训，实地参观学习杭州的绿城电商、祐康食品、九阳公司等电商企业。组织机关、企事业相关负责人参加江苏省商务厅、泰州市商务局组织的电子商务专题培训，培养适应电子商务发展需要的专业技术、营销推广、商务管理才能兼备的复合型人才。 （邓丹丹）

·供销合作商业·

【概况】 2014年，市供销总社实现限额以上批发零售业商品销售额52 641万元、服务业增加值3326万元。年末，市供销总社被省总社表彰为新网工程建设优胜单位和为农服务社提升工程优胜单位，被泰州市供销总社评为创新创优工作先进市（区）社、项目建设先进市（区）社；西来供销社、森奈尔苗木花卉专业合作社分别被省总社表彰为基层社标杆社、农民合作示范社；益农农资有限公司被评为泰州市社十强企业；兆盛供销有限公司、源丰供销有限公司被评为泰州市社优秀基层社，生祠镇大进为农服务中心、季市镇石榴为农服务中心被评为泰州优秀为农服务社；友谊水产养殖专业合作社、大印象种养殖专业合作社被评为泰州优秀专业合作社。

为农服务 农资一体化连锁网络全年完成销售额5300万元,供应化肥15 424吨、农药410吨;提档升级为农服务社19家,建办庄稼医院8家;参办领办农民专业合作社13家,创建植保专业合作社(下设10个分社)1家,将8014个农户、1733公顷土地纳入为农服务体系;建办农产品直销店3家;2家专业社获江苏省财政扶持,20家专业社入选江苏省财政扶持名录。

综合改革 成立综合改革试点工作领导小组,形成初步实施方案。总社机关改革以机制创新、制度建设为主要内容,将6个内设科室与所属企业、基层社列入年度考核。社有企业改革以深化完善、落实责任制为重点,研究出台社有企业"新十条",明确规定费用支出,并按一企一策实行实务考核。基层供销社改革结合系统实际,拟订"引入竞争机制,实行开放办社,全面落实'五定'(定目标任务、权力责任、人员职数、包干费用、奖惩办法),实行机制转换"改革方案。

【推行植保专业服务新模式】 4月10日,市益农农资有限公司联合8位农民分别以货币、实物等出资形式设立靖江市益农植保服务专业合作社,并在9个镇、园区、办事处成立分社。至6月月底,8014户农民与益农植保服务专业合作社签约,涉及农田1733公顷。合作社针对水稻病虫防治提供农药供应全程承包和供药喷施全程承包2种承包模式,实行配方统一会商、技术统一指导、用药统一采购、防效统一检验的"一条龙"服务模式,并为农户建立种植品种、防效管理、服务人员回访等档案资料。 (刘玉基)

【1号店"特产中国"靖江馆上线】 8月8日,江苏省首家1号店"特产中国"地方馆——靖江馆正式上线,靖江馆由1号店联合靖江市供销合作总社、江苏歌德电子商务生态园、江苏泰供润德电子商务有限公司和泰州乐享电商公司共同打造,设有肉脯、汤包、香沙芋、金波酒等板块,为靖江特色农产品推向全国市场开辟销售新渠道。1号店是国内首家网上超市、大型专业的网络食品零售电商,拥有注册用户6000万;"特产中国"是其特色频道。靖江馆是"特产中国"在江苏省内开辟的首家地方特产馆。

(刘 凯)

·粮油贸易·

【概况】 2014年,全市粮油工作以发展现代粮食流通产业为目标,主动适应粮食流通新形势,保持平稳向上发展态势。全年粮食购销经营总量351.1万吨,其中托市收购小麦9.4万吨;销售收入44.6亿元;综合效益3300万元。推进"放心粮油"工程建设,制订放心粮油示范店申报条件、服务承诺、监督管理办法、考核奖励办法等系列制度。靖江粮油质量监测所获全省粮食系统先进集体称号,贾德勤获全国粮食系统先进工作者称号,陈正银获评全省粮食系统劳动模范。

粮食购销 全市有粮食购销企业14家,全年粮食购销总量351.1万吨,位列全省各市县前列。扬子江现代粮食物流中心实现购销总量122万吨、码头作业量146万吨,跨入江苏省单体购销总量超100万吨企业行列。

基础设施建设 根据江苏省粮食局危仓老库改造及粮库数字信息化建设要求,确定东兴、马桥、新桥、季市4家粮管所为危仓老库改造单位,投入400余万元维修仓容3.5万吨、添置设备40台套、修筑道路晒场6000余平方米、完成信息化建设,实现全市粮食收购、出入库和监控信息化,粮库管理和服务水平得到提高。自筹250万元建设新桥粮管所三期5000吨仓库,新桥粮管所仓容增至2.5万吨。

(薛金南)

·石油贸易·

【概况】 2014年,全市有加油站37座,其中属中石化泰州靖江分公司的23座、属中石油泰州靖江分公司的2座、社会加油站12座。全年共销售汽油6.9万吨、柴油4.1万吨,货源70%来源于中石化,30%来源于江阴长江岸边的油库和大兴油库。汽油销售收入42 176.4万元,柴油销售收入25 325.16万元。

(邓丹丹)

·烟草专卖·

【概况】 2014年,靖江销售卷烟2.53万箱,比上年增长0.56%;单箱销售额2.7万元,比上年增长4.62%;单箱毛利7048元,比上年增长4.61%。市烟草局(分公司)被评为泰州市依法行政示范点和靖江市依法行政先进单位。

专卖管理 推进卷烟"打假破网"工作,相继开展"冬季会战"和"闪电"15号、16号卷烟市场集中整治行动。强化日常监管水平,市场净化率超过96%。加强许可证管理,新办许可证207份,延续使用162份，终止使用218份，对334份许可证暂停供货，年末正常供货许可证为3898份。全年出动执法人员4970人次，查获各类涉烟违法案件241起，其中万元以上案件68起、5万元以上案件8起；查获各类违法卷烟27 657.9条，上缴罚没款14万余元。

营销服务　开展3次卷烟市场调研活动，建设“点线面”结合的零售终端。开展“新形势下的客户经理职能转变”课题研究，深化客户服务内涵，提高服务客户、培育品牌、控制市场的能力和水平。继续调整卷烟配送线路，进一步提高车辆满载率，提升物流精益化水平。（张　琛）

·盐业专营·

【概况】 2014年，市盐务局（公司）完善管控体系，加快推进市场化转型发展，切实开展碘盐供应、盐政管理工作。年内，共销售各类盐产品5050吨，其中食用盐3500吨、其他盐产品1550吨，所售食用盐中3200吨为小包装食盐；坚持日常检查和节假日市场整顿相结合，不断规范食盐市场经营行为；开展盐业宣传，在“3·15”国际消费者权益保护日、“5·15”防治碘缺乏病日设点普及食盐安全知识；加强盐政执法，检查行业用盐户198家次、农贸市场164家次、零售商店1250家次、食品加工企业158家次、餐饮单位1080家次，走访居民灶台360户，查处各类盐业违法案件80起，查处私盐1.22吨，罚款1万余元。

【食盐安全访万家活动】 2014年年初，市盐务局（公司）启动“食盐安全访万家”活动。活动中，市盐务局抽查了解乡镇家庭食盐使用情况；检查企业单位、中小学校、建筑工地的集体食堂和饭店、宾馆、夜市是否按规定使用小包装食盐；拉网式检查肉食、酱菜、酿造、炒货加工点等涉盐食品生产企业是否按规定渠道购进食盐、专盐专用；开展食盐加碘新标准宣传活动，普及食盐中碘含量标准等食盐知识。

（顾振亚）

·商品市场·

【概况】 2014年，全市有各类交易市场48家，占地面积580 656.4平方米、室内面积410 924.4平方米，设有门面、摊位6453个，年交易额104.73亿元。其中，生产资料市场8个，占地面积133 456平方米、室内面积41 300平方米，设有门面、摊位217个，年交易额14.32亿元；工业消费品市场3个，占地面积223 469.4平方米、室内面积205 769.4平方米，设有门面、摊位1503个，年交易额45.12亿元；农副产品市场37个，占地面积223 731平方米、室内面积163 855平方米，设有门面、摊位4733个，年交易额45.29亿元。

江苏渔婆农副产品批发市场　（靖江日报社提供）

【商品市场监管】 开展文明诚信市场创建。宣传创建江苏省和泰州市“文明诚信市场”，引导市场提升文明、规范程度，时代农贸市场等6家市场获评2013年度泰州市文明诚信市场，江华农贸市场等5家市场筹备创建2014年度泰州市文明诚信市场。推进市场信用分类监管。根据农副产品和工业品市场的不同特点，督促市场进一步健全、落实市场信用管理各项制度，规范市场的信用状况认定和分类，采集所有商品交易市场信用指标数据，不同频次巡查各信用类别市场，推进市场信用分类监管工作。督促、指导市场开办方建立健全场内经营者信用评定标准、信用管理制度和奖励惩戒机制，促进信用分类监管工作向各类市场延伸，全市95%以上的商品交易市场进行场内经营户信用评定。

2014年靖江市各类市场情况一览表

表20

类别	市场名称	占地面积(平方米)	室内面积(平方米)	摊位数(个)	年交易额(万元)	地址
生产资料市场	靖江市佳材钢材市场	1800	15000	90	44915	靖江经济开发区城南园区中圩东路2号
	靖江市中苏金属材料市场	4500	300	2	126	靖江市靖城街道江平东路105号
	靖江嘉亿钢材市场	43956	20000	23	46136	靖江市东北环转盘路6号、8号
	靖江市远东新尔钢材市场	28300	5100	3	46902	靖江市新港园区江平路12号
	靖江市远望船舶交易市场	500	200	5	350	靖江市新港园区海联船厂内
	靖江市盛世再生资源交易市场(未开业)	49900	—	90	—	靖江市靖城街道办光明村12组货站路2号
	泰州正中旧机动车交易市场	3500	500	2	2520	靖江市城南工业园区火炬7队
	靖江市金海二手车交易市场	1000	200	2	2240	靖江市人民南路与新洲路交界处东北角
工业消费品市场	靖江市振翼物业管理有限公司(上海城)	67769.4	67769.4	843	207668	靖江市人民南路93号
	靖江市百富绅国际家具广场	153300	108000	210	156778	靖江市经济开发区康兴社区
	靖江市富海新世界商贸城	2400	30000	450	86780	靖江市靖城街道南环路99号
农副产品市场	靖江市江阳农贸市场	12000	10898	240	9798	靖江市南环花苑1-18幢会所2楼
	靖江市春江花城农贸市场	4000	1200	50	900	靖江市春江花城小区西侧
	靖江市天妃宫集贸市场	900	700	96	1200	靖江市车站路73号
	靖江市晨阳农贸市场越江分公司	2000	2000	156	800	靖江市滨江新区办事处富阳社区西侧
	江苏渔婆农副产品批发市场	81999	60000	372	163500	靖江经济开发区城北园区渔婆北路与北环交界处
	靖江市惠丰农贸市场	1500	1434	106	400	靖江市东兴封头坝
	靖江市东兴农贸市场	932	932	141	900	靖江市东兴镇老政府大院东侧
	靖江市晨阳农贸市场	14674	4500	20	895	靖江市滨江新区晨阳社区北侧
	靖江市生祠农贸市场	800	800	400	600	靖江市生祠镇西街
	靖江市启航农贸市场	500	450	13	8050	靖江市西环启航西侧
	靖江市礼士农贸市场	1500	1500	140	19825	靖江市新桥镇礼士新街
	靖江市创升物业管理有限公司	10600	12000	120	45230	靖江市新桥镇南环路8号

续表 20

类别	市场名称	占地面积（平方米）	室内面积（平方米）	摊位数（个）	年交易额（万元）	地址
农副产品市场	靖江市新桥镇四墩子农贸市场	2000	2000	130	17275	靖江市新桥镇四墩子新街
	靖江市来安集贸市场	5114	5114	400	39300	靖江市西来镇江平路 91 号
	靖江市新港城农贸市场	1200	800	100	3200	靖江市斜桥镇南街 1 号
	靖江市东环农贸市场	2000	2000	56	4756	靖江市江平路 11 号
	靖江市斜桥六助港农贸市场	250	200	45	500	靖江市斜桥镇中街
	靖江市斜桥大觉农贸市场	600	400	30	120	靖江市斜桥镇大觉 4 组
	靖江市西来敦义集贸市场	800	680	60	550	靖江市西来镇墩义街
	靖江市新华农贸市场	400	350	42	58	靖江市斜桥镇新华村四组
	靖江市靖城柏木农贸市场	6426	1768	30	1800	靖江市靖城柏木桥东
	靖江市土桥农贸市场	600	580	60	1400	靖江市西来镇土桥街 18 号
	靖江市红太阳综合批发大市场	8000	7500	65	45000	靖江市人民北路北环路口
	靖江市中新农贸市场	1600	1600	20	390	靖江市双港路 43 号
	靖江市建设工程有限公司宝达农贸市场	550	500	28	600	靖江市江平路 337 号
	靖江市孤山农贸市场	6000	3500	30	1200	靖江市孤山镇园山街西首
	靖江市久康实业有限公司城北农贸市场	900	750	250	990	靖江市人民北路 165 号
	靖江市季市农贸市场	8800	4399	120	1550	靖江市季市镇新建路西侧 1 号
	靖江市长安农贸市场	1000	1000	80	2762	靖江市季市镇长安街南首
	靖江市时代广场农贸市场	12000	10000	450	53000	靖江市南环南侧(石油大厦西)
	靖江市江华农贸市场	6000	4800	250	8700	靖江市幸福路
	靖江市绿洲商贸有限公司(城中)	5800	5800	230	9000	靖江市迎宾西路 59 号
	靖江市小兔子桥农贸市场	4000	3200	120	710	靖江市烈帝庙街
	靖江市马桥农贸市场	4000	2400	80	200	靖江市马桥镇马桥桥西 520 米
	靖江市莲沁苑农贸市场	7986	4500	130	5640	靖江市莲沁苑邻里中心 6 幢 6 号
	靖江市八圩港口农贸市场	4000	2000	50	1880	靖江市八圩新民村 4 队
	靖江市侯河农贸市场	2300	1600	23	180	靖江市马桥镇侯河村侯爱路 8 号

（赵　洁）

规范化长效管理城区农贸市场。优化市场环境,维护市场改造成果。牵头整治城区农贸市场周边占道经营和无证经营门店,协同城管、交警取缔市场周边流动摊点。开展集贸市场消防安全检查。重点查找农副产品批发市场和各类工业品市场消防安全薄弱环节,发现隐患及时向市场开办方发出行政提示通知书,督促其落实第一责任人责任,同时抄告市消防大队。

【网络交易监管】 初步建立全市主要经营性网站主体数据库,完成网站主体数据比对、录入等基础性工作,人工比对36个企业网站。查处网络交易违法行为,处理网络投诉,排查网上销售假冒伪劣商品、虚假宣传、合同欺诈、不正当竞争等违法行为,维护网络市场秩序。年内查处网络销售假冒食品案件1起。

【农资市场监管】 建设农资经营连锁体系,提高优质农资配送率和市场占有率。监管农资连锁经营企业,指导全市最大农资连锁龙头企业靖江市益农农资有限公司旗下200余家连锁店建立电子台账、完善索票索证制度。推进农资监管信息化建设,在新版农资监管软件中录入农资经营主体信息。开展农资市场巡查。规范农资商品抽检,规范种子、化肥、农药三大主要农资商品检测的样本筛选、抽取、送检、复检以及不合格商品查处、信息发布等流程,年内抽检8个批次的化肥,未发现不合格产品。开展"保春耕""保夏收""保秋播"等农资市场专项执法行动,净化农资市场。培育各类合作社,实施经纪效应倍增计划。年内新增家庭农场94户、农村合作社121户,新增农民经纪人200余人。

·重点商贸零售企业简介·

【靖江市时代农贸市场】 靖江市时代农贸市场开办于2004年8月1日,位于老城区与开发区结合部南环路63号,占地面积2.8公顷,总投资1000万元,区内交易面积2万平方米。屋架采用钢结构,屋顶覆盖彩钢板透光保温屋面;地面道路采用花岗岩,四周透气设计,场内空气畅通;拥有各类摊位500个、门面用房100余间。2012年底升级改造后,市场采光、空气流通、下水设施及摊位结构更趋科学合理,分鲜肉区、水产区、蔬菜区、熟食区、冷冻区、粮油区、南北货、日用品商店等区域,加设市场休息区、停车场等,配置设施齐全的检测室、监控室,并增设产品追溯系统和销售刷卡系统。市场管理周到细致。开通投诉举报电话,实行进货查验制度、先行赔偿制度,与经营户签订诚信经营合同书。2014年该市场被评为"泰州市文明诚信市场"。 (戴新华)

物流

【概况】 2014年,全市推进物流业转型升级发展,引导物流企业顺应互联网发展潮流,创新经营业态,探索"互联网+物流"的经营模式,主动嫁接电子商务,培育形成南方小麦网、万林木材网等专业物流电商网站,提升企业知名度,扩大品牌影响力。靖江港全年完成货物吞吐量9150万吨,比上年增长1.5%,其中外贸吞吐量893万吨,比上年增长61%。三江现代物流中心通过省现代服务业集聚区再评审,中心围绕特色产业招引物流商贸企业入驻,集聚企业441家,全年实现开票销售460.37亿元、入库税金4.3亿元,比上年分别增长23%和23.4%。扬子江现代粮食物流中心拓展集装箱运输市场,集装箱业务全部实现自动化操作,24小时装箱能力达1200吨,业务增幅超400%。

【扬子江港务获评泰州市服务业名牌】 12月,扬子江港务有限公司获泰州质监局和泰州发改委联合授予的泰州市服务业名牌称号,是继万林物流、金马运业之后,域内获该称号的第3家物流企业。江苏扬子江港务有限公司成立于2005年4月,隶属丰立集团,位于靖江市新港园区六助港东侧,拥有1550米长江岸线使用权,建成并运行7万吨级泊位3个,前沿水深12米,年吞吐量1700万吨。公司以装卸散货、杂货为主,日均装卸废钢超1.2万吨,装卸铁矿粉、煤炭超3万吨。

【煤炭物流园区纳入国家发展规划】 1月,国家发改委出台《煤炭物流发展规划》,确定在全国发展30个流通规模2000万吨煤炭物流节点,靖江煤炭物流园区被纳入国家发展规划,成为"长三角"区域四大煤炭物流节点之一。该规划为全国首部煤炭物流专项规划,规划期为2013—2020年。根据规划,靖江煤炭物流节点肩负煤炭接卸、中转、储配、辐射苏沪等地区的功能。靖江早前被确定为江苏省煤炭战略储备基地，于 2013 年建成江苏国信秦港港务项目，具备煤炭物流基础和条件。（栾　醒）

现代物流分拨中心（靖江日报社提供）

餐　饮

【概况】 2014 年，市烹饪餐饮行业实现住宿餐饮营业额 36.33 亿元，比上年增长 12.9%。其中，餐饮业营业额 32.48 亿元，比上年增长 12.4%；限额以上餐饮业营业额 2.4 亿元，比上年下降 0.2%。

行业建设　南园宾馆“南之缘汤包”被国家工商总局核准为中国驰名商标，南园宾馆和老季市私家菜馆被中国饭店协会授予中国绿色饭店称号。滨江花园大酒店、云峰大酒店、金钻大酒店申报中华餐饮名店，陆一美食申报江苏省餐饮名店，11 家会员单位分别申报泰州最佳婚宴酒店、最受欢迎的大众餐饮品牌企业及最受欢迎的特色早茶企业。4 人申报中国烹饪大师。百盛大酒店丁宇峰获评江苏十大青年名厨。8 家企业获评泰州市餐饮业 30 强。3 月，召开发展大众化餐饮研讨会，聘请江苏省烹协培训基地教授作发展大众餐饮的讲座。10 月，萧湘电影制片厂实地实景拍摄以靖江美食为题材的电影《恋爱、美食、蟹黄包》。

行业培训　年内，先后举办 6 期培训班，按规范标准培训新厨师 379 名，其中 308 人获市人社局颁发的职业资格证书。5 月，举办在职厨师培训班，以行业中规模较大的 20 家餐饮企业为培训点，对 1534 名厨师开展为期 2 个月的培训后进行统一考试，并建立相应的培训资料档案。

行业交流　加强与江苏省烹协交流沟通，接待至靖江交流的外地烹饪协会和餐饮企业。3 月，组团赴盐城听取该市烹协关于大众化餐饮、团体宴会的经验介绍。5 月，组团赴山东烟台参加全国第 24 届厨师节；协同市佛教协会、西来寺赴江阴参加中国首届斋菜美食节，西来寺获金奖；与泰兴市烹饪协会结成友好协会，多次至泰兴考察早餐文化和传统小吃，交流品牌打造经验。6 月，组队赴浙江凯悦酒店总部考察其采供机制和配送管理。12 月，组团赴宿迁洋河酒厂集团考察大型企业先进的生产流程和科学严格的内部管理，体会酒文化的内涵。（金桂华）

【《走遍中国》新年特辑展示靖江美食】 2 月 14 日，央视中文国际频道播出《走遍中国·新年新味道》特辑《靖江——捞鲜品新》，展示靖江美食汤包和河豚江鲜菜。翌日，《走遍中国》栏目在官方微博分享该视频链接。该片时长 25 分钟，以靖江人独具特色的年夜饭为线索，通过回答“蟹黄汤包究竟是包子还是一道菜？”“蟹黄汤包的汤汁是如何被包进去的？”“含有剧毒的河豚如何成为餐中美味？”“过年吃鱼又有什么讲究？”等问题，讲述蟹黄汤包、红烧河豚、红烧鲢鱼等靖江特色美食的做法和吃法，展示靖江美食“江鲜、精致、讲究”的特点。

【靖江汤包入选“江苏符号”】 3 月，《符号江苏·淮扬菜》出版发行，靖江特色菜肴蟹黄汤包等入编其中，成为“江苏符号”之一。《符号江苏》系列丛书由江苏省委宣传部组织编撰，重点挖掘和推荐最具代表性、最具符号意义的江苏特色文化资源，是江苏文化引导资金项目、江苏省外宣办重点项目。该丛书确立 12 个“符号”，分别为淮扬菜、苏州园林、昆曲、惠山泥人、南京云锦、苏绣、宜兴紫砂、明孝陵、南京城墙、东海水晶、蓝印花布、吴歌。《江苏符号·淮扬菜》是《符号江苏》系列丛书的第一辑，收录全省各地最典型的淮扬风味菜肴。

【陶晋良成为汤包制作技艺传承人】 6月,江苏省文化厅公布第4批江苏省非物质文化遗产代表性传承人,陶晋良成为省非遗蟹黄汤包制作技艺代表性传承人。1978年,陶晋良开始拜师学做汤包。30余年来,陶晋良既继承汤包制作近40道工序的传统规范,又不墨守成规,从而成就南园宾馆“南之缘”汤包,也藉此晋升为中国烹饪大师、国家特级点心师。

【上海电视台拍摄《汤包传奇》】 12月,上海电视台纪实频道摄制组至靖江,拍摄录制专题片《汤包传奇》,推介靖江汤包美食。摄制组展开汤包“寻根之旅”,赴常州等地寻访靖江汤包的起源,赴江南大学采访专家教授开发汤包速冻保鲜技术的故事,走访尚香食品公司和螃蟹、河豚养殖基地,采访靖江汤包制作技艺代表性传承人。专题片于春节前在上海电视台纪实频道播出。

(免　免)

旅　游

【概况】 2014年,市旅游局提升景区品质,规范行业管理,推进全市旅游业加速发展。上争江苏省旅游业发展引导资金40万元,支持埭上人家项目基础设施建设,协调规划、水利、港口等部门,建成横港游船码头。全市有AA级以上景区3家,星级乡村旅游点2家,星级宾馆4家,旅行社注销4家、余18家。年内,牧城公园创建为国家AAA级景区。

旅游规划 根据《靖江市旅游发展总体规划》,协调相关镇和部门完善靖江旅游业总体布局。在城市总体规划、村镇规划、交通规划等修编过程中,提出完善城市旅游要素、加强旅游配套设施建设等意见。结合“靖江市旅游发展中期研究”课题,编制专项规划《孤山风景区旅游规划与设计》,推动旅游业与美食文化、休闲文化、民俗文化融合发展。

行业管理 春节、“五一”前开展旅行社规范经营和市场监管工作,组织检查旅行社行业服务质量,核实旅行社从业人员资格、旅行社责任险落实情况、旅游合同和包车合同签订情况。强化旅游企业服务意识,组织星级酒店管理人员参加省旅游局举办的瑞士洛桑酒店管理学院培训班,提高行业素质。组织参加省旅游局旅游质量监管和执法骨干培训班,提升旅游投诉处理和质量管理能力。年内,靖江国际大酒店有限公司、靖江假日旅行社有限公司被评为2013—2014年度江苏省旅游行业诚信示范单位,靖江国际大酒店有限公司营销部、靖江舜天国际旅行社有限公司、靖江康辉旅行社有限公司被评为2013—2014年度泰州市旅游行业青年文明号,靖江国际大酒店有限公司、靖江市扬子江酒店管理有限公司、靖江假日旅行社有限公司、靖江市青年旅行社有限公司、靖江市康辉旅行社有限公司被评为2013—2014年度泰州市旅游行业文明单位。

安全监督 旅行社、景区、星级酒店、星级乡村旅游点均签订安全生产责任书,明确旅游安全工作责任主体。开展旅游行业第2次清剿火患战役行动、春节和“五一”期间例行安全检查、旅游行业安全集中排查整治专项行动、旅游包车专项治理等工作,市旅游局、安监局、质监局、食药监局、住建局、交通局、消防大队等部门联合督查安全隐患,促进企业提高旅游企业安全生产意识。旅游业全年未发生安全事故。

旅游宣传 编印靖江市旅游宣传画册。充实靖江市政府门户网站旅游栏目内容,提供旅游资讯及指南。与上海多家旅行社洽谈开辟“江鲜美食一日游”线路。配合第7届泰州水城水乡国际旅游节,开展第2届西来桃花节暨生态文化旅游节等活动。承办“畅游江苏,乐享秋韵”新浪旅行家“江苏寻味之旅”靖江站活动,扩大靖江美食和旅游在微博、微信等新兴媒介的影响力。

【七里村入选最具魅力休闲乡村】 8月,生祠镇七里村被省农委评为江苏最具魅力休闲乡村。七里村规划建设休闲观光农业示范园区,全村划分为旅游休闲观光区、生态园艺区、特色生态种养殖区、设施农业种植区、集中居住区等5个功能区,先后引进华德农林、艺海生态植物园、绿禾农庄、宝诚水产、生湖生态园、青龙圣果专业合作社等休闲农业项目6个,总面积153公顷,集游园休闲、农家乐餐饮、优质农产品采摘销售、垂钓于一体,年接待游客7万余人次。(免　免)

【牧城公园创建成国家AAA级景区】 11月20日,牧城公园通过江苏省旅游局验收考察,成为全市首个国家AAA级景区。牧城公园总面积186.7公顷,其中湖面40.5公顷,绿化覆盖率90%,为靖江最大综合性园林景观基地,也是泰州市乃至江苏省大型滨江生态园。景区突出“湿地、水乡、休闲、娱乐”,建成森林生态、滨江景区、亲水湖滨、特色文化、商业美食等多个功能区，建有湿地、人工湖岛、假山、百花园、观赏林、休闲广场、水上活动区等10余个景点，形成水环岛、景依水的滨江特色风光。牧城公园自2012年9月28日开放，已累计吸引游客100余万人次。（蔡元元）

牧城公园一角 （市旅游局提供）

房地产业

【概况】 2014年，市住建局审核商品房预售许可证28个，预售许可面积65.6万平方米；完成网上登记备案4059套，备案面积53.8万平方米，比上年减少38.3%。普通商品住宅市场均价6214元/平方米，比上年下降8.6%。加强商品房预售审批和资金监管。全年新增资金监管预售项目27个，监管成交2671套(间、幢)，监管合同总额24.36亿元，工程及相关费用划款金额12.61亿元。严格存量房交易管理。完成存量房交易1559件，交易面积21.19万平方米；完成资金监管1213笔，监管资金7.49亿元。规范物业管理市场。深入推进社区、物业公司、业委会共同参与物业管理模式，将小区物业管理纳入属地工作范畴，搭建属地监督、物业公司管理、业委会协调的管理网络体系；指导物业行业有序发展，完成中天城市花园、景馨花园等6个业委会改选，收取21个项目维修资金2200万元，办理维修项目16个，支出资金129万元；加强物业服务企业诚信体系建设，建立物业企业诚信档案，全面采用定期考核与专项考核相结合的考核模式，推行履约保证金制度，促使企业提供优质服务；积极维护社会稳定，协调化解中天城市景园、新天地滨江花园等小区物业服务纠纷。推进老旧小区改造。完成5个三星级、8个二星级、50个一星级小区改造任务。规范高效做好房屋产权产籍登记工作。全年完成初始登记92件，转移登记5056件（含商品房转移登记3142件、存量房转移登记1348件、其他转移登记566件），其他登记126件，发放房屋所有权证13 538本；完成他项权登记4774件，发放房屋他项权证9068本。

2014年靖江市房地产开发面积前8名企业一览表

表21

开发企业名称	资质等级	开发面积（万平方米）	项目名称
靖江新世纪置业有限公司	暂贰	19.12	新世纪壹号
靖江市嘉亿房地产开发有限公司	暂叁	6.31	嘉亿东湖花园
江苏景瑞置业有限公司	暂贰	4.75	榕湖世家
靖江市中发投资发展有限公司	暂叁	3.51	城南世纪广场
靖江科吉达置业有限公司	暂叁	2.87	尚海府邸
靖江市长里房地产开发有限公司	暂贰	2.63	金都御园
靖江飞羚置业有限公司	暂叁	2.58	金色嘉园
靖江市新区建设开发有限公司	暂贰	2.51	凯旋国际广场

（徐再平）

港口

【概况】 2014年,全市港口建设累计完成投资3.07亿元。新建、续建泊位13个,其中万吨级泊位3个。福北水道成功优化,口岸卫生检疫核心能力建设通过江苏省国家检验检疫局预验收,靖江港口岸获批固体废物进口口岸,为靖江发展拆船和废钢加工创造条件。全年进出国际籍船舶1344艘次,进出境人员2.8万余人次。完成港口货物吞吐量9150.59万吨,比上年增长1.5%,其中外贸货物吞吐量893.27万吨,比上年增长60.9%。货种主要有煤炭、石油、金属矿石、矿建材料、粮食等。安全生产形势保持总体稳定,未发生重大安全生产事故。

【港口岸线规划利用】《夹港作业区控规》编制完成。岸线利用报批工作加快,苏农物流码头取得交通运输部岸线使用批复,亿兆港务码头岸线利用经省港口局合理性审查后上报至交通运输部,旺桥港内港池通过省港口局组织的岸线利用合理性审查,扬子江港务、盈利港务码头通过省交通厅组织的码头靠泊能力论证。

【港口建设】 江苏新世纪造船有限公司舾装码头(东区)修建加固工程通过初步设计审查、施工图设计预审查,完成招投标及码头主体工程施工。和尚港内港池码头工程通过施工图设计审查,完成招投标并开工建设。三峰码头工程4–7#泊位水工部分、新港作业区码头四期工程水工部分通过交工质量鉴定及交工验收,公用码头三期、六期陆域道路与堆场工程通过交工验收。

【港口管理】 开展港口经营许可证换证工作,对港口企业、船舶港口服务业单位进行摸底排查。开展港区驳运车辆年度核验工作,主动上门发放标识,104辆港区驳运车辆通过审核。窗口全年累计接受涉港咨询320人次,受理办件324件,其中上报件6件、承诺件40件、即办件278件。按时办结率100%、群众满意度100%。组织开展港口设施保安符合证书年度核验、危险化学品防漏防爆演练、"青奥会"期间港口危险货物作业安全生产检查整改专项行动、港口防雷防静电安全大检查、夏季"三防"(防洪、防暑、防雷电)港口安全生产检查、打非治违专项行动及中秋和国庆期间安全大检查活动,累计出动执法车辆80余次、执法人员270余人,发现各类安全隐患24起。

【口岸服务】 新华港务、三峰港务码头开始承办外贸业务,口岸卫生检疫核心能力建设通过江苏省国家检验检疫局预验收,龙威粮油申报国家进境粮食指定口岸工作完成资料上报,盈利港务成为进口木材示范口岸。申报特殊监管场所,7个监管仓库、储罐列入南京关规划。电子口岸初步建设方案提交市政府。口岸全年进出国际籍船舶1344艘次,进出境人员2.8万余人次。

2014年靖江港分货类吞吐量一览

表22　　　　　　　　　　　　　　　　　　　　　　　　　计算单位：吨

货物分类	总计			出港			进港		
	合计	外贸	内贸	合计	外贸	内贸	合计	外贸	内贸
总计	91505915	8932669	82573246	38997446	940458	38056988	52508469	7992211	44516258
煤炭及制品	42989642	2486958	40502684	17907663	127889	17779774	25081979	2359069	22722910
石油、天然气及制品	1287944	809325	478619	598435	340421	258014	689509	468904	220605
金属矿石	6054450	918681	5135769	2261285	23589	2237696	3793165	895092	2898073
钢铁	3664722	1600	3663122	1718898	0	1718898	1945824	1600	1944224
矿建材料	13385794	187261	13198533	5585702	51690	5534012	7800092	135571	7664521
水泥	61700	0	61700	0	0	0	61700	0	61700
木材	5679652	3642718	2036934	2071166	36435	2034731	3608486	3606283	2203
非金属矿石	2058161	40082	2018079	746725	14637	732088	1311436	25445	1285991
化肥及农药	264034	123028	141006	118135	84078	34057	145899	38950	106949
盐	311416	120314	191102	169487	32215	137272	141929	88099	53830
粮食	14516778	6659	14510119	7259797	0	7259797	7256981	6659	7250322
机械、设备、电器	360717	269049	91668	193557	119677	73880	167160	149372	17788
化工原料及制品	301980	89924	212056	148128	47464	100664	153852	42460	111392
农、林、牧、渔业产品	149715	141915	7800	0	0	0	149715	141915	7800
其他	419210	95155	324055	218468	62363	156105	200742	32792	167950

1月20日，靖江港首次接卸集装箱　　　　　　　　（靖江日报社提供）

【靖江港首次接卸集装箱】 1月20日，新华港务码头停靠“恒润达58”号驳船。该船满载20英尺和40英尺两种规格集装箱，装有塑料粒子、地板、设备等，从靖江港中转至广州汕头地区。停靠期间新华港务码头首次成功接卸船上12个集装箱，结束靖江港无集装箱装卸的历史，开启靖江港吞吐多元货种新局面。

【锦州港—靖江港实现首航】 12月10日，4万吨级的“碧华山”轮满载玉米从辽宁锦州港抵达靖江新华港务码头。这是“锦州—靖江”北粮南运长江黄金水道班轮的首航。这条航线由靖江新华港务有限公司、锦州港股份有限公司、天津永续航运集团“两港一航”共同开通，有助靖江加快做大沿江粮油产业、打造长江下游粮食物流基地。

（顾海燕）

口　岸

·出入境检验检疫·

【概况】 2014年,市国检局落实"抓质量、保安全、促发展、强质检"方针,把握为国把关、为民服务主题,共检验检疫货物4338批,货值18.18亿美元。其中,完成出口货物检验检疫2514批,主要货物为食品添加剂(维生素C)、保健品及化工品等,货值1.98亿美元;完成进口货物检验检疫1824批,主要货物为木材、煤炭、铁矿、油脂、废钢船、化工品等,货值16.2亿美元。完成危险货物包装使用鉴定390批、危险货物包装性能鉴定36批。签发各类产地证书3000余份。检疫出入境船舶1231艘次,其中入境检疫632艘次、出境检疫599艘次。查验出入境人员23 694人次,其中入境人员12 464人次、出境人员11 230人次。截获各类有害生物134种6470种次,其中检疫性有害生物26种2328种次。有害生物中小须异胫长小蠹、马坦象白蚁、椰子锯白蚁、灰白亚侧耳、黄胸刺虎天牛和Dactylipalpus transverses等6种在全国范围内首次截获,小须异胫长小蠹为首次截获的检疫性有害生物。

【埃博拉出血热疫情防控】 8月初,为做好口岸埃博拉出血热疫情防控工作,市国检局从疫情防控组织建立与预案制定、联防联控工作机制建立与运行、疫情风险分析与处置、信息互通互报、防控物资储备等方面全面提升靖江口岸传染病防控能力。防控期间,加强与地方、联检部门的联防联控。在疫区船舶入境检疫前,靖江海事处及时通报入境船舶概况及途经港信息;在疫区船舶靠港停泊时,靖江边检站值班员在第一时间将船员换班情况及时反馈给检疫人员。8月12日,召开由各船舶代理公司、重点港务公司参加的埃博拉出血热疫情防控会议,向服务单位报告疫情形势,讲解埃博拉出血热的防控知识,介绍来自疫区入境船舶的检疫流程。8月21日后,分别对来自利比里亚疫区的"海南岛"等4艘疫区船舶实施入境锚地检疫,检疫后信息及时通报联检单位及地方卫生行政部门。

【口岸生化因子恐怖事件应急处置演练】 6月26日,为有效应对国境口岸发生生物因子恐怖事件,提高应急处置突发事件的能力及与口岸单位联防联控的协调能力,市国检局与靖江边检站在新华港务码头联合举行口岸生化因子恐怖事件应急处置演练。演练中,检疫人员逐级汇报遭受疑似生物因子恐怖袭击情况,迅速启动应急预案,与边防、120急救中心等部门展开应急联动,实施口岸突发事件应急处置。

【卫生检疫核心能力通过省预验收】 2014年,市国检局加强口岸卫生检疫核心能力建设,摸底考察靖江口岸14家港务公司,分别与市口岸委、环保局、卫生局、民政局、靖江海关、靖江边检站、靖江海事处签署靖江口岸卫生检疫核心能力建设合作备忘录(协议)。11月,组织专业人员实地走访靖江港口14家开放码头,根据各港务公司出入境货物的特点,指导港务公司开展口岸储存场地卫生、固体(液体)废弃物移运、传染病人快速转运、饮用水卫生、医学媒介监测、放射性监测等达标工作。12月3日,靖江口岸卫生检疫核心能力通过江苏省检验检疫局预验收。

【查退进口燃料油】 3月26日,市国检局受理泰州中外运船务代理有限公司代理进口燃料油3批32 167吨,总货值1991.05万美元。3月31日,派员登轮检验,制取样品,并于次日将样品送太仓局实验室检测。检测结果怀疑样品中混有废油。市国检局立即封存货物存放岸罐,并要求代理通知收货人不得擅自动用,同时将货物样品送青岛检验检疫技术发展中心鉴定。4月16日,该中心确定送检货物样品为固体废弃物。市国检局据此出具《检验检疫处理通知书》,将该批货物移交海关处理。国家检验检疫总局为此专门发布警示通报。

【首次检验进口铜精矿】 8月初,获悉市新华港务码头将进口铜精矿,市国检局鉴定科即着手编制新产品开检策划,搜集进口铜精矿的相关检验标准,并赴南通出入境检验检疫局,系统了解铜精矿的检验、取制样及送样检测等相关事宜,与相关实验室进行检验项目及检验周期的沟通,同时与码头进行前期工作准备。9月14日,靖江口岸第一条铜精矿运输船顺利停靠市新华港务码头。该船由菲律宾启运,总载重5270吨,贸易国为瑞士。由于准备充分,市国检局顺利完成此批铜精矿的检验工作。

【妥善处置外籍船员突发死亡事件】 12月11日,柬埔寨籍货船"旭日"从朝鲜南浦港开往靖江盈利港务卸载煤炭,一名朝鲜籍船员在公海航行途中不明原因突然死亡。市国检立即将上述情况报告泰州局和省局卫生监管处。13日下午3点,该轮抵达靖江港12号锚地,检疫人员立即对该轮实施锚地检疫,对全体船员进行流调、医学检查、体温检测和观察排查,对船员房间进行消毒处理。泰州局保健中心对其他船员的血液进行传染病和其他疾病的实验室检验,未见支持该船员患急性传染病的阳性指标,同时也排除该船员食物中毒的可能。17日,经死者家属同意,该死亡船员火化后骨灰随船出境。口岸卫生安全未受影响。

(顾春翔)

·海 关·

【概况】 2014年,靖江海关围绕“一年打基础,二年上水平,三年出经验”建设目标,修订完善《风险防控手册》和《岗位工作规范》,引导关员树立责任意识、规则意识,有效化解执法风险,紧密结合地方经济发展和自身工作实际,开展重点打击固体废物等走私的“绿风”专项行动,同时稳步推进简政放权和各项改革。全年征收税款17.6亿元,结关报关单总计4721份;办理加工贸易合同备案270份,备案金额14.6亿美元;监管进出口货运量908.3万吨,货值35.6亿美元;监管进出境船舶1647艘次、进出境人员34 274人次;办结简易程序案件2起。加强对口岸主要进出口商品的综合分析和监测预警,完成统计监测预警分析文章32篇。

【提高税收和通关效能】 坚持“以服务引税、以质量稳税、以管理促税”,引导企业采用电子支付方式缴税,保障企业通关便利,辖区内税款电子支付比例达62.5%。利用“海关—监管场所”联网视频监控系统,实施船货一体化监管和在场货物24小时监管。落实分类分流查验作业要求,在保证查验率的基础上控制查验离散度,提高查验针对性和有效性。全年辖区内平均查验率保持在5%左右,通关查获率22%。

【推进简政放权和通关改革】 落实简政放权措施,修订关口进口货物滞报金减免、非政策性退税、报关单删改等内部审批及办理规定,规范业务领域自由裁量权,促进执法统一性建设。参与长江经济带海关区域通关一体化改革,自9月22日改革实施后,共审核广义一体化报关单915票,实现“多地通关如同一关”,有效降低进出口企业跨关区货物通关的时间成本、经济成本。推进加工贸易业务无纸化进程,辖区内无纸化通关申报率89.6%,企业负担进一步减轻。

【“绿风”专项行动】 年内,组织开展反走私“绿风”专项行动,与泰州海关缉私分局等部门密切配合,建立健全关警反走私互动机制和长效机制,构筑反走私立体防线。专项行动中,重点打击固体废物、农产品、枪支弹药、毒品等走私行为,维护进出口贸易秩序,保障群众切身利益。全年查处相关案件4起,办结简易程序案件2起。 (丁 亮)

·地方海事·

【概况】 2014年,市地方海事处树立“安全发展”理念,坚持“安全第一、预防为主、综合治理”方针,出动海事执法人员6521人次、海巡艇1322艘次,巡航1.16万千米,检查各类船舶9021艘次,纠正违章船舶1924艘次,办理船舶签证1.99万艘次。检验各类船舶633艘,未发生船舶检验质量安全责任事故。接处水上遇险求救电话“12395”5次,辖区内未发生责任性水上交通事故和24小时以上的干线航道堵塞事件,水上安全形势保持持续稳定。

【船舶标志标识专项整治】 以船舶到港检查为主,辅以突击检查、日常巡航检查等多种方式,加大船舶标志标识现场检查力度。对标志标识不符合要求的船舶,一律要求整改到位再签证放行。专项整治活动中共检查船舶1413艘次,出动海事执法人员3300人次、海巡艇930艘次,整改船舶290艘。

【危险化学品水上运输专项整治】 根据辖区内危险品运输船舶集中的特点,以江苏江山制药有限公司危化品码头为检查重点,开展船舶装运危险化学品专项整治活动。坚持“先报港、后监装、再签证”制度,检查危化品船舶安全适航状况。结合“安全生产月”“夏季百日赛”等活动,对公司和船员进行安全教育,督促其建立和完善危化品事故应急救援预案,落实岗位责任制,严格操作规程,强化安全防范措施。年内检查危化品船舶173艘次、危化品装运码头42座次。

【通航安全管理】 按照《中华人民共和国水上水下活动通航安全管理规定》,配合夏仕港套闸除险加固工程、阜前路罗家港大桥工程、西横港闸工程及姜十线靖江城北园区航道段疏浚工程履行管制职能,保障工程建设和施工水域安全。加强上海亚信峰会、南京青奥会期间水上交通安保。上海亚信峰会期间,由靖城海事所专项办理驶往上海内河水域及黄浦江核心管制区水域船舶的专项检查和签证工作,共办理入沪船舶安检1艘、入沪船舶签证19艘次;"青奥会"期间,将签证、安检点设在新港海事所,共为183艘船舶办理签证。开展水上应急演练。组织江苏金马运业有限公司、江苏江山制药有限公司和江苏同康船业有限公司分别开展消防救生实船演练各1次;在江苏江山制药危化品码头组织开展危险货物船舶突发事件演习1次。藉此完善水上交通突发事件应急处置预案,提高船员应急处置能力。

(徐红霞)

·边防检查·

【概况】 2014年,靖江边检站围绕地方经济社会发展大局,提高边检服务和口岸安全监管工作水平,全年检查出入境(港)船舶1729艘次、员工25 836人次,办理登轮许可证17 091份、临时入境许可证6212份、搭靠证939份。先后开通边检"绿色通道"8次,为企业批量换证4次,救助服务对象2人。查处违反边防法律法规案件1起1人,协助抓获网上追逃人员2人。举办登外轮人员培训班2期。靖江边检站先后获省总队网上业务竞赛第一名、指挥中心考核第二名、军事训练会操暨考核验收第三片区团体第二名,监护中队五公里武装越野获全省第五名。

【双拥共建】 依托"边检爱心基金",筹措资金2万余元,资助5名贫困家庭学生。联合相关部门,慰问驻地光荣福利院老人。开展岗家结对爱心圆梦、青春微体验、警营开放日等活动。与市图书馆合作,建立边检网上图书馆,可上网阅览电子图书5000余册。

【安全保障】 南京青奥会期间,靖江边检站强化情报预警和分析研判,获取多条有价值情报信息。先后制定完善3大类25项处置突发事件预案,组织开展演练30余次。与公安、海事、国安部门加大沟通协作,提升指挥系统通联、出入境船舶及人员管理、执法执勤、安全防范等工作效能。针对埃博拉疫情,邀请专家学者专题授课,提升防护意识,办理全省第一艘来自西非疫区的香港籍船舶"海南岛"轮的出入境手续。

【口岸网格化管理】 年内,靖江边检站将海港勤务综合指挥系统应用作为信息化建设重点,在原有综合指挥平台建设的基础上,升级改造指挥中心音、视频系统,整合数字监控,安装使用边防检查工作第四代综合管理梅沙系统,构建实战化、智能化、扁平化指挥体系。将15座码头34个泊位划定为4块执勤区域,根据人员成分、封闭条件、安全等级等采取网格化管理措施,建立资源共享、突发事件联合处置的"10分钟立体管防圈",确保网格化管理服务全覆盖。改造加装智能视频监控主机,对口岸限定区域图像进行监控分析,大幅度提高执勤官兵对口岸的管控能力。

【开展"边检大讲台"活动】 7月,靖江边检站抽调业务骨干,深入口岸一线,对码头新进员工进行为期一周的"边检大讲台"授课活动。在收集、整理码头各单位意见、建议的基础上,结合《出境入境管理法》《出入境边防检查勤务规范》以及违法违规案例,通过理论授课、案例剖析、现场示范等形式,帮助200余名新进员工了解熟悉口岸限定区域注意事项、临时入境许可办理、相关证件签发等业务知识。

(施雨果)

边检战士执勤监护　　(靖江日报社提供)

·长江航道管理·

【概况】 2014年,长江靖江航道管理处保障福北水道安全畅通,航道维护水深年保证率、航道维护正常率、船舶完好率均达100%，组织开展隐患排查整改、安全生产月、汛期百日安全等活动，实现安全生产无事故，获评市级机关绩效考核先进单位。

航标养护 年内新设航标8座，航标调整23座次、撤销5座、校核1座，恢复失常航标84座次。宁道标1001轮驻守300余工作日，维护保养福北水道航标40座，专设航标33座，航标维护工作量为24549座天。全年管理维护航标70余座，航标工作状况达到技术标准，航道维护正常率100%。

航道管理 完成福姜沙水道

新设航标 （长江靖江航道管理处提供）

(1:40000)测量4次、福姜沙北水道(1:25000)测量3次，共完成测量面积192.9换算平方千米；每月对福姜沙北水道浅区(1:5000)测量3～4次、扫测4次，共完成测量面积525.7换算平方千米。实施福姜沙北水道航道维护性疏浚工程，疏浚土方459.26万立方米。福北水道浅区的航道维护尺度有较大改善，航道逐步拓宽。航道维护尺度保证率100%，全年主航道未发生船舶堵、搁浅事件，辖区航道安全畅通。

航道执法 定期对沿江企业开展巡查执法，及时了解码头建设动态，规范管理涉水工程，保护福北水道通畅安全。靖江段航道全年累计行政执法45次，处理违规涉水工程12次。

【航道改槽】 6月，长江进入主汛期后，福北水道因河势演变、江心滩槽冲淤演变剧烈，FB#9浮–FB#12浮航道左边界浅滩出现淤积，呈南压态势。通过工程疏浚手段仅能减缓水深变浅、航道恶化的进程，不能有效清除浅区、维持航道水深尺度。9月2日，通过研究分析该段水域的大比例多波束扫测图，发现该航段贴岸侧存在相对较稳定的深槽，具备开辟新航槽的基本条件。9月16日，市政府组织召开福北水道航道优化专题研讨会，就《福姜沙北水道改槽航标调整工程施工组织方案》与张家港海事局以及港口、引航等相关部门探讨优化。9月19—20日，航道部门调遣宁道标001轮、宁道标1001轮对福姜沙北水道FB#9浮–FB#12浮航段进行改槽作业，共调整航标11座、撤销航标2座。

【靖江测量队成立】 11月，长江靖江航道管理处组建上海航道处靖江测量队。靖江测量队成为上海航道处首次在地方设置的航道测量队。测量队依托上海航道处福姜沙水道506测量船开展工作，密切监测福北水道相关变化，给靖江港口部门及沿江企业提供航道准确数据、技术服务，保障船舶及时、安全进出，为靖江港的发展提供帮助。

（沈坚阳）

·长江引航·

【概况】 靖江引航站隶属长江引航中心，有职工33人，其中一级引航员7人、二级引航员4人、助理引航员3人、实习助理引航员1人，另聘有内贸引航员5人。2014年，共引领中外籍船舶2399艘次，比上年上升4.1%。其中国际航线1731艘次、国内航线668艘次。引航总吨位3574.6万吨，比上年增长10.9%；引航净吨位1916.07万吨，比上年增长8.2%；引领总里程25.62万千米。

【确保引航安全】 2014年，靖江引航站开展“遵章守纪规范操作巩固年”“汛期百日安全”活动，增强引航员安全责任意识，夯实引航安全基础。针对靖江港泊位特殊性、航道特殊性、船舶特殊性等状况，全面排查整改安全隐患，成功应对水域复杂多变、航道改槽带来的困难；针对重点航段和重点船舶，提前收集并发布水深、航道变化信息，拟订船舶靠离特殊泊位方案，确保重点船舶引航和靠离泊安全。加强节假日和重大事件期间的安全防控,确保重点时段引航安全。加强与沿海引航机构学习交流,拓宽引航员眼界,提升引航员技术水平。

【推进"阳光引航"】 2014年,靖江引航站从港口实际出发,积极推进交通运输部"阳光引航"工程,实现两保一降(保船期、保安全,降成本)目标。在延续上年推创的"一船一议""S型靠泊"等引航举措的基础上,探索、推行福南水道绕行、乘潮过浅区和临时浮标靠泊法,把因航道水深变化造成的经济损失和影响降到最低。积极参与港口规划,促成福北水道改槽,为靖江港口充分享受12.5米深水航道便利创造先期条件。构建公正、规范、公开、高效、廉洁的引航机制,践行长江引航中心引航服务新承诺,确保引航责任事故率低于0.5‰。实行24小时值班制和无节假日工作制度,确保正常情况下全天候引航。公开引航计划信息,进江船舶以抵达长江口时间、出港船舶以申请开航时间为先后顺序安排引航。同时开辟绿色通道,优先引领事关国计民生的重点物资船舶。 (韦 一)

开放型经济

·对外及港澳台贸易·

【概况】 2014年,靖江新增进出口获权企业186家。全市累计进出口总额27.35亿美元,比上年增长0.28%。其中进口14.66亿美元,比上年增长33.01%;自营出口12.69亿美元,比上年下降21.92%。高新技术产品进出口0.52亿美元。

出口贸易 全市发生出口实绩的企业有286家,比上年增加47家,有20家企业出口超1000万美元。生产企业自营出口额4.29亿美元,比上年增长16.91%,占全市出口总额的33.78%;经贸企业出口2.21亿美元,比上年增长1.7%,占全市出口总额的17.45%;三资企业自营出口6.19亿美元,比上年下降40.54%,占全市出口总额的48.77%。全市一般贸易出口9.02亿美元,加工贸易出口3.51亿美元,其他类出口0.16亿美元。出口额列前三位的产品分别为船舶、维生素C、钢材,合计出口6.27亿美元,占全市出口总额的49.44%。其中,船舶业出口3.31亿美元,比上年下降55.46%,占全市出口总额的26.11%。除船舶外,其他行业出口9.38亿美元,比上年增长6.39%。

进口贸易 外商投资生产企业进口2.75亿美元,比上年增长187.27%;内资生产企业自营进口3.91亿美元,比上年增长52.73%;外贸企业进口8亿美元,比上年增长6.64%。主要进口物品有原木、棕榈油、船舶设备、工业基础油及供拆解的旧船等。

2014年靖江市出口超亿美元企业一览表

表23 单位:万美元

企业名称	出口额	增减(%)
江苏新时代造船有限公司	23584	-58.41
江苏华菱锡钢特钢有限公司	14507	27.28
江苏亚星锚链股份有限公司	11736	-2.94

2014年靖江市五大类外贸出口产品一览表

表24 单位:万美元

类别	出口额	增减(%)	占比(%)
机电产品	69371	-37.53	54.66
化工产品	16664	2.92	13.13
纺织服装	14062	5.85	11.08
轻工产品	22301	26	17.57
土畜产品	4511	8.13	3.55

·利用外资及港澳台资·

【概况】 2014年,靖江新批外商投资企业5家,增资项目4个,协议利用外资1.86亿美元,比上年减少75.34%;实际利用外资0.26亿美元,比上年减少65.48%。外资及港澳台资投入首选制造业,占投资总额的91.85%，涉及纺织服装、船舶修造、通用设备、金属制品、电气机械、仪器仪表、医药化工、食品加工、化学纤维、橡胶制品及资源再利用等行业；其次为服务业，占投资总额的8.15%，涉及物流仓储、餐饮娱乐、批发零售等行业。至年末，全市有外商投资企业135家，其中正常经营的119家；从业人员26 006人，其中合资企业17 537人、合作企业155人、独资企业7678人、股份制企业636人。

【扬子江金属公司增资2000万美元到账】 2005年成立的江苏扬子江金属加工有限公司，总投资9800万美元，注册资本3300万美元，其中香港天龙控股有限公司出资1320万美元。2010年，扬子江金属公司投资总额增至1.96亿美元，注册资本增至6900万美元，合资双方同比例增资。2013年，该公司再次增资，注册资本增至1.19亿美元。其中香港天龙控股有限公司增资2000万美元，于2014年到账。年内，扬子江金属公司实现销售33亿元。

·对外及对港澳台经济技术合作·

【概况】 2014年，靖江对外及对港澳台经济合作新签合同额9403万美元，比上年增长42.77%；实现营业额8834万美元，比上年增长5.35%。新批境外投资企业3家，境外投资总额4848万美元。新增托普工业（江苏）有限公司和江苏博尔国际建设有限公司2家对外承包工程资格企业。推进企业优势产能有序向境外转移，优化企业国内外产业布局，成功报批江苏裕纶纺织集团有限公司在越南设立纺织厂项目。鼓励企业拓展境外发展空间，加强国际技术、信息和人才交流，成功报批江苏东华测试技术股份有限公司在美国设立研发机构项目，总投资额200万美元。积极宣传外经扶持政策，用足用好国家鼓励"走出去"的各项支持政策，帮助江苏弘腾机械制造有限公司上报争取境外承包工程的贷款贴息及运保费补贴近200万元。

【境外重大投资项目】 2014年，江苏裕纶纺织集团有限公司在越南投资3900万美元，建成越南纺织分厂并成功投产。江苏弘腾机械制造有限公司在泰国增资748万美元，承接泰国太宇钢铁股份有限公司50万吨电弧炉精炼钢铁成套设备采购安装项目，项目合同总金额5270万美元。 （邓丹丹）

·靖江农谚（十一）·

【积肥如积粮，农家肥料香】 指有机肥料的营养较化肥全面，有利于庄稼的健壮生长和发育。

【倒春寒，多春雨】 春天天气逐渐回暖，若这时寒意依然，说明冷空气势力偏强，但这都是暂时现象；而当逐渐增强的暖空气每来一次与之交会后，就会出现降雨过程。

【"清明"冻鬼。鬼不走旱路】 揭示"清明"前后的天气常会多变：此间因冷暖空气活动频繁，突然降温的情况比较常见，因此会多遇下雨的天气。

【"清明"到，吹麦炮】 说明"清明"时节，小麦穗下节已经形成，麦杆的节间距离定长，杆壁增厚并逐渐牢固为中间圆空的秸杆。过去的农村小孩在空闲的时候，常会拔起一根麦杆，掐去一端节结，留下节间和下端的结节，并在节间中间杆壁上划破一小段，然后把开口端含在嘴里，用气吹麦杆，使之发出声音，借以取乐。这就叫"吹麦炮"。

【梅里雨夜突放晴，大雨不久将更淋。】 "黄梅天气"是冷暖空气在长江中下游长期交会、形成的静止锋而产生的高温高湿的较长阴雨天气，如这段时间夜里能见到星光，证明静止锋在南北摆动，降雨天气会很快转土重来，甚至雨势更猛。

【常阴不过廿五】 这也是农村中所传说的一种天气规律：即是从农历的月头开始，其长期阴雨一般不会超过廿五。

（吴汉荣）

综 述

【概况】 2014年,全市共有18家银行业机构,其中人民银行分支机构1家、政策性银行分支机构1家、国有商业银行分支机构4家、股份制商业银行分支机构9家、地方法人银行机构2家、村镇银行1家。保险机构36家,保险中介机构4家,代理机构1家。另有证券营业部4家、融资性担保公司3家、小额贷款公司12家、典当行2家。基本形成银行、证券、保险、担保、小贷等功能比较齐全、层次清晰、协调发展的金融机构体系。年末,全市本外币存款余额839.9亿元、贷款余额585.1亿元。银行业资产规模920.6亿元。证券业实现证券交易额542.1亿元。保险机构实现保费收入14.2亿元,人均保费2118元,保费收入占地区生产总值的2%。小贷公司注册资本24.1亿元,累放贷款44.63亿元,总量和机构数位居泰州之首。全年实现金融业增加值31亿元,占服务业增加值的10%,占地区生产总值的4.4%。

【金融改革创新】 市委、市政府制定出台《关于加快推进金融改革创新的实施意见》,明确金融改革创新的发展方向。设立中小企业转贷专项资金,解决中小企业融资难问题,至年末累计办理转贷业务140笔,累放金融24.9亿元,惠及企业51家。创新金融产品服务,全面启动专利权、商标权、股权、土地承包经营权抵质押试点,组织金融机构扩大商业承兑汇票试点范围,发展表外融资,通过银行承兑汇票、信用证、保函、信贷资产转让等表外业务,解决不同类型企业的流动资金需求。创新外汇融资服务,向企业提供内保外贷、海外代付、信用证、押汇等组合性融资,帮助企业迅速回笼货款。地方金融机构推出"阳光信贷""青年创业贷款"以及300万元小额免担保贷款等项目,提高涉农项目、小微企业、创业就业和保障性住房等金融支持水平。优化金融生态,组织银行"保存量、扩增量"组团服务困难企业,通过利差化解银行不良贷款10亿余元,有效防范系统性和区域性金融风险,有力维护地方良好的金融生态环境。年内,靖江被省金融稳定协调小组授予金融生态优秀县(市)。

【企业上市推动】 市委、市政府出台《关于实施鼓励和推动企业上市工作的意见》,实行领导挂钩上市后备企业制度,市领导定期带队走访后备企业,协调解决企业在上市过程中存在的土地、税务、工商管理等方面问题。建立上市和新三板挂牌后备企业资源库,通过自下而上推荐、由上而下点荐的方式,按成熟度确定拟上市的重点企业并实行动态管理,发展上市后备企业6家、新三板后备企业30家,其中万林物流通过证监会审核,华达汽配报证监会正式受理。靖江累计共有上市公司6家、场外挂牌企业3家,募集资金115亿元。

靖江市企业上市情况表

表 25

公司	股票简称	股票代码	上市时间	上市地点	备注
扬子江船业(控股)有限公司	扬子江船业	BS6	2007.4	新加坡	扬子江船厂控股有限公司全资子公司
江苏东方重工有限公司	东方重工	EG0	2007.12	新加坡	
格菱动力设备(中国)有限公司	格菱动力	1318	2009.11	香港	格菱控股全资子公司
江苏亚星锚链股份有限公司	亚星锚链	601890	2010.12	上海主板	
江苏中泰桥梁钢构股份有限公司	中泰桥梁	002659	2012.3	深圳中小板	
江苏东华测试技术股份有限公司	东华测试	300354	2012.9	深圳创业板	
江苏耐斯数码科技股份有限公司	耐斯数码	TJ000048	2012.12	天津股权交易所	场外交易市场挂牌
靖江三鹏模具科技股份有限公司	三鹏科技	100248	2014.9	上海股交中心 E 板	场外交易市场挂牌
江苏尚香食品有限公司	尚香食品	202703	2014.12	上海股交中心 Q 板	场外交易市场挂牌

【三模科技挂牌上海股交中心 E 板】 8 月,靖江三鹏模具科技股份有限公司成功挂牌上海股权托管交易中心非上市股份有限公司股份转让系统(E 板),成为泰州市首家在上海股交中心 E 板挂牌的企业,其股份名称为“三模科技”,股份代码为“100248”。靖江三鹏模具科技股份有限公司创办于 2002 年,是一家专业从事设计、制造各种汽车冲压件模具及汽车零部件的企业。

【尚香食品挂牌上海股交中心 Q 板】 12 月,以速冻汤包为主导产品的江苏尚香食品有限公司在上海股权托管交易中心中小企业股权报价系统(Q 板)挂牌,股份代码为“202703”,成为继耐斯数码、三鹏科技后第 3 家挂牌场外交易市场的靖江企业。

【永安信股权投资基金落户靖江】 9 月,永安信(天津)股权投资基金管理有限公司在靖江召开投资说明会,联合泰州市众多意向投资人发起永安信(泰州)股权投资基金。基金首期规模约 5 亿元,用于战略投资、项目股权投资及股转债投资,重点扶持靖江优秀产业项目,通过搭建新型投融资平台,合理配置金融资源,帮助企业解决发展、上市过程中的资金瓶颈。

(翟勇军)

银 行

【概况】 2014 年,靖江有人民银行分支机构 1 家、政策性银行分支机构 1 家、国有商业银行分支机构 4 家、股份制商业银行分支机构 9 家、地方法人银行机构 2 家、村镇银行 1 家。年末,本外币各项存款余额 839.88 亿元,比年初增加 48.91 亿元,增长6.2%。其中,居民储蓄存款 382.45 亿元,比年初增长 7.5%;企事业单位存款 438.08 亿元,比年初增长 5.4%。本外币各项贷款余额 585.14 亿元,比年初增加 34.01亿元,增长 6.2%。其中,短期贷款 312.93 亿元,比年初下降 2.9%;中长期贷款 216.05 亿元,比年初增长 15.5%。

【人行靖江支行】 2014 年,中国人民银行靖江市支行通过召开行长联席会议、经济金融形势分析会、银企银政联谊会、新品发布推介会、“行风热线”互动交流会、金融方针政策新闻发布会,举办便民服务金融知识宣传活动、“金融知识普及月”活动等多种形式,加大金融知识宣传普及力度。贯彻执行经济金融政策,发挥“窗口指导”作用,引导金融机构优化信贷结构,农发行靖江支行7.8亿元贷款通过总行核批,用于万顷良田孤山片区春耕备耕。巩固和深化货物贸易外汇管理制度改革,继续推动资本项目改革,简化和便利境内居民通过特殊目的公司从事投融资活动所涉及的跨境资本交易。宣传服务贸易外汇管理改革措施,督促银行加强服务贸易外汇收支真实性审核,引导交易主体合法诚信经营。继续推进跨境贸易人民币结算,指导企业有效规避汇率风险,全年有60家涉外企业办理跨境贸易人民币结算业务8.22亿元。强化跨境资金流动监测,防范异常流动风险,检查监测江苏扬子江金属加工公司资本金结汇业务、江苏天元船舶进出口公司和江苏万林现代物流股份有限公司贸易融资业务,确保企业对外贸易合规运作。支持外向型经济发展,全年办理货物贸易项下名录登记及变更登记101笔、辅导期报告42笔、企业报告及企业报告修改158笔,签发各类登记表8笔,调整可收付汇额度31笔,办理资本项下各类登记23笔。

2014年靖江市银行业人民币存贷款情况表

表26　　单位:万元

项　目	年末余额	比年初增减	项　目	年末余额	比年初增减
行社各项存款	7858100	239400	行社各项贷款	5490500	471700
其中:农业发展银行	66948	5367	其中:农业发展银行	166862	21733
工商银行	841895	59266	工商银行	583940	59617
农业银行	1329952	10450	农业银行	791174	100829
中国银行	653072	−13841	中国银行	454447	−78661
建设银行	703564	−270515	建设银行	619173	26970
交通银行	254767	−145069	交通银行	214182	−49286
中信银行	263765	24154	中信银行	177253	25657
浦发银行	280332	65707	浦发银行	172347	37173
江苏银行	229040	72032	江苏银行	226046	80459
南京银行	354778	143376	南京银行	234660	10374
招商银行	105506	10571	招商银行	99800	29963
兴业银行	119444	9951	兴业银行	86050	52679
靖江农村商业银行	1341975	170357	靖江农村商业银行	987312	118375
长江商业银行	722996	68222	长江商业银行	500487	26125
无锡农商行	18352	125	无锡农商行	67891	15073
邮政储蓄银行	456407	17263	邮政储蓄银行	37489	8278
润丰村镇银行	83661	799	润丰村镇银行	71378	−13616
一、行社储蓄存款	3184700	264100	一、个人贷款	1166100	71100
其中:工商银行	408439	9695	其中:工商银行	117665	−6179
农业银行	791627	27360	农业银行	186908	10888
中国银行	226691	4755	中国银行	135750	15752
建设银行	469630	36227	建设银行	211503	2479

续表 26

项　目	年末余额	比年初增减	项　目	年末余额	比年初增减
交通银行	52525	-17882	交通银行	25390	-3069
中信银行	24012	-1533	中信银行	9503	487
浦发银行	19270	-4504	浦发银行	3347	-757
江苏银行	16489	-1928	江苏银行	24896	3835
南京银行	32924	-8559	南京银行	24364	890
招商银行	14203	6598	招商银行	7400	963
兴业银行	21912	2107	兴业银行	6680	4584
靖江农村商业银行	985758	167946	靖江农村商业银行	300535	34289
长江商业银行	304018	27907	长江商业银行	57577	-2757
无锡农商行	3024	-563	无锡农商行	1556	-544
邮政储蓄银行	419973	12813	邮政储蓄银行	37490	8279
润丰村镇银行	24162	3666	润丰村镇银行	15546	2011
二、企业存款	3850200	-25200	二、单位贷款	3535000	361200
其中:农业发展银行	66942	5362	其中:农业发展银行	166862	46733
工商银行	381432	20369	工商银行	403696	69391
农业银行	490918	28915	农业银行	462526	52708
中国银行	426212	-18626	中国银行	209646	-17541
建设银行	228854	-288324	建设银行	338906	5130
交通银行	180187	-135382	交通银行	188420	-45030
中信银行	216454	15246	中信银行	165150	26220
浦发银行	259020	68214	浦发银行	127000	17030
江苏银行	210098	71507	江苏银行	190400	82874
南京银行	321844	152188	南京银行	203494	9766
招商银行	90443	3130	招商银行	92400	29000
兴业银行	95745	6057	兴业银行	79370	48095
靖江农村商业银行	354261	3237	靖江农村商业银行	585873	61617
长江商业银行	416529	40117	长江商业银行	238955	-17671
无锡农商行	15327	695	无锡农商行	34904	-1672
邮政储蓄银行	36434	4457	润丰村镇银行	47391	-5498
润丰村镇银行	59499	-2367	三、票据融资	555300	139400
三、其他类存款	85300	16500			

说明:委托类存款未计入行社各项存款分项

【金融支持家庭农场政策出台】 年内，人行靖江支行根据《中国人民银行关于做好家庭农场等新型农业经营主体金融服务的指导意见》，结合辖区经济发展实际，综合运用“信贷＋担保”“信贷＋保险＋财政补贴”等多种途径相配合的融资模式，推广实用性强、低成本、可复制、有成效的金融产品，支持家庭农场等新型农业经营主体增信融资，满足其资金需求，助推靖江农商银行支持家庭农场发展。对从事传统种植业的个人型家庭农场，尝试探索以“三权”（集体林权、集体土地承包经营权、宅基地使用权）抵押作为担保方式发放贷款，确定最高授信额度，使用“易贷通”产品，一次审批，循环使用，随贷随还；对从事农产品深加工的公司型家庭农场，发放项目贷款。

【金融生态优秀市创建】 年内，继续优化金融生态环境，建立激励约束和考评机制，金融生态优秀市创建工作取得成效。加快信用担保机构发展，有效缓解中小企业贷款难和银行难贷款的矛盾；打造“诚信靖江”，积极培育信用典型，持续提高社会信用水平；构建良好法制环境，建立动态逃废债企业“黑名单”资料数据库；增强金融社会责任感，创新金融产品，力促县域经济平稳较快发展；化解行业信贷风险，多管齐下打击非法集资，促进经济金融和谐健康发展。年内，靖江被省金融稳定协调小组授予金融生态优秀县(市)称号。

【金融产品创新】 年内，靖江各银行机构纷纷推出创新举措，加大对实体经济的支持力度，助推中小企业破解资金难题。长江商业银行成为江苏省小微企业转贷方式创新试点金融机构，该行的小微企业信贷产品以免担保贷款为核心，形成6种具体信贷产品，对创业类、正常经营类、发展壮大类、政策扶持类等不同生命周期的小微企业客户实现全覆盖。江苏银行靖江支行创新推出“转期贷”产品，为优质客户提供贷款到期后转期的融资服务；推出创新产品“中小企业供应链融资”，为靖江上市公司、前10强制造业企业的配套企业，以通过应收账款确认的方式贷款，无须提供其他担保；探索专利权质押贷款方式，助力本土科技型企业。靖江农商银行探索仓单质押、提货单质押、汽车合格证质押、“三权”抵押等新型担保方式，推广“信贷工厂”授信用信模式，前移贷款审核决策关口、缩短审批链条，帮助小微企业解决不同发展阶段的融资难题；放开农户和小微企业信用贷款，推广“惠民通”“易贷通”等信贷产品。农行靖江支行客户经理下沉至各网点，贴近客户需求提供服务，创新推出林权证抵押贷款，上半年发放泰州首笔林权证抵押贷款，向江心洲生态工程发展有限公司提供5000余万元贷款。

【农村金融综合服务站建设】 年内，人行靖江支行分步实施农村金融综合服务站点推广计划。细化站点建设推广工作，遵循“先培训、再建站”的原则，制定系统培训计划，加强风险防范教育以及业务规范操作流程、反假币、国债知识、征信知识、金融消费者权益保护知识等培训。在319个助农取款服务点中选出60个试点建设农村金融综合服务站，升级助农取款机具，增加水费、天然气等公共事业费代缴功能；增配点钞机、假币鉴别仪等人民币防伪识别工具；提供金融知识画报、金融风险防范材料、金融消费小贴士等宣传产品。

【首届金融系统“道德讲堂”】 10月10日，由人行靖江支行承办的“弘扬道德风尚，促进金融服务”首届靖江金融系统专题“道德讲堂”活动在马洲书院举行。该“道德讲堂”活动，以靖江金融系统“十佳”服务明星为重点，通过“身边人讲身边事、身边人讲自己的事、身边事教育身边的人”等形式，倡导“创新进取、敬业奉献、团结友善、争创楷模”等基本道德规范，树立靖江金融系统良好社会形象。（丁伯明）

【农业发展银行靖江市支行】 2014年，中国农业发展银行靖江市支行把握“稳健务实、进位争先”主基调，支持地方经济建设，主要经营指标达到农发行江苏省分行精品行标准。年末，各项存款余额6.80亿元，比年初增加0.55亿元；各项贷款余额16.69亿元。履行政策性支农职能，加大信贷资金支农力度，巩固发展粮食购销业务，全力支持新农村建设和水利建设。全年累计发放各类贷款21.81亿元，其中粮棉油购销储贷款11.78亿元、流动资金贷款0.75亿元、项目贷款8.07亿元。积极与上级行沟通，努力争取贷款资金计划。润新投资建设有限公司2亿元安置房建设项目贷款40天内通过审批，华兴水利建设有限公司3亿元建设项目贷款年底通过江苏省分行审批，并获部分项目贷款0.2亿元。（赵圣荣）

【工商银行靖江支行】 2014年，中国工商银行股份有限公司靖江支行对外拓展市场和客户、探索业务创新，对内强化内部管理、优化金融服务，各项经营管理工作持续协调健康发展。至年末，人民币各项存款余额84.19亿元，比年初增加5.93亿元；人民币各项贷款余额58.39亿元，比年初增加5.96亿元；实现拨备前利润24 558万元，人均创利超百万元。在工行泰州分行2014年度经营绩效综合考评中名列前茅，获评工行泰州分行2013—2014年度先进单位、优质服务先进集体。

信贷业务　根据上级行相关政策，及时调整信贷投放方向，拓展产业转型升级、城镇资源综合利用等项目，重点扶植优质项目和百强企业，适度支持公共服务企业和项目。加强与开发区合作，加快已批项目投放进度，对不能及时实现投放的，通过临时性银票、供应链融资方式投放7.75亿元，及时满足企业需求。积极申报百强企业新增授信，突出百强企业的融资占比，重点强化法人客户营销力度，巩固提升大型企业市场份额。认真筛选未建立信贷关系客户，为符合信贷政策支持的优势企业积极申报新增授信。稳妥开展小企业信贷。深入园区、乡镇拓展优质小企业客户8户，退出23户小企业4.3亿元。拓展供应链融资业务，投放供应链融资0.81亿元。注重发展贴现业务。至年末累计贴现11.48亿元，占泰州分行总额的27.14%，比上年增加7.47亿元。关注存量资产信贷风险，统筹运用现金清收、重组转化、债权转让、呆账核销等方法，清收处置不良资产9020万元。年末不良贷款余额3025.87万元，不良率0.52%，比工行泰州分行平均水平低0.7个百分点。

负债业务　以“强基础、促转型、重创新、提品质”为主题，提升储蓄存款市场核心竞争力。开展“友聚天下商”专业市场营销活动，组建上门营销团队，走访专业市场、商城和沿街商铺，宣传金融产品，重点营销“商友卡+银商通+商友卡专属汇款套餐+网银U盾”组合，利用结算价格优势吸引客户。发展代发工资业务，落实“五项机制”（负责人管理机制、考核分配机制、双管户机制、全流程管控机制、监测预警机制），重点做好百万目标库营销。抓好理财市场营销，及时发布理财产品清单，督导网点销售。发展批量项目，在新港城、新桥镇、季市镇优选15个经济实力较强村精确营销，实现批量项目2.3亿元，留存1.75亿元。注重对公客户维护管理，所有对公客户均落实具体维护责任人。加大本外币同步增存，运用创新产品优势，持续关注造船企业发展情况及行业发展趋势，争揽国际业务客户。

中间业务　加大产品综合运用能力，通过集中走访、量身定做产品方案，提高优质存量客户市场占比，重点竞争外商投资项目的资本金账户、基本账户。全力扩大船厂保函业务份额的同时，注重信用证、订单融资等延伸业务营销。发展信用卡业务，至年末新发信用卡列全辖第一，其中白金卡列全辖第二。全年实现中间业务收入9667万元。

（毛剑利）

【农业银行靖江市支行】　2014年，中国农业银行股份有限公司靖江市支行发展网上银行、掌上银行、“E商管家”等移动金融业务，加速客户基础建设；开展营业网点风险隐患综合治理、员工风险行为专项整治、信贷防假治假等专项治理活动；运营“三化三铁”（标准化、规范化、制度化，铁账、铁款、铁规章）、信贷“三化三无”（制度化、程序化、规范化，信贷业务无不良、无逾期、无不合理资本占用）、保卫“三化三达标”（标准化、制度化、精细化，物防、技防、人防达标）和财务基础创建工作通过江苏省分行验收。全行未发生重大案件、责任事故和有影响的声誉风险事件。全年实现中间业务收入（含委托清收）1.19亿元，为泰州农行系统第一。年末实现拨备前利润2.91亿元，拨备后利润2.76亿元。

存款业务　年末，全行本外币资金总额159.32亿元，比年初净增15.71亿元；本外币各项存款余额140.22亿元，比年初净增1.68亿元，其中人民币各项存款余额133亿元，比年初新增1.04亿元；本外币各项存款日均余额128.35亿元，比上年增加19.25亿元。

贷款业务　探索贷款抵押担保方式，以江心洲生态工程开发有限公司266.67公顷意杨为抵押物，向该公司发放贷款0.3亿元、签发银票0.28亿元。该贷款抵押方式在全省农行和林业系统推广。年末，全行本外币各项信用总额159.53亿元，比年初新增10.3亿元；本外币各项贷款余额86.09亿元，比年初新增3.77亿元，其中人民币各项贷款余额79.12亿元，比年初新增10.08亿元；本外币各项贷款日均余额83.86亿元。年内，清收自营不良贷款现金288.34万元，核销不良贷款本金201.73万元、表外利息42.91万元；完成委托清收5600万元、委托资产认损8500万元；贷款受托支付比例100%，贷款到期现金收回率99%；完成泰州分行下达的潜在风险客户退

出任务。 (龚跃平)

【中国银行靖江支行】 2014年,中国银行股份有限公司靖江支行以“保营收、调结构、控风险”为总体目标,持续稳健发展各项主要业务。为企业拓展海外融资,开展“易汇通”“通汇达”等海外转收、汇款等跨境人民币业务,全年叙做量39.53亿元。发展远期结售汇业务,全年叙做量89.8亿元。个人金融业务实现持续稳健发展,全年发展个人金融有效户6.6万户,发放借记卡18 815张、信用卡6789张,个人本外币储蓄存款余额23.44亿元、贷款余额13.66亿元。年末,全行本外币存款余额79.14亿元,贷款余额57.57亿元;不良资产余额8865万元,不良率1.54%;国际结算量近11亿美元;实现营业净收入2.88亿元、拨备前利润2.16亿元。获评靖江市十佳服务地方发展单位、市社会治安安全单位,支行党支部获评中行江苏省分行先进基层党组织。 (王 栋)

【建设银行靖江支行】 2014年末,中国建设银行股份有限公司靖江支行一般性存款余额86.51亿元,比年初新增6.26亿元;贷款余额74.19亿元,比年初新增2.06亿元。

存贷款业务 为个人客户办理“聚财宝”产品8081户,锁定存款7.2亿元。为公司客户办理“收益宝”“汇代宝”“出口代付”产品22.83亿元,锁定存款12.63亿元。调整信贷结构,将政府重大项目、民生项目和实体企业作为信贷投放重点。为华兴水利建设有限公司提供贷款2.5亿元,用于水利重点项目建设;为华达汽车科技有限公司、江苏广宇建设集团、江苏神龙海洋工程有限公司提供贷款2.6亿元,用于企业资金流动。设立小企业业务团队,专门服务小微企业,为小企业提供贷款7.48亿元。积极支持民众消费需求,实现个人贷款余额21.15亿元。

中间业务 运用新兴工具,满足客户需求。为新港城投资建设有限公司办理信托业务1.3亿元。办理创新型国际业务产品,实现中间业务收入1621万元、国际结算量8.17亿美元、结售汇2.51亿美元。发展保险、基金、信用卡、贵金属、理财产品等个人金融产品,实现中间收入2900万元。上线常州大学怀德学院“数字化校园一卡通”项目,为1500余名学生、教职工提供全方位金融服务。发放金融社保卡2万余张。 (陈金坤)

【交通银行靖江支行】 2014年,交通银行股份有限公司靖江支行及时调整目标策略,各项主体业务稳健发展。完善信贷金融服务体系建设,缓解企业融资问题。重点支持产业集群工业发展和园区开发建设,向靖江开发区投放贷款8亿元;量身定做重大项目专属融资品种组合,加强万林木业产业园、开发区港口码头类项目和上海城商圈的金融服务;拓宽有效担保物品范围,为万林产业园、江苏宜泰航大实业有限公司提供票据池抵质押业务,提高企业资金使用率;推出跨境人民币保函、国内保理、卖方融资、出口发票融资等贸易产品业务,满足企业生产经营需求,提高资金使用效率。开展社区银行建设,打造普惠型特色网点,12月首家社区银行中洲支行开业。年末,全行各项存款余额25.48亿元,其中对公存款18.03亿元,储蓄存款7.45亿元;贷款余额21.52亿元;实现中间业务收入2985.9万元;完成国际结算量7.4亿美元;实现利润9341万元。 (方晓红)

【浦发银行靖江支行】 2014年,浦发银行靖江支行坚持“稳中求进”的总基调,各项工作取得较好成效。以客户为中心,夯实主营业务。年末对公优质以上客户275户、个人优质以上客户2080户,分别较年初新增35户、357户。全年个人金融资产突破10亿元,达到10.35亿元,销售个人理财产品24.8亿元;办理票据业务20.71亿元,中间业务收入超过2000万元,比上年增长1.64倍。推进重点项目。全年完成投行业务4笔18.95亿元,组织银团项目3个7.95亿元,向靖江电镀集中区项目投放贷款1亿元用于基础建设。发展转型业务。以应收款作质押,向某节能科技有限公司投放未来收益权项下合同能源管理贷款,为南京分行辖内及全市同业中首例。稳定信贷质量。加强授信准入与风险资产监测,成功化解某船舶公司履约保函业务风险。年末,本外币存款余额28.93亿元,比年初增加7.31亿,增长33.81%;贷款余额17.23亿元,比年初增加3.72亿,增长27.54%;不良贷款余额476万元,与年初持平,无新增不良贷款;不良贷款率0.27%,比年初下降0.1个百分点。年内,获浦发银行南京分行“优胜基层网点”称号。 (祁 东)

【南京银行靖江支行】 2014年,南京银行股份有限公司靖江支行以“坚持服务地方经济社会发展,服务地方企业,服务地方市民”为宗旨,把握政策、形势和市场变化,贯彻落实上级行工作要求,巩固传统业务,拓展创新业务。年末,各项存款余额36.20亿元,比年初新增13.98亿元;各类授信余额44.12亿元,比年初新增17.84亿元,其中贷款余额25.82亿元、债务融资工具及结构化融资18.30亿元。新增贷款额在全市新增贷款额中超过30%。对政府贷款余额10.7亿元,比年初增加2亿元。小企业和个人贷款余额合计15.10亿元,占报表贷款59.74%。其中,中小企业贷款余额206户13.41亿元,比年初增加27户、3.29亿元;个人消费贷款余额1.69亿元、比年初新增2807万元。 (许恒丽)

【靖江农村商业银行】 2014年,靖江农村商业银行按照"稳中求进、推进创新、着力转型、提质增效"的指导思想,提升服务地方经济和自身持续发展的能力。年末,各项存款余额134.28亿元,各项贷款余额98.91亿元,经营效益、风险控制、电子银行等多项指标在全省系统内名列前茅,等级行考核继续保持AAAA级,被靖江市委、市政府评为服务地方发展十佳单位、最具社会责任感企业、"慈善之星"先进单位。

信贷支农 推进"阳光信贷"工程,对接农户居民需求,做实农民创业贷款、农户种养业贷款、农民信用贷款等农字品牌,帮助城乡居民增收致富。"阳光信贷"覆盖全市169个行政村、2445组、114 821户,授信农户38 994户312 202万元。在做好普惠性支农服务的基础上,支持新型农业经营主体发展,全年授信农村各类合作经济组织55户3402万元。加大科技创新型、节能环保型小微企业的金融支持力度,适时支持符合国家产业政策导向、具有较强核心竞争力、经营稳定的先进制造业、新能源产业和通讯设备业。年末,全行涉农贷款余额81.36亿元、小微企业贷款余额74.03亿元,分别比年初增加10.45亿元、10.13亿元。

服务创新 按照贴近市场、客户和需求的原则,推广"富民惠民金融创新"活动,为不同类型企业推出"商会通""企业上下游供应链融资""进园区企业前期贷""票易票"等特色金融产品。尝试应收账款、动产、股权、订单、保单等质押方式,解决小微企业和商贸客户多元化需求,提高服务覆盖面和贷款可得性。加强金融综合服务站建设,从360个"村村通"网点中选取场所环境好、业务交易多、服务需求大的100个签约商户作为农村金融服务站点,借助省联社技术平台,提高机具取现额度,增加新农保代理、电信费用缴纳等功能,提升农村便民服务覆盖面。引导以圆鼎卡为载体的手机银行、网上银行等功能运用,发挥"定活通""益农存"等业务的智能理财特色,加强自助服务渠道建设,升级金融便民到村机具,优化支付环境。

(杨佳伟)

【江苏长江商业银行】 2014年,江苏长江商业银行顺应国家宏观形势和政策导向,围绕打造小微企业专营银行核心目标,推进各项经营管理工作,4月获评中国地方金融十佳成长性银行,8月加入亚洲金融合作联盟。年末,全行总资产133.62亿元,比年初增长25.01亿元,增长23.03%。全年实现利润1.54亿元,比上年增加增长19.86%。其他核心监管指标均达到国内股份制商业银行优秀标准。董事长朱惠健获得中国经济新领军人物、泰州十大经济风云人物等荣誉称号。

存贷款业务 年末,各项存款余额116.21亿元,比年初增长27.35%;贷款余额86.70亿元,比年初增长27.02%,其中小微贷款余额81.52亿元,比年初增加18.13亿元。全年新增小微贷款客户1982户。全年累计贴现3.9万余笔240.37亿元。

转型升级 改造核心业务系统,长江卡实现在线购物。上线二代支付系统,自建电话POS平台,完成柜面收费系统改造,开发社区金融电子地图,开发EAST系统和PISAS系统,实现监管数据的规范采集和报送。

网点扩张 6月,兴化支行开业,实现泰州地区网点全覆盖。10月,宿迁分行开业,首次将网点延伸至苏北。全行机构总数达到9家。 (钱 程)

【江苏银行靖江市支行】 2014年,江苏银行股份有限公司靖江支行围绕总行"内生增长、创新驱动、特色发展"方针,支持地方经济建设。将存款增长作为第一要务,加强授信综合回报勘定和落实,新增存款和市场份额均有提升。加大对万顷良田、夏仕港闸改造政府项目信贷投放,全年新增信贷超10亿元。年末,各项存款余额22.9亿元,比年初增加7.16亿元;各项贷款余额22.6亿元,比年初增加8.04亿元;实现中间业务收入1239万元。年内,被江苏银行总行评为文明优质服务示范网点,被靖江市委、市政府评为十佳服务地方发展单位。

(朱 政)

【邮储银行靖江市支行】 2014年,中国邮政储蓄银行股份有限公司靖江市支行围绕转型升级工作主线,各项业务保持平稳较快发展。坚持存款立行理念,进市场、进社区、进村镇,梳理所有开户单位、优质代发户,实行上下联动、公司联动、以贷促存等措施,强化对公存款营销。年末,各项存款余额17.35亿元,贷款余7.8亿元。邮储银行靖江支行坚持“服务三农”“服务民营经济”的市场定位,与工商部门联合开展“服务民营经济 工商·邮储送贷行动”,发放小微企业贷款近1亿元。支持新型农业经营主体发展,发放马桥镇徐周村碧波蔬菜专业合作社等涉农贷款千万元。支持重大民生工程,发放棚户区改造项目贷款2.8亿元。拓展低风险、流动性强的票据贴现业务,全年累计办理票据贴现业务30亿元。 (刘玲燕)

邮储送贷行动启动 (靖江日报社提供)

【无锡农村商业银行靖江支行】 2014年,无锡农村商业银行股份有限公司靖江支行突出“提升效益、防控风险、优化服务”,打造现代化社区银行。全年发放借记卡378张、信用卡98张,借记卡、信用卡分别消费2274.27万元、1980.21万元,完成中间业务收入76.35万元。加快发展小微企业贷款业务,逐步做大个体工商户贷款和消费类贷款业务,扩大客户覆盖面。年末,各项存款余额1.84亿元。贷款余额6.78亿元,比年初增加1.50亿元,其中小微企业贷款3.78亿元。(赵 龙)

【兴业银行靖江支行】 2014年末,兴业银行靖江支行各项存款余额11.94亿元,其中对公存款9.57亿元、储蓄存款2.37亿元;贷款余额8.61亿元;中间业务收入728.31万元;实现利润2260万元。9月,开业人民路、御水湾社区支行,着重为社区居民提供多种个人金融服务。

(胡希夷)

【靖江润丰村镇银行】 2014年,江苏靖江润丰村镇银行股份有限公司着重盘活存量贷款,积极主动服务小微企业。统一信贷标准,规范信贷流程,提高小微贷款效率。引进专业人才,加强“微贷中心”建设。年内,“微贷中心”为小微企业投放贷款108笔1600万元,解决小微企业融资问题。年末,全行各项存款余额8.37亿元、贷款余额7.14亿元。

(罗子舒)

保 险

【概况】 2014年,靖江新增专业保险机构3家,分别是太平财险靖江支公司、东吴人寿靖江支公司、板桥代理靖江营业部,保险机构增至40家。其中产险公司16家、寿险公司20家、专业代理公司4家。全年实现保费收入14.15亿元,比上年增长17%。其中,财产险收入4.16亿元,比上年增长18.8%;人身险收入9.99亿元,比上年增长16.3%。实现各类理赔和给付4.88亿元,比上年增长12.2%。其中,财产险赔付2.3亿元,比上年增长34.5%,赔付率约55%;人身险赔付2.58亿元,比上年下降2.2%,赔付率约26%。

【保险行业管理】 年内,市保险行业协会加强行业自律,依据相关法规政策和监管部门要求规范市场秩序。实施2014版车险承保和理赔自律公约,促使各产险公司由费率自律向服务标准自律转变,避免保险行业垄断。规范摩托车交强险市场,协调产险公司在高速公路免费通行期间快速处理轻微交通事故,维护消费者合法权益。防范寿险期满给付风险,保持市场平稳有序。组织保险宣传,协调各保险机构开展“保险知识公园行”活动,举办第1届靖江保险系统知识竞赛。年内,市保险行业协会获评“中国社会组织评估等级AAAA级”。 (陆 帅)

【人保财险靖江支公司】 2014年,中国人民财产保险股份有限公司靖江支公司实现保费收入17 743万元,比上年增长22.79%。

其中，车险保费收入突破1.2亿元，净增保费2727万元，在泰州分公司率先实现车险保费收入过亿，成为泰州地区首个单险种业务规模超亿元的产险县级公司。年内，该公司获评江苏省放心消费先进单位、2013—2014泰州市诚信单位，公司营业大厅获评靖江市五一巾帼标兵岗，公司工会获评省级模范职工之家，公司经理陈红武获评泰州市分公司优秀管理者。 （刘 敏）

【中国人寿靖江支公司】 2014年，中国人寿保险股份有限公司靖江支公司实现保费收入6.43亿元，比上年增长2.34%，继续位列全省前三。为特定人群提供专门保险。为近1.2万名学生及幼儿园入园儿童承保学生住院医疗及意外伤害险，为近380家企业提供员工综合保障福利计划，分别与市计生委、市老龄办、市委农工办合作，为2.3万户计生家庭、4.25万名老年人、5.5万名农村居民提供意外伤害保险。加强客户服务。与国内知名健康咨询服务公司合作，定期为客户举办健康讲座及举办“国寿小画家”等公益性活动，免费为参保老年人提供专业健康咨询服务。年内，该公司获评人寿保险江苏省公司2014年先进单位、泰州市文明单位、靖江市服务业、先进企业和二十佳服务消费者优秀企业。

（陈俐俐）

【太平洋寿险靖江支公司】 2014年，中国太平洋人寿保险股份有限公司靖江支公司坚持以市场为导向，以《寿险营销人员管理规定》为指引，以基础管理为手段，重点抓好个险、团险、银保、续期的系统化管理，统筹资源，整合传播，经营业绩取得长足发展。全年实现保费2123万元。

（罗玉清）

2014年靖江市财产保险业务情况表

表27

公司名称	保费收入		赔付支出		
	累计（万元）	同比（±%）	累计（万元）	同比（±%）	赔付率（%）
中国人民财产保险股份有限公司靖江支公司	17743	23	8759	39	49
中国太平洋财产保险股份有限公司靖江支公司	4921	18	3150	39	64
中国平安财产保险股份有限公司靖江支公司	2431	4	1717	4	71
天安保险股份有限公司靖江营销服务部	783	22	354	5	45
中华联合财产保险股份有限公司靖江支公司	768	–3	593	–9	77
中国大地财产保险股份有限公司靖江营销服务部	1494	–3	1095	16	73
永安财产保险股份有限公司靖江支公司	1908	–0.26	969	–20	51
华安财产保险股份有限公司靖江营销服务部	468	—	45	—	—
安邦财产保险股份有限公司靖江营销服务部	811	33	611	–3	75
阳光财产保险股份有限公司靖江支公司	968	–28	573	21	59
都邦财产保险股份有限公司靖江支公司	694	–5	437	51	63
中国人寿财产保险股份有限公司靖江支公司	6906	35	3640	91	53
太平财产保险有限公司靖江支公司	—	—	—	—	—
长安责任保险股份有限公司靖江支公司	1033	–23	751	37	73
紫金财产保险股份有限公司靖江支公司	643	22	303	240	47
英大泰和财产保险股份有限公司靖江支公司	—	—	—	—	—

2014年靖江市人身保险业务情况表

表28

公司名称	保费收入 累计（万元）	保费收入 同比（±%）	理赔结付（万元）	同比（±%）	其他各类结付（万元）	同比（±%）
中国人寿保险股份有限公司靖江支公司	64345	2	3250	1	13823	-27
中国太平洋人寿保险股份有限公司靖江支公司	1020	-60	60	-44	93	47
中国平安人寿保险股份有限公司靖江营销服务部	1918	66	—	—	—	—
新华人寿保险股份有限公司靖江营销服务部	3181	-1	166	20	910	27
泰康人寿保险股份有限公司靖江支公司	2506	-51	96	2	1004	—
民生人寿保险股份有限公司靖江营销服务部	24	—	—	—	—	—
太平人寿保险有限公司靖江营销服务部	4232	4	—	—	—	—
生命人寿保险股份有限公司靖江营销服务部	2761	67	—	—	716	515
合众人寿保险股份有限公司靖江营销服务部	3167	260	28	80	800	11
友邦保险保险股份有限公司靖江营销服务部	241	58	10	-72	—	—
信泰人寿保险股份有限公司靖江营销服务部	32	-31	19	—	—	—
中国人民健康保险股份有限公司靖江支公司	5928	—	2438	—	4	—
华夏人寿保险股份有限公司靖江支公司	157	91	—	—	—	—
华泰人寿保险股份有限公司靖江营销服务部	287	44	11	—	—	—
阳光人寿保险股份有限公司靖江支公司	339	-3	10	100	66	74
中国人民人寿保险股份有限公司靖江支公司	3201	129	31	16	—	—
长城人寿保险股份有限公司靖江营销服务部	—	—	—	—	—	—
英大泰和人寿保险股份有限公司靖江支公司	62	28	—	—	—	—
利安人寿保险股份有限公司靖江支公司	5893	295	—	—	—	—
东吴人寿保险股份有限公司靖江支公司	94	295	6	—	—	—

证券

【概况】 年内，靖江有申万宏源证券靖江骥江路证券营业部、南京证券靖江骥江路营业部、华泰证券靖江人民中路营业部、东海证券靖江车站路营业部4家证券营业部，均开设沪深A股、B股、基金、国债、企业债、可转债、国债回购、特别转让市场股票等投资交易品种，推出融资融券、资产管理、约定式购回、股权质押融资等创新品种和上市企业财务顾问、项目推介等综合业务，提供柜面委托、自助委托、电话委托、网上委托、手机委托等交易方式。全年实现证券交易额542.1亿元。

【申万宏源证券骥江路营业部】 申万宏源证券股份有限公司靖江骥江路营业部(原申银万国股份有限公司靖江骥江路营业部)位于骥江路160号，营业面积900平方米，从业人员26人。年内，营业部获得期货IB业务资格，可进行商品期货和股指期货交易。全年证券交易323亿元，债券回购81亿元，销售基金和理财产品9.05亿元，融资融券余额3.1亿元，实现利润0.35亿元。

(申万宣)

【南京证券骥江路营业部】 南京证券股份有限公司靖江骥江路营业部位于骥江路246号，营业面积近500平方米，员工10人。全年证券交易10亿元，销售基金和理财产品0.05亿元，融资融券余额0.3亿元，实现利润55万元。 (马 洁)

信息设施建设与应用

【概况】 2014年,市电子信息产业和软件产业发展态势良好,“两化融合”(工业化和信息化融合)工作稳步推进。全市通过年审的软件企业有14家,新申报软件著作权27个、软件产品23个。软件企业年销售收入4.3亿元,比上年增长20.5%。申报省级“两化融合”示范试点企业10家、泰州市级“两化融合”示范试点企业3家,其中江苏格尔顿传动有限公司、江苏旭顺东明汽车配件有限公司分别被评为江苏省、泰州市“两化融合”示范企业。江苏东华测试技术股份有限公司连续4年被认定为省潜力型规划布局重点软件企业。

【网络与信息安全】 建立健全网络与信息安全预防和应急处置机制,提高应对网络与信息安全事件能力。及时处置市政府门户网站、交通局、图书馆等5家单位发生的网络安全突发事件。与市公安局、移动公司等部门联合开展行政执法,打击伪基站等违法犯罪活动,查获并捣毁伪基站1个。

【信息化建设】 围绕城南园区“两化融合”示范区建设、泰州市农村信息化示范基地建设等项目,做好组织申报和协调服务工作。按照省市要求开展大中型企业智慧化推进调研和“两化融合”发展水平评估调查。开展农村综合信息服务平台(网上村委会)建设,平台系统3月上线并覆盖域内全部镇村,4月完成平台建设资料收集、数据录入。年内通过省“四有一责”(有持续稳定的集体收入、有功能齐全的活动阵地、有先进适用的信息网络、有群众拥护的双强带头人,强化村党组织领导责任)考核和泰州市专项验收。

【宏泰公司银行防护软件获省优秀奖】 年内,江苏宏泰智能电子科技有限公司生产的SHS-6000自助银行防护软件获省优秀软件产品奖。该产品应用物联网、云计算技术,实现对ATM机、自助银行周边环境的自动感知,有效防止在ATM机、自助银行安装针孔摄像头、读卡器、假键盘、假“告示”等,软件不但具有探头破坏报警功能,还能对系统远程布防、撤防。中国工商银行、建设银行、农业银行、交通银行和招商银行、南京银行等30余家银行机构以及其他金融服务领域选用该系统。 (闻晓波)

【6企业获省专项资金扶持】 年内,江苏东华测试技术股份有限公司“海工船舶结构状态智能监测及评估系统软件”项目,获省转型升级软件类专项引导扶持资金100万元;江苏皓月汽车锁股份有限公司“汽车锁生产检测系统智能化提升”项目,获省转型升级信息化提升类专项引导扶持资金60万元;江苏奇美乐器有限公司“奇美乐器电子商务销售平台升级”项目和江苏光芒新能源股份有限公司“光芒新能源

集成化电商平台建设”项目获省转型升级电商平台普及专项引导扶持资金各30万元；靖江市双鱼食品有限公司子公司“双鱼食品电子商务平台建设”项目，获省级现代服务业发展引导扶持资金35万元；江苏恒力制动器制造有限公司“RFID(无线频射设别)标识可追溯性管理及综合资源管理专项应用”项目，获省转型升级专项引导扶持资金200万元。RFID技术运用于装配制造业的可追溯性管理及集团综合资源管理属国内首创，对于制造业的风险预防与成本管控具有示范意义。

【荣联科技物联网项目通过省验收】 3月5日，省经信委电子信息产业处专家组至靖江，对江苏荣联科技发展股份有限公司承担的“基于物联网光传输芯片耦合封装及产业化”项目进行验收。该项目于2012年获省物联网发展专项引导扶持资金100万元。2013年，企业形成光分路器芯片100万光通道的年生产能力，项目执行期内累计实现销售收入3199万元、上缴税收375.6万元。2014年，该公司聚焦“智慧城市”和“智慧家居”领域，加快物联网技术的开发与运用，“智慧家居”相关产品试用于上海闸北区。

【农产品尝试电商销售新模式】 年内，市红芽香沙芋专业合作社自办“中国香沙芋网”，香沙芋网上销量大增，网销营业额总计100余万元，占总销售的30%。马桥镇九一村改变坐等客商上门的传统销售方式，建立网上销售渠道，拓宽“双九”牌优质大米销售市场。东兴镇惠龙村青年农场主通过微信、微博公布产品信息，拓宽销售渠道。

【市首个电子竞技协会成立】 10月，市首个电子竞技协会成立，旨在为电子竞技爱好者提供竞技、娱乐、交友的专业平台，同时将公益活动融入电竞，展示“阳光电竞”新形象。（赵一阳）

信息服务业

·中国电信股份有限公司靖江分公司·

【概况】 2014年，电信靖江分公司深化企业改革、优化运营质态、加快推进企业互联网化转型，全业务发展取得新突破。公司获泰州市诚信单位、靖江市骨干企业工会优胜单位、靖江市夏季百日安全赛先进集体、靖江市服务消费者20佳单位称号。

市电信公司党员义工服务活动 （市电信公司提供）

市场经营 稳步推进市场经营，经济效益和用户规模增长趋势向好。新装天翼手机融合占比呈上升趋势，新装宽带融合率保持稳定。加快渠道拓展，提升渠道产能，新开电信专营店11家、卖场店16家、全网通卖场20家，改造现有乡镇主厅20家。积极推广信息化应用，承接“数字城管”“平安靖江”、常州大学怀德学院“数字校园”等信息化建设项目。推广综合办公、“翼机通”“外勤助手”等平台应用，加快推进“翼支付”等流量型产品差异化发展，拓展线下“翼支付”核心商圈环境。

通信建设 投资3600万元用于宽带提速、网络优化、4G网络建设和驻地网建设。农村区域76%的行政村实现FTTH光覆盖，城市和集镇FTTH覆盖率均达98%。提前完成泰州市公司农村行政村覆盖建设指标要求，覆盖区域家庭宽带达100兆。年内共完成5个TDD基站现场查勘，118个FDD基站、27处4G室内分布系统站址协调以及设备安装调测、开通等，超序时完成4G工程建设任务。配合城东大道、公新公路拓宽以及城区雨污分流改造等重点工程建设迁移杆线。（蒋江华）

·中国移动通信集团江苏有限公司靖江分公司·

【概况】 2014年,移动靖江分公司有移动用户47.3万户、宽带用户5.85万户,实现运营收入3.27亿元,占靖江通信市场总额的60.95%。获泰州市诚信单位、泰州市巾帼文明岗称号。

通信建设 投入1.95亿元建设4G基站462个。年内,建成移动基站64个、室内分布系统30个,开通4G站点399个,安装LTE116个,开通室外WLAN热点11个,新建管道29.1千米、杆路3.7千米,布放光缆700千米。新增宽带覆盖3.1万户,总覆盖15.8万户。至年末,全市共有移动2G基站306个、2G室内分布站点227个、3G基站251个、TD室内分布站点74个、WLAN热点区域133个。

市场经营 着眼无线智慧城市建设,接入105条语音专线、233条数据专线、295条互联网专线。建设怀德学院信息化系统、政法委综合管理平台、环保局2期视频监控系统等项目。实现信息化收入2931万元。

转型发展 积极推动营销渠道向终端销售转型,重视专营专区渠道建设,客户累计产生流量54万G,比上年增长185%。加强与优质社会卖场合作,做好4G终端销售,年内销售9.6万台,为3G向4G过渡打下良好基础。挖掘客户流量需求,开展流量融合营销、套餐升档等,提升4G套餐规模。

经营革新 6月,按照国家统一规定,实施"营业税改增值税",启用增值税发票。围绕降本增效,关停并转自办营业厅。11月起,分批实施用工改革,公司集团客户领域、技术领域48名劳务派遣员工通过招录考试,转入基础生产性合同制员工岗位。

(刘凌燕)

·中国联合网络通信有限公司靖江市分公司·

【概况】 2014年,联通靖江分公司围绕"抢抓增量市场、深挖存量市场、加大创新转型、加强队伍建设"总体工作思路,加快有效发展,加强客户服务,经济效益和用户规模持续增长。全年业务收入较上年提升11.6个百分点,市场份额较上年提升0.9个百分点。公司获2013—2014年度泰州市诚信单位称号。

智慧城市建设 凭借WCDMA(宽带码分多址)的独特优势,参与平安校园、移动警务等财政投资项目建设,在建筑、物流、城管、医疗、教育等9大领域研发多项应用,进行智慧城市实践,助力提升城市信息化水平。在全区域推广3G、4G一体化业务销售,推出自由组合套餐。

网络工程建设 年内完成网络工程总投资1000余万元。其中,400万元用于3G网络建设,增强3G网络连续覆盖能力,在部分重要场所新建WCDMA室内分布系统3套,增强室内信号;600万元用于网络基础工程建设,完成烽火传输扩容OTN(光传送网)3套,新建622M传输设备5套,扩容升级155M传输设备1套,传输配套工程新增24芯光缆100千米、48芯光缆10千米、96芯光缆5千米,新增管道15孔千米。

(张 艳)

·靖江农谚(十三)·

【雪水报,一百二十天】 这是传统的物候现象:冬春下雪后的第一百二十天,必定是阴雨日。

【晨雾罩不开,披蓑戴笠穿雨鞋】 如果早晨之雾久久不散,说明天空中已有新的天气系统移来,并有云层挡住阳光,使地面不能迅速增温散雾,且慢慢常会形成雨滴落下。它提醒人们出行要带雨具。蓑衣、斗笠是上世纪六十年代前农村人出行用来避雨的物件。

【晨雾靠地铺,放心晒衣裤】 近地雾一般均是在晴朗无云的夜晚所形成的辐射雾,因此当天肯定是晴好天气,当太阳升起后不久,雾很快便会消失。如果是阴天天空有云层,会妨碍地面的辐射散热作用,就不会生成地面雾。"晒衣裤"是比喻能遇上晴好的太阳。

(吴汉荣)

城乡规划

·规划编制·

【概况】 2014年,市规划局坚持以“提升城市品位、完善城市功能、丰富城市内涵、彰显城市特色、打造宜居环境”为工作目标,按照“老城做减法、新城做加法”的总体思路,深化规划编制,严格规划管理,创新规划服务,提高工作能力,全力以赴推进各项工作。全年完成各类详细规划设计项目163个、控制性详细规划图则95个、市政道路设计项目109个、污水管线设计项目15个及路灯设计项目40个。《靖江市城市总体规划(2015—2030)》通过江苏省住建厅认证。《靖江经济开发区总体规划(2014—2030)》通过专家论证。完成各镇(街道、园区、办事处)村庄规划的编制和评审工作。完成城市夜景观、公共交通、城区公共自行车及停车场、城市户外广告等工程的规划方案。完成新城商业核心区、家佩城改造、江平路沿线整治、孤山景区、渔婆农贸市场二期工程、八圩港(新世界段)改造、工人文化宫地块改造、保障性住房、天水小学、市第二人民医院改造、合兴路周边地块排水改造等修建性详细规划。完成《靖江市城市绿线控制规划(2014—2030年)》《靖江市城市生物多样性保护规划(2014—2030年)》《靖江市城市绿地系统防灾避险规划(2014—2030年)》《靖江市中心城区河道蓝线专项规划(2014—2030年)》《靖江市城市历史风貌保护规划(2014—2030年)》《靖江市文保单位保护范围划定规划(2014—2030年)》《靖江市湿地资源保护规划(2014—2030年)》等专项规划编制。

11月,靖江举办城市总体规划成果论证会 (市规划局提供)

【村庄规划编制】 5月,市规划部门以《靖江市城市总体规划(2015—2030)》和土地利用总体规划、各镇(街道、园区、办事处)总体规划为依据,在全省率先组织开展村庄规划编制工作。村庄规划主要包括规划区划定,住宅、道路、供水、排水、供电、垃圾收集、畜禽养殖场所等农村生产生活设施及公益事业等各项建设用地布局和建设要求,突出保护耕地等自然资源和历史文化遗产以及防灾减灾等。至年末,各镇(街道、园区、办事处)村庄规划编制完成并通过评审。

·规划管理·

【概况】 2014年,市规划局坚持用创新的思路、发展的方法来推进规划管理工作,按照“科学合理、运转高效、监督有力”的原则,深化规划管理机制,进一步加强和规范行政审批工作,全力提升服务水平和服务质量。

规划审批　先后完成天伦商业、华达汽车科技大楼、质量技术监督检验检测用房、马桥加油站、金都御园3号楼等70个规划方案的审批工作,编制48个地块的规划控制图则。核发“建设项目选址意见书”99份、“建设用地规划许可证”47份、“建设工程规划许可证”39份、“建设用地规划许可证(私房)”245份、“建设工程规划许可证(私房)”221份。

批后管理　从建设项目开工放线至竣工验收,实施全过程动态管理。加强日常巡查,定期跟踪检查在建工程,宣传规划政策,发现问题及时处理。针对建设单位违规苗头,及时启动预警机制,引导建设单位走合法建设之路。全年共受理方案审批和行政许可项目281件,其中一般联办18件、重大联办13件,所有办件均实行“一次告知制”,在承诺时限内办结。

规划公示　批前公示。在村(居)民建房提交会审前,对建房申请户的建房基本情况和建房规划方案进行公示。批后公示。对经批准实施的建设项目在工地上设立规划公示牌,主要内容有所建项目的规划图、效果图及楼盘的用地面积、建筑面积、容积率等各项指标,确保建设工程在公众监督下严格按规划实施。全年公示57个地块规划内容,对20余个地块方案进行二次公示,接待群众来访咨询百余人次。

违章查处　按照“快速反应、快速出击、快速处理”的规划监察工作要求,强化规划监察巡查机制,及时查处制止各类违法建设。全年受理各类举报315起,查处违法建设582起,拆除违法建设412起6920平方米、围墙2396米。

【开发区规划管理】 严格执行开发区各园区分区规划及详细规划,加强对进区企业详细规划的审核,确保各园区分区规划得到有效实施。做好各园区重点基础设施工程的规划选址和建设审批手续,服务好进区重大项目。全年共接受进区建设项目申请46件,为进区项目办理建设项目选址意见书46份、建设用地规划许可证13份、建设工程规划许可证副本13份、建设工程规划许可证正本19份,有效保障园区项目的顺利实施。

【首次征聘“市民规划师”】 6月,市规划委员会在全市征聘首批“市民规划师”18名。受聘的“市民规划师”一方面须及时了解和反映市民意愿,对城市基础设施及与市民生活息息相关的建设项目的规划设计方案提出意见和建议,另一方面须积极向广大市民宣传城乡规划法律、法规和全市城乡规划情况。

·测绘·勘察·

【测绘测量】 市测绘院有限公司以基础地形、城市建设道路测量、建设工程定点放样测量、建设项目竣工测量、房产测绘等测绘业务为基础,拓展市政工程、供电线路测量、工程沉降观测等不同测绘业务。配合市交通局完成姜八公路(界河—江苏扬子江造船厂)带状图测量、公新公路(头圩港—四圩港)放线,配合靖江开发区完成江安路、货站路、阜前路、兴阜路等20余条道路测量,配合市住建局完成孤山万顷良田土方测量、城东大道安置区北侧道路测量、建成区33.62平方千米绿化面积测量等工作,配合新桥镇完成创新路、润新大道等10余条道路测量及农民集中居住点的测绘。积极参与滨江新城建设,配合滨江新城投资开发有限公司完成滨江新城商务中心、体育中心、文化中心测绘工作,华夏路、新马路等道路放线,柏木公墓地形图等测绘工作。与江苏省测绘工程院、靖江市规划信息中心合作完成全市1:1000地形图测量工作。全年累计完成65条道路测量、85余项建设项目定点放样、100余项建设项目竣工工程测量。

【勘察设计】 市建筑设计院有限公司积极参加建筑设计招标竞争,主动参与新农村建设。全年共完成江苏渔婆农贸市场(二期)、靖江市天水学校及马桥、东兴、新桥、孤山、西来镇片区农民集中居住区等建筑设计项目126个。推行新技术、新材料、新工艺,提高工程设计的科技含量,推广使用新型墙体材料多空砖、混凝土空心砌块,使用新型防水材料16.9万平方米。

·地理信息·

【概况】 2014年,靖江市规划信息中心在江苏省测绘工程局、江阴市规划局等单位配合下,加快推进数字化地形图规划应用系统和综合地下管线信息系统建设。数据建设方面,完成全市1:1000数字化地形图制作项目,并将地形图修测数据录入基础地理信息系统,为构建"数字靖江"地理空间打下数据基础。信息化应用方面,完成规划管理信息系统建设项目招投标工作。数据运行维护更新方面,地下管线探测成果,建立基础地理信息数据市场化运作机制,业务涵盖规划选址、放验线、竣工核实及各类管线等方面。测绘业务主要包括数字化地形图出图和拷盘服务,建设工程规划定位放验线工作,建设工程竣工测量工作等。全年放验线项目130余项,竣工测量项目80余项,地形图现状测绘项目270余项。 (钱 波)

城乡建设

·城市建设·

【概况】 2014年,市住建局以新型城镇化为引领,以融合发展为理念,以机制创新为动力,以改善民生为根本,着重推进基础设施建设、城市功能完善和民生实事落实。全年实施重点工程项目17项、拆迁征收项目4项,完成项目投资28亿元,国家园林城市创建、村庄环境整治、滨江新城绿色示范区建设3项工作通过省级验收。

【基础设施建设】 优化路网结构。加快城东大道建设前期准备,完成加油站搬迁,与远东金属材料公司达成拆迁协议;做好十圩港西路、新建北路、合兴路、桃园路北延伸段、江山路东延伸段等道路的拆迁准备工作。打通东南环路网节点,将工农路、骥江西路、中洲路水泥路改造为柏油路。完善城市功能。建成孤山垃圾填埋场综合楼、机修车间、停车场,防渗工程、渗滤液处理工程完成90%;城区公共自行车系统投入运行,共建成55处存取点,投放车辆1500辆。提升市政设施运行质态。累计修复道路路面5400平方米、人行道板2300平方米,疏浚清理雨水管道35千米、雨水井2300余座,更换相关设施350余套;维修各类路灯2687盏次,为九圩港东路安装照明路灯,城市路灯亮灯率98%以上,设施完好率超过95%。改造低洼易涝片区,中洲路、合兴路片区实施排水改造,重新铺设排水管网,完成排水泵站建设。

【燃气设施建设】 年内,城区新增中压供气管道69.5千米、低压供气管道53.5千米,在四圩路建成储存量为120万立方米的应急燃气储罐,可供全市所有用户连续使用15天。继续加大天然气建设统筹力度,8个乡镇的主要干道和主要区域实现管道全覆盖。至年末,全市共有天然气门站1座,供应能力50万立方米/日;天然气加气站5座,年供气总量1201.107万立方米;液化石油气储配站4座,总存容积1050立方米;液化石油气供应点19处,均为Ⅲ级。全年全市天然气用气总量3108万立方米,液化石油气供应总量15 965吨,用气人口68.4万人,燃气普及率96%。

城区公共自行车系统投入运行 (朱姣 摄)

【民生实事工程】 做好住房保障工作。全年新开工建设各类保障房1725套,其中经济适用房126套、限价商品房1070套、棚改安置房529套;基本建成保障房1823套,其中经济适用房326

套、公租房540套、限价商品房500套、棚改安置房457套；发放廉租住房租赁补贴144户67.65万元。积极开展阳光征收。完成毛家厅1、2号地块250户拆迁协议工作，尚留12户未达成协议；拆除八圩港新世界段封港建筑，开始河岸驳砌；完成原三兔公司地块房屋拆迁、迎宾东路地块房屋征收；启动十圩港西路、华明地块房屋征收。加快安置房建设。毛家厅1、2号地块安置房完成规划方案设计，进行地质勘探；城东大道靖城和孤山安置区主体工程封顶，滨江安置区两幢安置楼封顶；天伦花苑安置拆迁户176户，建成商务楼主体工程；孤山万顷良田安置区建成交付安置房1638套。

【老旧危楼排查治理】 6月，市住建局会同各镇（街道、园区、办事处）在全市开展城市危房和老旧房屋排查治理工作，按照“全覆盖、零容忍、严执法、重实效”的总要求，全面排查老旧危楼安全隐患，发现存在安全隐患的房屋109处218幢，面积36.77万平方米。9月启动治理解危工作，优先治理D级危房44处100幢，至年末完成房屋解危8处，面积5072平方米。制定《靖江市城区老旧危楼治理两年行动计划》，逐步治理剩余D级危房。

（邹 明）

·滨江新城建设·

【概况】 2014年，靖江市滨江新城投资开发有限公司积极开展项目招商，与当地金融部门、知名企业以及国内外高端商业地产商对接，以“开发高强度，建设高品位，运转高效率”为目标推动项目建设，全年共投入工程建设资金约9亿元，较好地完成全年工作任务。

市政基础设施建设 完成城东大道、同安路、晨阳路、华夏路、教育路、长阳路6条道路9.18千米建设任务；新开公兴河、南天生港、金盛圩河3条河道6.4千米；完成新马路（新洲路—华夏路）、站前路（环城南路—沿江高等级公路）6%灰土施工和沿江高等级公路（站前路—老十圩港）改造工程基础部分施工；完成绿化面积22万平方米，建成阳光大道（城东大道—站前路）道路绿化和西南侧小游园工程、新民路（江洲路—中洲路）道路绿化、十圩港景观带（江洲路—新洲路）绿化工程，以及教堂小游园工程。

城市配套功能建设 完成体育中心一期工程所有分项工程并交付试运行，完成二期工程室外训练场的设计、标底编制及招投标工作。完成文化中心施工图图审和舞台工艺、幕墙、夜景照明等专项设计，以及部分工程标底编制和招投标工作。完成教堂所有专项设计，主体结构封顶，开始装修施工作业。群众文化廊开工建设。商务中心完成方案设计及手续报批工作。建成垃圾中转站、江阳河泵站、洗车场、公共停车场各1个以及十圩港景观带自行车慢行系统。完成15个公交站台改造项目方案设计以及4个公交站台建设。实施晨阳路马洲公园西侧段人行道陶土砖铺设、阳光大道至新洲路段路灯亮化、江阳农贸市场门面房美化等工程。

【企业文化建设】 年内，市滨江新城投资开发有限公司举办“美丽新城”摄影、书画和“我心中的新城”征文有奖比赛。社会各界人士积极响应并踊跃参与，选送作品大多反映滨江新城宜居、宜业的状况以及滨江新城发展变化所取得的成就。通过筛选，评出优秀作品100余幅、征文10余篇。

（陈 刚）

·园林绿化·

【概况】 2014年，市住建部门加快推进国家园林城市创建，于10月通过省级验收。全年新增绿地面积64.4万平方米，建成区绿化覆盖率41.87%，人均公园绿地面积9.36平方米。完成城东大道绿化景观工程，建成戏鱼蹲公园和三兔小游园，建成迎春桥、外国语2个林荫停车场，完成牧城公园杉类植物园改造施工图设计。林荫式改造人民路（广靖高架—沿江公路）、中洲路（姜八公路—兴业路）、江平路（西环起航—东环）等3条道路，在省靖中、康兴路、市教育局、市国税局建设墙体垂直绿化。引进绿化养护市场竞争机制，城区主干道一律推行一级养护标准。及时更换、补植行道树和缺损绿地，种植行道树200余株、色块树木7万余株、草坪500平方米。修缮市人民公园内古建筑。完成绿地系统规划、绿线控制规划、生物多样性规划、防灾避险规划4个专项规划，开通“靖江市园林绿化信息网”，开展美丽庭院评选活动，完成国家园林城市创建专题报告。

【省蕙兰展首次在靖江举办】 4月12—14日，江苏省蕙兰展在靖江滨江新区百蔚园举办。此次兰展由江苏省兰花协会、靖江市政府主办，市委农工办、市农委、市科协、市旅游局协办。江苏、上海、浙江等地的知名兰家赴会展出大一品、程梅、关顶、元字、老染字等蕙兰老八种，翠萼、端梅、崔梅等蕙兰新八种，共计100余个品种近800盆蕙兰。兰展期间，举办兰文化推广和兰花评奖、交易及义卖活动。靖江兰友捐赠的兰花义卖所得善款21.2万元全部用于资助贫困学生。

【靖江盆景获全国大赛一金一铜】 10月26日—11月2日，中国花卉协会、江苏省花木协会在如皋主办首届“中国杯”全国盆景大赛，100余家企业选送树桩盆景、山水盆景、水旱盆景等参赛，决出总冠军1个、金奖13个、银奖28个、铜奖50个。靖江艺超盆景有限公司代表市人民公园创作3件山水盆景作品参赛。3件盆景分别用磷矿石、英德石、木纹石制作。其中作品《揽胜》改变山水盆景惯用长方形盆制作的传统，采用正圆形盆制作，配置小型针柏、五针松、虎刺等植物营造独特的山水意境，获得金奖；另一作品《别有洞天》获铜奖。

东阜湖公园 （靖江日报社提供）

【东阜湖公园建成】 新港城东阜湖公园年内建成开园。该公园位于新港城东阜社区西侧，南临阜前路，总面积8.6公顷，其中湖面面积1.3公顷。公园划为景观湖湿地、观光游览区、休闲游憩区、娱乐健身区和儿童体验区五大区域。其中，观光游览区建有市民活动广场、桂花大道、亲水长廊、岛上观湖庭等；休闲游憩区设置阳光草坪、岸边漫步、林荫观湖等景点，同时设置水边舞台供市民娱乐、文艺演出。 （鞠宁松）

城市管理

【概况】 2014年，市城管局围绕市委、市政府中心工作，以城市创建活动为载体，开展城市环境整治，推进重点项目建设，取得较为明显的工作成效。

项目建设　推进渔婆批发市场二期工程建设，建成自产自销蔬菜大棚。配合市住建部门完成迎春桥停车场、新跃桥停车场、外国语西侧停车场、阳光停车场绿荫式改造，在骥江东路等7条道路划定临时停车泊位1000余个；投入150余万元建设停车诱导系统一期工程，方便市民有序停车；对道路临时停车泊位和公共停车场停车实施收费管理，提高停车泊位使用效率，缓解城区停车难、停车乱及交通拥堵问题。完成市数字化城管监督指挥平台建设，并编制《靖江市数字化城市管理指挥手册》。

综合整治　牵头开展以“九整治、三规范、一提升”（整治城郊结合部、整治城中村、整治棚户区、整治老旧小区、整治背街小巷、整治城市河道环境、整治低洼易淹易涝片区、整治建设工地、整治农贸市场；规范占道经营、规范车辆停放、规范户外广告设置；提升城市长效管理水平）为主要内容的城市环境综合整治，完成整治项目113个。开展晨阳路、春江花城社区省级城市管理示范路、示范社区创建工作，完善基础设施，更新店招店牌，整治环境卫生。联合相关职能部门，重点取缔占用城区主次干道、桥梁以及商业区和学校、农贸市场周边的流动摊点。根据户外广告设置审批、使用权出让等相关管理办法和技术规范，拆除不符合设置要求的广告880处，清除各类横（竖）幅1700条，设置公益广告18处。结合建筑工地“双百日”整治行动，推进工地管理规范化、渣土处置公司化、运输车辆密闭化，严厉查处建筑施工违规行为，控制扬尘污染。

管理机制　制定《城管委议事规则》《数字化城管指挥手册》《数字化城管考核办法》等工作制度，印发《靖江市建筑垃圾和工程渣土管理办法》《靖江市城区停车场管理暂行办法》等一批规范性文件，做到执法管理有依据、可考量。三轮车管理方面，充分发挥部门专业管理队伍和三轮车协会两支力量的作用，做到执法管理和行业自治相结合。渣土管理方面，坚持抓点与抓线相结合，遏制违法处置、违法运输、抛洒滴漏等现象。责任制落实方面，结合数字城管运行，出台城市网格化管理实施方案，按照网格化管理需要组织实施。

【数字化城管监督指挥中心投入试运行】 12月15日，市数字城管监督指挥中心投入试运行。该中心位于人民南路，根据城市管理的现状和特点，配备电子大屏、数据服务器、监控系统以及专业接线设备等硬件设施，应用无线视频传输、智能视频监控等先进手段，开发视频监控子系统、GPS定位监督子系统、户外广告和店招店牌管理子系统以及检查督办等子系统，并预留环卫管理、停车管理、渣土车辆管理等专项管理接口，实现城管运作数字化。 （花卫星）

环 境 保 护

【概况】 2014年，市环保局坚持以改善环境质量为落脚点，以深化改革创新为驱动力，认真抓好各项环保措施落实。对企业实行分类监管，建立辖区企业档案，开展建设项目、污染源、危险废物、水源地保护等监察工作，督察重点环境违法案件48件。对全市化工企业开展专项执法检查，针对存在问题责成限期整改。推动移动执法信息化建设，建成环保移动执法平台系统，提高监察执法效能。加大环境执法力度，发出行政处罚决定书31份，责令停止违法生产29件，申请法院强制执行停产5件，涉嫌环境污染犯罪移送市公安、检察部门查处2件。加大信访调处力度，办结率、化解率、满意率达98%。至年末，江华社区、东兴街社区等9个社区创建成省级绿色社区，靖西社区、晨阳社区等34个社区创建成泰州市级绿色社区；省靖中、市一中等16所学校创建成省级绿色学校，市滨江学校、长安初中等27所学校创建成泰州市级绿色学校；全市8镇1街道均创建成国家级生态乡镇，新桥镇孝化村国家级生态村创建通过省级考核，新桥德胜、三太村等15个村创建成省级生态村，泰州市级生态村实现全覆盖。

12月，数字化城市管理平台开通运行 （市城管局提供）

2014年靖江市交通噪声监测结果统计表

表29

路段名称	路段长（米）	路段宽（米）	车流量（辆/小时）	等效声值（分贝）	L10（分贝）	L50（分贝）	L90（分贝）
轧花厂门前(东)	1900	34	1293	64.3	68.1	59.8	51.9
交通局门前	300	34	1308	70.5	75.1	61.2	42.7
城南派出所(西)	1350	34	1797	63.1	65.7	57.4	50.7
华明公司厂南	2200	36	1764	68.4	70.8	66.1	61.2
南园宾馆门北	1700	36	2028	66.9	70.9	63.5	50.0
靖江经济开发区管委会	1900	36	1788	66.3	72.3	39.2	36.5

续表 29

路段名称	路段长(米)	路段宽(米)	车流量(辆/小时)	等效声值(分贝)	L10(分贝)	L50(分贝)	L90(分贝)
新景园门前	1500	30	1689	64.8	67.3	63.9	59.4
百富绅家具广场门前	5350	34	2058	64.5	69.1	59.6	50.6
省靖中门前	500	36	1170	62.2	65.4	60.6	56.1
工商行政管理局	500	36	1149	61.7	64.8	60.1	55.1
春江花城东区南门前	350	36	924	64.4	67.5	62.4	55.0
中天城市花园北门前	550	36	594	67.2	71.4	62.4	50.8
靖江血站门前	5500	36	1077	64.5	67.6	63.4	58.6
公路管理处门前	3500	36	1962	71.0	75.2	67.6	59.4
靖江卫校门前	3500	36	2640	66.2	70.6	64.3	59.7
靖江第二中学门前	5400	36	2118	65.0	68.1	62.9	57.1
华彩公寓	2000	40	2010	61.1	63.3	50.4	43.4
江苏工搪	4000	40	1812	60.8	65.1	52.9	44.8
新天地滨江花园	800	34	1251	60.4	64.0	51.1	44.0
体育中心	1000	34	1152	56.5	58.0	54.0	50.9

2014 年靖江市饮用水水质监测结果统计表

表 30

水厂名称	pH 值	总磷(毫克/升)	高锰酸盐指数(毫克/升)	溶解氧(毫克/升)	氟化物(毫克/升)	挥发酚(毫克/升)	石油类(毫克/升)	粪大肠菌群(个/升)	氨氮(毫克/升)
自来水公司吸水口	7.38~7.96	0.07	1.7	7.26	0.253	0.0004	0.02	460	0.207

2014 年靖江市环境空气质量监测结果统计表

表 31

测点位置	类别	二氧化硫(毫克/立方米)	二氧化氮(毫克/立方米)	可吸入颗粒物(毫克/立方米)	细颗粒物(毫克/立方米)	一氧化碳(毫克/立方米)	臭氧(毫克/立方米)
监测站	总计最小值	0.007	0.005	0.015	0.001	0.379	0.002
	总计最大值	0.142	0.128	0.394	0.264	3.338	0.245
	总计平均值	0.041	0.036	0.111	0.063	1.288	0.082
标　准		0.060	0.040	0.070	0.035	4	0.160

2014 年靖江市降尘监测结果统计表

表 32

测　点	降尘量(吨/平方千米·月)
气象局	5.5
疾控中心	7.1
监测站	7.2
江　山	7.5
国资集团	7.2
平　均	6.9

2014 年靖江市降水监测结果统计表

表 33

监测地点	pH 值		酸雨出现频率(%)
	范围	平均值	
监测站	6.00~6.58	6.20	0

【大气环境】 市区环境空气质量达到国家《环境空气质量标准》二级标准，主要污染物为可吸入颗粒物。全年环境空气质量优良天数为 251 天(2014 年度执行新的环境空气质量标准，无法与上年同期进行比较)。市区环境空气中二氧化硫、二氧化氮、可吸入颗粒物、细颗粒物、一氧化碳、臭氧年均浓度分别为每立方米 0.041 毫克、0.036 毫克、0.111 毫克、0.063 毫克、1.288 毫克、0.082 毫克。全市降尘监测值在 5.1 吨 ~ 8.3 吨 / 平方千米·月之间，平均值为 6.9 吨 / 平方千米·月。全年降水 56 次，降水总量1090.6 毫米，雨水 pH 年均值6.20，未出现酸雨。

【水环境】 全市集中式饮用水源地水质达到国家Ⅱ类水标准，达标率 100%。长江靖江段全长 52 千米，水质处于良好状态，主要监测指标均优于国家Ⅱ类水标准，未检出毒物及重金属。Ⅰ级河道十圩港全长约 28 千米，南北水质存在明显差异，丰产桥以北水质达到国家Ⅲ类水标准，丰产桥以南水质达到国家Ⅳ类水标准，毒物及重金属指标均与其水质相当。Ⅰ级河道横港全长约 20 千米，其中靖城段 1.2 千米水质主要监测指标达到国家Ⅳ类水质标准。夏仕港—界河上接季黄河、下至长江口，水流呈西高东低、北高南低走势，流经季市、西来、斜桥等镇。年内靖江泰兴界河季市段、夏仕港的水质均为国家Ⅲ类水质标准，毒物及重金属指标与Ⅲ类水质相当。全市地下水均为潜井水，主要超标因子为氨氮、亚硝酸盐氮等，对照《地下水质量标准》，各地下水测点的水质质量评价类别较差。

【声环境】 全市区域环境噪声平均等效声级昼间为 54.3 分贝，与上年相比无等级变化，均属较好。居民区、混合区、工业区、交通干线两侧昼夜噪声值均与其相应功能区相当。与上年同期监测结果相比，交通干线(国际大酒店)昼等效声级加重，混合区、工业区、居民区昼夜等效声级稳定。靖城地区交通干线平均车流量为 1579 辆 / 小时，各交通噪声测点等效声级范围为 56.5 ~ 71.0 分贝，达标率 90%；监测路段总长 4.38 万米，达标路段 4 万米，路段达标率 91.3%；交通干线平均等效声级为 64.8 分贝，低于国家标准(70 分贝)，比上年下降 0.1 分贝。

【重金属污染防治】 3 月，环保部下发《关于开展污染场地环境监管试点工作的通知》，将靖江列为全国 4 个试点地区(湖南省、重庆市、常州市、靖江市)之一。按要求，全市成立工业企业污染场地环境管理工作领导小组，统筹协调工业场地再开发利用工作；组织专业技术力量，排查全市涉重金属污染企业、场地；编制《靖江市涉重关停企业遗留场地环境调查、风险评估与管理试点工作实施方案》，探索污染场地调查、评估、修复、验收工作新路径。投入 1461 万元，完善 ICP、ICP—MS、流动注射、大气采样仪等重金属监测设备配备，组建重金属实验室和专业团队，提高重金属污染监测能力。

【靖江开发区通过省级生态园区技术考核】 4 月，省生态工业园区建设协调领导小组办公室组织考核组，对靖江开发区的生态工业园区建设进行技术考核，验收范围为靖江开发区总部、城南园区、城北园区 3 个园区，面积 68.5 平方千米。在创建省级生态工业园区过程中,靖江开发区坚持科学发展,完善总体规划,明确功能定位,突出循环经济、低碳经济、绿色经济,加强生态建设,提高环境质量,改善基础条件。考核组听取汇报、实地考察后,一致认为,靖江开发区创建工作资料档案基本齐全,数据详实可靠,基本条件和各项建设指标均达到相关建设要求,同意通过技术考核。

【市环境监测站通过国家实验室认可】 7月,中国合格评定国家认可委员会(CNAS)和省质量技术监督局对市环境监测站的国家实验室能力认可、资质认定以及扩项进行评审。年内,市环境监测站加强质量管理体系建设,完善符合实验室管理要求的管理和技术要素,购置相关检测设备,新扩展PM2.5、臭氧、CO等监测项目11个,新增监测分析方法6个。评审组对市环境监测站的监测技术能力和实验室认可要素进行全方位检查和评审,对监测站仪器设备配置、技术人员素质、检测检验水平给予高度评价,一致通过评审。至年末,市环境监测站具备水和废水、空气和废气、噪声和振动、土壤底质和煤质、辐射监测项目等5个监测领域104项参数的实验室能力。

【创建省级生态市】 10月15日—16日,江苏省环保厅组织考核组,对靖江创建省级生态市进行考核验收。考核前,考核组对靖江市乡镇污水处理系统和重点污染源进行暗查,委托相关机构开展民意调查。考核期间,考核组听取汇报,审核资料,分组抽查全市生态产业发展、环境基础设施建设、农村环境综合整治、自然生态保护及环境质量等情况。对照省级生态市标准,考核组同意靖江通过考核验收。

【大气污染防治规划】 年内,市环保局编制《靖江市大气污染防治规划》。根据规划,建立并完善PM2.5、臭氧和一氧化碳指标检测体系,开展工业废气治理、清洁能源区建设、机动车污染防治、扬尘污染防控、餐饮油烟控制、秸秆综合利用、环境监管能力建设等7大类52个重点工程,全面提升空气质量水平,改善城区大气环境。

【重点流域水环境治理】 2014年,市政府加强重点流域水环境治理。制定城市河道环境综合治理方案,按照控源截污、环境整治、疏浚活水、生态修复的要求,综合整治七一河、九圩港和沙泥河等3条河道。加强饮用水水源地保护,全面清理、取缔饮用水水源地保护区内的违法企业和排污口,彻底拆除致污生产设施,加强巡查督查饮用水水源保护区,加密饮用水水源地水质监测频次,保障全市饮用水安全。 (徐 亮)

·靖江农谚(十三)·

【寒水枯,春水铺】 指冬季干旱,春季必多雨水。

【落得早,不湿草】 如果清晨下雨,则当天的雨相对下得不会过长与过大。指示你可按原计划继续进行,雨水不会对你有过大的影响。

【落一暴,凉一暴】 这两句是指:秋雨的形成,是因为北方逐渐增强的冷空气与当地原本驻留的暖湿气团作用的产物。因而每一场秋雨的降临,必定会使当地的气温下降一点。

【矮壮苗,多结桃】 指棉花营养生长的前期不能疯长,应促控得当,以减少公枝的发生;那生殖生长期才能多结桃,结大桃,获高产。

【寒落东,夏落西,春不论】 指冬季刮东风后便会下雨。冬天,盛行西到西北风。晴好天气,标志正受冷高压控制;而这时刮东风,表明本地区高压后部不久便会转阴或降雨。夏季,在副热带高压控制下,常盛行东到东南风,如果这时刮起西风,这表明北方有冷空气扩散,很快便会形成雷阵雨等对流性天气。然而在春季,气团更替频繁,"孩儿脸天气"是其主要特征;因此,刮什么风能下雨也并无定论。

(吴汉荣)

水利

【概况】 2014年,全市有乡级河道113条、村级河道3751条、水闸61座、涵洞2755座、桥梁1453座、排涝泵站379座。三大水系控制线分别为长江控制线、界河控制线、横港控制线。长江控制线主要通江口门设有防洪涵、闸128座,其中节制闸35座、套闸2座、涵洞91座,穿江、港堤排涝站13座;靖泰界河控制线建有涵、闸22座,其中节制闸11座、套闸1座、涵洞10座,另有封口坝12条;如靖界河控制线建有涵洞8座,夏仕港建有套闸1座、节制闸2座;横港控制线建有水闸8座,其中节制闸6座、套闸2座。年内,市水利局推进防汛抗台工作,建设水利基础设施,加强水利管理,发展水利经济。与河海大学常州校区签订人才培养合作协议。申报创建全国水利文明单位1家、江苏省文明单位2家、泰州市文明单位2家、靖江市文明单位9家。与靖江日报社合作出版《眼界·水做的靖江》特辑,同期在微信公众号上发布。启动《靖江水利志》编纂工作。

【防汛抗台】 投入417.5万元,推进病险堤段除险加固工程,完成上六圩港东侧港堤防护工程310米,完成芦家港至野槽港段、灯杆港至和尚港段、章春港堤段抛石护坎工程,共计抛石1720立方米。汛期,全市先后遭受9次强降雨及2次强台风袭击,夏仕港有9天超4.04米警戒水位,城乡部分区域受涝。市防汛抗旱指挥部办公室超前部署、科学调度,有效应对汛情、缓解涝情、排除险情。开展汛后检查,拉网式检查长江堤防岸线、各类水工建筑物以及夏仕港、界河等区域性骨干河道,针对检查发现的问题制订除险预案,逐项落实工程与非工程措施。

【水利建设】 建成第4批中央财政小型农田水利重点县二期项目,新建节制闸1座、涵洞17座、排涝站1座,衬砌渠道60.71千米,拆建灌溉站247座,改善项目镇农村灌排条件。启动农村河道二次轮浚,疏浚二级河道19条(段)、三级河道732条。完成九圩港整治一期工程,疏浚驳砌河道5千米,新建排水闸站1座,工程排涝效果显著,河道环境明显改观。整治城区小沟小河54条,建设城区水系"微循环"系统。建设滨河绿地,九圩港1.7公顷绿化地块建成完工,沙泥河1.94公顷绿化地块和十圩港6.2公顷绿化地块完成工程量的50%。夏仕港套闸加建控制室,建设完成上下游引航道并安装调试启闭机。

【水利管理】 加强江堤管理。清理江堤违章搭建26处,清除江堤耕翻种植、杂树杂草25.73公顷,整治重载车辆上堤行驶52次。加强河道管理。实行河道管理"河长制";城区河道清除垃圾、漂浮物4550吨,清淤整治河道5条;水情调度日常化,沿江各闸全年引水5.72亿立方米，排水14.98亿立方米，城区调水0.63亿立方米。开展江苏省小型水利工程管理体制改革试点工作，完成设施普查造册，起草改革实施办法。落实水资源管理制度，赋予乡镇水利站水资源管理职能，控制用水总量，限制纳污，提高用水效率。建立饮用水源地、应急水源地、入河排污口日常巡查制度，及时发现处置突发水污染事件。加强水域管理和保护，控制建设项目占用水域，基本实现水域面积占补平衡。依托水域及水利工程打造水景观，牧城生态园创建成江苏省水利风景区。完成长江蟛蜞港饮用水源地达标建设工作并通过验收。建设节水型社会，申创省级节水型社会示范区。严格水行政执法，全年查处各类水事违法案件22起，其中实施行政处罚10起。开展涉砂船只专项整治，组织“护江－2014”长江采砂管理行动，建设上五圩港采砂船只集中停靠点和水上远程监控平台，实行当地籍采砂船只信息化、封闭式管理，查处非法采砂、非法停靠案件9起。健全区域联合执法机制，参加泰兴市异地水行政执法检查行动。行政服务提速增效，取消重复、无效行政审批事项9项，水利窗口全年受理各类行政办件22件，办结率、准确率100%。加强水利工程质量管理。出台《靖江市水利工程质量监督管理实施细则》，为实行水利工程质量规范化管理提供制度保障；针对9项水利工程实施全过程质量监管，开展行动30余次，下发质量监督检查意见表8份。加强安全生产管理。开展安全生产检查29次，整改安全隐患22处，组织35人次参加安全生产管理培训，实现全年安全生产无事故。

【水利经济】 综合运用财政和货币政策，协调金融机构大规模投放水利信贷资金，为工程建设提供资金保证。全年征收各项水利规费1851.8万元，其中水资源费532.8万元、南水北调工程基金344万元、水利工程水费195万元、河道堤防占用工程补偿费780万元；征收过闸费906万元、农业水费224.45万元。长江护岸管理处全年完成吹砂、抛石工程3个，实现施工产值800余万元、测量收入134万元。

【签订人才合作培养协议】 4月11日，市水利局与河海大学常州校区签订人才培养合作协议。根据该协议，河海大学常州校区利用自身科技、人才优势和水利系统资源优势，为市水利局提供人才支撑和智力支持，开展在职学历教育、专业学位教育，以及多种形式的非学历教育及专业培训；市水利局为校区学生社会实践提供平台。

【下六圩港枢纽工程通过验收】 12月16日，泰州市水利局、水利工程建设质量监督站组成验收委员会，对下六圩港枢纽工程进行完工验收。下六圩港枢纽工程开挖土方15.5万立方米，填筑土方20.15万立方米，建设20立方米/秒双向提排闸站1座，安装启闭机13台套、清污机6台套、主机泵3台套、自动化控制系统1套。验收委员会认为下六圩港枢纽工程按初步设计和合同要求基本完成，工程质量合格，同意通过完工验收。

【水源地达标建设通过验收】 12月17日，长江蟛蜞港水源地达标建设通过省水利厅、住建厅等有关部门组成的验收组验收。靖江在水源地达标建设中，先后建成一级保护区隔离栏栅，取水口设立隔离浮栏及航标，升级垃圾填埋厂渗滤液处理设施，取缔水源地保护区内沿线餐饮垂钓中心，整治天港码头露天煤场扬尘，建设原水水质在线自动监测和取水口视频监控系统，设置水源地一、二级和准保护区警示标志，制订饮用水源地日常巡查制度，实现合兴水厂和江防水厂全区域供水，达到“供水一体化、管理一体化、价格一体化”的区域供水总目标，供水人口68万人。水源地达标建设验收组参观考察蟛蜞港应急水源地现场并听取专题汇报，认为保护工作措施得力，水源地达标建设严格按照方案执行，同时要求在取水口增设船舶可见的警示标志，加强水污染应急预警能力，提升饮用水源地管理保护工作水平。

（邓亚骏）

交　通

【概况】 2014年，域内公路总里程1323.46千米，其中高速公路24.42千米、一级公路157.74千米、二级公路162.69千米、三级公路133.41千米、四级公路845.20千米，公路密度200.52千米/百平方千米。有公路客运站场5个，其中一级1个、三级1个、四级3个。航道总里程310.92千米，其中三级航道5.56千米、六级航道43.11千米、七级航道73.6千米，等外级航道188.65千米，每万人拥有航道4.6千米。有长江汽渡2个。有内河港口72个、泊位168个。规划岸线总长度13.4千米，其中公用港口岸线8.1千米、临港工业岸线1.8千米、预留港口岸线3.5千米。全市有各类城乡客运车辆232辆，其中城区公交95辆、城乡客运班线和镇村公交132辆、公交化客运班线5辆，城区万人公交车拥有量3.35标台；有城乡公共交通从业人员368名，其中公交驾驶员266名。开通城乡客运一体化线路38条，其中城区公交线路12条、城乡客运班线14条、镇村公交线路12条。城乡客运日平均载客量3.13万人次，其中城区公交出行分担率为5%。年内，靖江交通系统加大基础设施建设和维护力度，优化公交线路，完善公交制度，强化交通行业管理，全市交通工作成效显著。

【重点工程建设】 广靖互通改扩建工程完成水稳碎石及沥青面层摊铺，建成4座上跨匝道桥、1座通道桥及收费站办公楼、宿舍楼和收费通道箱涵工程。城西大道完成无拆迁路段路基填筑，曾家港下穿至横港桥段完成水稳碎石和沥青面层摊铺，北二环路完成庙宇港桥和渔婆港桥下部结构，城西大道至庙宇港段完成路基填筑。公新公路新桥段建成通车，东兴段头圩港至火叉港段完成路基填筑工程量的80%，上六圩港桥、五圩港桥的下部结构及上六圩港桥头挡土墙完成施工。上五圩轮渡一期堤外工程完成并通过验收，二期堤内项目完成道路连接线无障碍路段路基、水稳施工。公交总站办公主楼及辅助用房完成主体工程，滨江新城首末站完成站房及站内场地、围墙施工。

【农村公路管护】 全年建设农村道路25千米、桥梁11座。改革县道管养体制，通过招投标重新确定县道管养单位，修补县道约2.4万平方米，新桥镇创建成省级农村公路管养示范镇。开展县道桥梁、乡村道桥梁普查及县道路政整治工作，县道网规划通过省交通运输厅初审。

【行业管理】 创新安全监管方式，聘请质监、住建及交通运输行业的8名专家，每季度督查全系统运输企业和在建工程，确保及时排查、整治安全隐患。与市旅游局联合开展旅游包车客运市场安全专项整治工作，重点检查提供旅游包车企业的经营资质、车辆安全、从业人员培训以及包车协议签订等，查处3辆无经营资质或不按规定开展包车经营业务的车辆。恒通公司重组原有三大服务品牌，39辆出租车分获“爱心车”“党员先锋车”“流动红旗车”授牌。

怀德学院公交专线开通 （靖江日报社提供）

【公交客运】 落实公交优先发展政策，完善城乡公共交通的财政资金投入、基础设施建设等政策。制订新一轮城乡公交线路优化调整方案，调整7条，新增4条。城区34座公交站台改造成港湾式站台，覆盖免费Wi-Fi。新增公交卡售卡充值服务点3个。实行公交客运新政，中小学生上学放学期间乘坐城区公交车免费、乘坐农村公交线路100次以内免费，驻靖部队官兵、重点优抚对象、靖江高层次人才乘车免费；发放残疾人公交爱心卡1.3万余张；配合常州大学怀德学院迁址靖江，开通怀德学院公交专线，实行区间票价管理，并对该院学生予以优惠。推出“掌上公交”应用程序，开通长途客运网上售票系统。 （杨竹颖）

【恒通公司《好人好事汇编》】 1月17日，恒通公司组织编印900册《好人好事汇编》，分发到广大出租车驾驶员手中。该汇编分“拾金不昧”和“助人为乐”两个版块，收录恒通公司38位驾驶员的感人事迹，展示其诚信助人的精神风貌，图文并茂，生动可读，鼓励更多驾驶员加入“爱心队伍”，传播社会正能量。

【市客运站开通网络售票】 9月

28日,靖江客运站开通网络售票系统,市民可通过网络、手机订购靖江客运站始发班车车票。市民登陆“畅途网”(http://www.trip8080.com)注册,或下载畅途网购票软件即可查询线路、网上订票等。网络订票使用网银、支付宝、微信支付,购票成功后手机会接收到服务信息,显示订票时间、线路、车票数量等内容。市民可在信息指明的取票时间段,凭身份证原件或者信息上的取票号到客运站取票。

【孔君霞获评泰州“最美司机”】 1月,泰州市公布首届“最美司机”20位候选人名单,成汉清、鞠卫东、孔君霞3人入选。成汉清是恒通出租车公司“爱心车队”成员,带头组织义工团队,定期帮助弱势儿童、困难家庭。鞠卫东也是恒通出租车公司驾驶员,曾主动免费接送一名尿毒症患者定期治疗,并曾及时送还乘客遗落在车上的现金。孔君霞是靖江弘宇公交1路线“巾帼文明岗”驾驶组组长,20余年实现乘客零投拆,安全行车100万千米。最终,孔君霞获评泰州市最美司机。

(免 免)

电 力

【概况】 2014年,靖江地区拥有35千伏及以上公用变电所26座,其中220千伏变电所5座、110千伏变电所16座、35千伏变电所5座,主变容量300.13万千伏安;35千伏及以上线路65条,总长751.83千米。另有用户变电所28座,其中220千伏2座、110千伏5座、35千伏21座。全年网供电量33.64亿千瓦时、售电量32.09亿千瓦时、最高用电负荷64.43万千瓦,分别比上年增长1.49%、4.49%、2.94%。完成人民路南环路口、虹兴社区等部分路段路中电杆迁移和杆线下地项目。建成京沪高速江阴大桥服务区电动汽车充电站。围绕保障性住房和政府重点工程开通供电业务扩展直通车服务,市体育中心、新港城公租房、怀德学院等15个重点项目提前送电。开展分布式电源接入工作,受理居民光伏发电申请14户。加强用户客户端用电服务工作,开展高危及重要客户安全检查,督促整改安全隐患75起。至2014年年末,公司连续安全生产4228天。年内,市供电公司被中华全国总工会授予全国五一劳动奖状,连续第11年蝉联市级机关综合考评十佳单位,连续第6次获评全国“安康杯”竞赛优胜企业。

【110千伏联兴输变电工程投入运行】 11月21日,110千伏联兴输变电工程投入运行。该工程位于新桥镇,静态总投资9089万元,主变容量1×10万千伏安,可满足新桥地区电力负荷增长需要,完善和优化地区电网结构,提高地区供电能力。

(吴靖华)

【供电差异化服务】 年内,市供电部门通过对重点企业一对一、面对面了解,根据各企业不同情况,为用电大户提供主动服务、差异化服务。推进合同能源管理模式,帮助企业降低节能改造资金和技术风险;对企业用电设备进行节能专题“会诊”,采取变频技术、节能灯运用等方式,助推用电单位绿色节能工作;在夏季用电紧张时期,科学调度企业年度电力检修时间,引导企业通过轮休弥补区域用电缺口,将全市各类用电调整至合理有序状态,最大限度满足用户用电需求。

【供电计量装置改造】 随着居民用电需求逐年加大,部分小区老化的供电计量装置给电力设施的安全可靠运行造成隐患。2014年,市供电公司投入1700余万元实施城区电力用户计量装置封闭改造工程,提升居民用电的安全性和可靠性。全年更换靖渡新村、镇南小区、光明小区、玉带新村等100余个小区的电能表2万余只,惠及全市3万余户家庭。工程于7月底结束。

【江阴大桥服务区汽车充电桩建设】 6月,市供电公司投入100余万元,在江阴长江公路大桥服务区启动充电站建设工程。8月,建成2台120千瓦直流充电机和4个充电桩,可满足4辆电动汽车同时充电,30分钟内充电量可达80%。充电桩设有刷卡区,张贴操作步骤示意图,客户可以根据需求自行选择快充、慢充、定时、定金额、定电量等充电方式。

【居民家庭光伏发电首次并网运行】 3月,靖江市临港新村居民3千瓦光伏发电并入国家电网,成为全市首个分布式光伏发电并网的居民用户。该居民的光伏发电设备由12块单晶硅光伏组件以及1台逆变器组成,发电容量3千瓦,在光照条件好的情况下,1天能发电10千瓦时。该设备将光伏板吸收的太阳能转换成直流电,再通过逆变器将直流电转换成交流电后并入电网，也可将产生的电能储存在蓄电池里，需要的时候再转换使用。

（免 免）

邮 政

【概况】 市邮政系统全年实现邮政总收入6929万元，比上年增长11.67%；实现有效收入6013万元，比上年增长10%。代理金融类业务新增金融总资产26 323万元，实现收入4412万元，比上年增长12%。开展邮储业务，累计发放有效卡（非零元储蓄卡）27 227张，新增电子银行客户17 813户，新增理财销售4987万元，至年末储蓄余额28.28亿元，定活比19%，市场占有率8.41%；开展保险营销，保险销量3.32亿元，实现标准保费收入2.04亿元。启动“靖江号簿”、商超数据库商函、直邮通项目、“畅游长三角”等函件业务，签订小包客户38户，函件业务实现收入910万元，比上年增长106.5%。拓展发行业务，组建商务投递队伍，施行“大客户机动车投递，商业客户个性化投递”，发行业务实现收入700.01万元，比上年增长11.2%。开展生肖贺岁、文化、节日、热点事件4个主题文化营销活动，开发《2014江苏蕙兰展》《神韵马洲》《佛佑甲午》邮品，邮票业务实现收入218.64万元，比上年下降50.39%，集邮品综合毛利率36.2%。拓展短信及车险等增值业务，全年收入280.26万元，比上年增长18.55%，其中短信业务收入169万元、车险手续费收入97万元。推动产品、客户和市场转型，常态化开展苏邮惠民加盟店订货会活动，分销业务实现销售额472.55万元、收入128.84万元。代理速递物流业务收入和普通包件业务收入分别为22.98万元、23.91万元，比上年下降82.61%、40.89%，机要业务收入0.76万元。是年，刘宏被评为全国邮政系统先进个人，朱光霞被评为江苏省邮政系统“一创两争”（创建学习型党组织工作示范点，争创学习型党组织、争当学习型党员）敬业奉献好青年。

【邮政管理】 开通“靖邮天下”微信公众平台，重点推介集邮产品、明信片、金融政策等，实现O2O（线上线下）联动营销。开发“惠民优选”手机APP，实现销售额31 669元。全年建立村邮站便民点55个，设立用于举办客户沙龙、座谈的金融专业职场3个，改造团结、新区支局2个网点，改造邮政网点转型金融销售环境，整合分销仓库及各专业宣传品库。落实消防、金融安全保障。全年组织各类安全检查16次，发现隐患8个、及时整改7个、限期整改1个；成功堵截电信诈骗案件8起，涉及金额22.6万元。优化网路运行质量，上线调试邮政储蓄逻辑集中系统、投递运行管理信息系统、免填单系统、网点多媒体信息发布系统，机械设备完好率超95%，网络设备完好率98%。优化邮局作业流程，取消分拣封发和邮件散件交接程序，实施给据邮件跨地区分拣，提升效率。

（刘 佳）

【马年邮票在靖江首发】 1月5日，经中国邮政集团公司授权，中国《甲午年》特种邮票暨神韵马洲邮册首发式在市档案馆举行。靖江与马有深厚的历史渊源，有马驮沙的传说，也有孙权牧马的历史记载。《甲午年》特种邮票以“马上得福”为图案，1套1枚，面值1.20元，并同时发行小本票1本。市邮政局同时印发《甲午年》生肖邮票纪念封，刻制《甲午年》生肖邮票首发纪念邮戳。

（赵一阳）

马年邮票在靖江首发　　（靖江日报社提供）

科技·教育

科 技

【概况】 2014年,全市新增国家重点新产品1项、省级高新技术产品120项、三部委(财政部、中宣部、教育部)认定高新技术企业11家,新认定省民营科技企业47家。实施省级以上科技计划39项,上争资金2148.4万元。下达靖江市级新产品试制计划456项。新建泰州市级研发机构10家、省级以上研发机构9家,共建产学研联合体32家,集聚科技项目76个。完成专利申请量6248件,获得专利授权量2480件,万人发明拥有量4.56件。全市实现高新技术产业产值666.21亿元,占列统工业产值36.4%,比上年增长11.3%;靖江(含江阴园区)实现高新技术产业产值702.90亿元,占列统工业产值34.82%,比上年增长8.5%。靖江获评江苏省创新型试点城市,西来镇获评省创新型试点乡镇,市科技局获评2014年度江苏省知识产权工作先进集体。

【科技成果】 江苏亚星锚链股份有限公司参与的"超深水半潜式钻井平台'海洋石油981'研发与应用"项目,获国家科技进步特等奖;江苏乐科热力科技有限公司与南京航空航天大学合作的"机械蒸汽再压缩蒸发系统关键技术研究与应用"项目,获江苏省科学技术奖二等奖;江苏联兴成套设备制造有限公司与北京科技大学合作研发的"自保护式全合金铸钢超高温冶金炉窑冷却系统",获江苏省科学技术奖三等奖;江苏艾兰得营养品有限公司的"氨基葡萄糖制剂"获第8届国际发明展览会"发明创业奖·项目奖"金奖;由江苏江山制药有限公司牵头申报的"基因工程菌高密度发酵及高效分离工艺的关键技术及其产业化"项目,被科技部列为国家863计划重大项目。全市19项科技成果获2014年度泰州科技进步奖,其中一等奖1项、二等奖6项、三等奖12项;44项科技成果获2014年度靖江市科学技术奖,其中一等奖4项、二等奖19项、三等奖21项。

【产学研合作】 深化政产学研合作。举办"中国科学院青年专家靖江行"、企业院校行和各类院地合作活动,深化与高校院所的全面合作,揭牌成立上海应用技术学院靖江技术转移中心。成立首家县级产业技术研究院,共建产学研联合体32家,集聚科技项目76个。江苏赛德力制药机械制造有限公司的王彤、江苏三江电器集团有限公司的刘品宽、卓然(靖江)设备制造有限公司的孙巍、华达汽车科技股份有限公司的李荣斌、靖江三鹏汽车模具制造有限公司的严正峰入选"江苏省高层次创新创业人才引进计划";江苏双达泵阀集团有限公司的欧鸣雄和江苏星源电站冶金设备制造有限公司的倪静入选省博士计划项目;接受省科学技术厅特聘的北京科技大学周成、东南大学花为、河海大学刘升、南京信息工程大学张自嘉、中科院理化技术研究所戴巍为第2批“科技副总”至靖江相关企业任职。

【科技计划】 组织实施省级以上科技计划39项，上争资金2148.4万元。其中，国家级星火计划3项、火炬计划5项，国家中小企业技术创新基金项目3项，获国家资助资金270万元；获评国家高技术研究发展计划(863计划)1项，获国家资助资金253万元；获批江苏省重大科技成果转化专项资金项目1项，获省资助资金1000万元；获批江苏省科技支撑计划项目1项，获省资助资金80万元；获评江苏省创新资金项目2项，获省资助资金50万元。

2014年靖江市各级各类科技计划项目一览表

表34

计划类别	项目名称	承担单位
国家级星火计划	长江野生鳜鱼秋季人工繁育与生态养殖	靖江市江潮水产养殖专业合作社
	出口草莓品质保障及产业化开发	靖江市益源水果专业合作社
	肉牛生态循环养殖技术示范推广	靖江市裕胜牲畜养殖专业合作社
国家级火炬计划	套管式换热转化炉管	江苏双勤民生冶化设备制造有限公司
	增安型高压三相异步电动机	江苏航天动力机电有限公司
	多振片式驻波型超声波电机	江苏三江电器集团有限公司
	客运高铁专线专用混凝土搅拌站	江苏华星重工机械有限公司
	高速洗衣机用串励电动机	江苏三江迪生电机有限公司
国家重点新产品	大型抗结焦乙烯裂解炉(ZHC35R)	卓然(靖江)设备制造有限公司
江苏省科技支撑项目	大规模集成电路晶圆刻蚀设备关键零部件的研发	靖江先锋半导体科技有限公司
国家中小企业技术创新基金	基于机械蒸汽再压缩的新型节能低温蒸发系统研究及产业化	江苏乐科热力科技有限公司
	基于新型传动结构穴距可调式插秧机	江苏永涛实业有限公司
	基于多相全流技术的高压余能回收装置	江苏飞羚泵阀制造有限公司
江苏省创新资金	高性能节银电接触材料	靖江市海源新材料科技有限公司
	全生物降解农膜研发	靖江金帕克新材料科技有限公司
江苏省企业研究生工作站	江苏乐科热力科技有限公司研究生工作站	江苏乐科热力科技有限公司
	江苏恒力制动器制造有限公司研究生工作站	江苏恒力制动器制造有限公司
	江苏三江电器集团有限公司研究生工作站	江苏三江电器集团有限公司
	靖江市顺达模具厂研究生工作站	靖江市顺达模具厂
	江苏苏中电信器材有限公司研究生工作站	江苏苏中电信器材有限公司
江苏省外资研发机构	爱马特(江苏)自动化有限公司研发中心	爱马特(江苏)自动化有限公司

续表 34

计划类别	项 目 名 称	承 担 单 位
江苏省工程技术研究中心	江苏省紧凑型高效节能电动机工程技术研究中心	江苏大中电机股份有限公司
	江苏省高温炉窑冷却系统工程技术研究中心	江苏联兴成套设备制造有限公司
	江苏省化工加热炉工程技术研究中心	卓然(靖江)设备制造有限公司
江苏省“双创博士”计划	引进工学博士1名	江苏双达泵阀集团有限公司
	引进理学博士1名	江苏星源电站冶金设备制造有限公司
江苏省高层次创新创业人才引进计划	引进工学博士1名	江苏赛德力制药机械制造有限公司
	引进工学博士1名	江苏三江电器集团有限公司
	引进工学博士1名	卓然(靖江)设备制造有限公司
	引进工学博士1名	华达汽车科技股份有限公司
	引进工学博士1名	靖江三鹏汽车模具制造有限公司
知识产权管理标准化建设	省企业知识产权管理标准化示范先进单位	江苏航天动力机电有限公司
“正版正货”示范创建街区	“正版正货”示范街区	百富绅国际家居港
国家高技术研究发展计划(863计划)	基因工程菌高密度发酵表达胶原蛋白及高效分离工艺的关键技术及其产业化	江苏江山制药有限公司
江苏省重大科技成果转化专项资金	大型港机结构状态智能化监控系统研发及产业化	江苏东华测试技术股份有限公司
江苏省基础研究计划(自然科学基金)项目	离心泵叶片前缘空化不稳定流动机理及运行稳定性研究	江苏飞翔泵业制造有限公司
	幽门螺杆菌通过lncRNADreg调节MUC2表达促进胃癌发生的机制研究	靖江市人民医院
江苏省科技支撑计划(社会发展)项目	靖城街道虹兴社区“好管家智能化”示范社区建设	靖城街道办
	代谢工程改造氧化葡萄糖酸杆菌一步法合成维生素C	江苏江山制药有限公司

【农业科技创新】 围绕“推进现代农业发展”加强农业科技创新，组织实施农业科技攻关计划项目18项，选编印发最新农业科技信息100余条。“长江野生鳜鱼秋季人工繁育与生态养殖”“出口草莓品质保障及产业化开发”“肉牛生态循环养殖技术示范推广”3个项目列入国家级星火计划。“靖江设施蔬菜产业”农村科技服务超市通过省级验收考核，获江苏省农业科技社会化服务易购奖补资金20万元。靖江市滨江水产良种场和靖江市水产技术指导站完成“长江长春鳊驯养、繁育技术集成攻关与示范”项目，获泰州市科技进步奖三等奖；市作物栽培指导站和市农业科学技术推广中心完成“超级稻武运粳24机插精确定量栽培技术集成与推广”项目，获靖江市科学技术奖一等奖；市经济作物指导站完成“鲜食大豆早熟栽培技术研究与示范”项目、市农机化技术推广服务站完成“靖江香沙芋生产主要环节机械化试验示范”项目，均获靖江市科学技术奖二等奖。

【知识产权管理】 建立专利监管机制，开发建成靖江市专利监控管理系统，有效监控专利申请、授权。指导企业深入实施知识产权战略，组织申报江苏省企业知识产权管理标准化示范创建单位16家，江苏航天动力机电有限公司成为知识产权管理标准化示范创建先进企业；组织江苏艾兰得营养品有限公司参加第8届国际发明展览会，“氨基葡萄糖制剂”项目获“发明创业奖·项目奖”金奖。加大知识产权执法打假力度，配合江苏省科技厅和泰州市科技局查处涉嫌假冒专利商品，防范专利侵权纠纷案件发生；百富绅国际家居港获省级“正版正货”示范街区授牌。强化知识产权宣传培训，集中开展以世界知识产权日和保护知识产权宣传周为载体的系列宣传活动；组织全市企业及科技人员参加江苏省、泰州市组织的知识产权工程师培训，举办以知识产权资产评估和质押融资为主题的知识产权专题培训，培训人员300余人次，增强企业知识产权保护意识，提高企业自主创新能力。全年专利申请6248件，其中发明专利申请922件；获得专利授权2480件，其中发明专利授权70件。至年底，域内万人发明专利拥有量4.56件。

【科技平台建设】 完善华信科技创业园孵化功能，初步形成以集聚高端人才团队、促进成果转化、兴办创新型企业、发展新兴产业为主体的创新服务平台。建设研发平台。与南京理工大学等7所高校院所共建靖江产业技术研究院；与常州大学怀德学院、泰州南理工研究院签约共建靖江市先进焊接技术应用中心。新认定省级研究生工作站5家、江苏省外资研发机构1家、省级工程技术研究中心3家、泰州市工程技术研究中心9家，泰州市(三江)微特电机重点实验室被认定为泰州市企业重点实验室。

市产业技术研究院成立 (市科技局提供)

【科技政策】 强化科技政策激励机制。制定出台《关于进一步强化科技创新推进转型升级的实施意见》《靖江市专利专项资金管理办法》，为促进企业自主创新、推动知识产权保护提供政策支撑。年内获得研发经费的94家企业加计扣除减免所得税3886.42万元，24家高新技术企业减免所得税5521.85万元。

【靖江获批省创新型试点城市】 靖江以创新为特征的创新型产业在经济总量中的比重提升。至2014年年底，建有国家级的火炬微特电机及控制特色产业基地、火炬新技术船舶特色产业基地、船舶出口基地和专利产业化(沿江产业)基地4个，100余家企业与省内外30余家高校院所建立稳定的合作关系，符合自主创新能力强、科技支撑引领作用突出、经济社会可持续发展水平高、区域辐射带动作用显著等遴选条件,12月被江苏省科技厅批准为第4批江苏省创新型试点县(市、区)。

【亚星锚链参与项目获国家特等奖】 2014年度国家科学技术奖励大会召开,由江苏亚星锚链股份有限公司参与完成的"超深水半潜式钻井平台研发与应用"项目获国家科学技术进步奖特等奖,项目中的深水系泊链由江苏亚星锚链有限公司研发制造。"超深水半潜式钻井平台研发与应用"项目平台自重超过3万吨,高度相当于45层楼房,是我国首次自主设计、建造的第6代3000米深水半潜式钻井平台,代表世界海洋石油钻井平台技术的领先水平。

【市产业技术研究院成立】 6月23日,靖江市产业技术研究院揭牌成立。该研究院位于华信科技创业园内,主要负责整合优化科技创新资源,依托合作共建的科研院所,搭建科技创新公共服务平台。具体职能包括:发布企业技术需求和科研院所最新项目,实现双方需求的有效对接;开发关键技术、共性技术、前瞻性技术,向企业提供技术服务;为企业提供高层次人才引进和培训等多层次服务;通过技术转移机制、技术孵化体制促进技术成果产业化,开展新成果、新产品、新技术、新工艺等的推广应用。

【一裂解炉获评国家级重点新产品】 年内,由卓然(靖江)设备制造有限公司研发的大型抗结焦乙烯裂解炉(ZHC35R)获评国家级重点新产品。该产品通过运用新型稀土耐热钢炉管材料,采用扭曲片、高温辐射涂料等创新技术,使乙烯裂解炉的清焦周期从40~90天提高至90~116天,同时提高热效率与产品收率,实现节能降耗;生产过程中创新性采用模块化制造技术,缩短制造周期30%,降低制造成本30%。产品经扬子石化工业化应用,其116天的清焦周期达国际领先水平。应用后,每台裂解炉可新增经济效益约500万元。

【组织实施国家级火炬计划5项】 年内,组织实施国家级火炬计划5项,分别为套管式换热转化炉管、增安型高压三相异步电动机、多振片式驻波型超声波电机、客运高铁专线专用混凝土搅拌站、高速洗衣机用串励电动机。

套管式换热转化炉管由江苏双勤民生冶化设备制造有限公司研发,主要用于化工行业,包括以天然气为原料的合成氨等化工生产装置的造气工艺段。该产品创新性结构可使用工业回收烟气,大幅回收废弃热量,达到节能减排目的。经使用证实,此种转化炉管具有使用寿命长、抗高温蠕变能力强、转换效率突出等多项特点,达国际领先水平。该产品获得专利授权3项,其中发明专利1项、实用新型专利2项。

增安型高压三相异步电动机由江苏航天动力机电有限公司研发。该电机具有防电晕绝缘结构、绝缘轴承结构和焊筋轴电机的防断裂结构,采取机械、电气和热保护措施,避免在正常或认可的过载条件下出现电弧、火花或高温危险,确保其防爆安全性;电机容量大,能驱动各种通用机械,如压缩机、水泵、破碎机及其他机械设备,在石油、化工、冶金、钢铁、电力等各种工矿企业可作原动机使用。

多振片式驻波型超声波电机由江苏三江电器集团有限公司研发,利用压电陶瓷的逆压电效应将电能转换成机械振动能量,再通过摩擦耦合作用使电机定子的振动能量转换成电机转子的转动能量输出,具有低速大转矩、响应速度快、无输入自锁、结构简单、噪音小、不受电磁场干扰、不产生电磁辐射等特点,性能达国际领先水平,获实用新型专利授权1项。

客运高铁专线专用混凝土搅拌站由江苏华星重工机械有限公司自行开发,采用皮带机上料智能化操作,自动检测、控制砼塌落度,保证高质量、高效率输送;同时使用强制式双卧轴混凝土搅拌机和立式搅拌机,节省时间,提高混凝土质量;利用双卧轴搅拌原理,搅拌性能好、时间短,卸料速度快;机架可卸,便于运输及更换场地。同时该产品具有能耗低、噪声小、易磨损件寿命长,设计合理、结构简单,使用方便、工作可靠、适用范围广等特点,可用于搅拌塑性、干硬性、轻骨料混凝土及各种砂浆等。该项目获授发明专利2项、实用新型专利24项。

高速洗衣机用串励电动机为江苏三江迪生电机有限公司研发。该电动机体积小、重量轻,交流、直流供电均可使用;转速高,调速简单方便,且易实现无级调速;起动特性和过载能力优良。作为滚筒洗衣机的动力设备,还具有节水节能、洗净度高、磨损少、脱水强等优点。

【组织实施国家级星火计划3项】 年内,组织实施国家级星火计划3项,包括"长江野生鳜鱼秋季人工繁育与生态养殖""出口草莓品质保障及产业化开发"

“肉牛生态循环养殖技术示范推广”。

“长江野生鳜鱼秋季人工繁育与生态养殖”项目由靖江市江潮水产养殖专业合作社实施，具体为采集长江野生鳜鱼做杂交亲本，解决苗种繁育、鳜鱼病害等制约鳜鱼养殖发展的不利因素。改“夏放、冬收”为“秋放、夏收”的生态养殖模式，避开鳜种常规培育的发病高峰季节，减少用药频率，确保产品质量安全。

“出口草莓品质保障及产业化开发”项目由靖江市益源水果专业合作社实施，采用先进的栽培技术、农艺措施、设施手段、加工运输方法，通过品质综合保障措施，确保出口草莓质量的稳定，促进草莓从种植到深加工的一条龙产业化发展。

“肉牛生态循环养殖技术示范推广”项目由靖江市裕胜牲畜养殖专业合作社实施，推广“牛—蚯蚓—鹅—鱼、牛—沼液—牧草—鹅—鱼”循环养殖模式，发展生态循环经济，实现肉牛养殖的可持续发展。该项目可有效减少环境污染，提高肉牛养殖的综合经济效益。

2014年靖江市获省部级以上科学技术奖项目一览表

表35

项目名称	获奖类别	完成单位
超深水半潜式钻井平台“海洋石油981”研发与应用	国家科学技术进步奖特等奖	江苏亚星锚链股份有限公司(参与)
机械蒸汽再压缩蒸发系统关键技术研究与应用	江苏省科学技术奖二等奖	江苏乐科热力科技有限公司 南京航空航天大学
自保护式全合金铸钢超高温冶金炉窑冷却系统	江苏省科学技术奖三等奖	江苏联兴成套设备制造有限公司 北京科技大学

2014年靖江市获泰州市科技进步奖项目一览表

表36

项目名称	单位名称	完成人员	奖励等级
74500吨绿色安全化学品船	江苏新时代造船有限公司	孙　权　黄　炼　薛钱柳　董桥华 黄胜炎　吴　红　王　峰　李　强 刘　铭	一等奖
以生物来源为增塑剂的绿色PVC(聚氯乙烯)电线电缆料	江苏双宝科技有限公司	沈劲松　冯忆文　彭永红　赵　军 李　强　陈发强　赵　强	二等奖
高性能新材质辐射管	江苏华冶科技有限公司	王茂庭　王利金　汪　伟　王金龙 蔡高银　吴士明	二等奖
智能化分体式大型多功能冲剪机	江苏金三力机械制造有限公司 江苏科技大学	丁　健　陈庆芳　李　军　王长宝 丁　艳　钱艳红　汪　伟	二等奖
高速高效双凸极电机系统	江苏航天动力机电有限公司 南京航空航天大学	樊进海　周　波　袁留明　杨满红 王洪兵　刘广峰　王学青	二等奖
电子芯片式数码防盗汽车锁系统	江苏皓月汽车锁股份有限公司	戴　红　沈卫军　严正海　周胜斌 于鸿波　施　亮　季红勋	二等奖
靶动脉栓塞术在肿瘤源性出血疾病中的应用	靖江市人民医院	李　立　宋秋萍　陈新国　朱亚娟 吴正宇	二等奖

续表 36

项目名称	单位名称	完成人员	奖励等级
新型太阳能光热纳米集成阳台节能热水系统关键技术研究与应用	江苏光芒集团有限公司	马巍菲 王锁刚 卞彩霞 范庭伟 杨义军	三等奖
球磨机节能型超耐磨双金属复合衬板系统	江苏双星特钢有限公司	顾开明 马乃恒 张少宗 余 震 顾 鹏	三等奖
新型 24.5 英寸盘式制动器研发及关键部件优化研究	江苏恒力制动器制造有限公司	徐旗钊 李应声 郑继飞 朱一平 卢令文	三等奖
机械蒸汽再压缩(MVR)蒸发浓缩系统	江苏乐科热力科技有限公司	彭 涛 韩 东 夏君君 梁 林 左红娟	三等奖
多管式高温磁力泵	江苏武新泵业有限公司	刘金坤 刘 铭 高 芬 沈荣波 丁惠玲	三等奖
氨基葡萄糖制剂	江苏艾兰得营养品有限公司	夏旭东 张国栋 赵卫中 史解矛 王乔飞	三等奖
CAFT 高效厌氧生物反应污水处理设备	江苏泽宇环境工程有限公司	刘灿明 谢 江 毛建军 夏汉忠 侯 清	三等奖
长江长春鳊驯养、繁育技术集成攻关与示范	靖江市滨江水产良种场 靖江市水产技术指导站	朱爱奇 陶桂庆 缪小平 张 炜 徐正东	三等奖
慢性髓细胞性白血病急变期的分子机制	靖江市人民医院	孙 淼 陈浩月 韩乔燕 叶金松 吴玲玉	三等奖
联合检测外周血调节性 T 细胞及血清和组织中黏着斑激酶表达在胃病诊治中的应用	靖江市人民医院	叶金松 周明先 陶 岚 陶春牡 高 峰	三等奖
ICU 危重患者诊断性失血的护理干预	靖江市人民医院	杜 娟 环晓锋 侯雪琴 徐 燕 陈 晨	三等奖
五物五苓汤治疗腰椎间盘突出症术后残留症疗效分析	靖江市中医院	鲍自立 周国柱 朱金华 田跃军 倪建平	三等奖

2014 年靖江市科学技术奖获奖项目一览表

表 37

项目名称	单位名称	完成人员	奖励等级
74500 吨绿色安全化学品船	江苏新时代造船有限公司	孙 权 黄 炼 薛钱柳 董桥华 黄胜炎 吴 红 王 峰 李 强 刘 铭	一等奖
机械蒸汽再压缩(MVR)蒸发浓缩系统	江苏乐科热力科技有限公司	彭 涛 韩 东 夏君君 梁 林 左红娟 周正全 陆建波 曹 林 李含驰	一等奖
超级稻武运粳 24 机插精确定量栽培技术集成与推广	靖江市作物栽培指导站 靖江市农业科学技术推广中心	展旭东 朱 杰 何松银 陆桂清 陈船福 胡宏亮 王 靖 陆建平 张小平	一等奖

续表 37

项目名称	单位名称	完成人员	奖励等级
慢性髓细胞性白血病急变期的分子机制及治疗研究	靖江市人民医院	孙　森　陈浩月　韩乔燕　叶金松　吴玲玉　王　苇　刘春华	一等奖
高速高效双凸极电机系统	江苏航天动力机电有限公司 南京航空航天大学	樊进海　周　波　袁留民　杨满红　王洪兵　刘广峰　王学青	二等奖
智能化分体式大型多功能冲剪机	江苏金三力机械制造有限公司 江苏科技大学	丁　健　陈庆芳　李　军　王长宝　丁　艳　钱艳红　汪　伟	二等奖
以生物来源为增塑剂的绿色 PVC(聚氯乙烯)电线电缆料	江苏双宝科技有限公司	沈劲松　冯忆文　彭永红　赵　军　李　强　陈发强　赵　强	二等奖
新型太阳能光热纳米集成阳台节能热水系统关键技术研究与应用	江苏光芒集团有限公司	马巍菲　王锁刚　卞彩霞　范庭伟　杨义军	二等奖
氨基葡萄糖制剂	江苏艾兰得营养品有限公司	夏旭东　张国栋　赵卫中　史解矛　王乔飞　张　涛　钱文栋	二等奖
电子芯片数码汽车防盗系统	江苏皓月汽车锁股份有限公司	戴　红　沈卫军　严正海　周胜斌　于鸿波　施　亮　季红勋	二等奖
高性能新材质辐射管	江苏华冶科技有限公司	王茂庭　王利金　汪　伟　王金龙　蔡高银　吴士明	二等奖
新型 24.5 英寸盘式制动器研发及关键部件优化研究	江苏恒力制动器制造有限公司	徐旗钊　李应声　郑继飞　朱一平　卢令文　陈　亮　沈忠伟	二等奖
球磨机节能型超耐磨双金属复合衬板系统	江苏双星特钢有限公司	顾开明　马乃恒　张少宗　余　震　顾　鹏　顾红军　孙贵成	二等奖
CAFT 高效厌氧生物反应污水处理设备	江苏泽宇环境工程有限公司	刘灿明　谢　江　毛建军　夏汉忠　侯　清　陈金涛　赵鹤鸣	二等奖
NEXP 尼玛超高效防爆三相异步电动机	江苏大中电机股份有限公司	王荷芬　刘　霞　丁毅玲　朱银波　王丽娟　刘　蕾	二等奖
多管式高温磁力泵	江苏武新泵业有限公司	刘金坤　刘　铭　高　芬　沈荣波　丁惠玲　王　圣　邵丽君	二等奖
重型汽车驱动桥用主减速器壳总成	江苏恒义汽配制造有限公司	万小民　张　伟　吴　悦　丁　乾　闻　进　薛　均　李　萍	二等奖
靖江香沙芋生产主要环节机械化试验示范	靖江市农机化技术推广服务站	朱亚东　侯笛鸣　印永忠　吴冬乾　徐　杰　展旭东　刘　爽	二等奖
鲜食大豆早熟栽培技术研究与示范	靖江市经济作物指导站	孙剑霞　韩　利　倪松尧　王　靖　刘玉娟	二等奖
贲门周围血管离断术中胃镜检查的临床价值研究	靖江市人民医院	蔡圣强　王建江　凌　峰　薛迎春　季　湧　孙　弟	二等奖
靶动脉栓塞术在肿瘤源性出血疾病中的应用	靖江市人民医院	李　立　宋秋萍　陈新国　朱亚娟　吴正宇	二等奖
五物五苓汤治疗腰椎间盘突出症术后残留症疗效分析	靖江市中医院	鲍自立　周国柱　朱金华　田跃军　倪建平　耿桂平　蒋爱军	二等奖

续表 37

项目名称	单位名称	完成人员	奖励等级
联合检测外周血调节性T细胞及血清和组织中黏着斑激酶表达在胃病诊治中的应用	靖江市人民医院	叶金松 周明先 陶 岚 陶春牡 高 峰 徐丽芳 徐晓凤	二等奖
SQ130ST-M10015LFB 永磁式高性能机床用伺服电机	江苏上骐集团有限公司	印光宇 徐兆明 周爱君 吴 兴 冯 钊	三等奖
高速高刚度永磁同步电主轴	江苏星晨高速电机有限公司	刘森钢 刘 钊 伊少春 朱桂先 于振东	三等奖
空调器用超静音塑封电机	江苏三江电器集团有限公司	苏申科 董正刚 李祥志 张小媛 李士新	三等奖
EVT/OVT 专用高精度高压电容(阻容)传感装置	江苏靖江互感器厂有限公司	陆汉兵 郭 毅 杜桂芬 吴兴燕 于 杰 黄 麟 封亚娟	三等奖
干粉砂浆混合搅拌楼	江苏华星重工机械有限公司	陆建平 陆泽鹏 陆 军 张 荣 蔡 君	三等奖
加压转鼓过滤机	江苏赛德力制药机械制造有限公司	顾根生 耿金奇 倪金怀 许关红 高 锐	三等奖
YBS 输送机用隔爆型三相异步电动机	江苏环球特种电机有限公司	朱明初 方玉兰 卢建国 毛金荣 刘爱国	三等奖
特种高强度防松耐腐蚀螺栓	江苏永昊高强度螺栓有限公司	朱汉华 张继兴 武学丽	三等奖
高抗汽蚀预热水泵	江苏飞跃机泵集团有限公司	王道红 秦苏宏 夏 磊 吴 鹏 严红彬	三等奖
环保阻燃膨胀型橡胶贯穿件	靖江市海鸿塑胶科技有限公司	包海初 陈训美 王 雷 承民联 余 强	三等奖
带防盗冲、防泄漏阀门装置的钢制焊接气瓶	江苏民生特种设备集团有限公司	倪加明 钱 春 倪 飞 陆红明 刘兴亚	三等奖
纳米涂层背胶型夜光相纸及彩喷灯片	江苏亚龙数码科技有限公司	张永宏 马 红 卞翠华 陈 凯 刘 运	三等奖
智能变频(节能净化)新风机组	靖江市宝钢空调设备厂	夏晓宏 张宝平 肖正东 邵小元 陈春波	三等奖
洁净低噪低能耗风机盘管机组	靖江市春意空调制冷设备有限公司	刘兴非 张建锋 陈建新 刘小红 周心一	三等奖
新型高效节能化工气体转化炉	卓然(靖江)设备制造有限公司	张锦红 邢建东 孙鉏源 展益彬 刘 建	三等奖
半自磨机耐磨、抗冲击衬板	江苏星源电站冶金设备制造有限公司	赵飞文 朱华平 何友根 冯 涛 赵国华	三等奖
血 sICAM-1、sVCAM-1 水平与肺鳞癌关系的研究	靖江市人民医院	冷云华 夏漫辉 刘明基 陆剑平 丁学武	三等奖
超声对乙型病毒性肝炎胆囊的声像图改变的诊断价值	靖江市第二人民医院	林红芳 姚菊芳 徐秀红 王松明	三等奖

续表 37

项目名称	单位名称	完成人员	奖励等级
中医针药结合治疗假性球麻痹吞咽功能障碍的临床研究	靖江市中医院	孙 斌 郭洪祥 盛骥锋 高 清 孙 剑	三等奖
ICU 危重患者诊断性失血的护理干预	靖江市人民医院	杜 娟 环晓锋 侯雪琴 徐 燕 陈 晨	三等奖
可吸收锚钉重建伸指肌腱止点断裂的临床疗效观察	靖江市第二人民医院	王松明 戴靖宇 潘剑云 黄 颖	三等奖

（王跃军　李优琪）

【靖江企业首获日本发明专利】 年内，靖江出台《靖江市专利专项资金管理办法》，加大国际专利申请保护的补助力度。2 月 26 日，靖江市富天江电子电器有限公司研发的空调用电机的专用结构“一种电动机磁钢与磁回路的组合结构”获日本发明专利授权，为全市获得的首个日本发明专利授权。该发明克服老式产品存在的缺陷，保证永久磁石免除校正，且与磁轭组装方便、可靠无隐患；永久磁石转子通过超速试验和高低温冲击试验，可确保电动机经久耐用。

【靖江专利资金管理新办法出台】 3 月 22 日，《靖江市专利专项资金管理办法》（以下简称新《办法》）实施。与 2012 年施行的相比，新《办法》更加强化质量导向，侧重于获得专利授权的资助和奖励。具体标准为：获得授权的实用新型专利奖励 1300 元 / 件，外观设计专利奖励 900 元 / 件；进入实质审查的发明专利每件资助 1000 元；获得发明专利授权 3 件及以上者，每件奖励 1 万元；获得发明专利授权 10 件及以上者，每件奖励 1.3 万元；获得国家专利金奖、国家专利优秀奖者，分别奖励 10 万元、5 万元；获得省专利金奖、省专利优秀奖者，分别奖励 6 万元、3 万元。

【强化科技创新推进转型升级】 6 月，《关于进一步强化科技创新推进转型升级的实施意见》（以下简称《意见》）出台。该《意见》推进高新技术和新兴产业发展。对通过科技部、财政部和国家税务总局共同认定的高新技术企业，减按15%的税率征收企业所得税；引进落户的战略性、支柱型新兴产业，优先安排土地等要素供给，落实专项资金重点支持；承担国家级火炬、星火计划项目的企业，当年奖励10 万元。完善提升科技创新体系。建成省级以上产业技术创新联盟实体、重大创新载体和科技公共服务平台，资助 50万元；新认定组建工程技术研究中心、企业技术中心、工程中心、工业设计中心、重点实验室的企业，当年按国家级、省级分别奖励50万元、20 万元；新认定设立国家级博士后科研工作站和省级院士工作站的企业，当年奖励 50 万元；认定的国家级、省级科技企业孵化器，除优惠税收政策外，分别补助 100 万元和 50 万元。加大知识产权保护力度。资助申请专利的企事业单位或个人，补助知识产权示范企业及专利实施产业化项目，奖励国家和省专利金奖、专利优秀奖获得者。加快高效农业产业化。获得省级认定的现代农业科技示范园，奖励50 万元；每年重点培育具有自主知识产权、年销售收入达到3000万元以上的农业科技型企业 1 ~ 2 家，获得省级认定的，奖励 10万元；每年重点培育 2 ~ 3 家科技型农业专业合作社，获得省级认定的，奖励 5 万元；重点培育 1 ~ 2 个科技服务超市，获得省级认定的，奖励 10 万元。深入实施人才强市战略，围绕沿江产业和高新技术新兴产业的发展，加大优秀人才引进、培养和使用力度，探索以人才推进科技创新、以科技创新引领转型升级之路。

【先进制造技术国际交流中心落户卓然】 3 月 25 日，市科技局、中国科学院力学研究所、卓然（靖江）设备制造有限公司签订三方合作协议，成立“先进制造技术国际交流中心”。该中心旨在为靖江引进各项国际国内先进制造技术，使靖江成为中科院力学所的孵化基地和创业基地。卓然公司藉此可在第一时间引进吸收中科院的先进制造技术，并将技术转化为生产力，助力企业创新发展。

【两企业14个项目获中国钢结构金奖】 3月21日,中国建筑金属结构协会公布第11届(2013—2014年度)第一批中国钢结构金奖工程,中建钢构江苏有限公司和江苏中泰桥梁钢构股份有限公司制造(安装)的14个项目获中国钢结构金奖。靖江重钢结构产业发展迅速,产品广泛应用于建筑钢结构、桥梁钢结构、海洋工程钢结构等领域,重点企业参建诸多高大新尖的钢结构项目。中泰桥梁钢构公司制作的泰州长江公路大桥悬索桥钢结构工程、崇启长江大桥主桥钢结构工程被授予中国钢结构金奖。中建钢构有12个工程获评中国钢结构金奖,包括陆家嘴中心大厦钢结构工程、重庆粉房湾长江大桥钢桁架工程、无锡硕放机场二期航站楼扩建项目钢结构工程、无锡国金中心一期钢结构等工程。

【陈国付发明收粮机】 12月4日,央视《我爱发明》栏目播出《粮食滚滚来之陈国付发明收粮机器》,推介靖江生祠镇新丰村村民陈国付发明的自动收粮机。该机器高约3.5米,由车体和收粮装置组成,车体外形似小型铲车,车体上的矩形输粮筒可灵活调节。收粮时,机器前端铲板将粮食向前集中,通过传送带上的刮板将粮食由低处转移至高处出口,装运粮食的车辆紧跟收粮机接收出口处的粮食。2014年3月完成的第一代自动收粮机获得国家实用新型专利证书。后经研究和改进,第三代自动收粮机的收粮率达99%。 (免 免)

【防震减灾】 年内,市地震局新建安全监控系统,更新完善地震监测设施和台站硬件设施,投入运行监测地震前兆活动的形变观测项目。更换观测环境保护牌,明确地震台观测保护界址。对监测设施进行防雷保护,优化测震室强弱电线路,观测信号线、电源线采取双重避雷保护。强化抗震设防监管,做好体育中心、文化中心等重点建设工程的地震安全性评价工作,督促建设单位按照安评参数做好建设工程的设计、施工,确保建设工程达到安评技术规范要求。加强学校、医院等人员密集场所建设工程抗震设防监管,对建设工程实行登记备案并定期回访。完善"三网一员"(地震宏观测报网、地震灾情速报网、地震知识宣传网,防震减灾助理员)体系建设,加强宏观观测基地管理,重点从基地运行、专人值守、宏观异常网络测报、观测日志记录以及观测制度建立等方面开展专项检查。完善地震应急救援体系建设,修订印发《靖江市地震应急预案》,抗震救灾指挥部成员单位扩至23个,分为抢险救援、医疗救护、群众生活保障等10个工作组。修编完成全市55所学校、23家医院等人员密集场所地震应急预案,提高公共场所快速应急响应能力。市地震局、民政局、城西社区指导市第一实验幼儿园开展地震应急疏散演练,全园师生按照演练预案的指定路线,快速有序疏散。外国语学校和靖城街道新西社区分别创建为江苏省防震减灾科普示范学校、示范社区。宣传防震减灾知识,借助"靖江市科普宣传周""送文化、送科技、送卫生下乡""5·12防灾减灾日"等活动,通过现场咨询、发放宣传册、播放专题片等形式,提高城乡居民防震减灾意识和防震抗震基本技能。联合市教育局、靖城街道办等部门全方位开展防震减灾知识"进校园、进社区、进机关"活动,向市民分发宣传手册并讲解相关知识,进一步提高市民抗震自救、互救能力。

【震情测报】 市地震台全年实时运行状况良好,地震数据传输快捷,数据质量稳定。2014年度(2013年10月1日—2014年12月18日)全国发生5级以上地震45次,其中大陆地区33次(含中外交界地震),台湾及海域11次。大陆地区最大地震为2月12日新疆维吾尔自治区和田地区于田县7.3级地震,台湾地区最大地震为2013年10月31日台湾花莲县6.7级地震。江苏地区共发生2.0级及以上地震184次,最大地震为4月1日黄海4.4级地震。泰州市范围内发生小震3次,地震活动水平偏低。

2014年靖江地震台记录近震统计表

表38

地震分类	震级(ML)	频次	累计
近震	ML≤3.0	19	46个
	3.0<ML≤4.0	14	
	4.0<ML≤5.0	13	
	ML>5.0	0	

2014 年靖江地震台记录地震统计表

表 39

统计月份	地震数量(个)	最大地震(ML)	最小地震(ML)	备 注
01	6	4.8	1.8	含远震 3 个
02	9	3.4	1.2	含远震 3 个
03	12	4.0	2.1	含远震 7 个
04	15	4.9	2.8	含远震 12 个
05	8	—	—	含远震 8 个
06	14	3.4	2.2	含远震 12 个
07	14	3.9	3.1	含远震 10 个
08	7	3.8	—	含远震 6 个
09	9	4.4	1.4	含远震 5 个
10	14	4.7	3.1	含远震 4 个
11	10	2.0	—	含远震 9 个
12	14	3.4	2.2	含远震 9 个
合计	132	—	—	—

【规划建设地震应急避难场所】 全市地震应急避难场所主要规划为“五园一场”:人民公园、马洲公园、西郊公园、天水公园、牧城公园、体育场,其中“五园”建成并编制专项疏散预案,体育场在建。根据功能划分,人民公园、马洲公园为紧急避难场所,西郊公园、天水公园为固定避难场所,牧城公园为中心避难场所。各应急避难场所均配置应急管理区、应急物资储备区、应急停车场、应急蓬宿区、应急厕所及供电照明等配套设施。其中,人民公园、马洲公园、西郊公园各 3 个蓬宿区分别可容纳 856 人、1856 人、1792 人避难,天水公园 2 个蓬宿区可容纳 2528 人,牧城公园 13 个蓬宿区可容纳 12 776 人,“五园”共可容纳近 2 万人避难。

(沈满松 毛宇晶)

【外国语学校创防震示范校】 5 月,靖江外国语学校被江苏省地震局、教育厅、科协评为省级防震减灾科普示范学校。该校坚持贯彻“以防为主、防御与救助相结合”的防震减灾工作方针,将防震减灾知识教育活动纳入教学工作计划,通过设立防震减灾知识宣传专栏,建立防震减灾兴趣小组,定期举办防震减灾专题讲座,召开防震减灾主题团队会,开展防震减灾演练等活动,提高师生自我保护意识和防震减灾应急能力。

(免 免)

教 育

【概况】 2014 年,全市有中小学及各类学校 82 所,在籍学生 70 609 人,专任教师 5736 人。年内,靖江教育以全面提高教育现代化水平为总目标,以深化教育领域综合改革为突破口,全面实现治理能力、均衡水平、育人质量、师资素养、教育形象五大新提升。推进直饮水进校园工程,落实学生免费乘坐公交上下学政策。在行政服务中心设立惠民服务窗口,为群众提供教育政策咨询、信访接待、行政审批等服务。建立“靖江教育”官方微博和微信公众平台,推介靖江教育改革发展新举措。提升学校党建工作水平,开展微型党课、履职日志、履职感言“三个十佳”评选活动,新增“泰州市党建工作示范校”4 所、“泰州市‘一校一品’党建特色品牌”5 个。元林老年大学建成开学。年内,靖江创建成江苏省学前教育改革发展示范区、省义务教育优质均衡发展市。市教育局获评省“六五”普法先进集体、省“招飞”工作先进单位、2014 年市级机关综合考评十佳单位,获省关工委工作常态化建设巩固提高奖,在泰州市政府教育工作督导考核和泰州市教育工作考核中获优秀,在泰州市普通高中教育考核中获一等奖第一名。市一中“三毛绿色爱心基金”获评江苏省十佳青年志愿服务项目。

【基础教育】 除特殊教育学校外,全市有幼儿园、小学、初中、高中合计80所,在校学生总数 67 109 人。其中,独立建制幼儿园 34 所,在园幼儿 12 419 人,适龄幼儿学前三年入园率112.17%;九年一贯制学校 6 所, 小学 23 所,在校学生30 790 人,年内新招学生 4560 人,全市小学适龄儿童入学率 128.55%,在校生巩固率、升学率 100%;初级中学 13 所,在校学生 15 228 人,年内新招学生 5017 人,入学率112.98%,在校生巩固率 100%,毕业生升学率 98.52%;普通高中 4 所,在校学生 8672 人,年内新招学生 2684 人。中考成绩在泰州各市

2014 年靖江考生录取高校情况表

表 40　　单位：人

提前录取本科	提前录取专科	第一批本科	第二批本科	民办本科	体艺本科	体艺民办本科	普通专科	体艺专科
67	0	598	974	863	39	24	978	41

“春之声”合唱专场比赛　　（靖江日报社提供）

(区)保持领先,普通高中录取控制线列泰州第一,城乡均分差为泰州地区最小。全市 4076 名考生参加高考,本二上线 1902 人,本二上线率近 50%, 创历史新高,其中 12 人被北京大学、清华大学录取。建立并实施责任督学挂牌督导制度,聘请 20 名责任督学分片监督指导。开展“八礼四仪”“追寻中国梦”等系列主题教育实践活动,举行首届万名少年争当“靖江好少年”展评活动。举办“春之声”艺术节和个人艺术单项比赛。全市市直学校、中心校和农村初中全部创建成省级健康促进学校。

【特殊教育】 全市有特殊教育学校 1 所,为靖江市聋哑学校,在校学生 90 人,其中学前班招生10 人。在校学生中,聋哑 10 人、智力残疾 80 人。特殊教育学校在全省首创“学前融合教育”模式,让心智障碍的自闭症、脑瘫孩子和正常孩子一起上课。

【职业教育】 全市有职业学校 1 所,为省靖江中专,在校生 3410 人,年内新招生 943 人,其中五年制高职生 163 人、中职生 780人,毕业生就业率 99%。江苏省靖江职业高级中学停止招生,学校整建制并入省靖江中专。省靖江中专被江苏省科协、教育厅联合表彰为江苏省科学教育特色学校,焊接技术应用专业通过省特色专业验收。

【高等教育】 常州大学怀德学院迁址靖江办学,学院设有 7 个系、2 个部、9 个职能部门,37 个本科专业分属工、文、经、管、法、艺、教等七大学科门类;有专任教师 356 人;秋学期面向全国 21 个省(直辖市、自治区)招收新生 1800 余名。此外,全市有高等教育办学点 2 个,分别为江苏广播电视大学靖江学院、靖江市卫生进修学校,在籍学员 1499 人,当年毕业 526 人、新增在籍学员632 人。江苏广播电视大学靖江学院开设开放教育、远程教育、网络教育等形式课程,在籍学员 359 人,当年毕业 219 人、新增在籍学员 73 人。靖江市卫生进修学校为江南大学和扬州大学成人教育教学点,开设临床医学、护理学、药学、医学检验 4 个专业,在籍学员 1140 人,当年毕业 307 人、新增在籍学员 559 人。全年高等教育自学考试报名 713 人,毕业 21 人;成人高考报名 308 人,录取 297 人。

【社区教育和民办教育】 通过新建、调整、撤并等方式,加强市镇村三级社区教育网络建设,建筑面积、师资队伍、教育教学设施基本满足教育培训需要。年内,创建江苏省标准化社区教育中心 2 个、标准化居民学校 5个。至年底,全市有全国社区教育示范乡镇 1 个、省社区教育示范乡镇 1 个、省社区培训学院 1 个、省标准化社区教育中心 7 个、省高水平农科教结合富民示范基地 1 个、省农科教结合示范基地 3个、省标准化居民学校 22 个。加强办学机构管理,与市行政服务中心、民政局联合年检,13 家被要求整改,5 家被取消办学资格;与公安等部门联合整治非法办学机构,取缔非法办学机构 4 个。年末,全市有办学许可的非学历民办教育机构 56 个。社区培训学院、各镇(街道、办事处)社区教育中心开展内容丰富的培训教育活动。与相关部门联合开展实用技术培训、致富骨干培训、职业技能培训、创业培训、农村劳动力转移培训、失业人员再就业培训等，与企业联合开展职工岗前培训、岗位培训和继续教育，开展老年人文化娱乐卫生保健教育活动，尝试开展婴幼儿早期教育和青少年校外教育。全年教育培训各级各类从业人员26.9万人次，培训率61.89%。

【师资建设】 全市各级各类学校有公办教职工6028人，其中专任教师5736人。公办教职工中，职业学校478人、普通高中1158人、初级中学1908人、小学2228人、幼儿园221人、特殊教育学校35人。专任教师中，具有高级职称者1072人、中级职称者2402人、初级职称者1946人。小学、初中、普通高中、职业高中教师学历达标率均为100%。小学教师大专学历、初中教师本科学历、高中教师研究生学历分别为95%、89%、16.5%，职业教育"双师型"（兼具普教、职教资格）教师比例达70%。加强教师队伍素质建设。开展第2届教师基本功年赛和"人文大讲堂"活动，教师参与比例超80%；全年送培训到学校106次，送教研活动到学校208次，送示范课到学校110节。新增靖江市三级骨干教师155人。教师在各学科教学技能竞赛中获全国一等奖3个、省一等奖4个、泰州市一等奖18个。加强教师后备队伍建设。与15名优秀高中毕业生签订本科师范院校定向培养协议，委托高校培养第2批69名教育（工程）硕士专业学位研究生，明确7个上海基地学校，与华师大联合实施"青年校长理论研修、跟岗见习、能力提升工程"。关注师生精神生活，开展"文化丰泽"行动，成立教育系统文联。组织第30个教师节庆祝活动，为从教满30年的教师编制纪念册、颁发荣誉牌匾。立足教育系统实际，组织开展"立家风、正师风、改作风、树行风"主题实践活动。

【两学校建成投用】 秋学期，被列为全市教育重点项目的新桥城实验学校和东兴镇中心学校建成投用。新桥城实验学校为九年一贯制义务教育学校，占地6.7公顷，建筑面积3.26万平方米，包括2栋教学楼、1栋综合楼和1栋体育馆，学校以"明礼向善"为校训，秉持"崇德尚文，尊重个性，为学生的全面可持续发展奠基"的办学理念，推进素质教育、创新教育。东兴镇中心学校为九年一贯制义务教育学校，学校占地5.5公顷，建筑面积2.08万平方米，包括教学大楼、实验楼、体育馆等，学校以"让每一个孩子都健康快乐地成长"为办学宗旨、"以人为本，全面发展"为办学理念，把德育放在首位，突出体育、卫生、艺术教育。

【支教行动】 年内，全市开展各类支教活动。8月18日，援藏教师王振宇作为靖江教育援藏第一人，奔赴拉萨江苏实验中学，展开为期1年的教育援藏工作。王振宇是斜桥中学的教科室副主任，中学高级教师，也是全市高中历史的学科带头人，名师工作室成员，有多年高中历史循环教学经验。8月31日，靖江学校后备干部"马洲322志愿支教行动"启动仪式在市教育局举行。城区各中小学的18名教师成为"322"行动首批支教志愿者。该项行动共选取30名城区学校后备干部，分2批赴农村中小学校参与志愿支教，促进全市义务教育优质均衡发展。支教时间为2年，行动持续到2017年9月。

（黄继鑫　朱焜成　王成国）

【省靖中成为同济大学"苗圃"基地】 3月，省靖中受邀参加同济大学"苗圃计划"校长研讨会，并成为全省仅有的2所"苗圃计划"实验学校之一，校长陈国祥受聘为同济大学教育教学改革咨询专家。"苗圃计划"是同济大学于2012年在选拔与培养人才方面推出的创新之举，将学科人才培养平台从大学延伸至中学，实现大学教育和中学教育间更好的融合，让优秀高中生提早参与感兴趣的学科研究，培养学科苗子。

【中小学科技教育示范中心建成】 1月3日，市中小学科技教育示范中心揭牌投用。中心位于滨江学校科技楼内，设有探索区、体验区、活动区、宣传区及科技长廊等部分。科技长廊以图片形式展示日食、月食、黑子爆发等宇宙奥秘和人类探索宇宙的历程；科学体验区内布置"声聚焦""胜负已定的拔河""神奇的方轮自行车"等具有较强互动性的力学、声学展品，让学生在体验的过程中对课本知识增加直观认识和理解；科学活动区陈列数十件触发式科技体验展品，学生可以通过触摸、实际操作等方式，体验大自然神奇的声、光、电现象；科学活动区内有6间科学活动室，学生可以动手完成机器人、四驱赛车的组装和调试。

【新建住宅区配套幼儿园建设】 1月，《靖江市住宅小区配套学前教育设施建设管理实施办法》（以下简称《办法》）出台，进一步规范全市住宅小区配套学前教育设施的建设和管理,保证学前教育资源的有效使用。《办法》明确,全市新建商住小区,旧城改造、新农村建设、村镇改造等新建住宅小区应按规定配套建设幼儿园、托儿所、早教中心。按照“谁开发建设、谁完善配套”原则,住宅小区学前教育设施必须与小区开发建设同步规划、同步设计、同步施工、同步验收、同步交付。配套建设的学前教育设施应与小区居住人口相适应,原则上每1万~1.5万名常住人口设置一所幼儿园。此前,市内部分住宅小区在规划建设时已预置配套的幼儿园,如南环花苑、中虹花苑、地中海花园、阳光国际、新世纪壹号、御水湾二期、自在城、虹桥城市花园等。

【《靖江教研》入围省十佳】 5月,在江苏省教育新闻工作者协会与江苏教育报刊总社联合开展的首届全省优秀教育内部期刊评比活动中,《靖江教研》入围“十佳期刊”。《靖江教研》由市教育局主办,创刊于1987年,每季度出版一期。该期刊面向全市中小学、幼儿园教师,设置各学科研讨交流栏目,以“为提高教师业务服务、为提高学校教学质量服务”为宗旨,坚持“教研为本,开拓创新”的理念,与时俱进,不断更新版面,构建教学教研天地,为广大教育管理者及教师总结经验、提升理念、深化课改、提高质量提供平台。

【凤凰早教中心揭牌】 6月4日,靖江市凤凰早期教育中心、靖江市家庭教育0~3岁早期教育实践基地揭牌仪式暨家有宝贝——百场亲子公益讲座启动仪式在市凤凰早教中心举行。中心同时挂牌成为全市家庭教育0~3岁早期教育实践基地。凤凰早期教育中心由凤凰出版传媒集团资产管理公司与市教育局合作创办,位于靖城街道原红兴小学内,面向广大学龄前儿童开设0~3岁亲子启蒙、2~3岁托班、托幼衔接等课程。2月17日试运行,共举行近30场亲子公益课,全市430余名适龄儿童参与免费体验。

【中国教育机器人大赛夺奖】 11月14—16日,第15届“能力风暴杯”中国教育机器人大赛暨2014年世界教育机器人大赛中国锦标赛在上海举行。省靖江中专代表江苏联合职业技术学院参加大学组机器人足球和大学组机器人创新两个项目的比赛,石晓婕和陈城制作的机器人凭借精准的控制和协调的制动,获机器人足球项目二等奖;朱婷婷、章进凭借发明的超级路面机器人获机器人创新项目三等奖。超级路面机器人综合多种路面施工机械于一体,实现自动路面切割、路面碎震、路面挖掘、路面清理等多种功能,其自动平衡装置可以防止挖掘超重引起的侧翻。这套系统具有成本低、效率高、安全可靠等技术优点,具有一定市场前景。

【滨江学校获评科学教育特色校】 10月13日,滨江学校被江苏省科协、省教育厅评为2014年江苏省科学教育特色学校。滨江学校秉承“人人接受全面的教育,人人获得不同的发展,人人成就最好的自己”教育理念,创设“滨江学校科技园”等科学教育活动场地,开展各类科普活动,举办主题鲜明的“科技节”和“科技周”活动,推出“机器人”“电子百拼”等16个科技类学生社团,培养学生科学品质和创新能力。至年底,全校师生在各级各类科技竞赛中获奖项百余个。 (免 免)

·靖江农谚(十四)·

【满天星,明天晴】 能看见漫天星斗,证明当时的能见度很好:天上无云,空气中水汽含量极少,无风或微风,气压比较稳定,暂时无其他气团干扰,天气不会发生阴雨变化,所以明天一定会是晴好天气。

【雷公先唱歌,有雨也不多】 指雨前先响雷,下的是小雨。

【霉里草,棒打倒;时里草,薅不了】 一般“霉天”的草较小,加之雨水相对“时天”较少,容易除掉;而“时天”则相反,草长大了,阴雨天也较多。比喻农活一定要适时做。

【稻要田埂,麦要墒沟】 水稻要做好田埂才能保水,“三麦”必须配套好“三沟”才可防涝防渍。 (吴汉荣)

文学艺术

【文学】 陈国祥、仲一晴加入江苏省作家协会。庞余亮出版中短篇小说集《鼎红的小爱情》《出嫁时你哭不哭》，在《上海文学》《西部》《星星》《雨花》等杂志上发表小说及诗歌作品；其诗歌《落叶滚满山坡……》入选“2014 年中国诗歌排行榜”，短篇小说《一根细麻绳》获江苏省第 5 届紫金山文学奖。寂月皎皎（刘华君）出版长篇小说《君临天下（完结篇）》，《深宫槿色》（《君临天下》繁体版）全六册由台湾信昌出版社出版。陈震翻译的传记《摇滚不死》和《我是你男人》分别由中国人民大学出版社、湖南文艺出版社出版，翻译的长篇小说《犹太警察工会》由黄山书社出版。崔益稳在《诗刊》《中国诗歌》《扬子江诗刊》《绿风》等期刊上发表诗歌作品。易扬在《新华日报》《书城》《文汇读书周报》等报刊中发表文学评论作品，其撰写的《2013 年泰州文学概况》入选《江苏文学蓝皮书》。陈永光、易扬、庞余亮分获江苏省第 24 届报纸副刊好作品一、二、三等奖。

【书法】 刘家骏篆刻作品、严磊隶书作品分获泰州市第 2 届“祥泰之州”美术书法展书法类金奖、银奖。江晓东获泰州公安系统书法比赛第一名。蔡惠民获泰州市教师书法比赛二等奖。杨俊获泰州市教师书画比赛三等奖。任蕾获江苏省“朝霞工程”第 21 届才艺大赛江苏赛区青年组书法十佳奖，获泰州市庆祝第 30 个教师节书画作品比赛二等奖。在江苏省第 2 届中小学教师书画大赛中，8 人获书法类奖项，其中郑彬获一等奖，朱平获二等奖，刘金祥、李娟、杨俊、顾飞翔、顾如平获三等奖，钱松获优秀奖。

【美术】 曹滨的山水作品入选“江苏省五星工程奖”美术、书法、摄影作品展；国画作品入选“庆祝江苏省文联成立 60 周年”全省文联干部职工美术书法摄影展。在江苏省美术家协会第 5 次新人美术作品展览中，袁爱民的《童年的回忆》（油画）、孙雪原的《龙门吊》（油彩）获新人奖，卢懿的《困·释》（漆画）获佳作奖。袁爱民的《一曲乡音》（油画）、孙雪源的《早春》（油画）分获泰州市“祥泰之州”美术书法展美术类金奖、铜奖。郑雷的美术作品《只留清气满乾坤》参加江苏省群众文化干部业务技能大赛获铜奖。王金甫的《风景》（油画）参加泰州市群众文化干部业务技能大赛获铜奖。孙雪源的《三月麦田》（油画）入选“同绘中国梦”中青年作品展。在泰州市教师书画作品展中，孙雪原的《查济村口》（油画）获一等奖，朱明亚的《婺源古街》（油画）、杨伟的《待春》（油画）、佘静华的《太行山居图》（国画）获二等奖，李斌的《清荷》（油画）、钱爱霞的《踏春图》（国画）获三等奖。

【摄影】 市摄影家协会筹建“靖江摄影”网站，印制会员证，实行会员积分制管理。凌震环的《邻居》获“生态文明、美丽江苏”大型摄影作品展佳作奖,《港湾晨曲》获优秀奖并刊登于《新华日报》;《万乘驾龙过大江》《阳光奔泻下的童年岁月》《码头》刊登于《江苏摄影通讯》;《整装待发》获“中国梦,我心中的梦”摄影作品展优秀奖;《坚守》入选泰州·淮安作品联展;《春闹溱湖》《港湾的早晨》在“庆祝中华人民共和国成立六十五周年(中国梦·江苏篇)”摄影展中获特别荣誉奖。祁骥程的《新妆》获第16届全国艺术摄影大赛纪实类银奖;《瑞雪江南》《青春律动》在由照相机杂志社与浙江、江苏、福建等十省摄影家协会联合主办的赛事中分获风光类优秀奖、人物组入选奖;《青春律动》在由江苏省委宣传部、省文联和省摄影家协会联合主办的赛事中获“中国梦”佳作奖;《快乐时光》在由江苏省文联、省摄影家协会联合主办的赛事中获“追梦少年”少儿风采摄影大赛优秀奖。叶江的《激动时刻》《贴春联》《献给爸妈的礼物》分获留守儿童摄影大赛一等奖、二等奖、三等奖;《贴春联迎新年》获“欢欢喜喜过大年”摄影大赛一等奖。毛勇江的《幸福雨》入选泰州·淮安摄影作品联展。戴红章的《城市之肺》获“聚焦园林城市,体现绿色之美”摄影比赛优秀奖。缪自永的《桃园秀色》获泰州“聚焦园林城市,体现绿色之美”摄影比赛优秀奖;《幸福时刻》入选“美在家乡”泰州·淮安摄影作品联展。毛勇江的《开心老姐妹》、缪自永的《幸福时刻》《觅》、叶江的《湖中欢笑》、徐宏的《美食街》《现代化生产线》入选“祥泰之州”摄影展。宋亮、田华、蔡忠、孙学东、褚洁明、常怀铮、凌震环、马建功等在“法律让生活更美好”摄影比赛中分别获奖。

【音乐舞蹈】 丁吴洪编写的《丁丁儿童吉他教程》由湖南文艺出版社出版。秦逸为电视剧《一个人战争》创作主题歌歌词《季风过境》,为电视剧《坐88路车回家》创作主题歌歌词《爱是唯一》,为微电影《香橼》创作主题歌歌词《怒放》。张卫忠、陈蕾共同创作的歌曲《橼香伴我走四方》获泰州“五个一工程奖”金奖。陈蕾创作并辅导的歌舞《一江情缘》获泰州新作调演音乐类金奖。殷剑钢撰写的论文《高中音乐鉴赏要点探究》在《时代教育》上发表,由殷剑钢主持的泰州市“十二五”立项课题《农村中小学艺术课堂有效教学评价的行动研究》通过专家组结题鉴定。20名中小学生在“2014年泰州市中小学生个人艺术单项比赛”中获音乐类比赛一等奖。田旭萍、杨波等表演的舞蹈《竹编舞》获江苏省第11届“五星工程奖”金奖。

【戏剧】 张恒毅、须泉琴表演的小戏《村长娘子》获文化部“十佳小戏”奖,《住院》获江苏省文化厅、文联主办的第8届“江苏戏剧奖·小戏小品奖”大赛小戏类二等奖。须泉琴、杨波、房美华表演的小锡剧《今又中秋》获江苏省第11届“五星工程奖”金奖。

【民间文艺研究】 黄靖被中国非物质文化遗产保护中心特聘为宝卷专家顾问。刘正坤讲述、整理的《玉蝉女十二美》由古吴轩出版社出版。

【庞余亮《一根细麻绳》获紫金山文学奖】 12月,江苏省第5届紫金山文学奖揭晓,庞余亮的短篇小说《一根细麻绳》获奖,庞余亮成为泰州地区唯一连续3届获得紫金山文学奖的作家。《一根细麻绳》讲述战争年代游击队员教12岁的烈士遗孤冯玉生用细麻绳杀敌的故事。该小说首次发表于《钟山》,后被《小说选刊》选载,并入选《2013中国年度短篇小说》以及2013中国中短篇小说排行榜。紫金山文学奖设立于1999年,是江苏省最具权威的文学奖项。 (童冬梅)

群众文化

【概况】 2014年,全市文化系统以城乡一体化为目标,积极组织群众文艺活动,统筹推进城乡文化设施建设,加强文化队伍建设和非遗项目保护。年内,市文广新局被人社部、文化部表彰为全国文化系统先进集体;靖江创建为泰州首个省级公共文化服务体系示范区,斜桥镇和孤山镇创建为全省公共文化服务体系示范乡镇;9家基层文化站被省文化厅评为等级文化站,其中斜桥、季市、西来和东兴镇文化站为一级文化站;西来镇西来村农家书屋被省新闻出版局评为省五星级农家书屋。出版大文化年刊《马驮沙》(2014卷),出刊第29辑《马洲诗画》。

群众文艺活动 举办市第32届文艺节,协办市第3届春节联欢晚会、“平安靖江、幸福家园”江苏省城市频道法制环省行演出、“共建绿色家园·同享低碳生活”环保宣讲进社区文艺演出、“科普之光”专题文艺演出等活动。组织参加省“五星工程奖”评选活动,其中舞蹈《竹编》、小锡剧《今又中秋》、书法《唐诗中堂》分获第11届江苏省“五星工程奖”舞蹈类、小戏类、书法类金奖,《浅议农村基层公共文化服

务的创新举措》获理论研究成果类铜奖，“靖江文艺节”获服务项目类一等奖。小戏《住院》参加第8届“江苏戏剧奖·小戏小品奖”大赛，获编剧、导演、舞美等6项大奖；组织参加泰州市新创文艺节目调演活动，其中6件作品分获金、银、铜奖，1件获优秀创作奖。编印《奏响时代强音——靖江优秀企业歌曲作品选》，收录企业歌曲100余首。

中国宝卷生态化保护与传承交流研讨活动　　（市文广新局提供）

文化设施建设　启动建设市文化中心；先后建成马桥镇“岳文化”景观带、孤山镇戏鱼墩农民公园、生祠镇思岳文体广场、合兴路特色文化街、张厚存美术馆；启动农家书屋转型升级工程，首批11家村（社区）农家书屋完成转型升级。

文化队伍建设　出台《靖江市业余文艺团队管理办法》。组织市文化馆专业人员参加省文化馆（站）业务干部技能大赛和泰州市群众文化干部技能大赛，其中5人次获金奖、2人次获银奖、4人次获铜奖。

非遗项目保护　研究制定《靖江宝卷中长期保护规划》，该规划获江苏省优秀规划奖。举办中国宝卷生态化保护与传承交流研讨会。靖江宝卷代表性传承人张东海、“蟹黄汤包制作技艺”代表性传承人陶晋良入选江苏省第4批非遗代表性传承人名单，靖江民歌、孤山“泥狗子”入选泰州市第5批非物质文化遗产名录传统音乐类和传统美术类非遗项目名单，刘正坤等6人入选泰州市级第3批非遗项目代表性传承人名单。出版靖江活宝卷文库《玉蝉女十二美》。

【第32届文艺节】 4月23日，靖江第32届文艺节启动。此届文艺节以“唱响中国梦 弘扬主旋律”为主题，先后开展“乡情乡韵”乡镇与系统新创文艺节目调演、“红旗飘飘”党建题材大戏演出、“欢乐金秋”业余文艺团队展演、“科普之光”文艺汇演和“舞美人生”广场舞比赛6项活动。文艺节各项活动精彩纷呈，涌现一批文艺精品。在2014年泰州市新创文艺节目调演中，舞蹈《竹编》、歌伴舞《一江情缘》获金奖，小品《辣椒李和赖皮张》、舞蹈《开心奶奶》获银奖，舞蹈《在水一方》、小品《只要你高兴》获铜奖，舞蹈《竹编》获优秀创作奖。

（商海霞　陈红燕）

【业余文艺团队专项扶持资金设立】 5月，市宣传、文化部门联合出台业余文艺团队管理办法，除明确业余文艺团队申请成立、规范管理、活动组织等有关事项外，还从文化发展专项资金中拿出部分资金，对经批准成立1年以上、经常开展活动、取得良好社会效益的业余团队给予补助，支持其创作、培训、排练、演出以及添置设备等；市文广新局考核业余文艺团队服务基层演出场次、节目质量及节目外出交流获奖情况等，对评选出的“十佳”团队予以奖励。

【张厚存美术馆开馆】 11月28日，靖江首家美术馆——张厚存美术馆正式开馆。该馆由马洲文化研究会主办，位于马洲公园西大门，以乡土题材为主体，以时代变迁为主线，收藏张厚存关于靖江的油画作品60幅、速写作品78幅，展现靖江各时期的城乡面貌、风土人情、社会变迁。张厚存是靖江油画的开宗人物，早年师从吕斯百、秦宣夫、徐明华等画家，并首创铁皮油画。

（免　免）

电影·戏剧

【概况】 2014年，靖江新建金逸泰和影城靖江店和斜桥镇大成影院2家电影院，拆迁1家。至年末，全市有影院6家、银幕22块，放映电影2.9万场，观众48.4万人次，票房收入1652.1万元。开展“戏舞乡村”等文化下乡活动,全年下乡送戏752场,送电影下乡2300场。市锡剧团全年演出180余场,观众16万余人次。参加江苏省纪委主办的“清风扬帆”专题文艺演出和泰州市廉政“反四风、扬正气、促勤廉”小戏、小品专场文艺演出等重大活动;创排大型现代锡剧《焦裕禄》,先后在靖江、泰州公演,并在泰州地区巡回演出30余场;创排小戏《住院》参加第8届“江苏戏剧奖·小戏小品奖”决赛,获编剧奖、导演奖、优秀表演奖、舞美奖、优秀剧目奖、优秀音乐奖。

(闻海彬　陈红燕)

【80后拍摄微电影】 1月1日,时长9分钟的微电影《本命年》在优酷网、“56”视频网站及靖江各大论坛发布,半个月点击播放超万次。影片由靖江80后青年鞠杰自编自导自演,场景多选择颇具靖江特色的骥江路步行街、三江路小吃店等地。影片分“爱情篇”“工作篇”“梦想篇”3段故事,记录主人公大学毕业2年后由困惑到发奋的心路历程。

【微电影《香橼》首映】 6月6日,由市委宣传部、靖江日报社联合出品的靖江首部城市形象微电影《香橼》,在靖江新世纪影城首映。影片时长19分钟,以靖江市树香橼为暗线,讲述主人公李橼与靖江的亲情故事,揭开一段曲折感人的情感故事。电影处处体现当地原创,不仅剧本由靖江作家原创,主题曲作词者、演唱者乃至片名题词,也都是靖江人,4位主角同样出自当地海选。首映后,影片在全国各大视频网站同步上线,靖江城区各大影院也陆续上映。此外,市民还可通过骥江路步行街全彩大屏、《靖江日报》阅报屏等平台观看。

【靖江首部电影开机】 10月27日,靖江首部电影《恋爱、美食、蟹黄包》举行开机仪式。该影片由潇湘电影集团有限公司、深圳元媒映画文化传播有限公司、泰州量润影视文化发展有限公司联合摄制,靖江市委宣传部、市广电台、市烹饪协会策划协拍。韩万峰担纲导演、编剧,叶项明、臧苗苗主演。电影以靖江蟹黄汤包为地方元素,用一段爱情故事展示靖江的人文自然景观和美食文化,呈现味觉故乡的魅力。

【锡剧《焦裕禄》首演】 6月4日,市锡剧团创排的大型主旋律锡剧《焦裕禄》在省靖中礼堂首演。该剧由国家一级导演王友理执导,以焦裕禄治理兰考“三害”为主线,由“火车站访灾民”“下基层搞调查”“买粮救荒”“为女儿换工作”“痛斥浮夸风”等几个典型故事串联,再现焦裕禄在特定历史环境下带领兰考干部群众艰苦奋斗、改变穷苦面貌的艰辛历程,展现焦裕禄的公仆情怀,弘扬“焦裕禄精神”。

【小戏《住院》获6个奖项】 11月,由江苏省文化厅、省文联共同主办的第8届“江苏戏剧奖·小戏小品奖”大赛决赛结果揭晓,市锡剧团新创排的小戏《住院》获编剧奖、导演奖、优秀表演奖、舞美奖、优秀剧目奖、优秀音乐奖。该戏讲述由出租车女司机碰倒老太太引发的一系列误解、争执、冲突,最后化解的故事,通过平实的事件引出关注空巢老人这个话题,呼吁全社会给予空巢老人更多关怀。

【《村长娘子》获文化部“十佳小戏”奖】 6月,《村长娘子》获文化部全国公共文化发展中心举办的“2014大年小戏闹新春”文艺作品评选活动“十佳小戏”奖。该戏由市锡剧团创作,国家一级导演王友理担任总导演,市锡剧团团长吴飞作曲,市锡剧团演员张恒毅、须泉琴表演,讲述爱占便宜的村长娘子接受教育后转变作风的过程,风格清新诙谐,具有教育意义。

(免　免)

图　书·文　博

【概况】 2014年,全市有图书总馆1个、分馆71个,藏书49万册。市图书总馆有服务器5台、工作用机18台、电子阅览室用机44台、供读者检索触摸屏1台,全年接待读者53.95万人次,借阅图书43.07万人次,累计发放有效图书证件3.63万个,采编图书2.92万册,征订报刊650种。推进全民阅读体系建设,引进首台24小时自助图书借还机,在乡镇、园区设立12台电子书借阅机。推进图书馆总分馆建设。盲人阅览室、文化共享工程播放厅免费办证注册、免费开放,提供文献资源检索、外借等服务;新建市国土局图书分馆;建设乡镇图书分馆,各分馆逐一编目,著录建库,并与总馆联网并轨运行,实现城乡“通借通还”。实施“农家书屋转型升级”工程,按照统一布局、统一名称、统一标识、统一派送“四统一”的原则,推行“图书馆总分馆制”模式,实现农家书屋藏书与市图书馆“通借通还”,年内首批11个农家书屋完成升级改造。组织乡镇、部分村(社区)及新建图书分馆工作人员培训,扩大分馆服务覆盖面和服务质量。组织全市学生参加江苏省文化厅举办的“红读(红领巾读书)”征文和演讲比赛活动,获江苏省征文二等奖2篇、三等奖3篇,获泰州市“红读”征文一等奖2篇、二等奖3篇、三等奖5篇,市图书馆获江苏省“红读”征文组织奖和泰州市“红读”征文优秀组织奖。参加“全国优秀绘本讲读精品教案评选”活动,市图书馆魏倩的参赛作品《好饿好饿的毛毛虫》获三等奖。正式成立市博物馆。研究制定《靖江市文物保护规划(2015—2019)》。开展文物调研与资料汇编,整理全市25处文保单位的文史资料,拍摄、登记文物本体状况及构件、楹联等,编撰《靖江市文物保护单位简介》。完成全国第一次可移动文物普查第二阶段工作,对登记上报的近万件疑似文物进行分类、整理、拍照、测量。维修省级文物保护单位钟楼和市级文物保护单位梅花阁,省级文物保护单位魁星阁修缮工程通过省文物局组织的竣工验收。(邓东伟 李筱纲)

【“24小时自助图书馆”设立】 3月,泰州市首台图书自助借阅系统——“24小时自助图书馆”亮相步行街。该自助机具备全天候办证、查询、预约、借还书、续借、缴纳逾期费等功能,外形与大型自助贩卖机相似,分正反两面,每面各5层,每层有书架76个,摆放古典名著、校园小说、科技读物等各类书籍。左侧设有可登录图书馆网站页面的显示屏,供读者查询所需书籍,并进行预借登记。根据设置,每位读者每次可借阅2本图书、借阅30天;可续借,逾期未归还则须缴纳滞还费。

【首家省五星级农家书屋建成】 5月,西来镇西来村农家书屋被省新闻出版局评为2012—2013年度江苏省五星级示范农家书屋,成为全市首家省五星级农家书屋。2007年,靖江启动农家书屋建设,2010年实现农家书屋行政村全覆盖。西来村农家书屋藏书1万册,涉及农业、医药、社会、人文等各个种类,免费借阅;设有单独电子阅览区,配备计算机8台。(免 免)

【成立靖江市博物馆】 2013年11月4日,经市政府批准,撤销原市文化广电新闻出版局文博办公室,成立市博物馆。2015年1月8日,靖江市博物馆在市事业单位登记管理局完成设立登记,标志市博物馆正式成立。市博物馆收藏有明、清时期各类文物243件(组)。

(邓东伟 李筱纲)

党史方志档案

【概况】 2014年,靖江党史、方志、档案工作坚持以“存史、资政、育人”为根本任务,以提升档案工作整体水平和加快史志编纂步伐为目标,以服务民生为重点,优化服务质量,加强干部队伍建设,实现党史、方志、档案工作持续、健康发展。

党史工作 推进党史编修进度。完成《中国共产党靖江历史(1949—1978)》修改、送审、出版工作。修改完善《中国共产党江苏省靖江市组织史资料》(第四卷)。完成《影像靖江》编撰初稿和“靖江骄傲——靖江籍优秀人物选介”布展工作。扩大党史宣传。开展党史成果进机关、进院校、进企业、进军营、进社区、进乡村活动,将靖江早期党组织活动情况、抗日和解放战争时期重要事件、党史人物等制成展板巡回展览。积极宣传靖江党史人物,撰写的《中国现代印刷业先驱柳溥庆》和《“大安五烈士”——汤定波》分别被《世纪风采》《泰州晚报》刊载。

志鉴工作 完成《靖江市志》总纂。结合市志编修,组织编撰专业志、部门志,完成评审《靖江市土地志》,刊印《小镇春秋——“四墩子”百年纪事》,出版《靖江工商联(总商会)志》。与靖江日报社合作,在《靖江日报·贺岁特刊》推出“靖江历史上的今天”栏目,扩大史志档案编研成果的社会影响力。编纂出版《靖江年鉴(2014)》。

档案工作 夯实基础业务。制定《靖江市档案馆档案收集实施细则》及《2014年靖江市档案馆进馆工作方案》,接收23家单位57 430件档案进馆。建成档案利用者情况数据库。创建成为江苏省首批县市级中小学档案教育社会实践基地。进社区、进机关、进学校宣传档案知识。借国际档案日契机在《靖江日报》上开辟档案宣传专版。组织参加由国家档案局主办的“走进档案”主题征文活动,其中2篇分获二等奖和优秀奖。加强业务指导。修订档案工作检查标准,督促指导全市各机关完成2013年度文件材料整理归档工作,合格率98.7%。完成8家单位档案工作星级测评,其中四星级2家、三星级6家。联合民宗局部署宗教场所建档工作,培训宗教场所档案工作人员,上门指导8家具备条件的宗教场所规范建档。编制完成国资集团2家试点单位的《企业文件材料归档范围和档案保管期限表》。指导国信秦港港务有限公司、江苏海天泵阀有限公司相关建设项目及国有投资项目文件材料整理归档。推进信息化建设。二次校验一、二、三期馆藏档案数字化加工的250万条目录数据及500万页全文数据。纳入数字档案室网络化管理用户系统使用及数据迁移工作量完成70%。14家单位室藏档案完成数字化，至年底，数字档案馆共接收21家264G的电子档案。指导靖江工商行政管理局创建成江苏省AAA级数字档案室，使其成为泰州市首家通过省级数字档案室等级评估单位。强化资源征集。征集有关靖江政治、经济、军事、社会、科技、文化等方面的照片4500余张。制订照片整理方案，对馆藏照片进行数字化整理及文字编注。

【《中国共产党靖江历史(1949—1978)》出版发行】 11月，《中国共产党靖江历史(1949—1978)》由中共党史出版社出版发行，约23万字。该书从总结历史经验、揭示历史规律出发，以尊重历史、存真求实的科学态度，系统记述中共靖江县委在解放后30年里贯彻执行党的路线、方针、政策，以及带领全县人民进行社会主义革命和建设的不平凡历程，反映全市政治、经济、文化、社会等各方面在不同历史时期发生的重大变化，其总体脉络呼应全党同时期历史发展过程，具有较强的存史、资政、育人作用。

【《靖江年鉴(2014)》获江苏省综合年鉴特等奖】 《靖江年鉴(2014)》在第3届江苏省综合年鉴评比中获市、县(市、区)综合年鉴特等奖和条目编写单项奖。《靖江年鉴(2014)》全书约70万字，设33个类目、599个条目，随文图片81幅，全面系统地反映2013年度靖江经济社会发展状况。特设专记、跨江联动、味觉靖江等栏目，集中记述靖江撤县设市20年、跨江联动10周年以及靖江港口岸开放的主要历程、重大成就和长远影响，展示蕴含在文学作品、美食名镇和名菜名店中的靖江餐饮特色与饮食文化。此外，《靖江年鉴 (2014)》首次将全书内容刻制成光盘，随书发行，方便年鉴资料携带和检索。

【创建成省中小学档案教育社会实践基地】 年内，靖江市档案馆组织中小学生参观靖江史料陈列馆、靖江经济社会发展成就展览馆和动态展厅，与相关学校和单位建立基地共建关系，制作宣传展板至各中小学校流动展览，开办网上展厅等，面向社会特别是中小学生进行“爱国爱乡”主题教育活动。10月27日，经江苏省档案局专家组评审验收，靖江市档案馆创建为江苏省县(市、区)中首批中小学档案教育社会实践基地。

【“靖江骄傲”主题展览举办】 7月，市档案馆在该馆动态展厅举办“靖江骄傲——靖江籍优秀人物选介”主题展览。该展览图文并茂展示30位在外地工作的靖江籍优秀人物，重点介绍他们在各自领域取得的杰出成就，以此丰富中小学档案教育社会实践基地和爱国主义教育基地展览内容，激发广大市民尤其是青少年学生的爱国爱乡情怀。

(王 樱)

文化市场

【概况】 2014年，全市共有文化经营单位427家，其中歌厅24家、舞厅4家、电子游戏室79家、互联网上网服务营业场所102家、印刷企业65家(出版物印刷企业2家、包装装潢印刷企业33家，其他印刷品印刷企业30家)、打字复印经营单位28家、出版物经营单位101家、美术品经营单位12家、演出场所1个、演出经纪机构1家、文艺表演团体1家、电影放映单位8家。年内，全市文化经营单位不断适应经济新常态，优化产业结构，提升服务质态，实现平稳健康发展。

扫黄打非 坚持日常监管和专项治理相结合，开展2014“清源”“净网”“秋风”等专项行动，定期整治中小学校园周边环境，持续净化全市出版物市场和网络环境。全年出动执法人员849人次，检查出版物市场、店档摊点和印刷复制企业486家次，取缔无证出版物经营摊点12个，收缴盗版光盘7800余张、盗版图书4127册。

重点行业整治 强化网吧监管，整治各类违法违规经营行为，全年查处违规接纳未成年人的网吧7家。加大游戏行业监管，市文广新局及公安、工商等部门集中清理整治“抓烟机”“抓牛机”等带有赌博性质的违规经营活动，查扣“抓烟机”34台，收缴电路板3块，取缔非法经营点40余个。开展“小耳朵”专项整治行动4次，张贴发放整治通告1800余份，拆除非法安装使用的“小耳朵”近120套。加大对演出市场稽查力度，规范歌舞娱乐场所经营秩序，发放消防安全整改通知书29份，关停存在重大安全隐患的地下歌舞场所1个。在孤山、生祠两个传统庙会期间，取缔违规演出1起。

版权保护　宣传版权保护知识，承办泰州市"2014版权宣传周"系列活动，举行"拒绝盗版、共筑未来"签名活动，发放宣传资料1000余份。组织部分企业参加"江苏书展"期间举行的版权宣传展示活动。加强软件代理商与企业单位之间的协调，提高企业的版权意识，推动软件正版化工作。启动版权保护试点工作，做好三兔、苏龙等印刷企业外观设计和靖江籍书法家汤子为书法作品的版权保护工作。打击盗版侵权行为，参加江苏省非法出版物集中销毁活动，上缴非法书报刊、盗版音像制品、电子出版物2.2万余件。

（黄益涛　王东辉　王剑锋）

广播·电视

【概况】 2014年，市广电台自办交通音乐广播1个频率，全天直播17小时；自办新闻综合、社会法治、文化生活、经典点播4个电视频道，新闻综合频道每天播出1小时新闻节目。全市电视综合覆盖率100%，有线电视入户率99.03%，其中数字电视用户18.99万户。年内，市广电台获评江苏省电视新闻繁荣奖、省电台发稿优胜单位、2014年度市级机关绩效考评十佳机关。

新闻宣传　发挥主流媒体传播力和影响力，围绕"重树苏中标杆 率先融入苏南"的目标，先后推出《开启新征程 谱写新篇章》《解放思想再发力 重树标杆勇攀登》《践行群众路线 切实改进作风——群众路线教育实践活动特别报道》《走进美丽乡村》《为民先锋 服务楷模》《新春走基层》《践行社会主义核心价值观》《温暖行动》《马洲芬芳》《人勤春来早》等30余组、600余篇稿（片）报道。配合全市机关"中梗阻"清障专项行动，推出《对话效能——"中梗阻"清障专项行动专题》系列宣传，邀请机关、部门负责人走进演播室，与市民就"中梗阻"清障专项行动对话互动。

事业建设　制订2014年网络建设与改造方案。规划设计36个新建小区、42个网络改造项目，累计新开光节点355个，架设各类芯数光缆188千米、建设小区及各类干线地埋管道59千米，架设钢绞线45千米。完成泰州新干线(靖江至泰兴段)、公新公路环网(新桥富江路至东兴火叉港段)等8项管道工程，完成西郊村、南霄村、惠丰村等城乡网络改造项目28个，改造、整治新世界、春江花城社区、工农路等区域网络，建设城东大道北段、新建北路、新洲路等干线管道工程。年内，全市有线电视综合人口覆盖率100%，有线电视用户累计214 554户、入户率99.03%，数字电视用户18.99万户。

节目改版　广播、电视节目全面改版。广播方面：FM102.4"靖江交广"打造新版"畅享"系列栏目，包括《一路畅享》《畅享车生活》《畅享随心听》《畅享任逍遥》《畅享星期天》等；新闻节目由每天2档增为双人直播每天3档，分别是早新闻《1024港城早报》、午间新闻《1024直通现场》、晚新闻《1024港城晚报》，《1024直通现场》以记者口述报道、连线报道、现场报道、深度报道的形式播报新闻，体现时效性和现场感。电视方面：《新影响热线》5月改版为《今晚8点》，栏目以百姓"身边事、麻烦事、关心事"为主要报道题材，时长增至20分钟，下设《今日关注》《直击现场》《影响热线》《最美靖江》《家中好味道》等10个子栏目，主持人播报采用"说新闻"的方式，栏目风格追求轻松、自然、朴实、流畅。

媒体融合发展　坚持媒体融合发展方向，搭建传统媒体和新媒体的沟通平台。建立"影响靖江"网、"影响靖江"微博和微信公众平台、无线靖江手机客户端、1024汽车网、1024微信平台等，征集新闻线索，进行节目推广互动等。微信公众平台实现广播在线收听、电视节目点播、活动互动和电视直播等功能。至年底，微信平台固定用户超3万人，信息平均日阅读点击量约3万，累计阅读量达800万。

对外宣传　1月，央视中文国际频道播放《快乐汉语靖江行》。春节期间，央视《走遍中国》新春特别节目"新年新味道"播出靖江年夜饭的特色与制作工序。全年在中央台各档节目中用稿16篇，其中新闻频道播出新闻3条，8月7日《新闻联播》头条以《东部省份结构调整新变化》为题报道靖江造船企业在结构调整中呈现出的新亮点。在省台用稿176条，保持县级台在省台用稿量前10位。协办江苏电视新闻年会、广播新闻年会、"声动互联——全媒体时代电台融合营销创新论坛"，协助拍摄靖江首部电影《恋爱、美食、蟹黄包》。

节目创优　在2013年度优秀广播电视节目评比中，广播节目获省级三等奖1个，泰州市级一等奖4个、二等奖8个、三等奖11个，新闻访谈节目《飞跃两岸 合江而生》获江苏广播社教节目三等奖。电视节目获省级二等奖1个、三等奖1个,泰州市级一等奖5个、二等奖9个,《“欢乐新世纪·幸福百富绅”靖江市第3届春节联欢晚会》获江苏省电视文艺综艺节目评比二等奖,《自在城“那些年·那些歌”经典音乐会》获江苏省电视文艺音乐节目评比三等奖。

活动运营 先后举办“3·15”系列活动、“榕湖世家”杯少儿钢琴大赛、“别克君威”节油挑战赛、“欢乐新世纪·幸福百富绅”靖江市第3届春节联欢晚会、靖江市第2届家居行业高峰论坛、靖江电视台首届建材家居千人团购会、“幸福靖江”第5届房博会、2014“五一”品牌车展、靖江市第5届“今世有缘·爱满靖城”大型集体婚礼、靖江市第19届青少年演唱大赛“春之声”合唱专场比赛、靖江戏剧节、靖江最强音、中天城市景园超级宝贝秀儿童才艺大赛、“我是射手”、国庆车展等活动,提升广告营销价值。

【开展“走进美丽乡村”广电服务行动】 4月18日,市广电台启动“走进美丽乡村”广电服务行动。该行动由走进美丽乡村新闻行动、美丽乡村交广行互动体验活动、走进美丽乡村戏曲巡演活动和走千家访万民服务行动4部分组成。其中,走进美丽乡村大型新闻行动播出报道89篇,涉及11个村;走进美丽乡村靖江交广互动体验活动开展8期;走进美丽乡村戏曲巡演活动举办10余场;走千家访万民服务行动先后在12个小区设立业务办理点,全年接受用户咨询4000余人次,办理业务2800笔,上门帮助用户排除数字电视及宽带故障近300起,维修机顶盒3800余台,走访200户行动不便的贫困、伤残、孤寡老人等客户群体,定期提供上门一对一服务。

(朱红芬 李育 侯燕)

【第3届春节联欢晚会】 1月16日,由市委宣传部、市文广新局、广电台主办的“欢乐新世纪·幸福百富绅”靖江市第3届春节联欢晚会完成录制。晚会历时4小时,表演节目20余个,以本土化、百姓参与为热点,以“欢乐靖江”“梦想靖江”“收获靖江”“幸福靖江”为主线,融汇歌曲、舞蹈、说唱、戏曲、杂技、小品等多种艺术形式,体现靖江风土人情、地方文化、普通市民的日常生活,诠释“我们的欢乐 我们的春晚”主题。晚会经后期制作于马年春节至元宵节期间在靖江电视台高频次播出。

市第3届春晚演出现场 (市广电台提供)

【江苏有线靖江分公司成立】 12月30日,江苏有线靖江分公司成立。靖江有线电视建设起步于1994年,经20余年发展,完成由模拟到数字,从单一传播业务到涵盖基本标清数字电视、互动电视、高清电视、付费电视、宽带等综合业务的升级,覆盖用户21万余户。根据《省委办公厅、省政府办公厅转发省委宣传部等部门关于进一步整合广电网络的实施意见的通知》,2013年11月起开展靖江广电网络整合工作。 (免 免)

靖江日报

【概况】 《靖江日报》为四开24版双面彩印加长报,全年出版296期,均发行量2.86万份。2014年,靖江日报社加大新闻宣传力度,实施重大主题报道5个。其中,群众路线教育实践活动报道汇辑全市教育实践活动各环节新闻;“推进转型升级 加快融入苏南”系列报道刊发20余篇各部门单位服务企业转型升级的创新思路和举措,以及部分重点企业转型升级的成功案例;“服务发展看行动”专题报道,着重报道全市服务行业和部门单位改革创新、优化服务、提升效能等方面的举措和成效；“深化改革聚力发展——‘一把手’访谈”专栏，报道各地各部门结合工作实际提出的深化重点领域改革、聚力产业优化发展的计划、举措；“解放思想再发力、重树标杆勇攀登”主题报道，运用系列评论、对话专访、典型报道等形式，反映大讨论大落实活动中的先进典型和各部门的工作成效。常年开设《靖江好人》专栏，宣传美德善行，累计报道身边好人、群体30余个，其中鞠卫东、李素芬等报道对象入围“中国好人榜”。开设《记者蹲点日记》专栏，鼓励采编人员至机关科室、服务窗口、农村村组、企业车间、建设工地等驻点采访，刊发相关报道近百篇。策划组织“发现靖江之美”摄影大赛、“美在靖江”摄影大赛、“说说身边的不环保行为”等专题报道，形成正面报道和舆论监督并重、新闻宣传和公益行动并举的宣传态势。积极扩大社会影响力。调整运行方式和经营理念，投资建成50个党报阅报栏供市民浏览。编辑出版《玉蝉女十二美》《对话骥商》《靖江力量》《成长的刻度》等书籍，编发6期《眼界》杂志和邮册《神韵马洲》。开展帮助弱势群体和困难家庭的公益活动。通过新闻报道，为20余位病残困难家庭和困难学生筹集医疗资金和学习费用50余万元；策划组织“新春暖心”大型公益行动，为50位贫困学子募集助学金10万余元、物品价值10万余元。年内，靖江日报社获中国报业协会颁发的中国报业经营管理奖，被江苏省县市报研究会授予江苏县市报先进单位称号；策划组织的“小红帮忙进社区进乡村”活动被江苏省文明办和省民政厅评为江苏省优秀志愿服务项目，“区域全媒体运营平台”项目被中国报业协会评为中国报业新媒体创新项目50强，“融媒体架构下的创意文化活动”被中国县市报研究会评为全国县市报经营成功案例第二名。《靖江日报》有50余件新闻作品在江苏省报纸优秀作品、中国城市党报新闻奖等评比中获奖。

【首届“靖江好声音”活动举办】 7月，市委宣传部、市文明办、团市委、靖江日报社、中国靖江网联合举办域内首届“靖江好声音”评选活动。该活动参与面广，不设年龄、唱法、曲目等限制；通过微信、微博报名，共吸引800余人报名参加；采用“露天音乐节”的形式，在各镇社区广场共举办15场比赛，吸引大量观众参加现场评比；同时通过全媒体平台，公布晋级选手的比赛信息，评选网络人气歌手。经过多轮角逐，最终决出“靖江好声音”冠军为徐均靖、亚军为天宝、季军为吴诗奇。（朱　亮）

中国靖江网

【概况】 2014年，中国靖江网（以下简称靖江网）先后推出市委全委会、策马靖江融入苏南、全面深化改革、文明城市创建等10余项主题宣传，策划组织线上线下互动活动50余次，建成“民生”“现场直击”“前沿会客厅”“市井”4个主打栏目，打造网上夏令营、亲子自驾游、美食试吃等活动品牌；开通《靖江日报》官方微信。至年末，靖江网网友覆盖全球150余个国家和地区，日均PV量（网页浏览量）3万次，拥有移动APP用户2.2万个，微信用户1.6万个，微信年度发稿2500余条，点击阅读量500余万次，主要竞争力指标居江苏县市新媒体第2位。组织实施的“区域全媒体运营平台”项目获评中国报业协会的中国报业新媒体项目创新50强。

【《靖江日报》官方微信开通】 1月1日，靖江网开通《靖江日报》官方微信，发布栏目近30个，形成新媒体互动体系。年内，策划推出“靖江方言竞猜”“苏州乐园苏台灯会竞猜”“送TA三行情书”“靖江最美春天微摄影大赛”“街头囧字微摄影大赛”“儿童节晒酷照”“父亲节感恩老爸我拍拍”“微友相亲会”及首届微友节等互动活动，提升微友参与度，并为靖江日报社组织的系列活动提供微友互动平台。至年底，微信用户数超1.6万。

【《策马靖江 融入苏南》访谈节目录播】 年内，靖江网录制播出《策马靖江 融入苏南》大型系列视频访谈节目。该系列节目共9期，分别邀请靖江开发区、城南园区、城北园区、新桥镇、市发改委、市住建局、市安监局等镇区、部门主要负责人，用访谈形式介绍近年工作亮点和成果以及新一年理政思路，回应市民关注的热点问题。节目制作采用外景采拍和室内录制相结合的方式，话题设计体现高起点、低落点，大意境、小切口，强化故事勾连，凸显信息含量。节目通过靖江网品牌栏目《前沿会客厅》发布，《靖江日报》、官方微信、户外大屏同步推送。（韩彩霞）

卫 生

·综 述·

【概况】 2014年,全市有医院、卫生院27个,其中三级医院2个、二级医院2个、卫生院15个、民营医院8个;有疾病预防控制中心、卫生监督所、妇幼保健所、皮肤病防治所、健康促进中心、血站等卫生单位6个;有社区卫生服务中心4个、社区卫生服务站8个、村卫生室103个、个体门诊部6个、工厂和学校等企事业单位所属医疗保健机构及个体诊所108个。有卫生技术人员4011人、床位3689张。全市医院全年门急诊诊疗272.76万人次,比上年增长7.33%;住院病人9.1万人次,比上年增长3.74%。年内,全市卫生系统以“保基本、强基层、建机制”为主题,以“优质均衡发展”为主线,积极落实医改各项措施,不断优化医疗卫生发展环境。加强医疗队伍建设,市医疗集团向社会公开招聘硕士及以上专业人才24人。改善医疗条件,市人民医院与中国医学科学院阜外心血管病医院联合成立培训基地,引进优质医疗资源。建成99个村卫生室并投入使用,新桥镇五星村、东兴镇成德村、斜桥镇海圩村、季市镇大庆村、生祠镇老港村5个村卫生室创建成省级示范村卫生室。靖江获省卫生应急示范市、公立医院改革先进市、中医工作先进市称号;市健康促进中心获全国健康教育与促进示范基地称号;市妇幼保健所被国家卫生计生委表彰为全国妇幼卫生工作先进集体;市人民医院创建成国家级三级综合医院;市中医院通过国家中医药管理局三级乙等评审。

市人民医院创建成国家级三级综合医院　　（靖江日报社提供）

【获评卫生应急示范市】 年内,启动创建江苏省卫生应急示范市工作。投入200余万元,建设高标准数字化卫生应急指挥中心,与泰州市卫生应急指挥中心及域内医疗卫生机构联网。以监测预警为核心,开发卫生应急指挥决策系统,对传染病疫情、生活饮用水水质及各类突发公共卫生事件等实行多元化监测预警。12月,通过省级考核评估,靖江被命名为“江苏省卫生应急示范市”。

【“智慧医疗”建设】 年内,根据智慧城市发展要求,加快推进卫生信息化建设。建成智能化节能机房1个,安装云服务器和安全网络设备。推进区域体检系统、卫生综合决策分析系统、卫生综合展示平台、健康门户网站建设。区域卫生综合信息管理平台、远程医学会诊平台(含双向会诊)、区域PACS系统平台、公共卫生综合管理平台全部上线。区域卫生信息平台与市人社、药监、民政、公安局联网,实现数据共享。

(朱忠林)

【“鸿纳爱心基金”设立】 5月,市医疗集团在江苏鸿纳医疗投资有限公司设立“鸿纳爱心基金”慈善救助项目,由鸿纳公司每月提取10万元用于救助在市人民医院住院的贫困患者。“鸿纳爱心基金”慈善救助对象为:持有低保证或镇(街道办)、村(居委)2级贫困证明的域内常住人口,在市人民医院住院(意外伤害、打架斗殴、自杀、酗酒等除外)且自付医药费在3000元以上者。符

2014年靖江市人民医院科研获奖项目一览表

表41

项目名称	参与者	获奖等级
护理器具改良在优质护理服务中的应用	吴春燕　吴　剑　环晓锋	泰州市医学新技术引进三等奖
慢性髓细胞性白血病急变期的分子机制及治疗研究	孙　森　陈浩月　韩乔燕　叶金松　吴玲玉　王　苇　刘春华	靖江市科技进步一等奖
贲门周围血管离断术中胃镜检查的临床价值研究	蔡圣强　王建江　凌　峰　薛迎春　季　湧　孙　弟	靖江市科技进步二等奖
靶动脉栓塞术在肿瘤源性出血疾病中的应用	李　立　宋秋萍　陈新国　朱亚娟　吴正宇	靖江市科技进步二等奖
联合检测外周血调节性T细胞及血清和组织中黏着斑激酶表达在胃病诊治中的应用	叶金松　周明先　陶　岚　陶春牡　高　锋　徐丽芳　徐晓凤	靖江市科技进步二等奖
血SICAM-1、SVCAM-1水平与肺鳞癌关系的研究	冷云华　夏漫辉　刘明基　陆剑平　丁学武	靖江市科技进步三等奖
ICU危重患者诊断性失血的护理干预	杜　娟　环晓锋　侯雪琴　徐　燕　陈　晨	靖江市科技进步三等奖
基于质量持续改进模式下的综合性医院护士个人绩效考核探索	吴　剑	江苏省医院协会论文二等奖
等级医院创建与持续改进	高　峰　陈宏俊	泰州市医院管理学会论文一等奖

合救助条件的,向市人民医院提交书面申请、贫困证明等材料;年度内受救助对象不重复享受救助。每批救助对象为6人3个等次,第1等次1人3万元,第2等次2人各2万元,第3等次3人各1万元。市医疗集团和鸿纳公司每月联合举行一次救助基金发放仪式,邀请市公证处工作人员现场监督。至年末,共发放救助基金48万元。

【糖尿病防治协会成立】 4月26日,市糖尿病防治协会成立,有会员70余人,包括内分泌及相关专科医护人员、部分糖尿病患者等。成立该协会,旨在为广大糖尿病患者和医生搭建沟通平台,促进医患交流;开展形式多样的科普活动,宣传糖尿病防治知识;多渠道筹措资金,向生活困难的糖尿病患者提供资助。

【市中医院成为南京中医药大学教学医院】 6月14日,南京中医药大学专家组至市中医院考察,了解其发展情况,实地查看门诊、病区硬件设施,观摩病区开展的教学查房、病例讨论,查阅相关台账、病历资料等。该院教学医院创建成果得到专家组充分肯定,同意通过验收。6月26日,市中医院正式签约成为南京中医药大学教学医院。

(赵一阳)

·医政管理·

【概况】 2014年,市卫生局推进县级公立医院综合改革试点,提高医疗服务质量。开展等级医院创建,市人民医院创建成为国家级三级综合医院、市中医院通过国家中医药管理局三级乙等评审。完善院前医疗急救网络,以市人民医院"120"急救站为主体,设置市中医院,新港城医院,第四人民医院,太和、生祠、季市中心卫生院6个急救分站。加强中医药服务能力和特色专科创建,基层医疗机构中医药综合服务能力和水平明显提高,生祠中心卫生院骨科、土桥卫生院肿瘤内科、惠丰卫生院中医外科、敦义卫生院骨伤科创建成为泰州市乡镇卫生院特色科室。组织申报中医专科项目,"端氏祛腐生肌膏治疗外科疾病""魏氏八仙药治疗喉科疾病""沈氏鸡皮接骨膏治疗骨伤科疾病""钱氏黑膏药治疗外科疾病""殷氏儿科传统诊疗术""魏氏风湿丸治疗痹症""妙香丸治疗脾胃病"等7个诊疗项目通过全国中医药传统知识非物质文化遗产初审。

【无偿献血】 年内,完善采供血服务体系和质量管理体系,继续保持临床用血100%为无偿献血。全年无偿献全血7681人次,采集全血11 936u(u:200毫升/单位);无偿献成分血3325人次,采集血小板5869治疗量;供应临床全血29u、红细胞类11 597.5u、血浆9815.5u、冷沉淀284.25u、机采血小板484治疗量,红细胞分离率99.73%、成分输血率99.88%。

·卫生监督·

【概况】 2014年,市卫生监督所依法把好卫生许可关。复核卫生许可证699件、新发264件;发放公共场所从业人员健康证3698份、卫生管理员证102份;21名卫生监督协管员、112名卫生监督信息员通过卫生监督业务知识培训重新获聘上岗。开展"健康江苏"卫监系列专项行动,出动监督人员3650人次、车辆396次,检查1132户次,抽检样品206份,立案查处20件,其中警告11家、吊销许可证1家,移送办理非法行医案件1件,共计罚款4.91万元。市卫生监督所获江苏省"健康卫士杯"先进单位、基层卫生监督工作先进单位、食品安全标准跟踪工作先进单位称号。

【控烟专项检查】 年内,市卫生监督所开展公共场所控烟专项检查,共出动卫生监督员196人次、车辆59台次,检查住宿场所30家、沐浴场所16家、游泳场所4家、美容美发场所15家、商场(含超市)7家、影剧院3家、饭馆17家。对存在问题的单位发出卫生监督意见书,督促其限期整改。

·疾病预防与控制·

【概况】 2014年,市疾控中心累计报告乙丙类急性传染病2952人,发病率为431.68/10万,比上年上升69.85%;乙丙类传染病死亡病例3例,未发生甲类传染病。报告病例前5位病种为手足口病、梅毒、肺结核、其他感染性腹泻病、流行性腮腺炎,占传染病总发病数的93.65%。传染病疫情和突发公共卫生事件网络直报率100%、及时处理率100%。加强霍乱传染病防治工作。配备消毒药品和检测器材,全市22个医疗单位均开设腹泻病门诊,确保腹泻病人归口管理、诊治,减少污染和交叉感染发生,全年登记腹泻病人1.52万人、送检2303人,送检率15.16%,未检出阳性样品。发现治管肺结核病人204例,其中新发涂阳病人30例。继续做好艾滋病综合防治示范区工作。开展重点人群艾滋病监测5439人，高危人群干预64 153人，艾滋病高危人群预防覆盖率100%；完成艾滋病自愿咨询免费检测1012人，占总人口的153.3/10万，检出HIV抗体阳性8例；年内新发现和报告艾滋病病毒感染者和病人20例，其中本地籍17例、死亡2例。健全慢性病防治网络。建立健康档案56.39万份，建档率82.27%，其中城区建立13.08万份，建档率79.89%。建立65岁以上人群健康档案7.86万份，建档率87.72 %。建立高血压健康档案8.01万份，建档率62.13%。建立糖尿病健康档案1.96万份，建档率53.59%。建立健全全死因报告体系。网络报告全死因3530人，居民死因登记报告率为总人口的5.15‰。开展恶性肿瘤监测工作，完成录入登记报告2677人。

【卫生应急】 建立健全卫生应急网络，修订完善卫生应急预案，完成卫生应急培训196余人次。加强对霍乱、大肠杆菌感染性腹泻、肝炎、痢疾、人感染禽流感等重点传染病的防治和监测。快速处置7起手足口病聚集性疫情、1起流感样病例暴发疫情。处理水污染事件1起，食品安全事故(疑似食物中毒)3起。

【免疫规划】 全面使用儿童计划免疫信息管理系统，信息录入及时率、完整率、7天内上传率均达100%。7周岁以内儿童11种疫苗接种率均达95%以上，预防接种副反应报告率100%。规范化预防接种门诊达标率100%，数字化计免门诊建成率76.2%。

【血吸虫病、寄生虫病及地方病防治】 完成查螺面积806万平方米，死螺回收率65%，未查到活螺。重点村整村筛查4977人，发现3例DDIA阳性，及时进行治疗。开展肠道蠕虫感染监测1005人、随机抽取602名学龄前儿童进行蛲虫调查，未检出阳性。

【公共卫生监测】 监测婴幼儿配方食品10份、水产品15份、地方特色食品35份，2份水产品检出副溶血性弧菌，1份地方特色食品检出金黄色葡萄球菌。食源性疾病监测病例200份，未检出沙门氏菌。开展食品生产企业、经营单位食品及餐具消毒监测，共监测食品99份，合格率97.0%；监测饮用水134份，合格率100%。监测医疗机构消毒质量采样168份，合格率99.4%。开展职业病危害健康监护与评价，职业健康体检3031人，发现疑似职业病7人、职业禁忌症15人。监测10家企业14种职业危害因素，合格率86.1%。监测农药中毒，全年共发生农药中毒32例、死亡1例，均属非生产性中毒。

【疾控体系建设】 年内，筹集资金400余万元，按疾病预防控制体系建设要求逐步完善检验设备，新购置检验检测设备60余台(件)，A类设备达标率92%，B类设备达标率78%。建有艾滋病自愿咨询检测门诊、艾滋病初筛实验室、生物安全二级实验室等。建立卫生检验信息系统、从业人员体检和职业健康体检系统，基本满足《中华人民共和国传染病防治法》《中华人民共和国职业病防治法》以及国家新的检测标准。6月8日市疾控中心迁入新址，中心总建筑面积5876平方米，其中实验室用房2400平方米，人均建筑面积92平方米，符合县(市、区)疾病预防控制机构工作用房人均面积标准。

·妇幼保健·

【概况】 2014年，靖江严格执行母婴保健技术服务机构及人员准入制度，做好实名制分娩登记、“出生医学证明”发放、“两禁止”(禁止非医学需要胎儿性别鉴定、禁止选择性别人工终止妊娠)管理、托幼机构卫生保健管理、“三网监测”(孕产妇死亡、儿童死亡、新生儿缺陷监测)质控分析等工作。继续加强孕产妇和0~6岁儿童系统管理，孕产妇系统管理率98.30%，3岁以下儿童系统管理率98.65%，7岁以下儿童保健管理率98%。免费为孕产妇及6岁以下儿童提供基本保健服务和常规化验检查，全市孕产妇死亡率为0，婴儿死亡率2.87‰，新生儿出生缺陷发生率3.05‰、疾病筛查率99.85%、听力筛查率99.85%。严格执行剖宫产手术权限管理制度，剖宫产率降至41.62%。开展两癌筛查，筛查2.77万人，查出宫颈癌前病变115人(CINⅠ-Ⅲ级)、宫颈癌8人、乳腺癌15人。孕产妇HIV、梅毒和乙肝咨询检测3956人，检测率100%；随访管理梅毒感染孕产妇18例，对328例乙肝表面抗原阳性孕产妇所生新生儿进行乙肝免疫球蛋白注射。发放孕产妇住院分娩补助3463人，农村妇女增补叶酸3406人。

·健康教育·

【概况】 2014年，市健康促进中心在全市范围内开展健康素养监测、酒驾干预及控烟工作，普及健康知识。开展各类疾病防控与健康促进咨询宣传活动13次，制作各种疾病防治宣传画1000余张，发放健康宣传资料 1.5 万余份，培训社区居民和在校学生 2 万余人次，提高市民对常见疾病的认识；制作常见病健康教育处方 12 种、各 10 万份；制作《合理用药》《预防传染病》《认识和防御雾霾》《心理平衡》等入户宣传资料，印发《健康之窗》12 期。开展酒驾干预主题活动。将控制酒驾内容纳入基本公共卫生服务讲座，“全国交通安全日”期间开展“拒绝酒驾，关爱生命”系列宣传活动，在健康教育橱窗张贴预防酒驾宣传画，切实提高民众对酒驾危害的认知度。深入开展控烟工作。在全市范围内开展“控烟履约，健康靖江”活动，组织人员深入乡镇、社区、学校、机关等场所，宣传烟草危害，全市共 31 家机关、企事业单位通过无烟单位考核验收。开展健康小屋建设试点。在东兴卫生院、侯河卫生院开设健康小屋，配备电子血压计、身高体重仪、血糖测试仪、人体成分分析仪、健康小屋管理系统等，及时了解和掌握市民健康指标及动态变化，实现“小病进社区，大病进医院”就医模式。开展各类创建活动，指导实验学校、滨江学校、城北小学等 13 所学校创建“健康促进学校”，其中实验学校获“健康促进学校”创建金牌，滨江学校、城北小学等 4 所学校获银牌，马桥初中、土桥初中、生祠初中等 8 所学校获铜牌。斜桥、新桥镇通过“省级卫生镇”考核验收。

【健康素养监测】 3—10 月，健康促进中心在全市范围内开展健康素养监测与干预工作，在 12 个镇(街道、办事处)各随机抽取 3 个村(社区)作为监测点，每个监测点抽取 75 户，调查对象为年龄 15～69 周岁常住人口，共计 2700 人。调查采用问卷方式进行，共发放《居民健康素养监测调查问卷》2700 份，收回有效问卷 2637 份。有效调查人群中，男女性别比为 108，城乡人口比为 0.29:1，平均年龄 47.73 岁。调查结果显示：城市居民健康素养水平远高于农村居民，男、女居民健康素养水平相差不大，45 岁及以上人群健康素养水平较低，受教育程度高者健康素养水平也越高。

·爱国卫生·

【概况】 2014 年，全市爱国卫生工作以国家卫生城市创建、卫生镇村创建以及健康教育、病媒生物防治等工作为重点，组织开展农村改厕“回头看”活动，逐户筛查、整改改厕项目，将改厕列入“四位一体”管护，实行动态化管理。开展卫生镇(村)创建活动，斜桥、新桥镇通过省级卫生镇考核验收；新桥镇太东、务本村，斜桥镇筱山、富民、海圩村，生祠镇七一、老港村 7 个村通过省级卫生村考核验收；新桥镇礼士、新桥村，生祠镇大进、利珠村，西来镇龙飞、赵家村 6 个村通过泰州市卫生村考核验收。开展春冬两季灭鼠、夏季灭蟑活动，在城区开展经常性蚊、蝇消杀工作，“四害”密度基本控制在国家标准范围内。 (朱忠林)

【新桥、斜桥省级卫生镇创建通过评审】 21 日，省卫生镇考核验收专家组至市新桥、斜桥镇，对两镇创建省级卫生镇进行考核验收。近几年来，新桥镇致力促进产业、城乡、生态协调发展，着力打造“孝善之镇、秀水青城”，按照“适时适度、梯度推进、注重实效”原则，累计投入基础设施经费 12 亿元，拓展镇域空间，完善城市功能，新型城镇初现雏形。年内，通过开设健康专题教育讲座，提高全民卫生意识，居民健康知识知晓率、健康行为形成率分别达 86%和 78%。斜桥镇把创建省卫生镇作为推动经济快速发展、投资环境迅速改善、群众生活质量不断提高的重要抓手，紧密结合新港城建设，逐年增加资金投入，延展路网框架、完善配套设施、加强生态建设、打造宜居环境，镇村面貌显著变化，居民素质大为提高。省考核验收专家组充分肯定两镇在改善镇容镇貌、环境保护、卫生监督、健康教育与疾病预防控制、爱国卫生组织管理、病媒生物防治、镇辖村(社区)卫生等方面取得的成绩，同意通过省级卫生镇考核验收。至年末，域内共建成省级卫生镇 7 个。 (赵一阳)

体育

【概况】 2014 年，全市体育工作以构建公共体育服务体系为着力点，以提高市民健康素质和青少年运动水平为落脚点，取得明显成效。完善农村公共体育设施布局，打造农村“20 分钟体育健身圈”。承办第 2 届中国女子围棋甲级联赛、第 31 届潍坊国际风筝会华东赛区选拔赛等省级以上赛事。向上级运动队输送优秀运动员 7 人，其中国家队 3 人、省队 1 人、省体校 3 人。靖江籍运动员获全国冠军赛 1 银，全国少年组比赛 5 金、1 银、2 铜。在十八届省运会上，靖江籍 25 名运动员共获 10.5 金、15 银、9 铜。至年末，全市共有各类体育场地

1007个，总面积84.98万平方米，体育彩票销售额1.55亿元。

第31届潍坊国际风筝会华东赛区选拔赛在靖江举行
（靖江日报社提供）

【群众体育】 优化和完善农村公共体育设施，打造农村"20分钟体育健身圈"，农村体育设施覆盖率60%以上。培训三级社会体育指导员203名，新增社会体育指导员国家级8人、一级15人、二级32人，承办泰州市二级社会体育指导员太极拳培训班。建立完善健康档案，定期免费为市民提供体质监测服务，完成2580人抽样监测任务。指导市民科学健身，全年举办乒乓球、羽毛球、篮球等各类群众体育活动赛事百余次。开展"舞动马洲"广场舞创作词曲征集评选活动，从37首入围作品中评选出《靖江小唱》《舞动马洲》《动起来、舞起来》3首，皆因具有浓郁的靖江特色被广为选用。在2014年全国武术太极拳公开赛上，靖江20名太极拳选手共获15金、11银、12铜。

【竞技体育】 承办第2届中国女子围棋甲级联赛，被中国围棋协会授予优秀赛区称号。承办第31届潍坊国际风筝会华东赛区选拔赛、泰州中小学生围棋比赛以及泰州市阳光体育节。年内，孙美琳、朱朝晖、钱天一入选国家队，徐佳琦入选江苏省队，王永辉、丁灿、毛思琦入选省体校。靖江籍运动员获全国冠军赛1银，全国少年组比赛5金、1银、2铜，省运会10.5金、15银、9铜。其中，在江苏省第18届运动会上，徐佳琦获女子铅球金牌和女子青年组铁饼金牌；在2014年全国少年男女柔道锦标赛上，潘薪阳获男子81公斤级冠军、张小燕获女子52公斤级冠军、胡文轩获男子90公斤级亚军、朱丽获女子57公斤级季军；在2014年全国跳水冠军赛上，吴椒获团体亚军。

【市民喜爱运动项目评选】 8月，由市体育局、靖江日报社、中国靖江网联合开展"我最喜爱的体育运动项目"评选活动，在《靖江日报》、靖江网和靖江日报公众微信设立投票平台，供市民参与投票评选。11月，评选结果揭晓，排名前6位的是：羽毛球、跑步、自行车、钓鱼、乒乓球、健身广场舞。举办该活动，旨在了解市民运动项目习练人数及喜爱程度，便于体育部门有针对性地开展运动项目指导、培训、比赛及场地设施建设等工作，满足多数爱好者的健身要求。

【市民健身广场开放】 11月11日，市民健身广场建成投用。市民健身广场由原体育场改建而成，设有足球、篮球、羽毛球、室外乒乓球、网球场地以及健身路径等。是日，各市民健身代表队展示了水鼓舞、广场舞、功夫扇、街舞、瑜伽、四十二式太极拳等健身项目。（吕 婷）

【张魏获仁川亚残会团体金牌】 10月18—24日，2014年第11届亚洲残疾人运动会在韩国仁川举行，靖江籍盲人门球队员张魏作为右主攻手随国家盲人门球女队参赛。19日，该队以2比1战胜曾经的残奥冠军日本队。23日又以3比1战胜伊朗队获得金牌。张魏1989年12月出生，6岁时因视网神经萎缩导致视力逐渐下降直至全盲，12岁被父母送至南京盲校学习。2008年进入省残疾人运动队练盲人门球，因表现突出入选国家队。曾在2010年的广州亚残运会上获得运动生涯中的首枚团体金牌，也是靖江残疾运动员获得的首枚国家级金牌。

【朱敏击剑俱乐部落户市实验学校】 年内，由女子佩剑世界冠军朱敏开设的击剑俱乐部落户市实验学校体育馆。该俱乐部设有专业剑道和辅助剑道各两条，供学员平时训练、比赛使用。俱乐部开设之初不接受学生个别报名，而是在小学四年级和初中一年级两个年级的体育教学中增加击剑课程，让学生掌握击剑基本技能，以便发现优秀击剑苗子加以培养。

136名小棋手参加围棋赛　　（靖江日报社提供）

【泰州武术大赛在靖江举行】 9月22日，由泰州市体育局、泰州市武术协会主办，靖江市体育局、靖江市太极拳协会承办的2014泰州市“御工坊杯”武术比赛在靖江举行。17支代表队400名选手分成少儿、青少年、青年、中青年、中老年、老年和寿星组等7个组别，参加长拳、南拳、太极、传统拳类以及传统器械、健身气功等7个类别比赛。在男子少儿组自选拳比赛中，域内13岁选手赵博凯获自选拳、南拳2个项目金牌。　（赵一阳）

·靖江农谚(十五)·

【播前晾芽种，播后不伤风】 水稻种子在播前，应有一定的摊晾练芽时间，这样才能确保播到田间后对自然环境有足够的适应能力，从而避免象人在出汗后惊风易致伤风感冒的现象。

【稻子要高产，浅水勤灌硬田板】 指水稻水浆管理的合理方法应是：适水栽插、寸水活棵、浅水勤灌、及时搁田、清水硬板、干干湿湿；才能确保早发足穗、壮杆深根、大穗饱粒、秸青籽黄、活熟到老；从而夺取高产稳产的理想收成。

【稻上场，麦进仓，一年两季事最忙】 过去，在机械化程度不高的农村，麦子夏收、水稻秋收，是种田人一年中两个最忙的时段：收、种、管必须兼顾，各种农活集中打堆，顾此及彼，忙得不亦乐乎。

【雾后太阳照，石头也晒爆】 表明雾后晴天，太阳好而气温高。

【稻要热，麦要冷】 这里是指作物的生长发育：水稻需要超过生物学起点以上的一定积温，才能够进行幼穗分化；而“三麦”的发育，需要一定低温的春化过程才能够正常进行。

【稻种晒一晒，发芽齐而快】 通过晒种，可以降低种子含水量，有利于加快种子的吸水能力，增加发芽势；同时晒种可以让阳光中的紫外线杀灭一部分种子表面所带的病菌与虫卵，减轻种植后的病虫害发生程度。

【稻怕干旱麦怕渍，要想高产管好水】 水稻要合理灌排，“三麦”要防涝防渍。

【稻黄三交水】 指水稻抽穗后即使到了黄熟期，还应该灌溉几次跑马水，确保茎叶中的光合作用产物能加速向子粒运输；以免脱水过早而影响粒重及产量。

【锄锄扫扫，垃圾成肥料】 指大积自然肥料。　（吴汉荣）

居民生活

【概况】 据城乡一体化住户调查资料显示，2014年全市居民人均可支配收入24 921.8元，比上年增加2213.1元，增长9.7%。其中，城镇常住居民人均可支配收入33 864.3元，比上年增长9.1%；农村常住居民人均可支配收入16 570.1元，比上年增长11.0%；城乡居民收入比为2.04，农村增幅高于城镇。年内全市居民人均生活消费支出18 360.7元，比上年增加1428.7元，增长8.4%。其中，城镇常住居民人均生活消费支出23 069.2元，比上年增加1448.6元，增长6.7%；农村常住居民人均生活消费支出13 963.4元，比上年增加1410.2元，增长11.2%。

【食品】 2014年，靖江人均食品烟酒消费支出5689.6元，比上年增长7.4%。其中，城镇居民人均食品烟酒支出7088.3元，农村居民人均食品烟酒支出4383.3元，分别比上年增长6.0%和9.5%。城镇、农村居民家庭食品消费支出占家庭生活消费支出的比重（“恩格尔系数”）分别为30.7%、31.4%，分别比2013年下降0.2个、0.5个百分点。

【衣着】 衣着类支出为靖江家庭的重点消费项目，网购衣着用品日渐流行。2014年，靖江人均衣着消费支出1239.9元，比上年增长8.2%。其中，城镇居民人均衣着消费支出1647.2元，农村居民人均衣着消费支出859.5元，比上年分别增长7.2%和10.0%。

【居住】 2014年，靖江房地产市场低迷，城镇居民存在“买涨不买跌”的心理，其居住类消费较上年有所下降。农村居民越来越重视居住环境和质量，带动住房维修、装潢、居住服务等方面消费。年内，靖江人均居住消费支出3468.2元，比上年增长1.2%。其中，城镇居民人均居住消费支出4709.4元，比上年下降2.0%；农村居民人均居住消费支出2309.0元，比上年增长7.9%。

【生活用品及服务】 随着靖江城乡基础设施和居民住房条件的进一步完善，居民家庭耐用品、小家电普及率及档次逐步提高，城乡家庭设备用品及服务支出也出现不同程度的增长。2014年，靖江人均生活用品及服务支出932.2元，比上年增长6.8%。其中，城镇居民人均生活用品及服务消费支出1033.7元，农村居民人均生活用品及服务消费支出837.4元，比上年分别增长3.5%和10.9%。

【交通和通信】 2014年，靖江家庭汽车拥有量较快增长，带动交通工具燃料、维修及服务支出相应增长。智能手机、电脑等设备进一步普及，通信消费发展迅速。靖江人均交通通信消费支出3556.3元，比上年增长13.5%。其中，城镇居民人均交通通信消费支出3843.7元，农村居民人均交通通信消费支出2901.2元，比上年分别增长 10.1%和 18.0%。

【文化教育娱乐】 靖江家庭历来重视子女教育学习，教育文化娱乐消费支出持续增长。2014 年，靖江人均教育文化娱乐消费支出 1959.4 元，比上年增长 16.3%。其中，城镇居民人均教育文化娱乐消费支出 2438.8 元，农村居民人均教育文化娱乐消费支出 1511.6 元，比上年分别增长16.5%和 15.9%。

【医疗保健】 随着社会保障体系的不断完善，靖江居民健康养生意识不断增强，对医疗保健需求持续增加；另一方面，"看病难、看病贵"等问题尚未彻底解决，就诊住院费用和药品价格较高，对医疗保健消费支出影响较大。2014 年，靖江人均医疗保健支出 1076.8 元，比上年增长 13.7%。其中，城镇居民人均医疗保健消费支出 1536.8 元，农村居民人均医疗保健消费支出 647.2 元，比上年分别增长 17.8%和 5.5%。

【其他用品和服务】 2014 年，靖江人均其他用品和服务消费支出 638.4 元，比上年增长 6.9%。其中，城镇居民人均其他用品和服务消费支出 771.4 元，农村居民人均其他用品和服务消费支出 514.2 元，比上年分别增长 9.6%和 3.2%。

【天然气管道延伸至各镇】 2014 年，靖江加大实施天然气进户工程，推进天然气管道铺设工程向乡镇延伸。年末，天然气管道已铺至全市各镇（街道、园区、办事处），天然气进入 80 余个城区小区、农民集居区以及工业企业，覆盖 4 万多居民用户，实际开户已达 2.7 万户。 （朱丽亚）

劳动就业

【概况】 2014 年，市人社局紧扣"民生为本、人才优先"工作主线，改革创新，统筹发展，完成民生实事 30 件。依托市人力资源市场，促进就业再就业，全年新增就业 1.99 万人；开展"1+X"（创业加技能）创业培训，新增创业 2.42万人；进行针对性职业技能培训，培训人员 19 587 人，其中 6044 人考取高级工（技师）职业资格证书。建立职工工资正常增长机制和工资支付保障机制，职工月最低工资标准提高至 1460 元。坚持企业利益和劳动者合法权益并重，维护劳动关系和谐稳定，劳动关系协调工作进社区（村）覆盖率 100%。规范劳动用工行为，补签劳动合同 2319 份，支付拖欠工资 1825 万元。建立劳动用工诚信评价体系、设立劳动人事争议流动仲裁庭等创新之举被人民网、中国组织人事报、中国劳动保障报等媒体报道。市人社局被江苏省人社厅表彰为人社工作先进集体、军转工作先进单位，被靖江市委、市政府表彰为市级机关绩效考评十佳机关。

市人社局举办"1+X"创业培训班 （市人社局提供）

【就业创业】 完善人力资源实名动态管理信息库，登记住户 29.38 万户，涉及人口 68.66 万人。落实就业再就业扶持政策，推动实现更加充分、更高质量的就业，全年新增就业 1.99 万人，净增就业 1.71 万人，城镇登记失业率 1.95%。促进重点群体就业，帮助 1.28 万名城镇失业人员再就业，新增农村转移劳动力 5734 人，组织高校毕业生招聘活动 108 场次，高校毕业生综合就业率 90%以上。开展人力资源需求调查，组织春季招聘周以及"三八"妇女就业专场、"七一"党员就业专场等各类招聘会 62 场次，提供岗位 36 684 个，31 632 人次进场求职，10 019 人达成意向。开展千名就业困难人员实名援助，签订"一人一策"援助协议，全部实现稳定就业。开发公益性岗位 350 个，托底安置就业困难人员 342 人，继续保持城乡"双零"（零就业、零转移）家庭动态"双清零"。落实《靖江市鼓励全民创业实施意见》，全年新增创业 2.42 万人，带动就业 7.23 万人。

组织万人创业教育、千人技能提升、千人创业服务活动,开展"1+X"培训,开办花卉养植、小商品销售、中式烹饪等培训班27期,培训2925人。举办"创业情·中国梦"青春创业季启动式暨第2届大学生村官创业设计大赛决赛,"马洲e购"靖江门户网站和消费指南综合网站等8个创业项目入围。参加泰州市创业富民大赛,绿海开心农场项目获三等奖。推荐11个创业项目参加省优秀大学生创业项目评选,梦芽儿微商城、睿源盆栽蔬菜等6个创业项目获评省优秀大学生创业项目。加强创业资金扶持力度,全年发放小额担保贷款4826万元、劳动密集型小企业款3000万元;发放培训补贴291.98万元,其中获证奖补贴127.09万元、技能培训补贴34.51万元、创业培训补贴92.04万元、外来人员培训补贴38.34万元。优化就业创业服务体系,新建人力资源服务中心、大学生创业园,完善15分钟就业服务圈。按照"六化"(服务载体网络化、服务功能标准化、服务手段信息化、工作队伍专业化、管理服务规范化、保障机制长效化)建设要求,统筹推进人力资源和社会保障基层公共服务平台建设。大力推进人力资源服务产业园建设,形成集人才招聘、派遣外包、管理咨询与培训四大服务职能于一体的人才产业链。

【职业技能培训与鉴定】 开设叉车工、行车工、电焊工、电机装配工、船舶管道工、挖掘机操作工等专业培训,开展"江鲜菜""靖江花卉"等特色培训,对失业人员、困难企业职工、返乡农民工、新成长劳动力等4类人员开展针对性培训,对城乡贫困家庭、"双零"家庭实行"五包"(包技术、包交通食宿、包实习耗材、包技能鉴定、包推荐就业)培训,全年完成城乡劳动者职业技能培训19 587人、创业培训10 268人。实施企业在岗职工全员技能培训1.8万余人,有12 493人取得初级以上职业技能等级证书,其中6044人取得高级职业技能等级证书(技师888人、高级工5156人)。继续开展"万名靖江厨师"培训,年内培训厨师4126人。联合市总工会举办行车工技能大赛和修脚师、足摩师技能大赛;参加第2届江苏技能状元大赛泰州选拔赛,9名选手获泰州市政府表彰。

【职工工资与劳动合同管理】 调查生产经营企业358家,发布226个职位的工资指导价位,涉及职工13.44万人。发布2014年度企业工资增长指导线,增长基准线为10%、下线为4%。执行江苏省二类地区工资标准,月最低工资标准为1460元,非全日制用工每小时最低工资标准为12.5元。开展劳动工资政策执行情况年度专项调查,检查企业20家,最低工资标准执行率100%。落实劳动用工备案制度,4921家用人单位实行劳动用工备案,全年新增劳动用工备案0.9万余人,有效期限劳动合同备案入库人数达14.1万人。开展集体协商"春季和秋季集中要约、应约"行动,共新签、续签集体合同850个,签订工资集体协商合同680个、区域性工资集体协商合同126个,合同报送审查率100%。建立健全覆盖城乡的劳动关系协调工作管理体系,劳动关系协调工作进社区(村)覆盖率100%。加强企业工时制度管理,审批11家企业特殊工时工作制,涉及职工3479人。落实工资支付保障金制度,涉及船舶企业18家、劳务承包企业254家,职工2.21万人,工资支付保障金总额0.78亿元。

【劳动保障监察】 加强基层劳动保障监察网格建设,划分劳动监察一级网格12个、二级网格106个,配备劳动保障监察专职协理员21人、兼职协理员291人。开展示范网格创建活动,靖城街道办、新桥镇、斜桥镇、季市镇建成劳动保障监察省级示范一级网格。开展人力资源市场秩序春季清理整顿专项行动,取缔非法职介机构5户。开展规范劳动用工行为专项行动,共检查企业2757家,涉及职工87 504人,补签劳动合同2319份,督促支付拖欠工资1825万元,新增社会保险登记34户。开展"社会保险扩面征缴暨工资支付情况督查月"专项行动,重点对未参保的正常纳税户、新增工商注册5人以上用人单位、存在欠缴社会保险费的465家企业特别是欠缴2个月及10人以上的66家重点企业实施检查。开展元旦、春节前农民工工资支付专项执法检查。共检查用人单位2236家,涉及职工9.46万人,查出54家重点欠薪企业,涉及职工4839人,拖欠金额总计7402.1万元。实行企业劳动用工信息化管理,建立"一企一档、一格一册"基本信息数据库,入库单位3400余家,单位信息采集更新率98%。畅通"12333"投诉热线,投诉举报案件实时上线565起,网上结案565起。开展劳动保障诚信企业争创活动,建立劳动用工诚信等级评价体系,90家企业劳动用工获评"诚信示范"或"诚信"等级。

【劳动人事争议仲裁】 建立劳动法律法规宣传工作机制,利用广播、电视、报刊等新闻媒体,通过举办培训班、开展普法教育等形式,引导用人单位规范用工行为,规避涉诉风险,提高劳动人事争议处理效能。注重以案释法,建立劳动人事争议巡回仲裁庭制度,全年召开劳动争议典型案例讨论会12次。开展办案质量检查督导,实现办案程序规范化、文书标准化、管理制度化。强化裁审对接,做实调解,做强仲裁,做精诉讼,全年调解处理劳动人事争议1908件,其中立案471件,按期结案率100%。

【劳动用工诚信等级评价体系建立】 6月,对各类企业按诚信示范、诚信、一般、“黄名单”和“黑名单”进行诚信评级。对诚信示范、诚信等级企业实行优先享有财政资金项目申请、免于实地社保稽核、信用加分等待遇;对“一般”等级企业,上门指导其规范劳动用工,帮助其建立健全规章制度、提高管理水平;对列入“黄名单”“黑名单”的企业,通过媒体向社会公示,并向相关部门通报和预警。年末,表彰命名90家劳动用工“诚信”企业,江山制药有限公司等43家用人单位被授予“劳动保障诚信示范企业”,大中电机股份有限公司等47家用人单位被授予“劳动保障诚信企业”。

【设立劳动人事争议流动仲裁庭】 年内,设立劳动人事争议流动仲裁庭,实行劳动人事争议调查、审理、裁决等一条龙服务,将维权服务送到群众家门口。劳动人事争议流动仲裁庭配备2名仲裁员、1名书记员,对行动不便或地处偏远的当事人,现场开庭审理或调解其劳动人事争议案件。全年设立9次流动仲裁庭,派出仲裁员18人次,调解、裁决劳动人事争议赔偿金额114万元。

社会保障

【概况】 2014年,全市企业职工养老、医疗、工伤、生育、失业五大保险参保人数分别为17.1万人、26.44万人、18.91万人、13.42万人、14.3万人。年内,新增参保单位596家,新增养老保险参保9893人、医疗保险参保14 481人、失业保险参保7696人、工伤保险参保28 780人、生育保险参保7799人。被征地农民基本生活保障参保8.92万人,城乡居民养老保险参保4.49万人,城乡居民医疗保险参保33.47万人。各项社保基金当期累计结余近42亿元。市人社局工伤预防和康复工作、城乡居民医保大病补充保险、职工医保慢性病实时结算等社保工作成效突出,受到上级部门肯定。

【企业职工基本养老保险】 企业养老金按时足额发放率和社会化发放率均为100%。分别于1月、7月两次调整企业离退休人员养老金,1月调整对象为2013年12月31日前的离退休人员(含被征地农民),7月调整对象为2014年1月1日至6月30日的企业退休人员。全年新增退休4563人,其中正常退休4203人、病退100人、特殊工种提前退休239人、退职21人。办理一次性待遇结算54人,办理离退休死亡1325人,新增遗属补助等供养待遇147人。

【医疗工伤生育保险】 全年城镇职工基本医疗保险基金收入85 189万元(含利息2907万元、滞纳金20万元、转移性收入96万元、一次性费用16 371万元),其中记入统筹基金49 856万元,记入个人账户35 333万元。当年支出62 146万元,其中统筹基金支出36 029万元,个人账户支出26 117万元。工伤保险基金收入7546万元,支出6788万元。生育保险基金收入3266万元,支出3195万元。推进医保支付方式改革,建立以总额控制为基础,按服务单元、人头付费、病种付费等方式为辅助的复合式付费方式。提高医保待遇水平,使用统一的城镇职工医保三大目录,实现城乡居民“同城同待遇”。与中国人民财产保险股份有限公司泰州分公司合作,对参加城乡居民医疗保险的城乡居民,按每人20元标准再投保大病补充保险。全年2613人享受大病保险待遇,获得补偿金额680万元。开展医保定点村卫生室认定工作,将99家村卫生室纳入“医保定点”,实行医保联网即时结算。建立医保定点机构违规处理通报机制,对定点医疗机构、定点零售药店及其工作人员医疗服务违规行为视情节轻重予以通报。完善生育保险政策,生育保险缴费率由1%降至0.5%;取消新生儿出生后3个月内的住院医疗费用报销;全额支付在职和失业女职工在二级定点医院发生的列入生育保险目录范围的医疗费用,职工未就业配偶按职工待遇标准的50%享受;全额支付职工在二级及以下定点医院发生的列入生育保险目录范围的计划生育费用。

【失业保险】 扩大失业保险覆

盖面，采取降低失业保险金缴费比例等措施，使失业保险覆盖率达到98.8%。审核失业职工2608人次，发放失业保险金、物价补贴10.43万元。帮助5104名失业人员缴纳医疗保险费639.1万元。

【机关事业单位养老保险】 规范机关事业单位养老保险征缴工作，以绩效工资作为缴费基数征收养老保险费，基金征缴率100%。调整机关事业单位离退休人员养老金，全部实行社会化发放。全市参保机关事业单位161家，参保在岗职工6856人、离退休人员3025人。全年养老保险基金总收入12 251万元，其中基金收入11 871万元、利息收入378万元、其他收入2万元。养老保险费总支出11 813万元，其他支出5万元。当年养老保险基金累计结余13 450万元。

【城乡居民基本养老保险】 年内办理被征地农民基本养老保险6275人，实现被征地农民基本养老保险全覆盖。全市累计有56个村419个组8.92万名被征地农民参加基本生活保障。其中6.36万人领取生活补助费，2.56万人享受养老待遇。从1月起，调增市新型城乡居民养老保险基础养老金及个人账户养老金标准，调整对象为2013年12月31日前已领取城乡居民养老金的人员，基础养老金每人每月由90元提高到100元，个人账户养老金比上年增长10%。全面推进城乡居民养老保险全覆盖工作，全年新增5401人参保，累计有6.44万人享受城乡居民养老金，1.42万人单独领取基础养老金。

【离休人员医疗保障】 全市参加医疗统筹的离休干部324人，统筹标准每人每年3万元；新中国成立前老工人62人，统筹标准每人每年2.2万元；遗属263人，统筹标准每人每年0.3万元。全年应收统筹金1187.3万元，其中市财政负责征收859.9万元，统筹办实际征收327.4万元。有二等乙级以上革命伤残军人168人，统筹标准为每人每年3万元。全年应收统筹金504万元，由市财政全额负担。全年统筹金支出2799.35万元，其中支付于离休干部1969.96万元、新中国成立前老工人241.94万元、遗属87.62万元、二等乙级以上伤残人员510.4万元。全年稽查核减定点医院违规费用10.57万元。

【离退休人员社会化管理】 对新退休人员实行“即退即体检”制度，组织退休人员免费健康体检。开展退休人员养老金领取资格认证，将所有享受社保待遇人员全部纳入认证范围。依托布市里等10所离退休人员大学分校，就近满足全市离退休人员文化生活需求。承办泰州市首届退休人员健康烹饪展演会；组织退休人员参加省摄影作品展，15幅摄影作品入围；开展“牵手夕阳·关爱退休人员”系列活动、“晒幸福晚年、传家风家训、讲孝亲故事”作品征集活动以及“走出家门·做快乐老人”主题活动；评选“老有所学”“老有所为”“健康长寿”之星，熊桂芳、卢海宏当选泰州市“老有所为”之星。

【村卫生室医保联网即时结算】 年内，全市172个村卫生室整合为99个，并按照省示范村卫生室要求新建或改扩建，实行统一机构管理、统一业务管理、统一药械管理。启动医保定点村卫生室认定工作，将99个村卫生室纳入“医保定点”，实行医保联网即时结算。村卫生室就诊，医药费次均处方不超过40元，补偿50%；门诊一般每人每年不超过300元，经民政部门认定的医疗救助人员每人每年不超过400元。

【医保定点机构违规通报机制建立】 年内，市人社局建立对定点医疗机构、定点零售药店及其工作人员医疗服务违规行为通报机制。情节较轻的，向定点机构直接发文通报；情节较重的，向卫生或药监行政主管部门通报；情节严重的，在靖江人社网站及全市定点医疗机构或定点零售药店范围内通报；情节特别严重或一年内两次以上违规的，在新闻媒体上通报；涉嫌犯罪的，移送司法机关处理。通报情况记入医保定点机构诚信管理档案，诚信状况定期通过新闻媒体向社会公布。至年末，对11家存在违规使用医保卡刷取及摆放、销售生活用品的医保定点药店，做出6个月内限期整改、暂停医保刷卡业务、扣除违规销售额并按违规金额5倍扣除违约金的处罚决定。处理结果在全市定点零售药店范围内进行通报。

【“简易工伤认定”下放基层所办结】 年内，市人社局将企业职工在工作时间和场所内，因工作原因受到事故伤害；工作时间前后在工作场所内，从事与工作有关的预备性或者收尾性工作受到事故伤害；患职业病等3种情形的简易工伤案件认定业务延伸至基层人社所办理。申报资料齐全且情况属实的，基层人社所5个工作日内办结。对基层人社所做出的事实不清、证据不足、适用法律错误、程序违法的工伤认定，市人社部门可撤销并重新作出认定。年内,基层人社所办理“简易工伤认定”195起,无一件行政撤销。

(朱金水 徐乔华 倪光军 李庆峰)

民 政 事 务

【概况】 2014年,市民政局紧扣“阳光民政、务实民政、廉政民政”目标,深化民政工作改革,加快民政基础设施建设,创新社会管理机制,着力做好为民解困工作。规范低保管理,提高社会救助水平,低保标准年人均增加600元,农村五保供养标准年人均增加764元;深化社区建设,80%的社区达到和谐示范社区标准;培育社会组织及其参与社会管理的能力,全年登记社会组织70家;推进社区福利事业发展,全市有养老床位3404张;弘扬慈善文化,募集慈善款物1054.75万元;做好优抚安置工作,接受安置退役士兵327人、转业士官12人;组织83个部门单位开展第13次结对帮扶1200户城乡贫困户活动,帮扶标准为每户1500元;改善殡葬单位内部管理和对外服务,全年火化遗体4958具;开展优质便民婚姻登记和收养登记服务,婚姻登记率和合格率均为100%。

【低保标准提高】 加强低保工作规范化管理,开展低保核查,杜绝错保、漏保、人情保。贯彻落实《社会救助暂行办法》,各镇建立统一受理社会救助申请窗口,及时受理、转办申请事项。低保申报由按季申报改为按月申报,缓解困难群众的生活压力。全市城乡有最低生活保障对象10 089人,其中城市居民1786人、农村居民8303人。从7月1日起,城乡低保标准由每人每月480元调整到530元;农村五保供养标准由每人每年6142元提高到6906元。

【优抚安置】 接收冬季退役士兵327人,发放家属优待金、一次性安置补偿金以及立功荣誉金等2217.54万元。做好退役士兵职业技能培训工作,327名退役士兵中,除已取得大专、本科文凭的26人外,全部参加职业技能培训。推荐37名优秀退役士兵到基层一线锻炼,其中5人经考核选拔担任村官。贯彻市政府《关于做好2012—2013年度符合条件退役士官安置工作的通知》精神,妥善安置12名转业士官和1名无军籍职工;“一助一”开展扶优志愿服务350户;在全省率先换(补)发烈士证333份;对176名重点优抚对象进行医疗巡诊,为他们建立健康档案,发送慰问品、慰问金8.8万元。“八一”期间,慰问重点优抚对象2948人,发送慰问金58.96万元。

【和谐社区建设】 年内,全市188个村、75个社区中有183个村、69个社区完成社区(村)服务中心达标建设任务,达标率95.8%。开展和谐示范社区创建,87%以上的城市社区和81%以上的农村社区达到和谐示范社区标准。加强社区工作者队伍建设,组织新一届村(居)委会主任业务培训,选送14名社区工作者参与泰州市“社区工作者431培训”。完善社区网格化管理,6月在全市城乡社区开展大走访工作,建立“网格长－骨干网格志愿者－居民户”工作机制,推行“三登门、五必访”(即申办事项登门服务,矛盾纠纷登门调处,特殊人群登门帮扶;困难群众每月必访,独居老人每月必访,残疾家庭每月必访,留守儿童每月必访,流动人口每月必访)和民情日记记载制度,发挥社区网格长知民情、解民忧、暖民心的纽带作用,把社区管理与服务的“最后一公里”缩短为“零距离”。

【社会组织管理】 转变政府职能,加快社会组织培育发展。在新桥镇试点下放社会组织管理相关审批权限。全面推行行业协会商会类、科技类、公益慈善类、城乡社区服务类社会组织直接登记,取消社会团体的筹备事项审批和社会团体分支(代表)机构的审批登记,降低社会组织登记门槛。推行一业多会,改变以往一业一会的垄断格局。建立社会组织培育分中心——靖江市滨江新城社会组织培育中心。市社会组织促进会等3家社会组织申报项目被省政府采购中心录用,2家被泰州市民政局录用。把好社会组织审批政治关、名称关、章程关,年内批准成立社会团体32家(直接登记5家)、基金会1家、民办非企业37家,变更登记22家,撤(注)销登记2家,备案登记社区社会组织98家。完成社会组织年检,全市应检社团162家,应检民办非企业194家,年检率95%。开展社会组织评估,20家社会组织分别被省、泰州市和靖江社会组织评估委员会评为5A、4A、3A级社会组织。

【社会福利事业发展】 全市各类福利机构有床位3404张,每千名老人拥有福利机构床位数31.3张。年审福利企业93家,合格90家,取消3家不合格福利企业资格。结合福利企业年检工作,动态督查福利企业中残疾人的顶岗就业和工资、社保情况。全年新增3家福利企业,新增142名残疾人就业。年内新增和调整32个"快3"站点,新招标设立农村福彩站点3个,全年销售彩票6001万元。

【区划地名管理】 做好新建小区规范命名工作,全年命名17条道路、19个新建小区。做好新建社区的设置工作,审批设立滨江新区兴阳社区居委会和孤山镇蹑云社区居民委员会,撤销马桥镇马桥社区居委会,新设马桥镇城西新苑社区居委会。会同如皋市联合检查两市交界沿线埋设的5个界桩,更换通泰线界桩3个。(参见附录《2014年靖江市标准地名命名和区划调整》)

【婚姻和收养登记】 完成1990—2005年婚姻登记信息补录工作。建立节假日预约登记制度,开通直拨咨询电话和预约登记网站。全年办理结婚登记6235对、离婚登记1313对,补领结婚证1105对、离婚证83件,出具婚姻记录证明5466件。5月,市婚姻登记处被民政部评为AAA级婚姻登记机关。年内,市民政局会同市发改委、公安局、计生委等7个部门,联合印发《关于进一步做好弃婴相关工作的通知》,对弃婴发现、移送、体检、救治、安置等相关程序,及其规范管理、源头治理、部门职责分工等做出相应规定。年内办理收养登记29件。

【慈善救助】 组织第4届"靖江慈善日"活动,共接收捐款264.47万元。全年募集慈善款物1054.75万元,发放慈善救助款物1144.85万元,受助1792人。建成13个慈善超市,在市第一中学成立慈善工作站,有12家单位和36名个人获评2014年度"慈善之星"先进集体和先进个人。在第3届"中国城市公益慈善指数"调查评比中,靖江市获"六星级"慈善城市称号,列全国公益慈善百强榜第43位。

【3项惠民工程建成投用】 2014年,域内3项惠民工程投用。4月,泰州市首家老年大学元林老年大学建成,建筑面积9065平方米,有教室28个、老年活动室3个。7月起招收10个专业老年大学生507名。11月,位于西北环的未成年人保护中心建成投用,建筑面积2000余平方米。全年救助589人,其中未成年人319人。年末,市儿童福利院(光荣院)竣工,总建筑面积10500平方米,可一次收养老人、孤儿200人,年内收养老人、孤儿70人。

【首次烈士纪念日公祭活动】 9月下旬,市民政局与孤山镇、孤山小学以及公安、安监、人武部等单位共同落实首次烈士纪念日公祭活动方案以及突发事件处理预案。9月30日上午,市委、市政府在市烈士陵园举行烈士纪念日公祭活动,市委、市政府、市人大、市政协主要领导,武警官兵、学生、烈属代表等300余人参加。

【确定公益创投项目30个】 年内共征集公益创投项目35个,其中青少年服务类项目10个、为老服务类项目19个、就业服务项目1个、公益创投宣传与培育项目2个、农业产业项目1个、新型社区服务项目1个、助残服务项目1个。经评审,"爱心接力"外来人口子女关爱计划,"让爱放飞希望"关爱贫困、留守儿童计划,"不倒翁"预防老年人跌倒关爱行动,"情暖夕阳、让爱回家"家有儿女社区老人关爱行动等30个项目入围2014年度公益创投项目。 (洪 云)

拥军拥政

【概况】 2014年,市双拥办和社会各界加强双拥宣传,丰富双拥活动,推进军民融合,加快双拥社会化,全市双拥工作整体水平进一步提高。靖江连续第8次被省委、省政府、省军区命名为双拥模范城。

【双拥宣传】 市双拥办在《国防时空》刊载文章2篇,在省《双拥简报》刊载信息5篇,主编出刊《双拥简报》6期,宣传双拥政策、双拥典型、国防知识,及时传递双拥信息,反映双拥动态。市"一报二台"(《靖江日报》,市广播电台、电视台)专题报道靖江连续8年开展省级双拥模范城创建活动。培植好军嫂陈小丽、爱民模范周洛阳等双拥典型,提升全民双拥国防意识。建军节期间,开展记者走军营活动,以"同心共筑强军梦""平凡岗位也闪光""八一·我想对您说"等专题报道,展现驻靖江官兵丰采。

【国防教育】 《靖江日报》专刊《国防视野》每月一期,介绍国防知识和开展国防教育情况。市电视台专辟《双拥天地》栏目,及时播出双拥动态。市广播电台专设《人武战线》,播报全市民兵预备役活动内容。市政府门户网站设双拥专户,反映全市双拥发展状况。坚持普遍教育与专题教育结合,针对性地开展国防教育。6月26日,举办"我国周边安全形势及对策"国防知识专题讲座;7月1日,组织军队离退休干部、社区管理人员及学生走进军营,提高其国防意识;7月24日,组织部分机关干部及企业负责人至驻澄某部过"军事日";8月20日,邀请烈士家属走进社区宣讲英烈事迹。

【双拥共建】 开展走访慰问。在"八一"、春节期间,市四套班子走访慰问驻靖江部队及"靖江舰"官兵;组织部门和企业慰问驻靖江部队和预备役部队官兵及军队离退休干部,送去慰问金、慰问品。夯实基层双拥基础。建立联络员机制,在各镇(街道、园区、办事处)及40多个双拥领导小组成员单位明确双拥联络员,构建双拥工作组织网络。制订新的拥军政策。会同市人社局、教育局,研究制订随军家属就业安置及军人子女入学入托相关政策,维护军人军属的合法权益。强化双拥激励机制。拟订双拥工作考核标准,对各镇(街道、园区、办事处)和市直机关4大类共计60个单位的双拥绩效进行考核评定,推动双拥建设进一步发展。开展文化拥军。7月,为靖江边检站设立图书分室,赠送图书2000册,并为驻军更换图书6000册;编排"军民心手相连 共保平安青奥"等2台文艺节目慰问驻靖江部队。9月16日,邀请市交巡警大队法制宣传员至驻靖江部队讲解交通安全知识,提升官兵守法意识。开展实事拥军。7月,送医疗进军营,为近200官兵免费体检,建立个人健康信息档案;10月,市委常委会专题议军会决定,划拨5公顷土地,供市人武部建新办公楼、民兵打靶场、弹药库;11月,拨款702万元,为消防大队添置消防设备,加强信息化建设;向"靖江舰"、靖江边检站赠送20台电脑,为官兵科技练兵提供条件;12月,投资近200万元,为驻靖江部队营区铺设近1千米硬质道路;拨款82万元,为武警中队新建执勤岗楼。开展服务窗口拥军。卫生行业窗口为优抚对象提供"四优先、三减半、两免一优惠"("四优先":优先挂号、优先就诊、优先取药、优先住院;"三减半":床位费、三大常规检查费、外科换药费减半;"两免费":免缴挂号费、注射费;"一优惠":CT、磁共振、彩超等大型设备检查费优惠20%)服务。交通行业窗口为伤残军人提供长途汽车半价、市内公共汽车免费乘坐服务,对军车实行免费停放、免费轮渡过江,春节期间为近300名优抚对象减免票资近万元;商贸行业窗口对优抚对象实行"优先、优惠、优质"服务。开展军民共建活动。组织亚星锚链股份有限公司、体育局、公安局、城中小学、华汇供水有限公司、农村商业银行、东兴镇政府、江阳社区、老季市私家菜馆等与驻靖江部队签订军民共建协议,开展以"联学、联创、联建、联育"为主要内容的共建活动。驻靖江部队开展义务献血、资助贫困失学儿童、照顾孤寡老人、开放警营等活动,参与青奥会安保、学生军训、"四城同创"、平安靖江创建等工作,促进军地在文化、技术、信息等方面多层次交流与融合。

【军转干部安置安抚】 年内,接收安置军转干部21人。其中,6名团级干部由组织部门拟定安置方案,市委常委会研究确定安置单位;14名营以下转业干部仍采取"立项积分、公开选岗"方法,在党政机关、政法机关中提供岗位供其选择;1名转业干部自主择业。安置工作做到了部队组织、用人单位和军转干部"三满意"。春节、"八一"期间,走访慰问特困企业的军转干部,发放慰问金和特殊困难补助金。

(洪 云)

民族宗教事务

【概况】 2014年,全市少数民族有25个族别769人,其中男167人、女602人,大部分为婚嫁至靖江的女性和婚生子女;人口最多的是土家族,有214人。有市佛教协会、市道教协会、市基督教三自爱国运动委员会等宗教团体3个;有登记的宗教活动场所20处,其中佛教寺院10处、道教宫观2处、基督教聚会场所8处。经认定备案的宗教教职人员65人,其中比丘23人、比丘尼2人;道士14人;基督教副牧师1人、长老1人、传道员24人。有佛教皈依居士近5000人、道教信徒450人、基督教受洗信徒近2000人、募道友3000余人。年内,市民宗局关心少数民族群众生活,妥善处理民族宗教方面的社会矛盾,努力营造民族和睦、宗教和顺、社会和谐的良好局面。

【民族事务】 开展特困帮扶、结对帮扶、一对一帮扶等,做好少数民族困难帮扶工作。2月,市民宗局会同大悲慈善功德基金会走访少数民族困难家庭,资助20户家庭1.5万元;8月,向16名少数民族贫困大学生捐赠学费10.4万元;10月,为一名烫伤的回族同胞筹措医疗费用。是月,

2014年靖江市少数民族人口基本情况表

表42 单位:人

族别	人数	族别	人数	镇区	人数
土家	214	纳西	7	靖城	104
苗	133	仫佬	9	西来	115
壮	88	景颇	5	新桥	91
满	56	哈尼	3	斜桥	87
布依	55	畲	4	季市	81
回	421	仡佬	8	孤山	67
蒙古	30	白	3	东兴	41
侗	31	土	3	生祠	56
彝	25	傣	2	马桥	27
瑶	18	羌	3	江阴园区	32
朝鲜	10	水	2	滨江园区	68
黎	8	维吾尔	2		
藏	8				
小计		25	769	小计	769

宗教团体捐资助学 (市民宗局提供)

协调相关部门妥善化解3起民族纠纷。开展民族团结宣传。走访全市清真拉面店,宣传民族政策;在各镇(街道、园区、办事处)制作电子滚动宣传标语,布置宣传画廊,营造民族团结氛围;开展民族工作进社区、进学校、进企业活动,把民族基础工作示范推广到靖城公园弄居委、江华社区、靖江外国语学校及多家少数民族用工企业。

【宗教事务】 年内,进一步加强宗教场所软、硬件建设,发挥宗教团体作用,做好开展宗教慈善周活动、建立健全宗教档案及江苏省星级宗教活动场所认定等工作。年初,市民宗局出台《靖江市宗教活动场所管理考核办法》,从教风建设、制度规范、日常管理等方面,引导宗教活动场所加强人、财、物、事管理;协助各宗教团体开展相关活动,确保宗教活动安全稳定。年内,农历“三月三”孤山庙会,进寺人数超过1万人;5月,关圣寺举办观音殿、地藏殿奠基仪式,活动现场近2000人;国庆期间,吉祥寺邀请省内外知名僧人参加大雄宝殿奠基庆典,活动现场近4000人。上述活动均安全有序。宗教场所建设取得新进展。年内在建的有西来寺居士楼,吉祥寺西厢房、大雄宝殿,关圣寺观音殿、地藏殿,东平寺偏房,新桥基督教堂等,市基督教中心教堂封顶。孤山寺、西来寺获首批省三星级宗教活动场所认定。

【第3届宗教慈善周】 9月17—23日,组织开展第3届宗教慈善周活动。活动期间,各宗教活动场所根据自身实际情况举办相关慈善活动,所得善款全部用于慈善公益事业。青龙寺举办“爱心让梦飞翔”捐资助学活动,靖城感恩堂举办“慈爱益人”助病助残捐赠活动,各宗教活动场所慰问所在村、居委80岁以上老人。慈善周募集善款13.58余万元,用于扶贫、济困、助残、助学、养老等,受益人数230余人。

【首届基督教教职人员讲道交流会】 10月13日,市基督教三自爱国运动委员会成员以及部分基督教教职人员举行讲道交流会。与会者围绕“抵御异端邪教”“忠心与见识”“基督教内部管理的制度与依据”等主题，联系国内外局势和实际生活，结合爱国爱教、服务社会和基督教义，每人作15分钟的讲道交流。

（张朝斌）

人口与计划生育服务

【概况】 2014年，靖江人口计生工作以稳定生育秩序、提高人口素质、扎实稳妥实施单独两孩政策为重点，提升人口管理和计生服务水平。年内出生人口4466人，比上年减少275人，年末全市户籍人口66.81万人。出生政策符合率99.64%，出生人口男女性别比104.3，控制在基本正常值范围内。人口自然增长率0.34‰，生育秩序、人口更替水平继续保持稳定状态。计划生育奖励政策兑现率100%，免费孕前优生健康检查等工作完成省下达指标。

【宣传教育】 按照保持稳定、城乡兼顾的要求，宣传单独两孩政策。3月，开展单独两孩政策实施方法、程序和政策解释专题培训。5月，选择人口密集社区开展计划生育政策宣传和优生优育咨询服务，帮助群众树立科学、文明、进步的婚育观念，引导群众避开生育高峰理性生育。利用广播、电视、电台和人口网站等媒体，开辟专版专栏，集中发布人口计生法律法规、计生奖励扶助政策，传播优生优育及生殖保健知识，突出单独两孩政策宣传解读，为实施该政策营造良好的社会舆论环境。

【技术服务】 组织技术人员为育龄妇女提供健康教育、病史询问、医学检查、风险评估和咨询指导等服务。针对高危人群提供一对一随访服务，落实转诊绿色通道制度。加强检验质量管理，严格执行临床检验项目规范，组织横向检测结果比对，保障临床检测结果的准确性、及时性和完整性。规范试剂进货渠道，严把试剂质量关，保证检验结果的稳定性。全年免费孕前优生健康检查2185对，检查质量被泰州市评为优秀。

计划生育宣传进社区　　（市计生委提供）

【计划生育奖励兑现】 组织实施“独生子女父母光荣证”持证退休职工一次性奖励兑现工作，发放标准为每人3000元，全年发放奖励金1530万元。确定“独生子女证”持证非从业居民6人，向其发放一次性奖励金1.8万元。至年末，全市独生子女父母奖励金、农村部分计划生育家庭奖励扶助、节育手术并发症生活补助、计划生育特别扶助等奖励政策兑现实现全覆盖，共为符合奖励扶助、特别扶助政策的14 646人发放扶助金1607.96万元，为符合节育手术并发症生活补助政策的1167人发放补助金167.86万元。

【流动人口计生网格化服务管理】 2014年，市人口计生部门建立健全流动人口网格化管理制度，与各村(居)民小组组长签订服务管理目标责任书，落实组级信息员责任，健全组级流动人口信息采集、登记、上报制度，信息登记入库率98%以上。建立计生管理服务协议机制。发放外出婚育证明1696份，与流出育龄妇女签订《流动人口计划生育管理合同书》，为23 845名流入育龄妇女建立计划生育健康服务卡，实施跟踪服务。将流动人口管理服务纳入村(居)民自治内容，各村(居)委与区域内流入人口超30人以上的企业签订《流动人口计划生育管理服务协议书》、与出租房户主签订《流动人口租房户管理服务协议书》，明确各方在流动人口管理和服务方面的责任。完善企业流动人口计划生育公共服务网络体系，建立企业流动人口计生协会，并以车间或工种建立小组，明确小组长、网格信息员，及时掌握企业内流动人口信息。全面落实计划生育免费技术服务。全市设立流动人口免费技术服务定点单位26个，所有村（居）委世代服务室设立免费避孕药具发放点，在28个流动人口密集区设立免费药具社会化发放点和自助发放点，在靖城街道、斜桥镇等新增智能自助取套机5台，实现流动人口免费药具提供全覆盖。为流动人口育龄妇女免费提供孕、环情等生殖健康技术服务，参查率95%以上，满足流动人口避孕节育和生殖健康需求。

【治理出生人口性别比】 贯彻落实省人大《关于禁止非医学需要胎儿性别鉴定和选择性别人工终止妊娠的决定》，注重舆论引导和利益导向，结合新农村新家庭建设、幸福家庭创建、美丽乡村建设、美德善行评选等活动，帮助群众树立正确生育观。开展关爱女孩行动，实施女孩家庭致富、就业、成才、保障四大工程。坚持部门协作统筹管理，联合市卫生、公安、食药监等部门，开展出生人口性别比综合治理自查自纠及专项督查活动。健全配套管理制度，层层设置关键岗位职责，完善目标责任体系。严格执行引产管理制度，规范终止妊娠手术介绍信办理程序，强化终止妊娠手术证明管理。加强重点地区和重点人群管理，强化区域协作，建立流动人口孕妇信息通报制度。

【幸福家庭创建】 市人口和计划生育部门将幸福家庭创建工作与新农村新家庭创建工作同部署、同落实、同考核。在创建活动中，注重展示家庭风采，打造各具特色的幸福家庭品牌，开展书香之家、敬老之家、自强之家、和谐之家评选活动，树立社区典型，推动创建活动顺利开展。依托社区卫生服务中心和世代服务室，为辖区群众免费健康体检。发挥社区计生志愿者队伍作用，走进空巢或孤寡老人、留守儿童、流动人口等特殊家庭，开展居家养老、心理疏导、功课辅导、家庭教育等服务。启动“幸福家庭大讲堂”，针对围孕期、婴幼儿期、青春期、更年期、老年期等不同家庭发展周期，宣讲优生优育、计划生育、生殖健康、家庭保健等知识。组织开展“人人健康、家家幸福”系列宣传活动，开设计生国策专题讲座，借力民间文艺团体，组织婚育新风文艺演出。开展计生特困家庭帮扶，发放帮扶资金1.3万元。年内，陈娟芳、赵梦熊等15个家庭被评为泰州市“百佳幸福家庭”。

【计生依法行政】 2014年，市人口计生部门规范行政执法和行政许可行为，完成再生育审批1340例，其中“单独”夫妇审批920例，无一例审批差错。化解3例失独家庭频繁上访问题，满足其合理诉求，全市计生信访办结率95%。下发征收社会抚养费决定书95份，征收入库78.3万元，违法生育举报查处率90%。

（徐 吉）

关心下一代工作

【概况】 靖江有各级关工委组织350个，工作人员和志愿者5000余人。2014年，市关工委以服务青少年为重点，发挥“五老”（老干部、老专家、老教师、老战士、老劳模）优势和作用，开展社会主义核心价值观等主题教育活动，参与“未成年人零犯罪社区（村）”建设等社会治理工作，加强校外教育阵地建设，关爱弱势和特殊青少年群体，努力提升关心下一代工作水平。

【“三爱一践行”主题教育活动】 3月，市关工委办公室编印《读书成就梦想，劳动创造未来》主题教育宣讲材料，会同市教育局组织“五老”宣讲团深入学校、村（社区）对青少年进行宣讲。3—9月，参与省关心下一代周报社举办的“三爱”（爱学习、爱劳动、爱祖国）书签制作大赛，全市1.5万余名中小学生从不同的视角描绘自己心中的梦想，有近百名学生作品获奖。4月，参加中国关工委开展的“老少共话中国梦”书画作品大赛，靖江有5名“五老”及3名学生获优秀奖。5月，与市教育局联合召开“三爱”教育活动现场推进会，组织观摩实验学校与靖城街道城西社区联合开展的“老少携手话‘三爱’、同心共圆‘中国梦’”主题教育活动，倡议青少年“积极进取，做爱学习的新少年；艰苦奋斗，做爱劳动的新少年；胸怀天下，做爱祖国的新少年。”

【社会主义核心价值观教育】 2月初，在全市青少年中开展“善行寒假 德迎新年”活动，引导青少年从身边的小事做起，由“善行一日”到“日日行善”再到“积善行德”，将善的理念植根于心，形成良好的行为习惯。这一做法得到省、泰州市关工委的肯定，经验介绍文章分别在中国关工委《中国火炬》和江苏省关工委《江苏关工》杂志上发表。3月，与市教育局、团市委联合举办学雷锋活动常态化现场会,组织观摩城北小学开展的“雷锋叔叔望着我们笑”主题队会。国家级刊物《少先队活动》对此予以报道。8月,组织青少年寻访身边最美的爱国、敬业、诚信、友善、勤学的家乡人,从身边的先进人物身上体会核心价值观的内涵;与市教育局、弘扬“好八连”精神爱国拥军促进会联合举办“学习南京路上‘好八连’优良传统、寻访创业榜样、激发‘三爱’热情”报告会,请“好八连”副指导员杨天向百名《关心下一代周报》小记者代表宣讲“好八连”的光荣事迹。暑假期间,与相关部门联合举办“践行‘八礼四仪’争做崇德少年”网上夏令营活动,通过网上知识竞答、网上征文和微视频作品征集等形式,为未成年人思想道德教育实践活动搭建良好载体;组织青少年开展寻访身边创业榜样活动,举办征文竞赛,获奖作品在《靖江日报》上以专版刊登。

【“零犯罪”社区(村)创建】 年内,利用校外教育辅导站这一阵地,聘请老干部、老教师、政法工作者、法制副校长等,向青少年宣传法律知识。1月,会同市司法局、法院、检察院、公安局、教育局、团市委、市妇联等8部门共同出台《靖江市未成年人犯罪记录封存工作实施意见(试行)》,维护青少年合法权益,促使涉罪未成年人顺利回归社会。广泛动员“五老”,组织开展“结对帮教,引领人生”活动,有7个村(社区)、2个镇(办事处)、8名同志分别获得泰州综治委、关工委等部门的联合表彰。进一步调整充实网吧义务监督员队伍,对全市近80家网吧进行监督和引导,同时进校园、进社区宣传未成年人进入营业性网吧的危害。通过监督和教育,未成年人进营业性网吧的现象得到有效遏制。

【校外教育辅导站建设】 2014年,域内校外教育辅导站优化辅导员队伍年龄和知识结构,在坚持以“五老”为主体的同时,动员在职教师、大学生村官、暑假回乡大学生加入校外教育辅导工作,针对青少年生理和心理特点,激发学生们的兴趣爱好,增强教育辅导站的吸引力。城南办事处、江阴—靖江工业园区联合举办的莲沁苑校外教育辅导站暑期开设20个班,有500余名学生参加学习。年内,16名“五老”优秀校外教育辅导员受到泰州市文明办、泰州市关工委表彰奖励,山东村校外教育辅导站被评为泰州市级示范校外教育辅导站。

【关爱青少年健康成长】 3月,与市公安局、妇联联合开展“依法打拐 构建和谐 维护妇女儿童合法权益”宣传活动,关工委组织人员走进城区部分学校,向学生分发防拐宣传资料。5月,与市司法局对接,调查摸底全市未成年缓刑人员和监内服刑人员未成年子女基本信息,对他们进行“一帮一”或“几帮一”帮教帮扶。9月,配合市政协为82名品学兼优的学龄孤儿颁发奖学金,发动企业和部门为留守儿童、贫困学生赠送《关心下一代周报》近5000份。发动各镇(街道、园区、办事处)、各部门关工委广泛开展助学、助困、助残活动。市民营经济关工委走访慰问孤山镇、季市镇部分贫困儿童;市教育局关工委开展兰花义卖等助学捐赠活动,有130名贫困学生得到资助;城南办事处开展校企共建“手拉手”活动,30家企业与36名贫困学生“牵手”;滨江新区办事处全体机关人员、村组干部踊跃捐款,资助贫困学子;西来镇开展“金秋助学”活动,37名贫困学子获得助学款17.4万元;马桥镇关工委联合镇妇联、团委、工会,组织开展结对帮扶活动,帮扶贫困学生30人。

(宋山海 陈 彬)

老 龄 工 作

【概况】 2014年,全市有60岁以上老人15.11万人,占总人口的22.61%。其中,80–89岁老人1.4万人,90–99岁老人0.3万人,100岁以上老人101人。市老龄委获江苏省老龄工作委员会办公室、中国人寿保险股份有限公司江苏省分公司联合颁发的2014年度“安康关爱行动”优质服务奖。

2014年度靖江百岁老人分布一览表

表43　　单位:人

镇(园区)	总数	男	女
季市	14	3	11
滨江	2	0	2
江阴园区	4	1	3
城北	2	—	2
城南	6	—	6
靖城	16	5	11
东兴	3	—	3
孤山	10	2	8
马桥	10	—	10
西来	3	1	2
斜桥	12	1	11
新桥	11	1	10
生祠	8	4	4
合计	101	18	83

老年人活动 4月19日，市老龄委组织生祠镇、老年健康协会、光明医院和老年艺术团至生祠金星夕阳红老年公寓，开展送书下乡、送戏下乡和义诊健康咨询活动。7月1日，市老龄委挑选男生小合唱《长江渔歌》和小品《孝心是金》等节目，参加泰州市百姓大舞台“走出家门·做快乐老人”老年人专场文艺汇演。9月29日，老龄委举办“百姓大舞台”专场文艺汇演，倡导老年人快乐生活理念，引导全社会关注、关心、关爱老年人，营造敬老、爱老、助老氛围。9月30日，西来老年艺术团排练“二十年再相会”健身操，参加泰州市“迎国庆·庆重阳”老年人体育健身展示比赛。9月17—18日及10月16日，市老龄委、体育局、老年人体育协会两次联合组织老年人钓鱼比赛。

老年人服务 春节、重阳节期间，组织发动社区志愿者走进高龄、空巢和困难老年人家庭，帮其做家务、理发，陪其谈心聊天，全市有2800多名志愿者参与。做好八旬老年人增减申报、审核工作，全年新增八旬以上老年人3080人，全市发放尊老金1579.9万元。规范老年优待证办理流程，全年办理老年证520个。接待老年人来信来访26件次，老年人满意率100%。

老年人慰问 重阳节，市老龄委开展“迎国庆·庆重阳”系列活动，市民政局及各镇、办事处、园区和社区(村)走访敬老院、托老院，慰问高龄、困难、知名老人，为老年人解决实际困难。年内共走访10个敬老院、6个民办托老院，慰问高龄老人260人、知名老人45人、空巢和困难老人1123人，发放慰问金128万元。

【社区居家养老服务中心建设】 年内，申报省级示范居家养老服务中心12家、老年关爱之家4家。新建AA级居家养老服务中心27家，新增床位335张。至年末，全市有居家养老服务中心190家，其中AA级176家、AAA级14家，老年关爱之家6家，有床位1125张。（洪 云）

残疾人服务事业

【概况】 2014年，全市共有各类残疾人37 898人，占全市总人口的5.7%，其中视力残疾8306人、听力残疾4889人、言语残疾755人、肢体残疾16 263人、智力残疾3603人、精神残疾2820人、多重残疾253人，有12 706名残疾人持第二代残疾人证；全市残疾人工作以促进就业为中心，加快残疾人社会服务中心建设，完善残疾人保障和服务体系。5月，全国助残日期间，刘兴非等10人获残疾人自强标兵称号，印小海等5人获助残先进个人称号，江苏双鱼食品有限公司等6家单位获助残先进集体称号，市政协机关志愿者服务队等9家单位获志愿助残阳光行动先进单位称号。7月，在泰州市第二届残疾人职业技能竞赛活动中，靖江市代表队获团体第一名；9月，在江苏省第9届残疾人运动会上，靖江市4名运动员获6金1银。10月，在韩国仁川亚残运会上，张魏获女子盲人门球比赛金牌。年末，市残联被江苏省政府残疾人工作委员会表彰为全省按比例安排残疾人就业工作优秀单位。

【市残疾人社会服务中心】 2014年，市残疾人社会服务中心被列为泰州市、靖江市重点建设项目，年末完成土建主体工程验收，进入内外部装饰阶段，填补靖江残疾人工作无综合性阵地的空白。该中心占地1公顷，建筑面积2.1万平方米，由主楼、辅楼、演艺厅和地下车库组成，主要功能包括残疾评定、辅具展示、儿童和成人康复、残疾人托养、技能培训、励志体验、餐饮服务等。

【残疾人保障】 2014年，全市共有3606人享有各类残疾补助、补贴。其中3368人享有重残无固定收入补助，49人享有低保内重残补贴，189户残疾人家庭享有“依老养残”“一户多残”补助，共发放各类补助、补贴1900余万元。投入资金17万元，以定额补助方式为1700名重残无业人员办理基本养老保险。投入资金13.3万余元，实现残疾人意外伤害保险“三个全覆盖”(福利企业全覆盖、各类补贴对象全覆盖、企业残疾职工全覆盖)，参保残疾人8872人。按高中阶段每人每年1500元、高中以上阶段每人每年2500元标准，发放教育补贴4.2万元，帮助20名残疾学生坚持学业。发放驾考、燃油补贴，有8名残疾人获C5驾照学费补贴8000元，71名残疾人获机动轮椅车燃油补贴18 720元。

【残疾人就业】 2014年是残疾人就业促进年。市残联开展就业登记、技能培训、专场招聘等活动，提升残疾人就业服务水平，构建残疾人就业方式多元化格局。开展残疾人就业状况调查，回收调查问卷9420份。推动福利企业集中就业，91家福利企业安置残疾职工3300余人；推动按比例就业，新增就业近200人，比上年增长45%。开发庇护性就业,利用基层残疾人综合阵地,开辟庇护性劳动场所,提供残疾人力所能及的就业岗位。探索残疾人创业新途径,市残联和市城管局联合筹建临街商铺,出租给有创业条件的残疾人经营,打造残疾人集中创业一条街。

【残疾人康复服务】 规范残疾儿童筛查工作。市残联、卫生局、人口计生委、教育局联合印发《靖江市0–6岁儿童残疾筛查工作规范(试行)》,全面启动靖江市残疾儿童筛查工作。做好残疾儿童康复工作。115名残疾儿童申请康复训练,在训儿童80人,康复训练显效率98%以上。政企合作推进白内障复明工程。江苏新扬子造船有限公司通过元林慈善基金会开展"光明行"活动,每年投入250万元,连续4年为全市白内障患者实施手术提供援助,年内资助1063人完成复明手术。点面结合推动辅具适配。全年免费发放残疾人辅助器具172件(套),其中轮椅94台、假肢13条、矫形器7副,验配助听器12人。贫困精神病免费服药政策全面实施,二代精神药品纳入甲类医保药品目录并提高报销比例,向53个贫困精神病患者家庭发放住院救助17.3万元。

【残疾人文体活动】 加强对残疾人文化体育活动的指导,举办残疾人文化周,组织残疾人参观农耕文化馆,开展棋类比赛、电影展映等文体活动50余场次。残疾人竞技体育成绩显著。在江苏省第9届残运会上,靖江4名女运动员获得6金1银。其中,乒乓球选手孙颖获乒乓球比赛听力级女子团体、双打冠军;羽毛球选手陈洁获听力级单打、双打2枚金牌、田径选手朱艳婷获得女子田径T11级800米、1500米2枚金牌;张魏获盲人门球比赛银牌。在2014年仁川亚残运会上,张魏参加国家队获女子盲人门球比赛金牌。

【残疾人工作宣传】 2月,市残工委印发《靖江市残疾人工作宣传报道管理暂行办法》。3月,市残联印发《关于进一步规范残疾人事业宣传报道工作的通知》,专访市教育局、卫生局等8家残工委成员单位,宣传先进典型150多个。年内,全市残联系统被各级新闻单位录用稿(片)600余篇,其中电视用稿90余篇,广播用稿160篇,《靖江日报》用稿近280篇,《泰州日报》用稿约10篇。在各级网站发布工作信息389篇,其中中残联录用21篇、省残联录用31篇、泰州市残联录用89篇、市政府网站录用98篇。年末,李素芬获中国好人榜提名,柏文丽获江苏省美德少年称号,姚炜平、陈炳兴、孙滔分别被评为泰州市最美志愿者、泰州市优秀志愿者、泰州市最美残疾人,黄汉清获最美泰州人提名,柏文丽、黄汉清入选第16届靖江市十佳精神文明新人新事。

【残疾人曲艺文化节】 6月下旬至7月初,滨江新区办事处举办第3届残疾人曲艺文化节,在滨江新区华阳社区服务中心举办大型文艺晚会,邀请湖南湘北残疾人艺术团深入各社区巡回演出。这期间,新区办事处残联深入社区开展读书、赠书活动,丰富基层残疾人的精神文化生活。

滨江新区第3届残疾人曲艺文化节 (市残联提供)

【残疾人职业技能赛获团体第一】 7月29—30日,泰州市人社局举办第2届残疾人职业技能赛,共设23个比赛项目。靖江16名选手组成代表队,参加海报设计、中式烹饪、服装裁剪等11个项目,获团体第一名。姚晓桥、夏小清、李亮、顾桂凤分别获得海报设计、英文文本处理、盲人保健按摩和服装裁剪竞赛项目冠军,被泰州市人社局授予技术能手称号。 (潘继铭)

群众安全感调查

【概况】 2014年10月，市委政法委委托市统计局在全市范围内开展群众安全感问卷调查。此次调查共涉及成功样本1200个，其中靖城街道180个、新桥镇110个、东兴镇70个、西来镇70个、孤山镇(城北园区)140个、马桥镇70个、斜桥镇100个、季市镇90个、生祠镇90个、城南办事处130个、江阴—靖江工业园区办事处(以下简称江阴园区)65个、滨江新区办事处(以下简称滨江办事处)85个。调查对象中，男性占54.00%，女性占46.00%；16～29岁者占8.67%，30～44岁者占29.17%，45～59岁者占40.58%，60岁以上者占21.58%；居住地位于城镇者占42.00%，位于农村者占58.00%；普通员工占83.30%，单位负责人占16.70%。调查内容包括群众安全感、对矛盾纠纷及治安问题处理的评价、对政法机关的评价等。

【对社会治安环境的总体评价】 调查显示，群众安全感率为99.25%。48.75%的群众感到很安全，40.75%的群众感到安全，9.75%的群众感到基本安全，0.75%的群众感到不太安全，无人感到不安全。分地区看，各镇(街道、园区、办事处)群众安全感比例均较高，其中新桥镇、东兴镇、斜桥镇、西来镇、孤山镇(城北园区)、马桥镇、江阴园区均为100%；季市镇、生祠镇略低，为97.78%。分年龄看，16～29岁、30～44岁、45～59岁人群的安全感分别为99.04%、99.14%和99.59%；60岁以上人群的安全感略低于其他年龄组，为98.84%。分性别看，男性安全感略高于女性，分别为99.38%和99.09%。分职务看，普通员工的安全感略高于单位负责人，分别为99.30%和99.00%。分城乡看，农村住户的安全感高于城镇住户，分别为99.71%和98.61%。群众安全感得分为91.5分。12个镇(街道、园区、办事处)中，得分在90分以上的有8个，斜桥镇以96.1分位列第一；生祠镇处于末位，为87.44分。

2014年靖江市群众安全感得分情况表

表44

地区	安全情况(%)					得分	排名
	很安全	安全	基本安全	不太安全	不安全		
斜桥	64.00	35.00	1.00	0.00	0.00	96.10	1
新桥	54.55	42.73	2.73	0.00	0.00	94.64	2

续表 44

地区	安全情况(%)					得分	排名
	很安全	安全	基本安全	不太安全	不安全		
孤山(城北)	53.57	41.43	5.00	0.00	0.00	93.86	3
滨江	52.94	41.18	4.71	1.18	0.00	93.18	4
东兴	51.43	37.14	11.43	0.00	0.00	91.71	5
马桥	55.71	31.43	12.86	0.00	0.00	91.71	5
江阴	61.54	23.08	15.38	0.00	0.00	91.54	7
靖城	52.78	32.22	13.89	1.11	0.00	90.44	8
西来	28.57	61.43	10.00	0.00	0.00	89.86	9
城南	35.38	50.00	13.08	1.54	0.00	88.69	10
季市	34.44	51.11	12.22	2.22	0.00	88.44	11
生祠	37.78	43.33	16.67	2.22	0.00	87.44	12

【对社会治安状况变化的评价】 调查显示,91.33%的群众认为当地社会治安较上年有一定程度好转。其中,56.75%的群众认为有明显好转,34.58%的群众认为有好转,8.50%的群众认为和以前一样,0.17%的群众认为比以前差,无人认为比以前差很多。分地区看,斜桥镇、新桥镇、马桥镇群众认为当地治安较上年有一定程度好转的比例较高,分别为81.00%、66.36%和65.71%,其他地区比例也均在40.00%以上;靖城街道和滨江办事处有群众认为治安状况比以前差,比例分别为0.56%和1.18%。分年龄看,16~29岁、30~44岁、45~59岁的年龄组分别有86.54%、88.57%和94.25%的群众认为当地治安状况有一定好转;60岁以上群众中,认为治安状况有明显好转或有好转的比例为91.51%。分性别看,认为当地治安状况较上年有一定好转的群众比例,女性与男性相差较大,分别为99.82%和92.44%。

【对处理治安问题的评价】 当周边或住地出现治安问题时,91.08%的群众认为能够及时得到有效处理;5.17%的群众认为虽然得到处理,但反复性强;1.50%的群众认为虽反映了,但得不到及时处理;0.08%的群众认为无人处理;2.17%的群众选择不了解。分地区看,各地认为治安问题能够及时得到处理的群众比例均超过80%。其中,新桥镇和斜桥镇较高,分别为98.18%和98.00%;西来镇和滨江办事处选择“虽然得到处理,但反复性强”的群众比例较其他地区高,分别为12.86%和14.12%;各地选择“虽反映了,但得不到及时处理”的群众比例均在5%以下;仅孤山镇(城北园区)有群众选择“无人处理”,比例为0.71%;东兴镇选择“不了解”的群众比例最高,为5.71%。

【对调解矛盾纠纷的评价】 当周边或住地出现矛盾纠纷时,89.58%的群众认为能及时得到有效调解;6.58%的群众认为虽然得到调解,但效果不理想;1.33%的群众认为虽反映了,但得不到及时调解;0.34%的群众认为无人调解;2.17%的群众表示不了解。分地区看,各地认为矛盾纠纷能及时得到调解的群众比例均超过80%,其中斜桥镇比例最高,为100%;西来镇、生祠镇、城南办事处、滨江办事处选择“虽然得到调解,但效果不理想”的群众比例较其他地区高,分别为14.29%、11.11%、11.54%和11.76%;滨江办事处选择“虽反映了,但得不到及时调解”的群众比例居各地之首,为4.71%;季市镇、生祠镇、城南办事处和孤山镇(城北园区)有群众选择“无人调解”,比例分别为1.11%、1.11%、0.77%和0.71%;靖城街道选择“不了解”的群众比例最高,为7.22%。

【对政法机关的评价】 群众对各镇(街道、园区、办事处)派出所、司法所、综治办及各检察室、基层法庭的满意率均高于99%。

2014 年靖江市群众对政法机关的总体评价情况表

表 45

部门	满意情况(%)				
	很满意	比较满意	满意	不太满意	不满意
派出所	67.42	22.67	9.25	0.42	0.24
检察室	62.25	21.08	16.25	0.25	0.17
法庭	61.17	19.42	18.58	0.42	0.41
司法所	63.42	20.00	15.92	0.42	0.24
综治办	68.58	18.33	12.67	0.25	0.17

2014 年靖江市群众对 8 种社会现象评价情况表

表 46

评价	入室盗窃	拦路抢劫	外来人员犯罪	黑恶势力犯罪	黄赌毒	矛盾纠纷	交通事故	食品、药品安全问题
不严重	83.17%	90.33%	83.42%	85.00%	83.25%	71.33%	68.08%	79.67%
不太严重	11.50%	6.50%	9.75%	7.58%	9.92%	21.83%	21.08%	10.75%
一般	3.50%	1.83%	3.83%	4.42%	3.67%	5.42%	8.17%	6.42%
比较严重	1.08%	0.08%	1.17%	0.58%	0.67%	0.83%	1.67%	0.92%
很严重	0.17%	0.25%	0.25%	0.17%	0.33%	0.08%	0.33%	0.83%
不了解	0.58%	1.00%	1.58%	2.25%	2.17%	0.50%	0.67%	1.42%

【对 8 种社会现象的评价】 群众对入室盗窃、拦路抢劫、外来人员犯罪、黑恶势力犯罪、黄赌毒、矛盾纠纷、交通事故、食品药品安全等 8 种社会现象的评价存在一定差异。分别有 2.00%、1.75%、1.42%和 1.25%的群众认为交通事故、食品药品欠安全、外来人员犯罪、入室盗窃比较严重或很严重,值得引起相关部门重视。

【被调查者的意见和建议】 调查结果显示,64.38%的群众表示参加过平安创建等活动,但也有部分群众对平安创建活动不了解,建议相关部门加强宣传组织工作,提高群众的知晓度和参与率。群众对各政法机关的满意率虽然高于 99%,但对检察室和基层法庭的知晓率比较低,建议这两个部门结合自身工作职能走进村(社区)加强自我宣传,提高群众的参与面、知晓度,提升群众的满意度。对交通事故、食品药品安全、外来人员犯罪、入室盗窃等问题,群众建议相关部门有针对性地重点采取相关措施。在事故多发路段,要完善提醒标志,加大警员执勤力度,增强交通事故处理的公开性、透明度;对于食品药品安全问题,要加强日常监管和整治打击力度;对于外来人员犯罪多发问题,要创新管理手段,建立健全流动人口管理制度;对入室盗窃等问题,要加强治安巡逻,实现群防群治。

城市环境综合整治满意度调查

【概况】 2013 年,靖江实施城市环境综合整治,以“九整治、三规范、一提升”为重点,整治城郊接合部、城中村、棚户区、老旧小区、背街小巷、城市河道环境、低洼易淹易涝片区、建设工地、农贸市场等 9 个重点部位,规范经营行为、车辆停放、户外广告设置,提升城市长效管理水平。2014 年,市城市环境综合整治办公室与市统计局联合开展城市环境综合整治满意度问卷调查。此次调查采用上门调查方式进行。调查对象共500人。其中,有随机抽取的市人大代表、政协委员、机关工作人员各10人,行风监督员5人,媒体记者5人,以及镇(街道)工作人员共计65名特定代表;余者为普通群众代表,在建成区4个镇(街道)抽取31个社区,每个社区随机抽取10~15人。调查内容涉及城市环境综合整治宣传发动、组织实施、工作成效和意见建议。调查结果显示,公众对城市环境综合整治工作的满意度较高,总体得分89.51分。

【宣传发动满意情况】 公众对城市环境综合整治行动的总体知晓率为96.2%。被调查者表示了解的329人,表示基本了解的152人,表示不了解的19人。其中,市民群众中表示了解的284人,表示基本了解的138人,表示不了解的13人;特定代表中,表示了解的45人,表示基本了解的14人,表示不了解的6人。公众赞同城市环境综合整治,认为其是关注民生、为民办事的高达100%。公众对城市环境综合整治行动的参与意愿较强。被调查者中,表示愿意参与的411人,表示比较愿意参与的89人,无人表示不愿意。其中,市民群众中表示愿意参与的351人,表示比较愿意参与的84人;特定代表中,表示愿意参与的60人,表示比较愿意参与的5人。公众对于政府开展城市环境综合整治工作的总体赞同率100%。

【组织实施满意情况】 被调查者普遍反映,城市环境综合整治行动的施工和组织过程对生活的影响较小,此项调查得85.64分。其中,表示没有影响的221人,表示基本没有影响的205人,表示有一定影响的72人,表示影响很大的2人。被调查者普遍认为对城市环境脏乱差等问题的处置较为及时,此项调查得88.16分。其中,表示处置及时的228人,表示较及时的251人,表示不够及时的20人,表示很不及时的1人。

【工作成效满意情况】 被调查者对城市环境综合整治工作的总体印象较好,此项调查得88.84分。其中,表示很好的226人,表示较好的269人,表示较差的5人,无人表示很差。被调查者普遍对居住地市容环境感到满意,此项调查得90.16分。其中,表示满意的261人,表示较满意的232人,表示不满意的7人,无人表示很不满意。被调查者普遍反映综合整治前后城市环境变化较明显,此项调查得93.12分。其中,表示变化很大的417人,表示变化一般的81人,表示没有变化的2人。被调查者普遍对居住地城市管理工作评价较好,此项调查得91.12分。其中,表示满意的283人,表示较满意的212人,表示不满意的5人,无人表示很不满意。

【被调查者的意见和建议】 此次问卷调查共收集各类意见和建议117条,涉及长效管理、宣传引导、关注民生、加大投入等方面,其中希望建立长效机制的建议最多,共52条。具体建议有:关于户外广告,建议每个小区设立专门广告栏,杜绝节假日户外发放传单,疏堵结合清除小广告;关于城市河道,建议加强管理,及时疏通,清理漂浮物,杜绝生活污水和垃圾直排入河;关于易淹易涝片区,建议改造渔婆路及老旧小区低洼道路,改变雨季道路积水严重状况;关于建设工地,建议规范作业时间,及时清理、规定地块倾倒建筑垃圾,治理建筑扬尘,封闭管理工地,减少对居民生活的影响;关于老旧小区,建议改善路灯照明状况,及时清理生活垃圾,取缔占道经营,适时启动拆迁改造;关于农贸市场,建议加强管理,避免车辆随意停放、垃圾乱扔;关于占道经营,建议设置固定摊亭,加大摊外摊、店外店清除力度,引导占道经营者改变经营方式,让出盲道方便残疾人出行;关于车辆乱停乱放,建议加快建设公共停车场所,拓宽马路,缓解城区日益增长的车辆停放压力,解决道路拥堵问题;关于城中村、城郊结合部,建议加快改造,实施雨污分流,打通新建北路和东兴北路延伸段,加强城郊接合部绿化。

村庄环境整治满意度调查

【概况】 市住建局、统计局联合开展靖江市村庄环境整治满意度调查。该调查采用现场调查方式进行,全市范围内随机抽取170个村,每个村抽取6名调查对象,共填写村庄环境整治满意度调查问卷1020份。调查内容涉及村民对村庄环境整治效果的满意度、对村庄环境整治前后变化的评价、对环境整治项目实施质量的满意度、环境整治后最满意的地点以及关于村庄环境整治的意见和建议。调查结果显示,村民对村庄环境整治效果的满意度较高。

【村庄环境整治效果满意情况】 村民对村庄环境整治效果的总体满意率得92.59分。被调

2014 年靖江市村庄环境整治满意度情况统计表

表 47

镇、园区、街道、办事处	调查人数（人）	满意率得分（分）	表示满意		表示比较满意		表示基本满意		表示不满意	
			人数（人）	占比（%）	人数（人）	占比（%）	人数（人）	占比（%）	人数（人）	占比（%）
马桥镇	96	98.75	90	93.75	6	6.25	0	0	0	0
城北园区	24	98.33	22	91.67	2	8.33	0	0	0	0
江阴园区	42	97.14	36	85.71	6	14.29	0	0	0	0
生祠镇	108	96.85	92	85.19	15	13.89	1	0.92	0	0
孤山镇	84	95.24	67	79.76	14	16.67	3	3.57	0	0
滨江新城	24	93.33	18	75.00	4	16.67	2	8.33	0	0
城南办事处	42	92.86	30	71.43	9	21.43	3	7.14	0	0
西来镇	96	91.88	66	68.75	21	21.88	9	9.37	0	0
季市镇	144	91.67	103	71.53	22	15.28	19	13.19	0	0
新桥镇	108	89.26	65	60.19	28	25.93	15	13.88	0	0
斜桥镇	120	89.17	62	51.67	51	42.50	7	5.83	0	0
靖城街道	60	89.01	28	46.67	31	51.67	1	1.66	0	0
东兴镇	72	86.39	46	63.89	9	12.50	15	20.83	2	2.78
合计	1020	92.59	725	71.08	218	21.37	75	7.35	2	0.20

查者中，表示满意的 725 人，占 71.08%；表示比较满意的 218人，占 21.37%；表示基本满意的 75 人，占 7.35%；表示不满意的 2人，占 0.20%。

【村庄环境整治前后变化评价】被调查者普遍反映，此次村庄环境整治成效显著，村庄面貌较整治前有较大变化，此项调查得分为 96.75 分。表示变化很大的 856 人，占 83.92%；表示变化一般的 162 人，占 15.88%；表示没变化的 2 人，占 0.20%。

【环境整治项目实施质量满意情况】 被调查者普遍反映此次村庄整治项目实施质量较高，此项调查得分为 96.06 分。表示满意的 821 人，占 80.49%；表示基本满意的 197 人，占 19.31%；表示不满意的 2 人，占 0.20%。

【环境整治后最满意的地点调查】 被调查者认为环境整治后最满意的地点不尽相同，选择河道的 209 人，占 20.49%；选择绿化的 254 人，占 24.90%；选择公厕的 81 人，占 7.94%；选择道路的 376 人，占 36.87%；选择公共服务配套的 100 人，占 9.80%。

【被调查者的意见和建议】 政府需优化公共服务，强化村庄环境长效管理；继续加强亮化、绿化、环卫、污水处理等基础设施建设，完善镇区道路网络，实施主干道沿线秩序整治，着力提升集镇集聚功能、宜居功能；继续推进秸秆收储和综合利用工作，变堵为疏，解决好农村环境污染治理的重点和难点；引导村民养成良好的生活习惯，积极配合整治工作，共同维护整治成果。

园林绿化满意度调查

【概况】 2011 年，市委、市政府启动国家园林城市创建工作。3 年来，靖江编修绿地系统规划，加强绿线管理，建设大型综合性公园，完善小游园和道路、小区、单位绿化，营造绿色生态宜居城市。2014 年，市统计局开展靖江市创建国家园林城市园林绿化满意度调查,调查结果显示,公众对城市园林绿化的满意度较高,总体满意率得83.71分。此次调查采用重点调查方法、入户调查方式进行。在城区采用随机抽样法抽取10个社区300名问卷调查对象。其中男性147人、女性153人,18岁以下8人、19~44岁130人、45~59岁114人、60岁以上48人,无人曾是园林绿化行业管理或技术人员。调查内容主要包括市民对创建工作的知悉情况、对城市整体面貌的评价,以及对城市绿地面积、景观效果、公园设施与管理、空气与水体质量的满意度。

【宣传发动满意情况】 争创国家园林城市在全市上下形成共识,公众对创建活动的知晓率高达99.67%。公众获取创建信息的渠道呈现多样化,50.37%的被调查者通过市政府或有关部门组织的宣传活动,31.48%的被调查者通过电视、广播、报刊等媒体宣传,16.67%的被调查者通过设置在公园、绿地、广场等公共场所的宣传栏,1.48%的被调查者通过同事或朋友介绍获知创建信息。

【绿地数量满意情况】 被调查者普遍反映城市绿地面积和数量均逐年增加,城市绿化环境不断改善,此项调查得84.94分。其中,表示满意的144人,占48%;表示比较满意的86人,占28.67%;表示一般的70人,占23.33%;无人表示较不满意或不满意。

【绿地质量满意情况】 大多数被调查者反映城市绿地景观效果不断改善,此项调查得83.81分。其中,对绿地景观效果表示满意的133人,占44.34%;表示较满意的91人,占30.33%;表示一般的76人,占25.33%;无人表示较不满意或不满意。

【绿地使用满意情况】 被调查者普遍对公园服务设施感到满意,此项调查得83.11分。其中,表示满意的128人,占42.67%;表示比较满意的101人,占33.67%;表示一般的64人,占21.33%;表示较不满意的7人,占2.33%;无人表示不满意。被调查者普遍对到达公园的方便性表示满意,此项调查得85.51分。其中,表示满意的145人,占48.34%;表示比较满意的94人,占31.33%;表示一般的60人,占20%;表示较不满意的1人,占0.33%;无人表示不满意。被调查者普遍对公园管理表示满意,此项调查得85.08分。其中,表示满意的148人,占49.33%;表示比较满意的83人,占27.67%;表示一般的67人,占22.33%;表示较不满意的2人,占0.67%;无人表示不满意。

【环境质量满意情况】 被调查者对空气质量和水体质量均比较满意。空气质量满意度得81.02分。被调查者中表示满意的116人,占38.67%;表示比较满意的104人,占34.67%;表示一般的68人,占22.67%;表示较不满意的10人,占3.33%;表示不满意的2人,占0.66%。水体质量满意度得82.48分。被调查者中表示满意的149人,占49.67%;表示比较满意的68人,占22.67%;表示一般的72人,占24%;表示较不满意的9人,占3%;表示不满意的2人,占0.66%。

【被调查者的意见和建议】 政府需优化公共服务,强化长效管理,将争创国家园林城市的阶段性成果一直保持下去。创建以来,城市面貌得到显著改善,公众希望进一步完善城市功能,提升城市生活品质,增加公共区域绿化面积,实现水清、地绿、街美。城市公园的配套管理需及时全面跟进,合理优化、增加公交到达线路,为更多市民享受公园服务提供便利。加强环境综合整治,努力提升空气质量和水体质量,确保居民基本生活要素的安全和品质。

街头园林绿化景观　　(靖江日报社提供)

凡人善举

【"爱心的哥" 鞠卫东】 鞠卫东，恒通出租车公司"爱心车队"组长，6月入围中国好人榜"助人为乐"好人。早在1996年鞠卫东就有救人义举。是年12月的一天早晨，鞠卫东行经东兴桥上检查车辆故障时见河中隐约有人落水，未加思索即跳入，奋力救起4名落水者。10余年来他前后救下10人。于2007年获评"感动靖江十大人物""感动泰州十大人物"。鞠卫东向来真诚友善，不惜一己之力帮扶弱势者。2010年，他定期免费接送新桥镇一位尿毒症老人往返市人民医院治疗。2013年，他连续3个月，每周5次免费接送新桥镇水三村一位脑瘫儿童至市残疾人康复中心训练。人们亲切地称他"爱心的哥"。

【捐献角膜留光明】 2014年5月，靖江一位年轻的母亲离开了这个世界，但却仍然注视着这个世界。2013年，产后一个月的她确诊胃癌。看着襁褓中的婴儿，她做出了一个决定：向安徽红十字眼角膜库捐献眼角膜。当她把自己的想法告诉母亲时，母亲很不理解。于是她反复叮嘱丈夫，一定要帮她完成这个心愿。2014年5月12日，她的身体状况急剧恶化，但对捐献眼角膜却依然执着。当红十字会工作人员将"捐献角膜申请登记表"送到病床前时，她虽已说不出话，却始终微笑注视着家人和红十字会工作人员，示意丈夫填表签字。5月16日上午9点多，她走完了29岁短暂的一生。她的眼角膜为两名患者带去了光明。（尊重捐献者家属意愿，未署其名）

【"村民管家"仲纪洪】 仲纪洪，江阴—靖江工业园区六圩村人，大通国际港务有限公司董事长，仗义疏财、热心公益。2008年，村里要修一条水泥路，希望他捐助4万元。他拿出了5万元，多出的1万元指定用于添建道路安全设施。此后，他干脆拿出10万元把村里村外的道路修了个遍。2011年，一位村民出车祸半身瘫痪，其妻不顾60多岁的母亲和80多岁的奶奶需要赡养而离家出走，仲纪洪通过村里向其捐赠2万元。村里一位孝子，辞去工作在家照顾因病卧床的老母，仲纪洪通过村里赠予5000元褒奖其孝心。2013年4月，仲纪洪想到不少乡亲难得出门，遂出资10万元请46位乡亲游北京。8月的一个晚上，他目睹沿江公路一个叉口因未设红绿灯而发生惨烈车祸，又捐资4万元购置两台移动式红绿灯。2014年，他出资让村委会邀请莲沁苑老年文艺宣传队到村里演出，丰富村民的业余生活。近4年里，仲纪洪捐给村里逾20万元，大家亲切地称他"村民管家"。

【绵绵不断助学情】 1994年，刚工作不久的口琴厂职工黄小敏参加《读者文摘》"1+1希望工程"爱心活动，每月从300元工资中拿出60元资助河北怀安一名小学生,直至其初中毕业。之后,已经辞职开店、手头渐宽的她又牵手甘肃天水的一名社办教师和一名初中女孩,每月分别资助200元和300元。女孩考入师范学院后,黄小敏继续资助其深造。2012年,受黄小敏的影响,其表妹徐静参加南京大学西部支教行动,赴宁夏中宁大战场中学支教一年。支教结束后,依然放心不下西部贫困儿童的徐静在亲朋好友中发动捐资助学活动。黄小敏让徐静整理出最需资助的11个孩子的名单,发布于微信圈朋友和QQ群,很快便有11位好心人主动与黄小敏联系,其中有中学教师、面馆老板、自家服装店的新老顾客……每学期开学前,黄小敏受大家之托给孩子们分别汇去500元爱心助学费,同时她祈望越来越多的人加入到他们的“西部助学团”。

【感人保安窦新华】 窦新华,金悦大酒店保安。从2008年开始,他就没间断过爱心捐助。捐赠四川汶川、青海玉树、云南鲁甸灾区,少则二三百元,多则上千元;参与红十字会“博爱万人捐”活动,捐出奖金1200元;定期无偿献血,献过全血和血小板。2013年年初,同事的女儿患尿毒症,需血液透析。窦新华得知消息后,每月通过市红十字会定向捐给其600元或800元。作为一名酒店保安,窦新华月工资仅2000元。

【万金不易是诚信】 靖城街道城西社区郁美兴、陈进华夫妇,于2014年2月11日午后带着孙子往西郊公园散步,无意间发现公园东大门旁躺着一只女式拎包。夫妇俩既替失主着急,又怕引发误会,便守着拎包在寒风中等候。半小时过后,仍未见失主前来,遂在路人见证下打开拎包,发现厚厚一沓足足万元百元钞票、证件和银行卡,他们随即拨打电话报警。恰在此时,一名年轻女子匆忙赶来认领。陈进华一边耐心安抚一边让她等候民警处理。最后在民警的确认下,拎包完璧归赵。

刘振伟,市邮政局投递员,2014年2月26日上午10时许在投递途中拣到一只黑色布包,里面有2万元现金和身份证、银行卡、电话本等物件。刘振伟根据电话本联系到失主,约定在靖安路路口见面;确认失主身份后,交接完布包即离开。失主经多方打听,知其叫刘振伟。

夏斌,越江卫生院副院长。2014年11月16日晚8时许路过富阳社区,拣到一个皮包,内有7000余元人民币、700余元港币、16万元承兑汇票以及多种证件。他耐心等候好久仍无人认领,便到附近羊肉店询问。羊肉店老板通过包内身份证认出失主,随即电话通知其认领。10多分钟后,失主赶到羊肉店,感激之余提出给予酬谢。夏斌婉言拒绝,连名字亦不肯相告。第二天,失主反复打听才知其名。

【“小巷总理”顾琴】 顾琴,滨江新区办事处江阳社区党总支书记。她心系群众、服务群众,4年里记下6本民情日记,社区百姓的困难了然于心。一居民手术后留下沉重债务,顾琴安排其管护小区绿化,每月可获1000多元以解燃眉之急。一困难家庭女孩学习遇到挫折,顾琴帮她联系老师辅导,使其顺利考取市一中。诸如此类百姓碰上的烦恼事,顾琴总会时刻惦记,尽一己之力以暖百姓之心。平日里,小区小到管道堵塞、大到停车难,顾琴更是积极奔走,予以解决。几年来,江阳社区数千户家庭从未出现上访户。大家亲切地称顾琴为“小巷总理”。

【亦师亦母皆缘爱】 周章芳,第一实验幼儿园中虹分园老师。2011年,她发现刚分进班的一个男孩和别的孩子不一样,不爱说话,缺少应有的活泼天真,课间也总是一个人默默地呆在一边。周老师家访后得知,孩子的父母均为智障残疾人,他出生两个月后便一直与外公外婆生活,没有享受过父母的关爱。那以后,周老师在校园里总把这孩子带在身边,吃饭时给他更多的关照,午睡时不厌其烦地给爱动的他盖被子。假期里,周老师还带他去马洲公园游玩,为他购买衣服和生活用品。寒来暑往,不知不觉已3载。在周老师的关爱下,原本沉默寡言的孩子渐渐变得自信开朗、朝气蓬勃。

陶鸣,滨江学校美术老师。2007年冬天的一个傍晚,陶鸣在学校传达室偶遇一位做作业的单亲女孩,便主动与其母亲联系,自愿帮助照顾。此后每到放学,陶鸣总把女孩叫到自己办公室,督其学习,免其孤单;逢节假日,还常陪她逛书店,买学习用品。在一次活动中,陶鸣与儿童福利院结下了缘。于是,帮福利院的孩子们布置活动室,带他们洗头洗澡,教他们说话识字,领他们到自己或同事家里作客成了她的日常功课,孩子们由此多了一份关爱和温暖。课堂上,陶鸣是孩子们喜爱的美术老师;课堂外,她是许多孩子的“老师妈妈”。

【泰州最美残疾人】 孙滔,扬子江大酒店厨师。童年时,一次医疗事故使他失去大半听力。后来他迷上烹饪,白天细心揣摩师傅们的技艺,晚上在家独自操作尝试。2006年,已是酒店冷菜厨师的孙滔,融合传统菜式,创制个性菜品“一品素烧肉”,并很快成为酒店招牌菜。2013年,在全国残疾人岗位精英职业技能竞赛中,孙滔获中式烹饪组冠军。2014年,孙滔入选泰州最美残疾人。

何士亚,东兴镇惠龙村人,下肢残疾。他做过篾匠,学过裁缝,养鹅失败后尝试着养猪,经过潜心钻研和虚心求教,终成既能加工饲料、繁育猪苗,又能防治生猪常见病的多面手。2011年,他流转土地规模养猪,年出栏1000多头,净收入近30万元。2013年,他租用近1公顷农田,栽种700多株翠冠梨,实现家庭种养多元化。2014年,何士亚获泰州最美残疾人提名。

【不信亲人唤不醒】 叶旭光,孤山镇石桥村人。2007年年初,养蜂为业的丈夫因车祸致颅内出血,成为植物人。叶旭光从此辞去工作,一门心思照顾丈夫:唯恐丈夫四肢萎缩,她每天搓揉丈夫四肢数小时;担心丈夫失去记忆,她边搓揉丈夫边与其聊天;忧虑丈夫乏味单调,她追忆出丈夫爱听的60余首歌曲,让女儿下载到播放器上每天循环播放……皇天不负有心人。一年后,叶旭光的丈夫竟发出了无意识的声音,令叶旭光看到了希望,更加细心地加以照料。2012年的一天,在为丈夫更换衣裤时,叶旭光居然听到丈夫喊出了自己的名字!此后,叶旭光每天都会搀扶丈夫在院子里或村路上踱上半小时。2014年,叶旭光的丈夫终于忆起了车祸之前的点点滴滴。

史满芳,家住靖城街道小关庙社区。2012年,丈夫连续两次中风,导致全身瘫痪并最终成为植物人。自此,原本含饴弄孙、生活闲适的史满芳不分白天黑夜地照顾起了丈夫,每天用搅拌机把饭菜打成流质,分六七次喂给丈夫;隔两三个小时就替丈夫翻一次身,按摩、擦洗……在史满芳的悉心陪护下,2014年年初,沉睡了一年多的丈夫渐渐清醒了过来。

王小明,斜桥镇江平村人,自小与徐海珍青梅竹马。1981年两人结婚,育有二女。2009年6月,徐海珍突发脑溢血成了植物人。从此,每天早晨6点,王小明便开始一天的护理,清洁妻子口腔,按摩妻子四肢,擦试妻子身体、热敷妻子关节……一直忙到夜里10点多才休息。5年间,王小明除了到楼下菜场买菜,几乎没去过其他地方。他坚信,有努力就有希望。

【伯母当妈30年】 李和英,西来镇普福村人,40年前嫁入公婆年迈多病、小叔子刚10岁出头的江家。丈夫常年在外行船,一家的日常事务全靠她撑持。十多年后,眼见小叔子成了家,家里的生活也渐有好转。可天有不测风云,1983年,李和英的妯娌生下次女一月便抱病去世。两年后小叔子也患病身亡。当时,连同两个年幼的侄女,李和英一家老小8口人。为了让全家人吃饱穿暖,李和英每天都得从天亮忙到熄灯,家里外面两头顾。农闲季节,不是上街卖菜,就是上船清仓;农忙时,把4个孩子哄睡了,还要借着月光赶割麦子,拉起电灯脱粒扬场。平时,李和英视两个侄女如己出,吃的穿的与自己的孩子一视同仁。待到大侄女出嫁时,她帮着准备的嫁妆比亲生女儿还要丰厚。小侄女嫁给一位外来户,她又拿出省俭下来的积蓄,在大侄女和自己子女的帮助下为小侄女盖上新房。提起李和英,两个年近30岁的侄女总是一口一声“妈妈”。

【傻姑有嫂胜亲姐】 李素芬,45年前嫁入靖城街道光明村,从此与公婆、丈夫一起照顾智商处于幼儿水平的智残小姑:替她洗澡,帮她换衣,面条煮成糊状,天冷准备热水袋……一次小姑睡前玩火点燃被褥,李素芬自此每晚总要察看小姑卧室好几回,直到小姑睡着才安心就寝。公婆、丈夫去世后,打理小姑的饮食起居更成了李素芬无法袖手的日常生活。平时出门干活,则安排小姑坐在门口就着零食等候。偶尔一次遇事晚归,小姑孤单的身影、无助的眼神揉碎了她的心。从此,小姑成了她再未分离的影子。45年走来,她是小姑生活上的依靠、心理上的依赖。小姑不认他人,但只要看到李素芬或是听到她的声音,就会开心地喊“姐姐”。

【血脉亲情割不断】 木匠印小海,孤山镇勇进村人,兄弟5人除他以外皆染残疾:老大、老三先天精神疾患,或独身未娶,或常年住院;老二肢残,生计困难;老五原无异常,有一哑妻,不料5年前也突发精神疾病。20年前,印小海娶妻吴新美,夫妇俩白天打工、晚上种田,与父母一起支撑着这个特殊家庭。数年前,父母先后去世,照顾几个兄弟的重担全落在了他们肩上:料理老大的日常生活和一日三餐,帮衬老二照应未成年的一儿一女,探望总是住院的老三,张罗老五家的农活。面对总也忙不完的繁琐家务,印小海夫妇从无怨言,坦然操持。可子侄的学费、老三的医药费等一大家子人的用度开销却无法坦然而来。为了养家,两人努力揽活、务工,无特殊情况不敢休息,更舍不得在自己身上多花一分钱。日子虽很清贫、辛苦,却撼不动他们照顾残疾兄弟的决心,割不断他们时刻牵挂的血脉亲情。

【重组家庭有真情】 2001 年,37 岁的印金萍带着幼女改嫁靖城街道虹茂社区薛家。面对一开始排斥抵触的两个继子,印金萍没有刻意去迎合,而是暗暗观察着他们的喜好,默默安排好他们的生活,以润物无声的方式让他们深深体会家的温暖。小儿子上学时一度沉迷网络游戏,印金萍看似无意实则用心地与他摆事实、讲道理,不仅帮他戒除网瘾,还成了他的“知心妈妈”。面对丈夫前妻的父母,为让老人情感上易于接受,她随孩子称他们“爷爷、奶奶”。先是不时把他们接来小栖,慢慢地再留他们一起长住。“爷爷”罹患痛风,印金萍在饮食方面倍加小心,还时常另开“小灶”;“奶奶”中风在床,印金萍承担起全部的护理重任,喂食、擦洗、按摩……15 年来,印金萍用一腔至爱,让这个重组家庭洋溢着亲情。

2014 年度精神文明新人新事

【1 月份新人新事】 1. 1 月 3 日,在斜桥镇举行 2014 年文化科技卫生“三下乡”集中服务活动,22 个部门深入到农民群众中开展文艺慰问演出、农技法律咨询、物资赠送、扶贫帮困等活动。

2. 靖江日报社组织第 2 届“新春暖心”大型公益活动,社会各界捐款捐物,共为 80 个贫困孩子筹集 4.5 万元资金以及近千件物品。

3. 1 月 4 日,恒丰化工公司董事长任玉华向靖城街道柏木村一困难户捐资 8000 元。

4. 市某商贸公司负责人孙利才,为东兴镇惠龙村广场建设捐资 6.5 万元。

5. 1 月 6 日,一店主赵富兴将顾客遗落在店内的 12 万元现金交还失主。

6. 1 月 15 日,斜桥镇广福村村民季维明,将捡到的内有 5000 余元现金及各类证件的钱包交还失主。

7. 孤山镇勇进村印小海、吴新美夫妇,20 年如一日照顾 4 个残疾兄弟,坚强撑起贫困大家庭。

8. 1 月 27 日,市公安局职工朱雪琴连续第 6 年给孤寡老人献爱心,向西来敬老院赠送新棉衣 28 件。

9. 2013 年,市人民医院出资 20 余万元慰问困难患者 102 人,并为其减免部分医疗费用。

【2 月份新人新事】 1. 2 月 26 日,市邮政局投递员刘振伟在投递途中捡到 2 万元现金,及时交还失主。

2. 东兴镇一企业负责人陈勇,捐资 1.2 万元为村民修建硬质化道路。

3. 靖城街道光明村村民李素芬,45 年悉心照顾智残小姑。

4. 春节期间,市广电台开展“圆梦行动”,帮助 8 名农村贫困、留守儿童实现新年愿望。

5. 2 月 11 日,靖城街道城西社区民兵新村郁美兴、陈进华夫妇,将捡到的内有 1 万余元现金的拎包交还失主。

6. 东兴镇惠丰村推出惠民举措,全村 70 周岁以上、参加新农合的老人均可在村卫生室享受免费医疗就诊。

7. 孤山镇石桥村村民叶旭光,6 年如一日用爱心和责任唤醒植物人丈夫。

8. 滨江新区办事处关工委“五老”志愿者,牵线搭桥资助域内贫困学生,落实助学金 35.5 万元。

【3 月份新人新事】 1. 3 月 2 日,市文明委启动“邻里守望”志愿服务活动,倡导邻里和睦相处、守望相助,300 余名志愿者参加启动仪式并进行集中服务。

2. 东兴镇东兴村西二组村民吴登才,出资 38 万余元为村里铺设硬质化道路。

3. 城南办事处三江社区居民王小明,5 年间不离不弃陪护植物人妻子。

4. 西来敬老院入住的五保老人侯国平,3 年间义务护理瘫痪在床的室友。

5. 3 月 13 日,新桥镇益民村孙建章等村民,合力将该村一名突发脑梗的老人送至医院抢救,并为其垫付医疗费。

6. 3 月 7 日,九圩汽渡卢汉兴等工作人员,救起一名从渡轮上落水的女子,并返航送至医院救治。

7. 在江平路柏木村路段经营超市的曹松茂、卢秀芳夫妇,设立“失物招领处”20 余年,妥善保管并交还顾客落下的钱物。

8. 靖江籍作家祁智捐赠图书 3200 余册,在西来中心小学建成祁智书屋。

9. “爱心的哥”鞠卫东的儿子因交通事故住院后,社会各界纷纷伸出援助之手,帮助经济状况不甚宽裕的鞠卫东渡过难关。

【4月份新人新事】 1. 4月25日,由江苏元林慈善基金会捐资建造的靖江元林老年大学成立,成为丰富全市老年人精神文化生活的新平台。

2. 市三轮车夫侯汉荣当选2013年度“最美泰州人”,朱秀璋、黄汉清、黄永波等3人获提名奖。

3. 4月18日,市广电台启动“走进美丽乡村”广电服务行动,首站活动“我陪父母看场戏”在斜桥镇市民广场举行。

4. 滨江新区办事处华阳社区居民夏翠娥,18年间精心照顾丈夫的外婆,被邻里传为佳话。

5. 4月11日,市出租车司机朱义兵,在行车途中遇一对摔成重伤的母女,立即将其送至医院治疗并垫付医药费。

6. 4月14日,市某酒店服务员朱美芬,在店内捡到一只内有重要证件及多国钱币的钱包,立即寻找并交还失主。

7. 新桥镇礼士社区居民曹子明,当月起每天自发至夹港打捞垃圾,并向周围居民宣传环保理念。

8. 靖城街道城西社区退休老人花海荣,10余年间义务养护小区绿化,自费2万余元购买花木补栽。

9. 4月23日,城南办事处莲沁小学全体师生及部分社会爱心人士,向该校一名重病学生捐款3万余元。

【5月份新人新事】 1. 5月18日,开展“慈善一日捐”活动,119家单位现场捐款154.67万元。

2. 5月11日,季市镇南市新村76岁老人郑浣芳,将民国时期军事家、爱国将领冯玉祥所穿的黑色披风,捐赠给筹建中的市博物馆。

3. 5月16日,市民燕子(化名)病逝,家属遵照遗愿将其眼角膜捐献,成功帮助两名患者复明。

4. 孤山镇土桥村村民陈斌,连续6年每月从2000余元的工资里拿出200元,资助四川省绵阳市一贫困女孩上学。

5. 5月27日,城南办事处十圩村陆飞夫妇,捐赠842件新衣给辖区内贫困孩子。

6. 公交车司机顾建军,将乘客遗落在车上的5000元现金交给公司,寻找并归还失主。

7. 市医疗集团在江苏鸿纳医疗投资有限公司设立“鸿纳爱心基金”慈善救助项目。自当月起,鸿纳公司每月提取10万元用于救助在市人民医院住院的贫困患者。

8. “六一”前夕,靖江日报社举行“六一送温馨”活动,为80位贫困学生送出善款。其中一位不愿留名的女孩捐款5万元,委托报社转交贫困学生。

9. 5月20日,市文联成立文艺志愿者服务团,80余名服务团成员参加成立仪式并进行现场表演。

【6月份新人新事】 1. 6月4日,由市锡剧团排演的大型锡剧《焦裕禄》举行首场演出,并启动全省巡演。

2. 6月6日,由市委宣传部、靖江日报社联合出品的靖江首部城市形象微电影《香橼》上映,通过电影故事形式推介靖江城市形象。

3. 6月27日,出租车司机刘金城,主动将一位突发癫痫的独居老人送至医院急救。

4. 6月4日,出租车司机周珍萍,发现一乘客遗落在车上的钱包,故守在原地等候并归还失主。

5. 中船澄西新荣船舶公司员工戈峰,上班途中遇一女子骑车摔倒,伤势严重,立即将其送至医院救治并垫付医疗费。

6. 城南办事处莲沁苑社区居民曹志明,7年间义务教10所学校师生管乐知识,并免费教万人学吹葫芦丝。

7. 6月24日,原惠丰乡村民魏健、魏成美,遵照父亲魏彩鲁的遗愿向惠丰小学捐款1万元。

8. 6月25日,由市工商局员工姜允杰发起的靖江市心理健康协会成立,30名心理咨询师自愿加入该公益团体,为人们提供心理咨询服务。

9. 6月23日,百富绅“绿叶联盟”10个品牌店家进行慈善拍卖,为一白血病患儿筹集善款2.5万元。

【7月份新人新事】 1. 7月4日,市文明委成立“道德讲堂总堂”,同步启动“美德善行”百场宣讲活动。

2. 7月17日,东兴镇某企业负责人徐洪金,驾车途中发现一骑摩托车的男子摔倒在路边伤势严重,立即停车实施救援。

3. 7月16日,市爱心企业家唐壮祥连续第4年为滨江新区一贫困学生捐资1万元。

4. 一名不愿透露姓名的爱心市民,为滨江新区23名贫困学生捐资8.4万元。

5. 7月12日,市工商联、教育发展基金会、广电台和四川郎酒集团共同举办爱心助学公益义卖活动,21位爱心企业家为市教育发展基金会筹集善款32.5万元。

6. 7月4日,出租车司机顾

银波,发现乘客将内有万元钱物的包遗落在车上,立即联系并交还失主。

7. 7月26日,市民张晓东捡到一只内有2000多元现金及各类证件的钱包,主动归还失主。

8. 市公安局城东派出所辅警、红十字会蓝天救援队志愿者姚飞,主动申请并于7月26日至8月2日参加海南台风救援行动。

9. 暑假期间,靖城街道布市里社区、城北园区镇南村等多个社区(村)组织公益兴趣班,丰富孩子们的暑期生活。

【8月份新人新事】 1. 滨江新区关工委积极组织"五老"志愿者参与社会创新,帮扶贫困学生,获评全国"五好基层关工委先进集体"。

2. 市公安局城东派出所民警杨扬扎根社区,心系群众,入选江苏省第2届"最美警察"。

3. 市滨江学校美术教师陶鸣热心公益事业,关爱贫困学生,当选为泰州市"最美人物之优秀教师"。

4. 城南办事处三江新村居民王小明,5年间跟随医生学习护理知识,不离不弃悉心照顾植物人妻子。

5. 市邮政快递员严春浩,下班途中遇一女子骑车摔倒伤势严重,立即报警并协助警员将其送上救护车。

6. 市某酒店保安窦新华,一年多来每月从2000元工资中拿出600元,救助同事身患重病的孩子。

7. 8月4日,靖城街道北大街社区67岁的陈绍先,不顾年事已高攀至二楼拉下邻居晒在室外并着火的棉被,避免火灾发生。

8. 8月14日,城北环卫所环卫工人陈刚,清扫路段时捡到一只内有2600元现金的钱包,立即寻找并归还失主。

9. 西来镇普福村村民李荷英,将自小失去双亲的2个侄女养育成人,并帮助其成家立业。

10. 市交通运输局员工陶建东,多年来积极组织参与社会爱心公益进社区活动,帮扶困难群众和学生50余人。

【9月份新人新事】 1. 9月19日,市文明委表彰"靖江市首届道德模范",卢素芳等10人当选,陆纪登等10人获提名奖。

2. 重阳节期间,泰州在域内开展"我们的节日·重阳"系列活动,全市共安排30余项主题活动,营造敬老、爱老、养老、助老的浓厚氛围。

3. 9月13日,靖江籍作家祁智创作的《小水的除夕》获全国第13届精神文明建设"五个一工程"奖。

4. 滨江新区办事处江阳社区党总支书记顾琴,真心实意为群众办实事、办好事,4年间记满6本"民情日记",受到社区群众的普遍赞誉。

5. 市第二人民医院副院长陈青松,在心理、精神卫生领域工作19年,心系病患,医德高尚,赢得社会认可。

6. 9月10日,市公安局治安大队民警徐袆泺,捡到一只内有大量现金及各类证件的钱包,通过多种途径寻找并归还失主。

7. 江阴—靖江工业园区办事处莲沁苑社区居民严维友,21年间不离不弃悉心照料高位截瘫的妻子,并独挑重担抚养一双儿女成人。

8. 江阴—靖江工业园区办事处六圩村62岁的企业家仲纪洪,4年间花费20余万元为村里修路、请村民外出旅游、为特困户捐款,被称为"村民管家"。

9. 马桥镇三爱村村民侯亚林,出资1.2万余元为村里安装30盏路灯,方便大家出行。

10. 斜桥镇"博爱老年关爱之家"负责人陈丽萍,带领志愿者帮扶孤寡、残疾老人,为老人提供文艺演出、免费照料等多项服务。

【10月份新人新事】 1. 东兴镇成德村村民童国忠,16年间不离不弃照顾瘫痪在床的妻子,独自将女儿抚养成才。

2. 斜桥镇九旬夫妻陈玉明、薛月兰,10余年间每逢节庆日均制作几百盒糕点赠送给邻里及孤寡老人。

3. 季市镇季新卫生室医生刘平为村民提供上门就诊服务,并义务接送前来就诊的老人,被大家赞为"爱心医生"。

4. 靖城街道公园弄社区保洁员徐三郎,多年来无偿为社区居民提供疏通下水道、换煤气、照看病人等服务,得到大家的敬爱。

5. 10月上旬,生祠镇老港村部分热心村民,为该村一名突患白血病的妇女捐款万余元。

6. 10月中旬,城南办事处莲沁苑社区为安置户发放"居民卡",便于居民更好地享受优惠服务及领取相关物资。

7. 10月17日,靖城街道江华社区10余位爱心居民募集800余件衣物,寄给甘肃贫困学生。

8. 10月12日,在靖江首届千人公益徒步活动中,靖江农商行向市特殊教育学校捐献爱心款3万元。

9. 10月26日,靖江首届"微友"节启动,广大"微友"以微信、微博为媒,开展帮助伤残家庭收秸秆、“捐书送爱”等微公益活动。

10. 从10月29日起，市特殊教育学校组织老师对重度残疾儿童开展“送教上门”服务，解决特殊儿童上学难的问题。

【11月份新人新事】 1. 11月2日，“天下商圈”爱心联盟联合市红十字会举办慈善公益活动，为一名身患白血病的6岁男孩募捐4.4万元。

2. 11月17日，由刘国钧中学83届校友倡议成立的“校友普济助学帮困促进会”，为该校4名优秀贫困生发放助学基金4.8万元。

3. 11月16日晚，越江卫生院副院长夏斌，捡到一只内有大额现金及各类证件的皮包，在原地等候并归还失主。

4. 东兴镇大学生村官倪月云，丈夫去世后挑起家庭重担，偿还债务、抚养孩子、孝敬公婆，并每周挤出时间参加志愿活动。

5. 靖城街道东南村村民苏爱萍，25年不离不弃照顾脑瘫儿子，用母爱为儿子撑起生命的蓝天。

6. 季市镇石榴村村民张素芳，多年来独挑重担悉心照顾植物人继子，给予其亲生母亲般的温暖。

7. 斜桥镇东皋社区居民毛松华，坚持义务教授硬笔书法17年，先后辅导学生600余人。

8. 季市双星特钢公司负责人顾开明，致富不忘回报社会，近年来为公共设施建设捐资百万元，帮扶贫困家庭50余万元。

9. 滨江新区办事处越江村村民陆兴荣，2011年出资2万元为村里安装路灯，3年间做好路灯维护工作，每年承担路灯电费3000余元。

10. 康宁明珠小区旁一超市负责人袁朝辉，8月起用自购设备每晚为社区居民播放电影，丰富居民文化生活。

【12月份新人新事】 1. 市女企业家李梅桂，孝敬父母，关爱社会贫困老人，当选为“全国孝亲敬老之星”。

2. 市两企业负责人朱福兴、周士友，遵章守法、优质服务、诚实经营，当选为第2届江苏省“百名诚信之星”。

3. 12月20日，出租车司机戴银山，将乘客遗落在车上的内有3万元现金的拎包交给公司，寻找并归还失主。

4. 季市镇勤盛村七旬老人徐秀英，6年如一日悉心照顾瘫痪在床的儿媳。

5. 斜桥镇丹华村村民苏卫红，辞去北京年薪10万元的工作，悉心照顾因车祸成为植物人的父亲。

6. 斜桥镇乡村医生徐明江，关心病人，救死扶伤，多次驾车义务送急诊病人至城区医院救治，以一颗医者仁心守护百姓的健康。

7. 生祠镇法喜村私企业主陆进，为该村道路建设捐资10万余元，并长期资助贫困孩子上学。

8. 12月8日，靖城街道小关庙社区挂牌成立市首家青少年校外辅导站心理咨询点。

9. 市儿童福利院、光荣院自建设以来，受到社会各界的关注和爱心捐助，共22家单位和个人捐赠物资140余万元。

·靖江农谚（十六）·

【燕子低飞蛇过道，大雨不久将来到】 这是预测天气的物候现象：当大雨即将来临之前，气压比较低，空气湿度小，若燕子高飞，需要消耗更多的体力；而蛇一般都是以夜间活动为主，由于洞中缺氧，闷得难受，也就顾不上是白天还是夜间，只能被迫出来游走。

【霜后暖，雪后寒】 因一般有霜的天气，都晴好风小，日照充足，白天气温均较高；而下雪后，虽然可能是晴天，但化雪需要吸取大量的热量，因此会让人感到寒意浓浓。

【“清明”断雪，“谷雨”断霜】 在正常年份里，“清明”后不会下雪，“谷雨”后不再出现霜冻。

（吴汉荣）

靖城街道

【概况】 靖城街道总面积131.62平方千米,有社区居委38个、行政村39个,人口24.8万。实际管辖区域58.56平方千米,辖社区居委23个、行政村11个,人口13.1万。2014年,靖城街道各项主要经济指标在全市继续保持领先。完成一般公共预算收入1.48亿元,比上年增长21%,获全市超额完成任务奖;实现工业开票70.6亿元,比上年增长21.17%,获全市完成任务考核奖;城镇居民、农村居民人均可支配收入分别为3.39万元、1.66万元,比上年分别增长9.1%和11%。年末,在全市(镇、街道、园区、办事处)经济社会发展综合考评中名列第一。

经济建设 列统工业企业完成产值92.03亿元、销售90.98亿元、利税11.21亿元、利润6.44亿元、工业开票销售70.6亿元,各项指标比上年增长均在15%以上。完成工业投资7.3亿元,开工建设投资亿元以上工业项目2个、5000万以上工业项目3个。企业上市实现零的突破,靖江三鹏模具科技股份有限公司成功挂牌上海股交中心。服务业增加值实现71.07亿元,占经济总量的比重逐步提升。新增“三大合作”组织(农民专业合作社、土地股份合作社、社区股份合作社)16家,推行机插秧680公顷,夏粮、秋粮分别实现连续7年、11年增长。

城镇建设 “四城同创”有序推进。实施无物管小区综合整治工程,6个老旧小区改造为星级康居小区。实施背街小巷亮化工程,安装路灯69盏。实施老城区增绿工程,新增城区绿化面积15万平方米。启动辖区老旧危楼信息库建设,完成2处D级危房改造。以规划建设为抓手,以重点工程为支撑,实施雨污分流工程、城区增绿工程、西郊货运物

柏木新农村集中居住点 (靖江日报社提供)

流市场等城乡建设工程12类25项。不断优化生态环境。整治城郊结合部、城中村、棚户区、老旧小区、背街小巷、建设工地、农贸市场、城市河道、低洼易淹易涝片区,规范经营行为、车辆停放和户外广告设置,实施河道整治等城市环境综合整治工程42个。根据民俗、埭情、地貌,制定各村建设规划,打造城郊乡村特色,新增造林面积31.27公顷,村庄环境综合整治工作通过省级验收。

社会建设　完善保障救助机制。新增城乡居民养老保险参保158人,城乡居民新型合作医疗保险累计参保15 741人,实现应保尽保;免费办理特困人群养老、医疗保险4065人;发放救助金75万元,结对帮扶613人。增强社区服务功能。推行社区网格化管理模式,"周到式服务"品牌效应初步形成,9个村(社区)服务中心通过达标验收;新建村(社区)图书馆2个,创建省级社区教育示范社区1个;开展各类文化巡演47场次,送电影下乡132场次;基层红十字会站实现全覆盖,建成标准化社区卫生室4个;流动人口计生管理服务率90%以上,政策内出生率99.05%。和谐社区创建成效明显,创建泰州、省级和谐示范社区28个。健全社会治安防控体系。老城区公共场所路灯、监控实现全覆盖;开展安全生产专项行动,强化铝镁制品、危化品等行业和小微企业安全整治;修订街道公共安全及自然灾害应急预案。安全生产实现"零事故"目标。　(薛志宏)

2014年靖城街道主要经济社会指标一览表

表48

指标名称	单位	数值	指标名称	单位	数值
地区生产总值	亿元	127.82	集贸市场成交额	亿元	108.29
农业总产值	亿元	2.5	镇村主干道	千米	3.5
工业总产值	亿元	301.3	中、小学校	所	10
工业利税总额	亿元	36	在校中、小学生	人	18576
工业技改投入	亿元	7.33	年末职工人数	人	64172
当年到账外资	万美元	899	职工人均工资	元	47917
自营出口额	万美元	25999	参加社保人数	人	43944
三产实体	个	8350			

2014年靖城街道办各村基本情况一览表

表49

村名	党支部(总支、党委)书记	村委会主　任	工业销售收入(万元)	年人均纯收入(元)	村名	党支部(总支、党委)书记	村委会主　任	工业销售收入(万元)	年人均纯收入(元)
东郊村	戴卫国	高海宏	135352.5	21802	东南村	杨正涛	杨正涛	104772.6	20803
西郊村	浦卫东	浦卫东	128313.2	22070	进步村	侯卫国	侯冠军	4396.2	14423
汤家村	褚宇宏	张建波	72761.6	20580	龙王村	黄红军	沈惠南	36069.2	17650
柏木村	陈玉明	陈　兴	90385.6	20775	友仁村	顾桃红	马正江	126654.7	18307
光明村	盛灿红	夏小江	86708.1	20322	正西村	吴铁康	朱伟红	56258.3	15446
东郊村	戴卫国	高海宏	135352.5	21802					

2014年靖城街道骨干企业一览表

表50 单位:万元

单 位 名 称	销售收入	利税总额	法人代表
靖江市第二食品厂	2003	46	秦在荣
靖江康爱特化工制造有限公司	10273	1317	孙艳红
靖江市中达彩印厂	2450	40	徐 敏
靖江市新工液压铸造厂	16463	2371	杨 森
靖江市扬帆齿轮厂	2071	163	祁 惠
江苏晨光液压件有限公司	2320	282	刘浩明
盛装制衣	2005	21	王荣勋
靖江搏达机械有限公司	2009	109	钱孔旦
靖江市华威电机有限公司	4453	589	徐惠明
江苏振达铝业有限公司	2943	75	姚汝龙
江苏扬阳化工制造有限公司	64358	6940	朱宏志
靖江市三立液压机械制造有限公司	2062	193	任彩君
靖江市华威叉车有限公司	2513	1	徐惠明
江苏新源源电力建设实业有限公司	5173	130	何玉明
江苏恒丰化工有限公司	36242	5099	任金华
靖江申申针棉织品有限公司	16611	1450	刘战坤
江苏无畏警用装备制造有限公司	8566	485	倪敬峰
靖江市佳特盛机械配件制造有限公司	2170	239	吕双进
靖江市林龙电机制造有限公司	2275	139	刘建林
江苏环胜铜业有限公司	109767	12734	仇文秋
江苏环球电机有限公司	12994	1405	朱明初
靖江市旭轮纺织厂	2013	36	周 勇
江苏骏马压路机械有限公司	22752	2763	朱天锡
江苏华电机械制造有限公司	2083	86	毛炳圻
靖江市东达铝业有限公司	22640	2937	刘海涛
靖江锦狮巾被制品有限公司	4974	549	王余善
靖江市工搪化工设备有限公司	15721	1952	陈美红
靖江瑞泰胶带有限公司	18364	2378	唐建仁
江苏恒义汽配制造有限公司	53959	7318	鞠小平
靖江市百科皮具有限公司	3259	129	陈华松

续表 50

单位名称	销售收入	利税总额	法人代表
江苏华达汽配制造有限公司	375562	52610	陈竞宏
靖江三鹏汽配有限公司	13912	1869	李柏松
靖江市皓日汽车零部件有限公司	18194	1908	顾习明
江苏力阳电器制造有限公司	10657	1532	朱金其
靖江市天诚化工设备有限公司	2710	175	鲍锡平
爱发科天马电机(靖江)有限公司	6251	461	中村静雄
江苏元泰防腐工程有限公司	3189	224	马焕琴
江苏世能化工设备有限公司	3167	136	祁玉华
靖江市富伟胶粘有限公司	2005	105	沈　骐
江苏迈威容器制造有限公司	3322	466	季永东
江苏金三力机械制造有限公司	2148	142	丁　健
靖江市新万国标准件有限公司	5360	348	徐灿国
江苏京伦染织有限公司	4784	43	董云松
靖江市增源压铸厂	3051	89	熊建增

靖江市人民政府滨江新区办事处

【概况】 滨江新区办事处辖晨阳、江阳、华阳、富阳、朝阳、康阳、兴阳7个社区居委，代管雅桥、新普、宜稼、宜和、越江、木金、小桥、同安、同康9个行政村117个村民小组。面积26平方千米，人口37 288人。2014年，办事处获评市经济社会发展综合考评三等奖，获江苏省基层党员冬训工作示范街道和泰州市冬训工作先进集体、泰州市未成年人零犯罪创建工作先进集体等称号；江阳社区获评江苏省城市管理示范社区和“平安家庭”创建活动示范社区、泰州市“巾帼文明岗”，康阳社区获评江苏省标准化居民学校、泰州市绿色社区，兴阳社区获评泰州市绿色社区，富阳社区获评泰州市五星基层计划生育协会；牧城公园创建成国家级AAA旅游景区，明湖水利风景区获评2014年江苏省首批水利风景区。

城镇建设 以张家港市杨舍镇为标杆，结合区域实际，加强基础设施建设。维护修复马洲公园水幕电影、绿化景观及小游园。对照国家环境保护模范城市和生态市创建标准，实施饮用水源地保护，拆迁水源地附近全部住宅和企业。对照园林城市创建标准，完成虹兴路与城东大道交叉口街头绿地景观和滨河绿地工程，绿化总面积7000平方米，年末辖区人均绿化面积21平方米。对照国家卫生城市创建标准，开展环境综合整治活动。继续搞好河道疏通，强化河道水面保洁，完成大部分河道环境综合整治；辖区垃圾及新区农贸市场污水纳入城区管理，收集率和处置率均为100%。加强拆迁工作。严格按照拆迁政策，由办事处纪工委牵头，全程督办拆迁进展，全年拆迁42户；阜前路(工农路—蟛蜞港段)沿线农户拆迁洽谈签约基本结束。推进重大工程建设。3月，华阳路(原虹兴路）拓宽改造开工，11月底竣工通车；城东大道安置区一期项目计划新建安置房6幢，建成4幢。

社会建设 以江阳社区为

标杆,提升社区管理水平。出台社区管理考核意见,对社区实行预算定额和收支考核;开展睦邻工程建设和“政社互动”工作,有效实施公益创投项目,强化社工人才队伍建设;将社区和物业管理列入年度综合考核,加强对商业小区和物业公司的管理,规范物业公司行为,完善物业维修机制;推行管理创新,规范社区服务中心建设,推行“一委一居一站一办一督”管理模式;明确社区保洁、绿化管护管理标准和检查考核细则,并实行考核;在安置小区采用小区、承运方、消纳场三方联动制约模式,规范建筑装潢垃圾管理;推行社区网格化管理,社区设立城管工作站,就近解决违法建设、违规占道、乱贴乱画、乱堆乱放等问题。各项事业有序推进。政协工委获评市先进政协工委;认真审核失地农民社保资格,确保无一例非社保对象进入社保范围,无一例应保对象遗留在社保之外;征兵任务完成,并连续3年保持兵源质量,无一退兵;民兵工作通过市人武部点验,名列全市各镇(街道、园区、办事处)之首。 (陈卫境)

靖江市人民政府城南办事处

【概况】 城南办事处辖区面积35.12平方千米,辖社区居委10个,代管前进、火炬、中桥、北六、鼎新、十圩、昆圣7个行政村161个村民小组,总人口53 007人。

经济建设 辖区内规模以上企业完成现价工业总产值286.29亿元、销售收入266.5亿元、利税22.08亿元、利润12.35亿元,比上年分别增长13.62%、13.39%、16.6%和17.6%。企业创新能力增强。新建江苏乐科热力科技有限公司、江苏恒力制动器制造有限公司研究生工作站2家,新增靖江市新程汽车零部件有限公司轿车车体后纵梁加强板总成、江苏赛德力制药机械制造有限公司自动滤袋振荡卸料离心机、卓然(靖江)设备制造有限公司制氢装置转化炉、江苏荣联科技发展股份有限公司绿色智能移动通信基站室外标准化机柜等省级高新技术产品4个,申报江苏省民营科技企业4家、泰州市重点新产品10个。新兴产业得到发展。江苏荣联科技发展股份有限公司的医疗健康监护系统、江苏联恒物宇科技有限公司的电子标签等一批新兴产业项目,成为城南转型发展新亮点。“两化融合”深入推进。江苏上骐集团有限公司、江苏恒义汽配制造有限公司、江苏三江电器集团有限公司、靖江双鱼食品有限公司、靖江市华通机电设备制造有限公司、江苏恒力制动器制造有限公司、靖江市新程汽车零部件有限公司、凯傲宝骊(江苏)叉车有限公司、江苏靖江叉车有限公司、江苏东华测试技术股份有限公司、江苏赛德力制药机械制造有限公司等11家企业通过江苏省“两化融合”示范、试点企业认定,园区获评江苏省“两化融合”示范园区。

“发现·靖江之美”摄影大赛走进城南 (靖江日报社提供)

城镇建设 加快功能设施建设。继续推进“四城同创”,组织实施广靖高速南出口两侧、兴业路高架两侧、广靖高速互通西侧等重点区域增绿工程,全年绿化面积30多万平方米。推进老旧小区改造。华侨新村、南郊中学宿舍改造成三星级小区,同兴小区、三江社区叉车厂宿舍改造成二星级小区。整治辖内背街小巷、城郊结合部环境。以康兴新村德裕苑一区和科技社区一、二、五区为重点,延伸整治区域,改善环境面貌。开展城市河道标准化整治,重点整治建新居委18组后沟、北六村鼎新桥前沟、

原建安村7—9组前沟等河道环境。开展社区创建,春江花城社区成为省级城市管理示范社区。

社会建设 文体活动有声有色。组织开展“欣欣杯”家庭才艺大赛、“书香城南”机关干部读书学习活动和经典诗文诵读比赛活动;成功举办“新程杯”第11届文体节;城南韵律健身队在靖江市广场舞大赛中夺冠,两次参加泰州市广场舞大赛,分获最佳表演奖和金奖;参与市广电台“美丽乡村”大型拍摄活动、靖江日报社发现“靖江之美”大型摄影活动,配合江苏城市频道开展“平安靖江·幸福家园”—法制环省行活动。信访维稳处置妥当。建立健全信访终结机制、矛盾纠纷“大调解”机制、群体性事件应急处置机制和政法综治月例会制度,对进区项目实施风险评估并报备;开展重点矛盾排查和调处,调处历史遗留问题4起、各类矛盾纠纷30余起、各类群访事件10余起,集访缠访和陈年积案得到依法监控和有效处理。 (朱为民)

江阴—靖江工业园区办事处

【概况】 江阴—靖江工业园区办事处地处靖江的“南大门”,东至新十圩港,西至下一圩港,南至长江,北与东兴镇、城南园区办事处相连,辖区面积16平方千米,常住人口3.2万余人,外来人口近3万人。辖有莲沁苑、溢馨苑、八圩3个居委,代管恒义、五星、迎江、江防、江峰、万丰、四圩、五圩、六圩、八圩10个行政村165个村民小组,及市渔业第三、七分公司。

经济建设 坚持创新驱动,全年申请专利13件、开发新产品1个。实现工业总产值10.77亿元、利税0.63亿元、利润0.32亿。申报“一事一议”财政奖补项目7个,成立农民专业合作组织5个,完成高效设施农业保险收入56万元,发放农资综合补贴115.8万元。迎江村生态农业园初具雏形。发挥江鲜美食文化优势,推进江鲜美食一条街二期和江鲜批发市场等项目建设。第三产业增加值1.3亿元。

社会建设 推进重点地块拆迁,全年签约120户,完成936户1005套安置房分房工作。以“零违建”为目标,集中整治高九路两侧违章搭建,拆除违法建设8处184平方米、院墙27米。投入1200万元,完成高九路主路面改造,雨、污管线铺设到位,建成高九路与滨一路交叉口绿岛。建成硬质化道路5.2千米,安装太阳能路灯95盏。中心河北段的驳砌疏浚工程基本结束。发放低保保障金、五保供养金和社会救济金435万余元。实现新增就业1000余人。8家村级卫生室全部达标。采用网格化管理模式,以村为单位细化分工保洁区域、路段,实施各村(社区)垃圾房标准化改造,在主要路段、企业和社区增设耐火垃圾桶300个。建成社会管理服务中心,接待群众986人次,办理各类业务526笔,办结率95%。办事处档案室通过“省三星级档案室”考核验收。规模企业90%完成安全生产标准化建设。

政治建设 规范公务用车、公务接待管理,完成办公用房清理。“三公”费用支出下降60%。排查整改问题120多条,修订完善各项制度20余件。在社区开展“微管理、微品牌、微信息、微公益”系列“微活动”,打造基层党建品牌。教育引导各级干部树立底线意识,健全完善工程建设招投标管理办法等各项制度。

(刘 青)

西来镇

【概况】 西来镇总面积46.73平方千米,镇区面积2.50平方千米,辖2个社区居委、16个行政村320个村民小组,总人口48 784人,有工业企业363家。2014年,西来镇以“打造靖江东大门、建设美好新西来”为目标,经济社会事业取得良好发展。全年实现地区生产总值42.1亿元、工业开票销售(不含市镇联动)39.58亿元、财政收入1.75亿元,农村居民人均纯收入17 645元。年内,获评江苏省科技创新型乡镇、江苏省农产品质量安全监管示范镇。

经济建设 工业经济稳中有进。全年实现工业产值178.6亿元,列统工业企业完成现价产值124.1亿元、营业收入116.7亿元、利税12.43亿元、利润7.66亿元、技改投入7.6亿元;新增国家高新技术企业1家、省民营科技企业4家,申报靖江市级科技进步奖2项,申请专利457件;富天江电子电器有限公司研发的“一种电动机磁钢与磁回路的组合结构”获得日本发明专利授权,是靖江企业获得的首个日本发明专利;靖江互感器厂有限公司与瑞士ABB公司合作研发生产的隔离开关,用于武黄线、武咸线、兰新线、柳南线、闽赣线5条高铁线路。农业经济提速推进。全年流转土地327.27公顷，新增规模高效农业65.67公顷；新增农民专业合作社31家、家庭农场12家，申请创建全国示范农民合作社1家、星级合作社6家；完成农业部稻麦高产创建项目和省秸秆还田技术推广项目。服务业迅速发展。引进吉麦隆超市，重点发展焦港建材市场、夏仕港粮食物流市场和三江电子商务平台，服务业固定资产投资2.9亿元，完成增加值7.7亿元。

镇村建设　建设生态西来。绿化造林88.67公顷，森林覆盖率40.21%，绿化面积居全市乡镇首位；实施原影剧院地块改造，启动广场绿化建设。完善道路建设。完成植物园路两侧绿化亮化及南段前期用地规划，江苑路、西长路、花苑路北段铺设人行道彩块，升级改造龙郁路。推进污水整治。西来、土桥集镇污水主支管网建成，布设镇区雨污分流总管；兴隆东街东首臭水沟综合整治改造完成。持续河道疏浚。疏浚完成朱家港、太平港等5条二级河道和泥桥、郁家、龙华、永胜4个村66条三级河道。开展项目建设。见龙集居点三期206户主体工程完成；新建、改造东五圩桥、北横港桥、兴靖桥、八圩埭东桥等农村桥梁6座。

社会建设　发展文化教育事业。成功举办西来镇第3届文体节、第2届桃花节暨生态文化旅游节和“靖江好声音”西来选拔赛，舞蹈《在水一方》参加市第32届文艺节演出；泥桥农家书屋成为市图书馆泥桥村分馆；西来中心小学利用其校友、靖江籍作家祁智捐赠的3200余册图书建成祁智书屋；西来中心幼儿园主体工程和土桥幼儿园内部设施改造完成；土桥中学中考入学率在农村中学中继续名列前茅；全镇通过省中小学优质均衡示范区验收，土桥小学教师陈楠获评全国模范教师。加强卫生健康工作。西来、土桥卫生院实施重大妇幼公共卫生项目，通过省级爱婴医院创建验收；土桥卫生院病房大楼主体工程完成；新建标准化村卫生室5个，郁家、义兴村卫生室创建成泰州市级示范中医卫生室，龙飞、义兴村卫生室通过靖江市级“放心药柜”验收；增设村级健身路径、增加健身器材；城乡养老、医疗保险新增参保516人、续缴6782人，在全市率先完成新型农村合作医疗参保筹资及信息录入。加强社会管理。全面推进以社区基层组织为基础、以社区社会组织为载体和社区志愿服务为补充的“1+2”新型社区管理模式，建立“一委一居一站一办一督”组织架构，实行网格化管理；新建泥桥、封家、赵家、永胜4个社区服务中心；新创省级和谐社区2个、泰州市级1个。

政治建设　完善政府工作目标责任体系，实行重点项目跟踪推进机制。全年网上公开办理为民事项3109件，来信来访、市长信箱、“12345”热线回复率均为100%。完善重大决策、重要事项公示制度，自觉接受镇人大和群众监督，全年办复人大代表议案、意见12件。加强镇、村两级社会管理服务中心建设，实行窗口一站式办公。在镇、村设立美德善行榜，开展“村民直评村官”“勤廉指数”测评及警示教育活动。健全完善工程招投标、产权交易、政府采购、村级重大事项“六步决策法”等制度。坚持机关学习制度，开展党的群众路线教育实践活动。镇党政班子梳理整改事项9个，班子成员梳理整改事项115个，均整改到位。

【《小水的除夕》获全国“五个一工程”奖】 9月，靖江籍作家祁智创作的《小水的除夕》获得全国第13届精神文明建设“五个一工程”奖。此为祁智继2009年长篇儿童小说《芝麻开门》获得全国第9届“五个一工程”奖后再度获得该奖项。《小水的除夕》是祁智应西来镇之约创作的长篇小说，由江苏少年儿童出版社出版。作品以20世纪七八十年代西来镇为背景，讲述留守儿童“小水”和他的伙伴们的故事。祁智用文学的手法梳理留守儿童这一群体的生存状态、心理特征等，对当下优越环境中的独生子女尤具启迪意义和积极影响。

【省五星级农家书屋落户】 5月，西来镇西来村农家书屋被江苏省新闻出版局授予2012—2013年度江苏省五星级示范农家书屋称号，是泰州首家获此称号的农家书屋。该农家书屋藏书1万余册，有配备12台计算机的电子阅览区，注重利用农家书屋资源开展系列读书活动，书屋管理员刘娟同时获评省优秀农家书屋管理员。

【现实版“开心农场”】 年内，西来镇敦义村村民张建国仿照网络游戏，在该镇龙飞村流转土地打造现实版“开心农场”。农场将田地划分成小块分租给各个租户，租户可自行选择应季作物，并提供耕作设施和技术指导；或走进农田亲自耕种或委托农场工作人员代为田间管理。

（王新华）

2014 西来镇主要经济社会指标一览表

表 51

指标名称	单位	数值	指标名称	单位	数值
地区生产总值	亿元	42.1	集贸市场成交额	亿元	5.10
农业总产值	亿元	1.84	镇村主干道	千米	90
工业总产值	亿元	198.6	中、小学校	所	6
工业利税总额	亿元	15.75	在校中、小学生	人	2823
企业实交税金	亿元	4.8	年末职工人数	人	16867
进出口总额	万美元	7072	职工年人均工资	元	26627
三产实体	个	89			

2014 西来镇各村基本情况一览表

表 52

村名	党支部(总支、党委)书记	村委会主　任	工业销售收入(万元)	年人均纯收入(元)	村名	党支部(总支、党委)书记	村委会主　任	工业销售收入(万元)	年人均纯收入(元)
西来村	毛　军	朱　军	9409	18956	封家村	封丽仙	夏山海	2273	16765
见龙村	张筛明	朱　锋	7373	18912	泥桥村	钱满华	刘灿银	14632	18565
赵家村	王永兴	吴瑞雪	162	16028	桐村村	周坤铭	刘国强	554	17477
东来村	顾　平	姜新奇	6719	16778	永胜村	陈金华	马小红	2294	17015
普福村	范建林	邵光明	1155	16326	龙华村	张银培	鞠海洋	812	17066
义兴村	蔡建勇	杜接娣	0	16400	龙飞村	刘爱民	陈良洲	1005	17049
丰产村	许网其	许网其	14934	17478	东升村	吴红新	季灿平	14214	17466
郁家村	陈卫东	顾小东	10021	16524	敦义村	张利民	李正芳	17010	17074

2014 年西来镇骨干企业一览表

表 53 单位:万元

单 位 名 称	销售收入	利税总额	法人代表
江苏三江电器集团有限公司	773878	86585	环一军
江苏靖江互感器厂有限公司	56934	9385	熊江咏
靖江市峰力干燥成套设备有限公司	2769	263	曹　江

续表 53

单 位 名 称	销售收入	利税总额	法人代表
靖江市特种粘合剂有限公司	5020	401	毛仕龙
江苏永昊高强度螺栓有限公司	54467	7119	朱汉华
靖江市宏远实业有限公司	6142	236	杜灿桂
江苏新概念制革有限公司	13499	310	贾　庆
江苏双金紧固件制造有限公司	8861	531	赵金涛
靖江市新华纺织有限公司	4568	257	徐庆荣
靖江市新民拆船有限公司	156837	12698	吴桂芳
江苏一互电器有限公司	4948	726	熊江咏
靖江市浩东纺织有限公司	2154	65	熊范东
靖江市双鑫紧固件制造有限公司	2767	65	陆红旗
靖江市江洋船舶设备制造有限公司	2044	154	陈海清
靖江市神龙紧固件制造有限公司	2750	79	陈秀华
靖江市顺达模具厂	6434	269	黄汉彬
江苏开源环保技术工程公司	10010	1307	吴纪君
靖江市恒宇化机有限公司	2648	30	周翠金
靖江市泰达香料化工有限公司	11660	302	叶　雯
靖江市沙龙家用电器有限公司	3630	371	赵筛根
靖江市华峰金属制品有限公司	6259	56	何其峰
靖江市靖虹汽配制造有限公司	2163	150	沈新华
江苏华东正大空调设备有限公司	6812	485	田齐芳
江苏骥洋食品有限公司	11040	1979	朱章其
靖江市明鑫汽车配件厂	2090	123	包凤民
江苏金源交通设施有限公司	4754	261	马美凤

斜 桥 镇

【概况】 斜桥镇总面积107.88平方千米，镇区面积6.1平方千米。辖7个社区居委、26个行政村493个村民小组，另辖渔业分公司2个、渔业农场1个，总人口90 760人。有工业企业376家。2014年实现地区生产总值40.98亿元、固定资产投资9.66亿元、财政总收入1.75亿元，农村居民人均纯收入18 403元。年内，获2014年度全市经济社会发展综合考评二等奖。

经济建设　工业经济质态趋好。全镇完成工业产值133亿元。列统工业企业实现产值40.18亿元、销售39.28亿元、利税3.54亿元、利润2.03亿元，完成工业开票销售22.65亿元。中小企业数量增多、增长较快，新办私营企业94家，净增注册资本

9.2 亿元。农业经济持续增长。新增高效设施农业项目 4 个、农民专业合作社 12 家、农地股份合作社 1 家、家庭农场 5 家,粮食产量连续 11 年实现增长,斜桥农业示范园获评泰州市级农业示范园。服务业稳步发展。实现固定资产投资 9355 万元,新增服务业企业 42 家;加强镇级运输交易平台建设。全年实现服务业产值 12.81 亿元。

《竹编舞》获江苏省第 11 届“五星工程奖”舞蹈类金奖

（靖江日报社提供）

镇村建设　完善镇区功能。修补破损道路 450 平方米,拓宽王宋路;有序推进港阜小区等项目建设;配合新港城拆迁 363户,分 5 个批次集中交付安置房 1371 套;投入 1000 万元优化镇区居住生活环境,架设集镇路灯、增设停车场,通过填绿补绿有效利用大量零星废地和河边空地;东阜湖公园建成并投入使用。推进省级卫生镇村创建。落实集镇“门前五包”和环境卫生责任制,完成斜桥村等 7 个村改厕工作,遏制沿路临街店外摊占道经营,年内获评江苏省卫生乡镇,筱山、海圩、富民村获评江苏省卫生村。推进村庄整治建设。秸秆禁烧禁抛综合利用成效明显,全镇村庄整治通过省级验收,江平、红旗、海圩村以及筱山、富民村分别通过一星级、二星级村创建验收,海圩、筱山村分别建成省级庭院绿化达标村和生态达标村。推进水利现代化建设和河道管护工程。新建涵洞 11座、改建 3座,维护保养涵洞 92座、排涝站27 座,改造危桥 3座;清理集镇河道管护盲区 5.24 万平方米,疏浚 3 条二级河道及 8 个村的三级河道。

社会建设　丰富群众精神文化生活。举办“道德讲堂”“美德善行宣讲”及“中国梦,劳动美·我身边的感人故事”等系列活动,弘扬社会主义核心价值观;开展“我奉献,我快乐”主题志愿服务活动和安置区“优秀睦邻点”“星级居民”评选、“和睦邻里·芬芳家园”系列活动,组织第 3 届“文明社区·阳光少年”暑期夏令营,丰富道德建设实践内涵;发挥村级图书阅览室、健身室等场所作用,增强社区文化艺术影响力;原创舞蹈《竹编舞》获江苏省第 11 届“五星工程奖”舞蹈类金奖。提高公共服务水平。开展“送温暖,献爱心”社会捐助活动,救助 77 户困难户;完善劳动力就业平台,全年免费培训农村劳动力 1210 人,新增就业及再就业1890 人;统筹村级卫生室标准化建设,建成富民、兴阜、阜康等 3 家村级规范化卫生室;全镇餐饮场所实行分级量化管理,农村自办家宴实行备案管理,获评泰州市餐饮服务食品安全示范镇。

（陆　铭　苏　江）

2014 年斜桥镇主要经济社会指标一览表

表 54

指标名称	单位	数值	指标名称	单位	数值
地区生产总值	亿元	40.98	集贸市场成交额	亿元	0.5
农业总产值	亿元	4.4	镇村主干道	千米	63
工业总产值	亿元	131.9	中、小学校	所	6
工业利税总额	亿元	6.3	在校中、小学生	人	4660

续表 54

指标名称	单位	数值	指标名称	单位	数值
工业投入	亿元	6.7	年末职工人数	人	10297
自营出口额	万美元	879	职工人均工资	元	23212
外贸供货额	万美元	880	参加社保人数	人	18913
三产实体	个	121			

2014年斜桥镇各村基本情况一览表

表 55

村名	党支部(总支、党委)书记	村委会主　任	工业开票销售收入(万元)	年人均纯收入(元)	村名	党支部(总支、党委)书记	村委会主　任	工业开票销售收入(万元)	年人均纯收入(元)
斜桥村	徐建银	—	60900	19142	富民村	钱旺林	朱国方	24150	16658
新华村	陆　进	朱金坤	25725	18439	海圩村	顾靖华	束金朝	9450	14700
安宁村	黄锡彬	唐有祥	15960	17964	柏一村	金惠林	刘兴坤	29405	19500
丰宁村	—	王金松	19010	16820	罗家村	杜金满	陈状林	11550	17638
六助村	徐炳和	包汉银	16701	19155	旺桥村	闻俊华	林海锋	3255	20000
黄普村	郭汉彬	杜鹏根	15750	16495	新木村	秦玉良	刘爱平	40110	19980
广福村	吴　斌	马道宏	23573	16076	荷花村	毛　丹	黄　伟	16275	17840
江平村	严明松	徐　军	29400	18057	丹华村	刘　飞	陈炳兴	8043	17409
红旗村	夏建栋	陆奇东	29260	17000	五圩村	朱国邦	褚汉郎	4773	18900
民政村	刘文俊	夏银松	30335	17340	创新村	刘晓成	夏鸿斌	30450	16410
大觉村	郑学新	徐金芳	9500	16252	井兴村	蒋玉林	陈胜江	10574	19925
筱山村	徐正昌	夏建宏	15750	16616	新港居委	戴炳兴	刘　江	24150	19995

2014年斜桥镇骨干企业一览表

表 56　　单位:万元

单 位 名 称	销售收入	利税总额	法人代表
靖江新舟合金材料有限公司	60326	2621	孙　钧
靖江市友谊金属制品厂	57098	4354	戴惠兵
江苏凯元科技有限公司	35216	2856	展红明

续表 56

单位名称	销售收入	利税总额	法人代表
靖江市智晟混凝土有限公司	31610	3515	李玉兴
江苏安达钢结构建筑工程有限公司	30772	3231	刘生荣
江苏大润机械制造有限公司	23437	2158	倪桂华
靖江市斜桥建设工程有限公司	22472	1467	郑岳彬
江苏亚龙数码科技有限公司	21263	3504	张永宏
靖江市长凌金属材料有限公司	20404	2871	戴炳兴
靖江市富源船舶配件有限公司	16802	2131	黄月萍
江苏恒明汽车配件制造有限公司	14034	1346	蔡建国
江苏中祥汽车部件有限公司	12136	1228	刘　兵
江苏金成光电科技有限公司	9740	1390	戴劲松
江苏安华警用装备制造有限公司	5665	765	马焕明
靖江市黄埔机械部件制造有限公司	4439	379	黎　娜
靖江西东丝绸装饰有限公司	4276	117	毛满荣
靖江市荣圣车辆部件厂	3619	357	张玉新
靖江市恒诚机械配件制造有限公司	2105	85	徐旗钊
靖江市新力化工有限公司	2096	81	秦永光
靖江市亚太泵业有限公司	2051	94	刘兴满
江苏星火汽车部件制造有限公司	2043	121	陆汉栋

季市镇

【概况】 季市镇位于靖江市北部，地处靖江、泰兴、如皋3市交界，总面积41.63平方千米，辖社区居委2个、行政村24个，总人口4.8万人，共有工业企业358个。全年实现工业开票销售21.68亿元、公共财政预算收入4513万元，农民人均纯收入17 646元。

经济建设　推动产学研合作，推进科技成果转化，全年共完成专利授权151件，试制新产品37项，7个项目认定为省级高新技术产品。推进招商引资，全年储备项目信息10条以上，引进碳纤维自行车项目、格利环保项目等。全年新增规模列统工业企业2家，完成工业开票销售21.68亿元，靖江市苏中电信器材有限公司、广宇建设集团钢结构公司、江苏奥凯环保科技有限公司等成长型企业提升管理、设备和产品开发水平，成为季市工业经济增长点。投资近500万元，以井圩、勤盛中心村为核心区建成省农业开发基础设施项目。启动万亩红枫观光区旅游规划设计。完成成片造林48.6公顷，创建绿化合格村1个。创建渔业科技示范户30户。朝阳蔬菜种植专业合作社流转土地7.4公顷试种主粮，亩产量超域内平均值。建成水稻高产万亩示范方1个，连片种植机插秧覆盖率85%，良种覆盖率95%以上，全镇主粮产量实现连续11年增长。年内，季市镇获全市农业农村工作考核三等奖。

镇村建设 投入40多万元，重点改造镇域道路、地下管道、长安农贸市场。绿化新江平线(S336)沿线40公顷。斜长路、土长路新增节能路灯90盏。投入1000余万元，升级改造长安学校教学楼、食堂、操场，完成长安小学、初中并轨工作。投入近500万元建成季市初中露天操场。季市农贸市场获评泰州市文明诚信市场。实施农村公共服务运行维护重点项目15个，疏浚二级河道1条、三级河道16条。完成“一事一议”项目15个。新建农桥9座，升级改造农村中低压电力设施，完成配网项目61个、农网项目37个。

社会建设 全镇城乡居民养老保险新增591人，续保3484人，办理城镇失业人员社保补贴138人，办理就业失业登记证1430人，为500多名下岗职工提供再就业岗位。走访核查低保户和五保供养对象，新增申报低保户56户、五保供养对象6人，核销低保户22户，为全镇低保家庭成员和五保户缴纳新型农村医疗合作保险。基本完成全镇社区服务中心建设任务，申报市和谐社区2个。开展社区养老机构建设，社区养老覆盖率88%，建成省2A级居家养老中心21所，申报省3A级居家养老服务中心2所。新建村卫生室3个。开展“慈善一日捐”活动，全年筹措慈善捐款38万元。为150名结扎并发症对象、47户失独家庭发放救助金30万元，出资16万元结对帮扶104户。年内，季市镇获评泰州市幸福家庭示范乡镇和人口文化示范基地。

(贾界平 夏柳松 袁 昊)

2014年季市镇主要经济社会指标一览表

表57

指标名称	单位	数值	指标名称	单位	数值
地区生产总值	亿元	44.96	三产实体	个	—
农业总产值	亿元	1.11	集贸市场成交额	亿元	0.29
工业总产值	亿元	143.26	镇村主干道	千米	52
工业利税总额	亿元	13.85	中、小学校	所	4
工业投入(当年技改数)	亿元	6.77	在校中、小学生	人	1557
当年到账外资	万美元	—	年末职工人数	人	11326
自营出口额	万美元	2885	职工年人均工资	元	20312
外贸供货额	万美元	340			

2014年季市镇各村基本情况表

表58

村名	党支部(总支、党委)书记	村委会主 任	工业销售收入(万元)	年人均纯收入(元)	村名	党支部(总支、党委)书记	村委会主 任	工业销售收入(万元)	年人均纯收入(元)
横河村	张明琦	钱美华(女)	1911	14355	星光村	徐胜银	肖银红	504	15329
祁安村	刘旺祥	刘灿峰	810	12279	大庆村	韩建新	王 刚	956	15721
廉尚村	张明琦	朱汉松	256	15949	季新村	张林芝	张宏彬	17131	17909
新安村	周平桂	陈满松	1504	13939	陈塘村	唐小余	顾德清	86	15550
庄帜村	刘立先	刘立先	2211	18328	井圩村	吴立贵	张士兴	1266	16326

续表8

村名	党支部(总支、党委)书记	村委会主　任	工业销售收入(万元)	年人均纯收入(元)	村名	党支部(总支、党委)书记	村委会主　任	工业销售收入(万元)	年人均纯收入(元)
长安村	刘　炎	吴　娟(女)	10924	17759	花家村	丁建忠	李卫民	43	15037
安武村	刘　炎	朱浩基	850	14527	宁界村	吴立贵	范兴福	369	16630
文嘉村	顾灿忠	朱旺鑫	4428	15904	勤盛村	丁建忠	丁建忠	4	16939
石榴村	陆铭苏	严　凯	8676	13594	裕福村	周祖宏	黄炳其	920	17212
利民村	刘　炎	吴金松	1069	16356	季东村	曹玉圣	张金海	24515	22952
曙光村	王小年	张红卫	895	15497	季西村	赍同生	丁　伟	35205	20945
关桥村	谢晓宏	季国民	16	20976	季市村	曹玉圣	祝建林	5851	23060

2014年季市镇骨干企业一览表

表59　　单位:万元

单位名称	销售收入	利税总额	法人代表
江苏大中电机股份有限公司	592380	99897	周巧林
江苏双星特钢有限公司	38642	4065	顾开明
靖江市华氏电机电磁线厂	30513	5951	吴　江
江苏航天动力机电有限公司	36889	4263	王新敏
靖江量具有限公司	8029	–298	张晓东
靖江市瑞尔森金属制品厂	4796	51	叶玉武
江苏石磊机械制造有限公司	4489	281	黄桂忠
靖江市明宇轴业制造有限公司	2964	215	马志坚
靖江市鑫狮建材有限公司	18372	1822	杨丽娟
江苏奥凯环保科技有限公司	5749	245	冯　阳
靖江市欧纶布厂	4172	166	孙　沂
靖江塔尔地多电器设备有限公司	2741	131	郑维民
靖江市季市铸钢厂	2712	204	张桂林
江苏大唐科源电气有限公司	2417	120	郑维民
靖江市明星特种钢铸造厂	2411	326	范晓勤
江苏江星机械配件制造有限公司	3757	251	顾　伟

续表 59

单位名称	销售收入	利税总额	法人代表
靖江市普天电机有限公司	2486	157	汪　磊
靖江市建成铸钢有限公司	3204	193	朱建成
江苏大中冶金设备有限公司	2511	179	周巧林
江苏华宝钢结构有限公司	2399	231	杨冬梅
江苏省长虹电器实业有限公司	2630	185	徐兴宇
靖江市同生冲压铸件制造有限公司	10407	142	贲同生
靖江市宏昌通信设备有限公司	3074	106	陆汉彬

孤山镇

【概况】 孤山镇镇域总面积48平方千米,镇区面积1.2平方千米。辖4个社区居委、14个行政村291个村民小组,常住人口43 882人。2014年实现地区生产总值16.82亿元、财政总收入1.43亿元,农村居民人均纯收入16 208元。

经济建设　积极推进工业建设。列统工业企业完成产值17.24亿元、销售收入17.24亿元、利税1.354亿元、利润0.52亿元,比上年分别增长16.22%、16.56%、15.69%、16.08%;完成固定资产投资7.74亿元;申报各类专利580项,申报省科技型中小企业2家、省民营科技企业3家、省高新技术企业1家,共建产学研合作项目1个。着力发展现代农业。以市现代农业发展规划为抓手,发展鹌鹑、生猪、红提、香沙芋、食用菌、反季节苋菜等高效农业生产基地,申报高效农业项目4个、农业综合开发项目2个;根据镇农业科技示范园三年总体建设规划及年度建设目标要求,建成生态园、万只养鸡场、高标准无公害稻麦生产基地各1个;以万顷良田项目为抓手,引进江苏嘉泰农业开发有限公司,在勤丰、新联村建成智慧生态农业园;播种三麦2142.63公顷、水稻2148.85公顷,推广机插秧800公顷,良种覆盖率100%。

孤山镇通太村卫生服务室　　(靖江日报社提供)

镇村建设　推进新城镇建设。镇区新民路亮化、园山街亮化绿化、望江路绿化、管线下埋和人行道铺设完成;园山北路、清河东路和掘港路改造工程启动;农民集中居住点二期工程建成联排住宅466套,于7月组织抽签择房;结合万顷良田安置区建设,组织1283户搬迁户择房分房。加强村庄环境综合整治。申报村级“一事一议”项目7个,落实省级补助资金105万元;农村垃圾集中无害化处理率95%以上,通过省级达标验收;秸秆禁烧和综合利用工作成效明显,夏季秸秆还田和秋季秸秆收储率85%以上，秸秆综合利用率95%以上；在通太村试点“美丽乡村”建设，完成前期规划和道路修建、绿化工程招投标工作。

社会事业　抓好就业创业。申报创业孵化基地1家，提供就业岗位400多个；新增就业1685人。健全社会保障体系。新增城乡居民保险528人，完成市下达任务的116%；全镇20人以上企业职工均参加社会养老保险。做好救助扶助工作。多方筹措资金，加强危房改造，开展“五助”（助学、助医、助困、助贫、助残）服务；加强敬老院管理，开展残疾人就业服务省级试点工作，取得明显成效。发展教育文化事业。投资新建幼儿园2所，其中安置区中心幼儿园投资1500万元达省优标准；推动教育均衡发展，全镇通过省中小学优质均衡示范区验收；推广孤山“泥狗子”文化名片，申报省级非物质文化遗产；完善公共文化服务体系，加强农家书屋、文化中心户、体育健身场所等文体设施服务管理，开展多层次群众性文体活动，镇文体中心通过省级公共文化服务体系验收。加强卫生工作。投入近200万元，建成新庄、新联、李王村级卫生室，服务1.2万余人次；开展泰州市餐饮服务食品安全示范镇创建，并通过验收。加强社会管理。镇社会管理服务中心和80%的村级社会管理服务平台建成；办理、办结各级信访交办件25起次，接待群众来访52起；结合安全生产“六打六治”专项行动，推进小微企业安全标准化建设。

（刘鲲鹏　刘　斌　顾　昭）

2014年孤山镇主要经济社会指标一览表

表60

指标名称	单位	数值	指标名称	单位	数值
地区生产总值	亿元	16.82	三产实体	个	45
农业总产值	亿元	2.45	集贸市场成交额	亿元	0.18
工业总产值	亿元	62.82	镇村主干道(省补)	千米	—
工业利税总额	亿元	1.45	中、小学校	所	4
工业投入	亿元	4.98	在校中、小学生	人	977
当年到账外资	万美元	105	年末职工人数	人	18445
自营出口额	万美元	1008	职工年人均工资	元	37380
外贸供货额	万美元	—	参加社保人数	人	14875

2014年孤山镇各村基本情况一览表

表61

村名	党支部(总支、党委)书记	村委会主　任	工业销售收入(万元)	年人均纯收入(元)	村名	党支部(总支、党委)书记	村委会主　任	工业销售收入(万元)	年人均纯收入(元)
孤山村	钱志贤	范富兴	28964	19153.39	李王村	陈海兴	范洪林	7533	14538.54
山东村	黄林芝	刘　彬	3183	13382.50	乐稼村	孙静波	陈红灿	5832	15791.35

续表 61

村名	党支部(总支、党委)书记	村委会主　任	工业销售收入(万元)	年人均纯收入(元)	村名	党支部(总支、党委)书记	村委会主　任	工业销售收入(万元)	年人均纯收入(元)
勇进村	季　铭	季　铭	3456	14575.87	广陵村	侯灿明	张亚峰	5743	14435.83
通太村	刘林华	宋鲁江	1873	17216.96	新联村	常月香(至 11 月)	刘万里	626	13472.48
新庄村	翁金国	叶松林	1918	15961.09	土桥村	沈金坤	常进二	8677	15072.77
联东村	徐建平	刘灿良	45	14554.02	乐庄居委	沈小芳	刘　艳(至 8 月)	9846	18143.88
联华村	龚桂清	郑元红	4809	15806.16	园山居委	刘靖北	程天华	41317	16208.16
石桥村	刘红芳	肖云海	2373	13974.06	望江社区	郁剑球	刘金芬	—	16208.16
勤丰村	缪玉兴	郑玉明	1864	13853.18	蹑云社区	缪玉兴	黄小明	—	13662.83

2014 年孤山镇骨干企业一览表

表 62　　单位:万元

单位名称	销售收入	利税总额	法人代表
江苏中亚实业有限公司	11484.3	743.7	姚灿彬
江苏靖江催化剂总厂有限公司	8935.6	670.4	范涌泉
靖江市宏鹏催化剂有限公司	8474	571	范金水
靖江市广通船用阀门有限公司	5509.5	606.9	赵　锋
江苏希达空调净化设备总公司	17306.9	1500.8	宋惠兴
江苏友联交通设施厂	9291.7	747.7	黄祖兴
靖江市吉祥空调设备有限公司	8052.9	698.4	刘洪兴
靖江市胜新空调制造设备有限公司	8873.8	873.4	郭文河
靖江市新泰锻造厂	2604.2	164.8	陈　萍
靖江市春意空调制冷设备有限公司	21993.8	1568.9	刘兴非
靖江市奥威船用阀门厂	4676	389.5	宋　坤
江苏凯通船用阀门有限公司	7204.1	589.5	范建国
靖江市德诚化工有限公司	1213	-7.3	罗　江
靖江市百合塑料助剂有限公司	2040	22	唐永江
靖江三阳食品有限公司	15384.5	942.4	陈旺根

续表 62

单位名称	销售收入	利税总额	法人代表
江苏三燕空调设备有限公司	5954.5	507.8	许丙洲
江苏欧普特条码标签有限公司	5062.4	335	徐　江
江苏欣盛空调有限公司	20034	1900.1	盛立兴
靖江市亚力制动器制造有限公司	4847	442.8	常玉成
靖江市恒星汽车零部件有限公司	3405	271.7	杨汉红

马桥镇

【概况】 马桥镇总面积 50.31平方千米，镇区面积 6.96 平方千米。辖 2 个社区居委、18 个行政村 355 个村民小组，总人口 36 921 人。2014 年实现地区生产总值 21.97 亿元、财政收入 5186 万元，农村居民年人均纯收入 17 141 元。

经济建设　工业经济发展良好。全镇实现工业开票销售收入 20.05 亿元、利税 2.95 亿元、利润 1.58 亿元，比上年分别增长 35.41%、15.69%、16.76%；规模以上企业实现开票销售收入 14.91 亿元，占全镇工业开票销售收入的 74.36%。引导企业转型升级。重点实施侯河片区企业二次改造，投入近 7 亿元完成技改项目 15 个；申报各类专利 300 余件，培育专利申报百件以上企业 1 家；组织江苏旺源泵阀有限公司、靖江市科华机械有限公司申报江苏省民营科技企业，靖江正茂锚链附件有限公司申报江苏省高新技术企业；苏中开关厂自行研制的高温气冷堆核电站低压开关成套设备通过省级新型产品鉴定。加快发展现代农业。加快“一万三千”（万亩生态稻米基地，千亩果蔬基地、千亩香沙芋基地、千亩生态休闲农业基地）工程和镇现代农业园区建设，年内镇现代农业园区创建成泰州市现代农业产业园；新建农机、植保等专业合作经济组织 15 个，申报星级合作社 11 家，购进秸秆还田机械、抓草机、插秧机、粮食烘干机等农机具 20 台套；流转土地 589.33 公顷，新增规模农业基地 4 个、种植大户 26 户；建成祖师村 20 余公顷红芽密节香沙芋基地，幸福、九一、集福、正北等村新增果蔬基地 53.33 公顷；实施农业部稻麦高产创建项目，高产示范方水稻每公顷产量 10.830 吨，粮食产量连续 11 年实现增长。健全农产品质量安全监管体系。建成农产品质量监测站点 4 个，通过省级农产品质量安全监管示范镇验收。深化农村综合改革。开展农村土地承包经营权确权颁证试点工作，完成调查、测量、审核和公示流程。

镇村建设　完善镇村路网体系。向北延伸中心路，建成团河北路，集镇核心区“一横一纵”交通主干道全面贯通；完成东入口、马桥桥头、白衣堂等交通节点改造，序时推进六圩港中段驳砌及道路拓宽改造工程；新增农村道路 15 千米，新建、改造农村桥梁 18 座，通村通组道路亮化25 千米。健全集镇公共设施。完成城西新苑临街商业区选址规划，相继开工建设马桥幼儿园、自来水站服务中心，基本完成马桥卫生院病房楼改造工程；新增绿化面积 66.67 公顷，建成马桥植物园；铺设污水管网 1 千米，削减排污口 12 个，垃圾中转站投入运行；336 省道沿线天然气主管网布设到位。推进河道工程建设。疏浚三级河道 150 条 98.96 千米，铺设硬质化渠道 55.42 千米；改造泵站 247 座，新建高水位涵洞 18 座、箱涵 2 座。村庄环境整治成效显著。18 个村通过省级“环境整洁村”创建工作检查验收，正北村建成江苏省首批“美丽乡村”。

社会建设　推动就业创业。举办 3 场企业用工招聘会和创业项目推介会，组织技能培训，新增就业 1400 人、创业 480 人，转移农村劳动力 580 人。提高社会保障水平。合并城乡居民养老和医疗保险收费，新增缴费 120 人；建立企业工资支付预警机制，工资监管和社保扩面经验在全市推广，成为靖江唯一的省级便民快捷服务“四个不出村”（参保登记、个人缴费、待遇领取、权益查询不出村)示范镇;结对帮扶贫困家庭134户,动态管理低保户,为18名孤寡老人办理五保供养手续,所有社区居家养老服务站达省3A级标准。教育文体事业取得新发展。马桥初中中考成绩在农村中学中保持前列,侯河幼儿园获评省优质幼儿园;建成静园、聚乐堂、白衣堂文化长廊,镇文化站获评国家三级文化站,小品《正大光明》获市第32届文艺节最佳演出奖和最佳创作奖。加强卫生和计划生育工作。镇卫生院和村卫生室实现一体化管理;优生健康检查实现全覆盖,大印象专业合作社建成泰州市计生协会生育关怀基地。加强社会管理。强化防控体系,更新换代域内技防设施,实现监控全覆盖;明确镇村两级信访工作职责,规范信访代理程序,获评省社会治安综合治理先进集体;建成城西新苑居委和集居区管理服务中心,提升社区服务质量;多次开展食品药品安全检查,未发生重大食品药品安全事故。

制度建设 清理公务用车和超标办公用房,制定《马桥镇机关和各村公务接待管理规定》,严格控制各类行政经费。制定《马桥镇机关部门绩效管理办法(试行)》,加强党员干部作风监督。出台《马桥镇社会管理服务二级平台规范建设实施意见》,推进镇村两级服务平台规范化建设。 (季 松 刘小玲)

2014年马桥镇主要经济社会指标一览表

表63

指标名称	单位	数值	指标名称	单位	数值
地区生产总值	亿元	21.97	三产个体	个	2032
农业总产值	亿元	4.61	集贸市场成交额	亿元	1.75
工业总产值	亿元	37.3	镇村主干道	千米	196
工业利税总额	亿元	2.95	中、小学校	所	4
工业投入	亿元	7.91	在校中小学生	人	1630
当年到账外资	万美元	—	年末职工人数	人	9153
自营出口额	万美元	1691	职工年人均工资	元	49370

2014年马桥镇各村基本情况一览表

表64

<table>
<tr><th colspan="2">村 名</th><th colspan="2">党支部(总支、党委)书记</th><th>村委会主 任</th><th>工业销售收入(万元)</th><th>年人均纯收入(元)</th></tr>
<tr><td rowspan="2">徐周中心村</td><td>徐周村</td><td colspan="2" rowspan="2">徐忠祥</td><td>徐建平</td><td>3123</td><td>17469</td></tr>
<tr><td>铭坤村</td><td>钱 平</td><td>42754</td><td>16287</td></tr>
<tr><td rowspan="2">白衣中心村</td><td>白衣村</td><td rowspan="2">何明仁</td><td>姜 弢</td><td>吴卫忠</td><td>17856</td><td>16611</td></tr>
<tr><td>新市村</td><td>侯 勇</td><td>王 平</td><td>1354</td><td>16339</td></tr>
<tr><td colspan="2">正北村</td><td colspan="2">刘红旗</td><td>杨建红</td><td>235624</td><td>17852</td></tr>
<tr><td colspan="2">马桥村</td><td colspan="2">陈汉年</td><td>刘一飞</td><td>51695</td><td>17786</td></tr>
<tr><td colspan="2">朝西村</td><td colspan="2">陈小海</td><td>花红江</td><td>3465</td><td>15964</td></tr>
</table>

续表 64

<table>
<tr><th>村　名</th><th colspan="2">党支部(总支、党委)
书记</th><th>村委会
主　任</th><th>工业销售
收入(万元)</th><th>年人均纯
收入(元)</th></tr>
<tr><td>栗树村</td><td colspan="2">周冠栋</td><td>马满和</td><td>1781</td><td>16672</td></tr>
<tr><td>九一村</td><td colspan="2">何亚华</td><td>—</td><td>1954</td><td>16843</td></tr>
<tr><td>横港村</td><td colspan="2">陈启南</td><td>吴惠贤</td><td>3672</td><td>17962</td></tr>
<tr><td>侯河村</td><td colspan="2">朱海平</td><td>—</td><td>37545</td><td>16818</td></tr>
<tr><td>福兴村</td><td colspan="2">何加林</td><td>高顺满</td><td>1721</td><td>15936</td></tr>
<tr><td>集福村</td><td colspan="2">高卫忠</td><td>陆汉松</td><td>2546</td><td>16289</td></tr>
<tr><td>经伦村</td><td colspan="2">徐玉奇</td><td>何春林</td><td>7957</td><td>15782</td></tr>
<tr><td>三爱村</td><td colspan="2">陈小海</td><td>臧桂清</td><td>3210</td><td>17058</td></tr>
<tr><td rowspan="2">迎祥村</td><td>发达巾被公司
党总支部</td><td>陈宗林</td><td rowspan="2">刘红林</td><td rowspan="2">6123</td><td rowspan="2">17289</td></tr>
<tr><td>迎祥村党支部</td><td>刘红林</td></tr>
<tr><td>幸福村</td><td colspan="2">薛建华</td><td>张　俊</td><td>1595</td><td>16708</td></tr>
<tr><td>祖师村</td><td colspan="2">夏小荣</td><td>杨金福</td><td>983</td><td>15933</td></tr>
</table>

2014 年马桥镇骨干企业一览表

表 65　　单位:万元

单 位 名 称	销售收入	利税总额	法人代表
江苏弘腾机械制造有限公司	14832	2021	杨　宏
靖江亚泰船用物资有限公司	11325	2031	杜林培
靖江市锦汇电冰箱配件厂	17675	1014	徐锦章
靖江市日用配件二厂	18902	1576	刘　恺
江苏华宇电力发展有限公司	9501	1180	高洪兴
靖江正茂锚链附件有限公司	30498	4060	褚德华
靖江恒和胶业有限公司	22679	1742	赵纪东
江苏星晨高速电机有限公司	16087	1209	刘森刚
靖江发达巾被有限公司	17173	1075	陈宗林
江苏和诚制药设备制造有限公司	4455	321	徐建涛
江苏元泰防腐工程有限公司	3189	175	孙金龙

续表 65

单位名称	销售收入	利税总额	法人代表
靖江新大洲电气化器材制造有限公司	10814	934	钱汉彬
靖江康爱特环境工程有限公司	2473	203	孙玉明
靖江市艾姆泰克环保工程有限公司	8368	449	侯同海
靖江市苏轮机械厂	1132	75	陈　军
靖江海贝纺织有限公司	17344	1194	王　鹏
江苏天鹅乐器有限公司	12658	917	陈红梅
靖江市富阳包装有限公司	4191	619	赵武良
江苏苏中开关厂	17272	1006	吴明富
江苏新柯机械制造有限公司	14980	1167	朱小兴

生祠镇

【概况】 2014年,生祠镇总面积70.19平方千米,镇区面积4.69平方千米。辖1个社区居委、18个行政村472个村民小组,总人口49 112人。有工业企业402个。全年实现地区生产总值33.63亿元、工业产值102.39亿元、财政收入14 589.43万元,农村居民人均纯收入1.63万元。

经济建设　工业经济稳中趋好。全年完成固定资产投资8.66亿元,比上年增长22.66%;技改投资5.46亿元,占工业投资的82.1%;实现工业开票销售22.2亿元,比上年增长3.41%。骨干企业支撑明显。规模以上企业实现销售收入33.68亿元,比上年增长12.85%,新增销售亿元以上企业1家。农业综合效益提升。流转土地214.67公顷,引进食用菌、鲜切花、水培蔬菜等各类农业项目9个,新增景新谷物、龙鑫果蔬等农民专业合作社6家,新生、老港等农地股份专业合作社2家,君美、祝华等家庭农场30家;完成靖江市现代农业展示中心和农产品加工中心主体工程建设,建成新江平路沿线千亩设施蔬菜基地;全镇粮食产量5.67万吨。旅游服务业加快发展,乡村旅游景点“埭上人家”和七里村先行发展“农家乐”,重点开发农耕文化体验、名贵花木认知、蔬果观赏采摘、烧烤垂钓休闲等系列旅游项目。

镇村建设　加大镇区改造力度。刘国钧公园、思岳广场和集镇中心停车场主体工程基本完工;一新路、生东路拓宽改造和弘毅路陈湾港桥建设完成;新铺设污水管网和支网5千米,削减排污口7个;升级改造马尔港路七里村段和申家港路北段绿色通道,新增林业绿化面积70.6公顷;新镇区438户联排住宅、120套公寓及配套工程完成并交付使用。加强村庄环境综合整治。争取“一事一议”财政奖补项目,完成村组道路硬质化12条,新装路灯171盏,新建、改造农桥15座;拓宽通村道路3千米,绿化改造0.46万平方米;疏浚毛竹港和8个村的三级河道;新增公厕2座;金星、生祠、三河村庄环境连片整治工程完成。年内,七里村获评江苏最具魅力休闲乡村;东进村通过省级生态村验收,并获评省三星级康居乡村;金星村获评省二星级康居乡村;新丰、大进、七一、七里村获评省一星级康居乡村。

社会建设　提供就业服务。成功举办镇新春就业招聘会,80余人达成就业意向;组织150余人参加全市厨师培训并通过职业技能鉴定;介绍就业困难人员和农村劳动力成功就业16人。健全社会保障体系。发放失业金67人;认定就业困难82人,其中领取社保补贴45人;新确定城乡低保户389户、五保户199户;救助孤儿13名、重残者345名,结对帮扶贫困户150户;镇敬老院获评省二星级敬老院;新型农村合作医疗保险累计参保28792人;续缴新型城乡养老保险4763人;发展农村小额人身保险,年内参保金额7.22万元。加强卫生和计划生育工作。新建、改造8个规范化村级卫生室;开展计生工作协调发展先进镇创建，镇计生服务站获评泰州市五星级基层服务站所。发展教育文化事业。全镇通过省中小学优质均衡示范区验收，生祠成人教育学校创建成省级成教示范校；举办“锡剧进校园”成果展示活动；新增文化长廊1条、村民文化广场1个；镇文体中心通过省级公共文化服务体系验收，镇文化站获评省二级文化站；小品《辣椒李与赖皮张》获泰州市新创文艺节目银奖。加强社会管理。新建、改造社区服务中心6个，全镇18个村、社区实现一站式便民服务。（丁　蕴）

2014年生祠镇主要经济社会指标一览表

表66

指标名称	单位	数值	指标名称	单位	数值
地区生产总值	亿元	33.63	三产实体	个	53
工业总产值	亿元	102.39	集贸市场成交额	亿元	0.87
农业生产总值	亿元	5.48	镇村主干道	千米	—
工业利税总额	亿元	6.3	中、小学校	所	4
工业投入	亿元	6.65	年末职工人数	人	8210
当年到账外资	万美元	0	职工平均工资	元	—
自营出口额	万美元	2890	参加社保人数	人	19384
外贸供货额	万美元	—			

2014年生祠镇各村基本情况一览表

表67

村名	党支部(总支、党委)书记	村委会主　任	工业销售收入(万元)	年人均纯收入(元)	村名	党支部(总支、党委)书记	村委会主　任	工业销售收入(万元)	年人均纯收入(元)
生祠居委	顾亚林	顾亚林	—	17034	地藏村	顾　江	严卫国	1063	16474
生祠村	陈银夏	朱汉明	230	16366	利珠村	冷红明	曹宇阳	878	15570
金星村	刘　伟	徐建平	1468	16756	涨公村	马建平	鞠和平	4139	15997
三河村	刘　松	朱卫东	75	15280	新义村	熊小章	陆章炳	935	16025
新生村	严建平		472	16180	法喜村	史荣兴	陆明荣	1992	16231
七一村	刘仕明		246	15736	新丰村	顾金飞	倪立新	1675	16193
七里村	龚建军	臧翕坤	2190	14831	新跃村	吴东平	卢金明	968	16364
大进村	周富和	吴桂芬	35	16411	老港村	朱亚俊	叶灿华	2808	16490
东进村	张金荣	西　宁	475	16627	三圩村	钱立胜	金永忠	600	15171
红英村	孙金明	严满林	2446	16015					

2014年生祠镇骨干企业一览表

表68　　　　单位:万元

单位名称	销售收入	利税总额	法人代表
江苏双江能源科技有限公司	45402.8	5045	朱建红
靖江宇进丝绸服饰有限公司	20318.9	583.9	周佰康
江苏民和机械制造有限公司	13529.6	943.5	黄晓晴
江苏华星重工机械有限公司	41860.2	6339.6	陆建平
江苏双轮泵业机械制造有限公司	17598.7	1441	沈　健
江苏山鑫重工有限公司	13201.2	1496.1	张顺洪
江苏盛达环保设备有限公司	6024.8	355.2	陈洪英
江苏飞鹿重工机械制造有限公司	4258.5	246.2	张　静
靖江鸿讯服饰有限公司	8650.6	591.8	姜秀芳
江苏恒德力化工设备制造有限公司	19452.1	1616.9	杜进忠
江苏南风机械制造有限公司	5584.7	757.1	薛　寅
靖江市海鸿塑胶科技有限公司	14854.7	1737.1	包海初
靖江市凯狄五金机械制造有限公司	13002.5	1367.6	褚洁虹
江苏洪涛机械制造有限公司	14254.7	1452	蒋洪涛
江苏海天泵阀制造有限公司	15021.4	1708.2	黄佳华
江苏普隆石化设备有限公司	14012.5	1403.6	季　兴
江苏荣泰门业有限公司	26414	2627	蒋兰红
靖江市三力锻压机床制造有限公司	2011.9	64	杨翕明
靖江市永盛光电科技有限公司	12212.2	249.9	鞠　君
江苏皓日汽车零部件有限公司	7593.6	758.3	顾习明
江苏天骄汽车配套有限公司	2664	177.4	刘巧明
江苏旭晨冶金科技有限公司	2207.2	102	蒋　旭

东兴镇

【概况】 东兴镇位于靖江市西南部,南临长江,东连江阴—靖江工业园区办事处,西接新桥镇,北邻生祠镇。辖区总面积35.68平方千米,镇区面积6.2平方千米。辖12个行政村260个村民小组,总人口约3.5万人。有工业企业553家,其中列统企业18家。2014年,全镇实现地区生产总值39.6亿元,比上年增长14.8%;财政总收入1.68亿元,其中公共财政预算收入7797万元,公共预算收入较上年增长0.98%。农村居民人均纯收入17 938元,比上年增长11.5%。

经济建设　引导企业适度投入、超前投入,加快技术改造,培育经济发展后劲。全年全镇列统工业企业实现现价总产值90.43亿元,比上年增长17.3%;完成固定资产投资22.86亿元、工业投资19.06亿元;完成工业开票销售38.07亿元,比上年增长15.33%;年开票销售过10亿元的企业1家(江苏亚星锚链股份有限公司),年开票销售过3亿元的企业2家，年开票销售过1亿元的企业7家，年开票销售过0.5亿元的企业5家；新技术产业产值占列统工业总产值的85.14%。全年共有11个重大项目开工建设，其中投资过亿元的有亚星海工产业园、华昊国际广场。华昊国际广场主体完成封顶，开始室内配套设施建设。全镇流转土地236.78公顷发展高效农业。东兴翠冠梨、水蜜桃、黑玉米、葡萄、草莓、西瓜等特色农产品发展迅速。鳜鱼、长江蟹、甲鱼等水产品养殖面积133.33公顷。7月，东兴镇渔业生态产业园通过泰州市现代农业产业园区认定，成为泰州市第5家、靖江市唯一现代渔业产业园区。惠园生态园、博奥农业园、欣晨生态园、高老庄农家乐等休闲农庄相继建成。

社会建设　年内,启动何德、成德、惠丰、惠龙、惠圣、克成、旺稼和海镇等村的村庄规划工作。9月,村庄规划通过评审。推进镇区工程建设,完成上五圩汽渡及连接线拆迁,开始实施道路及码头区建设;建成镇教育中心;改造惠丰农贸市场,增加路灯4盏,新建公厕1座;投入30万元更换东兴老集镇破损路灯,修复镇区路面;投入15万余元修缮和改建敬老院。开展帮扶解困工作,发放结对帮扶资金18.6万元、临时救济金45万元、走访慰问金21.6万元、医疗救助金10.5万元。年内参加城乡居民医疗保险缴费19 494人、城乡居民养老保险4580人,城乡居民养老保险续缴率96.4%。提供就业岗位400余个,成功介绍就业283人。开展“戏舞乡村”活动,推进文化下村,全年累计送戏下村24场。　（顾淑芸）

2014年东兴镇主要经济社会指标一览表

表69

指标名称	单位	数值	指标名称	单位	数值
地区生产总值	亿元	39.6	三产实体	个	2154
农业总产值	亿元	3.1	集贸市场成效额	亿元	4.67
工业总产值	亿元	117.7	镇村主干道	千米	4.98
工业利税总额	亿元	13.1	中、小学校	所	3
工业投入	亿元	19.06	在校中小学生	人	2396
当年到账外资	万美元	—	企业职工人数	人	8674
自营出品额	万美元	12504	参加社保人数	人	16700

2014年东兴镇各村基本情况表

表70

村名	党支部(总支、党委)书记	村委会主任	工业销售收入(万元)	年人均纯收入(元)	村名	党支部(总支、党委)书记	村委会主任	工业销售收入(万元)	年人均纯收入(元)
上六村	施久龙	奚志华	2826	17950	成德村	季云燕	鞠金虎	13262	18400
万圣村	朱金华	孙道祥	3564	17096	海镇村	季云燕	王　鑫	3027	17529
何德村	胡银根	殷桂红	2310	18400	克成村	李金洪	金学进	11334	17232
旺稼村	陆纪圣	陆纪圣	5079	17876	惠龙村	赵永红	赵永红	1466	16570
东兴村	王　林	杜庆良	6107	17950	惠圣村	徐　建	印　冰	4494	16609
合兴村	王　林	殷　靖	21852	18312	惠丰村	蒋礼富	魏　东	3281	16888

2014年东兴镇骨干企业一览表

表71 单位:万元

单位名称	销售收入	利税总额	法人代表
江苏亚星锚链股份有限公司	727466	106951	陶安祥
江苏皓月汽车锁股份有限公司	80691	10263	姚明成
江苏东茂冶金科技有限公司	13855	136	孙士富
江苏三江水泥制造有限公司	15356	1052	严　俊
靖江市三江砼业有限公司	11219	753	严　俊
江苏华冶科技有限公司	10365	801	王茂庭
江苏靖隆合金钢机械制造有限公司	7212	529	陈　亮
江苏旭顺东明汽配有限公司	10093	646	冷智银
江苏金冶冶金设备有限公司	7502	728	张　鹏
靖江市格灵化工有限公司	4451	110	鄂章圣
靖江江北重工装备有限公司	3132	-534	陶安祥
江苏金鼎汽车锁制造有限公司	3113	279	张国网
靖江市增光压铸有限公司	2827	-247	陈　勇
靖江市龙欣纸制品厂	661	0.4	范朝龙
江苏昊利纺织制品有限公司	3849	230	曹美林
江苏华能控股有限公司	2308	116	孙士富
江苏三耐特种设备制造有限公司	2107	139	于　佳
靖江市电热器厂	2067	66	印国友

新桥镇

【概况】 新桥镇总面积61.3平方千米,镇区面积26.8平方千米,辖3个社区居委、18个行政村398个村民小组,总人口62 030人。2014年,实现地区生产总值88.6亿元、公共财政预算收入1.54亿元,农民人均纯收入23 021元;获评全国文明镇、江苏省卫生镇、江苏省科普示范镇、江苏省农村公路管养示范镇,获批泰州重点镇简政放权改革试点单位。

经济建设　工业经济稳健运行。全镇列统工业企业完成增加值44.4亿元、利税26.72亿元。15家重点企业进入市十佳、三十强、百优行列。新桥园区入区企业近60家,实现销售24亿元。实施投资千万元以上重点项目12个,其中超亿元项目2个。实施技改投入14.83亿元,新认定省级以上科技项目6项,获专利授权253件,建立工程技术研究中心3家、产学研联合体4家。高效农业继续推进。流转土地面积533.33公顷,现代农业产业园、孝化科技生态园进入实施阶段。全年实现农业产值5.5亿元,粮食总产量4万吨。服务业质量稳步提升。三产固定资产投资15.8亿元,润新中路商业街初具规模,核心区商业质态稳步提升。全年实现服务业增加值24.5亿元。

城镇建设　城市功能逐步完善。富江路、顺发路等镇中心区域路段竣工验收,公新公路拓宽改造新桥段通车,"四横五纵"路网体系形成。集中居住继续推进。医疗中心、润新公寓二期等基本完成主体工程;新建联排住宅1551户、公寓30户，已交付592户；全年完成拆迁151户。美丽乡村深度实施。投入2500余万元，建设农村道路等项目88项。实施二、三级河道清理疏浚工程，镇区干道、新建社区的绿化亮化紧密跟进，新增绿地面积53万平方米。完成文东港改线工程与部分河道建设。铺设污水主支管网20千米，城市核心区污水主干网基本联通。强力推行秸秆"双禁"工作，"四位一体"管护形成长效机制。太东村创建"美丽乡村"、德胜村创建省级村庄建设示范村通过验收。

社会建设　推进简政放权改革试点建设，承接行政审批、许可、处罚等事权312项。帮扶保障更加有力。帮助下岗人员再就业470余人次；结对帮扶特困户94家，发放扶持资金25万元；新型农村合作医疗保险参保3.23万人，续缴率98%。社会服务更加健全。新桥城实验学校竣工开学，13个标准化村卫生室通过验收，建成村(居)便民服务中心14个，新建少年宫、灯光球场、健身广场、文化中心、孝善文化墙等公共服务设施。社会治理更加有效。深入开展社会矛盾大调处，成功率98.5%以上，治安防控水平和公众安全感得到提升。各项事业协调推进。计生新政得到落实，统计工作扎实开展，食品药品监管有效增强。

(冯锦忠)

2014年新桥镇主要经济社会指标一览表

表72

指标名称	单位	数值	指标名称	单位	数值
地区生产总值	亿元	88.6	出口产品交货额	万美元	825
第一产业增加值	亿元	2.30	三产实体	个	28
第二产业增加值	亿元	60.88	集贸市场成交额	亿元	1.68
第三产业增加值	亿元	25.42	镇村主干道	千米	224
财政收入	亿元	1.54	中、小学校	所	2
农业总产值	亿元	5.5	在校中小学生	人	3221
工业总产值	亿元	311.88	年末职工人数	人	19642
工业销售收入	亿元	272.32	职工人均年工资	元	34295
工业利润总额	亿元	16.24	农民年人均纯收入	元	23021
工业投资	亿元	28.33	社保人数	人	32878
实际利用外资	万美元	40			

2014年新桥镇各村基本情况表

表73

村名	党支部(总支、党委)书记	村委会主　任	工业销售收入(万元)	年人均纯收入(元)	村名	党支部(总支、党委)书记	村委会主　任	工业销售收入(万元)	年人均纯收入(元)
新合村	徐月兰	黄　强	69203.79	20945	双龙村	朱国华	徐君忠	23798.36	18294
孝化村	耿光明	耿光明	135281.4	26600	滨江村	陈益新	陈益新	6164.44	20908

续表 73

村名	党支部(总支、党委)书记	村委会主任	工业销售收入(万元)	年人均纯收入(元)	村名	党支部(总支、党委)书记	村委会主任	工业销售收入(万元)	年人均纯收入(元)
新桥村	朱　杰	冯锦亚	45916.8	19618	太东村	戴分宏	洪秀兰	2970.72	16840
务本村	陶泰成	奚纪林	13611.84	18447	益民村	陆锡良	龚玉银	13834.16	18852
水三村	王振民	陈其华	25542.4	17700	五星村	孙再华	陈洪才	6549.6	16828
新柏村	奚正华	吴步才	16215.23	19309	礼圣村	徐朝章	沈　勇	12068.77	18300
三兴村	李　军	顾文彬	24426.76	16634	太和村	龚玉金	龚玉金	9883.42	16608
德胜村	杨恒俊	杨纪福	9547.36	16500	文东村	沈义祥	严怀根	11087.22	19480
三太村	李云龙	沈卫明	45650.73	25618	礼士村	孔令坤	钱洪岗	28842	16499

2014 年新桥镇骨干企业一览表

表 74　　　　单位:万元

单位名称	销售收入	利税总额	法人代表
江苏民生特种设备集团有限公司	46496.21	4629.52	倪加明
江苏光芒集团有限公司	31828.08	3215.97	范朝洪
江苏双宝科技有限公司	27044.29	2635.00	李根贵
江苏双达泵阀集团有限公司	20872.16	2101.37	浦习平
江苏标新久保田工业有限公司	18777.01	1862.00	赵亚军
江苏苏恒海洋工程装备有限公司	15188.61	536.48	叶　逸
江苏耐尔冶电集团有限公司	14427.50	887.06	杨祥生
江苏南山冶金机械制造有限公司	13978.05	1398.16	马中亮
江苏凯特尔工业炉有限公司	13963.86	1385.70	黄建华
江苏京成机械制造有限公司	11897.22	713.00	丁秀成
江苏东方成套设备制造有限公司	11023.11	1294.00	朱才网
江苏双勤民生冶化设备制造有限公司	10998.77	1082.83	李勤峰
江苏星源电站冶金设备制造有限公司	10687.73	912.40	朱华平
江苏新隆机械有限公司	9564.58	924.31	孙美萍
江苏联兴成套设备制造有限公司	9456.66	942.53	王志斌
江苏海狮泵业制造有限公司	9241.02	913.11	项达章
江苏飞跃机泵集团有限公司	9149.53	914.64	王道红
江苏九新特钢制品有限公司	8693.59	1280.40	孙立彬

续表 74

单位名称	销售收入	利税总额	法人代表
江苏民生高压容器制造有限公司	8284.24	830.87	姚亚南
江苏金诺炉辊有限公司	7726.85	694.74	孔明兰
靖江神驹容器制造有限公司	6783.77	408.10	谭正宏
江苏民诺特种设备有限公司	5995.82	204.00	葛秀慧
江苏江河机械制造有限公司	5607.41	542.08	徐金娥
江苏法尔机械制造有限公司	5575.52	559.23	陈登云
靖江市宏程起重机械厂	5375.74	412.17	严章美
江苏久尔冶金机械有限公司	5109.55	308.56	吴素兰
江苏民森机械有限公司	4795.09	468.91	毛文财
靖江宇通服装有限公司	4292.10	699.06	徐丹炫
江苏冠银玻璃制造总厂	4103.71	175.00	杨冠银
靖江市金钛特种钢机械厂	4082.16	410.27	戴卫平

·靖江农谚(十七)·

【朝霞晚霞,无水烧茶】 如天天出现朝红晚红的景象,那一定是晴天无雨的征兆。

【棉花云,雨快临】 棉花云是指气象上的“絮状高积云”。表示中空气流紊乱,导致云块边缘破碎。预示天气将转变。

【西风夜静,明天一定】 如果白天刮西风,而晚上又转成东风,那证明这阶段的天气受冷高压控制,白天日照足,昼夜温差大;当白天晴好太阳照射后,内陆增温比海洋快,膨胀的空气向海洋扩散而形成了西风;但到了晚上,由于陆地气温比海洋降得特快,空气体积缩小,在补充的过程中故又换成了东风。这是继续晴天的表现。

【棉花水稻,轮作高效】 指布局结构的安排,如若能采用棉花、水稻,一年一换的水旱轮作方式,便能有效地提高土壤肥力的保蓄和释放能力,从而能使所种作物可持续性地获得高产高效。

【棉、豆播种,防雨闷种】 棉花、黄豆等吸水性较强的作物种子播种后,如若遇上大雨,会使覆盖在种子上面的泥土笃淋闭塞,进而引起所播种子缺氧闷种,不能及时萌发,时间一久,会造成烂种憋塘。当地的方言习惯称为“失塘”。

【稻怕“寒露”风,人怕老来穷】 这里是指晚稻,特别是指以前“三熟制”时期的“双季”后茬稻,“寒露”风一来,气温骤降,根系极易丧失活力,致使造成青枯死苗,籽粒难以充实饱满,往往造成减产减收。

【雷打“惊蛰”前,四十五日不见天】 “惊蛰”前听到雷声,表示暖空气增强较早;而这期间冷空气势力还未减弱北退,容易相互对峙,形成长期阴雨。

(吴汉荣)

人　物

·新任市领导·

高亚梓

1957年8月生，靖江市新桥镇人，中共党员，大学学历。2014年2月，任靖江市人大常委会主任。

1975年5月—1978年5月，在靖江县缝纫机厂工作。1978年5月—1982年5月，在江苏化工学院化机系化工机械专业学习。1982年5月—1984年8月，任靖江县工业局办事员、副股长。1984年8月—1987年10月，任靖江县化肥厂副厂长。1987年10月—1990年6月，任靖江县经委生产调度科副科长、科长。1990年6月—1995年10月，任靖江县(市)经委副主任。1995年10月—1997年6月，任靖江市外经委主任。1997年6月—1997年9月，任靖江市政府市长助理、外经委主任、靖江经济开发区党工委书记。1997年9月—2000年12月，任靖江市政府副市长、靖江经济开发区党工委书记。2000年12月—2002年11月，任靖江市政府副市长。2002年11月—2004年8月，任中共靖江市委常委、市政府副市长。2004年8月—2006年4月，任中共靖江市委副书记、市政府副市长。2006年4月—2007年1月，任中共泰兴市委副书记、市政府代市长。2007年1月—2012年3月，任中共泰兴市委副书记、市政府市长。2012年3月—2014年2月，任靖江市政协主席。

孙宏建

1971年12月生，江苏泰兴人，中共党员，党校研究生学历。2014年10月，任中共靖江市委副书记(正处级)，12月，任靖江经济技术开发区党工委副书记(正处职)。

1990年9月—1994年7月，在南京理工大学经济管理学院工业外贸专业学习。1994年8月—1998年11月，任泰兴市计划委员会办事员、社会事业科副科长。1998年11月—2000年12月，任泰兴市七圩镇党委副书记。2000年12月—2006年6月，历任泰兴市分界乡(镇)党委副书记、乡长，党委书记、人大常委会主席(其间2002年9月—2005年7月，在省委党校区域经济学专业在职研究生班学习)。2006年6月—2012年8月，任中共泰兴市委常委、黄桥镇党委书记。2012年8月—2014年10月，任泰州市城管局(城管执法局)局长、党委书记。

赵国庆

1964年11月生,江苏泰州人,中共党员,党校研究生学历。2014年11月,任中共靖江市委常委,市政府常务副市长、党组副书记。

1981年9月—1983年7月,在苏州市商业学校储运专业学习。1983年7月—1984年6月,在靖江县商业局五交化公司工作。1984年6月—1991年6月,任靖江县委组织部干事。1991年6月—1997年3月,任靖江县(市)委组织部青干科副科长、组织科科长。1997年3月—1999年12月,任靖江市委组织员、组织部组织科科长。1999年12月—2000年3月,任靖江市越江乡党委书记、人大常委会主席。2000年3月—2000年5月,任靖江市靖城镇党委副书记。2000年5月—2000年12月,任靖江市靖城镇党委副书记、镇长。2000年12月—2003年3月,任靖江市靖城镇党委书记。2003年3月—2003年5月,任靖江市委办公室主任。2003年5月—2008年3月,任中共姜堰市委常委、组织部部长。2008年3月—2011年5月,任中共靖江市委常委、统战部部长。2011年5月—2011年7月,任中共靖江市委常委。2011年7月—2014年10月,任中共靖江市委常委、政法委书记。2014年10月—2014年11月,任中共靖江市委常委、市政府党组副书记。

丁　斌

1967年2月生,江苏姜堰人,中共党员,大学学历。2014年10月,任中共靖江市委常委、市纪委书记。

1989年8月—1992年6月,江苏省龙潭监狱干警。1992年6月—1993年6月,县级泰州市监察局工作人员。1993年6月—1996年12月,县级泰州市纪委副股级纪监员。1996年12月—2011年7月,泰州市纪委工作人员、科员级纪监员、执法监察室副主任科员、执法监察室主任科员、纪检监察一室副主任、纠风室副主任、纠风室主任、纪检监察室主任。2011年7月—2012年1月,泰州市纪委常委。2012年1月—2014年10月,中共泰兴市委常委、市纪委书记。

王　玮

1967年11月生,江苏泰州人,中共党员,法律硕士。2014年10月,任中共靖江市委常委、政法委书记。

1985年9月—1988年7月,在泰州职大化工工艺专业学习。1988年8月—1995年3月,任泰州电化厂技术员、助理工程师,团委副书记、车间副主任。1995年3月—1998年11月,任县级泰州市(海陵区)人民检察院书记员、助理检察员。1998年11月—2011年5月,任泰州市人民检察院助理检察员、检察员、民事行政检察处副处长和处长、办公室主任、检察委员会委员(其间2000年6月,南京大学法律专业本科自学考试毕业;2003年3月—2005年12月在职学习,取得苏州大学法学院法律硕士学位)。2011年5月—2013年4月,任靖江市人民检察院副检察长(代检察长)、检察长。2013年4月—2014年10月,任中共靖江市委常委、市纪委书记。

程　政

1975年4月生,江苏江阴人,中共党员,党校研究生学历。2014年3月,任中共靖江市委常委(挂职)。

1994年9月—1997年8月,在江南大学中文系应用中文专业学习。1997年8月—1998年8月,任江阴市人事局科员。1998年8月—2002年11月,任江阴市委办公室科员、副科长。2002年11月—2006年7月,任江阴市委办公室综合一科科长(其间1998年8月—2000年12月,在中央党校经济管理专业学习)。2006年7月—2007年4月,任江阴市委办公室副主任(其间2003年9月—2006年7月,在省委党校政治经济学专业在职研究生班学习)。2007年4月—2008年11月,任江阴市委办公室副主任、市委机要保密局局长。2008年11月—2010年8月,历任江阴市夏港街道党工委书记、江阴临港新城夏港园区管委会主任、市人大常委会夏港街道工委主任、江阴临港新城港口办事处党委书记、江阴长江港口综合物流园区管委会主任、江阴临港新城港口事务局局长。2010年8月—2010年12月,任江阴市委常委(援疆任霍城县委副书记),夏港街道党工委书记、市人大常委会夏港街道工委主任、江阴长江港口综合物流园区管委会主任、江阴临港新城港口事务局局长。2010年12月—2013年2月,任江阴市委常委(援疆任霍城县委副书记)。2013年2月—2014年3月,任江阴市副市长。

严华春

1965年2月生,江苏南京人,中共党员,党校研究生学历。2014年3月,任中共靖江市委常委(挂职)。

1981年9月—1984年7月,在南京晓庄师范学院学习。1984年7月—1985年5月,在省委办公厅信访处工作。1985年5月—1994年10月,任省委办公厅分党委、干部处(机关党委、干部人事处)科员、助理秘书、秘书(其间1986年5月—1988年5月,挂职徐州市沛县朱王庄乡乡长助理)。1994年10月—1995年9月,任省委办公厅秘书一处(接待处)秘书。1995年9月—1999年3月,任省委办公厅信息处秘书。1999年3月—2003年12月,任省委办公厅信息处副处级秘书。2003年12月—2005年12月,任省委办公厅机要交通处副处长。2005年12月—2014年3月,任省委办公厅机要交通处正处级副处长。

周如勇

1964年5月生,江苏兴化人,中共党员,大专学历。2014年10月,任靖江市政府副市长,市公安局党委书记、局长、督察长,市委政法委副书记、市维稳办主任。

1980年9月—1983年7月,在江苏公安专科学校学习。1983年8月—1995年6月,历任兴化县公安局刑警队办事员、副队长,秘书股副股长、股长,办公室主任。1995年6月—2007年2月,历任兴化市公安局刑警大队政治教导员、交巡警大队大队长、副局长。2007年2月—2012年12月,任姜堰市公安局局长、党委书记,市委政法委副书记,市政府党组成员(其间2008年11月兼任市维稳办主任,2009年4月兼任市政府市长助理)。2012年12月—2014年10月,任姜堰市政府副市长,市公安局党委书记、局长、督察长,市委政法委副书记、市维稳办主任。

姜　鸿

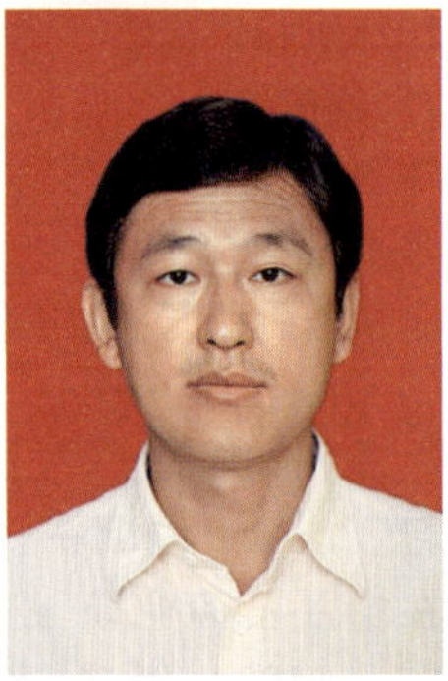

1970年2月生,湖北黄梅人,中共党员,博士研究生学历。2014年9月,任靖江市政府副市长(挂职)。

1987年9月—1991年6月,在大连理工大学船舶工程专业学习。1991年7月—1993年8月,任武昌造船厂助理工程师。1993年9月—1996年6月,在中南财经大学商业经济专业学习并取得硕士学位。1996年7月—2010年2月,任教于中南财经政法大学工商管理学院。其间于2000年9月—2003年12月,在中南财经政法大学国际贸易专业学习并取得博士学位;2001年3月—2001年7月,作为访问学者在德国柏林财经大学和柏林科技大学学习研究宏观经济政策;2007年11月—2011年12月,在中国社会科学院世界经济与政治研究所从事博士后研究;2008年12月获教授职称;2009年12月为博士生导师。2010年3月—2014年8月,任常州大学经济学院院长、教授。2014年8月,任科技镇长团靖江团团长，靖江市产业技术研究院院长，常州大学经济学院院长、教授。

·新闻人物·

刘　宏

1976年1月出生，靖江市生祠镇人，中共党员，大专学历，市邮政局城区投递班投递员。2014年4月获评全国邮政系统先进个人。

自2003年从事投递工作起，无论遇到什么困难，他都能保证邮件及时、准确、安全送达。其负责投递的春江花城小区一度地势低洼，每逢下雨他便将邮件抱着、扛着趟过没至膝盖的积水送到每家每户。市政府搬迁后，90余家行政事业单位汇集至一个段道，每日投送的报纸不谈种类繁多，单重量就达千斤。负责该区域的刘宏总是每天提早到班封发报刊。投递邮件之余，他对责任区域内居民的困难常常施以援手。一年腊月廿九，幸福新村一居民家中水管被冻坏，一家人着急万分。刘宏得见此情景，送完邮件后又来到这户人家，帮忙修好水管才匆匆赶回乡下家中过年。“我是个小小投递员，我只想日复一日做好投递这件事，在平凡、枯燥、艰辛的工作中，为人们送去温馨和快乐。”刘宏用实际行动践行着他的诺言。2009年，他被评为靖江市十大杰出青年。

李梅桂

1968年10月出生，靖江市新桥镇人，大专学历，江苏金鼎冶化机械制造有限公司总经理。2014年12月，被评为全国孝亲敬老之星。

16岁时，为了减轻父母负担，挣钱给体弱多病的姐姐和弟弟上学，李梅桂主动放弃学习机会，进入企业当学徒。1994年，李梅桂和丈夫选择自主创业。艰辛创业之际，她时刻不忘关心照顾父母，尤其在弟弟因病去世后，不管每天多累，她都会抽出时间与执意住在农村的父母通电话，节假日必定带着儿女登门看望父母，陪他们说说话，给他们做顿饭。李梅桂在孝敬自家老人的同时，还数年如一日照顾着“人之老”。文东社区有位老人中年丧子、老伴病逝。李梅桂得知情况后，主动承担起赡养这位老人的责任。平时经常去探望，一旦老人身体不适，她总是第一时间赶到送老人去医院就诊。此外，她还常常到敬老院走访慰问，了解老人需求，适时赠送各类生活必需品。

朱照红

1971年11月出生，靖江市西来镇人，中共党员，硕士学历，

高级讲师、高级技师，江苏省靖江中等专业学校技术创新办公室主任，江苏省发明协会理事，泰州市电机工程学会理事，靖江市发明协会理事长，江苏省朱照红技能大师工作室领衔人，江苏省朱照红创新教育名师工作室领衔人。5月获全国黄炎培杰出教师奖，12月获评全国优秀科技工作者。

1995年起，执教于靖江工业学校，主攻创造教育研究、科技人才培养、企业技改创新和节能增效等领域。编著全国首部职业院校创新教育通用教程，出版科普图书、国家规划教材、电工手册及其他著作15部约600万字。在省内外主讲科技创新讲座30余场，听众5万余人。指导学生完成的创造发明获国际国内赛事金牌31个。完成企业技改项目及专利申请150余项，主持完成省部级科研课题5个。2013年主持的科研成果“创新型技能人才培养模式研究与实践”获江苏省政府教学成果特等奖；2014年主持的科研成果“职业学校创新型技能人才培养模式研究与实践”获国家级教学成果二等奖。此外还先后获得江苏省创新发明先进工作者、省优秀教育工作者、省技术能手、泰州市突出贡献中青年专家、靖江十佳科技之星等荣誉称号，并获江苏省创新发明伯乐奖、省突出贡献高级技师奖、靖江首届杰出人才奖。

侯 斌

1982年7月出生,靖江市马桥镇人,中共预备党员,中专学历,马桥畜牧兽医站副站长。2014年12月夺得全国首届动物防疫职业技能竞赛冠军,获全国优秀动物防疫员、全国技术能手称号。

2000年7月,侯斌毕业于江苏省畜牧兽医学校。2000年11月,就职于靖江市马桥畜牧兽医站,从事动物诊疗、动物防疫等工作。2009年起,多次在各级比赛中取得佳绩,获江苏省技术能手、省优秀动物防疫员等称号,并被授予江苏省五一劳动奖章。2014年12月,侯斌参加由农业部、人社部、中华全国总工会联合举办的全国首届动物防疫技能竞赛,在鸡体解剖与采样、鸡翅静脉采血、鸡心脏采血、羊颈静脉采血、猪前腔静脉采血、猪瘟疫苗免疫注射6项操作技能比赛中,以平均用时不足10秒的成绩,从来自全国各个省、自治区、直辖市以及新疆生产建设兵团的96人中脱颖而出,个人总成绩位列第一。

荣 誉 栏

·先进集体名录·

【全国先进集体】

获奖单位	荣誉称号	颁发单位	授予时间
靖江市	全国"六五"普法中期先进县(市、区)	全国普法办公室	2014-03
市供电公司	一流县供电企业	国家电网公司	2014-02
市地税局稽查局	巾帼文明岗	中华全国妇女联合会	2014-03
市供电公司	全国五一劳动奖状	中华全国总工会	2014-04
市供电公司	全国"安康杯"竞赛优胜单位	中华全国总工会	2014-04
靖江日报社	中国报业经营管理奖	中国报业协会	2014-05
市文广新局	全国文化系统先进集体	人力资源和保障部 文化部	2014-06
市关工委	宣传发行工作先进单位	中国关心下一代工作委员会	2014-08
市总工会	工会财务工作先进单位	中华全国总工会	2014-09
市经济普查领导小组办公室	第三次全国经济普查先进集体	国务院第三次全国经济普查领导小组办公室	2014-12
新桥镇	全国文明镇	中央精神文明指导委员会	2015-02

【省级先进集体】

获奖单位	荣誉称号	颁发单位	授予时间
市残联	江苏省安排残疾人就业先进单位	江苏省政府 江苏省残疾人工作委员会	2014-03
市公安局	2014年省厅科技强警奖科技应用类二等奖	江苏省公安厅	2014-03
市看守所	2013年度全省看守所“五化建设”工作示范单位	江苏省公安厅	2014-03
市拘留所	2013年度全省公安监管部门法治文明窗口建设年活动先进单位	江苏省公安厅	2014-03
斜桥镇筱山村	江苏省林业绿化达标村	江苏省农林厅	2014-08
斜桥镇海圩村	江苏省林业绿化达标村	江苏省农林厅	2014-08
市地税局	江苏地税20周年建功集体	江苏省地税局	2014-08
市总工会	工会新闻宣传工作优秀单位	江苏省总工会	2014-09
市公安局	全省公安机关集中开展解决信访突出问题专项行动成绩突出集体	江苏省公安厅	2014-10
西来镇	2013—2014年度全省基层党员冬训工作示范镇	江苏省委组织部、宣传部	2014-10
市文广新局	“五星工程奖”服务项目奖	江苏省文化厅	2014-11
斜桥镇	2014年度全省基层安监机构能力建设项目验收合格单位	江苏省安监局	2014-11
斜桥镇	江苏省卫生镇	江苏省爱委会、卫生厅	2014-11
斜桥镇筱山村	江苏省卫生村	江苏省爱委会、卫生厅	2014-11
斜桥镇海圩村	江苏省卫生村	江苏省爱委会、卫生厅	2014-11
斜桥镇富民村	江苏省卫生村	江苏省爱委会、卫生厅	2014-11
市地震局	江苏省防震减灾工作优秀单位	江苏省地震局	2014-12
市法制办	江苏省第五届行政复议典型案例评析三等奖	江苏省法制办	2014-12
市公安局经文保科	2014年度空军招收飞行学员政治考核工作先进单位	江苏省公安厅 南京军区空军政治部	2014-12
新桥镇	江苏省卫生镇	江苏省爱委会	2014-12
新桥镇	江苏省科普示范镇	江苏省科学技术协会	2014-12
市工商联	江苏省工商联系统先进集体	江苏省工商联	2014-12

获奖单位	荣誉称号	颁发单位	授予时间
西来镇	江苏省科技创新型乡镇	江苏省科技厅	2014–12
西来镇	江苏省农产品质量安全监管示范镇	江苏省农业委员会	2014–12
市广电台	广播电视科技创新奖	江苏省广播电影电视协会	2014–12
市知识产权局	知识产权工作先进集体	江苏省知识产权局	2014–12
市粮油质量监测所	全省粮食系统先进集体	江苏省粮食局 江苏省人力资源和社会保障厅	2015–01
靖江市	2014 年度全省高标准厂房建设与使用先进地区	江苏省国土资源厅、经信委	2015–01
市科协	创新发展综合示范县级科协	江苏省科学技术协会	2015–01
市委宣传部	江苏省文化科技卫生“三下乡”活动先进集体	江苏省委宣传部	2015–01
靖江引航站	2014 年度长江海事系统文明集体	长江海事局	2015–01
江苏银行靖江支行	江苏银行文明优质服务示范点	江苏银行总行	2015–02
市地税局第四税务分局	江苏省五一劳动奖章	江苏省总工会	2015–04
市委宣传部	2014 年度全省基层党员冬训工作示范县(市、区)	江苏省委组织部、宣传部	2015–05
城南办事处	江苏省冬训工作示范乡(镇、街道)	江苏省委组织部、宣传部	2015–05
新桥镇	江苏省农村公路管养示范镇	江苏省交通厅	2015–05

【泰州市委、市政府、军分区表彰的先进集体】

获奖单位	荣誉称号	颁发单位	授予时间
斜桥镇	2011—2014 年泰州市社会治安综合治理先进集体(二等功)	泰州市委、市政府	2015–01
市法院	2011—2014 年泰州市社会治安综合治理先进集体(二等功)	泰州市委、市政府	2015–01
市信访局	2011—2014 年泰州市社会治安综合治理先进集体(三等功)	泰州市委、市政府	2015–01

获奖单位	荣誉称号	颁发单位	授予时间
季市镇	2011—2014年泰州市社会治安综合治理先进集体(三等功)	泰州市委、市政府	2015-01
市检察院公诉局	2011—2014年泰州市社会治安综合治理先进集体(三等功)	泰州市委、市政府	2015-01
市公安局拘留所	2011—2014年泰州市社会治安综合治理先进集体(三等功)	泰州市委、市政府	2015-01
孤山镇通泰村	2011—2014年泰州市社会治安综合治理先进集体(三等功)	泰州市委、市政府	2015-01
斜桥镇	2014年度泰州市法治乡镇创建工作示范单位	泰州市委、市政府	2015-02
市信访局	南京青奥会信访维稳工作集体三等功	泰州市政府	2015-02
江苏银行靖江支行	泰州市文明单位	泰州市委、市文明委	2015-05
西来镇	2013—2014年度泰州市文明乡镇	泰州市委、市政府	2015-05
西来镇泥桥村	2013—2014年度泰州市文明村	泰州市委、市政府	2015-05
土桥初级中学	2013—2014年度泰州市文明单位	泰州市委、市政府	2015-05
西来镇中心小学	2013—2014年度泰州市文明单位	泰州市委、市政府	2015-05
西来镇财政所	2013—2014年度泰州市文明单位	泰州市委、市政府	2015-05
西来镇中心幼儿园	2013—2014年度泰州市文明单位	泰州市委、市政府	2015-05
江苏靖江互感器厂有限公司	2013—2014年度泰州市文明单位	泰州市委、市政府	2015-05
江苏三江电器集团有限公司	2013—2014年度泰州市文明单位标兵	泰州市委、市政府	2015-05
市广电台	泰州市文明行业	泰州市委	2015-05
斜桥镇新港村	2013—2014年度泰州市文明村标兵	泰州市委、市政府	2015-05
斜桥镇新华村	2013—2014年度泰州市文明村	泰州市委、市政府	2015-05
市科技局	泰州市文明单位	泰州市委、市政府	2015-05
市消防大队	泰州市文明单位	泰州市委、市政府	2015-05
人寿靖江支公司	泰州市文明单位标兵	泰州市委、市政府	2015-06

·先进个人名录·

【全国先进个人】

姓 名	荣誉称号	颁发单位	授予时间
环建军	全国无偿献血奉献奖金奖	卫生部　中国红十字会 中国人民解放军总后勤部卫生部	2014-06
朱照红	全国优秀科技工作者	中国科学技术协会	2014-12
贾德勤	全国粮食系统先进工作者	国家粮食局 人力资源和社会保障部	2015-01

【省级先进个人】

姓 名	荣誉称号	颁发单位	授予时间
吴时彦	2013 年度按比例安排残疾人就业工作先进个人	江苏省政府 江苏省残疾人工作委员会	2014-03
顾振亚	五一巾帼标兵	江苏省省部属企事业工会工作委员会	2014-03
储海波	全省检察机关电子数据取证大练兵竞赛业务标兵	江苏省检察院	2014-09
朱　俊	全省检察机关办理刑事申诉案件“优秀办案能手”	江苏省检察院	2014-09
朱国根	全省检察机关先进工作者	江苏省检察院 江苏省人力资源和社会保障厅 江苏省公务员局	2014-10
蔡　斌	全省公安机关青奥安保工作个人二等功	江苏省公安厅	2014-10
黄颖锋	第三次全国经济普查省级先进个人	江苏省第三次全国经济普查领导小组	2014-12
陈振银	全省粮食系统劳动模范	江苏省粮食局 江苏省人力资源和社会保障厅	2015-01
余中兴	新华报业传媒集团优秀经营工作者	新华报业传媒集团	2015-02
朱　娜	新华报业传媒集团优秀编辑	新华报业传媒集团	2015-02
张　园	新华报业传媒集团优秀记者	新华报业传媒集团	2015-02
王新华	全省民族团结进步模范个人	江苏省政府	2015-06

【泰州市委、市政府、军分区表彰的先进个人】

姓　名	荣誉称号	颁发单位	授予时间
何琰如	2007—2014年泰州市红十字会系统先进个人	泰州市政府	2014-12
朱　俊	2011—2014年泰州市社会治安综合治理先进个人(二等功)	泰州市委、市政府	2015-01
陈艳红	2011—2014年泰州市社会治安综合治理先进个人(二等功)	泰州市委、市政府	2015-01
唐以伟	2011—2014年泰州市社会治安综合治理先进个人(二等功)	泰州市委、市政府	2015-01
王建兴	2011—2014年泰州市社会治安综合治理先进个人(三等功)	泰州市委、市政府	2015-01
陈　斌	2011—2014年泰州市社会治安综合治理先进个人(三等功)	泰州市委、市政府	2015-01
王爱东	2011—2014年泰州市社会治安综合治理先进个人(三等功)	泰州市委、市政府	2015-01
陆荣华	2011—2014年泰州市社会治安综合治理先进个人(三等功)	泰州市委、市政府	2015-01
朱　彪	2011—2014年泰州市社会治安综合治理先进个人(三等功)	泰州市委、市政府	2015-01
汤富根	2011—2014年泰州市社会治安综合治理先进个人(三等功)	泰州市委、市政府	2015-01
徐冠平	南京青奥会信访维稳工作个人三等功	泰州市政府	2015-02

·靖江农谚(十八)·

【天变有征兆,人事应诚信】 根据自然规律,每当天气要变化之前,都会出现一定的征象或预兆;所以,人在行事前,对于自己所说的话,更应言必信、行必果,为构建人类的和谐社会而从自身做起。

【要使"三麦"能多收,秋播就要挖"三沟"】 指"三麦"的高产一定要防止明涝暗渍,及早配套好内外"三沟",确保水系畅通。

【霜倒阴雨到】 霜倒,是指霜后天气突然转阴。下霜,只有在冷气团控制的天气下才会形成,一般霜后大多是晴天;而转阴天的原因是因为霜后出现南风,说明暖湿气流已经活跃,与北方南下的冷空气共同作用后,很快就会形成降雨天气。

【西南转西北,搓绳绊(音:PAN的去声)草屋】 指示如果由原先的西南风,开始转为现在的西北风时,那肯定是风力会继续加大。在旧中国,由于经济条件较差,农村中好多人家盖的都是草房,大风来前必须用绳子网绊压住草房的屋面,以防被大风刮走。

【霜前冷,雪前暖】 形成下霜的天气,必定是已有一股冷空气来临,气温明显下降而使人觉得冷。至于雪在空中由水滴转变的过程中,必然会释放出热量,所以人就会感觉暖和一些。

【朝看东南,夜看西北】 这是农村中传统的看天经验:如果你想只要在早上往东南方向的天空看,若是出太阳时无乌云遮挡或无云层、云脚,无云团飞走,那这天会是一个晴朗天气;假如你要想了解明天的天气状况,那你也只要在傍晚太阳下山前朝西北方向的天空看,如果有乌云遮挡或有云层、云脚、云团飞走,那明天天气一定会变化;不过,在即使有云的情况下,但却红霞满天,那明天天气也一定会转好。

(吴汉荣)

重要文件摘要

中共靖江市委
关于全面深化改革的实施意见

靖发〔2014〕31号

一、进一步明确全面深化改革的指导思想和目标任务

(1)党的十八届三中全会,是在我国改革开放新的重要关头召开的一次重要会议,是全面深化改革的又一次总部署、总动员。全会通过的《决定》,是在新的历史起点上全面深化改革的科学指南和行动纲领。省委、泰州市委的《意见》,分别就全面深化改革、推进“两个率先”和促进转型升级融合发展作出了新的部署。当前,靖江正处在全面深化改革、加快融入苏南的关键时期,必须把思想和行动统一到中央精神和省委、泰州市委部署上来,牢固树立进取意识、机遇意识、责任意识,以更大决心冲破思想观念的束缚、突破利益固化的藩篱,以更大智慧打好改革攻坚战,为靖江新一轮跨越发展增添强大动力和活力。

(2)全面深化改革的指导思想是:高举中国特色社会主义伟大旗帜,以马克思列宁主义、毛泽东思想、邓小平理论、“三个代表”重要思想、科学发展观为指导,坚持社会主义市场经济改革方向,以促进社会公平正义、增进人民福祉为出发点和落脚点,进一步解放思想、解放和发展社会生产力、解放和增强社会活力,更加注重改革的系统性、整体性、协同性,加快构建和完善有利于科学发展的体制机制,促进融入苏南目标早日实现。

(3)全面深化改革的总体要求是:牢牢把握经济体制改革这个重点,切实处理好政府与市场的关系,使市场在资源配置中起决定性作用和更好发挥政府作用;牢牢把握转型升级这一主攻方向,推动重点领域、关键环节率先突破,带动全局改革不断向纵深推进;牢牢把握以人为本,从人民利益出发谋划改革思路和举措，紧紧依靠人民推动改革；牢牢把握积极、稳妥的统一，胆子要大、步子要稳，战略上勇于进取，战术上稳扎稳打，务实、有序推进改革。

（4）全面深化改革的目标任务是：紧紧围绕中央、省委、泰州市委部署要求，统筹推进经济、政治、文化、社会、生态领域改革，走出一条具有时代特征、区域特色、靖江特点的改革开放之路，力争到2016年在重点领域和关键环节率先取得决定性成果；到2019年形成系统完备、科学规范、运行有效的体制机制，使各方面制度更加成熟更加定型，让一切劳动、知识、技术、管理、资本的活力竞相迸发，让一切创造社会财富的源泉充分涌流，让改革发展成果更多更公平惠及全体人民。

二、全面构筑产业发展新优势

（5）推进制造业转型发展。创新体制机制，完善政策措施，推进主导产业高端化、传统产业品牌化、新兴产业优质化。紧盯中字头、国字号和世界五百强的大企业大集团，优化招商选资，着力引进具有关键技术、能带动产业链发展的龙头项目，培育领军企业，以优质增量带动产业转型升级。运用高新技术和先进适用技术改造传统产业，推动船舶制造等产业向高新、绿色、低碳方向发展。顺应国家产业政策导向，推动海洋经济等产业发展成为新的支柱产业。更大力度推进“腾笼换鸟”，加快淘汰落后产能，积极化解过剩产能，腾出空间发展资源利用率高、产出效益好、发展后劲强的好项目。加快新兴产业集聚，引进一批高端装备制造、节能环保、通讯技术、新材料等战略性新兴产业，有效发挥创新驱动的倍增效应。

（6）推进服务业融合发展。按照“沿江大物流、城郊大市场、城中大商场”的发展路径，坚持现代服务业与传统服务业并举、生产性服务业与生活性服务业并重，全面推进服务业发展提速、比重提高、结构提升、品牌提档。加快三江现代物流中心、城南市场集群、滨江新城金融街区等集聚区建设，构建完善现代服务业产业体系。主动承接新一轮国际高端服务业转移，抢占现代服务业上游领域，促进服务业高端化发展。推动制造业内部服务专业化发展，鼓励企业推进“两业融合”，实施主辅分离，大力发展业务流程外包、信息技术外包，提高生产专业化、服务社会化水平。大力培育电子商务、总部经济、科技服务、现代商贸、金融等新兴服务业态，推进企业信息化和社会服务信息化。

（7）推进现代农业高效发展。坚持现代农业发展导向，积极、稳妥推进土地流转，提升农业装备水平，切实保障粮食安全。鼓励和引导工商资本投资农业，向农业输入现代生产要素和经营方式。推进现代农业园区建设，培育一批农业龙头企业，提高农业产业化水平。创新农业经营形式和组织方式，壮大专业大户、家庭农场、农民专业合作社等经营主体，不断激发农业生产经营活力。发展农产品精深加工，推进农业向二三产业拓展延伸。

三、加快推进开发区综合改革试点

（8）推进管理体制创新。按照“权责统一、精干扁平、灵活高效”的原则，加快完善组织架构和考核评价体系，探索建立平台搭建和人才引进的市场化运作机制，积极创造开发区发展的机制竞争力。加大区域统筹发展力度，进一步理顺开发区内部关系，既加强开发区总部的有效管理，又实现各园区的高效运作。优化服务机制，构建“小政府、大社会”、“小机构、大服务”的高效服务体系。推行全员聘用制度，建立“能者上、平者让、庸者下、劣者汰”的实绩导向。

（9）明晰园区功能定位。进一步明晰各园区产业发展方向，制定完善特色产业发展规划，健全特色产业承载功能，有序推进同类产业集聚，形成更为合理的产业布局。开发区总部要围绕“两业互动”、港城相融的定位，放大独立口岸、特色港口效应，强化沿江码头的功能配置和资源整合，提高长江岸线利用效率，不断提升园区的开放水平。城南园区围绕以产兴城、产城相融定位，大力推进“强二优三”，加快建设工业片区、道口经济区和生活配套区。城北园区围绕新兴产业集聚、中小企业创业定位，加快工业集中区、标准化厂房建设，建好高新技术项目孵化基地和科技成果转化基地，打造“三化同步”示范区。新桥园区重点抓好本土企业转型升级和沿江产业培育，形成新的经济增长极。江阴—靖江工业园区总结跨江联动经验，进一步调整完善管理体制机制，大力推动要素流动，在更高层次上实现与苏南、上海等地的资源共享和合作共赢。

（10）大力推动产城融合。坚持“产城一体”，集聚各类资源，促进产业、城市互动融合发展。

加快产业化步伐,着力突破一批“大好高新”项目、现代服务业项目,大力培育和集聚一批龙头骨干企业和高成长性企业,提高园区专业化协作水平,打造具有核心竞争力的产业链、价值链。突出城市化支撑,围绕区域内产业发展,不断优化城市服务功能,创造条件构建实验服务、物流仓储、设备共享、信息咨询等公共服务平台,为企业提供优质高效的专业化、市场化服务。

四、更高水平推进开放创新

(11)推进开放型经济体制机制创新。进一步提升开放层次和水平,放大一类开放口岸、国家级开发区优势效应,努力探索港口、园区等载体建设的新机制、新模式。加快港口信息化与现代化改造,组建港口集团,打造“智慧港口、电子口岸”,提升口岸通关效率。适时启动靖江工业品全球采供分拨中心建设、保税物流中心(B)和综合保税区申报创建,实现港区形态功能的优化提升。主动策应长三角一体化、沿海开发、苏南现代化建设示范区等国家战略,深度推进跨江融合、江海联动,在更高层次上与苏南、沿海地区分工协作。积极呼应上海自贸区建设,在基础设施、产业发展、平台建设等方面加快对接,争取一批跨国公司在我市设立制造和物流基地,积极承接金融、物流等行业服务外包业务,鼓励企业利用自贸区平台开拓国际市场,更好地分享政策“溢出效应”。

(12)深化科技创新体制改革。健全技术创新市场导向机制,发挥市场对技术研发方向、路线选择、要素价格、各类创新要素配置的导向作用。建立部门之间统筹配置科技资源的协调机制和“政产学研金”协同创新机制,强化企业在技术创新中的主体地位,发挥大中型企业骨干作用,激发小微企业创新活力,引导创新要素向企业和园区集聚。围绕促进技术转移、提升产业水平,加快筹建产业技术研究院,探索产业共性技术研发新模式,逐步建立以产业技术研究院为核心,其它各类工程技术研究中心、院士工作站等平台为辅的科技创新体系。深入推进科技金融合作,加快设立政府创业投资引导资金、科技成果转化风险补偿专项资金,创新科技金融产品与服务,探索科技金融结合新模式。深入实施“马洲英才”计划,继续开展“教授博士柔性进企业”等活动,深化科技企业家培育工程,加快集聚创新高端人才。加强知识产权运用和保护,发挥知识产权法庭作用,营造激励创造、保护产权的制度环境,形成激发全社会创新创造活力的动力机制。

(13)促进地方金融创新发展。大力发展地方法人金融机构,重点扶持农商行、长江商业银行做大做强,鼓励具备条件的民间资本依法设立中小型银行等金融机构,引导社会资本参与金融机构重组改造。推动融资租赁、股权投资等金融业务创新发展,允许融资租赁企业开展商业保理业务。完善保险经济补偿机制,构建全方位农业保险管理体系,健全健康、养老和责任保险机制。加强金融稳定协调机制建设,落实地方政府金融监管职责和风险处置责任,防范区域性、系统性金融风险。深化地方政府融资平台授信管理,探索与地方经济发展相匹配的信贷模式,提升金融机构对执行信贷计划的控制力。

五、促进民营经济加快发展

(14)优化政策环境。鼓励有条件的民营企业参与国有企业改革,发展混合所有制经济。大力推进全民创业,出台鼓励全民创业工作意见,深化国家级创业型城市建设,构建创业培训、政策扶持、创业服务“三位一体”新机制。深化工商登记制度改革,降低注册资本门槛,放宽住所登记权限,优化登记注册流程。

(15)引导产业发展。鼓励民营企业进入战略性新兴产业和现代服务业领域,支持民营企业加大科技投入,加强研发机构建设,开展多种形式的高位嫁接,实现裂变式发展。推动民营企业向各类产业园区集中,形成集群效应,促进抱团转型。鼓励有条件的民营企业强化资本经营,加快上市步伐,形成资本市场的“靖江板块”。

(16)健全服务体系。建立科技资源共享、科技成果转化和科技金融服务平台,为民营企业科技创新提供支撑。拓宽融资渠道,加大金融机构对实体经济扶持力度,保障金融机构新增存款全部授信于地方使用,引进风投、创投、股权融资和基金等新兴金融业态,加强对实体经济的金融支撑。完善企业信用体系,指导民营企业建立规范的产权、财务、用工制度。培育发展中介组织,为民间投资提供法律、财务、人力资源、商务咨询、市场信息等社会化服务。

六、深化城乡一体化改革

(17)完善城乡建设与管理机制。坚持以人为核心推进城镇化,牢固树立科学开发、精明发展理念,推动中心城市、小城市、特色城镇协调发展。研究优化滨江新城建设的机构与体制。探索实施大城管工作机制。积极稳妥推进重点镇(园区)简政放权改革试点,进一步推进经济社会管理权限下放,构建符合新型城镇化发展要求的小城镇管理体制和运行机制。高标准修编城市总体规划,加紧完善城市和镇村建设控制性详规,完善城乡建设规划和土地利用规划。构建区域统筹发展机制,在更高层次上推进工业向园区、人口向城镇、农业向适度规模经营集中。完善中心城市综合承载功能,加快功能性项目和路网体系建设,探索实施政府投资项目的代建管理。促进城市各片区空间重组、功能整合和资源共享。提升小城市和特色镇基础设施和综合配套水平,鼓励生祠、季市、西来等镇挖掘资源,因地制宜打造亮点,形成特色鲜明的小镇风貌。以美丽乡村建设为抓手,开展村庄环境连片整治,全面提升新农村建设的内涵和水平。

(18) 探索改革土地制度。坚持农村土地集体所有权,依法维护农民土地承包经营权,赋予农民对承包地占有、使用、收益、流转及承包经营权抵押、担保功能,稳妥推进农村土地承包经营权确权登记颁证。探索建立城乡统一的建设用地市场,在符合规划和用途管制前提下,允许农村集体经营性建设用地出让、租赁、入股,逐步实现与国有土地同等入市、同权同价。充分发挥土地流转服务中心作用,健全市镇村三级流转服务体系。完善经营性用地和工业用地招标拍卖挂牌出让制度,推广工业用地预申请制度。规范征地行为,严格征地程序,健全对被征地农民合理、规范、多元保障机制,确保新征地的农民实现即征即保。完善节约集约用地的激励与监测机制,建立低效建设用地退出机制。

(19)赋予农民更多财产权利。完善村级法人治理结构,推进村级经济合作社规范化建设,不断壮大村级集体经济。赋予农民对集体资产股份占有、收益、有偿退出及抵押、担保、继承权,固化农民在村里的原有各项收益权。保障农户宅基地用益物权,改革完善农村宅基地制度,积极争取国家和省政策支持,按规定稳妥推进农民住房财产权抵押、担保、转让试点。

七、稳步推进社会事业改革

(20)千方百计增加居民收入。完善工资协商和正常增长机制,多渠道增加居民投资性、财产性收入,健全富民长效机制。扩大创业就业促增收,实施更加积极的就业政策和创业扶持政策,加快"一镇一品"创业孵化基地建设,完善城乡均等的就业创业服务体系,构建劳动者终身职业培训体系。提高社保水平稳增收,推进城乡社会保障全覆盖,完善企业退休人员、被征地农民和城乡居民基本养老待遇正常调整机制,健全医保筹资机制和财政补助增长机制。强化对医保"两定"机构监管,减轻参保病人医疗负担。加大救助力度保增收,全面落实各项优抚政策,完善最低生活保障标准与物价补贴机制,大力发展社会福利和慈善事业,强化对重大变故困难家庭、贫困残疾人等群体的专项救助。

(21)推进城乡基本公共服务均等化。制定基本公共服务均等化规划、体系和标准,统筹城乡基础设施和社区建设。合理配置农村教育、卫生、计生、体育等公共服务资源,逐步实现城乡一体化。优化教育资源,组建教育集团,探索"市管校用"的用人机制,推进市镇、农村学校编制资源均等化管理,促进城乡教育公平。积极稳妥推进县级公立医院综合改革试点工作,改进医保支付方式,健全以基本医疗保障为主体的多层次医疗保障体系,加快医药卫生信息化建设步伐,提高全市医疗综合服务水平。完善城乡体育设施,建成"农村20分钟健身圈"。大力发展养老服务业,推进居家养老服务信息化建设,构建完善以居家为基础、社区为依托、机构为支撑的养老服务体系。加快档案数字化建设步伐。

八、创新文化建设体制机制

(22)建立健全现代文化市场体系。创新文化管理体制,按照政企分开、政事分开的原则,进一步厘清政府与市场、与社会的关系,做到简政放权和加强监管齐推进、相协调。完善文化市场准入和退出机制,建立统一开放、竞争有序的现代文化市场体系,引导社会资本投资文化建设和产业,支持各种形式文化企业发展。

(23)构建公共文化服务体系。加大政府购买服务力度,引导和鼓励社会力量参与公共文化服务。积极创建省级示范区,形成以市标志性重大文化设施为骨干、以"二馆一站一中心"为基础、以流动文化设施和数字文化设施为补充的文化设施服务网络。加强群众文艺创作的规划和统筹,探索建立群众文化需求的动态反馈机制,提供适合群众需要、对生产生活有指导作用的公共文化产品。加快公共数字文化建设,实施文化资源共享工程。深入推进公共图书馆总分馆、“农家书屋”全市“通借通还”一卡通服务,促进文化资源共建共享,提高公共文化服务数字化、网络化水平。培育经营好文艺节、骥江大舞台、戏舞乡村、群文大讲堂等品牌,促进文化事业大发展大繁荣。

(24)促进文化产业发展。加强产业规划和引导,创新文化产业运作机制,挖掘整合靖江传统文化内涵,打造特色文化精品名牌,增强城市文化影响力和传播力。探索建立多层次文化产品和要素市场,创新投融资体制、加强规划协调,完善扶持政策,搭建公共信息服务平台。大力扶持国家重点鼓励的文化产品和服务出口,加快培育一批外向型骨干文化企业,鼓励民营文化企业积极开拓海外文化市场,发展对外文化贸易。发挥文化产业引导资金的作用,加快研究制定财政、税收、金融、贸易等方面文化扶持政策。

九、健全生态文明推进机制

(25)健全生态保护机制。实行最严格的制度、最严密的法治,建立生态建设规划与城镇布局规划、产业发展规划“三规融合”机制,严格生态用途管控,优化生态区域格局。坚持绿色增长、低碳发展,推进重点企业和试点园区循环化改造,形成循环经济和低碳发展模式。加快绿色生态屏障建设,推进城市绿化、道路绿化、农田林网绿化系统工程,构建覆盖全市的绿色网络和城乡一体的生态走廊。对自然生态空间统一确权登记,形成归属清晰、权责明确、监管有效的自然资源资产产权制度。建立健全生态文明全民行动体系,传播绿色文化、推进绿色生产、倡导绿色消费,构建全民共建共享生态文明的生动局面。

(26)建立资源有偿使用和生态补偿机制。完善生态文明建设政策体系,落实生态补偿和政策激励制度,完善对饮用水源地、重要湿地、基本农田等重要生态功能区的补偿政策。创新工业企业场地污染防治监管模式,建立工业企业场地信息管理系统,试点征收生态修复基金,开展场地污染修复示范工程。推进排污权有偿使用和交易改革,开展排污权抵押试点。完善绿色信贷机制,扩大企业环保信用评级结果应用范围,加大对绿色企业的信贷支持。鼓励社会资本以多种形式参与生态环境建设和生态经济项目开发,推行污染治理第三方服务。

(27)健全生态环境监管治理机制。加强以机动车尾气、燃煤锅炉、施工扬尘、秸秆综合利用、热电企业脱硫脱硝为主的大气环境综合治理,系统开展以整治工业点源、农业面源、生活污染源为主的水环境治理,深化以农村环境整治为抓手的土壤污染治理。实行更加严格的环境准入标准,组织实施一批节能重点工程和节能技术推广应用示范项目,全面完成节能减排约束性指标。健全重大规划和重大决策环境影响评价制度,规范环评市场管理,及时公布环境信息,切实加强社会监督。健全生态环境保护责任追究制度,建立环境联合执法机制,强化部门职能和优势,提高环境执法效能和权威性。

十、创新社会治理体制

(28)改进社会治理方式。坚持系统治理,充分发挥综治委各领导小组及专项工作组、系列平安创建各部门、依法治市各协调指导办公室、信访联席会议各专门工作组的职能作用,落实齐抓共管、通力协作的责任机制,实现综治法治专项工作的部门联动,矛盾纠纷化解的条块联动,维稳重大事项的市镇村联动。坚持依法治理,善于运用法治思维和方式破解治理难题,依法打击违法犯罪活动,依法预防化解社会矛盾,使社会治理的成果经得起法治标准的检验。坚持综合治理,进一步完善矛盾纠纷预防化解体系、立体治安防控体系、重点人群服务管理体系、基层基础工作体系建设,强化综合施策,统筹各方利益,协调推进工作。优化平安法治考核评价体系,强化分类指导考核,更加突出针对性、增强实效性。坚持源头治理,通过完善市镇村三级管理服务平台、创新社会矛盾大调解机制等,推动社会治理向前端延伸、向基层延伸,着力解决影响和谐稳定的根本性、基础性问题。

(29)激发社会组织活力。制定政府向社会力量转移、购买服务事项以及承接服务的社会组织“三份清单”,有计划、有步骤地把部分政府公共服务职能交给社会组织承担,并做好后续指导工作。优化“三社联动”模式,健全由民政部门主导、社会组织促进、社区居委会主办、具备资质的社区社会组织承办的公益创投运行机制,将公益创投向大调解体系建设、特殊人群服务管理等综治项目延伸,进一步丰富服务内容、提高服务质量。

(30)完善维护社会稳定长效机制。全面推行重大决策社会稳定风险评估机制,分别按照一般程序、简易程序、特殊程序的要求，规范工作标准及流程；完善重点领域、重点行业稳评嵌入决策审批办法，实现应评尽评。健全社会矛盾纠纷大调解机制，优化运行矛调信息管理系统，实现信息互通、实时联动。完善立体化、现代化治安防控体系，提升“技防城”建设水平，深化警务模式转型，严打人民群众反应强烈的违法犯罪，有效提升全市公众安全感。健全信访维稳工作责任制，强化流程控制、界定责任单位、明确责任追究；试行网上受理信访制度，实行网上流转、网下办理，实现办理过程和结果可查询、可跟踪、可督办。健全防灾减灾应急体制机制，强化事前预警、事中救援和事后恢复的综合处理能力。统一食品药品安全监管机构职能，严格实行全过程监管，确保食品药品安全。深化安全生产管理体制改革，建立隐患排查治理体系和安全预防控制体系，有效遏制重特大安全事故。加大依法管理网络力度，建立舆情应对机制，整合互联网管理执法力量，确保信息和网络安全。

十一、推进行政体制改革

(31)加快转变政府职能。深化行政审批制度改革，加大行政审批事项“减、转、放、免”力度，对于市场机制能有效调节的经济活动，一律取消审批；对保留的行政审批事项规范管理、提高效率。全面清理行政审批事项，整合审批职能，优化审批流程，规范中介服务，提高行政效率。建立健全行政权力网上公开透明运行机制。逐步推进市镇村三级便民服务体系建设。深化事业单位改革，实行分类定位、分开管理、分别改革。

(32)优化政府组织运行机制。以精干高效为目标，优化党政机构设置、职能配置、工作流程。完善决策权、执行权、监督权既相互制约又相互协调的行政运行机制，提高政府运行透明度，健全政务公开和新闻发布制度。精简考核评比，转变考核导向，把发展质量、民生改善、社会进步、生态文明等作为重要考核内容。推行机关绩效管理制度，突出责任落实，确保权责一致，建设人民满意的服务型机关。

(33)推进财税体制改革。在国家税制改革统一框架下，加强税收体系建设，培育主体税种，逐步提高直接税在税收收入中的比重，力争在部分行业财税政策和税收分成、“营改增”税制改革、企业出口奖励和转型升级等方面得到更多政策倾斜。按照统筹规划、积极稳妥、有序推进的原则，开展政府预算、部门预算及“三公”经费预算等方面的财政预算信息试点公开工作。优化财政支出结构，优先保障与人民生活直接相关或民生供需矛盾特别突出的领域。加强政府综合治税，建立政府综合治税信息平台，完善涉税信息交换机制，提高税源监控评估水平。

十二、为全面深化改革提供坚强政治保障

(34)强化权力运行制度制约和监督体系。推动人民代表大会制度与时俱进，保障人民代表大会和人大代表有效行使宪法和法律赋予的各项职权。加强人大预算决算审查监督、国有资产监督职能。完善人大工作机制，积极回应社会关切。推进协商民主广泛多层制度化发展，构建程序合理、环节完整的协商民主体系。发挥人民政协作为协商民主重要渠道作用，推进政治协商、民主监督、参政议政制度化规范化程序化。巩固和壮大最广泛的爱国统一战线，支持民主党派和无党派人士履行参政议政、民主监督职能。做好民族、宗教、侨务、港澳和对台工作，支持工会、共青团、妇联等人民团体发挥好党联系人民群众桥梁纽带作用。推进反腐败体制改革和制度创新，完善党的纪律检查工作双重领导体制，强化上级纪委对下级纪委的领导，深化纪检派出机构统一管理。加强党风廉政建设和反腐败工作，加强纪委反腐败组织协调作用，切实推进“一案双查”。推进“群众工作团”、“三解三促”等制度常态化长效化，持之以恒反对形式主义、官僚主义、享乐主义和奢靡之风。

(35)强化组织保证和干部队伍建设。推进党建工作创新，加大在企业集聚区、重要产业链、集中居住区、经济合作社等建立党组织和党建工作阵地的力度，推进中心村、村企共建和飞地合作等党组织统筹共建模式，充分发挥基层党组织的战斗堡垒作用。深化服务型党组织建设，建立覆盖全市的基层党组织服务站点，健全基层党员干部联系服务群众的长效机制，引导广大党员积极投身改革事业。加强各级领导班子建设，完善干部教育培训和实践锻炼制度，不断提高领导班子和领导干部推动改革能力。坚持党管干部原则，深化干部人事制度改革，优化干部培养选拔规划，统筹实施年轻公务员成长、中层干部培优训强和优秀党政人才集聚等计划，健全培养锻炼、适时使用、定期调整、有进有退的后备干部工作机制。

坚持从严管理干部，完善干部考核评价体系，突出质量效益、民生改善、社会和谐等指标要素，不唯GDP论英雄，增强考评全面性和准确性。加强干部日常监督，健全谈心谈话、关爱提醒、重大事项报告等制度，促进干部健康履职。

(36)强化思想保障和舆论支持。加强改革宣传和舆论引导，做好中央《决定》、省委和泰州市委《意见》、市委改革决策部署的宣传解读，及时回答干部群众关心的思想认识问题，全面调动社会各界力量，最大程度汇聚推进改革的正能量。全面推进与知名高校和培训机构合作办学、联合办班，加快建设现场教学基地和市情咨政研究中心。建立社会参与机制，强化传统媒体与新兴媒体的有机结合，大力传播靖江改革发展的好形象、好声音，引导群众理解改革、支持改革、参与改革，不断巩固和扩大全面深化改革的深厚群众基础。

十三、提高全面深化改革的组织化程度

(37)健全完善组织协调体系。市委成立全面深化改革领导小组，加强总体谋划，细化目标任务，统筹协调和督促落实各项改革措施。各地各部门要结合实际，抓紧研究改革部署，制定改革具体方案，落实年度推进计划，分解任务，明确责任，抓好各项改革措施的组织实施。各级党委要加强领导，履行好对本地区本部门改革的领导责任，准确研判影响改革发展的重大问题和群众反映强烈的突出问题，及时分析查找改革推进中的突出矛盾和原因，拿出解决办法，确保各项改革措施落到实处。

(38)积极稳妥推进改革实施。坚持统筹谋划、分类推进，该统一安排的不抢跑，该尽早推进的不拖延，该试点的不仓促推开，该深入研究后再推进的不急于求成，该法律授权的不超前推进。对正在推进的和方向明确、立即可行的改革，加大推进力度，加快付诸实施；对涉及面广、需要上级决策的改革，加强研究，准备在先；对认识还不够深入、但又必须推进的改革，积极探索，试点先行。

(39) 鼓励基层探索实践。坚持把人民群众拥护不拥护、满意不满意作为落实改革决策的出发点和检验改革成效的落脚点。充分发挥人民群众的改革主体作用，尊重群众的探索实践和首创精神。及时总结和推广基层创造的新鲜经验，充分调动基层深化改革的积极性、主动性、创造性，把广大人民群众的智慧和力量凝聚到改革实践上来。坚持从实际出发，发挥特色优势，注重制度创新，积极先行先试，为全面深化改革探索路子、积累经验。

市政府关于推进公共租赁住房和廉租住房并轨运行的实施意见

靖政发〔2014〕126号

一、实施细则

按照“统筹实施，差别化收取租金，梯度保障”的原则，结合我市实际，实行公共租赁住房和廉租住房的并轨运行。

(一)统筹实施

1. 统筹建设。从2014年起，将“十二五”住房保障规划确定的廉租住房年度建设计划调整并入公共租赁住房年度建设计划，统一按照公共租赁住房项目性质上报年度建设计划、履行审批程序、组织规划建设、安排补助资金、享受支持政策。

2. 统筹资金。廉租住房并入公共租赁住房后，财政部门将原用于廉租住房建设的资金来源渠道，调整用于公共租赁住房建设。原用于廉租住房租赁补贴的资金，继续用于补贴在市场租赁住房的住房保障对象。

3. 统筹分配。已竣工尚未分配的廉租住房，市城镇住房制度改革办公室(以下简称市房改办)将统一按公共租赁住房进行分配，同时实行两个统一，即房屋装修标准统一，租金标准统一。已分配入住的廉租住房统一纳入公共租赁住房管理，其租金水平仍按原合同约定执行。

原实行的廉租住房租赁补贴保障,在两房并轨后,继续按原廉租住房租赁补贴标准和办法执行。其认定条件和补贴标准由市政府根据物价水平和上年度市区人均可支配收入等因素进行动态调整。

4. 统筹受理。政府投资建设的公共租赁住房申请审核实行统一受理和联动审核,并按规定进行“三审两公示”后统一轮候配租。以公共租赁住房开始简单装修为时间节点,及时发布受理公告,公告内容包括房源位置、数量、户型、面积、租金标准、供应对象范围、意向登记时限、计划入住时间等信息。市房改办统筹受理申请,具体准入条件和申请受理程序等按现行的公共租赁住房管理办法执行。城区低保、特困职工无房家庭优先配租。

5. 统一退出管理。原承租廉租住房的家庭,因人口、收入、住房等情况发生变化,不再符合廉租住房实物配租条件但符合公租房条件的,承租家庭可申请按照公共租赁住房政策继续承租原住房。承租家庭不再符合公租房条件的,统一按照公租房退出管理的有关政策执行。

(二)差别化收取租金

廉租房与公租房并轨运行后,根据“城市低保人群”“城市中低收入人群”等不同群体的不同收入,实行分类租金减免政策,按梯度分层次收取租金。

1. 低保家庭和特困职工家庭,按照同地段商品住房市场租金指导价的10%收取;

2. 家庭人均月收入为市区上年度人均可支配收入标准50%(含)以下的家庭,按照同地段商品住房市场租金指导价的40%收取;

3. 家庭人均月收入处于市区上年度人均可支配收入标准50%至80%(含)的家庭,按照同地段商品住房市场租金指导价的70%收取。

4. 新就业人员和外来务工人员租金按照同地段商品住房市场租金指导价的70%收取。

(三)租金管理

市住建局应会同市物价、审计等有关部门,按照略低于同地段住房市场平均租金的原则,确定公共租赁住房租金标准,报市政府批准后实施。根据房屋租赁市场租金价格变化,适时调整并向社会公布。

二、工作要求

(一)确保信息公开　要进一步加大住房保障信息公开力度,全面公开并轨后公共租赁住房的分配政策、分配程序、分配房源、分配对象、分配过程、分配结果及退出情况等信息,将房源申请、审核、分配、使用及补贴发放等信息全方位、全过程置于阳光之下,主动接受群众监督。

(二)注重宣传引导　并轨工作政策性强,涉及面广,关系群众切身利益。要广泛宣传推进并轨工作的重要意义,主动发布和准确解读政策措施,深入细致做好群众工作,引导合理预期,主动解疑释惑,营造良好氛围。

三、实施时间

该实施意见自2014年11月1日起开始实行,如有规定与本意见不一致的,以本意见为准。

市政府关于加强城市危房和老旧房屋安全治理工作的意见

靖政发〔2014〕131号

一、主要任务

(一)切实履行主体责任。房屋所有权人(使用人)是房屋安全的直接责任人,应当遵守国家有关房屋安全管理的各项规定,规范房屋使用行为,定期对房屋进行安全检查和维护,及时排除安全隐患。房屋所有权人(使用人)要对房屋建筑结构及其附属设施的使用安全负责,按照房屋设计使用功能合理使用,不得野蛮装修、任意拆改,确保房屋原有的整体性、抗震性、耐久性和结构安全。对已出现险情的房屋,应根据房屋危险等级,及时制定解危方案。凡不具备继续居住(使用)条件的,应迅速组织人员撤离。

(二)建立健全房屋安全管理体系。房屋安全涉及千家万户,必须建立一套完整、有效的房屋安全管理体系。市政府专门成立城市危房和老旧房屋安全治理领导小组,负责全市城市危房和老旧房屋安全治理工作的组织领导和综合协调。各镇(街道、园区、办事处)要建立镇、社区(村)两级监管网格,明确专人负责巡查、监管,并组织监管人员进行法律法规和业务技术培训。各职能部门应当根据各自职责,建立相应的管理机制,完善管理制度,细化分解任务,落实工作措施,共同推进老旧危房的排危除险工作。

(三)充分发挥属地巡查监管作用。各镇(街道、园区、办事处)应当建立经常性的排查巡查机制,实行对房屋常态化、网格化巡查和大排查相结合的监管模式。每年至少开展一次大排查。要强化日常巡查,建立完善本辖区内所有城市危房和老旧房屋安全状况的电子档案,做到"一楼一档",并根据排查结果、日常巡查记录等,对房屋危变情况进行登记,随时掌握房屋安全动态。遇台风、雨雪、汛期等灾害性天气,应当及时开展应急专项排查,并将排查结果及时书面告知房屋所有权人或使用人,对检查巡查中发现的安全隐患,应及时督促产权人(使用人)进行房屋安全鉴定,落实解危措施。

(四)加快落实老旧危房解危工作。住建部门房屋安全管理办公室是我市房屋安全的鉴定机构,负责对全市房屋使用安全状况的鉴别和判定,根据检测结果作出鉴定结论。对特殊结构、环境复杂的项目,可聘请有关专家参与鉴定。各房屋解危责任主体应当按照房屋安全鉴定意见,因地制宜制定解危方案。老旧危房原建设单位及其主管部门要切实担负主体责任,牵头组织本单位、本系统老旧危房的治理工作。对权属不清或原建设单位已改制的老旧危房,由各镇(街道、园区、办事处)牵头负责其解危工作。对同幢(同片区)危房,分属不同权属单位,权属单位难以组织实施危房解危工作的,由属地政府牵头,各权属单位及其主管部门配合,共同做好解危工作。

(五)建立房屋安全管理长效机制。修订完善《靖江市房屋安全管理办法》,促进房屋安全管理工作有章可循、有据可依。建立市、镇两级房屋应急抢险和救援机制,制定应急预案,储备应急设备和物资,开展好经常性演练。开展房屋安全管理的联动执法,各镇(街道、园区、办事处)在日常巡查时,应将房屋装饰装修的禁止行为告知房屋所有权人(使用人),发现违法违规装修时,应及时制止,并告知住建部门依法处理。

二、危房解危

城市危房和老旧房屋排险解危本着"先急后缓、分类实施、逐步推进"的工作原则,先落实安全措施、后实施解危工作。

(一)解危方式。危房解危采用加固、重建、成片改造、异地置换四种方式。加固方式适用于基础比较稳定、鉴定结果为局部危房,加固后能确保安全使用的危房解危。危房加固由原设计单位或具有相应设计资质的单位出具加固设计方案,并委托有相应资质的施工单位进行施工。重建适用于应整体拆除且危房所处位置具备重建条件的危房解危。重建房屋的规划条件由规划部门制定,经规划部门审批后实施。成片改造适用于棚户集中区和旧城改造片区的危房解危。住建、规划和国土部门要加快编制棚户区和旧城改造计划,推进改造步伐。异地置换方式适用于应整体拆除且危房所处位置不具备重建条件的危房解危。异地置换房源可以通过在异地购安置房的方式予以解决。

各责任单位危房解危时,鼓励房屋所有权人(使用人)采用不同方式自主解危。对城市禁建区内的老旧危房,可加固除危的,加固除危。需整体拆除,已列入近期旧城改造计划的,提前启动房屋征收程序。房屋征收过程中,房屋权属为机关事业单位、国有企业的,由权属单位做好房屋使用人的搬迁工作;房屋权属为个人、私有企业所有,或权属不清的,由各镇(街道、园区、办事处)负责组织危房所有人(使用人)先行搬迁。对城市禁建区外的老旧危房,符合重建条件的,经规划部门同意,可通过重建方式除险。

(二)解危时序。解危工作按步骤序时推进,对D级危房要迅速落实解危措施。在落实安全措施时,各解危责任单位对判定为D级的危房,应当立即停止使用,动员房屋所有权人或使用人迅速撤离,必要时可采取强制措施。要在危房周边设置合理的安全隔离区和明显的危房标识。对判定为C级的危房,要加大观察使用力度,采取有效措施,力争用3年左右的时间基本完成已鉴定的C级危房的解危任务。

（三）解危政策。老旧危房解危，办理相关审批手续时，政府部门提供政策层面的支持。危房加固、重建，规划、住建、环保、气象、消防等各审批部门要简化办事程序，做到“特事特办、急事急办”，在规费收缴上，由市政府统一制定优惠政策。市政府每年安排危房专项资金，用于危房监管、检测鉴定、解危等经费补助。解危费用原则上由房屋所有权人自行承担。直管公房和市直机关（单位）管理的老旧危房先行解危，经验收合格后，给予一定的资金补贴。对特殊困难群体，市政府给予一定的资金帮扶。特殊困难对象如符合保障性住房申请条件的，可优先照顾安置保障性住房。危房解危，房屋所有权人可提取个人住房公积金用于房屋加固或重建。

各镇（街道、园区、办事处）要结合每年新增老旧危房，逐年编制辖区范围内的危房改造计划，解危方式和工作要求遵照上述规定。

三、责任分工

（一）各镇（街道、园区、办事处）负责对本辖区城市危房和老旧房屋的日常巡查和监督，及时发现安全隐患，督促产权人（使用人）进行房屋安全鉴定，落实解危措施。对权属不清、且房屋安全隐患较大的，应当牵头负责其鉴定、解危工作。要尽快建立本辖区内所有城市危房和老旧房屋安全状况的电子档案，随时根据房屋危变情况予以更新。对发现的违法违规行为，及时向相关执法部门反映。

（二）市住建局牵头组织全市城市危房和老旧房屋的安全鉴定工作，协助解危责任单位制定解危方案，并加强对老旧房屋装饰装修和拆改行为的依法处置。落实好直管公房解危工作，加快推进棚户区和具备成片改造条件的老旧危房改造。

（三）市国土局、规划局要与住建部门共同推进棚户区和老旧房屋成片区域改造，调剂用地指标，进行方案设计和论证。规划部门要认真审核老旧危房的加固和重建方案，同时加强对违章搭建的执法力度，对存在安全隐患的违章建筑坚决予以拆除。

（四）市财政局要落实专项资金，对推动老旧危房治理工作提供资金支持。

（五）市公安局负责指挥和协调老旧危房治理工作中的抢险救援和警戒工作，切实维护社会稳定。

（六）市司法局要帮助房屋所有权人向导致危房的建筑施工单位或违法违规装饰装修的房屋使用人或其他致害责任人依法要求赔偿，提供必要的法律援助。

（七）各相关部门要发挥主管部门职责，对本系统内所有老旧危房摸清底数，制定方案，落实资金来源，确保解危到位。

（八）住房公积金中心根据经规划部门审核批准的加固、重建方案，为房屋所有权人办理个人公积金支取手续。

重要文件索引

市委文件

文号	文件题名	发文日期
靖发〔2014〕3号	中共靖江市委关于深入开展党的群众路线教育实践活动的实施意见	2014-02-20
靖发〔2014〕7号	中共靖江市委　靖江市人民政府关于实施“一二三四”行动计划（2014—2016）加快发展现代服务业的意见	2014-02-26
靖发〔2014〕14号	中共靖江市委　靖江市人民政府关于扎实推进农村改革提升农业农村发展水平的意见	2014-03-28

文　　号	文　件　题　名	发文日期
靖发〔2014〕23 号	中共靖江市委　靖江市人民政府关于实施六大服务提升行动促进中小企业转型升级发展的意见	2014-04-30
靖发〔2014〕25 号	中共靖江市委　靖江市人民政府关于实施鼓励和推动企业上市工作的意见	2014-04-30
靖发〔2014〕31 号	中共靖江市委关于全面深化改革的实施意见	2014-05-15
靖发〔2014〕43 号	中共靖江市委　靖江市人民政府关于印发《靖江市进一步鼓励全民创业的实施意见》的通知	2014-10-10
靖发〔2014〕45 号	中共靖江市委　靖江市人民政府印发《关于全面推进节约集约用地的实施意见》的通知	2014-12-08
靖发〔2014〕49 号	中共靖江市委关于进一加强和改进新形势下领导干部队伍建设的意见	2014-12-31
靖发〔2014〕50 号	中共靖江市委关于进一步加强和改进对党员干部权力制约和监督的实施意见	2014-12-31
靖发〔2014〕51 号	中共靖江市委关于构建长效机制进一步加强和改进新形势下党的基层组织建设的意见	2014-12-31

市人大常委会文件

文　　号	文　件　题　名	发文日期
靖人大〔2014〕2 号	关于表彰市十五届人大二次会议优秀代表建议的决定	2014-01-23
靖人大〔2014〕6 号	关于印发靖江市人大常委会 2014 年度工作要点和议题安排的通知	2014-03-19

市 政 府 文 件

文　　号	文　件　题　名	发文日期
靖政发〔2014〕35 号	关于下达 2014 年国民经济和社会发展主要指标的通知	2014-04-09
靖政发〔2014〕90 号	关于进一步加强依法行政工作的通知	2014-08-12
靖政发〔2014〕119 号	关于印发靖江市加强和规范行政审批中介服务管理意见的通知	2014-10-27
靖政发〔2014〕126 号	关于推进公共租赁住房和廉租住房并轨运行的实施意见	2014-11-17
靖政发〔2014〕131 号	关于加强城市危房和老旧房屋安全治理工作的意见	2014-11-26
靖政发〔2014〕132 号	关于印发靖江市城市管理网格化实施方案的通知	2014-11-26
靖政发〔2014〕138 号	关于进一步加强沿江物流码头环境管理的意见	2014-12-08

市政协文件

文号	文件题名	发文日期
靖协发〔2014〕3号	关于开展“融入新发展，委员在行动”主题活动的意见	2014-01-26
靖协发〔2014〕5号	关于加强界别小组考核的意见	2014-04-02
靖协发〔2014〕6号	关于加强委员管理考核的意见	2014-04-02
靖协发〔2014〕7号	关于政协委员密切联系群众的意见	2014-04-02
靖协发〔2014〕8号	关于切实发挥政协组成单位作用的意见	2014-07-07
靖协发〔2014〕11号	关于加强政协宣传工作的意见	2014-07-07

市委办公室文件

文号	文件题名	发文日期
靖委办〔2014〕23号	市委办公室 市政府办公室关于印发《作风建设督查问责实施办法（试行）》的通知	2014-02-19
靖委办〔2014〕46号	市委办公室 市政府办公室关于印发《反浪费反奢侈专项整治行动实施方案》的通知	2014-04-23
靖委办〔2014〕49号	市委办公室 市政府办公室关于印发《在全市开展机关“中梗阻”清障专项行动实施方案》的通知	2014-04-23
靖委办〔2014〕73号	市委办公室关于在全市党员干部中开展“抓早抓小”工作的实施意见	2014-07-23
靖委办〔2014〕84号	市委办公室关于印发《靖江市培育和践行社会主义核心价值观行动计划（2014—2020年）》的通知	2014-08-12
靖委办〔2014〕107号	市委办公室关于印发《“解放思想再发力、重树标杆勇攀登”专题大讨论大落实行动实施方案》的通知	2014-09-24
靖委办〔2014〕119号	市委办公室关于印发《中共靖江市委深化重点领域改革工作要点》的通知	2014-11-03
靖委办〔2014〕123号	市委办公室 市政府办公室关于印发《健全重大决策社会稳定风险评估机制的实施意见（试行）》的通知	2014-11-21
靖委办〔2014〕131号	市委办公室 市政府办公室关于印发《靖江市国土资源节约集约利用综合评价考核办法》的通知	2014-12-08

市人大常委会办公室文件

文　号	文　件　题　名	发文日期
靖人大办〔2014〕12号	关于印发《2014年度镇人大工作考核细则》的通知	2014-05-13
靖人大办〔2014〕21号	关于召开法院执行工作情况通报会的通知	2014-08-15
靖人大办〔2014〕25号	关于印发《开展"五级人大代表回选区(选举单位)访选民活动周"活动的实施方案》的通知	2014-09-02

市政府办公室文件

文　号	文　件　题　名	发文日期
靖政办发〔2014〕3号	关于印发《2014年度靖江市工业和开放型经济考评办法》的通知	2014-02-26
靖政办发〔2014〕4号	关于印发《2014年靖江市服务业发展目标和考核办法》的通知	2014-02-26
靖政办发〔2014〕9号	关于印发《2014年靖江市固定资产投资计划和重点项目建设任务及考核办法》的通知	2014-03-07
靖政办发〔2014〕36号	关于印发《靖江市2014年企业上市工作要点》的通知	2014-06-12
靖政办发〔2014〕42号	关于印发《靖江市村级公益事业建设一事一议财政奖补工作的实施意见》的通知	2014-07-01
靖政办发〔2014〕64号	关于调整2014年度住房保障范围和标准的通知	2014-10-08
靖政办发〔2014〕74号	关于印发《靖江市集中式饮用水源地突发环境事件应急预案等15个专项应急预案》的通知	2014-11-28

市政协办公室文件

文　号	文　件　题　名	发文日期
靖协办〔2014〕6号	关于开展"我和群众交朋友"政协委员履职日记比赛的通知	2014-03-31
靖协办〔2014〕11号	关于明确市十二届政协组成单位的通知	2014-08-15
靖协办〔2014〕17号	关于组织召开2014年基层政协工委全体会议的通知	2014-11-11
靖协办〔2014〕19号	关于做好2014年度基层政协工委工作考评的通知	2014-12-05

一、综 合

全 市 概 况

指标名称	计量单位	2014 年	指标名称	计量单位	2014 年
行政区划			年末耕地面积	公顷	27050.45
一、国家级经济开发区	个	1	水田	公顷	23328.41
二、省级经济开发区	个	1	水浇田	公顷	115.17
三、街道办事处	个	1	旱田	公顷	3606.87
四、乡级镇政府	个	8	总户数	户	214675
五、基层群众自治组织			户籍总人口	人	668106
居民委员会	个	75	常住人口	万人	68.65
村民委员会	个	188	城镇人口	万人	41.74
村民小组	个	3362	城镇化率	%	60.8
居民小组	个	1000	人口密度(按户籍人口计算)	人/平方千米	1019.11
土地面积			火车站数	个	1
			铁路营业里程	千米	23
			公路里程	千米	1323.45
全市土地总面积	平方千米	655.58	等级公路	千米	1323.45
陆地面积	公顷	56916.00	高速公路	千米	24.42
长江水域	公顷	8642.00	一级公路	千米	157.73

总户数、总人口和人口变动

项　　目	单位	数值	项　　目	单位	数值
总户数	户	214675	死亡人口	人	4864
总人口	人	668106	死亡率	人	7.28
男	人	330785	人口自然增长数	人	208
女	人	337321	人口自然增长率	‰	0.31
出生人口	人	5072	城镇人口	人	365441
女婴	人	2411	乡村人口	人	302665
出生率	‰	7.59	全年平均人口	人	667992

二、工　业

规模以上工业总产值

（按当年价格计算）

单位:万元、万千瓦时

项　　目	数　值	项　　目	数　值
工业总产值总计(现行价格)	20186797	工业销售产值总计(现行价格)	19266717
在总计中:新产品产值	2236814	在总计中:出口交货值	3551023
在总计中:轻工业	2726316	在总计中:轻工业	2408790
重工业	17460481	重工业	16857928
在总计中:国有企业	508096	在总计中:国有企业	586969
集体企业	78399	集体企业	65828
股份合作企业	3060	股份合作企业	37072
股份制企业	11515191	股份制企业	12077238
外商及港澳台商投资企业	7811887	外商及港澳台商投资企业	6071555
其他经济类型企业	270164	其他经济类型企业	428055
在总计中:国有控股企业	1684446	在总计中:国有控股企业	1369587
其中:大中型企业	1454881	其中:大中型企业	1200334
在总计中:民营工业	11626619	在总计中:民营工业	12440017
其中:私营企业	6028580	其中:私营企业	8048467
在总计中:大中型工业企业	15791263	在总计中:大中型工业企业	14892743
其中:国有企业	508096	其中:国有企业	586969
		企业用电量	264830

三、农 业

农业总产值

单位:万元

项 目	当 年 价	项 目	当 年 价
总计	349978	其中:生猪	54446
一、农业总产值	200030	山羊	5742
其中:谷物及其他作物	135746	家禽	15970
蔬菜园艺作物	58161	禽蛋	11512
水果、坚果等作物	6044	四、渔业产值	32414
中药材	79	其中:海水产品	2851
二、林业产值	4954	淡水产品	29563
三、牧业产值	80280	五、农林牧渔业服务业	32300

牧业、渔业生产情况

项目	单位	数值	项目	单位	数值
一、畜、禽、蜂年末数			3. 家禽出栏	万只	215.05
1. 牛	头	400	4. 蚕茧产量	吨	2
2. 猪	万头	27.11	5. 蜂蜜产量	吨	20
3. 羊	万只	2.29	6. 禽蛋产量	吨	9986
4. 家禽	万只	65.14	7. 鹌鹑	万只	262
5. 兔	万只	0.8	三、水产品养殖面积	公顷	1573
6. 蜂	箱	592	四、水产品产量	吨	10298
二、畜、禽、蜂、蚕茧产量			其中:海水产品	吨	650
1. 肉猪出栏	万头	39.54	淡水产品	吨	9648
2. 羊出栏	万只	6.38	五、人工育珠	千克	0

主要农作物播种面积和产量

作物名称	面积（公顷）	单产（千克/公顷）	总产量（吨）	作物名称	面积（公顷）	单产（千克/公顷）	总产量（吨）
农作物总播种面积	54573			大豆	1473	2900	4271
一、粮食总计	45760	7409	339019	二、经济作物			
1. 夏粮	22700	6036	137015	1. 油料	1940	2696	5231
其中：小麦	22053	6064	133722	其中：油菜籽	1853	2681	4967
元麦	153	987	743	2. 药材			38
2. 秋粮	23060	8760	202004	三、其他农作物			
其中：稻谷	21213	9216	195503	其中：蔬菜	5933	37891	224807
薯类	300	6000	1800	瓜果类	513	20043	10282

桑、果、花木种植面积和产量

项　　目	单　位	数　值	项　　目	单　位	数　值
一、桑园面积	公顷	5	水果产量	吨	10451
二、果园面积	公顷	483	其中：梨子	吨	1987
其中：桃	公顷	99	桃子	吨	2980
梨	公顷	100	白果	吨	1336
白果	公顷	154	三、育苗面积	公顷	650

四、国内贸易和对外经贸

社会消费品零售总额

单位：万元

项　　目	全年总计	项　　目	全年总计
社会消费品零售总额	1521990.1	限额以下	871870.9
一、按销售单位所在地分		限下企业	73643.7
1. 城镇	1326717.8	限下个体户	794577.2
其中：城区	1019460.0	（三）住宿业	16710.9
2. 乡村	195272.3	限额以上	7186.2
二、按行业分		限额以下	9524.7
（一）批发业	114265.1	限下企业	2354.4
限额以上	42623.4	限下个体户	7170.3
限额以下	71641.7	（四）餐饮业	234830.6
限下企业	25874.1	限额以上	29623.9
限下个体户	45767.6	限额以下	205206.7
（二）零售业	1156183.5	限下企业	7671.8
限额以上	284312.6	限下个体户	197534.9

外向型经济主要指标

指标名称	计量单位	2014 年	2013 年	同比增长%
一、自营进出口总额	万美元	273475	272776	0.3
1. 自营出口总额	万美元	127090	162539	–21.8
其中:三资企业	万美元	62077	104096	–40.4
生产企业	万美元	42865	36666	16.9
贸易公司	万美元	22148	21777	1.7
2. 自营进口总额	万美元	146626	110237	33.0
二、年内批办三资企业	个	5	10	–50.0
三、年末实有三资企业	个	126	135	–6.7
四、协议注册外资	万美元	18617	75486	–75.3
五、实际利用外资	万美元	2640	7647	–65.5
六、对外经济合作营业额	万美元	8834	8385	5.4

五、财政、金融、保险

财政收支情况

单位:万元

收入项目	金额	支出项目	金额
财政预算内总收入	1166104	财政总支出	967741
上划中央收入	285530	公共财政预算支出	623059
增值税(75%)	173019	一般公共服务	88674
消费税	614	科学技术	14720
企业所得税(60%)	88563	教育	106123
个人所得税(60%)	23334	文化体育与传媒	10435
一般预算收入	590886	社会保障和就业	46429
税收收入	492252	医疗卫生	51759
增值税(25%)	57673	节能保护	26941
营业税	218664	城乡社区事务	90469
企业所得税(40%)	59042	农林水事务	78800
个人所得税(40%)	15556	交通运输	11519

金融机构信贷年末余额

单位:亿元

项　目	年末余额	比年初增减数	项　目	年末余额	比年初增减数
各项存款合计	839.88	48.91	(2)单位贷款及透支	239.57	11.88
一、企业存款	438.08	22.29	其中:经营贷款	238.77	11.60
活期存款	109.97	13.95	固定资产贷款	0.80	0.28
定期存款	154.02	17.23	(3)普通并购贷款	0.00	0.00
通知存款	9.18	4.81	(4)银团贷款	0.88	-1.72
保证金存款	112.90	-0.46	(5)贸易融资	34.83	-23.10
二、个人存款	393.26	24.96	二、中长期贷款	216.05	29.03
储蓄存款	382.45	26.56	(1)个人贷款	78.97	3.65
保证金存款	0.12	-0.12	其中:个人消费贷款	65.77	4.06
结构性存款	10.68	-1.48	(2)单位贷款	126.27	24.80
三、财政存款	1.03	0.35	其中:经营贷款	22.10	7.37
四、临时性存款	1.10	0.49	固定资产贷款	104.17	17.43
五、委托存款	2.14	0.77	(3)普通并购贷款	0.00	0.00
六、其他存款	4.27	0.05	(4)银团贷款	10.80	0.57
各项贷款合计	585.14	34.01	三、票据融资	55.53	13.94
一、短期贷款	312.93	-9.48	其中:贴现	55.53	13.94
(1)个人贷款及透支	37.65	3.46	四、各项垫款	0.63	0.51
其中:个人消费贷款	5.14	0.67			

保险业保费收支情况

财　产　险			人　寿　险		
承保数量	万元	194707	保险收入	万元	99916
保险金额	万元	40611841	健康险	万元	6557
保费收入	万元	41571	意外险	万元	2551
企财险	万元	1630	一般险	万元	38968
家财险	万元	72	分红险	万元	50386
工程险	万元	53	万能险	万元	1453
总车辆险	万元	33114	投连险	万元	0
商业车险	万元	25801	其他险	万元	0
汽车交强险	万元	7054	营销	万元	65212
摩托车交强险	万元	175	团险	万元	6344
拖拉机交强险	万元	83	银邮代理	万元	28359
运输险	万元	475	其他	万元	0
船舶险	万元	1505	个人代理人	人数	1926
责任险	万元	1673	退保	万元	19290
保证险	万元	1	理赔给付	万元	6127
人意险	万元	1143	其他给付	万元	19716
健康险	万元	729			
其他险	万元	1173			
赔付支出	万元	22999			
个人代理人	人数	68			

六、交通、电力、城建

公路里程、水路运输、汽车拥有量

项　　目	单位	数值	项　　目	单位	数值
公路里程	千米	1323.45	公路货运量	万吨	1621
等级公路	千米	1323.45	水上货运量	万吨	951
高速公路	千米	24.42	外港货物吞吐量	万吨	9151
一级公路	千米	157.73	民用汽车拥有量	辆	94198
火车站数	个	1	私人汽车拥有量	辆	80854
铁路营业里程	千米	23	私人轿车拥有量	辆	60708
公路客运量	万人	2080			

全社会用电量情况

单位:万千瓦时

行　业　名　称	2014 年	2013 年	同比增幅
全社会用电总计	360146	348128	3.45
A、全行业用电合计	315069	296047	6.43
第一产业	1705	1850	-7.84
第二产业	274621	257662	6.58
第三产业	38743	36535	6.04
B、城乡居民生活用电合计	45077	52081	-13.45
城镇居民	16000	18247	-12.31
乡村居民	29077	33834	-14.06
全行业用电分类	315069	296047	6.43
一、农、林、牧、渔业	1705	1850	-7.84
二、工业合计	264830	251477	5.31
1. 轻工业	35381	36057	-1.87
2. 重工业	229449	215420	6.51
三、建筑业	9791	6185	58.30
四、交通运输、仓储和邮政业	5890	5299	11.15
五、信息传输、计算机服务和软件业	2300	2278	0.97
六、商业、住宿和餐饮业	14205	13716	3.57
七、金融、房地产、商务及居民服务业	6580	5498	19.68
八、公共事业及管理组织	9768	9744	0.25

城 市 概 况

指标名称	计量单位	2014年	指标名称	计量单位	2014年
城市面积	平方千米	143	城市排水管道长度	千米	634
建成区土地面积	平方千米	33.62	污水管道长度	千米	445
城市建设用地面积	平方千米	33.55	绿化覆盖面积	公顷	1612
绿地	平方千米	12.81	建成区	公顷	1407
城区人口	万人	21.02	园林绿地面积	公顷	1480
城区人口暂住人口	万人	2.59	公园绿地面积	公顷	259
人均住房建筑面积(住户调查)	平方米	51.45	公园个数	个	6
自来水综合生产能力	万吨/日	21	公园面积	公顷	84
供水管道长度	千米	881	生活垃圾清运量	吨	80748
供水总量	万吨	2683.61	生活垃圾处理量	吨	80748
生活用水	万吨	1029.59	渗沥液处理量	吨	4724.54
用水人口	万人	23.61	生活垃圾处理率	%	100
年末实有公共汽车营运车辆	辆	238	工业废水处理量	万吨	7472.0207
全年公共汽车客运总数	万人次	1946.82	工业废水排放量	万吨	1552.4437
出租汽车数	辆	500	化学需氧量产生量	吨	5738.409
天然气供气总量	万立方米	3273.21	化学需氧量排放量	吨	2511.405
家庭用量	万立方米	875	氨氮产生量	吨	545.071
家庭用天然气人口	万人	4.57	氨氮排放量	吨	283.808
供气管道长度	千米	547.5	二氧化硫产生量	吨	12409.784
液化石油气供气总量	吨	13349	二氧化硫排放量	吨	12409.784
家庭用量	吨	11206	氮氧化物产生量	吨	4061.033
家庭用液化石油气人口	万人	18	氮氧化物排放量	吨	4061.033
城市道路长度	千米	470.33	烟(粉)尘产生量	吨	82408.682
城市道路面积	万平方米	574.2	烟(粉)尘排放量	吨	7509.26
人行道面积	万平方米	62.5			

七、文化、广播电视、教育、卫生

文化事业基本情况

指标名称	计量单位	2014年	指标名称	计量单位	2014年
一、影剧院	个	6	四、艺术事业		
市级	个	5	文艺团体	个	1
乡镇级	个	1	演职员工人数	人	59
二、文化馆、站	个	9	演出场次	场次	160
文化站(办事处)	个	1	观众人数	万人次	8
乡镇文化站	个	8	五、图书馆		
三、电影事业			机构数	个	10
电影放映队	个	2	市图书馆	个	1
乡镇	个	—	乡镇图书馆	个	9
电影放映场次	场次	2300	藏书册数	万册	59
观众人次	万人次	30	市图书馆	万册	49
			乡镇图书馆	万册	10

广播电视事业基本情况

指标	单位	数量	指标	单位	数量
一、广播			4.全年播出自制节目时间	时:分	4927:30
广播节目播出语种种类	名称	1	5.全年播出购买、交换节目时间	时:分	730:00
全年播出公共节目时间	时:分	6022:30	二、电视		
(一)按节目类型分			(一)电视节目播出语种种类	名称	1
1.全年播出新闻资讯类节目时间	时:分	1277:30	(二)公共电视节目套数	套	1
2.全年播出专题服务类节目时间	时:分	3150:00	全年播出公共节目时间	时:分	5055:00
3.全年播出综艺类节目时间	时:分	990:00	按节目类型分		
4.全年播出广播剧类节目时间	时:分	180:00	1.全年播出新闻资讯类节目时间	时:分	1095:00
5.全年播出广告类节目时间	时:分	360:00	2.全年播出专题服务类节目时间	时:分	730:30
6.全年播出其他节目时间	时:分	65:00	3.全年播出综艺益智类节目时间	时:分	100:00
(二)按节目来源分			4.全年播出影视剧类节目时间	时:分	2190:00
1.全年转播中央台节目时间	时:分	365:00	5.全年播出广告类节目时间	时:分	680:00
2.全年转播省级台节目时间	时:分	0	6.全年播出其他节目时间	时:分	260:00
3.全年转播地市级台节目时间	时:分	0			

续表

指　　标	单位	数量	指　　标	单位	数量
按节目来源分			全年制作新闻资讯类广播节目时间	小时	912:30
1.全年转播中央台节目时间	时:分	347:00	全年制作专题服务类广播节目时间	小时	2420:00
2.全年转播省级台节目时间	时:分	0	全年制作综艺广播节目时间	小时	2160:00
3.全年转播地市级台节目时间	时:分	0	全年制作广播剧类广播节目时间	小时	180:00
4.全年播出自制节目时间	时:分	2660:00	全年制作广告类广播节目时间	小时	360:00
5.全年播出购买、交换节目时间	时:分	2048:00	全年制作其他类广播节目时间	小时	65:00
全年农村节目播出时间/栏目	时:分/个	5055:00/15 个	(二)电视		
全年少儿节目播出时间	时:分	0	全年制作电视节目时间	小时	1140:00
全年被中央电视台采用新闻类节目条数	条	12	全年制作新闻资讯类电视节目时间	小时	365:00
全年电视剧播出数	部/集	70/2190	全年制作专题服务类电视节目时间	小时	127:30
全年动画电视播出时间	时:分	0	全年制作综艺益智类电视节目时间	小时	100:00
三、广播电视节目制作情况			全年制作影视剧类电视节目时间	小时	0
(一)广播			全年制作广告类电视节目时间	小时	365:00
全年制作广播节目时间	小时	4927:30	全年制作其他类电视节目时间	小时	182:30

教育事业基本情况

	计量单位	基础教育总计	一、幼儿园	二、小学	三、普通中学				四、中等职业学校	五、特殊教育
					合计	高级中学	初级中学	九年一贯制学校		
学校总数	所	81	34	23	23	4	13	6	1	1
毕业生数	人	17222	3861	5067	8291	3298	3155	1838	2280	3
招生数	人	16914	4627	4560	7701	2684	2425	2592	943	26
在校学生数	人	67199	12419	30790	23900	8672	7392	7836	3410	90
教职员工数	人	5550	221	1371	3923	1158	1074	1691	478	35
专任教师	人	5269	178	1348	3710	1064	1015	1631	444	33

卫生机构、床位、人员数

卫生机构名称	机构数(个)	床位数(张)	人员数(人)			
				卫生技术人员	其他技术人员	管理人员
总计	276	3689	5125	4011	323	121
一、医院	11	2352	2555	2122	188	51
综合医院	7	1641	1886	1571	126	24
二、基层医疗卫生机构	250	1337	2277	1708	97	20

续表

卫生机构名称	机构数（个）	床位数（张）	人员数（人）			
				卫生技术人员	其他技术人员	管理人员
社区卫生服务中心(站)	12	50	101	88	7	0
卫生院	20	1277	1646	1360	90	20
村卫生室	106	0	259	12	0	0
门诊部	7	10	65	53	0	0
诊所、卫生所、医务室	105	0	206	195	0	0
三、专业公共卫生机构	14	0	273	179	38	35
疾病预防控制中心	1	0	64	53	5	1
专科疾病防治院(所、站)	1	0	26	16	5	0
妇幼保健院(所、站)	1	0	46	43	2	0
采供血机构	1	0	37	25	4	1
卫生监督所(中心)	1	0	38	35	0	2
计划生育技术服务机构	9	0	62	7	22	31
四、其他卫生机构	1	0	20	2	0	15

八、固定资产投资

全社会固定资产投资完成情况

项　　目	计量单位	2014 年	2013 年
固定资产投资	万元	4057644	3424087
规模以上投资	万元	3521170	2939204
房地产开发投资	万元	536474	484883
第一产业投资	万元	9761	14439
第二产业投资	万元	1884049	1659357
工业投资	万元	1884049	1635275
第三产业投资	万元	2163834	1760291

房地产开发企业销售情况表

项　　目	单位	2014 年	2013 年	项　　目	单位	2014 年	2013 年
商品房销售面积	平方米	481996	788036	商品住宅销售套数	套	3494	5078
其中:现房销售面积	平方米	54249	54777	其中:现房销售套数	套	331	266
期房销售面积	平方米	427747	733259	期房销售套数	套	3163	4812
商品房销售额	万元	333484	594838	空置面积	平方米	408760	283132
其中:现房销售额	万元	39580	41447	其中:空置 1—3 年面积	平方米	322808	262474
期房销售额	万元	293904	553391	空置 3 年以上面积	平方米	34343	8617

九、人民生活

城镇非私营单位从业人员和劳动报酬情况

指　标　名　称	在岗职工平均人数(人)	在岗职工工资总额(千元)	在岗职工平均工资(元)
总　　计	183172	9831258	53672
一、按经济类型分组			
1. 国有单位合计	21216	1469778	69277
2. 城镇集体单位合计	4174	279107	66868
3. 其他单位合计	157782	8082373	51225
二、按执行会计制度类别分组			
1. 企业	164188	8529494	51950
2. 事业	13336	859318	64436
3. 机关	5648	442446	78337
4. 民间非营利组织	—	—	—
5. 其他	—	—	—
二、按国民经济行业分组			
1. 农、林、牧、渔业	—	—	—
2. 采矿业	—	—	—
3. 制造业	58527	3466976	59237
4. 电力、热力、燃气及水生产和供应业	2096	104737	49970
5. 建筑业	90143	4119615	45701
6. 批发和零售业	1762	62718	35595
7. 交通运输、仓储和邮政业	5371	303293	56469
8. 住宿和餐饮业	536	17723	33065
9. 信息传输、软件和信息技术服务业	632	44456	70342
10. 金融业	2149	264242	122960
11. 房地产业	1028	49895	48536
12. 租赁和商务服务业	1555	80656	51869
13. 科学研究、技术服务业	669	38020	56831
14. 水利、环境和公共设施管理业	692	36238	52367
15. 居民服务、修理和其他服务业	49	3334	68041
16. 教育	6342	422912	66684
17. 卫生和社会工作	3596	244709	68050
18. 文化、体育和娱乐业	442	35174	79579
19. 公共管理、社会保障和社会组织	7583	536560	70758

城乡居民家庭抽样调查资料

单位:元

指标名称	全体	城 镇	农 村
一、调查户基本情况			
调查样本住户数(户)	184	129	55
期内住户常住成员数(人)	660	491	169
现住房建筑面积(平方米)	36998	25276	11722
二、总收入(未扣除生产费用)	32819	37571	19027
可支配收入	29422	33864	16570
(一)工资性收入	16186	21918	10832
(二)经营净收入	3268	4422	2189
(三)财产净收入	2322	3248	1457
(四)转移净收入	3147	4276	2092
(五)非收入所得	952	819	1339
(六)借贷性所得	2814	1939	5353
三、总支出	30369	32834	23211
(一)消费支出	18361	23069	13963
1. 食品烟酒	5690	7088	4383
2. 衣着	1240	1647	860
3. 居住	3468	4709	2309
4. 生活用品及服务	932	1034	837
5. 交通和通信	3356	3844	2901
6. 教育文化娱乐	1959	2439	1512
7. 医疗保健	1077	1537	647
8. 其他用品和服务	638	771	514
(二)生产经营费用支出	1090	1197	779
(三)财产性支出	25	33	2
(四)转移性支出	1405	1495	1146
(五)部分商业保险支出	201	172	285
(六)购置资产及非经常性转移支出	3880	3470	5068
(七)借贷性支出	3032	3398	1968

十、主要经济指标比较资料

泰州三市一区主要统计指标对比

指标名称	计量单位	兴化市		靖江市		泰兴市		姜堰区	
		本年数	比上年增长(%)	本年数	比上年增长(%)	本年数	比上年增长(%)	本年数	比上年增长(%)
年末常住人口	万人	125.47	—	68.65	—	107.68	—	73.00	—
年末户籍人口	万人	158.00	—	66.81	—	119.88	—	79.44	-0.2
年平均常住人口	万人	125.46	—	66.64	—	107.67	—	72.99	—
年平均户籍人口	万人	157.90	0.3	66.80	0.1	119.92	0.0	79.50	0.1

续表

指标名称	计量单位	兴化市		靖江市		泰兴市		姜堰区	
		本年数	比上年增长(%)	本年数	比上年增长(%)	本年数	比上年增长(%)	本年数	比上年增长(%)
地区生产总值	亿元	624.83	11	712.00	9.2	675.84	11.9	488.52	11.1
第一产业	亿元	92.54	3.3	21.08	3.2	46.93	3.3	36.18	3.5
第二产业	亿元	264.31	12	381.93	8.2	348.69	12.2	243.18	10.9
工业	亿元	228.22	11.8	344.39	8.1	280.22	12.3	197.99	11.4
第三产业	亿元	267.98	12.6	308.99	11	278.83	12.9	209.16	12.6
人均地区生产总值(按常住人口计算)	元	49803	11.0	103737	6.2	62772	11.7	66921	8.0
人均地区生产总值(按户籍人口计算)	元	39571	8.3	106588	6.1	56376	11.7	61495	7.9
固定资产投资完成额	亿元	284.80	20.3	405.76	17.0	454.53	29.6	345.56	29.3
第一产业	亿元	2.25	9.0	0.98	-31.7	4.05	-1.5	2.86	-11.5
第二产业	亿元	194.97	21.4	188.40	14.2	295.68	29.4	232.10	26.1
工业	亿元	194.97	21.5	188.40	15.2	286.58	28.2	231.75	28.4
第三产业	亿元	87.58	18.3	216.38	19.9	154.80	31.0	110.60	38.1
房地产开发投资	亿元	87.58	18.3	53.65	10.6	55.07	39.5	51.93	39.8
财政总收入	亿元	73.84	4.5	116.61	-9.5	185.49	56.1	60.65	-2.4
公共财政预算收入	亿元	36.95	10.2	59.09	2.8	45.08	18.0	30.35	12.7
公共财政预算支出	亿元	91.10	4.5	61.22	13.9	60.42	8.9	44.45	13.5
农林牧渔业总产值(现价)	亿元	155.84	5.4	35.00	4.0	79.67	4.4	59.94	5.6
规模以上工业总产值	亿元	1361.10	17.0	2018.68	3.8	2075.41	21.3	1127.38	17.7
规模以上工业增加值	亿元	262.55	13.2	456.71	4.1	499.20	16.0	221.47	15.7
全社会用电量	亿千瓦时	63.58	5.0	36.01	3.5	54.26	6.5	28.94	2.5
工业用电量	亿千瓦时	52.93	6.4	26.48	5.3	44.47	9.3	22.33	5.3
社会消费品零售总额	亿元	139.97	10.7	152.20	10.0	182.20	13.0	154.55	12.5
进出口总额	万美元	58267	10.4	273475	0.3	267462	7.5	106922	24.6
出口	万美元	52514	18.5	127090	-21.8	132543	1.6	90558	28.3
实际外商直接投资	万美元	11594	-27.6	2640	-65.5	23843	-12.7	15007	1.9
金融机构年末存款余额(人民币)	亿元	514.93	12.5	785.81	3.1	644.63	14.2	528.72	10.6
居民储蓄存款余额	亿元	374.06	16.1	381.47	7.4	383.18	12.4	338.76	13.5
金融机构年末贷款余额(人民币)	亿元	352.54	10.0	549.05	9.4	388.36	20.1	386.37	10.5
在岗职工平均工资	元	44003	10.1	53672	12.0	52135	14.8	56681	27.5
城镇居民人均可支配收入	元	28691	9.1	33864	9.1	31038	9.2	31375	9.3
农村居民人均纯收入	元	14258	10.7	16570	11.0	15066	10.7	14887	11.0

组织机构及负责人名录

中共靖江市委员会

书　　记：倪　斌
副 书 记：赵　叶
　　孙宏建（10.10任）
常　　委：尤　红（10.10免）
　　赵国庆　丁少华
　　范　敏（女）
　　丁　斌（10.10任）
　　薛继业
　　王生华（12.30免）
　　唐仲贤（挂职，3.12免）
　　王　玮　邓　飞
　　程　政（挂职，3.12任）
　　严华春（挂职，3.12任）
委　　员：（按姓氏笔画为序）
　　丁少华
　　丁　斌（10.10任）
　　王　平（10.10免）
　　王　玮　王　靖
　　王生华（12.30免）
　　尤　红　尤爱民
　　邓　飞　叶丽华（女）
　　史骥涛
　　孙宏建（10.10任）
　　严华春（3.12任）
　　苏增耀　吴一江
　　何卫东　沈南松
　　张劲松　陈卫兵
　　范　敏（女）　罗晓东
　　季士发　周灿荣
　　赵　叶　赵国庆
　　倪　斌
　　顾利华（10.10免）
　　钱进华（10.10免）
　　徐　宁（5.5免）
　　符　平
　　程　政（3.12任）
　　薛继业　鞠林红
候补委员：仇　颖　王绍斌
　　殷爱华　朱　俊
　　叶晓庆　李江豪

靖江市人大常委会

主　　任：陈明冠（2.12免）
　　高亚梓（2.12任）
副 主 任：陈燕国　刘秀华（女）
　　陈旭日　顾正荣
　　黄文龙
委　　员：（按姓氏笔画为序）
　　毛小平　方一峰
　　叶丽华（女）
　　史亚萍（女）
　　朱浩芳（7.24免）
　　刘晓南　刘德基
　　杨文萍（女）
　　吴玉平　陈又红
　　陈国祥　陈建清
　　环剑斌　赵映敏（女）
　　闻韵萍（女）
　　徐　婷（女）
　　唐文勇（12.12免）
　　常　亮　缪　乐
　　蔡纪章　蔡新杰

靖江市人民政府

市　　长：赵　叶
副 市 长：王生华（常务，11.26免）
　　赵国庆（常务，11.26任）

顾利华(10.21 免)
何卫东　沈南松
周小慧(女)　鞠林红
李强天(挂职，
9.10 免)
姜　鸿(挂职，
9.19 任)
王　平(10.21 免)
周如勇(10.21 任)

政协靖江市委员会

主　　席:高亚梓(2.11 免)
钱进华(2.11 任)
副 主 席:何晓鸽　王维三
毛雨华　庞余亮
苏　徐
秘 书 长:徐　柯(女)
常　　委:(按姓氏笔画为序)
王建江　王靖东
毛卫平　毛念新
印卫铭(女)
包洪萍(女)　朱占奎
刘士钢　刘海金
羊　兴　杜剑茹(女)
杨　翰　杨泽宏
吴永贵　吴金凤(女)
何艳阳　何靖秋
冷稼祥　张　纯
张　铸　张颖武
陈永光　陈益江
陈履锡　范红梅(女)
范迪山　明　虎
罗建根　季子文
闻晓明　秦满芳(女)
徐　松　唐明澍
黄圣儒　常　秦
程东华　鞠　荣

中共靖江市纪律检查委员会

书　　记:王　玮(10.10 免)
丁　斌(10.10 任)
副 书 记:蔡龙彬
李达林(12.5 免)
夏军联(女，12.5 任)
常　　委:赵鹏涛　顾　静(女)
刘　军(12.5 任)
委　　员:(按姓氏笔画为序)
毛金生　朱　靖
李达林　金正国
赵建国　秦满芳(女)
徐　柯(女)
徐爱华(女)　傅　彬
办公室主任:薛新红
信访室主任:鞠新宇
纪检监察一室主任:严春涛
纪检监察二室主任:曹正新
执法监察室主任:范红波
干部管理宣传教育室主任:
顾　静(女)
调查研究室主任:
毛　冠(2.20 免)
党风廉政建设室主任:刘卫东
基层纪检监察工作二室主任:
陈卫军
市发展环境监察中心主任:
顾爱东

市人武部、法院检察院

武装部

部　　长:周劲明
政　　委:薛继业
副 部 长:韩晓强

法　　院

院长、党组书记:陈卫兵
党组副书记:杨旭波(12.5 任，
12.30 免)
副 院 长:杨旭波　陈燕萍(女)
高玉军　卢旭东
纪检组长:金正国
党组成员:陈燕萍(女)　高玉军
卢旭东　金正国
许安海　梅　岭
王新妹(女，12.5 任)

检 察 院

检 察 长:刘　贵(2.12 任)
党组书记:刘　贵
党组副书记:毛金生(12.5 任)
副检察长:毛金生　方　强
陶　华(女)　刘晓昕
纪检组长:陈　筠(女)
党组成员:方　强　陶　华(女)
刘晓昕　陈　筠(女)
宣小伟　丁明霞(女)
反贪污贿赂局局长:
丁明霞(女，12.5 免)
居振波(12.5 任)
反渎职侵权局局长:
赵建刚(12.5 免)
陈今朝(12.5 任)

市委工作部门及直属单位

办 公 室

(挂研究室、国家保密局牌子)
主　　任:刘　洪(12.5 免)
姚东辉(12.5 任)
副 主 任:徐加宽　钟云峰
何剑君　张　忠
叶亚明(兼)
研究室主任:刘　洪(12.5 免)
姚东辉(12.5 任)
研究室副主任:褚剑云
机要保密局(与办公室合署办公)
局　　长:严　格(女)
副 局 长:徐　靖　俞　飞

督 查 室

主　任:钟云峰(12.5 任)

组织部(挂组织员办公室、人才工作办公室牌子)
部　　长:邓　飞
副 部 长:叶丽华(女)
邵剑平　王靖东
人才办主任:邵剑平
人才办副主任:孙晓军

非公经济组织工委

(与市委组织部合署)
书　　记:王靖东

宣传部(挂市精神文明建设指导委员会办公室、市委对外宣传办公室、市政府新闻办公室牌子)

部　　长:丁少华

副 部 长:叶晓庆(兼)

朱新宇(12.30免)

陆钧涛(兼)　夏灵峰

刘舰平(兼)　陈永光

严　羽(兼)

文明办主任:夏灵峰

文明办副主任:

何　虹(女,12.5免)

外宣办、新闻办主任:陈永光

外宣办、新闻办副主任:赵金君

统 战 部

(挂市民族宗教事务局、市政府台办、市政府侨办牌子)

部　　长:范　敏(女)

副 部 长:黄明华

程东华(12.30免)

毛卫平　王明生

吴明飞(12.30任)

民宗局局长:毛卫平

民宗局副局长:朱　银

侨办主任:黄明华

台办(与统战部合署办公)

主　　任:王明生

编委办(挂市事业单位登记管理局牌子)

主　　任:邵剑平

副 主 任:陆林峰

事业单位登记管理局局长:

邵剑平

事业单位登记管理局副局长:

陆林峰

农村工作办公室(挂市政府农村工作办公室牌子)

主　　任:刘德基

副 主 任:王振玉　江南平

杨　江

政法委员会

书　　记:赵国庆(10.20免)

王　玮(10.20任)

副 书 记:顾利华(兼,10.20免)

朱　俊(兼,9.29免)

王　平(兼,10.14免)

周如勇(兼,10.14任)

陈卫兵(兼)

刘　贵(兼)　薛　松

苏孔兴

社会管理综合治理委员会办公室(与政法委员会合署办公)

主　　任:薛　松

副 主 任:范旭东　薛卫东

陆荣华

610办公室

主　　任:顾国华

副 主 任:盛正新　高桂兴

信 访 局

(挂市政府信访局牌子)

局　　长:叶亚明

副 局 长:何兴南　徐冠平

曹建芳(女)

市级机关工委

书　　记:卢　忠

副 书 记:商新民

纪工委书记:王　云(女)

人武部长:卢　忠(兼)

党史方志档案办公室

(挂市档案局、档案馆牌子)

主　　任:王宇清

副 主 任:田凌民　马莲娜(女)

郭文冰

档案局局长:王宇清

老干部局

局　　长:王建禔

副 局 长:朱金荣　朱　萍(女)

党　校

校　　长:邓　飞

常务副校长:郁　雷

副 校 长:徐　进

市人大常委会工作机构

办 公 室

主　　任:唐文勇(12.12免)

陈又红(12.12任)

副 主 任:毛小平(11.27免)

徐　烽　张兴松

农村工作委员会

主　　任:刘晓南

副 主 任:蔡纪章

财经工作委员会

主　　任:杨文萍(女)

副 主 任:方一峰(3.11免)

法制工作委员会

主　　任:史亚萍(女)

副 主 任:朱忠武

人事代表工作委员会

主　　任:陈又红(12.12免)

毛小平(12.12任)

副 主 任:陆国胜

教科文卫工作委员会

主　　任:缪　乐

副 主 任:蒋云红(女)

环境资源城乡建设工作委员会

主　　任:毛小平(12.12免)

副 主 任:徐志红(女)

市政协工作机构

办 公 室

主　　任:徐　柯(女)

副 主 任:吴逸南　马　鉴

学习文史委员会

主　　任:范红梅(女)

提案委员会

主　　任:鞠　荣

经济科技委员会

主　　任:黄圣儒

教卫文体委员会

主　　任:张颖武

社会法制委员会

主　　任:季子文

市政府工作部门及直属单位

办公室(挂研究室、人民防空办公室、法制办公室、外事办公室、应急管理办公室、旅游局牌子)

主　　任:季士发

副 主 任:陆　炜　孙卫东

徐永清　沈永江
宋　立
管国良(兼,10.14免)
林承凡
徐常青(8.26任)
研究室主任:孙卫东(5.20免)
研究室副主任:李华兵
人民防空办公室主任:陈建定
人民防空办公室副主任:
张　坤(3.4免)
法制办公室主任:徐永清
法制办公室副主任:吴旭初
外事办公室主任:陆　炜
应急管理办公室主任:季士发
旅游局局长:林承凡
电子政务中心主任:宋　立

行政学校

校　　长:王生华(兼,10.24免)
赵国庆(兼,10.24任)
常务副校长:郁　雷
副 校 长:徐　进

市级机关行政事务管理局

局　　长:毛红燕(女)
副 局 长:丁　炜　丁啸宇

金融工作办公室

主　　任:翟勇军
副 主 任:李旭东
何　湫(5.20任)

发展和改革委员会

(挂物价局、粮食局、服务业发展局牌子)

主任、党组书记:殷爱华
副 主 任:常金林　王艺明
黄灿波
纪检组长:闻学贤
能源办公室主任:王艺明
物价局局长、党组书记:陈　兴
物价局副局长:钱桂松　沙爱平
物价局纪检组长:丁惠明
物价局检查分局局长:
张苏红(女)
粮食局局长、党委书记:刘志明
粮食局党委副书记:黄翠凤(女)
粮食局副局长:贾德勤　宋翔宇
粮食局纪委书记:潘永新
服务业发展局局长:殷爱华

经济和信息化委员会

(挂中小企业局牌子)

主任、党工委书记:沈　阳
党工委副书记:王恺洲
副 主 任:陆小涛
孙学山(3.4免)
魏小飞　徐卫清
纪工委书记:王金付
电力管理办公室主任:陆小涛
企业上市工作办公室主任:
何　湫(5.20免)
信息化与新兴产业办公室主任:
王荣明
中小企业局局长:沈　阳
中小企业局副局长:张　纲

教 育 局

(挂政府教育督导室牌子)

局长、党工委书记:范新宏
党工委副书记、纪工委书记:
范崇俊
副 局 长:张志坚　潘建新(女)
吴明飞　李　兴
政府教育督导室主任:范崇俊
高等学校招生委员会办公室、自学考试指导委员会办公室主任:
袁　斌

科学技术局

(挂知识产权局牌子)

局长、党组书记:郑企力
副 局 长:沈满松　王海庆
地震局局长:沈满松
知识产权局局长:郑企力

公安局(市维护稳定工作领导小组办公室设在公安局内)

局　　长:王　平(10.21免)
周如勇(10.21任)
党委书记:王　平(10.14免)
周如勇(10.14任)
督 察 长:王　平(10.16免)
周如勇(10.16任)
政委、党委副书记:卢明华
副 局 长:黄玉平(兼)　顾国华
缪金桂　陈爱国
蔡　斌
纪委书记:王正芳(女)
副 政 委:侯爱坤　宋永东
政治处主任:张益新
维稳办主任:王　平(10.16免)
周如勇(10.16任)
维稳办副主任:刘映明
指挥中心主任:许晓波
指挥中心教导员:钟　燕(女)
国内安全保卫大队大队长:
姚文明
国内安全保卫大队教导员:
蔡小平
治安警察大队大队长:叶　锋
交通巡逻警察大队大队长:
吴金涛
交通巡逻警察大队教导员:
刘　萍(女)
刑事警察大队大队长:范明栋
经济犯罪侦查大队大队长:
郑　卫
经济犯罪侦查大队教导员:
陈　忠
特巡警大队大队长:徐建军
特巡警大队教导员:闻章红
水警大队大队长:顾正飞
水警大队教导员:薛际平
网络安全保卫大队大队长:
苏骥军
网络安全保卫大队教导员:
杨志勇
江阴靖江工业园区派出所所长:
印宝红
城中派出所所长:唐祖奇
城中派出所教导员:陈建中
城南派出所所长:项景明
城南派出所教导员:高　彬
城北派出所教导员:何建友
城西派出所所长:常进其
城西派出所教导员:凌　云
城东派出所所长:陈小刚
城东派出所教导员:何小虎
滨江新区派出所教导员:
姚亚珠(女)
西来派出所所长:陈旭东
斜桥派出所教导员:王　强

季市派出所所长:徐灿松
季市派出所教导员:陈苏明
孤山派出所所长:张正彬
孤山派出所教导员:王兴波
马桥派出所教导员:严亚明
生祠派出所所长:陈　彬
生祠派出所教导员:居永红
东兴派出所所长:顾文舟
东兴派出所教导员:卢章进
新桥派出所教导员:周旭华
新港派出所所长:刘邦银
新港派出所教导员:龚银钢

监 察 局

(与纪委合署办公)

局　　长:蔡龙彬
副 局 长:刘　军　唐明澍
发展环境监察中心主任:
　　顾爱东

民 政 局

局长、党委书记:宋　亮
党委副书记:陈安前
副 局 长:夏汉涛　王　瑜
　　陈靖曙
纪委书记:钱　萍(女,2.20 免)

司 法 局

局长、党组书记:印江红
副 局 长:杨泽宏　田　华(女)
　　高永祥
社会矛盾纠纷调处服务中心主任:陆荣华

财政局(挂国有资产监督管理办公室牌子)

局长、党组书记:吴一江
副 局 长:秦满芳(女)
　　杜正宇(10.14 免)
　　徐　群　张汉平
　　夏建新
纪检组长:戴玉信
国有资产监督管理办公室主任:
　　陈金星
国有资产监督管理办公室副主任:刘　军
预算外资金管理办公室主任:
　　吴一江
国库集中收付中心主任:张卫东

人力资源和社会保障局

(挂公务员局牌子)

局长、党委书记:符　平
党委副书记:沈　洪(2.20 免)
副 局 长:王海清　包洪萍(女)
　　赵亚平　张庆中
纪委书记:刘建荣
人力资源就业管理中心主任:
　　朱启东
医疗保险管理中心主任:张立新
社会保险管理中心主任:
　　徐　婷(女)
公务员局局长:符　平

国土资源局

局长、党委书记:张仁德
副 局 长:张小虎　沙旭东
　　鞠晔红
纪委书记:蒋　青

住房和城乡建设局

(挂城市管理局、城市管理行政执法局牌子)

局长、党委书记:马晓波
党委副书记:展秋霖
副 局 长:樊兴华　邹　明
　　范　薇(女)　王　伟
纪委书记:张兴南(12.05 免)
　　赵建刚(12.05 任)
建筑工程局局长:马晓波
集体土地房屋拆迁管理办公室主任:朱五洲
城镇住房制度改革办公室主任:
　　王　伟
城市管理局局长、党组书记:
　　黄玉平
城市管理局副局长:
　　侯荣伟　黄洪涛
城市管理局纪检组长:吴灿其
城市管理行政执法局局长:
　　黄玉平
城市管理行政执法局副局长:
　　侯荣伟　黄洪涛

数字化城市管理监督指挥中心

主　　任:黄玉平(12.12 任)

规 划 局

局长、党组书记:仇　颖
副 局 长:丁　华　陈海涛
　　唐卫成　陆红娟(女)
纪检组长:王　东
总规划师:季宋晔

交通运输局

局长、党委书记:史骥涛
党委副书记:卢红进
副 局 长:胡文华　沈关红
　　侯　栋
纪委书记:孙逸萍(女)
地方海事处主任:田秋红(女)

水 利 局

局长、党委书记:刘　放
党委副书记:朱建平
副 局 长:盛兴灿(3.4 免)
　　罗　平　刘　坤
纪委书记:陶明利
江河堤闸管理处主任:卞　勇

农业委员会

(挂林牧渔业局、农业机械管理局、农业资源开发局牌子)

主任、党委书记:李江豪
党委副书记:褚善民
副 主 任:杜剑茹(女)　李　华
　　顾进松　刘　锋
　　张　伟　顾凤琦
纪委书记:杨　靖(女)
农业干部学校校长:顾凤琦
农业科学技术推广中心主任:
　　朱　杰
林牧渔业局局长:李江豪
农业机械管理局局长:李江豪
农业机械管理局副局长:陈　云
农业资源开发局局长:顾进松

现代农业开发区管委会

党工委书记、管委会主任:
　　李江豪

商 务 局

局长、党组书记:吴铭华
副 局 长:杨立岸　戴金山
　　倪亚娟(女)　周荣根

投资促进局

局　　长:孙卫东(5.20 任)
副 局 长:刘丽霞(女,5.20 任)
　　方　巍(5.20 任)

文化广电新闻出版局
(挂体育局牌子)
局　　长:刘舰平
党委书记:季灿华(2.20免)
　　　　刘舰平(2.20任)
党委副书记:陈　新
副 局 长:商海霞(女)　黄益涛
　　　　吴　彬
纪委书记:卢　频(女)
体育局局长:陈　刚
体育局副局长:杨晓东　陶炳义
　　　　吴　健

卫 生 局
局　　长:刘灿均
党委书记:吴　芳(女)
党委副书记:刘灿均　陈曙剑
副 局 长:唐晓勤　王　涛
　　　　钱　军
纪委书记:丁如松

人口和计划生育委员会
主任、党组书记:何艳红
副 主 任:王志刚　刘凤云(女)
　　　　朱亚明
纪检组长:沈　湧

审 计 局
局长、党组书记:丁亦工
　　　　(12.12免)
　　　　唐文勇(12.12任)
副 局 长:徐爱华(女)　商东尧
　　　　殷建平
纪检组长:范乐观

环境保护局
局长、党委书记:朱　靖
党委副书记:高亚伟
副 局 长:高亚伟　苏　平
　　　　倪　云
纪委书记:毛振钟
环境监察大队大队长:刘志伟
江阴—靖江工业园区分局局长:
　　　　高亚伟
江阴—靖江工业园区分局副局长:王月娟(女)

统 计 局
局长、党组书记:钱明华
副 局 长:周网琪　吕益红
　　　　朱桂芳(女)

安全生产监督管理局
局长、党组书记:朱晓波
副 局 长:戴敏荣　孔祥瑞
　　　　韩　进
纪检组长:唐海清
安全生产监察大队大队长:
　　　　张志伟

市场监督管理局
(机构改革,原工商局、质监局、药监局三局合并)
局　　长:顾灿红(12.12任)
党委书记:冯晓东(12.05任)
党委副书记:顾灿红(12.05任)
　　　　陆兴松(12.05任)
副 局 长:陆兴松(12.12任)
　　　　范崇义(12.12任)
　　　　朱建明(12.12任)
　　　　杨伟程(12.12任)
　　　　毛立仁(12.12任)
　　　　黄　圣(12.12任)
　　　　孙　凤(女,12.12任)
　　　　徐啸宇(女,12.12任)
　　　　肖瑞成(12.12任)
纪委书记:陈丽萍(女,12.05任)

广播电视台
台长、党委书记:陆钧涛
党委副书记:陈　权
副 台 长:王　青　陈又专
　　　　刘苏靖
纪委书记:丁　艺(女)

政务服务管理办公室(机构改革,原行政服务中心机构撤销)
主　　任:刘　强(12.12任)
党工委书记:刘　强(12.05任)
党工委副书记、纪工委书记:
　　　　许　鉴(12.30任)

供销合作总社
主任、党委书记:卢　杰
党委副书记、纪委书记:
　　　　刘锐理(2.20免)
副 主 任:王习同　朱凤祥

口岸工作办公室
(挂市港口管理局牌子)
主　　任:何　靖(5.20免)
　　　　李达林(12.12任)
副 主 任:杨恒庭
　　　　刘　彬(女,12.26免)
　　　　丁建新
港口管理局局长:
　　　　何　靖(5.20免)
　　　　李达林(12.12任)
港口管理局副局长:杨恒庭
　　　　丁建新

渔业公司
经理、党委书记:张　伟

国有资产经营管理(集团)公司
董事长、党委书记:吴一江(兼)
总经理:蔡永进
党委副书记:蔡永进　沈桂荣
副总经理:陆汝光
纪委书记:沈桂荣

医疗集团
党委书记、管委会主任:高　峰
党委副书记、纪委书记:叶玉东
管委会副主任:吴　剑

重 点 学 校

江苏省靖江高级中学
校长、党委书记:陈国祥
党委副书记、纪委书记:
　　　　陈　尧(女)
副 校 长:朱　旭　陈　尧(女)
　　　　陈　斌　朱占奎
　　　　赵灿冬

泰州市广播电视大学靖江分校、江苏省靖江中等专业学校
校　　长:戴建坤
党委书记:吴明飞(12.30免)
　　　　戴建坤(12.30任)
党委副书记、纪委书记:许文云
副 校 长:刘汉华　顾卫国
　　　　徐　刚

人 民 团 体

总 工 会
主　　席:叶丽华(女,兼)

党组书记:杨　钧
副 主 席:杨　钧　朱天媛(女)
张链斌

共青团靖江市委员会

书　　记:施泉国
副 书 记:闻　杰

妇女联合会

主　　席:闻韵萍(女)
副 主 席:张桂琴(女)
王森红(女)

科学技术协会

主　　席:刘拥政
副 主 席:吴林基　沈　云

文学艺术界联合会

主　　席:严　羽
副 主 席:史爱梅(女)　陆　进
王　青(兼)
崔益稳(兼)
商海霞(女,兼)

哲学社会科学界联合会

(与市委宣传部合署)

主　　席:朱新宇(兼,12.30 免)
副 主 席:严　震(女)

工商业联合会

主　　席:黄文龙(兼)
党组书记:程东华(兼,12.30 免)
吴明飞(兼,12.30 任)
副 主 席:夏月明　吴　德

残疾人联合会

主席团主席:顾利华(兼)
主席团副主席:侯兴华　吴时彦
羊　兴　徐永清(兼)
宋　亮(兼)
刘灿均(兼)
符　平(兼)
范新宏(兼)
理事会理事长:侯兴华
理事会副理事长:吴时彦
羊　兴

归侨侨眷联合会

(与市委统战部合署办公)

主　　席:黄明华

红十字会

会　　长:何卫东(兼)
专职副会长:周晓敏

开发区、各镇领导机构

靖江经济开发区

管委会主任:王绍斌
党工委副书记:王绍斌　刘定邦
管委会副主任:徐　宁
(12.12 免)
刘定邦
刘志明(兼)
朱　俊(兼)
李建新(兼)
张劲松(兼)
罗晓东(兼)
王　靖(兼)
闻亚星(兼)
纪工委书记:傅　彬
党工委委员:徐　宁(12.12 免)
刘志明(12.30 免)
朱　俊(兼)
李建新(兼)
傅　彬　张劲松(兼)
罗晓东(兼)
王　靖(兼)
闻亚星(兼)
仇　颖(兼)
何　靖(兼,5.12 免)
张仁德(兼)
徐玉海(兼)
马晓波(兼)　陆林祥
杜正宇　刘　俊
吴东初　朱　靖(兼)
党政办公室主任:刘　俊
经济发展局局长:项建国
公用事业局局长:陆林祥
财政局局长:杜正宇
国土资源局开发区分局局长:
张仁德(兼)
规划局开发区分局局长:
仇　颖(兼)
环境保护局开发区分局局长:
朱　靖(兼)
住建局开发区分局局长:
马晓波(兼)

招 商 局

(挂沿江开发开放办公室牌子)

局　　长:闻亚星
副 局 长:张　燕(女,10.14 免)
郭惠斌　方　巍
沿江开发开放办公室主任:
闻亚星

新 港 城

党委书记、主任:张劲松
党委副书记:蒋国庆(12.05 免)
黄颖锋(12.30 任)
副 主 任:蒋国庆(12.12 免)
缪立强　盛增元
郑立平　赵晔岭
褚　雷　熊　平(女)
纪委书记:郑立平

城南园区

党委书记、主任:罗晓东
党委副书记:羊进明
副 主 任:羊进明　朱晓峰
王海波　杨晓波

城北园区

党委书记、主任:王　靖
党委副书记:刘　强(12.05 免)
郭建秋
副 主 任:刘　强(12.12 免)
郭建秋　蒋东平
刘丽霞(女,5.20 免)
纪委书记:郭建秋

市政府城南办事处

党委书记:罗晓东
主　　任:羊进明
人大工委主任:蔡新杰
政协工委主任:羊进明
党委副书记:羊进明　蔡新杰
副 主 任:孙靖奇　蔡　勇
朱　勇
纪委书记:高基银
人大工委副主任:沈新国
组织科科长:徐志斌
宣传科科长:季红卫(女)
政法综治科科长:倪　萍(女)
人武部部长:吴立峰

政协工委副主任:季红卫(女)

江苏江阴—靖江工业园区办事处

党委书记、主任:朱　俊
人大工委主任:朱　俊
政协工委主任:王文泽
党委副书记:王文泽
纪委书记:陆敏华(女)
副 主 任:王　平　杜迎松　何疆斌
人大工委副主任:邵　卫
组织科科长:周云华(女)
宣传科科长:陈荣坤
政法综治科科长:王建东
人武部部长:刘宏江
政协工委副主任:陈荣坤

新桥园区管理委员会

主　　任:李建新
副 主 任:杨　乐(女,12.12 免)　高　军　刘振东　王　伟

滨江新区办事处

党工委书记:何　健
主　　任:刘金荣
人大工委主任:何　健
政协工委主任:缪红卫
党工委副书记:刘金荣 缪红卫
纪工委书记:闻亚星(女)
副 主 任:缪红卫　王佩清　汪东初　戴靖乾
人大工委副主任:朱云松
组织科科长:张加红
宣传科科长:徐　琳(女)
政法综治科科长:钱　禹
人武部部长:赵永忠
政协工委副主任:徐　琳(女)

靖城街道

党工委书记:赵建国
办事处主任:于　政
人大工委主任:吴玉平
政协工委主任:刘　琪
党工委副书记:于　政　吴玉平　刘　琪
纪工委书记:林浩良
办事处副主任:黄汉初　李林锋　陈兆彬　陆澄萍(女)　唐以龙
人大工委副主任:孙学勤
组织委员:闻　毅
宣传委员、统战委员:瞿玉清(女)
政法委员:王建兴
人武部部长:夏　阳
政协工委副主任:瞿玉清(女)

西 来 镇

党委书记:徐玉海
镇　　长:黄颖锋
人大主席:陶惠萍(女)
党委副书记:黄颖锋(12.30 免)　缪立强(12.30 任)　高卫南
纪委书记:陆宏进
副 镇 长:卢　栋　夏建锋　何琰如(女)　刘斗文
人大副主席:刘灿明(3.1 免)
组织委员:杨卫东
宣传委员、统战委员:王新华
人武部部长:赵明贵
政协工委副主任:高卫南　王新华

斜 桥 镇

党委书记:张劲松
镇　　长:蒋国庆
人大主席:江明宗
党委副书记:蒋国庆(12.05 免)　黄颖锋(12.30 任)　陆　铭
纪委书记:姚爱国
副 镇 长:刘　燕(女)　吴炳东　吴剑秋　张　良　刘　荣
人大副主席:赵胜民
组织委员:王　涛
宣传委员、统战委员:顾炼炼(女)
政法委员:秦美娟(女)
人武部部长:刘旭红
政协工委副主任:陆　铭　顾炼炼(女)

孤 山 镇

党委书记:王　靖
镇　　长:刘　强
人大主席:夏新培
政协工委主任:刘金康
党委副书记:刘　强(12.05 免)　刘金康
纪委书记:陈卫清
副 镇 长:宋汝明　卢新初　顾梓娣(女)　曾靖杰
人大副主席:冯　建(3.11 免)
组织委员:朱　光
宣传委员、统战委员:沐凌飞
政法委员:闻金奇
人武部部长:刘鲲鹏
政协工委副主任:沐凌飞

季 市 镇

党委书记:羊文华
镇　　长:张佳炜
人大主席:卢淑兰(女)
党委副书记:张佳炜　贾界平
纪委书记:赵正兴
副 镇 长:顾兴宇　刘　沣　袁锦鸿　夏柳松
人大副主席:朱新华
组织委员:花　耘(女)
宣传委员、统战委员:周艳红(女)
政法委员:缪永忠
人武部部长:陈亦松
政协工委副主任:贾界平　周艳红(女)

马 桥 镇

党委书记:姚东辉(12.05 免)　蒋国庆(12.05 任)
镇　　长:陈焕新
人大主席:姚东辉
政协工委主任:王友同
党委副书记:陈焕新　王友同
纪委书记:顾鸿涛(12.30 免)
副 镇 长:陈　林　羊国锋　朱海平　朱丽萍(女,2.21 任)
人大副主席:朱　剑

组织委员:谢小彬
宣传委员、统战委员:仇小卫
政法委员:刘旭奇
人武部部长:袁俊章
政协工委副主任:仇小卫

东兴镇

党委书记:张　鹏(12.5免)
　　　　刘　洪(12.5任)
镇　　长:钱灿兴
人大主席:陆金礼(女)
党委副书记:钱灿兴　杨　静
纪委书记:耿志红
副 镇 长:张逸群　王　林
　　　　管苏艳(女)　王华军
组织委员:徐　建
宣传委员、统战委员:杜卫锋
政法委员:唐以伟
人武部部长:刘林松
政协工委副主任:杜卫锋

生祠镇

党委书记:陶　虹
镇　　长:徐　跃
人大主席:陶　虹
政协工委主任:张永杰
党委副书记:徐　跃　张永杰
纪委书记:张卫祖(2.20免)
副 镇 长:刘国银　陶　鸿
　　　　周　彬　鞠　俊
　　　　王　斌
人大副主席:严建军
组织委员:卞正洪
宣传委员、统战委员:
　　　　顾万铭(女)
政法委员:缪剑锋
人武部部长:周　华
政协工委副主任:顾万铭(女)

新桥镇

党委书记:李建新
镇　　长:吴　彬
人大主席:鞠景良
政协工委主任:朱国宽
党委副书记:吴　彬　朱国宽
　　　　刘振东
纪委书记:陈　华
副 镇 长:黄良根　朱月华
　　　　顾友发　耿光明
　　　　居国平
组织委员:陈　航
宣传委员、统战委员:
　　　　周美萍(女)
政法委员:耿　华
人武部部长:朱　洁
政协工委副主任:周美萍(女)

省、泰州市条线管理部门

靖江日报社

总 编 辑:叶晓庆
副总编辑:崔益稳　余中兴
　　　　王　平　何鋆清(女)

地方税务局

局长、党组书记:陆静波
党组副书记:李学军(2.11任)
副 局 长:张林华
　　　　王小勇(2.11任)
　　　　朱永忠(10.27任)
　　　　刘　冬
纪检组长:王小勇(2.11免)
　　　　李学军(2.11任)

国家税务局

局长、党组书记:
　　　　朱鹏亚(7.29免)
　　　　王　华(7.29任)
副 局 长:秦长年　刘海兴
　　　　王　翔
　　　　黄　蔚(9.29任)
纪检组长:黄　蔚(9.29免)
　　　　陈　铭(9.29任)

邮政局

局长、党委书记:王　强
副 局 长:季小成　杨月圣
纪委书记:杨月圣

电信公司

总经理、党委书记:唐继东
副总经理:樊春明　李　军
　　　　蒋小勇
纪委书记:樊春明

供电公司

总经理、党委副书记:黄　宏
党委书记:周奕兵
副总经理:周奕兵　王　鹏
　　　　袁建平　刘兴胜
纪委书记:陈　垠

靖江出入境检验检疫局

局　　长:朱　平
副 局 长:崔　鸿(7.24免)
　　　　黄泓轩
　　　　徐建胜(7.24任)

靖江海关

关　　长:周　斌
副 关 长:朱凤家
　　　　秦志华(8.26任)
纪检监察特派员:
　　　　徐　迅(11.13任)

靖江海事处

处　　长:李红光
副 处 长:杨志荣(9.21免)
　　　　朱靖成(9.21任)
　　　　耿佩武(9.21任)

靖江边防检查站

站　　长:高　明
政　　委:张兴荣(10.10免)
　　　　张　荣(10.10任)
副站长:张迎军　杜运明

靖江引航站

站　　长:江原生
副 站 长:徐明春　姜小林

长江靖江航道管理处

处　　长:沈坚阳

中国人民银行靖江市支行

行长、党组书记:殷荣霞
副 行 长:毛红霞(女,2.20免)
　　　　刘　洪
　　　　秦海坤(2.20任)
纪检组长:毛红霞(女,2.20免)
　　　　秦海坤(2.20任)

中国农业发展银行靖江市支行

行　　长:郑懋岚(女,7.15任)
副 行 长:刘红娟(女)
行长助理:徐敏慧(女)

中国工商银行股份有限公司靖江支行

行长、党委书记:邓　纯
副 行 长:於剑青(7.2任)

周　伟
纪委书记:李　健(女)

中国农业银行靖江市支行

行长、党委书记:刘月江(女)
党委副书记、纪委书记:唐建理
副 行 长:唐建理　陆　靖
徐圣涛(11.7免)
项繁繁(12.4任)

中国银行股份有限公司靖江支行

行　　长:石海港(4.16免)
毛庆玖(4.16任)
副 行 长:方亚东(3.31免)
陈丽霞(女,12.31免)
李碧波(3.31任)
黄红虎

中国建设银行股份有限公司靖江支行

行长、党委书记:
顾静娟(女,5.29免)
刘汉文(5.29任)
副 行 长:叶　军
魏铭柯(10.25免)
纪委书记:何晓宏

交通银行股份有限公司靖江支行

行　　长:束　东
副 行 长:吴亚明
行长助理:陈　兵

上海浦东发展银行靖江工业园区支行

行　　长:沈静芬(女)
副 行 长:徐文清(7.31免)
徐　震(7.31任)
行长助理:张　洁

农村商业银行股份有限公司

党委书记、董事长:
刘友余(7.8免)
曹文铭(7.8任)
党委副书记、行长:
朱友宽(7.8任)
副 行 长:严炜镔　闻进军
卢　丹
纪委书记、监事长:丁圣海

靖江市长江商业银行

董 事 长:朱惠健
行　　长:史玉泉
副 行 长:秦桂涛　金文斌
监 事 长:王建林

中国人民财产保险股份有限公司靖江支公司

经　　理:陈红武(女)
副 经 理:邵　铭　朱宏波
刘　号

中国人寿保险股份有限公司靖江支公司

经　　理:周云飞
副 经 理:朱海萍(女)
刘雅萍(女)

中国太平洋财产保险股份有限公司靖江支公司

经　　理:朱利民
副 经 理:鞠丽军

中国太平洋人寿保险股份有限公司靖江支公司

副 经 理:沈　燕
(女,主持工作)
罗玉清(女)

烟草专卖局(烟草公司)

局长(经理)、党组书记:郑　骏
副 局 长:周建平
副 经 理:顾之远

盐务管理局(盐业公司)

局长、经理:张松林
副局长、副经理:丁红盛
顾振亚　臧　彧

气 象 局

副 局 长:吴金凤
(女,主持工作)
张振国(3.26任)

航道管理站

站　　长:朱　靖(女)

住房公积金管理中心靖江分中心

主　　任:陈亚中

国家统计局靖江调查队

队　　长:赵明华
副 队 长:沙建彬

(王网兵)

2014年靖江市标准地名命名和区划调整

·地名命名·

小区命名

1. 嘉亿东湖花园:位于靖城街道办东郊村东北环转盘西侧的新建商住区,东至东环北路,南至规划道路,西至桃园路,北至北环东路。

2. 裕安苑:位于城北园区北二环北侧的新建住宅区,东至渔婆北路,南至北二环,西至渔婆港,北至新二路。

3. 骥江福地:位于合兴路东侧、江阳路南侧地块的新建商业区,东至市教育局,南至中洲路,西至合兴路,北至江阳路。

4. 君悦华庭:位于建安路9号靖储2010-挂-32号和靖储2013-挂-28号地块的新建商住区,东至建安路,南至建新社区居民区,西至邮政汽修厂,北至富海广场。

5. 弘盛公寓:位于原泰州光达电器厂地块的新建住宅区,东至滨江新区越江村村委会,南至华阳路,西至天生港,北至越江村16组道路。

6. 明珠城市新苑:位于原石油公司油库地块的新建住宅区,东至十圩港,南至江阳路,西至康兴路,北至城南办事处银厦新村一区。

7. 天河丽都公寓:位于原西来中学地块的新建商住区,东至江平路,南至西来镇西来村二组居民区,西至永济港,北至永济港。

8. 东郊公寓:位于靖城街道东郊村区域的小区,东至东郊村南5组鱼塘,南至东郊村南5组后沟,西至东郊村南6组界址,北至东郊村南5组后埭门前。

9. 城南世纪广场:位于东进路南侧地块的新建商住区,东至八圩港,南至莲沁苑社区居民区,西至兴业路,北至东进路。

10. 金郡名邸:位于城南园区兴业路西侧地块的新建商住区,东至兴业路,南至万都五金机电建材城商铺,西至七圩港,北至民生科技集团。

11. 东城景苑:位于桃园路西侧B地块的新建商住区,东至桃园路,南至老横港,西至江苏华德汽配制造有限公司,北至江平路。

12. 碧云天公寓:位于东兴镇东兴大道西侧的新建商住区,东至东兴大道,南至合兴村,西至文昌安置区,北至文昌安置区。

13. 金色名都:位于北二环路北侧的新建商住区,东至经二路,南至北二环,西至新建北路,北至新三路。

14. 丽水湾花园:位于桃园路东侧的新建商住区,东至东环南路,南至虹兴九组,西至桃园路,北至横港。

15. 兴明小区:位于东兴大道东侧的新建商住区,东至东兴镇合兴村北五组农田,南至靖江市鼎臣铸业有限公司,西至东兴大道,北至东兴镇合兴村五组。

16. 金色嘉园:位于人民南路西侧的新建商住区,东至人民南路,南至富阳路,西至弘宇公共交通客运有限公司,北至市政建设工程有限公司。

17. 星河湾花苑:位于真武河南路南侧、江山路北侧(原玻璃厂、溶剂厂)的新建商住区,东至东兴街社区居民区,南至江山制药有限公司,西至尚城一品,北至真武河南路。

18. 桃源居:位于城东大道东侧、江平路南侧(原桃园汽车修理厂)的新建商住区,东至江苏三立液压机械有限公司,南至东南村6组,西至农机监理站,北至江平公路。

19. 华茂商务楼:位于江平路北侧的新建写字楼,东至金创物资贸易公司,南至江平路,西至龙跃机械设备销售公司,北至天伦花苑。

道路命名

1. 富海新世界商业街:富海广场区域新修道路,东至华宇包装制品有限公司,西至兴业路。

2. 大桥路:城南办事处辖区道路,南至长江江堤,北至江阴长江公路大桥北侧东入口匝道。

3. 华宝路:季市镇辖区新姜八公路西侧道路,东至新姜八公路,西至石淀港周王桥。

4. 木金路:滨江新区办事处辖区南环花苑北侧道路,东至站前路,西至通江路。

5. 锦西路:靖城街道办事处辖区地中海花园北侧道路,东至西环南路,西至城西大道。

6. 展苏港路:靖城街道办事处辖区西环路转盘向南道路,南至锦西路,北至骥江西路。

7. 季旺桥路:靖城街道办事处辖区靖西村4组道路,南至骥江西路,北至江平公路。

8. 锡东巷:靖城街道办事处辖区靖江锡剧团东侧道路,南至江平公路,北至靖江建校。

9. 锡西巷:靖城街道办事处辖区锡剧团西侧道路,南至江平公路,北至靖江锡剧团。

10. 友钱路:靖城街道办事处辖区曾家港东侧道路,南至江平公路,北至友仁村钱家埭。

11. 友进路:靖城街道办事处辖区曾家港西侧道路,南至江平公路,北至进步村2组。

12. 友正路:靖城街道办事处辖区车管所东侧道路,南至马桥镇正北村鞠家埭,北至江平公路。

13. 友恒南路:靖城街道办事处辖区广靖高速公路西侧道路,南至马桥镇正北村贾家埭,北至江平公路。

14. 花城西巷:城南办事处辖区春江花城西侧道路,南至朝阳路,北至骥阳路。

15. 南环东路:位于靖城街道、滨江新区办事处辖区,起止点由原东至工农路、西至人民中路调整为:东至通江路,西至人民中路。

16. 东环南路:位于靖城街道、滨江新区办事处辖区,起止点由原南至工农路、北至江平路调整为:南至南环东路,北至江平路。

17. 通江路:位于靖城街道、滨江新区办事处辖区内,起止点由原南至新洲路东、北至南环路东段调整为:南至沿江高等级公路,北至南环东路。

·区划调整·

设立滨江新区办事处兴阳社区居民委员会,管辖区域为:东至站前路,南至江洲路,西至城东大道,北至南环路东段(文兴路至城东大道段,北至木金村北2组)。

撤销马桥镇马桥社区居民委员会,设立马桥镇城西新苑社区居民委员会,管辖区域为:东至六圩港,南至三九公路,西至严家港,北至徐周村4组后沟。同时将原马桥社区居民委员会管理的对象划归马桥镇城西新苑社区居民委员会管理。

设立孤山镇蹑云社区居民委员会,管辖区域为:东至经二路,南至孤山南横港,西至新建北路,北至孤山村钱家组。

靖江市公交线路走向及站点设置、运营时间

一、101路:城北园区公交客运站—滨江新城公交客运站

线路走向:城北园区公交客运站—人民路—江洲路—康兴路—中洲路(人民医院)—晨阳路—滨江新城公交客运站,全程11千米

站点设置:城北园区公交客运站、城北园区管委会、城北安置区、红太阳食品城、裕纶公司、尚城一品、农委、电信公司、人民公园、德诚广场、南园宾馆(上海城)、汽运大厦(飞羚传媒)、国际大酒店、时代菜场、水利局、邮政局、外国语学校(春江花城)、中天城市花园、新天地花园、御水湾、人民医院、阳光国际花园、市政府、马洲公园、滨江新城公交客运站

发车时间:夏季6:00—18:30,冬季6:00—18:00,8—10分钟一班

Y101路:城北园区客运站—滨江新城客运站

线路走向:城北园区客运站—人民路—中洲路—晨阳路—滨江新城客运站,全程10.5千米

站点设置:城北园区客运站、城北园区管委会、城北安置区、红太阳食品城、裕纶公司、城北桥、尚城一品、农委、电信公司、人民公园、德诚广场、南园宾馆(上海城)、汽运大厦、国际大酒店、时代农贸市场、人社局、邮政局、省靖中、御水湾、人民医院、阳光国际花园、市政府、马洲公园、滨江新城客运站

发车时间:夏季19:00—21:50,冬季18:30—21:50,30分钟一班

二、102路:城北园区公交客运站—滨江新城公交客运站

线路走向:城北园区公交客运站—北二环路—渔婆路—兴业路—中洲路—晨阳路—滨江新城公交客运站,全程11.6千米

站点设置:城北园区公交客运站、福昌铝业、新渔婆菜场、西郊公园、江安小区、街心花园、隆泰大药房、渔婆小区、中信银行、渔婆桥、彩虹城、汽车站、京伦大酒店、扬子江大酒店、交通局、省靖中(外国语学校)、人民医院、阳光国际花园、市政府、马洲公园、滨江新城公交客运站

发车时间:夏季6:00—18:40,冬季6:00—18:20,8—10分钟一班

三、103路:长里建校—滨江新城公交客运站

线路走向:长里建校—骥江西路—新建路—车站路—南环路—人民路—阳光大道—康兴路—中洲路—晨阳路—新洲路—滨江新城公交客运站,全程10千米

站点设置:长里建校、西环、西环加油站、方家场、八佰伴名品、城西幼儿园、人寿保险公司、芦菲场、烟草大厦、上海城(西门)、钻石世家小区、天妃宫桥、泰和国际城、白马、卫校、石油大厦、时代菜场、人社局、邮政局、外国语学校、春江花城、中天城市花园、中虹花园、新世纪壹号、气象局、清华苑、新天地花园、御水湾、人民医院(南)、阳光国际花园、市政府、马洲公园、滨江新城公交客运站

发车时间:夏季6:00—18:30,冬季6:00—18:00,10—15分钟一班

四、105路:西郊公园—滨江新城公交客运站

线路走向:西郊公园(南门)—靖安路—人民路—江山路—东环北路—康宁路—东兴街—骥江东路—江平路—东环南路—康兴路—中洲路—新马路(滨江学校)—江洲路—城东大道—滨江新城公交客运站,全程14.5千米

站点设置:西郊公园、实验学校、靖安小区、紫薇园小区、东源大厦、江山宾馆、江山桥、江山小区、新靖城中学、天使花苑、佳佳幼儿园、东兴街、城中小学、人保公司、虹桥城市花园、虹桥农贸市场、水月清华、车辆检测中心(东环花苑)、弘宇公交、保安公司、新江海花园、江阳路口、省靖中(外国语学校)、御水湾、人民医院、阳光国际(北门)、滨江学校、行政服务中心、市政府(联检大楼)、滨江新城公交客运站

发车时间:夏季6:00—18:30,冬季6:00—18:00,10—15分钟一班

五、109路:城北园区公交客运站—城北园区公交客运站

线路走向:城北园区公交客运站—北二环—渔婆路—玉带路—人民路—江平路—东环路—北环路—东兴北路—北二环路—城北园区公交客运,全程10.5千米

站点设置:城北园区公交客运站、福昌铝业、渔婆菜场、西郊公园、江安小区、机械新村、丁香公寓、农委、电信公司、人民公园、德诚广场、金都御园、健身广场、城中小学、虹桥城市花园、虹桥农贸市场、虹桥新村、靖城中学、东湖公园、东湖花园、依江名苑、新佳新村、城北园区管委会、城北园区公交客运站

发车时间:夏季6:00—18:30,冬季6:00—18:00,30分钟一班

六、113 路:城南行政中心—滨江新城公交客运站

线路走向:城南行政中心—东进路—姜八路—新洲路—通江路—中洲路—晨阳路—滨江新城公交客运站,全程 9 千米

站点设置:城南行政中心、江澄苑、莲沁苑、百富绅(西)、顶和庄、欣欣家居、体育中心(南)、体育中心(东)、碧桂园、金悦国际、御水湾(东)、人民医院(南)、阳光国际、市政府、马洲公园、滨江新城公交客运站

发车时间:夏季 6:00—18:10,冬季 6:00—18:00,30 分钟一班

七、115 路:地中海花园—滨江新城公交客运站

线路走向:地中海花园—骥江西路—渔婆路—江平路—桃园路—康宁路—东环路—江平路—桃园路—工农路—城东大道—南环路—晨阳路—中洲路—新马路(滨江学校)—江洲路—城东大道—滨江新城公交客运站,全程 12 千米

站点设置:地中海花园、环保小区、西环、西环加油站、实验学校、渔婆小区、烟草大厦、上海城(北)、金都御园、健身广场、城中小学、虹桥城市花园(南)、虹桥城市花园(东)、天使花园、靖城中学、虹桥新村、虹桥农贸市场、虹兴一组、虹兴九组、虹兴八组、虹兴社区康复中心、飞羚大酒店、东环花苑、滨江新城工商所、南环花苑、人民医院(东)、阳光国际花园(北)、滨江学校、行政服务中心、市政府(联检大楼)、马洲公园、滨江新城公交客运站

发车时间:固定班次(根据企业、学校等相关单位冬、夏季作息时间适时调整,其余时间段根据客源情况适时增加班次)

八、116 路:城北园区公交客运站—汽车站

线路走向:城北园区公交客运站—新建路—北环西路—西环北路—西环南路—南环西路—兴业路—汽车站,全程 7 千米

站点设置:城北园区公交客运站、自在城、加洲洋房、峰安不锈钢、百合苑、渔婆菜场(南门)、展灌站、救助站(西郊公园)、禧北环液化气站、启航、第二人民医院、正南小区、地中海花园、龙潭新村、润晖国际广场、汽车站

发车时间:夏季 6:00—18:30,冬季 6:00—18:00,30 分钟一班

九、118 路:消防大队—汽车站

线路走向:消防大队—通江路—中洲路—晨阳路—南环东路—人民路—工农路—车站路—南环西路—兴业路—汽车站,全程 9.5 千米

站点设置:消防大队(滨江新城)、残联、同康小区、体育中心(东)、碧桂园、金悦国际、御水湾(东)、人民医院(南)、人民医院(东)、南环花苑、恒天广场、保安公司、新江海花园、国际大酒店、大润发、泰和国际城、白马、全友家俬、汽车站

发车时间:夏季 6:00—18:30,冬季 6:00—18:00,30 分钟一班

十、206 路:汽车站—锡钢

线路走向:汽车站—兴业路—南环路(白马)—车站路—江平路—人民路—工农路—木金寺—沿江线—锡钢,全程 30 千米

站点设置:汽车站、全友家居、白马、泰和国际城、天妃宫桥、钻石世家小区、上海城(西门)、上海城(北门)、南园宾馆(上海城)、汽运大厦(飞羚传媒)、供销总社、新江海花园(北门)、虹兴菜场、飞羚大酒店、东环花苑、光明印刷厂、越江卫生院(越江村)、木金寺(木金村)、富阳社区(西门)、富阳社区(东门)、越江加油站、湿地公园、澎淇港、井兴村十二队、罗华村、罗华村八队、万福港桥、旺桥、柏一新村、万林木业产业园、安泰动力、六助港、六一村、钱家埭(丰宁村)、新港污水处理厂、唐家埭、章春港桥、港城初中、东阜新村、扬子江物流、长荣钢铁、新港村七队、新港村八队、新华村八队、新世纪船厂、靖瑜特钢、曙光小学(新木村)、新时代船厂(荷花村)、永太螺栓、新南洋、丹华村、下青龙港桥、锡钢(五圩村)

发车时间:夏季 6:00—18:25,冬季 6:10—18:00,15—20 分钟一班

十一、208 路:城北园区公交客运站—长江玫瑰园

线路走向:城北园区公交客运站—北二环—东兴北路—北环东路—人民路—溢馨苑—同康路—长江玫瑰园,全程 19.2 千米

站点设置:城北园区公交客运站、城北园区管委会、新佳新村、红太阳农贸市场、红太阳食品城、裕纶公司、尚城一品、农委、电信公司、人民公园、德诚广场、南园宾馆(上海城)、汽运大厦(飞羚传媒)、国际大酒店、时代菜场、人社局、邮政局、外国语学校、春江花城、中天城市花园、中虹花园、弘宇公交公司、光芒大厦、百富绅东站、东进花苑、凯靖管业、金秋竹集团、城南大院、溢馨苑、中泰钢结构、东方船厂、长江玫瑰园

发车时间:夏季 6:00—18:30,冬季 6:00—18:00,15 分钟一班

十二、210 路:滨江新城公交客运站—侯河幸福村

线路走向:滨江新城公交客运站—晨阳路—南环路—车站路—江平路—靖侯公路—侯河幸福村,全程 14 千米

站点设置:滨江新城公交客运站、阳光国际花园、中环花园、南环花苑、保安公司、新江海花园、石油大厦、卫校、白马、新世界招商场、天妃宫桥、双鱼食品厂、上海城(鑫派得电脑)、烟草大厦、巧丽公寓、红房子宾馆、交警大队、西环(靖西村)、长里建校、友仁村、车管所、铭坤村、龙王村、进步村、新市村、集福村、经纶村、福兴村、侯河村、三爱村、幸福村

发车时间:夏季 6:30—18:00,冬季 6:30—17:45,60 分钟一班

十三、211 路:城北园区公交客运站—溢馨苑

线路走向:城北园区公交客运站—北二环路—渔婆路—兴业路—公新公路—兴澄苑—东进路—兴业路—滨江一路—溢馨苑(兴业路公新公路至东进路段贯通后不从兴澄苑绕行),全程 14.5 千米

站点设置:城北园区公交客运站、福昌铝业、渔婆菜场、西郊公园、江安小区、街心花园、隆泰大药房、渔婆小区、中信银行、渔婆桥、彩虹城、汽车站、万都五金城、兴澄苑、莲沁苑小学、福尔凯制衣、巨鼎冶矿设备有限公司、江苏新新石材有限公司、扬子英伦花园、溢馨苑

发车时间:夏季 6:00—18:20,冬季 6:00—18:00,15 分钟一班

十四、212 路:汽车站—广陵

线路走向:汽车站—环城路—人民路—城北桥—真武河路—靖广公路—广陵,全程 14 千米

站点设置:汽车站、全友家俬、卫校、石油大厦、国际大酒店、汽运大厦(飞羚传媒)、南园宾馆(上海城)、天一国际购物中心、金伯利钻石广场(步行街)、中国电信靖江分公司、靖江农委、尚城一品、城北桥、唯高公寓、真武河桥、城北村、新渔婆菜场(南门)、新渔婆菜场(西门)、团结肝病医院、扬太村(杨太中学)、李王村(李园子)、炼钢材料保护厂、团结镇镇政府、乐稼村(孙家大桥)、中心桥、团结闸、广陵村

发车时间:夏季 6:00—18:00,冬季 6:10—17:50,15—20 分钟一班

十五、215 路:江阴靖江园区—滨江新城客运站

线路走向:江阴靖江园区—滨江一路—七圩港路—东进路—江澄苑—公所桥路—姜八路—新洲路—人民路—江洲路—康兴路—中洲路—滨江学校—江洲路—城东大道—滨江新城客运站,全程 14.5 千米

站点设置:江阴靖江园区、六圩十队(六圩村)、丫子桥(六圩村)、城南敬老院(六圩村)、城南办事处、莲沁苑(北门)、江澄苑、江阴园区法庭、王子橡胶公司、八圩中心小学、百富绅(西)站、鼎和庄(南门)、光芒公司、弘宇公交总站、中天城市景园、中虹花苑、中天城市花园、中天城市花园(北门)、清华苑、外国语学校(省靖中)、御水湾、人民医院、阳光国际花园(北门)、滨江学校、行政服务中心、联检大楼、马洲公园、滨江新城客运站

发车时间:夏季 6:30—18:00,冬季 6:30—17:30,90 分钟一班

十六、220 路:汽车站—西来—葛市车站

线路走向:汽车站—兴业路—环城路—人民路—江平路—西来—葛市车站,全程 25千米

站点设置:汽车站、全友家俬、卫校、石油大厦、国际大酒店、汽运大厦(飞羚传媒)、南园宾馆(上海城)、金都、江华桥、人保公司、新虹桥、虹桥农贸市场、东环、五里桥(东南村)、收费站、火车站(光明村)、弘胜电缆(柏木村)、红卫中学(汤家村)、苗圃路(广福村)、药师庵、六号桥(江平村)、斜桥镇政府、斜新路(红旗村)、斜桥中队、斜桥街(斜桥村)、新世纪大道(创新村)、郁家村、邮政所(泥桥村)、骥洋食品(土桥)、敦土路、见龙村、桐村、西来加油站、西来电信局、华新街(西来村)、如皋葛市

发车时间:夏季 5:50—18:40,冬季 5:50—18:30,8—10 分钟一班

十七、221 路:汽车站—敦义

线路走向:汽车站—兴业路—环城路—渔婆南路—江平路—斜新路—新港—新世纪大道—新敦路—敦义,全程 20千米

站点设置:汽车站、彩虹城、碧水华庭、渔婆桥、中信银行、烟草大厦、上海城(北门)、金都、江华桥、人保公司、虹桥城市花园、虹桥农贸市场、东环、华德汽配、五里桥(东南村)、东南村村委、火车站(光明村)、柏木安置区、弘胜电缆(柏木村)、四号桥、红卫小学(汤家村)、五号桥、苗圃路(广福村)、中市、江平村、六号桥(江平村)、肖家埭、斜桥镇政府、亚细亚加油站(红旗村)、斜桥中队、斜桥中学、斜桥车站、斜桥街(斜桥村)、斜桥宾馆、斜桥水厂、陈家埭、倪家埭、氧气车间、夏仕港闸、新港农贸市场、新木村、新世纪新村、新世纪小区、毛家埭、观音堂埭(荷花村)、沙亚军骨伤科、汪圩埭、敦义卫生院、永太路、敦义村(敦土路)

发车时间:夏季 6:05—18:30,冬季 6:05—18:10,15—20 分钟一班

十八、222 路:汽车站—长安

线路走向:汽车站—兴业路—环城路—车站路—江平路(从柏木老路走)—斜长路—长安,全程21千米

站点设置:汽车站、靖泰大酒店(全友家私)、白马、新世界招商场、天妃宫桥、双鱼食品厂、上海城(鑫派得电脑)、交通局、金都、江华桥、人保公司、新虹桥、虹桥农贸市场、东环、五里桥(东南村)、收费站、火车站(光明村)、柏木卫生院(柏木村)、红卫中学(汤家村)、苗圃路(广福村)、药师庵、六号桥(江平村)、斜桥镇政府、斜新路(红旗村)、斜桥中队、红旗村(红星桥)、大觉村、民政村、横河村、祁安村、廉尚村、庄帜村、新安村、长安村(长安汽车站)

发车时间:夏季6:00—18:15,冬季6:00—18:10,15—20分钟一班

十九、223路:汽车站—怀德学院—靖江开发区管委会

线路走向:汽车站—兴业路—南环西路—人民路—中洲路—晨阳路—江洲路—城东大道—阳光大道—工农路—沿江公路—斜新路—阜前路(怀德学院)—章春港路—学府路—永安路—阜前路—江安路—沿江公路—开发区管委会,全程23千米

站点设置:汽车站、全友家俬、卫校、石油大厦、时代菜场、人社局、邮政局、省靖中、御水湾、人民医院、阳光国际、行政服务中心(市政府北门)、市政府(东门)、口岸联检中心、长江首府、百蔚园、富阳小区(北门)、富阳小区(东门)、牧城公园(越江加油站)、沿江路口、蟛蜞港、罗家桥、互感器厂、万福港桥、旺桥村、盈联木业、盈丰木业、六助港、六助村、六一村、污水处理厂、斜新路、怀德学院、章春港路、学府路、阜前路、东阜小区、三江物流、开发区管委会

发车时间:夏季6:00—18:30,冬季6:00—18:00,15分钟一班

二十、226路:汽车站—红光

线路走向:汽车站—兴业路—环城路—车站路—江平路—红光,全程18千米

站点设置:汽车站、全友家俬、白马、新世界招商场、天妃宫桥、双鱼食品厂、上海城(鑫派得电脑)、烟草大厦、巧丽公寓、红房子宾馆、交警大队、西环(靖西村)、长里建校、友仁村、车管所、铭坤村、马桥镇、徐周村、马桥村、白衣村、栗树村、正大加油站、农干校、生祠村、生祠镇、思岳路、义强路、翠竹园小区、斜角羊桥(大进村)、孙家埭(新建村)、新丰村、新跃村、娄子埭(地藏村)、陈家埭、红光

发车时间:夏季6:00—18:10,冬季6:00—17:45,30—40分钟一班

二十一、227路:汽车站—新桥

线路走向:汽车站—兴业路—渔婆南路—江平路—车站路—姜八公路—公新公路—新桥,全程24千米

站点设置:汽车站、彩虹城、渔婆桥、中信银行、烟草大厦、上海城(鑫派得电脑)、双鱼食品厂、天妃宫桥、新世界招商场、白马、华侨新村、扬子江大酒店、春江花城、顶和庄、火炬村、北六村、中桥村、鼎新村、昆盛村、惠龙村、惠圣村、惠丰村、克成村、海镇村、旺稼村、益民村、太东村、礼圣村、新桥村

发车时间:夏季5:45—18:30,冬季6:00—18:00,10—12分钟一班

二十二、228路:汽车站—新桥

线路走向:汽车站—兴业路—南环路—人民路—江平路—新丰—新夹线—新桥,全程25千米

站点设置:汽车站、全友家俬、卫校、石油大厦、国际大酒店、汽运大厦(飞羚传媒)、南园宾馆(上海城)、交通局、烟草大厦、巧丽公寓、红房子宾馆、交警大队、西环(靖西村)、长里建校、友仁村、车管所、铭坤村、马桥镇、徐周村、马桥村、白衣村、栗树村、正大加油站、农干校、生祠村、生祠镇、思岳路、义强路、翠竹园小区、斜角羊桥(大进村)、孙家埭(新建村)、新丰村、新跃村、老港村、红英村、礼士村、新桥村

发车时间:夏季6:00—18:20,冬季6:00—18:03,18—20分钟一班

二十三、229路:汽车站—夹港

线路走向:汽车站—兴业路—南环路—车站路—江平路—新夹线—夹港,全程26千米

站点设置:汽车站、全友家俬、白马、新世界招商场、天妃宫桥、双鱼食品厂、上海城(鑫派得电脑)、烟草大厦、巧丽公寓、红房子宾馆、交警大队、西环(靖西村)、长里建校、友仁村、车管所、铭坤村、马桥镇、徐周村、马桥村、白衣村、栗树村、正大加油站、农干校、生祠村、生祠镇、思岳路、义强路、翠竹园小区、斜角羊桥(大进村)、孙家埭(新建村)、新丰村、新跃村、老港村、红英村、五星村、礼士村、太和村、滨江村

发车时间:夏季6:15—18:15,冬季6:00—18:00,15—20分钟一班

二十四、230路:汽车站—红光车站

线路走向:汽车站—兴业路—环城南路—车站路—江平路—渔婆路—常太路—靖广线—新江平路—江平路—红光车站,全程27千米

站点设置:汽车站、全友家俬、白马、泰和国际城、天妃宫桥、钻石世家小区、上海城(西门)、烟草大厦、渔婆小区、隆泰大药房、街心花园、江安小区、西郊公园、城北村、新渔婆菜场(东门)、铭强钢铁、扬太村(杨太中学)、李王村(李园子)、炼钢材料保护厂、团结镇镇政府、乐稼村(孙家大桥)、三圩埭(广陵村)、西四圩埭、登家埭、福兴村、皮匠埭、叶家埭、朱行埭、小市半埭、陆家埭、盛家埭(幸福村)、夹阳埭、三圩埭(三爱村)、施家埭、老张埭、戴家埭、孙家埭、白果树埭、七圩埭、六圩埭、篓子埭、红光客运站

发车时间:夏季6:00—18:00,冬季6:30—17:00,60分钟一班

二十五、232路:汽车站—东进

线路走向:汽车站—兴业路—南环路—车站路—江平路—马尔港路—东进,全程19千米

站点设置:汽车站、全友家俬、白马、新世界招商场、天妃宫桥、双鱼食品厂、上海城(鑫派得电脑)、烟草大厦、巧丽公寓、红房子宾馆、交警大队、西环(靖西村)、长里建校、友仁村、车管所、铭坤村、马桥镇、徐周村、马桥村、白衣村、栗树村、正大加油站、农干校、生祠村、大进村、七一村、七里村、东进村

发车时间:夏季6:30—17:30,冬季6:30—17:15,90分钟一班

二十六、235路:汽车站—季市

线路走向:汽车站—兴业路—渔婆南路—江平路—人民路—姜八公路—季市,全程18千米

站点设置:汽车站、彩虹城、中信银行、烟草大厦、交通局、天一国际购物中心、金伯利钻石广场(步行街)、中国电信靖江分公司、靖江农委、尚城一品、裕纶公司、红太阳食品城、城北安置区、城北园区管委会、欣盛空调(新一村)、中瑞电气村(常胜)、镇南村、煤矿南路、江苏中亚空调、邮电所(孤山村)、天安空调、桑木桥、北矿(山东村)、通太村、张太加油站、土桥村、裕福村、陈塘村、三庆路(大庆村)、季长路(季新村)、季市镇政府、季西村、季市村

发车时间:夏季5:50—18:40,冬季5:50—18:20,8—10分钟一班

二十七、236路:汽车站—东兴

线路走向:汽车站—兴业路—渔婆南路—江平路—生东线—东兴,全程17千米

站点设置:汽车站、彩虹城、中信银行、巧丽公寓、红房子宾馆、交警大队、西环(靖西村)、长里建校、友仁村、车管所、铭坤村、马桥镇、徐周村、马桥村、白衣村、栗树村、正大加油站、农干校、生祠村、新生村、金星村、成德村、东兴村、合兴村

发车时间:夏季6:30—18:10,冬季6:30—17:40,30分钟一班;周六周日延伸至部队,固定2班

二十八、238路:汽车站—鑫福船厂

线路走向:汽车站—兴业路—渔婆南路—江平路—车站路—姜八路—中洲路—人民南路—新洲路—姜八路—沿江公路—新扬子船厂—孝化村—鑫福船厂,全程32千米

汽车站、彩虹城、渔婆大桥、碧水华庭、中信银行、烟草大厦、上海城(西门)、钻石世家小区、天妃宫桥、泰和国际城、白马、华侨新村、扬子江大酒店、交通运输局、农业银行、外国语学校、中天城市花园、中虹花园、弘宇公交总站、光芒大厦、鼎和庄、百富绅西站、莲沁苑、天和干燥器厂、八圩收费站、长阳钢材、宇山万向(八圩村)、六圩村、五圩村、四圩村、长强特钢、中建钢构(万丰村)、东安特钢、恒义村、新扬子船厂(五星村)、上六村、东兴大道、上五圩港、万盛村、美人港(何德村)、上四圩港、新川心港(太东村)、五墩子(滨江村)、横港桥(滨江村)、滨江村、文东村、上九圩港(新合村)、新合村、孝化村、上青龙港、双龙村、光芒集团、鑫福船厂

发车时间:夏季6:30—18:30,冬季6:45—18:00,20分钟一班

二十九、251路:汽车站—红光西站

线路走向:汽车站—兴业路—环城路—车站路—江平路—红光—红光西站,全程25千米

站点设置:汽车站、全友家俬、白马、新世界招商场、天妃宫桥、双鱼食品厂、上海城(鑫派得电脑)、烟草大厦、巧丽公寓、红房子宾馆、交警大队、西环(靖西村)、长里建校、友仁村、车管所、铭坤村、马桥镇、徐周村、马桥村、白衣村、栗树村、正大加油站、农干校、生祠村、生祠镇、斜角羊桥(大进村)、孙家埭(新建村)、新丰村、娄子埭(地藏村)、陈家埭、红光(新跃村)、利珠村、新义村、红光西站(法喜村)

发车时间:夏季6:30—18:00,冬季6:45—17:45,60分钟一班

三十、253路:汽车站—新桥—三泰村

线路走向:汽车站—兴业路—南环路—人民路—江平路—新丰—新夹线—新桥—三泰村,全程 32 千米

站点设置:汽车站、全友家俬、卫校、石油大厦、国际大酒店、汽运大厦(飞羚传媒)、南园宾馆(上海城)、上海城(北门)、烟草大厦、巧丽公寓、红房子宾馆、交警大队、启航农贸市场(靖西村)、长里建校、金星公司、家俬城(友仁村)、车管所、铭坤村、西郊托老院(铭坤村)、马桥镇政府、马桥邮局(马桥村)、徐周村、马洲小农庄、白衣堂(白衣村)、羊铁港(白衣村)、丁家埭(朝西村)、三圩港(栗树村)、正大加油站、大靖港(生祠村)、长江加油站、生祠中队、斜角羊桥(大进村)、孙家埭(新建村)、新丰村、毛巾厂(新丰村)、新西桥(新跃村委)、羊家高桥(新跃村)、空调厂(新跃村)、老港桥(老港村)、新丰水厂(老港村)、徐家埭(老港村)、米厂(老港村)、关庙埭(红英村)、龚家埭(红英村)、礼士变电站、太和加油站(礼士村)、太和卫生院(礼士村)、礼士桥(礼士村)、太和小学、太和农商银行(礼士村)、太和邮局(礼士村)、钢瓶厂、高山桥、新桥加油站、新桥工业园区、新桥交管所、华联超市、新桥、三兴村、新柏村、登二圩、弯刀圩、大挂耳、大挂耳圩、德胜村、小挂耳圩、蔡小圩、光芒小学、四益庄、光芒集团、三泰村

发车时间:夏季 6:30—17:15,冬季 6:30—16:35,固定班次发车

三十一、258 路:汽车站—生祠镇红英村

线路走向:汽车站—环城南路—车站路—江平路(从生祠镇新路走)—红光车站—红南路—红英村,全程 22 千米

站点设置:汽车站、全友家私、白马、新世界招商场、天妃宫桥、双鱼食品厂、上海城(鑫派得电脑)、烟草大厦、巧丽公寓、红房子宾馆、交警大队、西环(靖西村)、长里建校、友仁村、车管所、铭坤村、马桥镇、徐周村、马桥村、白衣村、栗树村、正大加油站、盛达环保设备厂、长江加油站、生祠中队、斜角羊桥(大进村)、孙家埭(新建村)、新丰村、娄子埭(地藏村)、陈家埭、红光(新跃村)、红光卫生院、地藏村(红西埭)、涨公村、红英村

发车时间:6:05—17:40,日发班次 2 班

三十二、361 路:长里建校—迎祥村

线路走向: 迎祥村—四圩港路—江平路—长里建校,全程 16 千米

站点设置:迎祥村、高家埭、陈家埭、后戴家埭、祖师村、王家埭、后高家埭、栗树村、白衣村、马桥村、徐周村、马桥镇、铭坤村、车管所、友仁村、长里建校

发车时间:夏季 6:30—16:30,冬季 6:15—16:15,固定班次发车

三十三、362 路:长里建校—横港村

线路走向:长里建校—江平路—三九公路—横港村,全程 6 千米

站点设置:长里建校、友仁村、车管所、铭坤村、马桥镇政府、正北村、横港村

发车时间:夏季 6:30—18:10,冬季 6:45—18:00,固定班次发车

三十四、370 路:新港园区管委会—城北园区公交客运站

线路走向:新港园区管委会—东皋路—江平路—斜新线—叶王公路—南煤矿路—姜八路—北二环路—城北园区公交客运站,全程 10 千米

站点设置:东皋新村、斜桥医院、斜桥街(斜桥村)、斜桥车站、斜桥中队、亚细亚加油站、长东(红旗村)、良种场(筱山村)、富民村委、富民村九队、百花港(新庄村)、汤家埭(新庄村)、王家埭(新庄村)、新庄村委、南煤矿(联华村)、煤矿南桥、广通船用阀门公司、镇南村、中瑞电气(常胜村)、欣盛空调(新一村)、城北园区公交客运站

发车时间:夏季 6:30—18:10,冬季 6:45—18:00,固定班次发车

三十五、371 路:勤丰村—城北园区公交客运站

线路走向:勤丰村—中心港北路—西红线—靖广公路—北环路—渔婆北路—北二环路—城北园区公交客运站,全程 10.5 千米

站点设置: 勤丰村、石桥村、朱家埭、团结卫生院、中心桥、孙家大桥、团结、炼钢材料保护厂、李园子(李王村)、杨太中学(杨太村)、团结肝病医院、展灌站(西郊村)、百合苑小区、宝尔力大楼、城北园区公交客运站

发车时间:夏季 7:30—17:30,冬季 7:15—17:15,固定班次发车

三十六、365 路:长安车站—季市车站—花家村

线路走向:长安车站—季长路—姜八公路—季市车站—季广路—宁界—宁花路—花家村,全程 14 千米

站点设置: 长安车站(长安村)、唐家埭桥(文嘉村)、安武村、范家埭(利民村)、石榴村、关桥村、四圩埭(曙光村)、季东村、季市汽车站、季市村、季西村、季市安置区(季新村)、井段圩(井圩村)、陈家埭(宁界村)、宁界村村委、沈家埭(宁界村)、钱家埭(宁界村)、彭家埭(宁界村)、杜家埭(勤盛村)、郭家埭(花家村)

发车时间:夏季6:30—18:00,冬季6:45—17:30,固定班次发车

三十七、369路:长安车站—西来镇—丰产村

线路走向:长安车站—土长路—江平路—西来镇—西红线—五圩港路—丰产村,全程19千米

站点设置:长安车站(长安村)、龙飞村、龙华村、永胜村、封家村、泥桥村、见龙村、桐村、西来加油站、西来电信局、西来镇政府、新华纺织(西来村)、建新桥(东来村)、东来村村委、红旗桥(普福村)、锡钢(五圩村)、义兴村、丰产村

发车时间:夏季6:30—18:00,冬季6:45—17:30,固定班次发车

三十八、26路:靖江汽车站—泰兴汽车站

线路走向:靖江汽车站—南外环路—车站路—江平路(生祠镇区线)—泰兴汽车站,全程42千米

站点设置:靖江汽车站、富海广场、白马、泰和国际城、天妃宫桥、钻石世家小区、上海城西门、烟草大厦、巧丽公寓、红房子宾馆、交警大队、启航农贸市场、长里建校、金星公司、车管所、铭坤村、马桥镇政府、徐周村、白衣堂、四圩港、正大加油站、锻压厂、邮电局、思岳路、翠竹园、大进村、新建村、新丰、地藏村、陈家埭、红光、毗芦车站、张桥车站、金马、泰兴汽车站

发车时间:夏季6:00—18:05,冬季6:05—18:00,20—25分钟一班

靖江市部分单位信息发布平台

单位名称及网站	微博	微信
单位名称:市政协 网址:http://www.jjzx.gov.cn/	微博名:靖江政协 微博地址: http://weibo.com/jjzhengxie 二维码:	微信名:靖江政协 微信号:jjzx214500 二维码:
单位名称:市司法局 网址:http://sfj.jingjiang.gov.cn/	微博名:靖江市司法局视频中心 微博地址:http://weibo.com/jjsfj 二维码:	微信名:靖江司法 微信号:jjssfj 二维码:
单位名称:市统计局 网址:http://tjj.jingjiang.gov.cn/	—	—

单位名称及网站	微博	微信
单位名称:市国土资源局 网址:http://jjgtj.gov.cn/	微博名:靖江国土 微博地址:http://weibo.com/u/5394066862 二维码:	—
单位名称:市物价局 网址:http://wjj.jingjiang.gov.cn/	—	—
单位名称:市安监局 网址:http://www.jsjjsafety.gov.cn/	微博名:靖江安监 微博地址:http://weibo.com/u/3723305314 二维码:	微信名:靖江市安监局 微信号:gh_335095fa3b33 二维码:
单位名称:市金融办	—	微信名:靖江金融办 微信号:jjsjrb 二维码:
单位名称:市审计局 网址: http://www.sjj.jingjiang.gov.cn/	—	—
单位名称:市残联 网址: http://www.jjscl.org/	—	微信名: 微信号:靖江阳光助残 二维码:

单位名称及网站	微博	微信
单位名称:市规划局 网址:http://ghj.jingjiang.qov.cn	—	—
单位名称:市公安局 网址:	微博名:靖江公安 微博地址: http://weibo.om/p/1001061834587054/home?from=page_100106&mod=TAB#place 二维码:	微信名: 微信号: 二维码:
单位名称:市检察院 网址: http://www.jsjingjiang.jcy.gov.cn	—	微信名:jjjiancha 微信号: 二维码:
单位名称:市委机关工委 网址: http://www.jjjgdjw.com/	—	—
单位名称:市交通局 网址: http://www.jjjtj.gov.cn/	—	—
单位名称:市消防大队	—	微信名: 微信号:jjxfdd119 二维码:

单位名称及网站	微博	微信
单位名称:市机关事务局 网址: http://xgj.jingjiang.gov.cn	—	—
单位名称:市文广新局 网址: http://www.jjwh.gov.cn/	—	—
单位名称:市政务办 网址: http://xzsp.jingjiang.gov.cn/	—	—
单位名称:市公共资源交易中心 网址: http://www.jjggzyw.com/jjweb/default.aspx	—	—
单位名称: 市 12345 政府服务热线 网址: http://12345.jingjiang.gov.cn/	—	—
单位名称:市农委 网址: http://www.jjagri.gov.cn/	—	—
单位名称:市气象局	微博名:靖江气象 微博地址:weibo.com/u/3517872760/ 二维码:	—
单位名称:市总工会 网址: http://www.jjzgh.gov.cn/html/index.html	微博名:靖江工会 微博地址:http://weibo.com/jjszgh/profile?rightmod=1&wvr=6&mod=personinfo	微信名:靖江职工之家 微信号:jjszgh

单位名称及网站	微博	微信
单位名称：市体育局 网址： http://tyj.jingjiang.gov.cn/	微博名： 微博地址： 二维码：	微信名： 微信号： 二维码：
单位名称：市城管局 网址： http://www.jjcgj.gov.cn/	—	微信名： 微信号：jingjiangchg 二维码：
单位名称：市环保局 网址： http://www.jjeic.gov.cn	微博名：靖江环保 微博地址：http://weibo.com/jjhb 二维码：	—
单位名称：市教育局 网址： http://www.jsjjedu.com	微博名： 微博地址：http://weibo.com/u/3317614514?opener=weiyonghu 二维码：	微信名： 微信号： 二维码：
单位名称：市住建局 网址： http://www.jjcin.gov.cn	—	—
单位名称：市民政局 网址： http://www.jjmzj.gov.cn/	—	—

单位名称及网站	微博	微信
单位名称:市供销总社 网址: http://www.jsjjcoop.com/	—	—
单位名称:靖江引航站 网址:http://www.cj-pilot.com.cn:9001/jjz/index.php	—	—
单位名称:长江航道局 网址:http://www.cjhdj.com.cn/	—	—
单位名称:江苏长江商业银行 网址:www.cjccb.com	—	微信名:微长江 微信号:changjiangbank 二维码:
单位名称:靖江农村商业银行 网址:http://www.jjbank.net/	—	微信名:靖江农商银行 微信号:js_jjbank 二维码:
单位名称:靖城街道办事处 网址: http://jingcheng.jingjiang.gov.cn/	—	—
单位名称:滨江新区办事处 网址: http://binjiang.jingjiang.gov.cn/	—	—
单位名称:滨江新城投资开发公司 网址:http://www.jjbjxc.com	—	—
单位名称:城北园区 网址:http://www.jjcb.com.cn	—	—

单位名称及网站	微博	微信
单位名称:城南办事处 网址: http://chengnan.jingjiang.gov.cn/	—	—
单位名称:江阴—靖江工业园区办事处 网址: http://jyjjbsc.jingjiang.gov.cn/	—	—
单位名称:东兴镇政府 网址: http://dongxing.jingjiang.gov.cn/	—	—
单位名称:马桥镇政府 网址: http:// maqiao.jingjiang.gov.cn/	—	—
单位名称:生祠镇政府 网址: http:// shengci.jingjiang.gov.cn/	—	—
单位名称:新桥镇政府 网址: http:// xinqiao.jingjiang.gov.cn/	—	—
单位名称:西来镇政府 网址: http:// xilai.jingjiang.gov.cn/	—	—
单位名称:斜桥镇政府 网址: http:// xieqiao.jingjiang.gov.cn/	—	—
单位名称:季市镇政府 网址: http:// jishi.jingjiang.gov.cn/	—	—
单位名称:孤山镇政府 网址: http:// gushan.jingjiang.gov.cn/	—	—
单位名称:常州大学怀德学院 网址:http://hdc.cczu.edu.cn	微博名:常州大学怀德学院 微博地址:weibo.com/u/5592889900	—

主题分析索引说明

1. 本索引主要采用主题分析法提取,部分则选用关键词。

2. 本索引按首字汉语拼音字母顺序排列。

3. 索引名称后的数字表示内容所在的页码，数字后面的 a、b、c 分别表示左栏、中栏、右栏。

4. 本索引编有附见系统和互见系统,同一内容“互见”只标页码及条目标题。

5. 表格标题的索引后注有“表”字,图片后注有“图”字。

6. 彩页、大事记未作索引;特载、文件选编、统计资料、附录等类目只索目题。

7. 为便于读者检索,在靖江市境内的企事业单位和发生的事件名称,除易产生歧义者外,略去“靖江市”或“靖江”。

A

B

E

F

K

L

M

T

Y

Z

靖江市科学技术局

2014年，全市科技工作围绕创新驱动和转型升级主题，坚持以提升自主创新能力为核心，以推动政产学研紧密结合为抓手，积极抢抓机遇，开拓创新，扎实推进科技创新工程，成效显著。成功举办深化政产学研工作推进会，与南京理工大学等7家高校院所共同成立靖江产业技术研究院。全年高新技术产业产值占列统工业比重达34.82%（不含江阴园区，占比达36.38%）。全市新增三部委认定高新技术企业11家；全年列入省级以上科技计划39项，其中国家重点新产品计划1项、国家星火火炬计划8项、省级以上创新基金项目5项，列入2014年度国家高技术研究发展计划（863计划）1项，入选江苏省科技成果转化资金计划1项；新认定省级高新技术产品120项，共下达靖江市级新产品试制计划项目456项。全年通过产学研合作共引进高新技术项目并签订正式协议76项，共建产学研联合体32家。亚星锚链参与研发的“超深水半潜式钻井平台‘海洋石油981’研发与应用”项目获评国家科技进步特等奖，乐科热力、联兴成套的2个项目分获江苏省科学技术二等奖、三等奖，19个项目获评泰州市科学技术奖。全年专利申请量达到6248件，万人发明专利拥有量达到4.56件。全市落实科技税收优惠政策共减免税收9408.27万元。靖江市获批江苏省创新型试点城市。

中国科学院青年专家靖江行

市委书记倪斌（中）调研江阴园区中铁建康远新材料有限公司

市委书记倪斌（中）调研中建钢构江苏有限公司

科技企业创新创业能力提升培训班

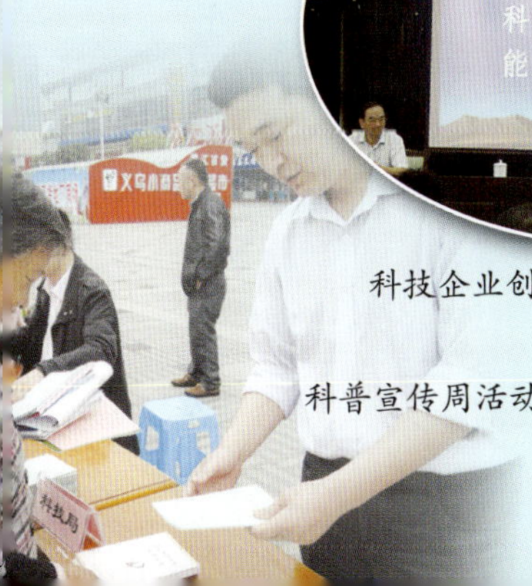

科普宣传周活动现场

上海应用技术学院靖江技术转移中心揭牌

靖江市人力资源和社会保障局

2014年，市人社局坚持民生为本、人才优先工作主线，转风提效，服务大局，将改革创新贯穿于人社工作各个环节，加快服务方式转变，持续提升服务效能。促进重点群体就业，新增就业1.99万人，企业养老、医疗、工伤、生育、失业五大保险参保人数分别达到17.10万人、26.44万人、18.91万人、13.42万人、13.30万人。出台鼓励全民创业实施意见，参与组织开展“创业情中国梦”青年创业推进活动，推进大学生创业园建设，实施“1+X”创业培训。举办各类招聘会62场次，培训职工13500人，鉴定获证10855人。培训“靖江厨师”4087名。开展人才招引工作，组织企业赴院校招聘，新增1家省级博士后创新实践基地，参与承办海外博士靖江行活动，规范人力资源市场管理。加强全市公务员管理考核，完善事业单位岗位设置及日常管理，做好军转干部工作，深化劳动监察争议调处服务。扎实开展群众路线教育实践活动，编印政策业务口径手册，推进业务经办模式由“一条龙”办理向“一窗式”办结过渡，推动业务办理向基层下移，99个村的医保定点卫生室实现城乡居民医保即时报销、职工医保刷卡服务。

大学生招聘服务

海外博士江苏行靖江洽谈会现场

举办“1+X”创业培训班

靖江市万名厨师第五期培训班开课

为退休人员送健康服务

泰州市靖江地方税务局

党组书记、局长陆静波参加行风热线

2014年，市地税系统深入贯彻落实江苏省地税局、泰州市地税局工作部署，围绕“管理制度化、工作标准化、执法规范化”目标，全面深化改革，推进管理转型，促进税收征管质效、组织收入质量，依法治税能力、纳税服务水平、干部队伍素质全面提升。全系统组织各项收入首次突破70亿元，达70.77亿元，同比增长13.96%；组织地方税收收入41.06亿元，同比增长14.78%；公共预算收入完成34.13亿元，同比增长13.80%。全系统被江苏省地方税务局授予江苏地税20周年建功集体称号，被江苏省残联评为江苏省安排残疾人就业先进集体，被泰州市委、市政府授予2013－2014法治泰州建设依法行政示范单位、2014－2015泰州市级依法行政示范点称号。该局连续11年被靖江市委、市政府评为市级机关绩效考评十佳服务地方发展单位，稽查局被中华全国妇女联合会授予全国巾帼文明岗，第三分局、稽查局被评为泰州地税2014年度依法行政示范单位，第六分局被评为泰州市十佳青年文明号。

举办“纳税服务开放日”活动

获2014年全国模范职工之家称号

地税干部在企业开展纳税辅导

举办“道德讲堂”

靖江市经济和信息化委员会

上级领导至靖江调研

举办工业经济转型升级研修班

产学研合作座谈

走访联系贫困户

2014年，全市列统工业完成增加值456.71亿元、总产值2018.68亿元、利润160.05亿元，同比分别增长4.07%、3.84%、15.29%。完成工业投资188.40亿元，同比增长15.2%，技改投资157.19亿元，同比增长11.15%。

工业经济实现稳中有进。全市船舶、汽车零部件、电机电器、工程机械、高端装备制造等行业积极调结构、拓市场，生产效益稳定增长，传统产业加快向高端高质高效转型，战略性新兴产业、生产性服务业支撑作用逐步增强。项目建设稳步推进。全年共实施3000万元以上项目221个，计划总投资195.96亿元，其中高端装备制造、新材料和节能环保产业等新兴产业项目50个，有27个重点项目被列入泰州市双百工程计划。引导企业加大转型升级力度，积极帮助符合条件的企业上争项目，年内有27家企业获得省级专项引导资金2240万元；获得国家项目2个（改善小企业集聚区创业项目、靖江市窗口综合服务平台项目），共计资金148.6万元；3家企业获国家高效节能电机惠民工程补贴3202万元；淘汰落后产能及关闭小企业3个项目，补助118万元。两化融合水平进一步提升。电子信息产业和软件产业稳步发展，新增省级两化融合试点企业5家、示范企业1家，新注册软件企业3家，通过软件产品检测14个，新申报著作权11个。节能降耗取得较好成绩。全年实施重点节能技改项目23项，完成节能审查51家，完成项目节能评估报告15个，淘汰落后用能设备105台（套），共计48家化工生产企业列入第3轮化工整治范围，按照分类整治方案分步实施。“六大服务提升行动”初见成效。大力实施“创业、创新、融资、人力资源、持续发展、服务体系”等“六大服务”提升行动，推动中小企业创业发展、创新发展、集聚发展、规模发展、融合发展和绿色发展。积极帮助企业搭建合作与交流平台，增强企业与国内外知名院校和企业的交流，满足企业在行业信息、政策指导、融资供求、培训等方面的需求。

靖江市水利局

江苏省水利厅副厅长叶健（右一）检查安全生产工作

长江螃蜞港水源地达标建设通过省级验收

举办党政干部群众工作能力提升培训班

与河海大学签订合作协议

2014年，靖江市水利局紧紧围绕水利“十二五”目标，全面深化改革，全力克难攻坚，各项工作成绩显著、成效明显，获2014年度市级机关绩效考评先进单位。推进病险工程除险加固，重点实施上六圩港东侧310米；完成章春港等堤段抛石护坎工程，抛石1720立方米，确保工程安全度汛。建成第4批重点县二期项目，完成九圩港一期工程整治，启动农村河道二次轮浚，实施夏仕港套闸除险加固工程，推进城区54条小沟小河整治和滨河绿地建设。清理江堤耕翻种植25.73公顷，清除城区河道垃圾、漂浮物4550吨，清淤整治城区河道5条。牧城生态园创建成“江苏省水利风景区”，长江螃蜞港饮用水源地达标建设通过省水利厅等部门的现场验收。严格质量监管，出台《靖江市水利工程质量监督管理实施细则》。强化水行政执法，查处水事违法案件22起、非法采砂和非法停靠案件9起，完成上五圩港采砂船只集中停靠点建设。沿江各闸全年引水5.72亿立方米、排水14.98亿立方米，城区调水0.63亿立方米。全年征收各项水利规费1851.80万元、过闸费906万元、农业水费224.45万元。

冬春水利建设现场会

靖江市司法局

首个国家宪法日，市四套班子领导在法治宣传横幅上签名

2014年，市司法局以打造人民满意的实战型、服务型司法行政机关为目标，扎实开展党的群众路线教育实践活动，全力推进“四个全覆盖”（法治宣传教育、特殊人群服务管理、公共法律服务、矛盾纠纷排查调处全覆盖）工作体系建设，各项业务工作成效显著。靖江市被全国普法办表彰为“六五”普法中期全国先进市；市司法局被省人社厅、司法厅、公务员局联合表彰为全省司法行政系统先进集体；社区矫正工作位居全省前列，被省司法厅授予集体二等功；被省综治委特殊人群服务管理工作领导小组表彰为全省刑满释放人员安置帮教工作先进集体；“菜单式”普法被《泰州政法》《江苏政法》刊载推广；法治文化“三建三行”（围绕特色村居建设的法治文化“镇村居行”，围绕平安和谐校园建设的法治文化“校园行”，围绕诚信守法企业建设的法治文化“企业行”）获评全省“六五”普法项目创新奖；律师“公益服务日”被《江苏法制报》头版重点报道；信息、微博工作排名位于全省县（市、区）前列，得到省司法厅充分肯定，并被表彰为全省司法行政系统信息工作先进集体。

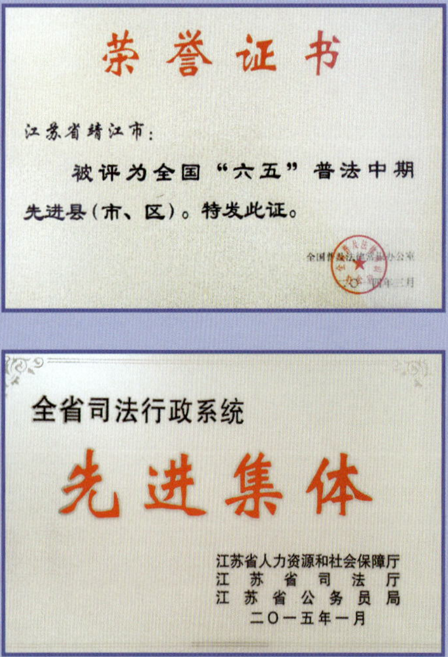

荣誉证书

江苏省靖江市：

被评为全国“六五”普法中期先进县（市、区）。特发此证。

全省司法行政系统

先进集体

江苏省人力资源和社会保障厅
江苏省司法厅
江苏省公务员局
二〇一五年一月

获得的部分荣誉

12·4全国法制宣传日法治文艺演出

靖江市安全生产监督管理局

2014年，市安监局紧扣全市中心工作，科学把握安全生产特点规律，积极适应安全生产新常态，不断探索安全监管创新，全面落实安全生产责任，突出基层基础建设，强化重点行业领域专项治理，不断增强保障发展能力，全市安全生产形势总体平稳。是年，获得江苏省安全生产宣传工作先进单位、泰州市安全生产工作先进集体等荣誉称号。

市委书记倪斌（右一）视察安全生产工作

市长赵叶（右一）现场指导安全监管工作

江苏省安监局副局长喻鸿斌（右二）检查安全文化建设示范候选企业安全生产工作

安监局局长朱晓波（左一）围绕“切实履行安全发展的职责使命”接受靖江网访谈

市安监局开展“中梗阻”清障行动

首届安全生产摄影图片巡回展

靖江市粮食局

广州粮食集团有限公司与斜桥镇农经农技服务中心签约

放心粮油站点

扬子江现代粮食物流公司门市收购

2014年，全市粮食工作以发展现代粮食流通产业为目标，主动适应粮食流通新形势，粮食工作继续保持平稳向上发展态势。实现粮食购销总量351.10万吨（其中托市收购小麦9.40万吨），销售收入44.62亿元。为东兴、马桥、新桥和季市4家粮管所维修仓容3.50万吨，添置设备40台（套），修筑道路晒场6000余平米。完成4个单位的信息化建设任务，基本实现全市粮食收购、出入库监控信息化。推进新桥粮管所三期5000吨仓库建设，有效提升粮食企业的收储能力。围绕粮食宏观调控、粮食市场供应和粮食价格稳定3项重点工作，组织开展清仓查库工作，确保库存粮食数量真实、存储安全。开展粮食流通联合执法检查，稳定粮食市场秩序。开展粮食收购资格审查、粮食收购市场监督检查、粮油经营质量卫生监督检查、“食品安全周”等活动。推广应用机械通风除湿、降温、环流熏蒸等科学保粮新技术。按照“政府引导、企业主体、市场运作”的思路，大力推进“放心粮油”工程建设，制定放心粮油示范店申报条件、服务承诺、监督管理、考核奖励等一系列制度，为放心粮油工程全覆盖打下良好基础。

东兴粮管所9-12仓库修缮一新

靖江市卫生局

2014年，全市卫生系统以“保基本、强基层、建机制”为主题，以“优质均衡发展”为主线，积极推进医改各项措施，不断优化医疗卫生发展环境，在泰州2014年度卫生工作综合目标考核中获一等奖。靖江创建国家卫生城市通过综合评审，被江苏省卫计委命名为江苏省卫生应急示范市。人民医院创建成三级综合医院，中医院通过国家中医药管理局三级乙等评审，妇保所受到国家卫计委通报表扬。

江苏省卫生厅黄祖瑚（前排右一）视察卫生工作

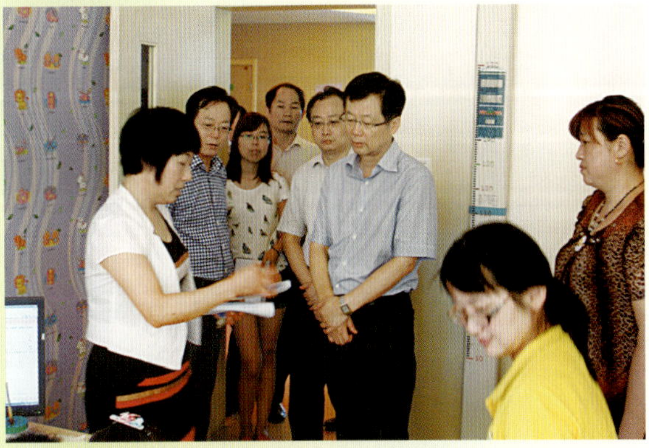

市长赵叶（中）在市妇保所调研

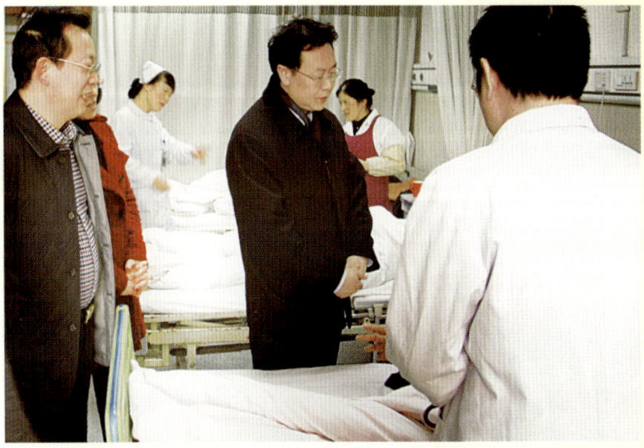

市委书记倪斌（中）视察卫生工作

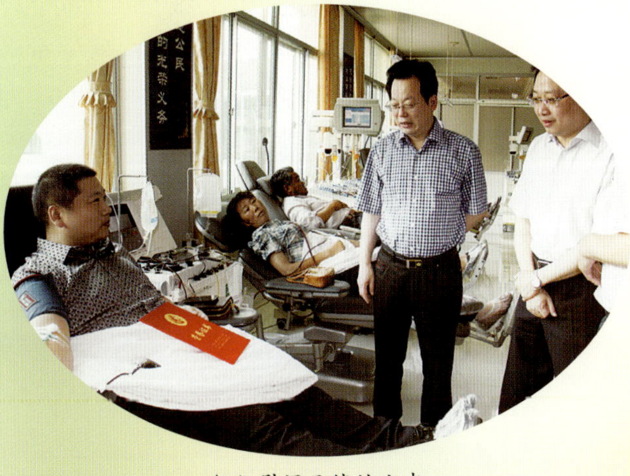

组织慰问无偿献血者

靖江市交通运输局

2014年，市交通运输局加大交通基础设施投入，重点抓好广靖互通改扩建、城西大道、公新公路拓宽改造、上五圩轮渡、横港南路等五项重点工程。农村公路提档升级工程建设道路25千米、桥梁11座，修补县道约2.40万平方米，指导新桥镇创建成省级农村公路管养示范镇。配合市政府出台《优先发展城乡公共交通的实施意见》，进一步提升公共交通服务品质，加大公交的建设管理力度，城区34座公交站台改造成港湾式站台，覆盖免费WIFI，推出“掌上公交”APP，开通长途客运网上售票系统。全市中小学生上下学期间乘坐公交车实行城区内免费，往返农村乘坐农公线路100次以内免费，为全市1.30万名持证残疾人发放公交爱心卡。全市长途客运、旅游包车客运全部实现高级化，231辆教练车安装第2代信息化记录仪。在斜桥、季市等交管所设立6个便民服务前沿窗口，创建窗口和基层站所服务联动机制。全系统各党组织集中开展“学习雷锋、转变作风、服务群众”主题活动。设立交通运输系统道德讲堂，并由基层党组织轮流承办活动。是年，该局被评为2014年度市级机关绩效考评十佳机关、重点工程项目实施优秀单位、社会管理创新工作考评先进集体，市行政服务中心交通运输局窗口被评为政务服务工作优质服务红旗窗口。

基层交管所设立前沿服务窗口

出租车行业“三大服务品牌”车队宣誓仪式

恒通出租汽车有限公司党员先锋车

开通怀德学院公交专线

靖江互通匝道桥上跨广靖高速进行梁板吊装

靖江市审计局

2014年，市审计局牢固树立科学审计的理念，以科学发展观为指导、以提高项目质量为重点、以加强自身建设为基础、以统筹事业发展为支撑，全面提升审计工作质量和水平。全年共完成审计项目29个，协助审计署南京特派办完成靖江市财政存量资金的审计调查工作，组织审计组赴镇江参加土地出让金审计工作。该局组织实施的审计项目共查出违规违纪、管理不规范问题金额3.19亿元，向市委、市政府以及被审计单位提出审计意见和建议89条。工程审计全年完成预决算项目475项，审计总金额64.43亿元，审计核减5.24亿元。

市长赵叶（右二）调研审计工作

开展春训活动

开展农村环境整治立面出新专项审计

工程审计现场

靖江市规划局

城市总体规划成果论证会

2014年，市规划局坚持以党的十八大和十八届三中全会精神为指导，紧紧围绕市委、市政府的总体部署和工作任务，认真开展党的群众路线教育实践活动，扎实推进“提升城市品位、完善城市功能、丰富城市内涵、彰显城市特色、打造宜居环境”各方面工作，解放思想，简政放权，改进作风，精心组织规划编制，切实加强规划管理，努力创新规划服务，充分发挥规划统筹引领作用，促进城市功能完善、提高城市宜居水平。

规划局窗口热忱服务

工人文化宫规划效果图

折除违法建设现场

人民南路夜景灯光

靖江市烟草专卖局（分公司）

12·4 法制宣传日零售户代表座谈会

证件受理窗口服务客户

进社区宣传行政规定

热情服务零售户

2014 年，市烟草局（分公司）全面贯彻落实江苏烟草发展战略，推动靖江烟草在新阶段、新平台健康协调可持续发展。推进卷烟打假破网工作，相继开展“冬季会战”“闪电”15 号、16 号卷烟市场集中整治行动。全年销售卷烟 2.52 万箱，含税单箱销售额 2.70 万元，税利 1.83 亿元。全年出动执法人员 4970 人次，查获各类涉烟违法案件 241 起，其中万元以上案件 68 起，5 万元以上案件 8 起；查获各类违法卷烟 2.76 万条，上缴罚没款 14 万余元。先后开展 3 次较大范围的卷烟市场调研活动，巩固点线面结合的零售终端建设，以《新形势下的客户经理职能转变》课题研究为着力点深化客户服务内涵，提高服务客户、培育品牌、控制市场的能力和水平，呈现销量稳增、效益递增态势。年内，市烟草局（分公司）被评为泰州市依法行政示范点和靖江市依法行政先进单位。

“3·15”活动现场

江苏省电力公司靖江市供电公司

市委书记倪斌（中）节前检查安全供电工作

扎实推进党的群众路线教育实践活动

公司被中华全国总工会授予全国“五一”劳动奖状

至2014年年末，靖江地区拥有35千伏及以上公用变电所26座，其中220千伏变电所5座、110千伏变电所16座、35千伏变电所5座，主变容量300.13万千伏安。35千伏及以上线路65条，总长751.83千米。另有用户变28座，其中220千伏2座、110千伏5座、35千伏21座。2014年度，完成网供电量33.64亿千瓦时、售电量32.09亿千瓦时、最高用电负荷64.43万千瓦，分别同比增长1.49%、4.49%、2.94%。年内，市供电公司被中华全国总工会授予全国“五一”劳动奖状，连续第11年获得市级机关综合考评十佳单位，第6次荣获全国“安康杯”竞赛优胜企业。

公司团委举办“奋斗的青春最美丽”优秀青年事迹分享会

党员服务队服务大棚瓜农

靖江市人民防空办公室

2014年，市人防办认真贯彻实施《中华人民共和国人民防空法》和全省人民防空会议精神，围绕军事斗争人民防空准备，深入推进人防建设融入经济社会发展体系。扎实加强指挥通信体系建设，完成西来疏散基地指挥中心建设，“五园”（人民公园、牧城公园、西郊公园、天水公园、马洲公园）避难场所建成投入使用。进一步加强城市防护体系建设，新立项人防工程2.92万平方米，新开工4.09万平方米，竣工验收3万平方米。强力推进重点工程建设，全民健身广场人防工程建成并投入使用。积极探索人防工作融入小城镇建设，做到进得去、留得住、用得上、有影响、见实效，西来、生祠两个镇的疏散基地（地域）指挥所建成并投入使用。广泛开展人防宣传教育，在《靖江日报》组稿刊登5期人防专版，《企业家杂志》出版人防专刊，联合文广新局开展“中国梦、人防情”有奖征文活动，获奖作品编辑成册，进一步扩大人防宣传教育范围，人防在社会上的知晓度、社会各界对人防部门的美誉度得到较大提高。市人防办被泰州市民防局评为民防工作先进单位，被江苏省民防局表彰为民防工作先进单位。

江苏省民防局局长钱国超（前排左四）至靖江调研体育场人防工程

市长赵叶（左二）视察人防工作

市人防工程建设规划专家评审

人防机关春训活动－预防职务犯罪警示教育讲座

消防专业队演练

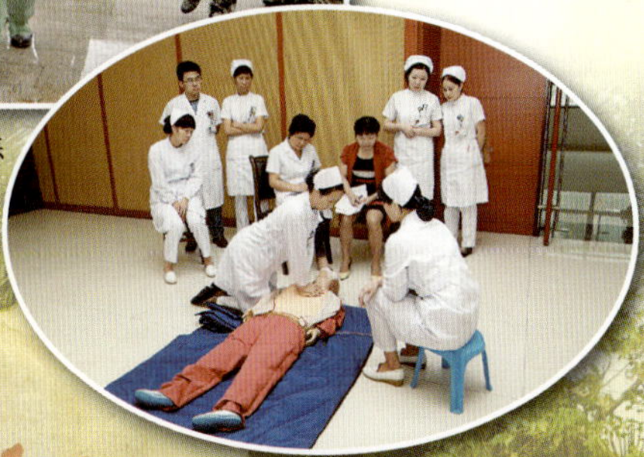

医疗救护专业队集训

西来人防基地

靖江市妇女联合会

“三八”节暨“和睦邻里·芬芳家园”启动仪式

2014年，妇联紧扣市委工作中心，开展“巾帼科技创新联盟行动”，深化巾帼文明岗主题实践活动，在泰州率先推行“文明岗争创星级评定”制度，试点开展农村妇女“网上行”技能培训，务实推进妇女创业就业、“巾帼建功”“双学双比”等工作，进一步激发广大妇女参与经济建设新热情。丰富“马洲芬芳”工作品牌内涵，推进家庭文明建设，开展“芬芳百花·家庭好角色”评选、“和睦邻里·芬芳家园”、社区活动创意评选等主题活动，选树出24位好妈妈、好婆婆、好媳妇、好女儿、好妻子和好邻居，推选出书香家庭、公益家庭、慈孝家庭等10大类共37个“特色家庭”，开展文明礼仪、夫妻恩爱、科学教子、孝老爱亲、友邻善邻等不同类型的社区活动140余个，吸引千余户家庭、近两万名居民踊跃参与。

巾帼文明岗主题实践活动

巾帼志愿服务活动

“和睦邻里·芬芳家园”社区活动

第3届亲子文化节活动现场

共青团靖江市委员会

市纪念五四运动95周年、共青团建团92周年暨第2届“我身边的青春榜样”表彰大会

市“创业情·中国梦”青春创业季启动式暨第2届大学生村官创业设计大赛决赛

2014年，团市委紧扣党政工作中心，牢固树立以青年为本、为青年服务的工作导向，不断深化“青春•I”团青工作品牌，用先进思想引导青少年，用务实载体服务青少年，奋发有为，真抓实干，团委各项工作取得新发展。在青少年思想引导的实际效果上实现新提升。不断深化“我的中国梦”主题教育实践活动，引导广大青少年为实现中国梦汇聚青春正能量。在组织青年服务经济社会发展上体现新作为。积极倡导社会新风尚，青年文明号、青年志愿者成为引领新风的旗帜。在服务青少年健康成长的方式上探索新路子。扎实推进共青团关爱农民工子女行动，切实维护青少年权益。全力推进区域化团建工作和“两新”组织团建工作，不断优化团属新媒体平台建设。在深化“青春•I”团青工作品牌上取得新成效。围绕“公益、才艺、幸福、榜样、创业”搭建青年爱心堡垒，展现青年魅力风采，打造青年幸福港湾，引导青年健康成长，促进青年就业创业。

“新靖江、新青年、新梦想”青年看靖江活动

市首届千人公益徒步活动

青春微体验活动

“我的国学情，我的中国梦”市少年经典国学诵读比赛

靖江市国有资产经营管理（集团）公司

靖江市国有资产经营管理（集团）公司成立于2006年，承担全市经营性国有资产的运作和管理，现辖靖江市华汇供水有限公司、靖江市华汇渡运有限公司、靖江市华汇城市污水处理有限公司、江苏广宇建设集团和靖江市清源污水处理有限公司5家国有独资企业。2014年完成营业收入46亿元，实现建筑施工产值74.90亿元，收集处理污水1294万吨，创省优工程1项，创省级文明工地5项，取得实用新型专利5项，发布行业标准1项，获省级QC成果2项。全年铺设污水收集管网125千米，基本完成城区雨污分流改造任务。积极做好乡镇污水管网故障修复工作，全年铺设、修复老坏管网1.20千米，保障乡镇污水处理设施正常运行。

泰州市委常委、靖江市委书记倪斌（中）等在靖江市华汇供水有限公司指导安全供水工作

市长赵叶（左二）在靖江市华汇渡运检查安全工作

城南再生水加水站

副市长赵国庆（右一）在靖江市清源污水处理有限公司调研

清源污水处理有限公司中控室

宿迁金鹰花园项目

江防水厂水库

靖江市残疾人联合会

2014年，市残联序时完成社会服务中心建设目标任务，全面推行政府购买残疾人服务项目。提请市政府出台了残疾人免费乘坐城乡公交车政策。规范按比例安排残疾人就业年审暨保障金征缴工作，落实超比例安置残疾人就业奖励，新增残疾人就业较上年增长45%。

市委常委、组织部部长邓飞（右二）与市委常委严华春（右一）视察社会服务中心施工现场

市残联与弘宇公交公司工作人员为残疾人办理免费乘坐城乡公交车"爱心卡"现场

市首届"温暖马洲助残励志"行动启动仪式

为残疾人子女（学生）发放助学金

助残日"爱心车队"带残疾儿童游玩牧城公园

荣誉证书

残联 被评为二〇一四年度市级机关绩效考评先进单位

中共靖江市委员会　靖江市人民政府

2015年2月

获得的部分荣誉

江苏飞羚运业集团有限公司

市委书记倪斌（左二）慰问公交一线职工

“优选公交 绿色出行”市长赵叶（右二）调研公交运行情况

教练车队

江苏飞羚运业集团前身为靖江市飞羚运业有限公司，现下辖江苏安宇客运有限公司、靖江弘宇公共交通客运有限公司、机动车驾驶员培训中心和靖江市交通车辆检测有限公司4家单位，共计拥有490余台营运车辆，经营80条长途客运线路、39条城乡公交线路，是靖江市交通运输骨干企业、江苏省交通运输协会副会长单位。企业连续多年被市委、市政府授予第三产业十强企业、服务业十佳企业、文明单位、先进党组织等称号。董事长薛玉明连续多年被评为靖江市明星企业家。

2014年，集团经营的长途客运、省级旅游、城乡公交、驾驶员培训均在江苏省名列前茅；长途客运“江苏快客”品牌服务在江苏省内排名前三，年发送旅客126万人次；公交运输率先在苏中、苏北实现城乡一体化，年运送乘客1095万人次；驾培中心作为江苏省A级信誉驾校、一类培训户，全年为社会培训合格驾驶员8200余名。这些成果的取得，为靖江的发展提供了坚实的交通保障。

市交通车辆综合性能检测有限公司

天然气公交车接受车检

靖江市华汇渡运有限公司

市长赵叶（左二）检查渡运工作

靖江市华汇渡运有限公司（原靖江市轮渡管理处）始建于1984年，是从事公路汽车长江渡运的专业运输单位，下辖九圩、夹港两个渡口，现有大型运输船7艘，年运输量200万辆，是江苏境内设施较全、渡运环境较佳、通行最为便利快捷的渡口之一。2014年，公司围绕“稳中求进、平安渡运”，经受住市场变化等因素带来的不利局面，保持良好发展态势，全年实现经营收入5320万元，利税1100万元，渡运各类车辆近90万辆次，安全航行70920个航次，未发生任何责任性安全事故和旅客投诉事件。是年，该公司获靖江市服务业十佳企业、泰州市611绿色工程（六创：创文明客运企业、文明客运站、文明客运班车、十星文明客运班车、十佳文明岗位、共产党员标兵车；一评：评十差客运班车；一实行：实行末位淘汰制）文明渡运企业等称号，实现平安渡运、营收稳定、管理规范、服务延伸、企业文化建设同步发展的既定目标。

举办演讲比赛

在南京参加企业歌曲比赛

繁忙的渡运

靖江市恒通出租汽车有限公司

靖江市恒通出租汽车有限公司是一家国有控股、专业从事出租汽车服务的法人单位。企业拥有出租车500辆，从业驾驶员800余名，采用公司化经营、员工化管理模式。2014年，在全体员工共同努力下，广大从业驾驶员精神风貌得到良好展现，好人好事层出不穷，出租车队伍整体稳定。安全标准化建设稳步推进，规范化经营得到进一步提升，重新整合“三大品牌”（爱心车、党员先锋车、流动红旗车）车辆，成功承办交通运输局第2期道德讲堂。公司“962099”叫车、投诉服务热线24小时开通，接受广大市民监督、举报。是年，公司获2014年度二十佳服务消费者优秀企业称号，企业呈现出良好发展态势。

日常上路稽查

公司优质服务明星

应急逃生消防救援演练现场

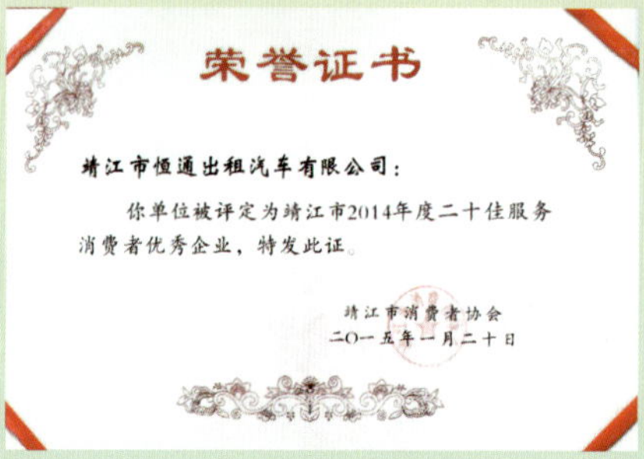

荣誉证书

靖江市恒通出租汽车有限公司：

你单位被评定为靖江市2014年度二十佳服务消费者优秀企业，特发此证。

靖江市消费者协会

二〇一五年一月二十日

二〇一四年度

二十佳服务消费者优秀企业

靖江市消费者协会

二〇一五年二月

获评2014年度二十佳服务消费者优秀企业

三大品牌重新授牌仪式

靖江市人民医院

市委书记倪斌（右一）至该院视察

院士王振义（前排右一）参观医院

建立靖江心血管病技术诊疗培训基地

胸部疾病诊疗中心揭牌仪式

2014 年，市人民医院完成门急诊 79 万人次，同比增长 3.80%；出院病人 3.96 万人次，同比增长 6%；手术 1.3 万人次，同比增长 0.37%；出院病人的均次费用同比下降 1.34%。医院被江苏省卫计委确定为三级综合医院。人才学科建设、党建工作取得明显成效。医院新成立 PICC 门诊及肛肠科；选送 10 余名学科骨干和高年资优秀医生至美国、新加坡进修；引进高层次人才 11 名；与中国医学科学院阜外心血管医院建立“靖江心血管病技术诊疗培训基地”，与上海市胸科医院建立“胸部疾病诊疗中心”。设立“鸿纳爱心基金”，发放救助款 80 万元，救助特困住院患者 48 名。医院获泰州市文明单位，靖江市公立医院改革工作先进单位、先进基层党组织等称号。

舞蹈节目《映日荷花》参加 2014 年文艺节

医疗集团在医院成立“鸿纳爱心基金”

靖江市锡剧团

市委书记倪斌（左五）、市长赵叶（左三）会见《焦裕禄》剧组演员

“科普之光”专题文艺演出

“戏舞乡村”文化惠民演出

2014年，市锡剧团扎实开展党的群众路线教育实践活动，举行形式多样、内容丰富的“中国梦”宣传演出，排演以《焦裕禄》为代表的具有深远教育意义的一批剧目。创作排演的小戏《住院》参加第8届“江苏戏剧奖·小戏小品奖”决赛，分获编剧奖、导演奖、舞美奖、优秀剧目奖、优秀音乐奖、优秀表演奖等奖项。舞蹈《竹编》获江苏省“第11届五星工程奖”金奖。协助江苏电视台在全市5个镇开展“平安靖江、幸福家园”法制宣传巡演。与市环保局联合开展“共建绿色家园同享低碳生活”环保宣讲进社区文艺演出。与市科协联合排演《科普之光》。参加泰州廉政“反四风、扬正气、促勤廉”小戏小品专场文艺演出。与市消防大队联合举办“警民心手相连共保平安青奥”慰问演出。聘请原江苏省锡剧团老艺术家张志强、国家一级导演王有理等，开展有针对性的理论与实践授课，演职员的艺术素养得到进一步提高。

“共建绿色家园同享低碳生活”文艺演出

践行“三严三实”

推进作风建设

江苏省靖江高级中学

省教育厅厅长沈健（后排中）视察“省地理课程基地”

该校成为同济大学“苗圃计划”实验学校

2014年，省靖中坚持传承弘毅精神、守望教育尊严、追求健康发展的办学理念，遵循“规范、精细、改革、创新”的管理要求，积极推进课程改革，努力提高办学质量，各项工作取得新进步。

江苏省地理课程基地在全省起到较好的示范作用。省教育厅厅长沈健一行至该校检查指导工作，充分肯定课程基地取得的成绩。地理课程基地的辐射作用及影响越发广大，广西自治区中学校长、广东佛山南海区教育局以及扬州教育局负责人等慕名前来考察、学习。

教科研水平不断提升。课题申报和研究取得新突破。8个国家级、省级“十二五规划”课题、1个省教研室课题正在研究。77篇论文在各级各类报刊、杂志上发表，近百篇论文在各级各类论文评比中获奖。

教师专业成长迅速。赵灿冬老师获得江苏省特级教师称号，张昌恒老师被评为泰州市优秀教育工作者，沙建国老师被评为泰州市优秀班主任。在省市级教师基本功大赛和优课评比中，高宏等11位青年教师获省市教学基本功比赛一二等奖；孙林燕、马云云等8位青年教师获省市优课评比一二等奖。汪洋老师获靖江市教师“为人师表立德育人”演讲比赛一等奖；张林海、羊琳老师获靖江市教师“经典诵读比赛”一等奖。该校语文教研组被评为泰州市“三八”红旗集体，该校“青年教师发展学校”被团市委评为“2013年靖江市级青年文明号”。

特级教师赵灿冬（右一）参加物理教学新时空活动

校辩论队获泰州市中学生辩论赛第1名

指导教师范继荣、倪伟与江苏省数学奥赛一等奖获得者

德国普拉腾高级中学、福伊希特市万根中学学生和该校学生一起上课

教学质量稳步提高，2014 年高考取得全面丰收，本二以上录取 957 人，12 人被清华北大录取，一大批同学走进国家重点大学深造，在全省同类学校中继续保持前列；在省学业水平测试中，共有 208 名学生获得 4A 等级，占全市 4A 人次的 85%，达 A2533 人次，人均得分 2.54，100% 的学生通过江苏省计算机测试。

2014 年，该校在数学、物理、化学、生物、信息技术、现场作文等各项竞赛中取得丰硕成果，共有 73 人次荣获江苏省一等奖。其中 25 位同学获江苏省数学竞赛一等奖，12 位同学获江苏省物理竞赛一等奖，19 位同学获江苏省化学竞赛一等奖，10 位同学获江苏省生物竞赛一等奖，2 位同学获省信息技术奥赛一等奖，2 位同学获“苏教国际杯”高中生现场作文决赛一等奖，3 位同学获江苏省“中学生与社会”作文大赛一等奖。“任远队”所制作的交叉足机器人获中国机器人大赛一等奖。

社团活动丰富多彩，文体竞赛成绩突出。该校被评为国家阳光体育冬季长跑优秀学校，获 2014 年泰州市阳光体育节高中组第 1 名，在“靖江市中小学生乒乓球比赛”中分获男女单打冠亚军，并获得男、女团体冠军，陆啸逸同学获得江苏省第 12 届中学生乒乓球锦标赛高中组男子单打冠军；校辩论队在“我的价值观·我的中国梦”泰州市第 3 届高中生辩论赛中获冠军；合唱团在泰州市合唱节中获第 1 名。

2014 年省靖中 12 名学生录取清华北大

该校继续成为清华、北大、南大、台湾辅仁大学等全国 20 余所重点高校“优质生源基地”，并新晋为东南大学、西交利物浦大学“优质生源基地”、同济大学教育教学综合改革试验基地（“苗圃计划”）、江苏大学拔尖新人才培养基地。

对外开放日活动师生文艺汇演

靖江市第一高级

2014年，在“教育——为了幸福”办学理念指引下，靖江一中以人为本，建设学校幸福文化，发扬“团结协作自强不息”的一中精神，取得令人瞩目的成绩：学生综合素质取得新发展，教师队伍建设迈上新台阶，教学质量实现新跨越，社会声誉得到新提升。

为学生成长铺路

大力培育和践行社会主义核心价值观，弘扬爱国主义教育主旋律，积极开展“八礼四仪”教育，隆重举行18岁成人礼。开设博雅讲堂，协办“春天送你一首诗”诗歌朗诵会，主办“畅享青春·传递绿色”音乐会，举办第49届校运会、励志报告会、第3季达人秀总决赛等活动。坚持五分钟谈话制、德育导师制，“绿色•关爱”行动成为泰州市学校党建工作品牌项目。

高考、小高考成绩显著。本二上线人数661人，陈佳琪和叶昕被空军飞行学院录取。学业水平测试，28名同学取得4A，生均1.4A。学科竞赛，薄楠同学获省数学奥林匹克竞赛一等奖，上百名同学在江苏省物理、化学、生物奥林匹克竞赛、作文竞赛中获奖。体育、艺术教育成果喜人。校篮球队获市中学生篮球比赛高中组第1名，校博雅合唱团获市第2届“春之声”艺术展演高中组一等奖。

国际课程班运行质态良好。雅思考试，7名同学得6分。组建精品社团，活动丰富多彩。赤子之心环保社团作为全国唯一的中学生社团成为全国青少年生态环保组织圆桌会议发起单位之一，参加全国保护母亲河行动领导小组总结交流活动。

让教师增长智慧

重视常规管理，提高教师教学水平。加快建设省环境教育课程基地，着力打造环境教育特色课程。狠抓教学常规管理，着力构建“互动、探究、高效”的3T课堂，素质教育现

群众路线教育实践活动

市一中成为全国青少年生态环保组织圆桌会议发起单位

成人礼上学感恩

民盟支部成立大会

青年教师论坛

广西校长跟岗学习

场督导，专家组共听课 15 节，优良率 100%。

开展业务竞赛，促进教师专业成长。组织校内教师基本功比赛 2 次，302 人次参加比赛。积极组织教师参加各级教师基本功比赛、优课评比等活动，成绩突出。

加强继续教育，提升教师科研能力。组织教师参加读书活动，并就《今天，我们可以这样做教师》等书籍举行读书心得交流活动 3 次。组建校首届骨干教师研修班，组织 8 期教育论坛、5 期名师讲坛。课题研究成果丰硕，45 个省市级规划课题结题。“蓝天杯”论文评比 112 名教师获奖。

使学校提升品位

运用现代管理理念，实行精细化管理。深化行政管理改革，将政教处更名为学生工作处，总务处更名为后勤处，增设计划财务处。将处室职能部门的事务下移到年级部谋划、执行，校长分管年级部，行政人员兼职年级部，职能部门服务年级部。

加强安全法制教育，强化安全防范意识。签订安全工作责任书，开展全校学生逃生演练，举行安全生产月、夏百赛活动。建立安全教育平台，组织师生完成安全教育平台作业，有效进行生命安全教育。

改善教育教学设施，做好服务保障工作。改造地下车库入口，调整改造至善楼七楼相关功能办公室，改造求真楼一楼东侧环境教育课程基地办公室及相关功能室，更换第一报告厅内会议条桌，改装东、南校门电动门等。食堂被评为靖江市首批“十佳”学校食堂。

达人秀现场

博雅讲堂

诗歌朗诵会

运动会入场式

绿色音乐会

社会实践活动：参观造船厂

靖江市靖城街道办事处

2014年以来，靖城街道坚持以党的十八大和十八届三中、四中全会精神为指导，全面贯彻落实市委十一届七次全体扩大会议精神，以“争当融合发展先行军，建设幸福和谐新靖城”为目标，务实进取、攻坚克难，经济建设、城乡建设、社会事业发展迈上新台阶。2014年，主要经济指标增幅均达到15%以上，农民年人均纯收入增幅11%，居民可支配收入增幅9.10%，年度综合考评位列全市第一。

强基固本持续增强

靖城街道坚持把群众路线教育实践活动融入中心工作和重点工作中，机关党员主动融入街道重点工程、社区党员主动融入“四城同创”、农村党员主动融入新农村建设。围绕医疗卫生、道路交通、生态建设等重点民生领域，街道制定出台一系列惠民举措，实施江华菜场二期改造、城区河道整治、东兴街社区等便民服务大厅建设等10项“连心工程”，确定村（社区）卫生室建设、老城区重点区域内涝问题整治等两个重点民生工程。开展减轻村（社区）负担等专项行动，清理化解信访积案6起，打通联系服务群众“最后一公里”、“最后一步路”，让群众感受到活动带来的新变化新气象。

开展群众路线教育实践活动动员会

组织开展批评与自我批评

召开群众座谈会

组织玉皇殿社区邻里公约大家谈

与优抚对象谈心

重点民生工程：新建汤家村卫生室

工业经济稳健攀升

着力推进工业转型升级 突出项目建设、技改投入、涉企服务，工业经济持续向好。实施重点技改项目14个，完成工业投资7.33亿元。组织4家企业申报进入全市上市工作后备库，实现三鹏模具科技公司在上海股交中心成功挂牌上市。

三鹏模具在上海股交中心挂牌

力阳电器生产线

新工液压生产现场

城乡面貌持续改善

新农村建设不断强化 着力推进集中居住点和美丽乡村建设，规划建设柏木三期和友仁二期集中居住点各100户左右。在柏木村进行美丽乡村建设试点，根据民俗、埭情、地貌，制定建设规划，着力打造城郊乡村特色。不断推进城乡河道整治，还城乡居民水清岸绿的绿色生态家园。

柏木村美丽乡村建设

江华农贸市场自产自销蔬菜区投用

城市基础功能不断优化 重点对老城区A、E片区全部和B片区部分区域实施雨污分流改造，涉及街道16个社区、2个村，铺设污水管道105千米。不断增加健身设施，方便城乡居民就近锻炼身体。街道城乡重点工程建设项目有12类25个，主要涵盖城区路网建设工程、旧城改造工程、江平路长里段集中整治工程、公园及小游园建设工程等。

四城同创不断深化 2014年，街道实施二、三星级老旧小区改造工程，共涉及6个社区、6个无物管小区，其中三星级2个、二星级4个。实施老城区增绿工程，在虹兴社区、城西社区、正南社区新增绿化13万平方米。实施背街小巷亮化工程，共安装路灯69盏。

正南社区绿化景点

坚持创新社会管理

北大街社区耿奶奶

社区特色文化 社区活动丰富多彩，涌现出一批社区特色活动：小关庙社区关心下一代家风教育活动、北大街社区成立“爱心奶奶守护队”、江华社区打造文化型社区、布市里社区居家养老、双港路社区联创共建、江山路社区睦邻服务等。

社区网格化管理 在公园弄社区试点，率先推行城市社区网格化管理服务工作，实行标准化、精细化、信息化管理的新模式。目前，街道社区网格化管理服务工作已取得初步成效。

公园弄社区推行网格化管理

靖城好人

爱心奶奶耿素珍：20多年来每天给素不相识的陌生人提供爱心午饭，带动志愿者一起为敬老院老人制作爱心棉鞋，被评选为“中国好人”

小关庙社区褚鸿飞：建成“园艺校外教育辅导站”对外开放

社区居民风采奕奕

创业先锋

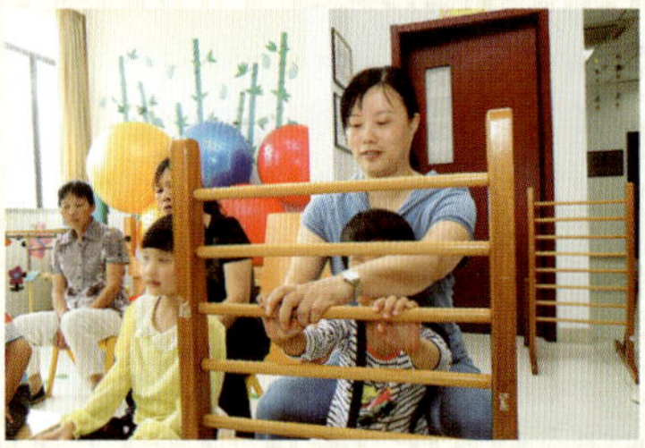

▲双港路社区张丽：创办早教机构为“残缺天使”撑起一片天

◀布市里社区郑晨：90后大学生流转9.8公顷地办农场

社区达人

渔婆社区朱爱萍：一针一线绣梦想

玉带社区邵桂英：带领全家人打太极

玉皇殿社区毛晓玉：翰墨香中夕阳红

靖江市生祠镇

江苏省文化厅束有春处长（前排左一）至生祠镇考察文体中心建设

市委书记倪斌（右二）考察皓日汽配有限公司

市长赵叶（前排中）在生祠镇考察集中居住区污水管网建设

市委副书记孙宏建（左一）在生祠镇火龙果基地调研农业项目

2014 年，生祠镇实现工业总产值 102.39 亿元，地区生产总值 33.63 亿元，财政总收入 1.46 亿万元，农民年人均纯收入近 1.63 亿元。该镇完成靖江市现代农业展示中心、农产品加工中心主体工程。完成刘国钧公园、思岳广场工程；完成新镇区 438 户联排住宅、120 套公寓及各项配套工程并交付。新建 2 个、改造 4 个社区服务中心，全镇实现一站式便民服务。实施“水清岸绿”工程。18 个村均通过江苏省省级验收，其中“三星级康居乡村”1 个、“二星级康居乡村”1 个、“一星级康居乡村”4 个。东进（芦大）村“美丽乡村”建设强势推进，七里村被评为 2014 年“江苏最具魅力休闲乡村”，东进村通过省级生态村验收。生祠中心校、生祠初中均通过“义务教育发展基本均衡区”省级验收，生祠成人教育学校创建成“江苏省成教示范校”。该镇文化站被江苏省文化厅评定为“二级文化站”，组织编排的小品《辣椒李与赖皮张》获泰州市新创文艺节目银奖。四星级乡村旅游景点“埭上人家”和“江苏最具魅力休闲乡村”七里村先行发展“农家乐”，重点开发农耕文化体验、名贵花木认知、蔬果观赏采摘、烧烤垂钓休闲、素养拓展提升等一系列旅游项目。

成立刘国钧思想研究会，邀请刘国钧后辈来参加研讨会

台湾作家洛夫（右二）至该镇体验生活，参观香橼种植园

靖江市新桥镇

镇区一瞥

2014年，新桥镇积极适应经济新常态，统筹推进稳增长、调结构、促改革、惠民生、防风险各项工作，经济社会保持持续健康发展。全年实现地区生产总值88.60亿元，公共财政预算收入1.54亿元，农民人均纯收入2.30万元，获评全国文明镇、江苏省卫生镇、江苏省科普示范镇，获批泰州重点镇简政放权改革试点单位。全年实施千万元以上重点项目12个，投资超亿元项目2个，15家重点企业分别进入市十佳、三十强、百优行列；润新公寓二期基本竣工，新桥城实验学校如期开学，完成文东港改线与部分河道建设工程，新建桥梁6座；实施农村道路、污水管网等建设项目88项，启动全镇二三级河道清理疏浚工程，建成14个村（居）便民服务中心，13个标准化村卫生室通过验收，成功创建太东“美丽乡村”、德胜省级村庄建设示范村。

润新路商业街

新桥城实验学校

东平寺

市民公园

球场

孝化新村

太东村

德胜村农民公园

靖江市西来镇

江苏省文化厅副厅长吴晓林（左二）、文化遗产处处长冯锦才（右二）参观农耕馆

市委书记倪斌（中）在西来镇调研

纪念建党 93 周年暨学习身边先进人物事迹报告会

2014 年，西来镇以“打造靖江东大门，建设美好新西来”为目标追求，坚持稳中求进、改革创新，加快转型升级、融合发展，统筹推进稳增长、促改革、调结构、优生态、惠民生各项工作。年内，实现工业开票销售收入（不含市镇联动）39.58 亿元，完成地区生产总值 42.10 亿元，财政收入 1.75 亿元，农民人均纯收入 1.76 万元。

以稳中求进为基调，综合实力不断提升 顺利完成农业部稻麦高产创建项目、江苏省秸秆还田技术推广项目、农产品质量安全监管示范镇建设项目。创建成省级科技创新型乡镇，新增高新技术企业 1 家，新增省民营科技企业 3 家。全年完成服务业增加值 7.70 亿元，固定资产投资额 2.90 亿元。

以打造特色为依托，镇村面貌持续改善 健全“四位一体”管护运行机制，镇村垃圾收集日产日清，村庄环境常态管理。镇村公路、主要交通路口安装警示灯、警示桩、桥梁限载标志等安全警示标识。完成绿化造林 88.66 公顷，森林覆盖率达 40.21%。积极开启新一轮二、三级河道疏浚三年行动。对排污企业严肃整治，完成西来、土桥集镇污水主支管网及提泵建设，实施区中村雨污分流总管布设。

以民生需求为导向，幸福指数继续提高 城乡居民医保应保尽保；开展“春风”大病救助活动；开展“金秋助学”活动，对在西来镇上学的贫困学生和孤儿提供免费午餐，对新考取高中、大学的 46 名贫困学生发放救助金 18 万元；开展“爱心助残”活动，帮助 7 户困难家庭进行危房改造；开展“慈善一日捐”活动，动员社会各界捐款 280 万元，为进一步加大社会弱势群体救助提供资金保障。全镇中小学顺利通过江苏省优质均衡示范区验收；新建标准化村卫生室 5 个，西来、土桥卫生院完成重大妇幼公共卫生项目建设；成功举办西来第 3 届文体节、西来第 2 届桃花节暨生态旅游节以及“靖江好声音”西来站等活动。全面推进“1+2”新型社区管理模式，建立“一委一居一站一办一督”组织架构，实行网格化管理，全面推进农村社区服务中心达标建设。构建社会化大巡防体系，进一步加强社会矛盾大调解体系建设，推行“村、组、户”三级调解网络，基层维稳队伍不断壮大。

宽敞整洁的西来镇植物园路

整齐划一的见龙居民集居点

西来现代农业示范园

西来镇第 2 届桃花节暨生态文化旅游节开幕式

西来镇第 3 届文体节开幕式表演

靖江市东兴镇

华昊国际商贸广场

东兴镇位于靖江市西南部，南临长江，东连江阴园区，西接新桥镇新桥园区，北邻生祠镇。辖区总面积35.68平方千米，镇区面积6.20平方千米。2014年地区生产总值39.60亿元，同比增长14.80%；财政总收入1.68亿元，其中公共财政预算收入7797万元，同比增长0.98%；农民人均收入1.79万元，同比增长11.50%。2014年，东兴镇把加快重点项目建设作为全镇发展的重中之重，引导企业适度投入、超前投入，加快技术改造，坚定不移走内涵提升、技改扩张、投入强企之路，培育经济发展后劲。全年全镇工业列统企业实现现价总产值90.43亿元，同比增幅17.30%；全社会固定资产投资22.86亿元，工业投资19.06亿元；完成工业开票销售38.07亿元，同比增长15.33%；新技术产业产值占列统工业总产值的85.14%。全年投资过亿元的项目有亚星海工产业园、华昊国际广场建设工程项目2个。2014年7月，东兴镇渔业生态产业园通过泰州市现代农业产业园区认定，成为泰州市第5家、靖江市唯一的现代渔业产业园区，鳜鱼、长江蟹、甲鱼等养殖面积逾133公顷。东兴翠冠梨效益逐年提高；葡萄、水蜜桃、黑玉米等特色农产品逐渐形成规模；大棚西瓜、草莓四季可供应市场。全力推进市镇重点工程，完成上五圩汽渡及连接线拆迁工作；序时完成教育中心工程；总投资1.20亿元的华昊国际广场主体已封顶；完成惠丰农贸市场改造工程；投入30万元对东兴老集镇破损路灯进行更换，对镇区路面进行修复，进一步增强老集镇区魅力。2014年，投入15余万元对敬老院进行修缮和改建，通过省级二星级验收。全年发放结对帮扶资金18.60万元、临时救济金45万元、走访慰问金21.60万元、医疗救助金10.50万元。完成城乡居民医疗保险缴费19 494人，新增城乡居民养老保险189人，参加城乡居民养老保险续缴费4661人，续缴费率达96.40%。积极开展“戏舞乡村”活动，推进文化下村，全年累计送戏下村24场。是年，该镇获“江苏省放心消费示范单位”“全国乡镇综合文化站评估定级一级文化站”等省级以上荣誉称号。

东兴镇中心学校

亚星锚链系泊链远销东南亚、韩国、欧美

农民集中居住区

泰州市新创获奖节目巡演靖江专场在东兴镇举行

东兴镇翠冠梨

特色种植：桑葚

靖江市季市镇

市委书记倪斌（右二）调研江苏大中电机公司

2011-2014年度社会治安综合治理

集体三等功

中共泰州市委　泰州市人民政府
二〇一五年二月

荣立泰州市社会治安综合治理集体三等功

季市镇地处靖江、泰兴、如皋三市交界，近年来，该镇先后荣获“省级卫生镇”、“国家级生态镇”和“中华美食名镇”称号。全镇总面积41.63平方千米，耕地2176公顷，辖行政村24个、居委2个，总人口4.80万人。2014年，季市镇认真实施“工业强镇、农业稳镇、三产活镇、科教兴镇、依法治镇、生态美镇”战略，坚持有序开展各项工作，全面推进全镇经济发展和社会进步。全年完成公共财政预算收入4513.50万元，同比增长64.20%；全镇农民人均收入1.76万元，同比增长11.50%。全镇围绕建设“实力季市、美丽季市、幸福季市”的奋斗目标，不断拓宽特色镇发展路径，大力促进项目建设、城乡一体、民生工程、生态建设、依法行政的跨越发展，为“重树苏中标杆，率先融入苏南”贡献力量。

红枫种植

季市青龙寺院

季市生态园

靖江市马桥镇

白衣堂文化长廊

开展健康咨询服务

为马桥企业开展用工招聘活动

开展关爱儿童活动

2014 年，马桥镇实现地区生产总值 21.97 亿元、财政收入 5186 万元，农民年人均纯收入 1.71 万元。年内，新增亿元企业 2 家，中等规模企业群体逐步扩大，正北工业集中区内企业呈现良性发展态势。新增土地流转面积 589.33 公顷、规模农业基地 4 个、种植大户 26 户，祖师村建成占地 66.67 余公顷的红芽密节香沙芋基地，幸福、九一、集福、正北等村新增果蔬基地 53.33 余公顷。努力打造中心城“后花园”，徐周大道向北延伸，建成团河北路，集镇核心区“一横一纵”交通主干道全面贯通，序时推进六圩港中段驳砌及道路拓宽改造；投资 500 万元，新建占地面积 4 公顷、集景观、休闲、文化、健身为一体的马桥植物园；投资 1300 万元的马桥卫生院病房楼改造工程交付使用；新增绿化面积 66.67 余公顷，18 个“环境整洁村”创建工作通过省级检查验收，正北村建成江苏省首批“美丽乡村”。大力推进社会建设，构建和谐马桥。举办 3 场企业用工招聘会、创业项目推介会，积极组织技能培训，新增就业 1400 人、创业 480 人，转移农村劳动力 580 人；建立企业工资支付预警机制，工资监管和社保扩面经验在全市推广，被江苏省命名为全市唯一的便民快捷服务“四个不出村”示范镇；所有社区居家养老达江苏省 3A 级标准；文化站被评为国家三级文化站；新建静园、白衣堂文化长廊、聚乐堂、神一驰园等文化节点。

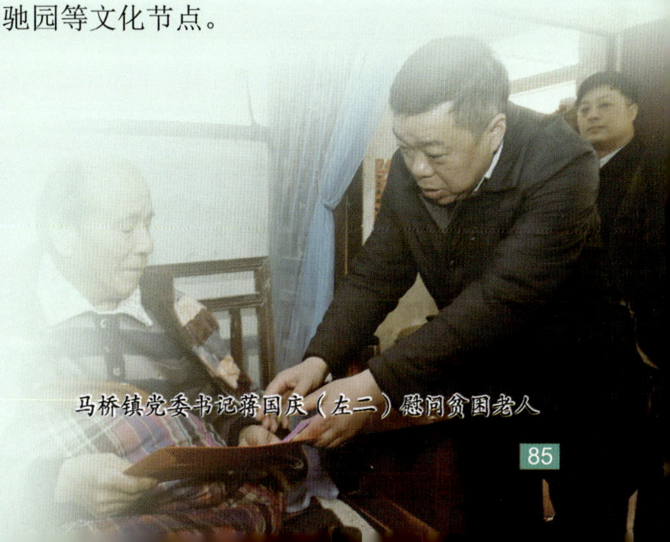

马桥镇党委书记蒋国庆（左二）慰问贫困老人

一带一路
共建丝绸之路经济带
与21世纪海上丝绸之路